U0426373

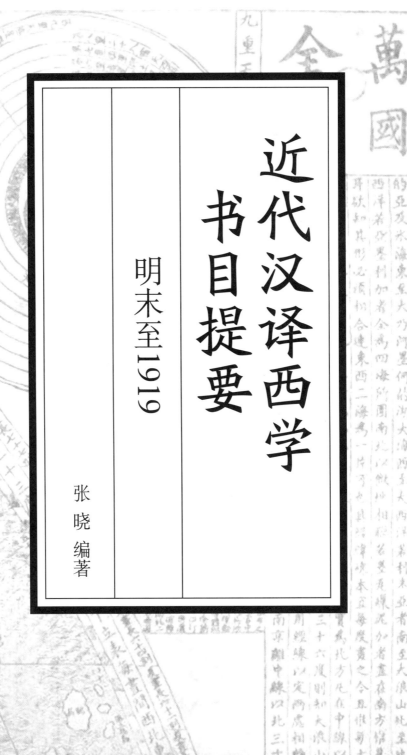

近代汉译西学书目提要

明末至1919

张晓 编著

北京大学出版社

内容简介

本书收录了我国明末至民国初年出版的 5000 多种汉译西学书目，部分重点图书撰写了内容提要，是该历史时期"西学东渐"的如实记录和全面展示，填补了中外文化交流史研究和近代出版文化史史料整理的重大空白。编著者以其发掘的新史料，阐释了包括洋务运动在内的近代"西学东渐"在中国文化史上深远意义的独到研究心得。

这项本应由专门团队担当的艰巨工程，却由一个人二十几年孜孜不倦地投入而完成。编著者张晓同志先后在北京大学图书馆和中文系资料室，担任社会科学咨询以及图书采购、编目等工作，在无立项、无资助的情况下，克服困难，默默坚持。正因为一个人的精力、能力和财力有限，本书难免有遗漏和舛错，期待读者斧正。

图书在版编目（CIP）数据

近代汉译西学书目提要 明末至 1919／张晓编著 ．—北京：北京大学出版社，2012.9
ISBN 978-7-301-21035-2

I.①近… II.①张… III.①译本－图书目录－中国－近代 IV.① Z839.1

中国版本图书馆 CIP 数据核字（2012）第 172363 号

书　　　名：近代汉译西学书目提要 明末至 1919
著作责任者：张　晓 编著
责 任 编 辑：李　东
标 准 书 号：ISBN 978-7-301-21035-2/G·3471
出 版 发 行：北京大学出版社
地　　　址：北京市海淀区成府路 205 号　100871
网　　　址：http://www.pup.cn
电 子 邮 箱：pw@pup.pku.edu.cn　ld@pup.pku.edu.cn
电　　　话：邮购部 62757515　发行部 62754675　编辑部 62757065
　　　　　　出版部 62754962
印　刷　者：北京汇林印务有限公司
经　销　者：新华书店
　　　　　　720 毫米×1020 毫米　16 开本　49.75 印张　1116 千字
　　　　　　2012 年 9 月第 1 版　2012 年 9 月第 1 次印刷
定　　　价：120.00 元

未经许可，不得以任何方式复制或抄袭本书之部分或全部内容。
版权所有，侵权必究。举报电话：010-62752024　电子信箱：fd@pup.pku.edu.cn

序言

"西学东渐"的如实记录

夏晓虹

就本书涉及的西学输入中国而言,其发端虽在明末,但真正形成规模,却是在鸦片战争之后。由传教士所办的书局与杂志社、洋务派主持的江南制造局翻译馆和北京同文馆,曾经是西学书籍刊行的主要机构。而1894年中日甲午战争之后,维新派在政界崛起,同时亦逐渐成为译坛的主力军。加以留学日本在20世纪初蔚为风气,假道日本或直接由日本引进的西学译本于是源源不绝,一时称盛。这些成千上万的出版物实实在在地构成了"西学东渐"的奇观,由此所带来的深刻而全面的影响,至今仍经久不息。

伴随着近代翻译的日渐兴盛,在各书局独自印行、用作广告的营销书目之外,以指引西学门径为目的的书录或提要类著作也开始出现。无独有偶,近代最著名的改良派政治家康有为、梁启超师徒二人,于此亦得风气之先。康、梁均认为,"今日欲自强,惟有译书而已"(康有为《〈日本书目志〉自序》)。不过,康有为1897年编成《日本书目志》十五卷,乃是为了强调中日有"同文之便",翻译日文书籍实为通晓西学的捷径,故其著述旨在为译者指点迷津。而梁启超既首肯"国家欲自强,以多译西书为本;学者欲自立,以多读西书为功",其1896年刊印的《西学书目表》三卷、附录一卷因此更属意后者,不但搜集了明末以来译述之西学书目凡三百余种,而且附以"略言各书之长短及某书宜先读、某书宜缓读"(《〈西学书目表〉序例》)的《读西学书法》,使学者一卷在手,便可按图索骥,循序渐进。

日后,仿照梁启超之先例,1899年,绍兴藏书家徐维则辑成《东西学书录》二卷、附录一卷，由其同乡友人蔡元培作序印行。三年后，另一乡人顾燮光续有增补三百余条，几为原书一倍，合而刊之，名《增版东西学书录》，篇幅亦扩至四卷、附录二卷。而顾氏由此勾起的撰著兴趣一发而不可收，1904年又接续前书，将1902年以来新出书目辑为《译书经眼录》（1935年刊行）。并且，单是这两年之中，顾氏即"又读译籍约千余种"（《〈译书经眼录〉自序》），其新编书录因而有八卷之多。

尤可称道者，较之梁启超的《西学书目表》以圈识有无或多少分别高下、配加识语、并另附读书法的零散不便，徐、顾二书的体例显然已更为妥善。除梁表已有的分类、刻印处、本数等资讯外，徐、顾书录又将"撰译人"细分为"撰人"与"译人"，并标出原作者国籍，而其主体部分则为要言不烦的提要。这些提要涵括了"全书之宗旨"、"作书之原因"、"全书之目录"、"书中之精美"、"书中之舛误"、"学之深浅"、"说之详略"、"与他书之同异"、"书之全否"、"译笔之善否"、"提要者之决说"（徐维则《增版东西学书录·广问新书之概则》）十一部分的内容，虽然未必尽能达标，但确已方便读者了解各书的大致内容与价值，选择阅读时可以更精准有效。

而且，这些当年令学者获益匪浅的译书目录，今日翻阅，仍能引人兴味：小之可见如顾燮光一般"醉心新学，日以读译书是务"（《〈译书经眼录〉自序》）的晚清学人之广采博收，求知若渴；大之则一如蔡元培先生所言"夫图书之丰歉，与学术之竞让为比例"（《〈增版东西学书录〉又识》），其时各学科发展之疾速亦借此得到清晰呈现。而从"西学"到"东西学"，书名的变化恰切地反映了近代翻译文本由偏重西文向偏重日文移转的趋势；自然科学与社会—人文科学类目在排序上的先后调整，却又与西学输入重心的变迁适相吻合。对于专业的研究者来说，这些书目所构成的学术版图更具有足够生动的细节，从而使得穿越时空、返回历史现场成为可能。

至于当代学者所编类似书目，我常用的有实藤惠秀监修、谭汝谦主编、小川博编辑的《中国译日本书综合目录》（香港中文大学出版社1980年版），以及出自樽本照雄之手的《新编增补清末民初小说目录》（齐鲁书社2002年版）。前者著录了自1883至1978年间出版的六千种出版物（金耀基《中日之间社会科学的翻译》），展示了将近一个世纪日文书籍中译的宏伟景观，后者则已经过两次补充修订，采录的时限截止于1919年，而仅仅将清末民初刊行的创作与翻译小说及后来的各种重印本汇编一册，列目即已高达惊人的一万九千多条。特别是樽本照雄先生还添加了许多日文甚至英、法文等原本的信息，更增重了该书价值，使其以资料丰赡、翔实著称，久已成为研究中国近代小说不可或缺的宝典。两种目录均附有完备的索引，无论查找书名还是检视著、译者都方便快捷，这又是后出转精、高于晚清诸书之处。

不过，显而易见，上述诸种书目或出于各自编纂目的的不同，或由于时间靠前，均未能完整展现五四新文化运动诞生以前西学在中国传布的全景。有鉴于此，张晓毅然独力补阙，历经二十余年不懈的搜访、翻阅，终于成此一编。其书之必将嘉惠学林，亦可预见。

本书编者张晓，论辈分应该算我的老师，她的先生赵祖谟教授给我们上过中国当代文学史课。不过，等到1990年代我们相识时，她已经在中文系资料室工作。凭借此前任职于北大图书馆参考咨询部的资历，她主事后，资料室真可谓风生水起，面目一新。不同于一般系资料室仅限于置备本专业图书，张晓的眼界相当开阔，语言、文学之外，她添购的新书也囊括了哲学、史学甚至社会科学，其中更有大量新出译本。在她看来，只要是与人文学科沾边的名著，都应该收编进来。而触类旁通，打破学科壁垒，亦为她所认定的学术发展的主潮与趋势。那几年，中文系资料室的藏书急剧增长，我看到张晓风风火火地忙碌着，也能感觉到她的开心。

后来才听说，张晓那时已开始为编辑这个书目做准备。回头想来，关注当下的学术热点，具有广泛的阅读兴趣，正是《近代汉译西学书目提要（明末至1919）》的编者必须具备的品格。而期望借此一编，呈现各新兴学科发展的历史轨迹，则是本书采用现代图书分类法的特别理由。至于美好的理想与实际的效果能否合拍，还有待于使用者的检验。

2011年12月10日
于京西圆明园花园

导 论

西方近代科学文化与中国文化的早期碰撞

中国文化史上，从传统向现代转化，起始阶段是在明末到民国初年这三百多年之间。基督教东传，西学东渐，是促进这个转化的外部因素。在诸多门类的近代西学中，科学文化的输入和被吸收，是最早出现的文化现象，对于促进中国社会的转化起着重要作用。西方近代科学文化的输入，丰富了中国文化的内容，刺激了文化心态的自我调整，促使中国人接受新的世界观、价值观，注重数学、逻辑思维的科学精神和注重观察与实验的近代科学方法，从而走出传统观念中重顿悟不重分析，一切发现只是像技术一样在社会上流布，缺乏理论建构和学理上的解释与再探讨的中世纪阶段，使似乎不能产生近代科学的中国传统文化走出低谷。晚清时期，西学日渐溶入中国社会，洋务运动使近代科学和技术成为我国综合国力的重要部分，是促使中国社会从封建向现代转捩的重要力量。

一、明清间西方传教士带来的究竟是什么性质的文化

明末清初传播西方文化的主角是欧洲的耶稣会士，厘清耶稣会士带到中国来的是什么性质的科学和技术知识，不仅涉及对传教士传播文化的功过的评价问题，而且关乎我们能否把握这段文化史的真实面目，梳理清楚中国传统文化向近代演进之轨迹的问题。

对于传教士带来的究竟是什么性质的文化，大体有以下两种观点：

一种观点认为：传教士带来的不过是"古学"、"旧学"。

"耶稣会传教士曾被称颂为西方近代科学的输入者。这是不符合事实的。近代的科学是从神学中解放出来的自然科学，而罗马教廷是反对近代科学的死敌，是迫害科学家的狠毒的凶手。耶稣会不可能不站在这种迫害活动的最前列，因而决不能想象耶稣会传教士会把近代科学带进中国来。他们对中国学人隐瞒近代科学的成

就,对于近代科学家哥白尼、耐普尔、伽利略、牛顿等人的伟大成就,是缺乏阐述的。他们在数学方面推崇欧几里得(Euclid of Alexandria,约公元前330—前275)的几何学,在天文学方面推崇托勒密(Claudius Ptolemaeus,约90—168)的太阳系,在力学方面继承亚里士多德(Aristotle the Stagirite,公元前384—前322)关于'物体落下的速度和重量成比例'的错误学说。他们的科学知识仍停留在希腊时代的水平上。"①

"耶稣会士来华的主要功绩,在于介绍欧洲的自然科学。但他们所传播的,基本限于欧洲的古典科技,对十六世纪出现的那些最富于革命性、危及封建神权基础的自然科学成就,却缄口不谈。例如歌白尼的'日心说'、伽利略的物理学、开普勒的'行星运动三大定律',都是科学史上具有划时代意义的贡献。对于这些新学说,来华的耶稣会士,有的人是知道的。但他们守口如瓶,不作介绍;或者在介绍中偷梁换柱,加以歪曲。"②

另一种观点认为,明末清初输入的西学是个新旧杂糅的混合体,既有"古学"又有"新学",而以"古学"为主体。"虽然如此,耶稣会士传来的西方科技还是丰富了当时中国学者的知识,开启了他们的眼界;特别是在天文历算、舆地、水利和火器等几个重要方面涌现出一批专门著作,都是具有划时代的意义的。""利玛窦等人固然不可避免地带来一些近代的新器物,但他们那思想体系却不但是陈腐不堪的,而且是和近代科学和近代思想格格不入的。……可惜那种理论体系的整个世界观和思想方法论却谈不上任何真正具有科学或思想价值的成分。"③

笔者考察了明清间中国学界的一些著作,对明清之际以汉语著译的西方书籍的资料进行了搜集整理,认为这样估价明清间输入西学的价值更符合实际,即:传教士带来的除了基督教教义以外,主要是文艺复兴以后的科学文化,包括文艺复兴以后产生的重视实践经验,注重数学—逻辑思维的近代科学和技术。传教士生活在宗教改革以后的欧洲社会,即近代自然科学兴起的文化环境之中,其思想和世界观既有宗教的偏见和时代的局限,又包含了近代科学精神。传教士作为西方近代科学文化的第一批使者,对我国明清之际科学和技术的进步是有积极贡献的。

尽管明清间西学只在较小范围传播,但中国人接触并研究西方近代科学技术及

---

① 白寿彝主编《中国通史纲要》,上海:上海人民出版社,1980年,374—375页。
② 冯天瑜著《明清文化史散论》,武昌:华中工学院出版社,1984年,155页;《明清文化史札记》,上海:上海人民出版社,2006年,78页。
③ 何兆武、何高济《读利玛窦的〈中国日记〉》,丁守和、方行主编《中国文化研究集刊》第二辑,上海:复旦大学出版社,1985年。

其学术思想确肇端于此时。正当中国传统科学走入低谷之际（中医药学除外），西方科学文化注重数学和公理化系统的思维方式，注重观察与实验的近代科学研究方法，以及日趋精密的近代技术发明，给中国科学技术界带来勃勃生机，在与西学的碰撞与融合中，我国传统的科学文化向近代迈出了第一步。

明末清初一百四十年间，天主教士来华有500人左右，他们当中有著名的数学家、天文学家、地理学家、内外科医生、音乐家、画家、钟表机械专家、珐琅专家、建筑专家。[1] 他们来华之前经过了严格的培训，所学除神学之外，还有系统的数学、天文学等知识。几乎所有传教士都随身携带了数量不等的西方书籍来华。当然，他们来华的主要目的是传教，其中有人把介绍西洋学术、传播欧洲文化当作打开中国大门的敲门砖，其重要途径是译书和著书。其间所译著的中文书籍有400多种，涉及的学科有宗教、哲学、心理学、论理学、政治、军事、法律、教育、历史、地理、数学、天文学、测量学、力学、光学、生物学、医学、药学、农学、工艺技术等。这些汉文译著中，科学技术类占二分之一多，尤以天文学译著最多，达80部左右，其次是数学、地理学和技术。

同西方科学从古典走向近代一样，天文学也是中国科学转向现代的突破口，这有两方面原因。

一方面，晚明中国朝廷亟待修订历法。由于明代不加修改地沿用元"大统历"，200年间钦天监预报天象屡屡不验，如《明史·历志》所记："景泰元年正月辛卯，卯时三刻月食。监官误推辰初初刻，……弘治中，月食屡验不应，日食亦舛。……正德十二、三年，连推日食起复，皆弗合。"[2] 中国古代的天文学从未构建过宇宙几何模型，是以制订历法为主要目的的实用天文学，所采用的基本上是以实测为基础，运用代数学加以计算的方法如内插法，不求明白天体运行之理。这种方法其时已走进了死胡同，虽能解一时之困，却不可能持久，时间越长即会"屡验不应"。而中国人历来认为"天象示警"，因此重新编订历法是十分迫切的事情。

另一方面，欧洲文艺复兴以后，在科学上首先取得划时代突破的是天文学。来华传教士利用帮助中国修历以抬高自己的身价，同时也力图向中国士人证明，天主教并非轻信盲从，而是理性的宗教，其基本教义是可以用理性推证的，以此吸引中国士人。

从1611年开始，意大利耶稣会士庞迪我（Pantoja, Jacques de, 1571—1618）、

---

[1] 鞠德源《清代耶稣会士与西洋奇器》，《故宫博物院院刊》1989年1期。
[2] 《明史·历志一》，《明史》三册，北京：中华书局，1974年，518页。

熊三拔（Sabbathino de Ursis，1575—1620）等受托协助徐光启（1562—1633）、李之藻（1565—1630）等修历，后由李天经（1579—1659）等人续修，于1634年完成了《崇祯历书》；入清后，这部历法经汤若望修订，易名为《西洋新法历书》、又名《新法算书》，即清代使用的"时宪历"。

  我国传统天文学是偏重实用的天文学，以观测经验为基础，以代数为主要计算方法，其目的仅在于制定历法。西方天文学则是以几何学为基础的数理天文学，不仅注重历法的制定，同时十分重视天体运行模型的探究。《崇祯历书》开篇的三分之一以上内容是译文，即把欧洲近几十年内有关的天文数学著作译成中文，作为基本参考资料和制历的理论依据，包括天文学基本知识、天文表以及三角学和几何学等数学知识，引进了一套西方近代宇宙几何模型的概念，抛弃了我国盖天说、浑天说等古老的宇宙概念，同时采用了一整套几何天文学的理论和计算方法，是大规模译介和消化吸收西学的重要学术成果。

  《崇祯历书》采用的是16世纪丹麦天文学家第谷（Tycho Brahe，1546—1601）的宇宙模型。这个模型既保留了古代托勒密体系关于地球是宇宙中心的观点，认为太阳和月球都围绕地球旋转，但它又像新出现的哥白尼体系那样，认为所有行星都绕太阳公转。第谷对行星的运行进行了长达20年的观测，其精密程度达到了肉眼所及的极限，被时人誉为"星学之王"，在近代天文学史上贡献巨大。《崇祯历书》和清初《西洋新法历书》的基本数据，大多采用第谷的观测结果，加上徐光启等人通过实际观测又取得的一些新数据，可以说，《崇祯历书》采用的是当时最为精密的天文数据。《崇祯历书》结束了我国偏重经验和实用的古典天文学历史，开创了近代天文学阶段。

  我们看到有不少文章认为，《崇祯历书》没有采用当时最先进的天文学理论哥白尼学说，反映了传教士反对近代科学的顽固立场。我们可以就此作一些回顾。

  哥白尼日心地动说（1543）早在第谷理论发表（1588）前四十多年就提出来了，这个学说是根据数学简单性、和谐与美这个先验的原则建立起来的。古希腊以来，西方学者一向认为，自然界的事物，在数学上的关系愈简单，从数学上看愈完美，也就愈接近自然。托勒密的模型经过不断的修正却是越来越复杂，已经背离了和谐与美的原则。哥白尼（Nicholas Coper-nicus，1473—1543）要解决的最重要的问题是，天体在宇宙中应当怎样安排，天体运动才是最简单而最和谐的，他的结论是把太阳作为宇宙中心，地球和行星都围绕太阳运动。他恳求数学家们接受他的见解，理由是他的体系比托勒密的体系在数理上简单得多。

  最初哥白尼理论还只是一个数学上的假说，只有少数数学家接受这一体系。从数理上说，哥白尼的模型确实比较简捷，但从物理上说却存在着许多疑点。比如说，要是地球在不停地自转，那么为什么地球上的物体不会因为地球的转动而被抛到宇宙空间中去？空中飞鸟顺着地球运动的方向飞行，为什么看起来与相反方向飞行时并没有两样？假如地球围绕着太阳运动，为什么在不同季节观察远处的恒星时，它们的相对位置并没有发生变化（恒星视差是很久以后才观测到的）。这些涉及哥白尼模型是否是宇宙的真实模型的问题，是在哥白尼以后很久才由近代物理学逐步解决的。对于天文学家来说，哥白尼的模型把行星运动的坐标参照系由地球移到太阳上去，而人们实际上却在地球上进行观测，这样在测算上反而增加了许多麻烦。同时，哥白尼在建造他的模型时，并没有超出天体沿圆形轨道做匀速运动的传统观念，因此仍然得借助于本轮、均轮的方法来解释日、月及行星运行的不均匀性，在基本思路上与传统的托勒密的方法并无区别。哥白尼的日心地动说让学术界踟蹰不前，是有其内在原因的。哥白尼学说受到罗马教廷的反对也并非始于他的著作发表之时，而是在它为许多人接受之后，尤其是在伽利略（Galileo Galilei，1564—1642）以他出色的工作证明日心地动的真实性之后，那时《天体运行论》问世已经过了大半个世纪。编订《崇祯历书》时，耶稣会士向中国人介绍说："有西满者，尝证多禄某（按：即托勒密）、歌白尼两家之法惟一。麻日诺□（此字被虫蚀）收歌白尼测法，更为多禄某之图，益见其理无二矣。"① 他们认为哥白尼理论与托勒密体系大致相同，而"近六十年西土有多名家先后继起，较前人用测更精，立法更尽，造图更美。其一，未叶大……，其二第谷。"② 第谷之法较前人进步，这就是当时人们的认识水平。当然我们也不会想象耶稣会士们在那个时候会偏爱日心地动说。

16世纪末至17世纪上半叶，欧洲连续发生教廷残酷迫害哥白尼学说支持者的事件，来华传教士的确没有对轰动整个欧洲学术界的日心地动说作过全面细致的译介，这无疑与他们的宗教立场有关。不过，事实也不像有些文章说的那样："他们对中国学人隐瞒近代科学成果"，或是，他们对近代科学的成果"讳莫如深"，"守口如瓶"。与此相反，早在17世纪初，传教士就有译书对我国学人作关于日心说的零星介绍。《崇祯历书》中就介绍了地球自转，引进了行星运动循椭圆轨道的理论，并详列了哥白尼6卷本《天体运行论》的目录：

"又其后四百年，有歌白尼验多禄某，法虽全备，微欠晓明，乃别作新图，著书六卷，今为序次之如左：

---

① 〔德〕汤若望著《历法西传》，见《西洋新法历书》，清刻本，8页上。
② 同上。

第一卷，天动以圆解。

第二卷，天并七曜图解、众星及其次舍解。

第三卷，论岁差而证其行较古有异，论岁实求太阳最远点，及随年日时太阳躔度。

第四卷，取古今月食各三度，求月小轮之径，求大轮小轮之比例，并月经纬度，推日月交食。

第五卷，求五星平行，用古今各三测经度，求大小两轮之比例等，终求其正经宫度分。

第六卷，求五星纬度。

以上歌白尼所著，后人多祖述焉。"①

《日躔历指》、《恒星历指》、《月离历指》、《交食历指》、《西洋新法历书》中《五纬历指》等也都大量引用《天体运行论》，并注明"此近世歌白尼法"、"依歌白尼术"等（按：歌白尼即哥白尼）。②

我们看到《西洋新法历书》所收《历法西传》一书，在"西古历法"一节里，从托勒密到伽利略，是一段完整的天文学史，其间根本没有什么"隐瞒"、"守口如瓶"之类。

伽利略可算是第一位近代科学人物。1609年伽利略制成望远镜，并从1610年开始用于天文观测，在欧洲人看来是一件比哥伦布发现新大陆更为令人震惊的大事。因为伽利略相继观测到木星有四颗卫星，间接证明了宇宙中并非只有地球这一个中心；看到了金星的位相和月球表面的山谷；看到太阳黑子并认定太阳绕着自身的轴旋转；证实了星云和银河是由无数恒星组成的。这些无可争辩的事实，有力地证明了日心地动说不仅仅是个数学模型，而且是物理的真实。伽利略用人人可以复按的事实证明了天文学的新学说，而在此之前，天文学的学说仅仅是建立在先验的数学简单性的原则之上的。伽利略兴奋地写道："我惊呆了，我无限感谢上帝，他让我想方设法发现了这样伟大的、多少个世纪都不清楚的奇迹。"③葡国耶稣会士阳玛诺（Em-manuel Diaz，1574—1659）1615年著《天问略》就提及了伽利略造镜测天一事。德国耶稣会士汤若望（Johann Adam Schall von Bell，1592—1666）1626年著《远镜说》，更详细地介绍了伽利略望远镜的构造、原理、应用以及伽利略天文观测的最新成果。1629年汤若望著《主制群徵》，这是一本证天主实有的教理书，但其

---

① 〔德〕汤若望著《历法西传》，《西洋新法历书》，清初刊本，8页上。
② 严敦杰《明清之际西方传入我国之历算考》，见梅荣照主编《明清数学史论文集》，南京：江苏教育出版社，1990年。
③ 〔日〕汤浅光朝著《科学文化史年表》，北京：科学普及出版社，1984年，48页。

中详述了伽利略的观测结果:"自造镜以来,诸天殊异更著,不独其动然也。如太阴其形不圆,其面显泡,其不满之内边高低不等。太白时盈时缺,亦有上下弦,距日近即圆,远即缺,如月然。岁星周边见四小星,或先行或随行,或皆现或各现,甚不一也。日轮上见血点,时密时疏,时进去而复出来。以人意测之,必非日体有此血点染,或系它星经行其下耳。若恒星则见所未见,所未见者益多。若天汉雾气,从前不解者,今乃知由无数小星密聚而成此象。"①此外《五纬历指》、《历法西传》等均介绍了伽利略用望远镜观天象。伽利略是因坚持日心地动说而被教廷定罪的,1616年红衣主教柏拉明(Bellarmine)宣布哥白尼的学说是"错谬的和完全违背圣经的",而在来华传教士们的译著中对伽利略的工作竟然作了那么多的介绍,我们不能不说来华传教士们对科学上的最新成果表现出极大关注。据北大图书馆原副馆长潘永祥教授介绍,北大馆藏一部意大利文版伽利略的《两种科学的对话》。此书是伽利略被囚禁之中偷偷写成的,后由他的一个学生秘密带出,在罗马教会势力范围之外的荷兰出版,不久之后伽利略即去世。这部著作主要论述物理学的问题,其价值远在《两个体系的对话》之上。其时罗马教会已全面禁止伽利略发表任何著作,所以这部书一出版就是罗马教会的"禁书"。北大所藏的正是此书的头一版。潘馆长推断此书应是某传教士秘密带来的私藏物品,后流入民间。此书由时任北大图书馆馆长的毛子水先生于抗战胜利后,在琉璃厂书肆购得。该书在中国的出现,足见来华传教士对科学新进展之关注。

与伽利略同时代的开普勒(Johannes Kepler,1571—1630)是哥白尼学说的有力支持者,他在第谷遗留的珍贵资料的基础上,归纳并证明了行星运动三定律,进一步发挥了日心地动说。在《五纬历指》中就有引开普勒《火星行图》以述火星运行轨道的内容,"弟谷二十年中,心恒不倦,每夜密密测算,谋作图法,未竟而毙;其门人格白尔续之,著为《火星行图》一部,分五卷七十二章,而定其经纬高低之行。"在第七章"火星岁圈大小新测"中写道:"格白尔曾著有书,备详测算,诸论颇繁,今故译其法之一二。"其中叙述了火星运行的轨道有两个圆心,即椭圆形的内容。②《火星行图》今译作《以对火星运动的评论表达的新天文学或天体物理学》,发表于1609年,书中提出了火星运动的两条规律——椭圆轨道定律和面积定律,并指出其同样适用于其它行星和行星的卫星,这就是开普勒三大定律的一、二两条。

由德国耶稣会士戴进贤(Ignatius Kgler,1680—1746)主持,于1742年成书的

---

① 〔德〕汤若望著《主制群徵》二卷,清刻本,19页。
② 罗雅谷撰、汤若望订《五纬历指》卷四,见《西洋新法历书》,清初刻本。

《历象考成后编》是雍正乾隆间又一部重要的历书,"书中引入了多项新内容,包括牛顿对回归年长度的测定值、卡西尼关于蒙气差的新理论及其测量太阳系天体地平视差的新方法等。但最大的改进却是抛弃了本论—均轮学说,代之以开普勒的行星第一和第二运动定律,即椭圆轨道定律与面积定律。不过,书中把这些定律中的日地关系完全颠倒了,让太阳沿椭圆轨道运动,而把地球置于轨道焦点之上,这实际上是对地心说的继续坚持。……之所以要如此行事原因不外乎两条,首先就是因为前面提到过的宗教与日心地动说之间的冲突,其次则是为了与《历象考成》前编中的地心观念保持一致,以免引起分歧"。①

一些批评者说,明末清初来华传教士对近代科学成果"守口如瓶"、"讳莫如深",那是给传教士的形象涂上太现代的色彩了,"我们不要忘记,十七世纪中叶所有合格的科学家与差不多所有的哲学家,都是从基督教的观点去观察世界的。宗教与科学互相敌对的观念是后来才有的。"②

西方天文学输入的另一重要方面,是明末清初引用西法制造天文仪器,除了在工艺、结构等方面引进了一些新方法外,在天文学上主要是引进和建立了一套几何概念更为严格的坐标体系和度量体系。就仪器种类来说,与传统仪器不同之处主要有地平坐标系统的测角仪器以及黄道坐标仪器。康熙八～十二年(1669—1673)新造仪器已采用游标,读数精度达到分以下小数,是1631年才在欧洲问世的游标读数法。西方天文仪器的引进,大大提高了中国在恒星观测及星表编制方面的水平。③

明末清初,天主教士还输入我国一批西方数学知识,主要内容包括欧几里得几何学、笔算、代数、对数、三角学(包括平面三角和球面三角),以及圆锥曲线论等。由于修历,使得西方几何学、三角学在我国应用最多,其次是对数。著名的英国数学家耐普尔(John Napier,又译"纳皮尔",1550—1617)1617年发表了最初的对数表,1628年罗雅谷在《筹算》一书中就作了介绍,④我国1653年就将恩理格·巴理知斯(Henry Briggs,今译布里格斯,1556—1630)对数表翻译出版了。欧洲1596年出版的17世纪前著名的三角函数表,有十位小数,且以10″间隔,我国也在17世纪初译成《四线对数表》刊行了。⑤ 1701年法国耶稣会士杜德美(Petrus

---

① 薄树人主编《中国天文学史》,台北:文津出版社,1996年,293页。
② 〔英〕W.C.丹皮尔著《科学史》,北京:商务印书馆,1975年,219页。
③ 薄树人主编《中国天文学史》,台北:文津出版社,1996年,第八章第五节"西方天文仪器的装备"。
④ 严敦杰《明清之际西方传入我国之历算记录》,见梅荣照主编《明清数学史论文集》,南京:江苏教育出版社,1990年。
⑤ 同上。

Jartoux，？—1720）应康熙皇帝之请来华，带来了苏格兰数学家和天文学家格雷戈里（James Gregory，1638—1675）的正弦、正矢的幂级公式和牛顿的圆周率幂级公式，被梅毂成（1681—1763）收入他的《赤水遗珍》之中，这些数学知识和方法都是西方天文学计算所不可缺少的。年希尧（？—1739）则著《视学》，专门介绍了欧洲的画法几何。① 我国1723年成书的53卷本《数理精蕴》，是清初编订的大型数学丛书，收1685年以后传入我国的西方数学。方豪（1910—1980）称《数理精蕴》"集明末清初西洋数学之大成者"，"贯通中西之异，辨订古今之得失"。②

地理学、制图学是16世纪欧洲空前发达的学科，这既是大规模航海的需要，也是欧洲人地理大发现的结果。利玛窦（Matteo Ricci，1552—1610）来华时就携来了世界地图，据考证当是比利时地理学家奥特利乌斯（Abraham Ortelius，1527—1598）1570年出版的世界地图集。利玛窦1582年来到广东肇庆，第二年就开始绘制世界地图，二十年间他先后绘制成肇庆版、南昌绘写本、南京版、北京版和北京增订版等世界地图，流传极广，遍及全国（包括澳门）以至日本。利氏地图包括图和图解说明，介绍了大地是一个球形，图上绘有经纬度、赤道、五带、南北极，还标明了五大洲——亚、欧、非、美和南极洲。利玛窦的世界地图介绍了850个以上的地名，还有95个左右的天文和地理注释。③ 利玛窦采用的是西欧当时的麦卡托（Gerard Marcator，1512—1594）圆柱形投影法、奥特利乌斯椭圆投影法等16世纪制图学的最新成就。利玛窦的两半球图所用麦卡托投影法，曾引起中国士人的特别注意和模仿。④ 明末清初世界地理汉译著作有近20种，基本上包括了16、17世纪欧洲关于世界人文地理和自然地理的知识。

把科学应用于技术是近代欧洲科技发展的一个显著特点。16世纪欧洲技术进步最快的是纺织业和采矿业。16世纪著名工程师阿格里科拉（Georgius Agricola，1490—1555）所著《金属学》是欧洲的矿业经典著作，1643年就由汤若望、李天经等译成中文出版。欧洲近代光学知识传入我国较早，清初广州、苏州、杭州、上海、北京等地已有眼镜作坊。17世纪初欧洲折射式望远镜及其制作技术已传入我国，1631年徐光启等人已用望远镜观测日食了。1668年牛顿发明的反射式望远镜，我国亦于18世纪中叶仿制成功，1759年《皇朝礼器图式》中即有记载。1674年南怀

---

① 梅荣照《明清数学概论》，见梅荣照主编《明清数学史论文集》，南京：江苏教育出版社，1990年。
② 方豪著《中西交通史》下册，长沙：岳麓书社，1987年，738页。
③ 杨小红《崇高的神父和学者——利玛窦》，中国科技大学硕士毕业论文，1990年6月。
④ 《纪念利玛窦来华四百周年中西文化交流国际学术会议》，台北：辅仁大学出版社，1983年。

仁（Ferdinand Verbiest，1623—1688）编《新制灵台仪象志》中还介绍了三棱镜的异彩与霓虹等光学现象以及光的折射等知识。1626年出版的《远西奇器图说录最》所介绍的力学知识和西方机械器具，据考证乃译自剌墨里（Agustino Ramelli，1531—1600）、阿格里科拉和古以多（Vbaldo Guido，1545—1609）等人16世纪末至17世纪初的著作[①]。欧洲17世纪先进的造炮技术，也在明末清初传入我国。当然，17世纪代表近代科学精华的主要内容，如牛顿的万有引力、笛卡儿（Rene Descartes，1596—1650）的解析几何学、以及牛顿和莱布尼兹（Gottfriod Wilhelm Leibnitz，1646—1716）的微积分、F.培根（Francis Bacon，1561—1626）的《新工具》等，都是19世纪后半叶才输入的，笛卡儿理性主义的科学方法论，是迟至20世纪初才输入我国的。欧洲近代科学这些重大成果之所以姗姗来迟，是有其复杂原因的。但仅就以上材料看，传教士译介的科学著作，并不是以古希腊学术为主，传教士的知识水平也并非"仅仅停留在希腊时代的水平上"。根据严敦杰先生《明清之际西方传入我国之历算记录》一文进行统计，明清间传教士向中国学术界介绍的西方历算学家中，16、17世纪的人占60%以上，而以17世纪的人最多。

　　人们说，明清间传教士译介的不过是欧洲的"古学"、"旧学"的另一个主要根据是指欧几里得的《几何原本》和亚里士多德的逻辑学。

　　的确，亚里士多德是公元前4世纪人，欧几里得是公元前3世纪人，但是16、17世纪的欧洲人是否把这些纪元前的学问当作古学、旧学呢？这些学问对于欧洲近代科学有什么意义？这些问题搞清楚了，它们对中国传统科学向近代过渡的价值也就不言而喻了。

　　亚里士多德是形式逻辑的创始人，他总结了形式逻辑的基本规律和三段论推理方法，这是一个伟大的发现。形式逻辑是人类思维精确化的突出表现，也是人类思维科学化的必然要求。古希腊人创立的这种严谨的科学思维方法对后世理论研究产生了巨大的影响，可以认为，如果没有形式逻辑，也就不会有近代科学。亚里士多德逻辑学的重新兴起，是欧洲文艺复兴运动所复兴的古希腊学术的最重要的成果之一。

　　公元前300年左右，欧几里得总结了古希腊的几何学知识，从一些不证自明的公理、公设出发，运用亚里士多德的形式逻辑进行严格的演绎推理，建立起庞大而严密的几何学体系，使几何学成为最早成熟的一门理论科学。欧几里得几何学也是文艺复兴时期所复兴的科学文化的重要组成部分。

[①] 严敦杰《明清之际西方传入我国之历算记录》，见《明清数学史论文集》。

让我们来看看科学史家们是怎样评价这些纪元前产生的学问的。英国科学史家丹皮尔（William Cecil Dampier, 1867—1952）认为，可以从两方面看待几何学。第一，几何学是实验科学的演绎部分；第二，几何学是给一种理想空间下定义，并根据这些定义得到一套推论。他说，"这两种观点在本质上都是现代的。"① "文艺复兴时期的科学，主要靠了从欧几里得和别的希腊数学家那里得来的方法成长起来的"②，"我们很可以认为希腊几何学和近代实验科学占有同等最高的地位。"③ 不但16、17世纪的欧洲人没有把欧几里得几何学看作是陈旧的学问，与此相反，《几何原本》是当时欧洲普遍使用的数学教科书，时至今日，科学界仍然把欧氏几何学看作是最重要的基础学科之一。我国1862年成立同文馆后，李善兰（1811—1882）定《几何原本》为馆生必读教材。现在欧氏几何学也仍然是世界各国中学必读的数学基础课程。

欧几里得的《几何原本》不仅包括几何学，还有数论知识，构成了一个严密的逻辑体系。这种数学理论的结构系统，正是我国传统数学所缺乏的。正如徐光启指出的："是法也（指《几何原本》六卷）与《周髀》《九章》之勾股测望，异乎？不异也；不异何贵焉？亦贵其义也。"④ 我国古代数学"第能言其法，不能言其义"⑤，即有很高的解题本领，但从理论来加以说明则极为欠缺。利玛窦把欧几里得几何学这一知识系统及其严密的演绎推理方法，作为科学研究的"根基"介绍给中国，这是他对中国科学发展的一个积极贡献。徐光启以科学家的博学与慧眼，推崇《几何原本》为"度数之宗"，"此书未译，则他书俱不可得论"⑥。

《穷理学》这部书的"五公称"部分是专门讲演绎推理的，译者南怀仁认为，"穷理学为百学之宗，定非之磨勘，试真之砥石，万艺之司衡，灵界之日光，明悟之眼目，义理之启钥，为诸学之首需。"⑦ 严密的逻辑思维是古希腊的优秀传统，近代科学的形成正是依靠这种理性主义之光。

逻辑—数学结构所构成的近代的科学理论，和有组织有控制的科学实验，乃近

---

① 〔英〕W. C. 丹皮尔著、李珩译、张今校《科学史》，北京：商务印书馆，1975年，84页。
② 同上书，171页。
③ 同上书，84页。
④ 徐光启《勾股义绪》，见徐宗泽著《明清间耶稣会士译著提要》，台北：中华书局，1958年。以下简称徐宗泽《提要》。
⑤ 利玛窦《译〈几何原本〉引》，见徐宗泽《提要》。
⑥ 徐光启《刻〈几何原本〉序》，徐光启著、王重民辑校《徐光启集》上册，上海：上海古籍出版社，1984年，75页。
⑦ 南怀仁《进呈〈穷理学〉书奏》，见徐宗泽《提要》。

代科学的建立与发展所赖,是近代科学思想和科学方法之精髓。《几何原本》和逻辑学的译介,毫无疑问是中国传统学术接近欧洲近代科学的一个起点。

二、欧洲近代科学文化在明清之际的影响

明末清初传教士带来的欧洲近代科学文化,对于我国的传统科学文化从古代走向近代是有深刻意义的,主要表现在以下四个方面。

首先,是在宇宙观方面促使中国人对传统文化作心理上的反省。

利玛窦来华之前,中国人的宇宙理论始终停留在"盖天说"("天似盖笠,地法覆盘")或"浑天说"("浑天如鸡子,天体圆如弹丸,地鸡中黄孤居于内……")的笼统猜想之中。中国旧的世界地理概念是,中国是世界的中心,中国的四周有海,海中有若干岛国,其面积总和也没有中国一个小省大。

西方天文学和地理学知识的输入,使中国人的宇宙观开始改变(虽然元代即有阿拉伯天文学家带来地球仪,而"地球说"只为极少数学者所知,如郭守敬)。"地圆之说直到利氏西来而始知。""天文实用及地毯经纬图皆利氏西来后始出。"① 中国不仅不是世界的中心,而且中国以外的世界其广阔瑰奇令人惊讶不已,正如杨廷筠(1557-1627)所说,"即彼国图籍所记又是宇宙中之万一,而傀诡瑰奇,业已不可思议矣。"②

两千多年来,中国与东亚中亚以外的地域极少往来而处于孤立状态,自以为中国为"中",这就是世界的秩序。"孰知耳目思想之外,有如此殊方异俗"。③ 西方天文学和地理学的输入,对于以我为中心的、封闭式的、缺乏进取的文化心理,是一个很大的冲击,中国有头脑的知识分子不得不从新面向世界,"非可云六合之外,存而不论也"④。清人郭嵩焘(1818-1891)深刻指出,西洋人入中国,是天地的一大变,可见对中国人心理影响之深。

第二,促使中国学术界从崇尚空谈向注重实用转变。

自我批判是走向新的起点的必由之路。我国晚明出现的思想解放的社会思潮,正是"自我批判"的肇端。知识分子批判空谈心性的理学,开始注重具有实用价值

---

① 刘献廷《广阳杂记》卷二,潘祖荫辑《功顺堂丛书》,吴县潘氏光绪十二年刻本。
② 杨廷筠《〈职方外纪〉序》,见徐宗泽《提要》。
③ 李之藻《刻〈职方外纪〉序》,见徐宗泽《提要》。
④ 方以智《物理小识》卷一,万有文库本,31页。

的知识。恰逢此时,传教士带来西方近代科学文化。同异质文化的比较,加深了开明士人对传统文化缺陷的认识,促进了"自我批判"运动。晚明思想家十分敏锐地抓住了西学具有"实学"这一鲜明特点,对传统文化进行反思。冯应京(1555—1606)认为,"吾辈即有所存而不论,论而不议。至所尝闻而未用力者,无可憬然悟,惕然思,孜孜然而图乎。""第目击空谭之弊,而乐夫人之谭实也。"他认为天学(包括天主教神学和西方科学),可以用来"对症发药","深诋谭空之误。"[①] 李天经指出:"世乃侈谭虚无,讹为神奇,是致知不必格物,而法象都捐,识事扫尽"。[②] 徐光启则以西方科学"蹠实返本"、"精实典要",着力批判明末思想界的玄虚学风,深刻总结了我国数学之所以落后,首要原因在于"名理之儒土苴天下实事",[③] 空谈心性的知识分子,视于国计民生有用的实学为草芥粪土,致使传统科学不发达。李之藻认为,西洋科学如历算、水法、算法、测望、仪象、日轨、图志、医理、乐器、格物穷理之学、几何学等,"多非吾国书传所有","总皆有资实学,有裨世用。"[④] 他研究和倡导西方科学的目的不仅"便于实用",更在于"其道使人心归实,虚憍之气潜消"[⑤]。

明代中后期,中国社会出现了人文主义思潮,一些士人力图摆脱理学桎梏,提出"百姓日用即道"的命题。西方"实学"的输入加深了这一思潮的发展,"器虽形下,而切世用",[⑥] "今所录者,虽属技艺末务,而有益于民生世用"[⑦]。知识分子选择了淡泊功名,甘愿投入有益于民生世用的实学。儒家传统价值观念发生的动摇,为自然科学的生存和发展提供了一缝之隙,使在明代曾一度沉沦的自然科学,至晚明又出现了复兴的趋势,完成了一批有利于国家富强而于功名进取毫不相干的科学技术著作。

第三,使中国近代科学先驱们认识到传统科学的弊端:重经验描述,轻理论构建;重直觉顿悟,轻知解分析,进而关注和吸收西方科学的思维方式。

我国自古以来数学上有非凡成就,至宋元时期达到最高峰。但中国用数学来整理、记录经验资料,却不用来组织、构建理论。中国科技传统不同于西方近代科学之处,首先在于科学理论中缺乏逻辑—数学结构。中国古代只有"算学"而乏"数

---

① 冯应京《〈天主实义〉序》,见徐宗泽《提要》。
② 李天经《〈名理探〉序》,见徐宗泽《提要》。
③ 徐光启《刻〈同文算指〉序》,见徐宗泽《提要》。
④ 李之藻《请译〈西洋历法〉等书疏》,见徐宗泽《提要》。
⑤ 李之藻《〈同文算指〉序》(明万历四十一年),见徐宗泽《提要》,267页。
⑥ 徐光启《〈泰西水法〉序》,见徐宗泽《提要》。
⑦ 王徵《〈远西奇器图说录最〉序》,见徐宗泽《提要》。

学"。算学即"计算之学",重在计算技巧而不求其理。即如成就最大的代数学,人们积累了许多求解方程的技巧,也解了许多难题,却连二次方程求解的普遍公式都不曾建立。

我国传统的思维方式一向以重直观、直觉和顿悟为特点。老子(公元前6世纪)认为,把握世界之一般——道,必须靠直观。庄子(公元前369?—前286?)以静、虚为求知的要诀。宋明理学家发展了直觉求知的方法,王阳明(1472—1528)认为,"致知格物者,致吾心之良知于事事物物也"[①],主张不假外求,更强调了心的作用。这种思维,是在直观经验基础上,通过长思冥想,突然顿悟,达到解决问题的目的。这种思维方式具有突发性、偶然性,既有独创性,也有模糊性,对概念、范畴的阐述大都混沌,缺乏严格的定义,不注重逻辑的推证。这种重直觉轻知解、轻分析的思维方式,对以公式化体系为特点的近代科学的产生是不利的。

明末不少开明士人在中西科学的比较当中认识到,西方科学与中国传统科学最大的差异在于,西学"不徒论其度数而已,又能论其所以然之理。"[②] 以勾股法为例,我国古代有卓然成绩,与《几何原本》的计算方法没什么不同,但是"言大小勾股能等相求者,以小股大勾,小勾大股,两容积等,不言何以必等能相求也"[③]。

明末清初一部分知识分子相继对西方思维科学进行译介、研究和吸收。李之藻翻译《名理探》一书,希望通过西方"步步推明"的逻辑方法,"迪人开通明悟,洞彻是非虚实",为追求知识和思想的确定性提供理论基础。"缘数寻理,载在几何",徐光启毕生为把《几何原本》的公理化和逻辑推理方法推广到我国科学和技术领域中而尽心竭力。明末清初方以智(1611—1671)注重"质测",并对演绎方法在科学研究中的作用有灼见:"推而至于不可知,转以可知者摄之。"[④] 根据实验和观测的已知知识,运用演绎推理的方法,可以得到未知的知识。这是真正具有近代意义的科学思维方法。

科学是人们对外部世界系统化、理论化的认识。系统化的理论认识离不开"思辨"。来华传教士和明末学人把西方几何学、逻辑学作为科学思维的工具介绍给中国学术界,对我国科学技术脱离被动的观察、描述现象和整理记录经验资料的幼稚阶段,向科学理性化过渡,是有深远意义的。

---

① 王守仁著、叶绍钧点注《传习录》,上海:商务印书馆,1933年,113页。
② 李之藻《请译〈西洋历法〉等书疏》,见徐宗泽《提要》。
③ 徐光启《题〈测量法义〉》,见徐宗泽《提要》,269页。
④ 方以智《物理小识·自序》,方以智著《物理小识》上册,上海:商务印书馆,1937年。

第四，明末清初西方科学著作的译介、研究，使得徐光启等近代科学先驱们认识到数学在科学研究中的特殊地位。

欧洲文艺复兴时期自然哲学的重要内容之一，就是把数学和数学方法理解为认识自然的强大手段，数学不仅作为应用科学，而且作为一门严格求证的理论科学恢复和发展了，这是因为，"近代科学始终坚持尽可能精确定量的描述和定律的理想。"①

数学是以符号化形式出现的逻辑推理方式，一方面它是一种科学的思维方式；另一方面，它对自然界的研究提供定量分析。欧洲近代哲学家认为，数学、比例和关系是所有自然现象的基础。"在每个现象用数学方式从量上加以表示以后，这个现象就算既得到了科学上的解释，也得到了哲学上的解释了"，这是哥白尼、开普勒直到牛顿时代西方近代科学家的思路。②

徐光启在西方数学的启发下认识到："算术者，工人之斧斤寻尺；历律两家，旁及万事者，其所造宫室器用也。此事不能了彻，诸事未可易论"。③李之藻指出数学的确定性在治学中的作用："数于艺犹土于五行，无处不寓。耳目所接，已然之迹，非数莫纪，闻见所及，六合之外，千万世而前而后，必然之验，非数莫推。已然之验，乘除损益，谲诡莫掩，颛业莫可诳也。"④王徵则进一步指出数学可以用来穷格物之理："凡器用之微，须先有度有数，因度而测量，因数而生计算，因测量计算而有比例，因比例而后可以穷格物之理，理得而后法可以立也。"⑤数学是人类认识自然的有力手段。数学为什么具有如此之效用？"盖凡物有形有质，莫不资于度数"，"象数之学，大者为历法，为律吕，至其它有形有质之物，有度有数之事，无不赖以为用，用之无不尽巧极者。"⑥这就说，凡有形有质的东西，都存在数量关系，研究事物的数量关系，属于基本科学。基本科学的研究是不以实用为目的的，是用理性认识世界、解释世界，用徐光启的话说就是"不用为用，众用所基"。⑦徐光启等少数文化先驱，已达到把数学放在更高层次上与科学联系在一起的深度，这是具有近代意义的科学思想。

---

① 〔英〕亚·沃尔夫著、周昌忠等译《十六、十七世纪科学技术和哲学史》，北京：商务印书馆，1985年。
② 〔英〕丹皮尔著、李珩译、张今校《科学史》，北京：商务印书馆，1975年，216页。
③ 徐光启《刻〈同文算指〉序》，见徐宗泽《提要》。
④ 李之藻《〈同文算指〉序》，见徐宗泽《提要》。
⑤ 王徵《〈远西奇器图说录最〉序》，见徐宗泽《提要》。
⑥ 徐光启《条议历法修正岁差疏》，见徐光启著、王重民辑校《徐光启集》，上海：上海古籍出版社，1984年。
⑦ 徐光启《刻〈几何原本〉序》，见徐宗泽《提要》。

对于明末清初西方近代科学的输入及其影响，胡适评论道："在一六〇〇年左右，利玛窦来到中国。继之若干年，经明至清朝康熙、雍正年间，有许多有名的学者到中国来，他们的人格学问，全是很感动人的；并且介绍了西方的算学、天文学等十六世纪十七世纪的西洋科学，恐怕中国的思想界、学术界都受到他们的影响。"①

明清之际的中西文化交流是在利玛窦首创的和平传教方针的气氛中进行的，明末士人也以平和宽广的心态接纳西方科学文化，徐光启创导的"欲求超胜，必先会通"的口号，引领了明末清初中国科学文化的路径，梅文鼎、王锡阐等很多学人，努力吸收消化西洋新法，撰写了一批比较中西学术的天文、数学方面的著作，呈现出《天工开物》、《农政全书》、《物理小识》等中国文化史上不朽的科学著作。清初学人评论徐光启："玄扈天人，其所著述，皆迥绝千古"。②然而，科学是一种社会活动，科学部分地依赖于支持它存在其中的社会。明末清初整个社会的政治、经济和文化理想的形态，限制了近代科学在中国的发展，徐光启、李之藻等人崇尚理性这一闪光的思想火花，只发生在较小范围，远没有形成时代精神，以至于清代中期，学术思想出现了历史的回流。

三、洋务运动的历史意义

古人云："授人以鱼，三餐之需；授人以渔，终生之用。"洋务运动的最大功绩在于，使西学为"渔"，近代中国社会开始正视西方先进的科学技术，下决心放弃"通经治世"的传统思路，"舍己从人"走科学强国的道路。洋务运动领袖及其知识分子以积极进取的心态接纳西方科学，他们认识到，西方近代科学技术能够使人们获得认识自然、利用自然的能力，科学具有社会价值，能够使中国起弱振强。在理性思考的基础上，他们主动吸收以工业文明为标志的近代科学文化，使发展科学和技术成为中国人自强的动力。持续三十年之久的洋务运动，促成中国思想界发生最具影响力的变化——科学观的转变，科学"近代化"成为中国近代社会发展的特征，最终促成了二十世纪初的社会大变革。自洋务运动以来，科学技术始终是改造中国社会的主要力量。

但是，洋务运动至今没有得到应有的肯定。史家把洋务运动说成仅仅是师夷之"奇技淫巧"，对西方新学的吸收不过是停留在"器物"层面的社会活动而已。因甲

---

① 胡适《考证方法之来历》，胡适著《胡适全集》第13卷，合肥：安徽教育出版社，2003年，160—161页。
② 刘献廷《广阳杂记》卷三，潘祖荫辑《功顺堂丛书》，吴县潘氏光绪十二年刻本。

午战败，便认定洋务运动彻底失败。

此种议论最早始于戊戌派人物。1897年梁启超为《西政丛书》作序，开篇即倡言"政无所谓中西也。"戊戌派的激进将洋务运动进步的文化主张抹煞殆尽，梁启超批评洋务知识分子"坐此能力所限，而稗贩、破碎、笼统、肤浅、错误诸弊，皆不能免，故运动垂二十年，卒不能得一健实之基础。"[①] 又说："近年以来新学输入，于是学界颇谈格致，又若舍此即无所谓西学者。然于格致学之范围，及其与他学之关系，乃至此学进步发达之情状，则瞠乎未有所闻也。"[②] 他不止一次批评李鸿章："其于西国所以富强之原，茫乎未有所闻焉。""不学无术，不敢破格，是其短也，""李鸿章有才气而无学识之人也。"[③] 谭嗣同批评洋务运动说："中国数十年来何尝有洋务哉？抑岂有一士大夫能讲者？能讲洋务，即又无今日之事。足下（指贝元征）所谓洋务，弟就所见之轮船已耳，电线已耳，枪炮、水雷及织布、炼铁诸机器已耳。于其法度政令之美备，曾未梦见，固宜足下之云尔。凡此皆洋务之枝叶，非其根本。"[④] 洋务官僚及其知识分子只关注船械制造，视西方近代科学技术为"技"与"器"，"而于西人所以立国之本，则瞠乎未始有见。"其实作为一位有审视力的堂堂政治家，李鸿章何尝不明了没落腐朽的大清国所面临的困窘所在？只是在那个阶段，他还无力找到更高明的解救办法。他曾说他一生所做的事，像一个裱糊匠，用纸片给一间破屋东补西贴，"裱糊匠究竟决不定里面是何材料……。乃必欲爽手扯破，又未备何种修葺材料，何种改良方式，自然真相破露，不可收拾。但裱糊匠又何术能负其责？"[⑤] 这是真实的历史写照。在未备良策扯破破屋、新建重构的情况下，李鸿章所能做的就是，带领先知先觉的知识分子做"起弱振强"的工作——发动洋务运动。无数世界历史事实告诉我们，政治体制改革滞后，是社会发展的一般规律。日本1868年成立维新政权，二十多年后才颁布日本帝国宪法，也不过是完成了一切价值以天皇为核心的天皇制架构，国会只负责审议预决算，人民没有集会、结社、言论自由。政府推行的近代化，主要是富国强兵的工业化，知识分子提倡"实学"，即实证的科学精神，致力于生产力的开发，移植欧美的生产模式与技术措施，兴办军事，开设纤维业工厂，敷设铁路、电讯设施，移植农业新技术，开办海运，经营矿山等等。当然不可否认的是，日本近代化初期的思想启蒙比晚清时期的中国做得好。1857年

---

① 梁启超著《清代学术概论》。
② 梁启超《格致学沿革考略》，梁启超著《饮冰室合集》文集之十一，上海：中华书局，1936年，3页。
③ 梁启超《李鸿章——中国四十年大事记》，天津：百花文艺出版社，2000年，110、115页。
④ 谭嗣同《报贝元征》，蔡尚思、方行编《谭嗣同全集》，北京：中华书局，1981年初版、1998年重印，202页。
⑤ 姜鸣《天公不语对枯棋——晚清的政局和人物》，北京：三联书店，2006年1月，25页。

美舰叩开日本国门，出于民族主义的驱动，幕府末期就亟力提倡修习洋学，洋学渗透到私塾等底层学堂，知识分子包括武士集团受到西洋文化的启蒙教育已达到相当程度，出现了像森有礼、加藤弘之等一批具有影响力的知识分子，他们推崇西方近代思想的个人主义，以追求人的精神自由的天赋人权观念作为启蒙民众的责任，培养"心思的自由"，提出"国家的主体是人民，为人民而有君主、有政府"（加藤弘之《国体新论》）的政体理论等等。就思想的理性启蒙而言，明治时代知识分子所做的努力，比中国洋务知识分子要充分得多。仅就健全的个人主义理性来说，当代中国对国民的启蒙又何尝充分？更不要说洋务运动了。但是，我们不能因此而否定洋务运动的历史功绩。

在我国，把科学作为一种精神活动，尝试将近代自然科学知识运用于社会人事的思考，虽然真正的开端在二十世纪上半叶，但是，洋务运动是中国思想界、中国学人开始重视近代意义上的"科学"，并大规模运用于社会实践的发端期。洋务知识分子对西学"格致"的认识，并非戊戌维新人士所批评的那样，仅仅停留在"技艺"与"器物"的功利层面上。洋务官僚及其知识分子对近代科学认识的进步，表现在以下几方面：

首先，洋务知识分子对西方近代科学技术的接纳，是建立在对十九世纪中后期世界局势的发展趋势的理性思考基础之上的。

社会改革运动的不同阶段，所处社会环境不同，自有其面临的不同层次的问题。我们不能越过洋务运动时期，用戊戌维新时代的局面去简单否定前者。两次鸦片战争以后，洋务运动首先遇到的是怎样看待中国社会与西方工业文明的强烈冲突。

面对鸦片战争之后割地赔款剧烈改变的中外关系，无论保守者还是革新者，人人都意识到中国处在三千年来未有之大变局中。"群夷虎我腹心，为数千年来未有之创局。轮船电报之速，瞬息逾千万里；炮弹所到，无坚不催；水陆城阙，渺无限制。"① 西方殖民主义者所恃现代化武器和通讯工具，令我所踞之水陆关隘，了无用处，"国门"实已乌有。中国面临千古未有之变局。

国人怎样理解这种变局？

持消极态度的人认为，当今洋人"求请无厌，我乃应接不暇，此亦智勇俱困之秋矣。"② 表现出无奈。

---

① 周传盛《军谋篇》，周传盛著、周家驹等编《周武壮公遗书》卷一，金陵刻本，光绪三十一年，1页。
② 王先谦《条陈洋务事宜疏》，王先谦著《道咸同光奏议》卷十六，10页。

开明人士对世界局势的认识是,"当今之世,地球尽开,已成大小相维之局。我不交涉于人,人必交涉于我,虽欲闭关自守,而其势有所不能。"①"计欧洲之强盛,不过三、四百年,其创立机器,不过百年,百年以前,其所用火器舟车,无大异于中国。然则其创机器以横行五洲也,亦天地之气运大变,将肇开大一统之象,而不可遏抑也。"②

李鸿章的判断是:"华夷混一局势已成,我辈岂能强分界划。"③"风尚由分而和,此天地自然之大势,非智力所能强遏也"。④

有人根据儒家经典《易经》变易的理论解释变局,认为宇宙中阴阳、乾坤、刚柔等对立的双方,相摩相荡,相攻相感,自然界和人类就是处在不断的变化之中。也有人以宋儒邵雍"运会说"为根据,认为天地万物的生成与变化,是按照一定周期由兴至衰,循环不已的。处此变局,对中国来说,未始不是一个转机。

"今五大洲通而为一,乃古来未有之奇变。天地之气运,一变至此,人何能与天地相抗,能迎其机而自变者,其国必昌;不能迎其机而变者,其国必亡。"⑤"此千古未有之奇境,天方启之,人力焉得而遇之?特时会有先后,远或在数十百年之后,近在转瞬之间,未易逆睹也。"⑥

有头脑的人已经明了,华夷混一,由分而合,世界将一体化,此天地自然之大势。中国不能再闭关自守,必须"迎其机而变"。风尚者,潮流也。洋务派作出的反应是遵循《易经》所谓"穷则变,变则通"的信条,倡言抓住机遇"自变"。

李鸿章提出"识时务者当知所变计耳"⑦,"今日所急,惟在力破成见以求实际而已",⑧"能自强者尽可自立,若不强则事不可知"⑨,"我朝处数千年未有之奇局,自应建数千年未有之奇业。"⑩他下决心摈弃中国封建社会历代传承的"通经治世"的老路,"……是必华学即可制夷即可敌夷。若尚不足以制敌,则取彼之长益我之短,

---

① 项藻馨答卷《中国各大宪选派办理洋务人员,应以何者为称职?》,《格致书院课艺》职官类辛卯,王韬辑,上海富强斋书局,光绪二十四年,册六,2页。
② 皮锡瑞:《皮鹿门学长第十一次讲义:论变法为天地之气运使然》,《湘报类纂》觉睡斋主编辑,上海:中华编译印书馆,壬寅秋,乙集下,26页
③ 李鸿章《复沈幼丹中丞》,李鸿章著《李鸿章全集》(朋僚函稿)卷一。
④ 李鸿章《妥议铁路事宜折》(光绪六年十二月初一日),《李鸿章全集》(奏稿)卷三十九。
⑤ 皮锡瑞《论变法为天地之气运使然》,《湘报类编》乙集卷下,28页。
⑥ 吴云《潘郑盦大司寇》,吴云著《两罍轩尺牍》光绪十二年刻本,卷八,18—19页。
⑦ 李鸿章《复鲍华谭中丞》,《李鸿章全集》(朋僚函稿)卷十一。
⑧ 李鸿章《筹议海防折》,《李鸿章全集》(奏稿)卷二十四。
⑨ 李鸿章《复刘仲良中丞》,《李鸿章全集》(朋僚函稿)十六。
⑩ 李鸿章《复议张家骧争止铁路片》,《李鸿章全集》(奏稿)卷三十九。

择善而从，又何嫌乎？……洋学实有逾于华学者，何妨开此一途？"① 他选择了"用夷变夏"，借法自强。

1862年他就提出"用夷变夏……而求自强之术"的想法②，认为当前是"喜谈洋务乃圣之时"③。同治二年李鸿章写信给同僚说："果能虚心求教，舍己从人，目前可得其皮毛，日久必跻其堂奥。"④ 这是一种旷古未有的谋求自强的全新战略，这种觉悟是一个认识的飞跃。中华文明，几千年来有着孤立的、独自发展路径的、浑然一体的文化系统，它形成的是习惯于"求诸己"，即向后看求诸先贤的文化意识，李鸿章、冯桂芬、郑观应等洋务派能不落巢臼，转而"向外看"，决心"择善而从"，表明他们意识到了社会需要什么，他们将摈弃几千年来"闭关自守"的国策和"成法"，学习西方的长处来迎接西方的挑战，这是中国人在十九世纪下半叶世界观、文化观的质的转变，是一种可贵的时代精神。

李鸿章等人所谓的"择善而从"，主要指学习西方近代科学文化，推行格致西学。

二、洋务领袖及其知识分子转变"道""器"观，以进取心态对待格致西学。

晚清时期鄙视外来的西方科学技术，持夜郎自大态度者不在少数，他们视西方科学技术为"奇技淫巧"，对于立国大道来说只是"末议"，坚决抵制。洋务运动的反对派倭仁说："立国之道当以礼义人心为本，未有专恃术数而能起弱振弱者。天文算学祇为末议，即不讲习，于国家大计亦无所损。"⑤ 杨廷熙认为："中国之可羞可耻者，未有大于西洋之流毒、西人之倡乱矣。""延聘西人在馆（指同文馆）教习，此尤大伤风教。夫洋人之与中国，敌国也，世仇也，天地神明所震怒，忠臣烈士所痛心，……华夷之辨不得不严，尊卑之分不得不定。"⑥

李鸿章的认识是，他知道中西文化是两种不同体系，但他肯定西方近代科学技术的价值，以积极进取的文化心态，自觉消弭中西文化冲突，用"吾喜西学格致不背吾儒"的"调和"姿态，取彼之长，去适应变局，改造社会。

在中国传统文化中，"格致"一词是"格物致知"的省称，语出《礼记·大学》：

---

① 李鸿章《复刘仲良中丞》，《李文忠公全集》（朋僚函稿）卷十五，4—5页。
② 李鸿章《复李黼堂方伯》，《李鸿章全集》（朋僚函稿）卷一。
③ 李鸿章《筹议海防折》，《李鸿章全集》（奏稿）卷二十四。
④ 年子敏编著《李鸿章致潘鼎新书》，北京：中华书局，1960年，4页。
⑤ 倭仁折，见《洋务运动》，中国科学院近代史研究所史料编辑室、中央档案馆明清档案部编辑组，上海：上海人民出版社，1961年，册2，38页。
⑥ 杨廷熙折，见《洋务运动》册2，44、47页。

"致知在格物,格物而后知至。"① 古人对这句话的解释,一直是"解经"的重要内容,从汉至宋明,聚讼纷纭,其核心意思是,强调个人修身养性,关乎国家治理。"格物者致知之事也,物者何? 身心家国天下是也。格物之事何以正之? 修之齐之治之平之者是也。格者至也,穷极物之理而补不遗。格者又明有所止也,揆度物之情而不逾其则。知此则《大学》一书完具无缺。"② 强调所格之物是身心家国等事,即传统所谓的"义理",所关注的是形上之"道",是"人事"而非物质世界。

洋务运动的领袖及其知识分子观念上的一个重大转变是,认为格致兼乎"道"与"艺"两方面。

中国古代传统思想中,道为形而上者,礼义等为治国大道,是本,器(包括艺)为形下,是末,农工技艺等是末务,属于"用"。洋务派则强调"道器统一"的观点,"道以成器,而器以载道,二者无相离也。"③ 认为道与器不能分离,道存在于器中,无器则无其道,治器就蕴含着道,不能将西人格致技艺统统斥之为"奇技淫巧"之"器"而鄙视之。

"中国有格致之学,西人亦有格致之学。然中国之格致兼道与艺言之也,西人之格致专以艺言,而亦未尝非道也。……彼西人于器数之学,竭力殚精,深求寔验,故能穷极象纬,转移气质,运用水火,变化金石,驭风发电,测海凌空。火轮舟车,瞬息千里;风雨寒暑,立验座隅。此外各种器用并臻奇妙,就其有用者言之,虽圣人亦不能废,岂得概以奇技淫巧斥之! 故曰专以艺言,而亦未尝非道也。"④

对西学格致的认识,直接引发了人们对中学格致偏于义理的传统阐释的反省。时人直截了当地批评,中学格致"所释者,乃义理之格致,而非物理之格致也。中国重道轻艺,凡纲常法度,礼乐教化,无不阐发精微,不留余蕴。虽圣人起,亦不能有所加。惟物理之精粗,诚有相形见绌者。"⑤

李鸿章对格致西学"器"中蕴含着"道",有高人一等的理解,他了解西方学术曾经经历了专注于宗教学说的"性理"阶段,其时之学术虚无冥漠,丝毫无补于实学;从培根、笛卡儿理论产生以来,对物"理"无不条分缕析,其揭示自然现象无不

---

① 《礼记·大学》,《礼记》,北京:北京燕山出版社,1995 年,436 页。
② 郭嵩焘《〈大学章句〉质疑》,《养知书屋诗文集》卷三。
③ 王韬《格致书院课艺·序》,《格致书院课艺》册1。
④ 彭瑞熙答卷《格致之学中西异同论》,《格致书院课艺》册1,分类西学课艺·格致类,1 页。
⑤ 王左才答卷《问大学格致之说,自郑康成以下无虑数十家,于近今西学有偶合否? 西学格致,始于希腊之阿虑力士讬德尔,至英人贝根出,尽变前说,其学始精。逮达文、施本思二家之书行,其学益备。能详其源流欤?》,《格致书院课艺》册1,分类西学课艺·格致类,8 页。

究极乎本末始终，无不达之隐，即昭明基本规律，此即人们常说的"所以然者"。他赞赏今日泰西之学，无不由虚理而徵诸实效。在《性学举隅》一书的序言中他说：

"泰西之于制器尚象，征诸寔事者，其效已章章如是。而性理一道亦有专家，惟其初，自东周时希腊倡此学者接踵而起，中更二千余年，西欧各书院之承此学者，互立门户，入主出奴，亦惟肆力于冥漠虚无之际，而于实学毫无补焉。至国初时，英人培氏（培根）、法人德氏（笛卡儿）相继而兴。培氏之求新理也，必沿流以讨源，德氏则先本而后末，要皆课虚于寔，故物理无不达之隐。当其标帜所树，举欧西曲学之士，雷同而响应，景附而猋（biao）合，覃精冥悟，镌凿幽渺。其于算理之扃（jiong）奥，形性之繁（fan）赜（ze），治理之条分缕晰，无不究极乎本末始终，广大精微之致。又复研极水火气力五金电光声化之变，以创造舟车兵械暨诸机器之工，骎骎焉日新无穷。驯至今日之泰西，盖由虚理而徵诸寔效矣。"①

他评论《西学启蒙十六种》等译著的意义，"孟子曰：能与人规矩，不能使人巧。如此则能使人巧矣。"②所谓巧，即是智慧，而"得到智慧的唯一道路是抓住事物的基本规律"③。李鸿章讲的泰西格致"无不究极乎本末始终"即是指基本规律的研究，这种知识能使人巧，"民可不知，学者不可不知也。"④只有"困而不学"的人才可以不学。

三十三年以后，梁启超用通俗语言介绍西方近代科学说，"求有系统的真知识，……知道事物和事物的相互关系，而因此推彼，得从已知求未知"，并且进一步指出"可以教人得有系统之真知识的方法，叫做科学精神。"⑤

洋务运动时期这种对"格致"观念转变的意义在于，引导中国社会从重视"人事"转而重视自然，从研究虚理转而重视对物质世界的认识与利用，以使国家走向富强，为引进西学格致提供了思想基础。这是中国思想史上十分重要的文化观念的转变。

三、努力寻求中西文化的结合点。

从李鸿章为《增订格物入门七种》等译著所作序中，我们可以看到他在努力寻找中西学术可以相通之处，那是洋务运动在观念上接纳西学的支点。他在这些序言

---

① 李鸿章《〈性学举隅〉序》，〔美〕丁韪良译《性学举隅》，上海：广学会，1904年。
② 李鸿章《〈西学启蒙十六种〉序》，〔英〕艾约瑟译《西学启蒙十六种》，上海，著易堂，1896年。
③ 〔英〕罗素著，马家驹、贺霖译《西方的智慧》，北京：世界知识出版社，1992年，28页。
④ 李鸿章《〈西学启蒙十六种〉序》，〔英〕艾约瑟译《西学启蒙十六种》。
⑤ 梁启超《科学精神与东西文化》(1922年在南通为科学社年会讲演)，见夏晓虹编《梁启超文选》下册，北京：中国广播电视出版社，1992年。

中表达了中西学术融会的枢纽在于，中国哲学的最高概念"理""气""数"，在西方学术中均有对应的内容：

"世之说《易》者，以理为主宰，以气为流行，以数为对待。泰西之学则以默达费西加说理，费西加说气，玛得玛第加说数。"①

在中国哲学范畴中，"理，犹性也。"②指本性，也指道理；北宋程颢、程颐认为，"理"是"形而上者"，是事物"所以然者"。③

李鸿章认为"泰西之学则以默达费西加说理，"默达费西加即 metaphysic（形而上学）。从明末翻译的《西学凡》一书我们知道："所谓默达费西加者，译言察性以上之理也。"它包括"论万物所有超形之理"，超形之理指形上之理，如心理、信仰等，"论万物之原"，"论物之真与美"。④ metaphysic 一词是到严复时才译成"形而上学"的，但是，李鸿章已经将它理解为中国古代哲学中与"气"相对的"理"，即事物的条理，判断、推理的思想活动。

"气"在中国古代哲学中，主要用以指构成一切有形质之物的元素，一种实体，"气也者，形而下之器也，生物之具也。"⑤"气"是自然而然的存在，"气"有动有静，天地万物的运行，即是"气"的聚散生化，有其自在之规律。在这种意义上，李鸿章认为它与西学所说的费西加即 physic 是对等的。

《西学凡》中说，"费西加译言察性理之道，以剖万物之理，而为之辨其本末原性情。由其当然究其所以然，依显测隐，由后推前。"⑥明末以来汉译西书所说的"费西加"并不是今天狭义的"物理学"，是指从古希腊至中世纪，哲学尚未从自然科学中分离出来的西方学术概念，它包括自然科学和自然哲学在内。"所谓费西加者，止论物之有形"。⑦彼时泰西 physic 所论，包括对宇宙的认识，火气水土四元论，数量，运动，天地、人兽、草木的变化及其所以然之理等等。

"数"在中国古代文化中有多重含义，在中国哲学中，有"理"的内涵，指规律、方法；也指占卜、方术；还指数量、计算等，"计算"叫作算学，"六艺"之一的"数"即是这种意思。李鸿章说"玛得玛第加说数"是指 mathematic（数学）。"玛得玛第

---

① 李鸿章《〈增订格物入门七种〉序》，《增订格物入门七种》。
② 朱熹撰《仪礼经传通解》卷九，《四库全书》本。
③ 程颢、程颐著，王孝鱼校点《二程集·遗书》卷三、《二程集·粹言》卷二，《二程集》，北京：中华书局，1981年，64、1272页。
④ 《西学凡》第三年，《天学初函》，明刊本，册1。
⑤ 朱熹《答黄道夫》，尹波、郭齐点校《朱熹集》，成都：四川教育出版社，1996年，2947页。
⑥ 《西学凡》第二年，《天学初函》，明刊本，册1。
⑦ 同上。

加独专究物形之度与数"①,也即研究现实世界的空间形式和数量关系的科学。李鸿章的"玛得玛第加说数"这个说法,说明他对西学 mathematic 的理解是沾边的,当然也是相当混沌的。

我们不难看出,李鸿章以中国传统文化的理、气、数与西方科学的 metaphysic、physic、mathematic 相对举,虽不免简单化,但是在那个时代有它相当可贵之处,他并没有把 metaphysic、physic、mathematic(形而上学、物理学、数学)简单地纳入宋明以来的"义理"系统,将中西学术分为"体"与"用",用中学统御西学,而是以平等的心态,力求将中西学术在最高的概念框架上结合起来。他说"吾喜西学格物之说不背吾儒"②,这是在中西两大传统之间做着相互理解、相互沟通的思考,是高屋建瓴的气势,这句话是他推行洋务运动在理念上的最终依据。

四、洋务运动鲜明地倡导西方科学认识自然的思想方法。主要表现在:

(一)清末学人注意到了西学格致的一个特点,即根据实验得结论。"泰西格物非空谈义理,必以实验得实、著有成效者为据,……其格物也,举万物之性质,一一考其异同……。"③"西学则举万物之形质,究察其底里,辩明其异同。且更以调和交感之法加于物,分而得其纯一之体质,合之而得其变化之因由,几欲尽天地万物而一一格之焉。"④化学、物理实验等西方近代科学方法,在晚清受到重视。

我国近代化学先驱徐寿十分注重实验,他曾说"格致之理纤且微,非藉制器(指实验)不克显其用"⑤。1853年他与好友华蘅芳一同前往上海,购买了书籍和物理化学实验的仪器,"购备格致器物,多金不惜"⑥,回家以后,按照书本提示做了许多实验。为了观察七色光谱,他把自己的水晶图章磨成三棱形做实验。他还用摩擦玻璃棒生电演示给小孩子看,以传授知识。1856年他再次去上海,购到合信的《博物新编》一书,即买了一些仪器和化学原料,进行化学实验,加深对书中近代化学知识的理解,甚至自己设计某些实验。1861年曾国藩在安庆开设军械所,徐寿、华蘅芳及徐寿之子徐建寅被聘在所。历经三年,他们和同事一起设计制造了以蒸汽为动力

---

① 《西学凡》第四年,《天学初函》,册1。
② 李鸿章《〈增订格物入门七种〉序》。
③ 朱戴仁《问格致之学泰西与中国有无异同》,《万国公报》第二十册,1890年9月。
④ 朱澄叙答卷《问大学格致之说,自郑康成以下无虑数十家,于近今西学有偶合否?西学格致,始于希腊阿虑士士诺德尔,至英人贝根出,尽变前说,其学始精。逮达文、施本思二家之书行,其学益备。能详其源流欤?》,《格致书院课艺》分类西学课艺册2·格致类己丑春季,10页。
⑤ 程芳《徐雪村先生像序》,《格致汇编》第二年第九卷,1877年10月,1页。
⑥ 同上。

的木质轮船——黄鹄号。1866年曾国藩、李鸿章在上海设立江南机器制造总局,内设翻译馆,徐寿与英国人傅兰雅以及中国同仁翻译了许多关于物理化学实验的书籍,系统介绍了无机化学、有机化学、定性分析、定量分析等近代化学的实验方法。

制造局翻译馆创刊的中国第一份科学杂志——《格致汇编》,从第三年春至第七年夏(1878—1882年)连载了《格致释器》,由傅兰雅辑译,后来出版了单行本。书中详细介绍了伦敦Negrette氏Zambba公司出售的实验器具,包括测候器、化学器、气学器、水学器、重学(力学)器、照相器、测绘器等等,共分十部,各部附图极细,多者千余幅,少者四五十幅。有些与生活日用相关的科学实验知识引起国人极大兴趣,有的根据书上的方法,自制肥皂,有的自制发电机,有的自制德律风(电话)。上海格致书院定期举办科学讲座,配有实验表演。晚清末期组织起来的几百家学会,有的当众表演物理化学实验来普及科学知识,启迪民智。

(二)注重西方科学推理的思想方法。

1. 数学对于科学思维的重要性,已被晚清学术界显著地提出来了。

西方数学一开始就具有科学方法论的意义。这一点,从明末科学先驱徐光启、李之藻、方以智等"缘数寻理,载在几何","推而至于不可知,转以可知者摄之"[①]的理解,表明他们对此早有灼见。徐光启毕生都在为把《几何原本》的公理化和逻辑推理方法推广到我国科学和技术领域中而尽心竭力。

洋务运动中,知识分子认识到数学对于发展先进科学技术的重要性,洋务派注重西算的翻译介绍和普及,他们在使西方现代数学融汇于中国学术的范畴内做过大量研究,西方数学知识大量引进,使人们开始认识到数学计算和演绎推理是认识自然的重要手段,一些人把数学看成是近代西方科学的基础。这在一定程度上突破了中国的传统科学体系,也反映了中国接受近代方法论的进步。

数理思想,是古希腊时期形成的自然哲学的主要内容之一,也是西方自然科学的思想与方法的核心之一。数学方法,即是指用数学语言把握事物的质与量,表述事物的状态,运用推导和演算形成对问题的解释和判断等等,特别是它严密的推理系统——演绎逻辑和形式化公理化系统,都与数理思想密不可分。在现代科学中,数学运用的程度已经成为衡量一门科学的发展程度的标尺。

近代中国的两次西学东渐中,中国人对数学与数理思想的关系,还不可能有"现代"的透辟理解。洋务运动前期,数学还处于"用"的地位被提倡。随着力学、声光电化等知识的传入,以及近代工业生产实践活动的开展,人们对数学的认识逐渐深

---

① 方以智《物理小识·自序》,方以智著《物理小识》上册,上海:商务印书馆,1937年。

刻，提出了算学之能探赜索隐、推陈出新这种具有方法论的理性见解。"一切西学皆从算学出"、"舍算学无西学"的观点，反映了这种认识的深刻性。

著名洋务知识分子冯桂芬早在咸丰年间就指出："一切西学皆从算学出。西人十岁无人不学算，今欲采西学，自不可不学算。"① 著名数学家李善兰认为："今欧罗巴各国日益强盛，为中国边患，推原其故，制器精也。推原制器之精，算数明也。"②《启东录》作者林寿图在冯桂芬此议上加眉批，概括说："西学不外算学，舍算学无西学也。"③

洋务领袖曾国藩从幕下科学家处学习新知，懂得了算学与用兵有关。咸丰十年十月他在日记中感慨道："古人以用兵之道通于声律，故听音乐而知兵之胜败、国之存亡。余生平于音律算学二者一无所解，故不能知兵耳。"④ 曾国藩一面建厂设局，制造枪械战船，一面修葺书院，网罗精于算学的人才，华蘅芳、徐寿、李善兰、张文虎、容闳等具备新知的学者均在其帐中。为推广数学知识，他还出资重刊李善兰丧于兵祸的早年数学著作，命名为《则古昔斋算学》。移驻金陵后，曾国藩出资嘱李善兰重校复刻十五卷本《几何原本》，并出己名由张文虎代为作序。

李鸿章同治二年上奏请设同文馆折指出："彼西人所擅长者，推算之学、格物之理、制器尚象之法，无不转精务实。"⑤ 同治三年他致函总理衙门："查西士制造，参以算学，殚精覃思，日有增变，故能月异而岁不同。"⑥

恭亲王也认识到西人制器之法，无不由度数而生，"臣等复与曾国藩、李鸿章、左宗棠、郭嵩焘、蒋益澧等往返函商，佥谓制造巧法，必由算学入手，其议论皆精凿有据。"⑦

西算与强国的关系已被国人认知："即论算学一门，其用至大。东西各国无人不习，皆有年限、有课程，毕业以后之制器则分寸无差，以行军枪炮有准。故各国之士之农之工之商之兵，无不知算，以为富强之基。中国未能及此也。……若讲西学而不习算，必不能通西学也。"⑧

随着格致西学知识的普及应用，人们对近代科学精神的理解不断加深，数学作

---

① 冯桂芬《采西学议》，《校邠庐抗议》，台北：文海出版社影印本，1973年，149页。
② 李善兰《〈重学〉序》，《则古昔斋算学》，同治六年。
③ 林寿图《冯桂芬〈采西学议〉眉批》，《校邠庐抗议》。
④ 曾国藩庚申十月日记，《求阙斋日记类抄》卷上，河南官书局，光绪二年，63页。
⑤ 《筹办夷务始末》同治朝卷十四，4页。
⑥ 《筹办夷务始末》同治朝卷二十五，8页。
⑦ 《筹办夷务始末》同治朝卷四十八，1—4页。
⑧ 王之春《请广设算学专门学堂疏》，《皇朝道咸同光奏议》卷七，上海：久敬斋石印，光绪二十八年，30页。

为构建科学理论的重要性受到重视,国人对"数"的理解,从"器""用",上升到"道"即精神层面。这表明晚清士人对西方科学思维方式的理解和接受。

"数为智慧之根,泰西技艺之盛亦发源于数。"① "夫数之一道,本在六艺之中。……西人技艺之超群,实根于此。"② 西算"习之以穷其精蕴,用能探赜索隐,推陈出新,其术遂为古今绝诣。故居今日欲从事算学而不知效法西人,犹航断港绝潢而求乎江海,必不可得之事也。"③ 要从事算学,必须效法西算,舍此别无选择。

光绪间出现了热心比较中西算学异同的讨论:

"我中国算书以《九章》分目,皆因事立名,各为一法。学者泥其迹而求之,往往毕生习算,知其然而不知所以然,遂有苦其繁而视为绝学者,无它,徒眩其法,而不知其理也。……《几何原本》不言法而言理,括一切有形而概之曰点、线、面、体。点线面体者,象也。点相引而成线,线相遇而成面,面相沓而成体。而线与线、面与面、体与体,其形有相兼有相似,其数有和有较,有有等,有无等,有有比例,有无比例。洞悉乎点线面体,而御之以加减乘除,譬诸闭门造车,出门而合辙也,奚敝敝然逐物而求哉?"④

"中国算书字句深奥,多有恍惚不明之处,似作书者惟欲炫己之长才深识,因此所列之条问,所立之法术,以及所定之名目,并不讲其所以然,不加注释,且每有原甚浅近之理,却用古奥之语。"⑤

"泰西之精于中算者果为何者?一曰算书较精。考泰西算书,皆有注解,核其所列之法,所定之名,与夫所算之条,所推之理,以及所列之款段,无不讲解透彻,且不拘死法,亦不诵习歌套,自能使人了然于目,会悟于心,通达法中之理。……(中算)当时亦能算成,其心终未适然,以致旋得旋失,到底模糊,致有明昧参半之弊。"⑥

洋务官僚及其知识分子,以开放的态度认识中西算学的异同,"算学"领域的研究内容也有明显改变,一些人热衷研习西算并取得成就。佼佼者如道咸间戴煦研究对数,著《对数简法》、《续对数简法》,删繁就简,使对数原理及其使用方法易于学习掌握,很受时人称赞。英国传教士艾约瑟对戴煦所著书也极服膺,并译为英文,

---

① 沈毓桂《中西相交之益》,《万国公报》六百四十九卷,1881年7月。
② 张书绅《中西书院之益》,《万国公报》六百八十~六百八十一卷,1882年3月。
③ 吉绍衣《问泰西算术何者较中法为精》,《万国公报》十九册,1890年8月。
④ 张文虎《〈几何原本〉序》,《舒艺室杂著》甲编卷下,45页,《覆瓿集》十九种,金陵:冶城宾馆,同治十三年。
⑤ 钟清源《泰西算术何者较中法为精》,《万国公报》五十五册,1893年8月。
⑥ 寓济逸人《问格致之学泰西与中国有无异同》,《万国公报》五十三册,1893年6月。

介绍给英国数学学会。李善兰大量翻译的西方数学书籍，都是经过自己理解吸收，在融会贯通的基础上，透辟剖析西方数学知识的内容，用简单晓明的语言译成的。他既介绍西方科学知识，又创造了中国传统数学的新水平，其自著《椭圆术正解》，"法密而简，尤便对数，驾过西人远矣。"① 李善兰在科学领域荟萃中西、兼收并蓄，他的译著、自著书所体现的数学思想，对当时学人有很大影响。

数学在中国古代，是知识分子个人进身的必修科目，数学的发展主要与天文历法、音律、度量衡等有密切关系。数学著述大多如习题集，有很高的解题能力，却缺乏公理化系统和逻辑推理方法。中国传统学术中，缺乏抽象思维、逻辑推理等因素，阻碍了科学的发展。晚清学者对数学在科学研究中的重要地位的认识，无疑是我国思想史上的一个进步。特别是洋务运动中，翻译的西方数学包括微积分、解析几何等高等数学知识，已经成为培养新型人才的必修课。同治五年京师同文馆增设天文算学馆，西算为馆生必修课。同年，左宗棠奏请在福州船厂设艺局，教授学生学习外国语言文字和算学。同治六年，福建船厂建成，内设船政学堂，教授英文、法文、天文、舆地、算学，培养造船、驾船及建船坞的人才。江南制造总局成立之时就内附学堂，教授数学理化等课程，同时开翻译馆，聘用国内外知名专家翻译西方科学书籍，不仅供馆生使用，还向社会广为发售。一些著名书院和学堂，包括云南等边远省份也纷纷开设算学馆，开设西式数学课程。光绪十四年（1888）科举考试首设"算学"一科，洋务运动中输入的大多数近代高等数学，被戊戌政变后的新学堂作为教科书。将数学知识的普及同国家栋梁的培养、同国之强弱、民族振兴等终极目标联系在一起，酿成一种社会行为，二百多年前徐光启希冀"人人习算"的理想正在成为现实。我们看到传统知识结构正在被打破，社会的价值观发生着转变，具有西算基本训练的新型人才一代胜过一代，这不能不说是中国文化的一大进步。

2.西方科学注重逻辑推理的方法，受到洋务知识分子的重视。

晚清洋务知识分子对西学格致的认识，从最初注重西艺切于实用，而逐步超越"用"的范畴，而关注其理性，即先进的科学思想与方法，强调要"以机心运机器"："格致者，制造工艺之本也。《考工记》虽不言格致，而所记之工，若攻木，若攻金，若攻皮，若设色，若刮摩，若搏埴，莫不详究利弊，揆合时宜，亦何非格致之理。西人窃其余绪（此'西学中源说'的影子），加意研求，遂易人力为机器，而其格致乃精。如织机、染机、以及耕种、陶冶、浚河、开矿、印字、造纸、制糖、吸水、缝纫、制枪炮、造舟车，莫不有有机器。乃叹今天下一大机局也。能以机心运机器，则富而

---

① 李善兰《〈椭圆术正解〉序》，《则古昔斋算学》。

强,不能以机器从机心,则贫而且弱。然则机器制造,关系岂轻哉!"①

这里所说的"机心",即是指格致西学的科学思想和方法。洋务运动中,学人对西方科学推理方法的认识,主要表现在以下两个方面。

一则"以本隐显,推见至隐"。

李鸿章说:"汉司马氏以本隐显、推见至隐二者解经。余尝参稽其理,知《大学》格物之说,必兼二义而始全。自古迄今,解格物者七十二家,大旨不外穷至、扞御二者而已。……西人毕生致力于象纬器数之微,志无旁骛。其论形上之理,虽与汉宋诸儒不同,若谓其于形下之学,一无当于圣人格物之旨,固不可也。丁总教习冠西,远方之杰,掌教都门同文馆,能读经史百家之书。今治格致之学,以入门命其书,其犹界说之微旨,与夫门以内有户庭焉,有阶级焉,有堂奥焉,皆以待穷至者也;门以外有闬閈(han)焉,有城郭焉,有郊坰焉,皆以资扞御者也。从堂奥而达郊坰,所谓本隐而至显也,出之事也;由郊坰而诣堂奥,所谓推见至隐也,入之事也。"②而西方近代科学"如谓地球心吸力悟自坠苹,而耐端之动律出,蒸气涨力推自煮茗,而瓦德之汽机成,固皆推见至隐之事。"③

汉代司马迁曾评论说:"《春秋》推见至隐,《易》本隐之以显。"④意思是说,《春秋》看起来是记述历史上的人与事,但人事通天道,内中隐含了深刻的道理;《周易》蕴含着自然与人事的法理,因此从卦象系辞中可以推得寒暑凶吉等现象。李鸿章说,他从太史公"以本隐显"、"推见至隐"这两种疏解经籍的思路中领会到,必须兼用这两种方法,才能做到《礼记·大学》所说的"格物致知"。他比喻说,"从堂奥而达郊坰,所谓本隐而至显也,出之事也。"意思说从幽深的内室,到达宽广的城郊,是由内向外的功夫,即从深奥的规律推导出表面现象。而"由郊坰而诣堂奥,所谓推见而至隐也,入之事也。"从现象推导出深奥的规律,就像是从郊外而至闾巷而达内室,是由表及里,向内寻求的功夫。而耐端(牛顿)从苹果坠落而悟出地心有引力,创立牛顿运动定律;从茶壶煮沸壶盖被顶起,瓦特认识到气体受热膨胀产生力,从而发明蒸汽机,都是推显至隐的功夫,即从表面现象出发,推论出潜存于事物内部

---

① 李元鼎答卷《〈周礼·考工记〉》攻木之工七,攻金之工六,攻皮之工五,设色之工五,刮摩之工五,搏埴之工二,各有职分,厥类惟详。古之工作,多以人力,今之工作间用机器。目今制造钢船钢炮,为防海之利器,亦格致家所宜专也。诸生讨论有素,其一一参校而详说焉。》,《格致书院课艺》册9,工商类,壬辰春季,22页上。
② 李鸿章《〈增订格物入门七种〉序》,〔美〕丁韪良译《增订格物入门七种》,同文馆聚珍版,1889年。
③ 同上。
④ 司马迁《司马相如列传》,《史记》卷117。

的规律。

我国古代关于认识的方法有各种见解,有的强调学、思并重,有的强调直觉、冥思,宋人则总结为:"诵《诗》《书》,考古今,察物情,揆人事,反复研究而思索之,……积习既久,则脱然自有该贯。"①李鸿章却强调近代西方科学推理,"以本隐显"和"推显至隐"兼备的认识方法。李鸿章这两句话,实际上提出的是正确认识自然的科学方法论问题。其实培根和笛卡儿的理论就是这两种方法。

培根在《新工具》中,总结了科学实验的经验,提出经验归纳法。笛卡儿反对经院哲学,提出理性演绎方法论。他们的近代哲学方法论,推动了科学发展。李鸿章不一定对西方当时自然科学的方法论有很深的了解,但是他的话表明,他重视探索科学的认识方法,这种思考是很可贵的。

李鸿章上面所说的话题,七年之后,严复有更为清晰的论述。"本隐而至显,出之事也",严复称之为"外导之术";"推见而至隐也,入之事也",严复称之为"内导之术"。②1898年《天演论》出版修订本,严复将"外导"改为"外籀","内导"改为"内籀"。他说:"及观西人名学,则见其于格物致知之事,有内籀之术焉,有外籀之术焉。内籀云者,察其曲而知其全者也,执其微以会通者也;外籀云者,据公理以断众事者也,设定数以逆未然者也。乃推卷起曰:有是哉!是固吾《易》《春秋》之学也。迁所谓'本隐之显'者,外籀也;所谓'推见至隐'者,内籀也。其言若诏之矣。二者即物穷理之最要涂术也。"③在《名学浅说》中,严复直接指出:"内籀西名 inductve (归纳),其所以称此者,因将散见之实,统为一例,如以壶吸气,引之向里者然。维能此术,而后新理日出。""西名为 deductive(演绎),而吾译作外籀。盖籀之为言䌷(chou)绎,从公例而得所决,由原得委,若䌷之向外,散及百者然,故曰外籀。"④

严复1876年被派往英国留学,是能直接阅读牛顿、培根、霍布斯、洛克、笛卡儿、康德、黑格尔等人的著作的著名学者。李鸿章没有留过洋,他在严复有关西方哲学译著出版之前,只是凭着明末翻译的西学书籍,就能对西方科学的思维方法有如此敏锐的感觉,这不禁让我们联想起明清之际,我国科学先驱们对西方科学运用"步步推明",和根据实验及观测的已知知识,"推而至于不可知,转以可知者摄之"的逻辑推理方法,去追求知识和思想的确定性的理解何等透辟。李鸿章不是专业科技人,但他对西方科学以本隐显、推见至隐推理方法的概括,体现了洋务领袖的思

---

① 程颢、程颐著,王孝鱼校点《二程集》,北京:中华书局,1981年,1191页。
② 严复《〈赫胥黎治功天演论〉序》,严复《天演论》手稿本,1896年。
③ 严复《译〈天演论〉自序》,《天演论》,富文书局,1901年。
④ 严复《〈名学浅说〉自序》(戊申),〔英〕耶方斯原本、严复达恉《名学浅说》,上海:商务印书馆,77、78页。

想深度。

英国 F. 培根的名著《新工具》的译文,在江南制造局翻译馆的科学杂志《格致汇编》首先发表了,培根关于去掉存在于人们头脑中的种种假象,使推理更加缜密的理论,尤其引起洋务知识分子的重视。"明季万历间,英国刑司贝根创为新论,谓穷理必溯天地之大原。尚臆说者往往岐于摹想。譬彼大匠,非墨绳不能出曲直,非丈尺不能度长短。必心力与机器互用,方可得其实据,而大略可定。"①"格物之学由万物中谨慎汇选,先融化于智慧之心包涵之,去渣滓以存精液,更实试验其所引之事而强识之,辨虚诬而归真实。爰是设二法,曰心机料量;曰天地阐义。一以辅助格致之学,一以研万物之理,其书曰《格致新理》……。"②"有英人贝根出,而尽变其说(指亚里士多德),……所著大小书数十种,内有一卷《论新器》,尤格致家所奉为圭臬。其学大旨以格致各事必须有寔在凭据者为根基,因而穷极其理。不可先悬一理为的,而考证物性以寔之。以是凡目中所见,世上各物,胥欲格其理而致其知。所著诸书,原原本本具有根底。儒士见之,宛如漆室一灯。"③ 晚清洋务知识分子把培根《新工具》提出的理论,看作是科学研究中辨别虚诬假象,使从经验中归纳出来的知识真实可靠的思想工具,仿佛是黑暗探索中亮起的一盏明灯。

二则,李鸿章首先提出西学格致推理中关于使用"界说"这一概念的讨论。

何为界说?"界说者,解析名义之词也。"(《穆勒名学》)

我们在李鸿章 1889 年为《增订格物入门七种》一书的序言中看到,早在严复之前,李鸿章就提出了"界说"这一概念:"自古迄今,解格物者七十二家,大旨不外穷至、扦御二者而已。入主出奴遂成聚讼。……利氏东来,中国始有《名理探》、《几何原本》二书,盖其一说理,一说数,皆托始于界说者也。余按《后汉书·马融传》注'界犹限也',《易》曰'艮其限','艮'之大象曰'思不出其位',大《易》训'艮'为'止',小《尔雅》训'格'亦为'止',是'格'与'界'二者之训本可互通。如以西学'界'字之义诂《大学》'格'字之意,则界以内皆所当穷至者也,界以外皆所当扦御者也。二家之说无事分拏矣。"④

---

① 朱澄叙答卷《问〈大学〉格致之说,自郑康成以下无虑数十家,于近今西学有偶合否?西学格致,始于希腊阿虑力士讬德尔,至英人贝根出,尽变前说,其学始精。逮达文、施本思二家之书行,其学益备。能详其源流欤?》,《格致书院课艺》分类西学课艺册 2·格致类己丑春季,10 页。
② 朱戴仁《问格致之学泰西与中国有无异同》,《万国公报》第二十册。
③ 钟天纬答卷《问〈大学〉格致之说,自郑康成以下无虑数十家,于近今西学有偶合否?西学格致,始于希腊阿虑力士讬德尔,至英人贝根出,尽变前说,其学始精。逮达文、施本思二家之书行,其学益备。能详其源流欤?》,《格致书院课艺》分类西学课艺册 2·格致类己丑春季,12 页。
④ 李鸿章《〈增订格物入门七种〉序》。

李鸿章说《名理探》、《几何原本》"皆托始于界说者也",指的是无论讲逻辑推理还是研究度数之学,都离不开对"概念"的界定;"界以内皆当穷至者也,界以外皆所当扞御者也",指的是概念的内涵应该周延,概念以外都应该排斥。

明末翻译的《名理探》,是十七世纪初葡萄牙高因盘利大学耶稣会士的逻辑学讲义,主要讲概念的种属关系和亚里士多德的范畴论。讲逻辑学、范畴论,必须先对"概念"下定义。从明末翻译的西书中我们知道,西学的"界说"犹如概念或判断,《几何原本》第一卷之首即为"界说三十六则","凡造论,先当分别解说论中所用名目,故曰界说。""第一界,点者无分,无长短广狭厚薄。""线有长无广。"[1] 每一个科学理论都是由一系列概念和命题组成的体系,概念更是其基本要素之一。给讨论的对象以准确的定义,这是自古希腊以来的西方学术传统。亚里士多德认为,把概念搞清楚,事物就清楚了。

美国当代著名哲学家 M. W. 瓦托夫斯基指出:一切科学都是运用概念的知识。依靠概念作过整理的经验,能够解释事物为什么会如此发生,并能进一步反思概念。概念一旦从被所指认的现实客体的感觉中抽象出来,它们就成为了语言符号的、可交流形式的行动规则,这些规则可以跨越空间、时间进行交流。概念的共同使用,促进了文化进化的迅速发展进程。[2] 我国古代的科学技术活动,是需要人们通过模仿或习惯形成、并且经过长期实践和学习,才能获得知识和能力的复杂的行为模式。西方近代科学运用语言符号表达的概念,形成行动规则,来指导实践,它的文化记忆和传递要迅速得多,信息量也大得多,运用概念是理论科学探究的开始。

李鸿章说,《名理探》、《几何原本》二书,其一说理,一说数,"皆托始于界说者也",并且提出关于西学"界说之微旨"的讨论,表明晚清洋务知识分子对西方科学理性思维的认知之敏锐。

中西学术在"界说"上是有很大差别的。中国文字缺乏对概念的准确界定,"多含混闪烁之词,此乃学问发达之大阻力。"[3] 严复曾批评中国式训诂:"其训诂非界说也,同名互训,以见古今之异言而已。"在李鸿章提出"界说"的讨论之后大约十年,严复针对"界说"提出了"正名"的问题,1898 年严复发表《界说五例》,指出:1. 界说必尽其物之德(德,指客观事物固有的属性);2. 界说不得用所界之字;3. 界说

---

[1] 《几何原本》,《丛书集成初编》册 1294。
[2] 〔美〕M. W. 瓦托夫斯基著,范岱年等译《科学思想的概念基础——科学哲学导论》第二章,北京:求实出版社,1982 年。
[3] 严复《政治讲义》,严复著《严复集》第五册,北京:中华书局,1986 年,1247 页。

必括所界之物；4. 界说不得用训诂不明之字；5. 界说不用"非"、"无"、"不"等字，①阐明了词义明晰、术语准确的基本要求，为使中国学术趋于精密科学化提供了思维工具。

"科学是现代社会的主要动力之一"。②通过观察和实验取得经验，整理归纳描述经验，运用概念和判断进行逻辑推理，提出对实践具有启发和指导作用的规则，以及理性原理的系统阐释，这是科学认识世界的方式，这种认识活动对人类具有生存价值。在李鸿章倡导的洋务运动的努力下，科学和技术第一次成为中国社会重要的文化因素，而这种因素正是封建社会向现代化转换所必备的，"一切深刻变革人类社会的手段也都依赖于科学的不断发展。"③正是洋务运动积极引进、消化、吸收西方科学文化，某种程度上改变了我国传统文化的发展路径，为中华民族注入了进步的力量。洋务运动带来的不仅仅是"观念"的进步，它还提供了用机器生产机器，建立起与大工业相应的技术基础，带来生产方式的变革。江南制造局建厂头十年就具备了如下功能：生产用于军工生产的通用设备和样机、机械工具、金属冶炼设备、水泵、起重设备、电力传送装置、引擎、浇注、焊割、轧铜轧铅、炼铁机械、生产枪炮和制造火药的机械等。④是洋务运动使中国出现了生产工具的革命，引发了生产力的迅猛发展，生产力的发展，为更高一级社会形态的出现准备了条件。

美国学者康念德下面的一段话，也许对我们有启发："并非所有的研究者都已经发现，在19世纪的中国，有关军事工业的成就和制度进步的记录意味着一定程度的恢复力和生存力。就其领导者来讲，军事工业受到了现实主义、实践精神和开放心理的指导，它不仅开辟了近代化军火生产的新时代，而且还推动了教育、经济的变革，最重要的是扭转了官方的态度。"⑤

洋务运动对中国的政治、经济、国民生活等各个方面都产生了重要影响，中国的思想文化产生了飞跃的变化，终于在"五四"新文化运动中，掀起热衷"德先生"、"赛先生"（民主、科学）的社会思潮，中国社会开始步入现代化的历程。

张　晓

2012年5月30日改讫

于北大燕北园

---

① 严复《界说五例》，《严复集》第一册，95—96页。
② 〔美〕R. K. 默顿著《科学社会学》上册，北京：商务印书馆，2004年，293页。
③ 〔英〕J. D. 贝尔纳著《科学的社会功能》，北京：商务印书馆，1982年，190页。
④ 〔美〕T. J. 康念德著《李鸿章与中国军事工业近代化》，成都：四川大学出版社，1992年，121页。
⑤ 同上书，174页。

凡 例

一、收录范围

1. 明末至1919年出版的汉译西学著作，包括外国人用汉语著述的西学以及日文西学书籍之中译本。以单行本、丛书本为主。收有少量的译辑、译编之书。资料来源，除附录1所载引书目录外，还包括2001年以前，北京大学图书馆、北京图书馆（今国家图书馆）、上海图书馆、中山图书馆古籍卡片目录，以及近年来的机读目录。

2. 一般不收期刊所载译著。少数早期出版的具有学术史意义译著的期刊，如《格致汇编》、《小说月报》等，酌收重要篇目。马、恩著作1919年以前，仅有期刊所载之中文节译，亦与收录。

二、著录原则

1. 同书异名者视为一书，著录常见书名。
2. 同一原著，译者不同，作两种译书处理。
3. 同一种中译本，不同版次卷数有变动者，一般作同一品种处理，于出版年后注明卷数。若不同版次卷数及修订内容变动较大，则另立条目。

三、著录项目

1. 流水号。全书统一编排顺序号，便于检索。
2. 书名。包括书名、副书名、说明书名的文字、卷数，异名加括弧。
3. 原著者。国别、汉译姓名、原文姓名（不可考者则付阙如），均保留原书字样。

国别不明者加空白括弧。重复出现的外国著者，原文姓名仅著一次。著者不详的，标注"著者阙名"或"著者不详"。

4. 译者。外国译者著录国别、汉译姓名、原文姓名（不可考者则付阙如）。中国译者、校润者著录其姓名，不著录朝代。译者不详的，标注"译者阙名"或"译者不详"。转译自第二种外文译本者，在中文译者姓名后加"重译"二字。

三人以上合著合译者，一般只著录第一人姓名，其后加"等"字。

5. 出版。包括出版地、出版者（或发行者）、出版年、版次、印制方法、册数。

少数习见之出版者用简称，如"商务"、"制造局"等。

出版年，为使同类译著输入先后一目了然，将原书各种纪年换算为公元年写于前，以括弧注中国朝代年号纪年，民国纪年一般从略，1949年以后台湾出版的重印、影印本保留民国纪年。日本、朝鲜等国刊行之书，公元纪年在前，原书纪年用括弧注于后。出版年未能确知者，标注"明"、"清"、"清初"、"清末"、"光绪末"等等较宽时限。

版次不明者，仅记所知之出版年月，版次从略。不同版本用分号隔开，丛书本列于单行本之后。

印制方法，仅记稿本、抄本、石印、刻本、木板、影印，余皆从略。

6. 提要。包括原文书名、原著文种、原著者简介、中译本内容提要、版本变迁。凡所见到之书，均作提要或抄录译本目录；未见到者，一部分间接取材于相关学科之专著的有关论述，另一部分则付阙如。

四、分类与编排

1. 参考《中国图书馆图书分类法》第四版，按学科分类。书前目录即为本书之分类简表，细目不再一一列出。

2. 图书不作互见。包含两种以上学科内容的图书，按主要内容分类。

3. 小学教科书入教育类，中学以上教科书入各学科之"教学与普及读物"。

4. 同一类目之图书，按出版先后次序排列。出版年代相同者，按书名汉语拼音音序排列。同一蓝本的不同译著，如若相继出版，则尽可能集中。

五、字体

一般使用通行的简化汉字，人名及个别书名，为便于识别，保留原有的繁体字或异体字。

卷次及中国、日本、朝鲜纪年、册数，用中国数字，其余用阿拉伯数字。

六、附录

1. 书名索引。
2. 著、译者索引。皆按汉语拼音音序排列。
3. 主要征引书目。

七、检索

1. 正文书眉标注分类学科和本页流水号。
2. 通过书名索引、著译者索引找到流水号，即可从书眉找到该条目位置。亦可按分类目录页码检索某个学科内容。

目 录

序言 "西学东渐"的如实记录 ………………………… 夏晓虹 1
导论 西方近代科学文化与中国文化的早期碰撞 ………… 张 晓 5
凡例 …………………………………………………………………… 39

哲学 …………………………………………………………………… 1
 哲学理论 ………………………………………………………… 1
 哲学史 …………………………………………………………… 4
 论理学（逻辑学） ……………………………………………… 4
 伦理学 …………………………………………………………… 8
  伦理学概论 ………………………………………………… 8
  伦理学史 …………………………………………………… 9
  教材与普及读物 …………………………………………… 9
  国家伦理 …………………………………………………… 10
  社会伦理 …………………………………………………… 11
  家庭伦理 …………………………………………………… 11
  人生哲学 …………………………………………………… 12

心理学 ………………………………………………………………… 13
 心理学概论 ……………………………………………………… 13
 教材与普及读物 ………………………………………………… 15
 心理学各论 ……………………………………………………… 15
 应用心理学 ……………………………………………………… 16

宗教 …………………………………………………………………… 17
 宗教理论 ………………………………………………………… 17
 比较宗教、宗教史 ……………………………………………… 17
 佛教、道教、回教 ……………………………………………… 20
 基督教 …………………………………………………………… 21
  神学 ………………………………………………………… 21

	经籍	25
	旧约	25
	新约	28
	布道	36
	教规	68
	基督教文学艺术	69
	基督教史	70
	基督教人物传记	73
其他宗教		80

社会科学总论 81
  社会科学理论 81
  社会科学丛书、杂著、文集 82
  统计学 84
  社会学 85
    社会学理论 85
    社会问题 88
    妇女问题 90
  人口学 91

政治、法律 92
  政治理论 92
  国家理论 97
    国家体制与国家行政管理 98
  政党理论 101
  其它政治理论 102
  各国政治 105
    世界政治概况 105
    中国政治 109
    各国政治 112
  外交、国际关系 121
    中国外交 124
    各国外交 126
  法律 129
    法学理论 129
    法学教科书 132
    法制史 133
    法律汇编 133
    国家法、宪法 134

选举法 …………………………………………………… 138
　　行政法 ………………………………………………………… 138
　　民法 …………………………………………………………… 139
　　　民法总论 ………………………………………………… 139
　　　商法 ……………………………………………………… 140
　　刑法 …………………………………………………………… 141
　　诉讼法 ………………………………………………………… 142
　　司法制度 ……………………………………………………… 143
　　法医学 ………………………………………………………… 144
　　中国法律 ……………………………………………………… 145
　　各国法律 ……………………………………………………… 146
　　国际法 ………………………………………………………… 157
　　　国际法理论 ……………………………………………… 157
　　　国际公法、国际私法 …………………………………… 164

军事 ………………………………………………………………… 165
　总论 ……………………………………………………………… 165
　世界军事概况 …………………………………………………… 165
　　军事理论 ……………………………………………………… 165
　　军事教育与训练 ……………………………………………… 166
　　军事后方勤务 ………………………………………………… 169
　　军事史 ………………………………………………………… 170
　中国军事 ………………………………………………………… 170
　各国军事 ………………………………………………………… 172
　　军事制度 ……………………………………………………… 172
　　日本军事 ……………………………………………………… 173
　　俄国军事 ……………………………………………………… 174
　　英国军事 ……………………………………………………… 175
　　法国军事 ……………………………………………………… 175
　　德国军事 ……………………………………………………… 175
　　美国军事 ……………………………………………………… 176
　　各国战史 ……………………………………………………… 176
　　国防 …………………………………………………………… 177
　战术 ……………………………………………………………… 178
　军事技术 ………………………………………………………… 181
　　武器 …………………………………………………………… 181
　　军事工程 ……………………………………………………… 188
　　军事地形学、军事地理学 …………………………………… 189

经济 ··· **190**
    经济理论 ·· 190
    世界经济概况、经济地理 ·· 194
        中国经济 ·· 194
        各国经济 ·· 194
    经济管理 ·· 195
    农业经济 ·· 195
    工业经济 ·· 196
    交通运输经济 ·· 196
    邮电经济 ·· 198
    贸易经济 ·· 199
        贸易经济理论 ··· 199
        世界贸易地理、贸易史 ·· 201
        中国贸易 ·· 202
        国际贸易 ·· 203
    财政、金融 ·· 204
        财政理论 ·· 204
        国家财政 ·· 205
            预决算 ·· 205
            税收 ·· 205
            公债 ·· 206
        地方财政 ·· 206
        各国财政 ·· 206
        货币、金融 ·· 209
        保险 ··· 211

文化、教育、体育 ·· **211**
    各国文化事业 ·· 211
        新闻 ··· 212
        出版 ··· 212
        群众文化事业 ··· 213
        图书馆事业 ·· 213
    教育 ·· 213
        教育理论 ·· 213
        社会教育 ·· 217
        教育学史 ·· 217
        教育丛书 ·· 218
        德育 ··· 218

目录

  教学理论 ………………………………………… 220
  教学法 …………………………………………… 221
  教育行政 ………………………………………… 221
  世界教育事业、教育史 ………………………… 222
  教育事业 ………………………………………… 225
  各类教育 ………………………………………… 229
    幼儿教育 …………………………………… 229
    初等教育 …………………………………… 230
    初等教科书 ………………………………… 231
    中等教育 …………………………………… 234
    高等教育 …………………………………… 235
    师范教育 …………………………………… 236
    其它各类教育 ……………………………… 237
    社会教育 …………………………………… 237
    家庭教育 …………………………………… 239
 体育 ………………………………………………… 240

语言、文字 …………………………………………… **242**
 演讲、速记、格言 ………………………………… 242
 汉语、读物 ………………………………………… 243
 英语 ………………………………………………… 246
  英语读物 ………………………………………… 249
 日语 ………………………………………………… 250
  语法、修辞 ……………………………………… 250
  教学、读本、会话 ……………………………… 251
 其它语种 …………………………………………… 253

文学 …………………………………………………… **255**
 世界文学（亚欧美作品翻译集）………………… 255
 中国文学 …………………………………………… 258
  小说 ……………………………………………… 258
 日本文学 …………………………………………… 258
  小说 ……………………………………………… 258
  杂著 ……………………………………………… 264
 印度文学 …………………………………………… 265
 阿拉伯文学 ………………………………………… 265
 欧洲文学（包括欧洲不同国别者合著）………… 265
  古希腊文学 ……………………………………… 266
    寓言 ………………………………………… 266

神话	267
古罗马文学	267
英国文学	267
诗歌	267
戏剧	267
小说	267
杂著	302
童话	302
法国文学	302
戏剧	302
小说	303
挪威文学	315
戏剧	315
丹麦文学	315
童话	315
比利时文学	315
小说	315
荷兰文学	315
小说	315
德国文学	316
戏剧	316
小说	316
报告文学	317
杂著	317
儿童文学	317
瑞士文学	317
小说	317
匈牙利文学	318
波兰文学	318
戏剧	318
小说	318
俄国文学	318
戏剧	318
小说	319
儿童文学	321
意大利文学	322
美国文学	322
小说	322

国别不明的文学作品 331
　　　　小说 331
　　　　童话 344

艺术 345
　美术 345
　音乐 345
　舞蹈及其它艺术 346

历史 347
　史学理论 347
　世界史 347
　　通史 347
　　文化史 352
　　年表 355
　　普及读物 355
　　上古史、古代史、中世史 356
　　近代史 358
　亚洲史 361
　　文化史 362
　　中国史 362
　　　通史 362
　　　文化史 364
　　　年表 365
　　　普及读物 365
　　　古代史、中世史 366
　　　近代史 366
　　　方志 368
　　朝鲜史 369
　　日本史 370
　　　普及读物 373
　　亚洲其它国家史 373
　非洲各国史 375
　欧洲史 376
　　文化史 379
　　欧洲各国史 379
　　　俄国史 379
　　　波兰史 381
　　　德国史 381

希腊史	382
意大利史	383
英国史	383
法国史	385
欧洲其它国家史	387
美洲史	387
美国史、加拿大史	387

传记 … 389

世界人物传记	389
亚洲人物传记	390
中国人物传	390
日本人物传	391
亚洲其它国家人物传	393
欧洲人物传记	393
俄国人物传	394
德国人物传	395
意大利人物传	395
英国人物传	395
法国人物传	396
欧洲其它国家人物传	397
非洲人物传记	398
埃及人物传	398
美洲人物传记	398
美国人物传	398
国别不明人物传	399

考古 … 399

中国考古	399
日本考古	399

各国礼俗 … 400

地理 … 401

世界地理	401
教科书与普及读物	412
世界地图	414
世界游记	417
亚洲地理	418
亚洲地图	420
中国地理	420

		中国地图	....	423
		中国游记	....	426
	日本地理		....	427
		日本游记	....	428
	亚洲其它国家地理	....	428
		亚洲其它国家游记	....	429
非洲地理	....	430
	非洲游记	....	431
欧洲地理	....	431
大洋洲地理	....	434
	大洋洲游记	....	434
美洲地理	....	434
历史地图	....	436

自然科学总论 ········· 437
  自然科学理论 ························· 437
  自然科学教学与普及读物 ············· 439
  自然科学丛书 ························· 445

数理科学和化学 ········· 449
  数学 ································· 449
    数学表 ··························· 451
    算术 ····························· 453
    代数 ····························· 457
    几何 ····························· 461
    三角 ····························· 469
    微积分 ··························· 471
    概率论 ··························· 473
  力学 ································· 473
  物理学 ······························· 476
    总论 ····························· 476
    物理学教科书 ····················· 478
    声学 ····························· 480
    光学 ····························· 481
    电学 ····························· 484
    热学 ····························· 486
  化学 ································· 487
    总论 ····························· 487
    化学教科书 ······················· 492

无机化学 ………………………………………………………… 496
　　有机化学 ………………………………………………………… 496
　　物理化学 ………………………………………………………… 496
　　分析化学 ………………………………………………………… 496
　　应用化学 ………………………………………………………… 498
天文历法 ………………………………………………………… **498**
测绘学 …………………………………………………………… **513**
地球物理 ………………………………………………………… **515**
气象学 …………………………………………………………… **515**
地质学 …………………………………………………………… **517**
矿物学 …………………………………………………………… **519**
自然地理学 ……………………………………………………… **521**
生物科学 ………………………………………………………… **523**
　　普通生物学 ……………………………………………………… 523
　　生理学 …………………………………………………………… 526
　　生物物理、生物化学 …………………………………………… 526
　　微生物学 ………………………………………………………… 526
　　植物学 …………………………………………………………… 527
　　动物学 …………………………………………………………… 530
　　昆虫学 …………………………………………………………… 534
　　人类学 …………………………………………………………… 535
医药、卫生 ……………………………………………………… **535**
　　总论 ……………………………………………………………… 535
　　预防医学、卫生学 ……………………………………………… 537
　　基础医学 ………………………………………………………… 541
　　临床医学 ………………………………………………………… 547
　　内科学 …………………………………………………………… 549
　　外科学 …………………………………………………………… 552
　　妇产科学 ………………………………………………………… 553
　　儿科 ……………………………………………………………… 555
　　神经病学与精神病学 …………………………………………… 555
　　皮肤病学与性病学 ……………………………………………… 556
　　耳鼻咽喉科学 …………………………………………………… 556
　　眼科学 …………………………………………………………… 557
　　药物学 …………………………………………………………… 557

目 录

农业科学 ·············· 561
　　总论 ·············· 561
　　农业经济 ·············· 565
　　农业基础科学 ·············· 565
　　农业工程 ·············· 568
　　农学 ·············· 569
　　植物保护 ·············· 570
　　农作物 ·············· 571
　　园艺 ·············· 574
　　林业 ·············· 576
　　畜牧、兽医、蚕蜂 ·············· 577
　　水产 ·············· 580

工业技术 ·············· 581
　　总论 ·············· 581
　　一般工业技术 ·············· 584
　　矿业工程 ·············· 585
　　冶金工业 ·············· 587
　　金属工艺 ·············· 589
　　机械、仪表工艺 ·············· 590
　　武器工业 ·············· 591
　　动力工程 ·············· 592
　　电工技术 ·············· 593
　　电讯技术 ·············· 593
　　化学工业 ·············· 594
　　轻工业、手工业 ·············· 596
　　建筑科学 ·············· 600
　　水利工程 ·············· 600

交通运输 ·············· 602
　　综合运输 ·············· 602
　　铁路交通运输 ·············· 602
　　公路交通运输 ·············· 603
　　水路交通运输 ·············· 604

综合性图书 ·············· 609
　　丛书 ·············· 609
　　类书、辞典、年鉴 ·············· 609
　　杂著 ·············· 610
　　书目 ·············· 612

附录一　书名索引·· 613
附录二　著译者索引·· 675
附录三　主要征引书目·· 735
后　记··· 737

哲学

哲学理论

0001 希腊三大哲学家说
  陈鹏译
  上海　广智书局　1902（清光绪二十八）年　一册
  介绍苏格拉底、柏拉图和亚里士多德学说。
  苏格拉底学说分五章：幼年学问；论说法（一名考察法）；行为论、道德及政治；宗教说；梭氏之罹狱、释言、死刑。指出其宗旨之法有二：一为就琐细事款以发现真理，层累而上，以至大道理者；一为判断事物，示其差别所在，使其得次序。
  柏拉图学说五章：智慧说，物之意思说；情说，爱善之理；行为说，道德及政治；柏氏之神说；柏氏理学之评论。书中指出"所谓识者，谓于众异物中而能知其精之谓也，察众现象而合于一定法则之谓也。""至大至久至静之善，非神而何。"至善之意思，乃为生存之本原。
  亚里士多德学说三章：第一章论有之性质本原及形状：有之根源，物质形状原因目的；有之形态，庶物之变动及进步。第二章世界之运动及目的：神之现存，神之状态，神与世界之交涉。第三章道学及政术：处己之道德，交人之道德，政治。介绍"有"之本质，分本质、状态（影像）、数量、时间等等十种。物有相类相异者，得兹联属之道理，始得明之。性之本原亦神也。

0002 统一学
  （日）鸟尾小弥太著
  东京　鸟尾小弥太发行　1902（日本明治三十五）年　一册线装
  著者谓，世上有物而后有"名"，名可迁，其"实"不可移，名实相合则可应用于格物推理，理明则义亦明。以义理启迪人之智慧，使之合于正道，正道和则其德统一。书名之"统一学"，即此之谓也。书中介绍了十八种概念或范畴并一一释义，书中称之为"十八分义"，包括一名、二实、三知、四数、五理、六想、七境、八时、九类、十我、十一心、十二心色（色者物也形也，色依心而显）、十三道趣、十四界、十五人世间、十六主从（善恶异趣，必有主有从）、十七言、十八救世（教人顺理从义，谓之救世）。

0003 哲学要领二卷
  （日）井上圆了著；罗伯雅译
  上海　广智书局　1902（清光绪二十八）年　二册
  分前后二编。前编解释哲学的范围目的，介绍东西洋哲学流派；后编述哲学的性质，一元论、二元论各种观点的组成；结论。

0004 哲学微言
  （日）井上圆了　（日）川尻宝岑合著；(译者阙名)
  东京　游学社　1903（清光绪二十九）年　一册

0005 哲学原理一卷
  （日）井上圆了著；王学来译

东京　闽学会　1903（清光绪二十九）年　一册（闽学会丛书）

分叙论、总论、结论、附录四章，述哲学研究的方法和社会发达的原因。附录收西方哲学家年表。

0006　哲学要领一卷

（德）科培尔（Kobell）讲；（日）下田次郎　蔡元培译

上海　商务　1903（清光绪二十九）年，1913年4版　一册（哲学丛书）

科培尔，日本文科大学教授。本书首为绪论，以下分为哲学之总论、类别、方法、系统四章。末附中西人名表。所论持康德、黑格尔等人哲学观点。

0007　哲学汎论

（日）藤井健治郎著；范迪吉等译

上海　会文学社刻本　1903（清光绪二十九）年　一册（普通百科全书）

0008　妖怪百谭一卷

（日）井上圆了著；何琪译

上海　商务　1902（清光绪二十八）年　一册

此为井上君著妖怪学讲义，分实虚伪误假真六经，以总论、物理、医学、哲学、心理、宗教、教育、杂部八大部，破除鬼神之说。

0009　哲学妖怪百谈一卷　续编一卷

（日）井上圆了著；徐渭臣译

上海　文明书局　1903（清光绪二十九）年　二册

0010　妖怪学讲义录总论

（日）井上圆了著；蔡元培译

上海　商务　1906（清光绪三十二）年初版，1917年5版，1922年8版　一册

井上圆了（1859—1919），日本哲学家、教育家。幼名岸丸，僧名圆了。1885年毕业于东京帝国大学哲学系，1887年建立哲学馆，提倡研究佛学。他三次留学欧美，反对日本人过度欧化。晚年倡导教育运动，他研究妖怪，著《妖怪学讲义》，得"妖怪博士"绰称。

书分定义篇、学科篇、关系篇、种类篇、历史篇、原因篇，述"物怪"、"心怪""理怪"等变态心理，论生理、心理、习惯、惊情、恐怖、复性、愿望。意志、嗅觉、触觉、味觉等。

0011　政教进化论一卷

（日）加藤弘之著；杨廷栋译

上海　出洋学生编译所　清光绪末　一册

0012　道德法律进化之理二编

（日）加藤弘之著；金寿康　杨殿玉译

上海　广智书局　1903（清光绪二十九）年　一册

0013　哲学提纲（名理学）

李杕译

上海　土山湾印书馆　1908（清光绪三十四）年初版，1916年重印　一册

李杕时在上海震旦学院任教,译《哲学提纲》,助学生记诵。本书内容:学问总论、总论哲学、论简意、论判断、论推想、论引征法相与式、论谬辨诸式。问题26则。凡遇概念,均并用拉丁文。

0014 哲学提纲(天宇学)

李杕译

上海　土山湾印书馆　1908(清光绪三十四)年,1916年　一册

书分八章,论宇宙起源"太初之气始也",论世界唯一,宇宙广无崖际,宇宙次序,动与时,天地中无生与有生诸物,作者认为至灵者——大造,默运万事。有问题37条。

0015 宇宙进化论

(英)汤姆生(J. A. Thomson)著;(英)莫安仁口译　许家惺述

上海广学会　1911(清宣统三)年　一册

原书:The Bible of Nature.

述宇宙至神奇、物质之历史、有机物及其原因、有机物之进化、人于宇宙万物中之位置。著者持宗教立场论宇宙之进化。

0016 康德人心能力论

(德)康德(Kant, Immanuel 1724—1804)著;(德)尉礼贤　周暹译

上海　商务　1914年初版,1915年再版,1916年3版　一册(哲学丛书)

0017 创化论

(法)H.柏格森(Bergson, Henri)著;张东荪重译

上海商务　1919年初版　二册(尚志学会丛书),1922年4版　二册

原书:Creative Evolution.(创造进化论)

本书据美国启尔(Mitche)英译本重译。作者谓宇宙无时不创造进化,生命有冲动的无限自由及蔓延机遇,由此而产生生物界不同的种类。书分引端、生之进化、进化之分途、生之本义、智慧之活动的影戏性等章节。

0018 倍根文集上下编

(英)倍根(Bacon, F.)著;达文社译

上海　新民译印书局　清光绪末　一册

著者倍根,通译培根。该书所论包括哲学、政治、教育、理想等。

0019 哲学新诠一卷

(日)中岛力著;田吴炤译

上海　商务　清光绪末　一册

哲学门径之书。共十章,述什么是哲学,哲学问题的起源,哲学与科学的关系;什么是认识论,认识论的起源、本质及与之相关的问题;实在论是什么,古今实在论主要论点;宗教与哲学的关系等。

0020 哲学汎论

(德)楷尔里猛著

《翻译世界》本　清光绪末

0021 哲学要略

（法）张诚（Gerbillon, Jean François）著

年代不详、出版不详

此系法国来华传教士张诚1687—1707年在华期间著以教授康熙帝之教材。

0022 政治哲学一卷

（英）斯宾塞著；(译者阙名)

《译书汇编》本　清光绪末

0023 哲学概论七章

（日）桑木严翼撰；王国维译

教育世界社石印　民国初年　一册（哲学丛书初集4种）

0024 印度哲学纲要

（日）井上圆了著；汪钦译

上海　南昌普益书局　1903（清光绪二十九）年　一册

哲学史

0025 支那哲学史四卷

（日）远藤隆吉著

石印本　1902（清光绪二十八）年　一册

0026 西洋哲学史

（日）蟹江义丸著；范迪吉等译

上海　会文学社刻本　1903（清光绪二十九）年　一册（普通百科全书）

论理学（逻辑学）

0027 名理探

（西洋）傅汎际（Furtado, François）译意　李之藻达辞

杭州刻本　1631（明崇祯四）年　册数不详；抄本五卷　五册；北京　北京公教大学辅仁社影印本　1916年　三册　附李之藻传/陈垣撰；1926年辅仁社影印本　三册；上海徐家汇光启社　1932年铅印本　三册；商务印书馆"万有文库"十卷本；1959年　三联书店本十卷　一册；台北　台湾商务　1975年　二册

前有李天经序。原著拉丁文，名为"亚里士多德辩证法概论"，是根据三世纪时薄斐略（Porphyrius）所著的"亚里士多德范畴概论"的学说，解释亚里士多德逻辑学的著作，是葡萄牙高因盘利（今译科因布拉）大学耶稣会士的哲学讲义，分上下两编，共二十五卷，德国科隆1611年初版。1623—1630年间葡国来华耶稣会士傅汎际译义，李之藻达辞译成汉语。译本共十卷，为原著之上编。前五卷为五公论，即亚里士多德的概念五类：宗、类、殊、独、依，是解释概念的种属关系。后五卷为十伦论，就亚里士多德的十范畴作了阐释：论自立体、论几何、论互视、论何似、论施作、承受、体势、何居、暂久、得有。此为中国介绍欧洲逻辑学最早的一部著作。

作者认为"人所习而得，及天主所原赋于人固有之艺，二者皆能益人也。"

0028 名学类通
　　（著、译者并阙名）
　　乐学溪堂　1824（清道光四）年刊本　一册

0029 辨学启蒙
　　（英）哲分斯（Jevons, W. S.）著；（英）艾约瑟（Edkins, 约瑟）译
　　1886（清光绪十二）年　一册；上海著易堂刊本　1896（清光绪二十二）年（西学启蒙十六种本）；上海　图书集成印书局　1898（清光绪二十四）年刊本　一册；（出版者不详）1903（清光绪二十九）年刊本
　　哲分斯又译耶芳斯，通译威廉姆·斯坦利·杰文斯。艾约瑟又叫艾迪谨。
　　凡二十七章：第一章导引；第二章人之寻常论辨如何；第三章何为即理推事物之分辨；第四章名界语分类；第五章界语之扩大意并精密意；第六章正用语言式；第七章各端物如何分类并缘何分类；第八章论语句；第九章转换语句；第十章次第连成之论断语；第十一章次第连成之论断语规式六条；第十二章用若干等虚拟字样之语句；第十三章他式论断语；第十四章推阐简便款式；第十五章藉物察理之辨论；第十六章常言中察理之辨论；第十七章检查验试；第十八章各事原因并先几；第十九章搜求情节相符处；第二十章察试时物变多寡；第廿一章隔相等时分之诸物变更；第廿二以试验为本之辨论；第廿三章由数端推及全局如何得机；第廿四章由一物推及相似之他物；第廿五章辨论之差谬；第廿六章语义含混生之差谬；第廿七章即事察理中之诸差谬。末附考试题。
　　书中介绍了罗吉尔·培根、伽利略、弗朗西斯·培根、哥白尼、吉尔伯特等人的贡献。

0030 理学须知一卷
　　（英）傅兰雅（Fryes, J.）著
　　上海　格致书室刻本　1898（清光绪二十四）年　一册
　　第一章略论理学原意；第二章略论名与实事；第三章略论求据之法（即衍绎法）；第四章略论类推之法；第五章略论错误之处；第六章略论格致之理，将格致之学分为纯学与杂学两大类，简要介绍算学、博物学、化学、生物、心理学、会学（即永恒与进化）等等西学各科的门类及研究内容。

0031 理学钩玄三卷（亦名　理学钩元）
　　（日）中江笃介著；陈鹏译
　　上海　广智书局　1902（清光绪二十八）年　二册

0032 名学一卷
　　杨荫杭译
　　东京　日新丛编社　1902（清光绪二十八）年　一册（日新丛书）
　　分名词、命题、推度法三部分。

0033 穆勒名学八卷（亦名　名学）
　　（英）穆勒约翰（J. S. Mill）著；严复译
　　上海　金粟斋　1902（清光绪二十八）年　二册，1905（清光绪三十一）年　八册；上海　商务　1931年　三册（万有文库第1集）；北京商务　1981年　一册

原书：A System of Logic (1843)

这是一部逻辑学名著。中译本仅译其甲部，分八篇：一论名学必以分析语言为始事，二论名，三论可名之物，四论词，五论词之义蕴，六论申词，七论理法兼释五旌，八论界说。卷首为引论。

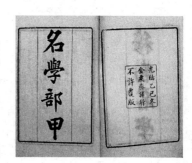

0034 论理学问答

（日）富山房编；范迪吉等译

上海　会文学社　1903（清光绪二十九）年　一册（普通百科全书）

0035 论理学讲义

（日）服部宇之吉著

东京　富山房　1904（日本明治三十七）年　一册，有图

0036 最新论理学教科书

（日）服部宇之吉著；唐演译

上海　文明书局　1908（清光绪三十四）年　一册

中学逻辑学教科书之属。

0037 论理学

（日）大西祝（1864—1900）著；胡茂如译

上海　泰东图书局　1906（清光绪三十二）年初版，1914年3版　一册

书分上下卷共三篇，第一篇形式论理，介绍亚里士多德的演绎逻辑。第二篇介绍因明——古印度逻辑学。第三篇归纳法，介绍培根、穆勒等人的归纳理论。附录：论理学说明图表目录。

0038 论理学

（日）服部讲述　韩述祖编

上海　文明书局　1906（清光绪三十二）年，1913年再版　一册

首总论逻辑学的对象、任务，余分上下篇，分述资质门，包括概念论、断定论、推理论；方法门，包括定义法、分类法、辩证法。

0039 辨学

（英）随文著；王国维译

京师　五道庙售书处　1908（清光绪三十四）年　一册；北京　三联　1959年　一册

本书九篇，第一篇绪论，第二至四篇介绍名词和概念、命题、演绎推理及其基本规则，第五篇虚妄论，述逻辑推理中的谬误。第六篇介绍十九世纪中期以来对传统逻辑推理的改进，介绍英国 G. 布尔的辩学系统。第七篇方法论，述分析与综合。第八至九篇为归纳推理。书前列汉英对照辩学名词130多条。

0040 名学浅说

（英）耶芳斯（Jevons, W. S.）著；严复译

上海　商务　1908（清光绪三十四）年　一册；北京　三联　1959年　一册

原书：Primer of Logic（《逻辑入门》1876，伦敦）

Jevons 通译杰文斯，是近代英国逻辑学家、经济学家，曾任曼彻斯特欧文学院逻辑教授。

译本非直译或意译，严复自己称"合原文与否，所不论也"。一至二章绪论，三至十四章演绎逻辑，十五至二十七章归纳逻辑。

0041　思想学揭要一卷

（英）卜道成（Bruce, J. P. 1861—1934）编译　周云路笔述

潍县　广文学校　1910（清宣统二）年序　一册

凡七章：引论；论名；论表句及直接推理；论推论式及间接推论；论归纳推测法；论科学法；论谬误。该书多本伊文斯梅仑（Jevons Mellone）之遗作，参以穆勒巴隐魏勒吞（Mill Bain Welton）之论。

0042　论理学纲要一卷

（日）十时弥著；田吴炤译

上海　商务　1902（清光绪二十八）年，1915年　一册（哲学丛书）；北京　三联　1960年　一册

首为绪论，阐明论理学的定义、法则、与诸学科之关系。下分三篇，一思考原论，述概念、判断和推理。二演绎推理，三归纳推理。末为结论。作者重视归纳推理，认为演绎推理本身虽不能解决推理中前提的真实性问题，但演绎推理在某种限度内，仍然能给人以新的知识。故同一律等三个定律在全书之始作为专章论述。

书前有中岛力造识语，书后附演习问题12题。

0043　论理学一卷

（日）高山林次郎著；汪荣宝译

《译书汇编》本

上海商务印书馆1925年有单行本。共六章：一总论，二名词命题及三段论法之序论，三统论名词、主词的关系；四命题，五命题之对当，六直接推理。

0044　论理学达恉一卷

（日）清野勉著；林祖同译

上海　文明书局　清光绪末　一册

共三十一章，一至二十四章演绎法，二十五章以下论归纳法。

0045　思维术

（美）杜威（Dewey, J.）著；刘经庶译

南京　高等师范学校　1918年　一册

原书：How We Think.

书分三篇，练思之问题：何谓思维、练思之重要性、心理训练之目的与方法。逻辑大旨：逻辑之概念、判断、推理，具体与抽象，经验与科学的思维。练思：动作与练思、语言文字与练思、教学与练思等。

伦理学

伦理学概论

0046 伦理学表解
上海科学书局编译所编译
上海　科学书局　1907（清光绪三十三）年　一册（表解丛书）

0047 哲学提纲（伦理学）
李杕译
上海　土山湾　1909（清宣统元）年，1916年　一册
书分三卷，以78个学题论宗教伦理，每题下有论题、证理、释难、推理、备览等。书中重要概念附拉丁文。

0048 伦理学原理
（德）泡尔生（Paulsen, F.）著；蔡元培译
上海　商务　1909（清宣统元）年初版，1912年再版　一册
据日译本转译。
书分九章：善恶正鹄与形式论之见解，至善快乐说与势力论见解，厌世主义，害及恶，义务与良心，利己主义与利他主义，道德及幸福，道德与宗教，意志之自由。

0049 伦理学一卷
日本文部省原本；樊炳清译
科学丛书本　清光绪末　一册
分五章：一概论，二宗旨，三行为之起源，四意志，五行为之标准。

0050 新世界伦理学
（日）乙竹岩造著；赵必振译
上海　新民译书局　清光绪末　一册；上海　广智书局　清光绪末　一册
集东西方各伦理学学说，以阐明社会契约神造诸理。

0051 现代思想与伦理问题
（德）倭铿（Eucken, R.）著；郑次川译
上海　良民书局　1912年　一册
著者倭铿，通译奥伊肯。
全书六章：现代之伦理问题，伦理的原理，伦理的原理辩护，伦理原理之发展，道德与宗教之关系，道德之现状。

0052 伦理学之根本问题
（德）Pipps, Theodor（1851—1914）著；杨昌济译述
北京　北京大学出版部　1919年　一册

0053 道德与宗教
（德）泡尔生（Paulsen, F.）著；蔡振译
上海　商务　1906（清光绪三十二）年初，1912年再版　一册；上海　基督教青年会　1915年　一册

蔡振即蔡元培。
此即泡尔生《伦理学原理》一书之第八章，原书：Morality and Religion.
译本分为五节，道德宗教历史之关系及其因果，论其内部必然之关系，论宗教与科学之关系，不信仰之原因，灵魂不灭之信仰与道德之关系。

0054 道德之研究
（美）艾迪（Eddy, G. S.） 谢洪赉著
上海 青年会书报发行所 1915年 一册
根据艾迪来华有关道德伦理讲演之讲义编著。

0055 新道德论
（日）浮田和民著；周宏生 罗普译
上海 商务 1919年 一册（尚志学会丛书）
书分序论、国家之新道德、家族之新道德、实业道德等。

伦理学史

0056 东西洋伦理学史
（日）木村鹰太郎著；范迪吉等译
上海 会文学社刻本 1903（清光绪二十九）年 一册（普通百科全书）

0057 西洋伦理学史要二卷
（英）西额惟克著；王国维译
教育世界社 1901（清光绪二十七）年 一册（教育丛书三集）

0058 西洋伦理学史
杨昌济译述
北京 北京大学出版部 1918年 一册

教材与普及读物

0059 （中等教育）伦理学
陈文译
上海 广智书局 1898（清光绪二十四）年 一册

0060 （中等教育）伦理学
（日）中岛加造著；麦鼎华译
上海 广智书局 1902（清光绪二十八）年 一册

0061 （中等教育）伦理学讲话
（日）元良勇次郎著；麦鼎华译
上海 广智书局 1902（清光绪二十八）年，1904（清光绪三十）年，1907（清光绪三十三）年8版 一册线装
元良勇次郎，日本文学博士。书前有清光绪二十八年蔡元培序，曰："吾愿我国言教育者亟取而应用之，无徒以四书五经种种参考书，扰我学子之思想也。"
书分为二编，共五十章：前编第一章绪论，伦理学释义及其范围；二至五章自

己之观念；六章德性涵养之握要；七至九章家族伦理，述及家族组织、亲子之道、婚姻谕；十至三十一章社会伦理，叙公益、礼仪、信义、慈善、名誉、诉讼、娱乐、献身、生命、财产、国家组织、国民相互关系、纳税与兵役之义务、释权利义务、国际伦理、人类全体与国家之关系、政府与人民之关系、人民阶级论、所谓国民之观念。后编，三十二至五十章，思想伦理，述生存竞争与德义之关系、保存自己之理法及其限制、劳动与安息之关系、自爱与爱人之关系、职业之选举、知与行之关系、欲望论、节俭与奢侈、残忍之情可去、安心与怀疑心、养成反省习惯、嗜好论、自由及其限制、改过论、道德制裁、思想与实行之关系、宗教与伦理之关系、善恶之标准、常道论（常道即伦理之标准）。

每章之后均列"考按"数则，对本章内容列出的思考题。

0062 伦理教科书

（日）井上哲次郎著；樊炳清译

江宁　江楚编译局　1903（清光绪二十九）年　一册

0063 伦理教科书总说

樊炳清译

江宁　江楚编译局　1903（清光绪二十九）年　一册

0064 伦理学

（日）法贵庆次郎（讲义）；胡庸诰等编

湖北官书局　1905（清光绪三十一）年　一册（师范教科丛编）

0065 伦理学教科书

（日）服部宇之吉著；商务印书馆编译所译

上海　商务　1908（清光绪三十四）年初版，1913年，1915年　一册

中学教材。分总说、心术上基础论、事实上准则论三篇。

0066 伦理教科范本一卷

（日）秋山四郎著；董瑞椿译

上海　文明书局　1905（清光绪三十一）年　一册

原书《修身范本》三卷，译本仅取其一卷。分综论、对国、对家、对己、对人、对社会、对庶物应取的态度，共七章。

国家伦理

0067 爱国精神谈

（法）爱米尔拉著；爱国逸人译

上海　广智书局　1902（清光绪二十八）年　一册

0068 爱国精神谭一卷

（法）爱米而著；王宰善译

东京　浅草区黑舟町二十八番地并木活版所　清光绪末　一册

记法国败于普鲁士后，国民富于爱国之心，慷慨从军事迹。

社会伦理

0069 自助论十三编（一名 西国立志编）

（英）斯迈尔斯（Smiles, Samuel 1812—1904）著；（日）中村正直译 羊杰重译

上海 通社 1903（清光绪二十九）年 一册（通社丛书）

中村正直，日本大儒，所译斯迈尔斯所著《西国立志编》，又名《自助论》（Self-help），倡导人人有自立、自重之志气。原书十三编：一论邦国及人民之自由，二论发明机器之元祖，三论四大陶工，四论勤敏，五论机会，六论工艺之发达，七论贵族，八论刚勇，九论事务职业，十论用财宜慎，十一论自修，十二论仪范，十三论德行之关系。

0070 自助论十三编（一名 西国立志编）

（英）斯迈尔斯著；商务印书馆编纂

上海 商务 1910（清宣统二）年，1913年 二册

据日译本转译。

0071 论邦国及人民之自助一卷

（英）斯迈尔斯著；（日）中村正直译 林文潜重译

上海 群学社 清光绪末 一册

本书为《西国立志编》之一。

0072 斯迈尔斯自助论

（英）斯迈尔斯著；（日）中村正直译 （日）中村大来重译

教育世界社 清光绪间 一册

原书：Self-help. 日译本《スマイルス著西洋品行论》(1878)。

引证西方成功家事略，鼓励人立志崇俭，勇往进取。

0073 克己论

（英）斯迈尔斯著；叶农生译

上海 中华书局 1915年 一册

此即《自助论》之不同译本。

0074 国民道德谈

（日）福泽谕吉著；朱宗莱译

上海 中国图书公司 1915年 一册

家庭伦理

0075 交友论一卷

（意）利玛窦（Ricci, Matthieu, 1552—1610）著

南昌刻本 1595（明万历二十三）年 一册；南京刻本 1599（明万历二十七）年 一册；北京刻本 1603（明万历三十一）年 一册；绣水沈氏刻本 1615（明万历四十三）年 一册；天学初函本；宝颜堂秘籍本；山林经济籍本；广百川学海本；续说郛本；图书集成本；丛书集成初编册0733；四库收入库目；坚瓠秘集本

前有万历间冯应京、瞿汝夔序。据来华传教士德礼贤研究，该书采撷了柏拉图

《息律斯篇》、亚里士多德《伦理学》、普鲁塔克《道德论》、西塞罗《论友谊》、赉桑代《格言与典型》等书关于友谊的论述。述交友如医疾，友之誉及仇之讪并不可尽信，友之乐多于义不可久友，已所能为不必望友代为之，交友宜广，交友应互相取长补短，德志相似，其友始固等等交友之道。

0076 二十五言
（意）利玛窦述　汪汝淳校梓

1604（明万历三十二）年　一册；天学初函本；郁冈斋笔尘卷三，改名《近言》；四库列入存目

前有万历甲辰冯应京序。收二十五节修身格言。

0077 齐家西学五卷
（意）高一志（Vagnoni, A. 1566－1640）著

（出版者不详）　1624（明天启四）年刊本　一册

高一志又名王丰肃。

论夫妇、子女、仆婢、店徒四者以及童幼教育。

0078 家范溯源
（美）戈尔腾（Gordon, S. D.）著；任保罗译

上海　广学会　（年代不详）　一册

原名：理想家庭谈话。分七章：友爱、居家、父母、婴孩、遗传、教育等。

0079 母道
黄展云　欧阳溥存编译

上海　中华书局　1914年初版，1917年5版，1919年7版　一册

人生哲学

0080 修身西学
（西洋）高一志译

绛州初刻本　1630（明崇祯三）年　一册；土山湾印书馆重刻本（年代不详）　一册

译自葡国高因勃耳大学讲义。论人之行为，行为之宗向，动机及德行。

0081 譬学警语
（西洋）高一志著

1632（明崇祯五）年刊本　一册

0082 逑友篇二卷
（西洋）卫匡国（Martini, Martin, 1614－1661）译

杭州刊本　1647（清顺治四）年　一册

卫匡国，意大利人。

述真伪友之别，不善友之害，善友之益，友之善恶易染，交友为馈非交友等。

0083 英雄主义
（日）正冈艺阳著；罗大维译

上海　作新社　1903（清光绪二十九）年　一册

论卡兰儿之英雄观，英雄崇拜，英雄主义能发挥个人之"本我"还是抑"本我"，近代思想与英雄主义，明治精神与英雄主义，论人格等。

0084 义务论

（美）海文（Haven, Joseph 1816—1874）著；广智书局同人译

上海　广智书局　1903（清光绪二十九）年　一册

分为三篇，论人之自待与待人之理，推及对于国家之义务。

心理学

心理学概论

0085 性学觕述八卷

（意）艾儒略（Aleni, J.）译

杭州初刻本　1646（清顺治三）年　一册；上海　慈母堂重刻本　1873（清同治十二）年　一册

书成于明天启四年（1624）。原著为德国高因勃耳大学讲义，论灵魂和亚里士多德的自然学。卷一总论魂有三种：生魂、觉魂、灵魂。卷二论灵魂与形躯判然为二。卷三论生长及四液。卷四论五官。卷五论四职：总知、受相、分别、涉记。卷六辨觉性、灵性，论嗜欲、爱欲、运动。卷七论呼吸，寿夭老稚，生死。卷八记心法，心辨，论梦寐。该书是西方最初传入我国之心理学著作。

0086 心灵学

（美）海文著；颜永京译

上海　益智书会刻本　1889（清光绪十五）年，1894（清光绪二十）年　一册

原著：Mental Philosophy.（1857）

著者海文，美国心理学家，曾任教于阿姆斯特学院及芝加哥神学院。

论心灵学的重要性、论内悟（意识）、论专意（注意）、论专想（概念）、思索（思维）汇归（综合）、分覆（分析）。

0087 性学举隅二卷

（美）丁韪良（Martin, W.）著

上海　美华书馆　1898（清光绪二十四）年自序　一册；上海　广学会　1904（清光绪三十）年　一册

上卷论灵才，分觉、悟、记、思、象才（指形象思维和抽象思维，"象才之功，……阐明诸学其中深奥难解者"，"必以未见者创设为已见，始能革旧出新"）、梦、脑等十五章。下卷论心德，分欲、情、求好、是非心、行之本、心之主、灵魂、诸德、修身等十四章。书中详介研究自然科学的思维方法——"格致之功"："致知之功，即在聚其单者而列为同类，或将群物细辨而分为数种也。否则虽物物格之，亦属劳而

无功。""增知在分类","比而分之,细辨而察其所异者","合则举其所同,分则举其所异也"。"格致之学重在由事求固",传达了培根《新工具》的部分科学思想。全书用问答体。

0088 初等心理学

（日）广岛秀太郎著；田吴炤译

1902（清光绪二十八）年 一册（移山堂丛书）

0089 心理学概论

（丹麦）海甫定（Höffding, Harald）著；（英）龙特氏（Lowndes, Mary E.）英译 王国维重译

上海 商务 1907（清光绪三十三）年 二册

原书：Outlines of Psychology.

书凡七篇：一心理学之对象及方法；二精神及身体之关系；三意识与无意识之关系；四心理的原质之分类；五知识之心理学，下分四章：感觉、观念、时间及空间之理会、实在之事物之理会；六感情之心理学，下分五章，感情之感觉、感情及观念、利己的感情及同情的感情、感情之生理学、相对律之于感情中之确实性、感情之于知识之影响；七意志之心理学：意志之根本性、意志及意识中之他原质个性。

末附中西人名表。

0090 哲学提纲（灵性学）

著者阙名；李杕译

上海 土山湾印书馆 1908（清光绪三十四）年，1915年重印 一册

论悟性实有，论判断、推想，论知觉，论人欲，论灵魂性体、灵魂由来、灵魂永生等。

0091 心灵学

（美）谢卫楼（Sheffield, Devello Zelotos）著；管国全译

北通州公理会印字馆 1910（清宣统二）年 一册

首总论灵性（the mind）与心（heart）的分别；心灵学研究的内容：思悟（understanding）、情欲（emotions）、定志（will）；心灵学之要义，人之五官如何感知并达于脑髓，脑髓达于心灵，于是心灵渐次开发，遂有哲理、修辞、美术、是非、教育等才能。心灵开发受先天与后天两种因素制约。余分三章，一论思悟，包括良知良能、原知、组合之才、感觉、知觉、自觉、思索等。二论情欲，论身体引起的感情因素，如食、色、睏、好动、好静、好逸等；论心理引起的感情因素，如乐观向上、敬上慈下、感恩与伸冤、好美与恶陋、好威与好嬉、是非之情等。三论定志，论人由愿望而产生意念，持善情善欲而不受役于偏性偏欲，定志（即意志）引领人善其作为，广其学问，增其道德。

0092 心理易解

（日）陈枕编辑

上海 会文堂 1905（清光绪三十一）年 一册

教材与普及读物

0093 心理学教科书二卷
（日）大濑甚太郎　（日）五柄教俊撰；张云阁译
直隶学校司编译处　1903（清光绪二十九）年　一册

0094 心理
（日）高岛平三郎著；江苏师范生译
南京　江苏宁属学务处：江苏师范　1906（清光绪三十二）年　一册

0095 心理学
商务印书馆编译所译　蒋维乔校订
上海　商务　1906（清光绪三十二）年，1907年　一册
师范学校教科书。

0096 心理学讲义
（日）服部宇之吉编著
东京　东亚公司　1905（清光绪三十一）年初版，1907年再版　一册；上海　商务　一册（京师大学堂讲义本）
第一篇论感觉的作用及理法，知觉的作用及理法，象的作用及理法，思想的作用及理法。第二篇论情的作用及理法。

0097 京师大学堂心理学讲义
（日）服部宇之吉讲述　杨道霖撰
京师大学堂　清光绪间　一册

0098 心理的教授原则三卷
（日）杉山富槌著；教育世界社编译
上海　教育世界社　清光绪间　一册（教育丛书二集）

0099 心理教育学一卷
（日）久保田贞则著
上海　广智书局　清光绪末　一册（教育丛书）
共十二章：一心意论，二心身关系论，三心意发育论，四至十一章感觉、知觉、记忆、想象、概念、断定、推理。十二章客观主观教授法的功用。

0100 心理学讲义
（日）长尾槇太郎（1864—1942）著；蒋维乔译
师范讲习社　清末民初　一册
述教育的目的、教师责任义务、教育方法、教育史等。

心理学各论

0101 西国记法
（意）利玛窦著
南昌刊本　1595（明万历二十三）年　一册
讲读书方法，分原本、明用、设法、立象、定识、广资六篇。"原本"一章论神经学，

为记忆基础。此为西方传入我国之第一部神经学及心理学著作。

0102 记忆术一卷
　　（日）井上圆了著；梁有庚译
　　上海印本　清光绪间　一册
　　论记忆之最佳方法，并比较东西方记忆各法。

0103 记忆力增进法（名家实验）
　　（日）桑木严翼等著；刘仁航译
　　上海　乐天修养馆　1918年　一册
　　收桑木、金寻筑水、高田耕安、鸠山春子等人23篇论述增进记忆的文章。

0104 教育心理学一卷
　　（日）高岛平三郎著；田吴炤译
　　上海　商务　1904年，1906年3版　一册（哲学丛书）
　　共五篇，首绪论，论心理与神经的关系、精神的作用。二觉性之心理，论感觉记忆。三悟性之心理，论思考、概念、判断、情绪之各种教育。四理性之心理，论性情之教育。五心理法及自我，论心理教育。

0105 群众心里
　　（法）黎朋著；吴旭初　杜师业译
　　上海　商务　1910（清宣统二）年初版　一册（尚志学会丛书）
　　原书：La Psychologie des Foules. (1895)
　　本书据日译本重译。

0106 普通儿童心理学
　　（日）松本孝外次郎著；江仁纶　彭清鹏译
　　吉林　吉林图书馆　1912年　一册

应用心理学

0107 教育应用心理学一卷
　　（日）林吾一著；樊炳清译
　　上海　教育世界出版所石印　1901（清光绪二十七）年　一册
　　共三章。以智为感触、嗅味、知觉各神经之主，推论心意、情绪、感觉的作用。

0108 教育应用儿童心理学
　　（德）赫尔维撰；（日）桑野礼治译　徐有成　钟观光重译
　　1902（清光绪二十八）年　一册

0109 实验矫癖法
　　（日）鸭田游水著；陈适吾译
　　上海　有正书局　1916年　一册
　　全书75节，论癖之形成、发展的心理机制，矫正方法等。

0110 高等催眠讲义
　　（日）岗田喜宪著；善哉译

上海　学海书局　1919年　一册,有照片

共13篇:心灵力、原理、基本练习、催眠术式特殊施术、自己催眠、觉醒时感应、现象、治疗矫正、人格变换、催眠灵能;应用、修养与处世等。

宗教

宗教理论

0111 宗教哲学

（原著者不详）;（日）姊崎正治译　范迪吉重译

上海　会文学社刻本　1903（清光绪二十九）年　一册（普通百科全书）

0112 宗教进化论一卷

（英）斯宾塞著;（译者不详）

《翻译世界》本

比较宗教、宗教史

0113 古教汇参三卷

（英）韦廉臣（Williamson, Alexander 1829—1890）著　董树堂笔录

上海　益智书局　1881（清光绪七）年　三册;上海　美华书馆　1899（清光绪二十五）年第3次印本　三册;上海　广学会　1899（清光绪二十五）年　三册

卷一,按照圣经讲解原罪说,从宇宙洪荒述至巴比仑、叙利亚、埃及、及埃及灭亡。以宗教为主,兼及文教风俗。卷二,印度纪略、印度书籍考、佛教源流、波斯教、腓尼基纪略。附辟道教（艾约瑟著）。卷三收希腊罗马时代二十九人小传。卷末为希腊流弊之源、希腊流弊之害、泰西诸国流弊之害三章。

0114 东西教化论衡二卷

（美）林乐知（Allen, Y. J.）著

上海　广学会　1897（清光绪二十三）年　二册线装

上卷二十四章,述印度教（婆罗门教）伤身短命、病国困民、灰心丧志、锢蔽聪明、防碍国政、薄待妇女、死后无望、信奉多神、教无效验等害处,末为修改印度教的办法。下卷论基督教能卫民增寿、添人真知,使印度得列万国之中,得享自主之福、永远之荣耀。

0115 三教问答

（西洋）杜步西（Du bose, H. C. 1845—1910）著

上海　中国基督圣教书会　1915年6版　一册

原书:Catechism of the three religions.

首论佛教、次论道教、儒教、祭祖先、次论耶稣教大略。全书为问答体。

0116 四教考略

（英）季理斐（MacGillivray, Donald 1862—1931）著

上海　广学会　1900（清光绪二十六）年初版，1910（清宣统二）年3版　一册
原书：Comparative religion.

0117　述古导今录 =Ancient principles for modernguidance
（英）高葆真著述
上海　广学会　1909（清宣统元）年　一册
书前有序。

0118　世界教化进行论一卷
（美）丁尼（Tenney, E. D.）著；（英）莫安仁（Morgan, Evan）　戴师铎译
上海　广学会　1910（清宣统二）年，1915年　一册
前有莫安仁自序。
全书七章，世界教化进行情况，作世界进化中宗教价值之比较研究。

0119　天道核较直解
（美）丁韪良（Matin, W. M.）著；赵受恒译
天津　The North China Tract Society（华北书社）　1911（清宣统三）年　一册
全书问答体，共六卷。卷一论教会现在情形；卷二论犹太人与邻邦往来的损益，述犹太教的起源兴衰，旧教变新教；卷三论圣教初传五大洲；卷四论教中纷争，述教皇权位，道德衰微，十字军东征，论回教源流，回教与基督教的异同，圣经的翻译；卷五论圣教东传，述景教、天主教、新教传入中国、印度；卷六论中国三教，述道、佛、释的信仰、礼仪、风俗，日韩两国所信宗教。
该书对南京条约、天津条约、火烧圆明园、中德条约等事件，持论极为偏激。

0120　世界之十大家
（日）久津见息忠著；黄大暹译
上海　文明书局　1903（清光绪二十九）年　一册
全书十章，为比较宗教，包括埃及、希腊、罗马、斯康的那比亚之古教，犹太教、以色列基督教、亚洲婆罗门教、佛教等，考其定义、起源及与科学相反之理论。

0121　世界宗教一斑二卷
（日）内山正如等著；贺齐之编译
上海　一新书局　1903（清光绪二十九）年　一册

0122　论语新纂
（英）麦都思著
巴达维亚　1804（清嘉庆九）年　一册
此为比较宗教之著述。

0123　天佛论衡
（英）慕维廉（Muirhead, William）著
上海刊本　1856（清咸丰六）年　小册子

0124　天教超儒论
（英）慕维廉著
上海刊本　1856（清咸丰六）年　小册子

0125 释教正谬

（英）艾约瑟著

上海刊本　1857（清咸丰七）年　一册；香港　英华书院　1868（清同治七）年　一册

0126 续释正谬

（英）艾约瑟著

上海刊本　1859（清咸丰九）年　小册子

0127 万国宗教志九卷

（日）内山正如著；罗大维译

上海　镜今书局　1903（清光绪二十九）年　一册

共九编：一总论，述宗教的定义、起源、发展、教理、种类、宗教之异名；二佛教，佛教之组成，出于小、始、终、顿、圆五教，佛教组织、五教概要、佛教本旨，印度、中国、日本之传道；三洋教，总论，犹太教教旨及祭式，基督教教义及来历，分述罗马教、希腊教、新教、苏格兰国教、英格兰及爱尔兰国教、耶稣教、回教、摩尔门教；四印度教，述其古教、中世教、近世教；五诸国神教，波斯拜火教、斯干的那维教、埃及神教、罗马神教、希腊神教；六支那教及日本教，述儒、道，及日本神道；七宗教余论，述宗教与学术、宗教与法律之关系，宗教之前途；八宗教大祖传，记摩西、释迦、耶稣、马哈默得、孔子、马丁路德、琐罗亚德尔、老子、传教大师、弘法大师、日连上人、鉴真大师等人传记；九哲学大意，总论，希腊哲学史、近世哲学史。

0128 诸国异神论

（英）米怜（Milne, William 1785—1822）著

马六甲刊本　1818（清嘉庆二十三）年　一册

0129 诸教参考

（美）克拉格（Kellogg, S. H.）著；（美）赫士（Hayes, W. M.）译　于汉清笔述

上海　广学会　1908（清光绪三十四）年　一册；上海　协和书局　1909（清宣统元）年　一册；上海　美华书馆　1915年　一册

书分八章：一，宗教门派，分论犹太、基督、回回、佛、儒。二，诸大教共具之理：如敬神、善恶之论、救赎、来世说等等。三，诸大教之神论，述基督教、回教、印度教、佛、儒、道、日本神教。四，诸大教论罪。五，得救之道。六，来世之道。七，道德之要。八，独一救人之道，只基督教传道救人，得天堂之福，他教则未足称为真道。

0130 世界宗教史

（日）加藤玄智编著；铁铮译

上海　商务　1896（清光绪二十二）年　一册（百科小丛书）

0131 世界宗教史

（日）加藤玄智编著；范迪吉等译

上海　会文学社刻本　1903（清光绪二十九）年　一册（普通百科全书）

0132 宗教史一卷

（日）加藤玄智著；（译者不详）

《翻译世界》本

佛教、道教、回教

0133 哲学大观—佛教篇
　　（日）建部遯吾编
　　上海　通社　1904（清光绪三十）年　一册（通社丛书乙编）

0134 佛说造像量度经一卷（附续补一卷）
　　查布译解
　　金陵刻经处刻本　1874（清同治十三）年　一册

0135 三国佛教略史
　　（日）岛地默雷　（日）生田得能编著；释听云　释海秋译
　　京师　龙泉孤儿院石印　1911（清宣统三）年　一册

0136 北美瑜伽学说
　　（日）忽滑谷快天著；刘仁航译
　　上海　商务　1918年　一册
　　书分二十章述北美瑜伽派的发展：北美瑜伽学风之来源、北美瑜伽与印度瑜伽之比较、瑜伽哲学、绝对与相对之关系、瑜伽之人生观、真我论、大自由大解脱、应用论等。

0137 妈祖婆生日论
　　（英）麦都思（Medhurst, Walter Henry 1796—1857）著
　　巴达维亚刊本　1826（清道光六）年　一册

0138 妈祖婆论
　　（美）卢公明（Doolittle, Justus 1824—1880）著
　　福州刊本　1855（清咸丰五）年　一册
　　福州方言本。

0139 释迦牟尼传一卷
　　（日）高山林次郎编著；雄飞太郎译
　　上海　新中国图书社　1903（清光绪二十九）年　一册

0140 真教宗旨一卷
　　（日）小栗宪一著
　　日本　京都佛藏馆　1899（日本明治三十二）年　一册

0141 回教考略
　　（加拿大）格然特（Grant, G. N.）著；（英）季理斐（MacGillivray）译
　　上海　广学会　1900（清光绪二十六）年，1912年，1914年　一册
　　原名《比较宗教》。共八章：一章叙回教原委，二章论回教得失，三章叙儒教原委，四章论儒教得失，五章叙印度教原委，六章论印度教得失，七章叙佛教原委，八章论佛教得失。

0142 天方大化历史
　　（阿拉伯）木海默第著；李廷相译述
　　北京　清真书报社　1919年　一册

全书十二卷，述始祖至穆罕默德之回教历史。

0143 回教杂记
（英）梅益盛（Mason, Isaac）辑译
上海　广学会　（民国初年？）　一册
从广学会出版之伦理宗教百科全书中辑出论回教二十七条，另成一册。

基督教

神学

0144 无极天主正教真传录
（著者阙名）
1593（明万历二十一）年刊　一册
该书为西方传教士之汉文著作。一至三章论宗教；第四章地理知识；第五章"论世界万物之真实"，为各种生物之总论；第六章"论地下草本等之物类"，论地水与草木，草木与禽兽之相互依存，草木之种类，果与五谷之利，树木之材，药草之功用，树木之皮，藤叶，种等；第七章"论下地禽兽之事情"，论禽兽与人之不同，禽兽之功用，禽兽之死等；第八章"论世间禽兽之知饮食"；第九章"论世间禽兽之知所用药"，述禽兽如何自医其病，人类如何由动物而知其药。

0145 天主实义二卷（亦名天学实义）
（意）利玛窦著
南昌　1595（明万历二十三）年初刻本　一册；北京　1601（明万历二十九）年修订　一册；北京再版　1604（明万历三十二）年；杭州刻本　1605（明万历三十三）年，燕贻堂刻本　1607（明万历三十五）年　二册；1868（清同治七）年刻本　二册；台北　The Qicci Institute　1985年　一册；天学初函本
该书引用中国诗、书、礼、易、四书、老庄等多种典籍，以问答体形式论证天主方为至尊，儒、释、道三教所崇尚，各俱有病，信奉天主方为正道，并宣讲其道义。
全书8篇，首篇论天主始制天地万物，而主主宰安养之。第二篇解释世人错认天主。第三篇论人魂不灭，大异禽兽。第四篇辩释鬼神及人魂异论，而解天下万物不可谓之一体。第五篇辩排轮回六道、戒杀生之谬论，而揭斋素正志。第六篇释解意不可灭，并论死后必有天堂地狱之赏罚，以报世人所为善恶。第七篇论人性本善，而述天主教士正学。第八篇总举大西俗尚，论其传道之士所以不娶之意，并释天主降生西土来由。

0146 天主实义续编
（西班牙）庞迪我（Pantoja, Jacques de [Didace de] 1571—1618）著
抄本　1617（明万历四十五）年　一册；清漳景教堂重刊本（年代阙）　一册

0147 天神魔鬼说
（西班牙）庞迪我著
北京　1617（明万历四十五）年刊本　一册

0148 灵言蠡勺

（意）毕方济（Sambiasi, François 1582—1649）译　徐光启笔述

上海　1624（明天启四）年刊本　一册；陈垣重刊本　1919年　一册；四库收入存目；天学初函本

原书为高因勃耳大学讲义，论灵魂。书分四部分：一论亚尼马之体，二论亚尼马之能，三论亚尼马之尊，四论亚尼马美好之情。亚尼马即拉丁文 Anima，译义灵魂。

0149 三山论学记

（意）艾儒略著

福州　1627（明天启七）年初刻　一册；杭州刻本；绛州重刻　1847（清道光二十七）年　一册；清刻本　一册

初刻本八卷，降州重刻本不分卷，共二十一节。

三山即福州。该书记1627年初夏，叶向高向艾儒略诘问、讨论关于天主教之信仰的谈话。论天主创造天地万物、赏善罚恶，论灵魂不灭，人死后天主审判人之灵魂，有关天主降生的答疑等。

0150 万物真原

（意）艾儒略著

圣世堂刻本　1628（明崇祯元）年　一册；1791（清乾隆五十六）年刊本　一册；上海慈母堂　1887（清光绪十三）年，1901（清光绪二十七）年　一册；重庆圣家堂　1907（清光绪三十三）年　一册

书分十一节，论天、地、人、万物不能自生，元气不能自分天地，天地万物有大主宰，主宰摄治天地万物，天主为万有之原。

0151 主制群征二卷

（德）汤若望著

绛州　1629（明崇祯二）年　一册；天津大公报　1915年，1919年3版　一册；新会陈垣　1919年　一册，前有马良、英敛之序言各一篇，书后有陈垣跋语

书分上下卷，上卷以太阳授光诸曜，而加以发育之力，论证天主实有，且举太阳与月、诸星证主制之妙，余皆可类推。如气生雨雪，成江河之源；地以浑体居万物之中，依次向外为水、气、火；海水自造即禀咸味；人身骨数、肉块、气、血液、脑之神经生理状态，安排如此恰当，太阴、太白、岁星及卫星异动异体，良由天主宰制其间等等。下卷以人、鬼、神、灵魂等证天主实有。

值得注意的是，卷上七"以天行向征"一节，介绍了伽利略造望远镜观测天象所得最新成果："自造镜以来，诸天殊异更著，不独其动然也。太阴其形不圆，其面显泡，其不满之内边高低不等。太白时盈时缺，如月然，因以征其恒上下者，悉绕日为程也。岁星周边见四小星，……日轮上见血点，时密时疏，时进去而复来，……若恒星则见所未见益多。若天汉雾气，从前不解者，今乃知由无数小星密聚而成此象。"此时距伽利略造镜测天象仅20年。

0152 环宇始末二卷

（意）高一志著

1637（明崇祯十）年　一册

上卷论天主以全无造环宇,下卷论宇内万物之所以然等。

0153 天学略义

（葡）孟如望著

宁波　1642（明崇祯十五）年　一册

0154 性理真诠四卷

（法）孙璋（Charme, A. de la）著

1753（清乾隆十八）年初刻本　四册；上海慈母堂活字版　1889（清光绪十五）年　四册；上海土山湾　1916年重刻　一册

前有孙璋清乾隆癸酉(1753)序及光绪十五年版小引。

卷一论人灵性之本体非气、非阴阳、非理,人之灵性能思想,无死灭。卷二上,论灵性之原,灵性非父母所生,宇内有造物主,太极系上主造物元质,历引中国经书证上主为造物主,而孔门不传太极,邵康节天地有劫数之说属于无稽之谈。卷二下,造物主能造天地万物并主宰安养之,造物主唯一,上主为人所向之极。卷三上,论灵性之道,宇内当有真教,真教至理无过,真教为宇内共尊之公礼,能补国法不足,治人身心。卷三下,论异端大可笑讶,辟轮回之妄,论拜天地之非,今儒之迷失真教。卷四,续灵性之道,述天主教教义,天主教能补儒教之不足,耶稣行实,教内训诫,教士西来传教之志,克己修德惟天主教道理。

0155 天学真诠

（意）利类斯著

北京　1662（清康熙元）年　一册

0156 复活论二卷

（西洋）安文思（Magalhãens, Gabriel de 1609—1677）译

北京天主堂刻本　1676（清康熙十五）年　一册；北京　1678（清康熙十七）年　一册

译自托玛斯《神学纲要》一书之拉丁文本。

0157 圣梦歌（一名性灵篇）

（　）伯尔纳著；（意）艾儒略译

北京　1684（清康熙二十三）年　一册

目次：魂怨尸,尸怨魂,魂答尸,尸答魂,魔见,魔说,梦醒。

0158 人罪至重

（比）卫方济（Noel, François 1651—1729）著

北京　1698（清康熙三十七）年　一册

0159 古今敬天鉴

（法）白晋编

北京　1706（清康熙四十五）年初刻　一册

0160 灵魂道体说

（西洋）龙华民译

清初刊本；马良重刊本　1918年　一册

论灵魂与道体之定义，灵魂与道体所同者有四，所异者有十，灵魂是天主之肖像，灵魂之归宿在于获享造物主。道体即亚里士多德所谓第一物质——Materal Prima。

0161 超性学要二十六卷

（西洋）圣多玛斯著；（意）利类思译

北京　北京天主堂　1675（清康熙十四）年　三十册，1675年至民国间印本　二十四册

超性学即神学，译自托玛斯·阿奎那所著"神学纲要"（Summa theologica）。论天主性体六卷，论三位一体三卷，论万物原始一卷，论天神五卷，论形物之造一卷，论人灵魂六卷，论人肉身二卷，论总治万物二卷。

0162 格物探原六卷

（英）韦廉臣编

1876（清光绪二）年刊三卷本　三册；上海　广学会活字本　1880（清光绪六）年　三册，1895（清光绪二十一）年　四册

书凡六卷。首卷22章，述及天地、物质、地球形势、土、石、山、空气、水、皮肤、头脑、咽喉、胃肠、骨、心、目、耳、鼻、口、手等科普知识。卷二11章：万物人体结构奇妙，必有上帝安排；以宇宙结构证明上帝至大无比；以动植物、人体等知识，证上帝全能、仁爱、无所不在、上帝莫测。卷三19章，以西方近代科学对地球成因的认识论地质、论物质等，论上帝创造万物，主宰一切。卷四17章，论上帝主理人事，论死后复活。卷五5章，论上帝创造万物使人欢快，人应当感谢上帝。卷六6章，论魔鬼必有，魔鬼与天命、与人世的关系，劝人信仰上帝，修身养性，去恶行善。

0163 （训点）格物探原五卷

（英）韦廉臣著　（日）熊野舆训点　（日）奥野昌纲校订

东京　十字屋书铺　1878（日本明治十一）年　五册

卷一论天地，论物质，论地球形势，土石、山、空气、水、皮相、论首、咽喉、胃肠、形体、筋肉、食、血、心脑、目、耳、鼻、口、手；卷二论上帝必有、上帝至大、上帝全能；卷三论上帝无所不在、无所不知，上帝乃神，灵魂说；卷四论原质，地质，物质，上帝主理人事，上帝监观世人，论性；卷五论自然之心，心之感应，上帝治恶，死后复活等。有假名作注，有标点，附图。

0164 灵魂理证二卷（亦名真主灵性理证）

（意）卫匡国著；马良辑

（出版者不详）　1918年重刊本　一册

0165 灵魂六卷

（意）利类思著

（出版不详）

上卷述人体骨髓之数及其生理功能，其余皆论宗教之理。

经籍
旧约

0166 古新圣经
（法）贺清泰（De Poirt, Louis）译
1814（清嘉庆十九）年以官话译而未印

0167 圣书节注十二训
（英）米怜著
马六甲刊本　1818（清嘉庆二十三）年　一册

0168 圣经释义
（英）柯大卫著
马六甲　1825（清道光五）年　一册

0169 圣书节解
（英）米怜著
马六甲　1825（清道光五）年　一册

0170 新纂圣经释义
（英）种德（Collie, Dvaid）纂
马六甲　1825（清道光五）年初刻，1830（清道光十）年　（册数不详）；新加坡　坚夏书院　1835（清道光十五）年　（册数不详）

0171 圣书凭据总论
（英）吉德著
马六甲　1827（清道光七）年　一册

0172 圣书袖珍
（英）柯大卫著
马六甲　1832（清道光十二）年　一册

0173 杂篇
（英）麦都思著
上海　1844（清道光二十四）年　一册
此为讲解圣经之书。

0174 旧约史记条问
（美）哈巴安德著
宁波　1852（清咸丰二）年　一册

0175 旧约全书
（英）麦都思著
上海　1855（清咸丰五）年　一册

0176 旧约全书
（美）裨治文　（美）克陛存合译
上海　1863（清同治二）年四卷本　册数不详；上海　美华书馆　1865（清同

治四）年三卷本　册数不详

0177　旧约节录启蒙
　　　（美）麦耐著
　　　上海　美华书馆　1868（清同治七）年，1915年　一册

0178　旧约全书（官话）
　　　（英）霍约瑟译
　　　（日本）京都　京都美华书院　1874（清同治十三）年　1042页
　　　由希伯来文本译出。

0179　旧约全书（官话本）
　　　（译者阙名）
　　　上海　圣书公会　1908（清光绪三十四）年　一册

0180　十诫真诠二卷
　　　（西洋）阳玛诺述
　　　北京　1642（明崇祯十五）年　一册；(出版者不详)　1798（清嘉庆三）年刻本　一册；(出版者不详)　1814（清嘉庆十九）年刻本　二册

0181　真神十诫
　　　（美）叔未士著
　　　上海　1848（清道光二十八）年初印，1857（清咸丰七）年重印　一册

0182　真神十诫注释
　　　（美）克陛存著
　　　宁波　1848（清道光二十八）年　小册子

0183　真神十诫
　　　（　）戴查士著
　　　上海　1850（清道光三十）年　一册

0184　神十诫注释
　　　（美）卢公明著
　　　福州刊本　1853（清咸丰三）年初印，1855（清咸丰五）年修订　一册

0185　真神十诫
　　　（　）那尔敦著
　　　宁波刊本　1855（清咸丰五）年　小册子

0186　上帝十诫注释
　　　（美）弼利民著
　　　福州　1860（清咸丰十）年　一册
　　　福州方言本。

0187　旧遗诏圣书
　　　（德）郭实腊译
　　　新加坡（？）　1836（清道光十六）年　一册

0188 圣经旧遗诏创世传
　　（美）高德（Goddard, Josiah 1813—1854）著
　　上海　1849（清道光二十九）年，1850年　一册

0189 圣约旧遗诏创世传
　　（美）高德著
　　宁波刊本　1850（清道光三十）年　一册

0190 创世传注释
　　（美）犙为仁著
　　香港　1851（清咸丰元）年　一册

0191 旧约书创世纪
　　（美）孙罗伯著
　　上海　1854（清咸丰四）年　一册

0192 创世传
　　（美）弼利民著
　　福州　1854（清咸丰四）年　一册

0193 旧约利未记注释二十七章
　　（美）翟雅各（Jackson, J.）注
　　中国圣教会　1903（清光绪二十九）年　一册
　　书口题：旧约注释。

0194 诗篇
　　（英）合信著
　　广州石印本　1856（清咸丰六）年　一册

0195 宗主诗篇
　　（英）麦都思译
　　上海　1856（清咸丰六）年修订　一册

0196 旧约诗篇注释 ==The conference commentary on the psalms
　　（美）杜布西注
　　上海　中国圣书公会　1902（清光绪二十八）年　一册

0197 旧约诗篇
　　（英）杨格非译
　　汉镇英汉书馆　1906（清光绪三十二）年　一册

0198 旧约耶利米书注释
　　（美）那夏礼（Noyes, H. V.）著
　　中国圣教公会　1903（清光绪二十九）年　一册

0199 但以理讲义（官话）
　　（　）Cottrell, Pastor R. F. 著
　　上海　时兆报馆　1914年　一册

0200 小先知书注释
　　（英）霍约瑟（Hoare, J. C.）辑；（美）孙罗伯注释
　　上海　1854（清咸丰四）年　一册

0201 旧约史记课程 ==Studies in old testament history
　　（　）Llewellyn J. Davies 译
　　上海　中韩基督教青年合会总委办处　1911（清宣统三）年　一册

新约

0202 圣经广益二卷
　　（法）冯秉正著
　　北京　1740（清乾隆五）年　一册；司教厄都亚社　1875（清光绪元）年重刻本　一册
　　此为新约。

0203 福音调和
　　（英）麦都思著
　　巴达维亚　1834（清道光十四）年　一册

0204 福音之箴规
　　（德）郭实腊著
　　新加坡　1836（清道光十六）年　一册

0205 新遗诏书
　　（英）麦都思译
　　巴达维亚　1837（清道光十七）年　一册

0206 福音概论
　　（英）戴尔著
　　出版地、出版者不详　1839（清道光十九）年　一册

0207 圣书注疏
　　（德）郭实腊著
　　新加坡　1839（清道光十九）年　一册

0208 福音要言
　　（英）施敦力约翰（Stronach, John 1810－1888）著
　　上海　1847（清道光二十七）年　小册子；1850（清道光三十）年，1853（清咸丰三）年　小册子；1861（清咸丰十一）年重刊

0209 新增圣书节解
　　（美）麦嘉缔著
　　宁波　1848（清道光二十八）年　二册

0210 画经比喻讲
　　（美）叔未士著
　　上海　1848（清道光二十八）年　一册

圣经画册。

0211 福音广训
（英）美魏茶（Charles Milne, William 1815—1863）著
上海　1850（清道光三十）年　小册子
据其父米怜《乡训五十二则》改写。

0212 新约全书
（英）麦都思译
上海　1852（清咸丰二）年，1856（清咸丰六）年再版　一册

0213 新约全书
（美）弼利民译
福州　1853（清咸丰三）年，1856年再版　一册
福州方言本。

0214 新约全书注释
（英）理雅各译
香港　1854（清咸丰四）年　一册

0215 新约全书
（美）裨治文译
上海　1855（清咸丰五）年　册数不详

0216 新约全书注释（南京官话）
（英）麦都思译
上海　1857（清咸丰七）年　一册

0217 新约全书注释
（美）陶锡祈译
上海　美华书馆　1876（清光绪二）年　一册

0218 新约圣经
（英）包尔腾　（美）柏亨理合译
福州　美华书局活字　1889（清光绪十五）年　一册
译者包尔腾又译包约翰；柏亨理又译白汉理、柏汉理。
此据官话本《新约全书》重译。

0219 新约注释
（美）那夏礼　（美）杜步西注
上海　中国圣经书局　1899（清光绪二十五）年初版，1911年　一套

0220 新约史记问答
（美）哈巴安德著
广州　1852（清咸丰二）年　一册

0221 圣书问答
（美）卦德明著
宁波　1853（清咸丰三）年　一册

0222 圣经直解十四卷
　　（西洋）阳玛诺译
　　北京　1636（明崇祯九）年初版，1642（明崇祯十五）年再版八卷本；京都　1790（清乾隆五十五）年　八册；土山湾慈母堂　1915年　二册
　　阳玛诺，葡国人。此为《新约》四福音书经文的汉译。

0223 四史圣经注释
　　（西洋）德如瑟译
　　香港纳匝肋静院　1893（清光绪十九）年　四册，图

0224 四史圣经
　　译者阙名
　　河北献县　献县张家庄胜世堂　1918年　638页
　　收马太、马可、路加、约翰四福音，有注释。

0225 福音广训
　　（英）麦都思著
　　上海　1854（清咸丰四）年　一册

0226 福音小学
　　（　）娄如本著
　　上海刊本　1855（清咸丰五）年　一册

0227 福音真理问答
　　（美）耿惠廉著
　　上海　1855（清咸丰五）年　一册

0228 圣经新约福音平话
　　（英）温敦著
　　福州　1856（清咸丰六）年　一册
　　福州方言本。

0229 福音撮要传
　　（美）罗孝全著
　　广州　1860（清咸丰十）年　一册

0230 约翰福音
　　（美）丁韪良译
　　上海　美华圣经会　1864（清同治三）年　册数不详

0231 马太福音传
　　（英）麦都思著
　　上海　1846（清道光二十六）年　一册

0232 马太福音传注释
　　（美）粦为仁著
　　广州　1849（清道光二十九）年　一册

0233 马太福音传
　　（英）胡德迈著
　　宁波刊本　1850（清道光三十）年　小册子

0234 马可福音注释
　　（美）倪维思著
　　上海　美华书馆　1865（清同治四）年，1881（清光绪七）年　一册

0235 马可讲义五卷
　　（德）花之安译
　　汉口/天津　基督圣教协和书局　1874（清同治十三）年初版，1915年　一册

0236 路加福音注释
　　（美）娄理华著
　　宁波　1849（清道光二十九）年　一册

0237 路加福音传注释
　　（美）罗孝全著
　　广州　1860（清咸丰十）年　一册

0238 约翰传福音书
　　（英）杨威廉译
　　巴达维亚　1835（清道光十五）年　一册

0239 约翰传播福音书
　　（英）麦都思译
　　上海　1847（清道光二十七）年　一册
　　上海方言本。

0240 约翰真经解释
　　（英）合信著
　　香港　1853（清咸丰三）年　一册

0241 约翰传福音书
　　（美）罗啻译
　　厦门　1854（清咸丰四）年　一册
　　厦门方言本。

0242 约翰福音书：官话
　　（英）韦廉臣译
　　1868（清同治七）年印本　一册

0243 使徒行传
　　（　）吉士译
　　上海刊本　1856（清咸丰六）年　一册

0244 使徒行传注释
　　（美）倪维思（Nevius, J. L.）注
　　上海　协和书局　1865（清同治四）年初版，1911年重版　一册；上海　美华

书馆　1868（清同治七）年　一册

0245 使徒行传注释
　　（美）陶锡祈译
　　上海　美华书馆　1899（清光绪二十五）年　一册

0246 马可传略解
　　（美）倪维思著
　　上海　美华书馆　1862（清同治元）年，1911年　一册

0247 使徒保罗与罗马人书
　　（美）克陛存译
　　宁波　1851（清咸丰元）年　小册子

0248 保罗与罗马人书
　　（美）白汉理（Blodget, Henry）著
　　上海　1859（清咸丰九）年　小册子

0249 寄罗马人书注释
　　（美）纪好弼著
　　广州　1860（清咸丰十）年　一册

0250 使徒保罗与加拉太人书
　　（美）克陛存译
　　宁波刊本　1851（清咸丰元）年　小册子

0251 使徒保罗寄加拉太圣会书注
　　（美）罗尔梯著
　　宁波　1856（清咸丰六）年　一册

0252 使徒保罗与以弗所人书
　　（美）克陛存译
　　宁波　1851（清咸丰元）年　小册子

0253 使徒保罗寄以弗所圣会书注
　　（美）罗尔梯著
　　宁波　1855（清咸丰五）年　小册子

0254 以弗所讲义
　　（英）霍约瑟（Hoare, Joseph Charies 1851—1906）著
　　宁波　三一书院　1887（清光绪十三）年　一册

0255 使徒保罗与腓力比人书
　　（英）胡德迈译
　　宁波　1852（清咸丰二）年　小册子

0256 使徒保罗与哥罗西人书
　　（美）克陛存译
　　宁波　1851（清咸丰元）年　小册子

0257 使徒保罗达帖撒罗尼迦前后书
　　　（英）霍约瑟译
　　　宁波　三一书院　1888（清光绪十四）年　一册
　　　霍约瑟，英国安立甘会教士，1876年在宁波创立三一书院，自任院长。

0258 使徒保罗与希伯来人书
　　　（英）胡德迈译
　　　宁波　1852（清咸丰二）年　小册子

0259 使徒保罗寄希伯来人书注
　　　（美）罗尔梯著
　　　宁波　1859（清咸丰九）年　一册

0260 使徒保罗寄罗马圣会书注
　　　（美）罗尔梯著
　　　宁波　1859（清咸丰九）年　一册

0261 救世主耶稣新遗诏书
　　　（美）罗孝全（Roberts, Issachar Jacob 1802—1871）译
　　　澳门　1840（清道光二十）年　一册

0262 圣经新遗诏福音诸传
　　　（美）高德著
　　　宁波　真神堂　1852（清咸丰二）年　一册

0263 圣经新遗诏全书
　　　（美）高德著
　　　宁波　真神堂　1853（清咸丰三）年　一册

0264 吾主耶稣基督新遗诏书
　　　（英）伟烈亚力译
　　　上海　1859（清咸丰九）年　一册

0265 耶稣门徒信经
　　　（英）理雅各著
　　　香港　1854（清咸丰四）年　一册

0266 圣约图记
　　　（美）卦德明著
　　　宁波　1855（清咸丰五）年　一册

0267 圣经类书二卷
　　　（美）麦嘉缔（McCartee, D. B.）辑
　　　宁波　华花圣经书房　1856（清咸丰六）年　一册

0268 圣书要说新义
　　　（英）理雅各著
　　　香港　1856（清咸丰六）年　一册

0269 圣书摘锦
　　（英）合信著
　　广州　1856（清咸丰六）年　一册

0270 圣经故事
　　（美）高第丕著
　　上海　1857（清咸丰七）年　一册

0271 新旧约全书节录（南京官话）
　　（英）施敦力约翰译
　　厦门　1857（清咸丰七）年　二册

0272 美以美教会礼书
　　（美）麦利和著
　　福州　1858（清咸丰八）年　一册

0273 圣教鉴略
　　（美）圣思理著
　　宁波　1860（清咸丰十）年　一册

0274 耶稣圣经
　　（美）罗孝全编译
　　广州　1860（清咸丰十）年　一册

0275 新约全书
　　（美）裨治文译
　　上海　美华书馆　1863（清同治二）年　一册

0276 圣书衍义
　　（美）哈巴安德著
　　上海　美华书馆　1867（清同治六）年初版，1912年再版　一册

0277 圣经新遗诏约翰福音传
　　（美）高德著
　　上海　1852（清咸丰二）年　一册

0278 新约圣经
　　（英）马礼逊译
　　广州　1814（清嘉庆十九）年　（册数不详）

0279 新教圣经
　　（英）马士曼译
　　印度赛兰普尔出版　1822年　（册数不详）

0280 新约圣经便览一卷
　　（美）李承恩译
　　福州　美华书局　1893（清光绪十九）年　一册

0281 圣经释义
　　（　）富翟氏著

上海　广学会　1894（清光绪二十）年　一册

0282　神天圣书
（英）马礼逊　（英）米怜合译
马六甲　英华书院　1823（清道光三）年　二十一册线装
此为新旧约圣经。

0283　二约释义丛书
（英）韦廉臣　（英）季理斐著
上海　广学会　1882（清光绪八）年初版，1911年5版　三册

0284　旧新约全书
译者阙名
福州　美华书局　1896（清光绪二十二）年　一册

0285　新旧约圣经：官话
译者阙名
上海　大美国圣约会　1900（清光绪二十六）年　二册，地图

0286　旧新约圣经（串珠官话）
（美）施约瑟译
上海　大美国圣经会　1909（清宣统元）年　二册

0287　新旧约全书七卷
译者阙名
香港　华美书院　清末　九册

0288　新旧约圣经（官话）
（美）施约翰译
上海　大美国圣经会　1912年　一册

0289　新旧约圣经：官话
（美）施约瑟译
上海　大美国圣经会　1914年　二册

0290　圣经图志
（美）范约翰（Farnham, J. M. W. 1830－1917）著
上海　中国圣教书局　1890（清光绪十六）年初版，1910（清宣统二）年　一册

0291　圣经图记
（美）德明氏编译
清末活字本　一册

0292　圣经之史
（德）叶纳青著
香港刊本　1850（清道光三十）年　一册

0293　初学编
（美）麦嘉缔著
宁波　1851（清咸丰元）年　一册

述关于圣经之历史。

0294 新旧约接续史
（ ）Couling, M. A. 著；李永庆译
上海 广学会 1917年 一册

0295 圣经溯源
（英）华立熙（Walshe, W. Gilbert）译 张瀚笔述
上海 广学会 1911（清宣统三）年 一册线装

0296 圣经辞典 =Dictionary of the Bible
（英）海丁氏（Hastings, James）等著；广学会译
上海 广学会 1916年 一册
收1700余条词语，以汉字部首排序。

0297 圣约辞典
（英）瑞义思 （英）季理斐著
上海 广学会 1916年 一册

0298 圣经教授法
（美）胥温德著；胡贻谷译
上海 中华基督教青年会全国协会书报部 1916年 一册
著者述其多年教授圣经之心得。

0299 祈祷神诗
（美）犇为仁译
曼谷 圣教公会 1917年 一册

布道

0300 天学实录
（意）罗明坚著
广州刻本 1584（明万历十二）年 一册
此为西士第一部汉文著作，论天主实有及其性体等，后改名《圣教实录》。

0301 圣教日课三卷
（西洋）龙华民译
韶州刊本 1602（明万历三十）年 一册；（出版者不详） 1918年 一册

0302 七克七卷
（极西）庞迪我著
北京刊本 1604（明万历三十二）年 一册；（出版者不详） 1798（清嘉庆三）年刻本 三册；（出版者不详） 1798年刻本 四册；天学初函本；四库全书本

0303 天主圣教约言
（葡）苏如望（Soeiro, Jean）著
韶州 1604（明万历三十二）年初刻 一册；南昌 1610（明万历三十八）年重刻；湖州 1611（明万历三十九）年重刻；土山湾覆刻本（年代不详）

0304 畸人十篇二卷附西琴八曲一卷

（泰西）利玛窦著

北京初刊本　1608（明万历三十六）年　一册；南昌、南京重刻本　1609（明万历三十七）年　一册；明万历天启间（1573—1620）刻本　二册；1847（清道光二十七）年刻本　二册；天学初函本，四库收入存目

天学初函本首有万历戊申李之藻序，周炳谟"重刻畸人十篇引"，王家植"题畸人十篇小引"。著者自称畸人。该书为回答当时达官名士之问所作，系问答体。书分二卷，上卷六篇：人寿既过犹误为有，二人于今世惟侨寓尔，三常念死后利行为祥，四常念死后备死后，五君子希言而欲无言，六斋素正旨非由戒杀；下卷四篇：一自省自责无为为尤，二善恶之报在身之后，三妄询未来自速身凶，四富于贪吝苦于贫窭。

所附西琴八曲，为利氏所译西洋乐曲八章，见音乐类"西琴曲意"条。

0305 天主圣母暨天神人瞻礼解说

（葡）阳玛诺译

1609（明万历三十七）年刊本　一册

0306 辩学遗牍

（意）利玛窦著

北京　1610（明万历三十八）年初刻　一册；北京救世堂重刻本　1880（清光绪六）年　一册；陈垣重刊本　1919年　一册；天学初函本

书分前后编，收虞德园（虞淳熙）铨部与利西泰先生书；利先生复虞铨部书；利先生复莲池大和尚竹窗三笔、天说四端。

四库著录利玛窦著，陈垣重刊时序曰："此为利之同志于利氏故后所著，以答辩杭州僧人袾宏攻天主教之语。"此书以天主教辩佛教。

附：大西利先生行迹／（意）艾儒略述，明浙西李之藻传／陈垣撰

0307 善终瘗茔礼典

（意）利类思著

北京　1671（清康熙十）年　一册

0308 代疑论

（葡）阳玛诺译

北京　1622（明天启二）年　一册

述关于天主降生，救赎受难等疑难。

0309 天主圣像略说一卷

（葡）罗如望著

约1623（明天启三）年刊　一册

0310 天主圣教启蒙一卷

（葡）罗如坚著

约1623（明天启三）年刊

0311 推历年占礼法

（法）金尼阁著

西安　1625（明天启五）年　一册

0312 教要略解

（意）高一志著

绛州　1626（明天启六）年初刻　一册；上海土山湾印书馆重刻　1869（清同治八）年　一册

0313 则圣十篇

（意）高一志著

福州　1626（明天启六）年　一册

0314 环有诠六卷

（葡）傅汎际（Furtado, F.）译　李之藻笔述

杭州　1628（明崇祯元）年　册数不详；四库收入存目；学海山房抄本　民国初年　三册　乌丝栏；合肥　黄山书社影印　2005年《东传福音》第十一册

以亚里士多德著 De Caelo et mundo（天与宇宙）通译《论天》四卷，及高因勃耳大学耶稣会士讲义为蓝本，从宗教神学、物理学、天文学等方面阐述欧洲中世纪正统宇宙观，宇宙以静止的地球为中心，宇宙由元素构成，元素提供物理的和智慧的推动作用和目的，以证明造物有主、主造物之妙，乃知造物主有恩。译本为节译而述其意义。傅汎际在本书中虽然对伽利略1610年用望远镜观测到的天象亦有叙述，如日中斑点、木星之旁更有四星、天体不实而浮等，但他仍以"人目距天甚远，目力所试有限，终未必无差也"为辞，坚持落后的宇宙体系。

0315 圣母经解

（意）罗雅谷著

绛州　1628（明崇祯元）年　一册

0316 天主经解八卷

（意）罗雅谷著

绛州　1628（明崇祯元）年　一册

0317 弥撒祭义

（意）艾儒略著

福州　1629（明崇祯二）年　一册

0318 哀矜行诠三卷

（意）罗雅谷著

北京　1633（明崇祯六）年　一册；上海　慈母堂　1876（清光绪二）年　一册；北京　首善堂刻本　清　一册

0319 神鬼正纪

（意）高一志著

1633（明崇祯六）年刊　一册

0320 口铎日抄

（葡）卢安德（Rudomina, A.）（意）艾儒略合著　李九标笔记

福州　1635（明崇祯八）年　一册

艾、卢二人自崇祯三年（1630）至十三年五月，在福建谈道论学，传讲基督教教义，兼论天文地理，李九标等记录。

0321 苦难祷文
（葡）伏若望（Froez, Joannes）著
1637（明崇祯十）年刊 一册

0322 五伤经礼规
（葡）伏若望著
杭州 1637（明崇祯十）年 一册

0323 助善终经
（葡）伏若望著
1637（明崇祯十）年刊 一册

0324 崇一堂日记随笔
（德）汤若望译 王征笔记
抄本 1637（明崇祯十）年 一册
崇一堂为王征在陕西所建天主堂。本书记西方古代宗教圣贤苦修嘉行。

0325 轻世金书四卷
（葡）阳玛诺（Diaz, Emmanuel）译 朱宗元订
北京 1640（明崇祯十三）年初刻二卷本 一册；（出版者不详） 1757（清乾隆二十二）年 一册；（出版者不详） 1800（清嘉庆五）年 一册；（出版者不详） 1805（清嘉庆十）年 一册；（出版者不详） 1848（清道光二十八）年 一册；（出版者不详） 1856（清咸丰六）年 一册；香港纳匝肋静院 1890（清光绪十六）年 一册；（出版者不详） 1910（清宣统二）年重刻四卷本
译自 De Imitatione Christi. 托马斯·厄·肯培著，是中世纪灵修名著。中译本又有名为《师主篇》、《遵主圣范》等。道光二十八年由李若翰加注，名为《轻世金书便览》。

0326 轻世金书直解
（西洋）阳玛诺译
北京西什库天主堂 1909（清宣统元）年 一册

0327 十慰
（意）高一志著
绛州 约1640（明崇祯十三）年 一册

0328 四末
（意）高一志著
约1640（明崇祯十三）年刊 一册

0329 出象经解
（意）艾儒略著
福州 1635－1637（明崇祯八～十）年间初刻 一册；北京重印 1642（明崇祯十五）年 一册

0330 圣体四字经文一卷
　　（意）艾儒略著
　　北京　1642（明崇祯十五）年初刊，1650（清顺治七）年，1798（清嘉庆三）年　一册

0331 四字经一卷
　　（意）艾儒略著
　　1642（明崇祯十五）年初刻　一册；土山湾印书馆重刻（年代、册数不详）
　　仿三字经体例，述天主教教理及其经文传说。

0332 炤迷四镜
　　（葡）孟儒望著
　　宁波　1643（明崇祯十六）年　一册

0333 主教缘起四卷
　　（德）汤若望著
　　北京　1643（明崇祯十六）年　册数不详；（出版者不详）　清刻本　二册
　　该书论宗教，其中第二章论人生死之故，为西方病理学。

0334 圣体要理一卷
　　（意）艾儒略著
　　福州　1644（明崇祯十七）年　一册

0335 物元实证
　　（意）利类思译
　　明刊本　一册
　　译自圣多玛斯著"Somme Théologique"。

0336 十戒论圣迹
　　（意）潘国光著
　　上海　1650（清顺治七）年　一册

0337 善生福终正路二卷
　　（意）陆安德（Lobelli, A.）著
　　北京　1652（清顺治九）年初刻　一册，1794（清乾隆五十九）年重刻　一册；（出版者不详）　1846（清道光二十六）年刻本　二册线装；（出版者不详）　1852（清咸丰二）年刻本　二册线装；河北献县天主堂排印本

0338 天阶
　　（意）潘国光著
　　上海　1654（清顺治十一）年　一册

0339 天主圣教蒙引要览
　　（葡）何大化著
　　抄本　1655（清顺治十二）年　一册

0340 圣体规仪一卷
　　（意）潘国光著

上海　1658（清顺治十五）年　一册

0341 提正篇六卷
（意）贾宜睦著
北京　1659（清顺治十六）年初刻　一册；上海　慈母堂重刻　（年代、册数不详）

0342 天主理论
（意）卫匡国著
约1661（清顺治十八）年刊　一册

0343 天神会课一卷
（意）潘国光著
上海　1661（清顺治十八）年　一册

0344 占礼口铎
（意）潘国光著
上海　1662（清康熙元）年　一册

0345 原染亏益二卷
（葡）郭纳爵译
1663（清康熙二）年　一册

0346 圣教要旨
（意）利类思著
北京　1668（清康熙七）年　一册

0347 圣教约徵
（意）利类思著
北京　1668（清康熙七）年　一册

0348 耶稣会例
（意）殷铎泽著
北京　1669（清康熙八）年　一册

0349 昭事经典三卷
（意）利类思译
北京　1669（清康熙八）年　一册

0350 教要序论
（比）南怀仁（Verbiest, Ferdinand 1623－1688）著
北京　1670（清康熙九）年　一册；慈母堂重刊本　1848（清道光二十八）年刊本；（出版者不详）　石印本　1876（清光绪二）年，1887（清光绪十三）年　一册，1903（清光绪二十九）年印本　一册；（出版者不详）　清刻本　一册；（出版者不详）　1911（清宣统三）年　一册
首论天主，天主无所不在，天主造物，天主全能、全善、全智，天堂、地狱，次十戒条目；再次信经。

0351 弥撒经典五卷
（意）利类思译

北京耶稣会　1670（清康熙九）年　一册不分卷；北京刻本　1670（清康熙九）年　五册；北京刻本　1676（清康熙十五）年　一册

0352　善恶报略说
（比）南怀仁著
北京　1670（清康熙九）年　一册；（出版者不详）　1869（清同治八）年　一册；上海　慈母堂　1905（清光绪三十一）年　一册

0353　已亡日课经
（意）利类思译
北京　1671（清康熙十）年　一册

0354　真福直指二卷
（意）陆安德（Lobelli, A.）著
北京　1673（清康熙十二）年初刻　一册；上海　慈母堂　1873（清同治十二）年重刻

0355　圣教略说一卷
（意）陆安德著
广州　1674（清康熙十三）年　一册

0356　司铎日课
（意）利类思译
北京　1674（清康熙十三）年　一册

0357　百问答（一名　天主圣教百问答）
（比）柏应理著
1675（清康熙十四）年初版　一册；土山湾印书馆重印　（年代不详）　一册

0358　圣事礼典
（意）利类思译
北京　1675（清康熙十四）年　一册

0359　四末真论一卷
（比）柏应理（Couplet）著
北京　1675（清康熙十四）年初刻　一册；土山湾慈母堂重印本　（年代、册数不详）

0360　求说一卷
（意）罗雅谷著
北京　1676（清康熙十五）年　一册

0361　圣母日课
（意）利类思译
北京　1676（清康熙十五）年　一册

0362　司铎典要二卷
（意）利类思译
北京　1676（清康熙十五）年　一册

此为伦理学"Theologian Moralis"之节译。

0363 默想大全
（意）陆安德著
出版不详
陆安德（1610—1683），在华时间为1659—1683年，殁于澳门。

0364 圣体仁爱经规条一卷
（法）冯秉正著
北京　1719（清康熙五十八）年　一册

0365 真道自证四卷
（法）沙守信（Chavagnac, E. L. de）著
北京　1719（清康熙五十八）年初版　一册；献县天主堂印本　（年代、册数不详）

0366 炼灵通功经
（意）利国安（Laureati, Joannes）　龚宾同订
出版不详，约于1722（清康熙六十一）年后

0367 朋来集说一卷
（法）冯秉正著
北京　1722（清康熙六十一）年以后印行　一册

0368 训慰神编二卷
（法）殷弘绪（Entrecolles, de 1662—1741）著
北京　1730（清雍正八）年　一册

0369 逆耳忠言四卷
（法）殷弘绪撰；（法）冯秉正　（法）白晋（明远）　（　）徐德懋（卓贤）校阅　（法）德玛诺鉴定
北京　1730（清雍正八）年　一册；上海　慈母堂　1873（清同治十二）年重刊　一册线装
讲述世由造物主赏罚善恶，君子当尚知上主之训示；甘心殉道、遗弃财物、小心敬畏、奋力勇行、洗心涤虑、受苦习劳。凡教友遇难之际，必奉耶稣曾训，一一遵天主之命。

0370 睿鉴录
（德）戴进贤著
北京　1736（清乾隆元）年　一册

0371 圣年广益二十四卷
（法）冯秉正译
北京　1738（清乾隆三）年　二十四册

0372 主经体味八卷
（法）殷弘绪著
北京　1743（清乾隆八）年　一册

0373 崇修精蕴十卷
　　（　）贾达纳奥著；(西洋）林安多译　崇一子校
　　上海　慈母堂　1893（清光绪十九）年　二册；上海　慈母堂　1908（清光绪三十四）年　一册
　　书前有光绪十九年崇一子识语，谓雍正间林安多译贾氏著书，为十日神工，析作十卷，译书名崇修精蕴。至乾隆间始以此书示人，百余年来，珍之者众。崇一子校刊并将龚古愚译避静小引附入是书。另有1766年静园氏序、林安多自序。
　　首篇即依纳爵"避静要引"之节录，名曰"避静小引"。正文十卷，即基督教徒应修之十种功课。

0374 显相十五端玫瑰经
　　（法）德玛诺译
　　出版不详　[1775（清乾隆四十）年前]

0375 圣教切要
　　（西班牙）白多玛著
　　1791（清乾隆五十六）年刻本　一册

0376 神道论赎世总说真本
　　（英）马礼逊著
　　广州　1811（清嘉庆十六）年　一册

0377 问答浅注耶稣教法
　　（英）马礼逊著
　　广州　1812（清嘉庆十七）年　一册

0378 问答浅注耶稣教法
　　（英）麦都思著
　　巴达维亚　1832（清道光十二）年　一册

0379 崇真实弃假谎略说
　　（英）米怜著
　　马六甲　1816（清嘉庆二十一）年　一册

0380 进小门走窄路解论
　　（英）米怜著
　　马六甲　1816（清嘉庆二十一）年　一册；厦门　1854（清咸丰四）年　据马六甲版重印；上海　1856（清咸丰六）年

0381 幼学浅解问答
　　（英）米怜著
　　马六甲　1817（清嘉庆二十二）年　一册；宁波　1846（清道光二十六）年　据马六甲版重印；上海再版　1851（清咸丰元）年；香港　1851年再版
　　包括165个问题。

0382 真道入门
　　（英）米怜　韶波著

广州　两粤圣教书局　1817（清嘉庆二十二）年初版，1912年　一册；香港　1851（清咸丰元）年　一册

0383 祈祷真法注解

（英）米怜著

马六甲　1818（清嘉庆二十三）年　一册

0384 祈祷之理

（英）米怜著

广州　两粤圣教书局　1818（清嘉庆二十三）年　一册

0385 年中每日早晚祈祷叙式

（英）马礼逊著

马六甲　1818（清嘉庆二十三）年　一册

0386 神天道碎集传

（英）马礼逊著

马六甲　1818（清嘉庆二十三）年　一册

0387 养心神诗

（英）马礼逊著

马六甲（？）　1818（清嘉庆二十三）年　一册

0388 受灾学义论说

（英）米怜著

马六甲　1819（清嘉庆二十四）年　一册

0389 张远两友相论

（英）米怜著

马六甲　1819（清嘉庆二十四）年　一册；香港　1844（清道光二十四）年　据马六甲本修订；宁波　1847（清道光二十七）年　据1836年新加坡版修订；上海　1847（清道光二十七）年　据1831年马六甲本增订

0390 三宝仁会论

（英）米怜著

马六甲　1821（清道光元）年　一册

0391 真理三字经

（英）麦都思著

巴达维亚　1823（清道光三）年　一册；上海　墨海书馆　1845（清道光二十五）年，1848，1851年重印　一册

0392 灵魂篇大全

（英）米怜著

马六甲　1824（清道光四）年　一册；福州　福州圣教书局　1893（清光绪十九）年　一册

0393 上帝圣教公会门

（英）米怜著

马六甲　1824（清道光四）年　一册

0394 乡训五十二则
　　（英）米怜著
　　马六甲　1824（清道光四）年　一册；宁波　华花圣经书房　1845（清道光二十五）年　一册，据1842年马六甲版重印

0395 乡训十三则
　　（美）罗啻著
　　厦门刊本　1854（清咸丰四）年　一册
　　据米怜《乡训五十二则》改写。

0396 道德兴发于心篇
　　（英）麦都思著
　　巴达维亚　1826（清道光六）年　一册

0397 普渡施食之论
　　（英）麦都思著
　　巴达维亚　1826（清道光六）年　一册

0398 天镜明鉴
　　（英）柯大卫著
　　马六甲　1826（清道光六）年　一册

0399 人心本恶总论
　　（英）吉德著
　　马六甲　1828（清道光八）年　一册

0400 踏火之事论
　　（英）麦都思著
　　巴达维亚　1828（清道光八）年　一册

0401 兄弟叙读
　　（英）麦都思著
　　巴达维亚　1828（清道光八）年　一册

0402 论善恶人死
　　（英）麦都思著
　　马六甲　1829（清道光九）年　小册子；宁波　1844（清道光二十四）年重印；香港　1844年（据1837年新加坡版修订）

0403 乡训
　　（英）麦都思著
　　巴达维亚　1829（清道光九）年　一册

0404 耶稣赎罪之论
　　（英）麦都思著
　　巴达维亚　1829（清道光九）年　一册

0405 时钟匠言行异端
　　（英）吉德著
　　马六甲　1829（清道光九）年　一册

0406 论神风感化新心
　　（英）吉德著
　　马六甲　1830（清道光十）年　一册

0407 古圣奉神天启示道家训四卷
　　（英）马礼逊著
　　马六甲　1832（清道光十二）年　一册

0408 神道总论
　　（英）麦都思著
　　巴达维亚　1833（清道光十三）年　一册；上海重印本　1844（清道光二十四）年　一册

0409 常话之道传
　　（德）郭实腊著
　　1834（清道光十四）年刊　一册

0410 诚崇拜类函
　　（德）郭实腊著
　　1834（清道光十四）年刊本　一册

0411 赎罪之传道
　　（德）郭实腊著
　　出版地未详　1834（清道光十四）年　一册

0412 是非导论
　　（德）郭实腊著
　　马六甲　1835（清道光十五）年　一册

0413 尽理正道传
　　（德）郭实腊著
　　出版地、出版者未详　1836（清道光十六）年　一册

0414 全人矩薤
　　（德）郭实腊著
　　新加坡　1836（清道光十六）年　一册

0415 正教安慰
　　（德）郭实腊著
　　新加坡　1836（清道光十六）年　一册

0416 关系重天略论
　　（德）郭实腊著
　　新加坡　1837（清道光十七）年　一册

0417 真假两歧论
　　　（美）裨治文著
　　　新加坡　1837（清道光十七）年　一册

0418 诲谟训道
　　　（德）郭实腊著
　　　新加坡　1838（清道光十八）年　一册

0419 上帝万物之大主
　　　（德）郭实腊著
　　　新加坡　1838（清道光十八）年　一册

0420 生命无限无疆
　　　（德）郭实腊著
　　　新加坡　1838（清道光十八）年　一册

0421 世人救主
　　　（德）郭实腊著
　　　新加坡　1838（清道光十八）年　一册

0422 颂言赞歌
　　　（德）郭实腊著
　　　新加坡　1838（清道光十八）年　一册

0423 真道自证
　　　（德）郭实腊著
　　　新加坡　1838（清道光十八）年　一册

0424 正邪比较
　　　（德）郭实腊著
　　　新加坡　1838（清道光十八）年　一册

0425 转祸为福法
　　　（德）郭实腊著
　　　新加坡　1838（清道光十八）年　一册

0426 慈惠博爱
　　　（德）郭实腊著
　　　新加坡　1839（清道光十九）年　一册

0427 偶像书编
　　　（英）麦都思著
　　　巴达维亚　1840（清道光二十）年　一册

0428 上帝生日之论
　　　（英）麦都思著
　　　巴达维亚　1840（清道光二十）年　一册

0429 问答俗话
　　　（美）罗孝全著

澳门 1840（清道光二十）年 一册

0430 小信小福
（德）郭实腊著
新加坡（？） 1840（清道光二十）年 一册

0431 养心神诗
（英）麦都思著
巴达维亚 1840（清道光二十）年 一册

0432 真理之教
（美）罗孝全著
澳门 1840（清道光二十）年 一册

0433 悔罪大略
（德）郭实腊著
新加坡 1841（清道光二十一）年 一册

0434 神道篇三字经
（美）哈巴安德著
广州 两粤圣教书局 1842（清道光二十二）年初版，1860（清咸丰十）年，1915年 一册

0435 慎思指南六卷
（ ）朗霁罗旋阁撰
1823（清道光三）年刻本 二册；1823（清道光三）年刻本 四册

0436 慎思指南六卷
（ ）类斯罗著
1842（清道光二十二）年初刊，1865（清同治四）年重印 四册线装；上海 土山湾慈母堂刻本 1904（清光绪三十）年 一册
卷一用心默想造物主之恩；卷二攻克傲吝饕色妒怒惰七恶；卷三避静八日之规矩；卷四信望爱智义勇等二十种德行，思而后行之；卷五自圣经直解、圣经广义中择其要义之句，供教友慎思意义；卷六引圣经所载天主及其它圣人之芳踪，取圣经之义阐其成圣之义。

0437 耶稣订十字架论
（美）波乃耶著
广州 1843（清道光二十三）年 一册

0438 复活要旨
（美）裨治文著
香港 1844（清道光二十四）年 一册

0439 圣教要理
（英）麦都思著
上海 1844（清道光二十四）年 小册子

0440 天理要论
　　（英）麦都思著
　　上海　1844（清道光二十四）年　一册
　　据1833年巴达维亚《神理要论》修订。

0441 奉劝真假人物论
　　（美）蕶为仁著
　　宁波　华花圣经书房　1845（清道光二十五）年　一册；广州　1849年据宁波版重印　一册；香港　1849年据宁波版重印

0442 十条诫著明
　　（英）麦都思著
　　上海　1845（清道光二十五）年　小册子

0443 讲自家个奴处靠弗着
　　（英）麦都思著
　　上海　1846（清道光二十六）年　小册子
　　上海方言本。

0444 进教要理问答
　　（美）文惠廉著
　　上海刊本　1846（清道光二十六）年　一册

0445 论悔罪信耶稣
　　（英）麦都思著
　　上海　1846（清道光二十六）年，1849（清道光二十九）年修订，1851（清咸丰元）年　小册子

0446 论上帝差子救世
　　（英）麦都思著
　　上海　1846（清道光二十六）年　小册子

0447 论勿拜偶像
　　（英）麦都思著
　　上海　1846（清道光二十六）年，1849（清道光二十九）年重印　小册子

0448 三字经新增注释
　　（美）麦嘉缔著
　　宁波　1846（清道光二十六）年　一册

0449 善终志传
　　（英）施敦力约翰著
　　厦门　1846（清道光二十六）年　小册子；上海重印本　1848（清道光二十八）年，1855（清咸丰五）年　小册子

0450 真理通道
　　（英）麦都思著
　　上海　1846（清道光二十六）年　一册

0451 悔改说略
　　（美）麦嘉缔著
　　宁波　1847（清道光二十七）年　小册子

0452 讲上帝差儿子救世界上人
　　（英）麦都思著
　　上海　1847（清道光二十七）年　小册子
　　上海方言本。

0453 讲头一个祖宗作恶
　　（英）麦都思著
　　上海　1847（清道光二十七）年　小册子
　　上海方言本。

0454 礼拜日要论
　　（美）娄理华著
　　宁波　1847（清道光二十七）年，1848年重印　小册子

0455 真理三字经注释
　　（美）麦嘉缔著
　　宁波　1847（清道光二十七）年　一册；上海　美华书馆　1903（清光绪二十九）年　一册

0456 独耶稣救灵魂
　　（美）叔未士著
　　上海　1848（清道光二十八）年　一册
　　上海方言本。

0457 灵魂总论
　　（美）麦嘉缔著
　　宁波　1848（清道光二十八）年　小册子

0458 论复新之理
　　（英）麦都思著
　　宁波　1848（清道光二十八）年　小册子

0459 怕死否
　　（美）叔未士著
　　上海　1848（清道光二十八）年　一册
　　上海方言本。

0460 三字经
　　（美）叔未士著
　　上海　1848（清道光二十八）年　一册
　　述基督教教义。

0461 十条诫论
　　（英）麦都思著

上海　1848（清道光二十八）年　一册

0462 四终略意四卷
（西班牙）白多玛（Hortis, Ortiz）著
主教若瑟玛尔济亚尔孟准重刻本　1848（清道光二十八）年　一册
讲述天主教派。

0463 信经注解
（美）麦嘉缔著
宁波　1848（清道光二十八）年　小册子

0464 耶稣教略论
（美）娄理华著
宁波　1848（清道光二十八）年　小册子

0465 救魂论
（英）胡德迈著
宁波　1849（清道光二十九）年　小册子

0466 祈祷入门要诀
（美）麦嘉缔著
宁波　1849（清道光二十九）年　小册子

0467 祈祷入门要诀
（英）麦都思著
上海/杭州/南京　协和书局　1856（清咸丰六）年　一册

0468 弃假归真
（美）犛为仁著
香港　1849（清道光二十九）年　一册

0469 耶稣教要诀
（美）麦嘉缔著
宁波　1849（清道光二十九）年，1857（清咸丰七）年修订　小册子

0470 邪性记
（英）胡德迈著
宁波　1849（清道光二十九）年　小册子

0471 张远两友相论
（美）叔未士著
上海　1849（清道光二十九）年　一册
据米怜书修订。

0472 主神论
（英）胡德迈著
宁波　1849（清道光二十九）年　小册子

0473 课幼百问
（美）高德著

宁波　1850（清道光三十）年，1855（清咸丰五）年重印　小册子

0474（新纂）灵魂篇大全
（美）麦嘉缔著
宁波　1850（清道光三十）年　一册

0475 圣会要理问答
（美）贾本德（Caepenter, Solomon）著
上海　1850（清道光三十）年　一册

0476 天地人论
（英）麦都思著
上海　1850（清道光三十）年初版，1854（清咸丰四）年，1855年重印　小册子

0477 要理必读
（　）戴查士著
上海　1850（清道光三十）年　一册

0478 要理问答
（　）戴查士著
上海　1850（清道光三十）年　一册
以上海方言写56个问答。

0479 真神总论
（美）叔未士著
上海　1850（清道光三十）年　一册

0480 二友相论
（英）米怜著
宁波　1851（清咸丰元）年　一册

0481 圣会大学
（德）叶纳清著
香港　1851（清咸丰元）年　一册

0482 行客经历传
（英）慕维廉著
上海　1851（清咸丰元）年　小册子

0483 养心神诗
（德）黎力基（Lechler, Rudolf 1824—1908）著
香港　1851（清咸丰元）年　一册

0484 耶稣教要理问答
（美）哈巴安德著
广州　1851（清咸丰元）年　一册

0485 耶稣教要略
（美）罗尔梯著
宁波　1851（清咸丰元）年　小册子

0486 犹太人之公书
（美）克陛存著
宁波　1851（清咸丰元）年　小册子

0487 张远两友相论
（英）美魏茶著
上海　1851（清咸丰元）年　小册子；香港　1851年据上海版重印　小册子

0488 真道入门
（英）美魏茶著
上海　1851（清咸丰元）年　小册子
据米怜《幼学浅解问答》改写。

0489 主日论
（美）克陛存著
宁波　1851（清咸丰元）年　小册子

0490 改悔信耶稣略说
（美）麦嘉缔著
宁波　1852（清咸丰二）年　小册子

0491 金屋型仪
（德）叶纳清著
香港刊本　1852（清咸丰二）年　一册

0492 救灵魂说
（美）麦嘉缔著
宁波刊本　1852（清咸丰二）年　小册子

0493 上帝辨证
（英）合信著
广州刊本　1852（清咸丰二）年　一册

0494 养心神诗
（英）理雅各著
香港刊本　1852（清咸丰二）年　一册；1862（清同治元）年重印，名为宗主诗章

0495 养心神诗新编
（英）杨威廉著
厦门刊本　1852（清咸丰二）年　一册

0496 耶稣正教问答
（美）哈巴安德著
广州刊本　1852（清咸丰二）年　一册

0497 古今授受大道
（英）哥伯播义（Cobbold, R. H.）著
宁波刊本　1853（清咸丰三）年　小册子

0498 灵魂篇
　　（美）弼利民著
　　福州刊本　1853（清咸丰三）年　一册
　　福州方言本。

0499 贫者约瑟明道论
　　（英）麦都思著
　　上海刊本　1853（清咸丰三）年　小册子

0500 神论
　　（美）摩怜著
　　福州刊本　1853（清咸丰三）年　一册
　　福州方言本。

0501 圣学问答
　　（美）摩怜著
　　福州刊本　1853（清咸丰三）年　一册
　　福州方言本。

0502 天路历程
　　（美）打马字（Talmage, J. V. N. 1819—1892）著
　　厦门刊本　1853（清咸丰三）年　一册
　　厦门方言本。

0503 天路历程
　　（美）宾威廉著
　　厦门刊本　1853（清咸丰三）年　一册；香港刊本　1856（清咸丰六）年；福州刊本　1857（清咸丰七）年

0504 乡训
　　（美）卢公明著
　　福州刊本　1853（清咸丰三）年　一册

0505 亚大门临死畏刑论
　　（英）麦都思著
　　上海刊本　1853（清咸丰三）年　小册子

0506 要礼推原
　　（英）哥伯播义著
　　宁波刊本　1853（清咸丰三）年　小册子

0507 幼学四字经
　　（美）哈巴安德著
　　广州刊本　1853（清咸丰三）年　一册

0508 真理易知
　　（美）麦嘉缔著
　　上海　中国圣教书局　1853（清咸丰三）年　一册

0509 真理摘要
　　（英）哥伯播义著
　　上海刊本　1853（清咸丰三）年　一册

0510 福世津梁
　　（英）罗存德著
　　香港刊本　1854（清咸丰四）年　一册

0511 悔罪信耶稣论
　　（美）卢公明著
　　福州刊本　1854（清咸丰四）年　一册

0512 警恶箴言
　　（英）美魏茶著
　　上海刊本　1854（清咸丰四）年　小册子

0513 耶稣圣教祷告文
　　（英）四美（Smith, George 1815—1871）译
　　香港刊本　1854（清咸丰四）年　一册
　　译者通译施美夫。

0514 入耶稣教小引
　　（美）摩怜著
　　福州刊本　1854（清咸丰四）年　一册
　　福州方言本。

0515 天道溯源三卷
　　（美）丁韪良著
　　宁波刊本　1854（清咸丰四）年　一册；浙宁　花华印书房　1858（清咸丰八）年　一册；上海　美华书馆　1854（清咸丰四）年　一册；上海　中国圣教书局　1854（清咸丰四）年　一册；上海　1869（清同治八）年　新铸铜版一册；华北书会　1904（清光绪三十）年　一册；另有天道溯源二卷本 Evidences of Christianty：上海　中国圣教书会　1911（清宣统三）年　一册；天津公园印书处　1913年　一册

0516 天道溯源直解
　　（美）丁韪良　（英）包尔腾译
　　汉口　天津　汉津基督教协和书局　1854（清咸丰四）年初版，1917年再版　一册；福州　福州圣教书局　1854（清咸丰四）年　一册；上海　中国基督圣教书会　1913年　一册

0517 孝事天父论
　　（英）艾约瑟著
　　广州　两粤圣教书局　1854（清咸丰四）年　一册

0518 野客问难记
　　（英）麦都思著

上海刊本　1854（清咸丰四）年　一册
据1826年巴达维亚版修订。

0519 常年早祷
　　　（美）文惠廉著
　　　上海刊本　1855（清咸丰五）年　一册
　　　上海方言本。

0520 教会问答
　　　（英）慕维廉著
　　　上海刊本　1855（清咸丰五）年　小册子

0521 教子有方
　　　（美）文惠廉著
　　　上海刊　1855（清咸丰五）年　一册

0522 钦主孝亲礼义二卷
　　　（远西）阳玛诺述　（远西）周建成撰
　　　1855（清咸丰五）年刻本　二册

0523 三字经
　　　（　）娄如本著
　　　上海刊本　1855（清咸丰五）年　一册；宁波刊本　1855（清咸丰五）年　小册子
　　　以上海方言宣讲基督教教义。

0524 圣教幼学
　　　（美）文惠廉著
　　　上海刊本　1855（清咸丰五）年　一册
　　　上海方言本。

0525 天律明说
　　　（美）卢公明著
　　　福州刊本　1855（清咸丰五）年　一册

0526 问答良言
　　　（英）合信著
　　　广州　两粤圣教书局　1855（清咸丰五）年　一册

0527 信德之解
　　　（英）合信著
　　　广州刊本　1855（清咸丰五）年　一册

0528 耶稣教或问
　　　（英）施敦力约翰著
　　　上海　中国圣教书局　1855（清咸丰五）年　一册

0529 钟表匠论
　　　（美）卢公明著
　　　福州刊本　1855（清咸丰五）年　一册

0530 恶者不得入天国
　　（英）麦都思著
　　上海刊本　1856（清咸丰六）年　小册子

0531 亨利实录
　　（　）吉士夫人著
　　上海刊本　1856（清咸丰六）年　一册
　　上海方言本。

0532 救灵先路
　　（英）慕维廉著
　　上海刊本　1856（清咸丰六）年　小册子；香港刊本　1856年　一册

0533 救世主只耶稣一人
　　（英）麦都思著
　　上海刊本　1856（清咸丰六）年　小册子

0534 君子终日为善
　　（英）麦都思著
　　上海刊本　1856（清咸丰六）年　小册子

0535 来就耶稣
　　（英）慕维廉著
　　上海刊本　1856（清咸丰六）年　小册子

0536 灵魂篇
　　（美）麦嘉缔著
　　宁波刊本　1856（清咸丰六）年　小册子

0537 庙祝问答
　　（德）叶纳清著
　　香港　1856（清咸丰六）年　一册

0538 妙龄双美
　　（英）罗存德著
　　香港　1856（清咸丰六）年　一册

0539 祈祷上帝之理
　　（英）麦都思著
　　上海　1856（清咸丰六）年　小册子

0540 劝世文
　　（英）哥伯播义著
　　上海　1856（清咸丰六）年　一册

0541 人不信耶稣之故
　　（英）麦都思著
　　上海　1856（清咸丰六）年　小册子

0542 人所当求之福
　　　（英）麦都思著
　　　上海　1856（清咸丰六）年　小册子

0543 三德论
　　　（英）艾约瑟著
　　　上海　1856（清咸丰六）年　小册子

0544 三个小姐
　　　（美）高第丕夫人著
　　　上海　1856（清咸丰六）年　一册
　　　上海方言本。

0545 善者考终命
　　　（英）麦都思著
　　　上海　1856（清咸丰六）年　小册子

0546 善者受难获益
　　　（英）麦都思著
　　　上海　1856（清咸丰六）年　小册子

0547 上帝总论
　　　（英）湛约翰（Chalmers, John 1825－1899）著
　　　广州　1856（清咸丰六）年　一册
　　　湛约翰1852年到香港，主持英国伦敦会香港分会事务，曾译圣经为中译本。

0548 设数求真
　　　（英）湛约翰著
　　　香港　1856（清咸丰六）年　一册

0549 圣地不收贪骨论
　　　（英）合信著
　　　广州　1856（清咸丰六）年　一册

0550 失羊归牧
　　　（英）麦都思著
　　　上海　1856（清咸丰六）年　小册子

0551 死至猝不及备
　　　（英）麦都思著
　　　上海　1856（清咸丰六）年　小册子

0552 天教正略
　　　（英）慕维廉著
　　　上海　1856（清咸丰六）年　小册子

0553 天理十三条
　　　（英）慕维廉著
　　　上海　1856（清咸丰六）年　小册子

0554 天人异同
　　（英）慕维廉著
　　香港　1856（清咸丰六）年　一册
0555 真神总论
　　（　）简明著
　　福州　1856（清咸丰六）年　一册
0556 小学正宗
　　（英）哥伯播义著
　　上海　1856（清咸丰六）年　一册
0557 耶稣教小引
　　（美）卢公明著
　　福州　1856（清咸丰六）年　一册
0558 耶稣门徒金针
　　（美）祎理哲（Way, R. Q.）著
　　宁波　1856（清咸丰六）年　小册子
0559 葆灵魂以升天国论
　　（英）麦都思著
　　上海　1857（清咸丰七）年　小册子
0560 灵魂贵于身体论
　　（美）麦嘉缔著
　　宁波　1857（清咸丰七）年　小册子
0561 人当自省以食晚餐论
　　（英）麦都思著
　　上海　1857（清咸丰七）年　小册子
0562 麦氏三字经
　　（英）麦都思著；（英）罗存德注
　　广州　两粤圣教书局　1857（清咸丰七）年　一册
0563 天路指南
　　（美）倪维思著
　　宁波　1857（清咸丰七）年　一册
0564 行道信主以免后日之刑论
　　（英）麦都思著
　　上海　1857（清咸丰七）年　小册子
0565 养心神诗新编
　　（英）施敦力亚力山大著
　　厦门　1857（清咸丰七）年　一册
0566 指迷编
　　（英）哥伯播义著

　　　　上海　1857（清咸丰七）年　一册

0567　总论耶稣之道
　　　　（英）慕维廉著
　　　　上海　1857（清咸丰七）年　小册子

0568　辨鬼神论
　　　　（美）卢公明著
　　　　福州　1858（清咸丰八）年　一册

0569　辨毁谤
　　　　（美）卢公明著
　　　　福州　1858（清咸丰八）年　一册

0570　辨孝论
　　　　（美）卢公明著
　　　　福州　1858（清咸丰八）年　一册

0571　佳客问道
　　　　（美）高第丕著
　　　　上海　1858（清咸丰八）年　小册子

0572　甲乙二友论述
　　　　（英）伟烈亚力著
　　　　上海　1858（清咸丰八）年　小册子
　　　　据米怜《张远两友相论》改写。

0573　弃主临死畏刑
　　　　（美）卢公明著
　　　　福州　1858（清咸丰八）年　一册

0574　三要录
　　　　（美）丁韪良著；（　）马嘉缔述
　　　　汉口/天津　基督圣教协和书局　1858（清咸丰八）年　一册；华北书会　1912年　一册

0575　圣教问答
　　　　（英）伟烈亚力著
　　　　上海　1858（清咸丰八）年　小册子

0576　天道镜要
　　　　（　）孟丁元著
　　　　宁波　1858（清咸丰八）年　一册

0577　耶稣教消罪集福真言
　　　　（美）罗尔梯著
　　　　宁波　1858（清咸丰八）年　小册子

0578　耶稣赞歌
　　　　（英）慕维廉著

上海　1858（清咸丰八）年　一册

0579 异端辨论
（美）卢公明著
福州　1858（清咸丰八）年　一册

0580 喻道传
（美）丁韪良著
宁波　1858（清咸丰八）年　一册；上海　美华书馆　1863（清同治二）年　一册

0581 喻道新编：官话
（美）丁韪良编辑；赵受恒译
天津　河北公园内印书处　1912年　一册

0582 至圣指南
（英）慕维廉著
上海　1858（清咸丰八）年　小册子

0583 天道入门
（英）慕维廉著
上海　1859（清咸丰九）年　小册子

0584 醒世要言
（美）纪好弼著
广州　1859（清咸丰九）年　一册

0585 真教问答
（美）纪好弼著
广州　1859（清咸丰九）年　一册

0586 公会政治
（美）丁韪良著
宁波　1860（清咸丰十）年　小册子

0587 悔改信耶稣说略
（美）麦嘉缔著
上海　1860（清咸丰十）年　一册

0588 救世要论
（美）丁韪良著
宁波　1860（清咸丰十）年　小册子

0589 圣会准绳
（英）理雅各著
香港　1860（清咸丰十）年　一册

0590 耶稣教要旨
（美）麦嘉缔著
宁波　1860（清咸丰十）年　小册子

0591　耶稣要志
　　（英）慕维廉著
　　上海　1860（清咸丰十）年　一册

0592　圣配规案
　　（　）亚弟盎郎著
　　刻本　1865（清同治四）年　一册

0593　岁终自察行为
　　（英）麦都思著
　　上海　1856（清咸丰六）年　小册子

0594　避静默想功二卷
　　（法）田类斯著
　　刻本　1873（清同治十二）年刻本　二册

0595　圣记百言
　　（泰西）罗雅谷著
　　慈母堂刻本　1873（清同治十二）年　一册

0596　遵主圣范四卷
　　（法）田类思（Delapace, L.）译
　　北京　西什库天主堂刻本　1874（清同治十三）年　三册

0597　西士酬中国人书
　　（英）韦廉臣著
　　上海　美华书馆　1875（清光绪元）年　一册
　　首述基督教历史、教规、牧师之职。余分四则，述教职，各国来华之教派、差会，所做善事；唯一至大之神——上帝，爱人，为人预备人生日用；上帝智慧，给心交上帝者察天地之道，万物之理之聪明，洗涤私念，培根、莱布尼兹、牛顿、侯失勒、胡威立皆为心交上帝者；末则为经解，述旧约、新约的历史，圣经屡言万事，中国民风不古，皆因心未尝被之化，男女老幼皆宜信基督教。如违耶稣教之心法，天将剿灭之。

0598　宣道指归七章
　　（美）倪维思（Nevius, J. L.）著
　　上海　美华书馆　1877（清光绪三）年　一册

0599　拯世略说
　　朱宗元译
　　上海　土山湾印书馆　1877（清光绪三）年　一册
　　原书：On the Salvation of the World.

0600　砭傲金针一卷
　　李问渔译
　　上海　土山湾印书馆刻本　1883（清光绪九）年，1908（清光绪三十四）年　一册

0601 教理便蒙一卷
（泰西）晁德莅（Zottoli, Angelo 1826－1902）著
上海　土山湾慈母堂　1885（清光绪十一）年　一册
晁德莅，意大利来华耶稣会士，在上海徐家汇传教。

0602 教要刍言一卷
（比）南怀仁著
上海　慈母堂　1885（清光绪十一）年　一册；1903（清光绪二十九）年　一册

0603 是非学体要三卷
（美）狄考文（Mateer, C.）（美）赫先志（Hayes, W. M.）译
1886（清光绪十二）年印前两卷　一册，后由韩凤冈修订，与前二卷合并付梓，即美华书馆本，出版年代不详
译者赫先志，多译作赫士。
此为基督教之伦理学，卷一论是非原理，卷二论遵理之善，卷三论遵命之善。曾用作山东登州文会馆教材。

0604 救世教益
（英）李提摩太著
上海　广学会　1891（清光绪十七）年初版，1893（清光绪十九）年，1912年　一册

0605 信徒快乐秘诀
（英）秀耀春（James, F. Huberty）著
1891（清光绪十七）年刊　一册

0606 传教定例
（英）李提摩太著
上海　广学会　1892（清光绪十八）年　一册

0607 圣体纪
李杕译
上海　慈母堂　1893（清光绪十九）年　一册

0608 性海渊源一卷
（德）花之安著
上海　广学会　1893（清光绪十九）年，1898（清光绪二十四）年　一册
述中国古人至清顾炎武共三十一家论人之性，人有仁义礼智之德，人性善也，人性相近，故当勉为圣人，以全其善。虽曰性善，实关持己。人与上帝相连，则性有能持久之力。

0609 天主降生引义上下卷
（意）艾儒略著
重庆巴邑公义书院　1897（清光绪二十三）年　一册

0610 基督之圣神
（英）慕安德烈（Macgillivray, Donald）著；（英）季理斐译

上海　广学会校刊　1903（清光绪二十九）年　一册

0611 潜德谱一卷

（意）利高烈（De Liguori, A.）著；李枞译

上海　土山湾印书馆　1904（清光绪三十）年，1906（清光绪三十二）年　一册

0612 方言备终录

（意）St. Alphonse（利高烈）著；（　）苗仰山（Bortolazzi, C.）译

上海　慈母堂　1906（清光绪三十二）年，1915年　一册

原书：Preparation for Death.

0613 主日学课

（美）翟雅各译

上海　协和书局　1906（清光绪三十二）年　一册

0614 申尔福解

（意）亚尔方骚·利高烈著；成和德译

上海　土山湾印书馆　1907（清光绪三十三）年　一册，图

0615 申尔福义

（意）亚尔方骚·利高烈著；J. Mon. S. J 译

河北献县　张家庄教堂　1917年　一册

0616 是非要义

（美）谢卫楼著

上海　协和书局　1907（清光绪三十三）年　一册

0617 五祭揭要

（英）鲍康宁著

上海　美华书馆　1908（清光绪三十四）年　一册线装

凡八章，引旧约新约论各方献祭，献祭本意在于蒙神眷顾，不降灾害；论赎罪祭、赎愆祭、献燔（即烤肉）祭、素祭、酬恩祭。

0618 基督教大旨

（英）李提摩太著；蔡尔康　戴师铎译

上海　广学会　1909（清宣统元）年　一册

0619 基督教教会纲领

（英）季理斐著

上海　广学会　1909（清宣统元）年，1917年　一册

0620 天国振兴记

（美）卜舫济撰；上海圣约翰大学堂译

上海　美华书馆　1909（清宣统元）年，1916年　一册

0621 缺一不可 =Essentionls of a national religion

（英）高葆真撰

上海　广学会　1911（清宣统三）年　一册

0622 申尔福疏解

（意）St. Liguori, A.（利高烈）著；茅本荃译

上海　土山湾慈母堂　1911（清宣统三）年　一册

原书：Explanation of the "Hail Holy Queen".

0623 天方谈判

（埃及）盖尔德纳（Galrdoer, Rw. W. H. T.）著；（英）威礼士（Wells, Rey. H. R.）区逢时合译

1913 年印本　一册

0624 泰西名人证道谭

（美）墨独克（Murdoch, J.）（美）罗密士辑；胡贻谷译述

上海　基督教青年会　1914 年再版　一册

此为欧美帝王、政治家、思想家、将帅、科学家、文学家盛赞圣经、耶稣和基督教教义的言论集。

0625 保罗布道遗规

（英）连若兰（Roland Allen）著；（英）瑞思义　许家惺译

上海　广学会　1915 年　一册

原书：The Missionary methods of St. Paul.

首绪言，余分六章述一世纪中期，保罗在罗马加拉太之四省，创立基督教会经过、传教内容、方法、成功的原因等。

0626 祈祷合宜有效说

（英）高葆真撰

上海　广学会　1915 年　一册

0627 基督教改造社会论

（美）巴尔吞雅各著；（美）谢欲理（Mrs Sheffield, E. W.）口译　管国全笔述　诸葛汝辑校

上海　广学会　1916 年　一册

原书：Human progress through missions.

0628 祈祷学

（英）慕安德烈（Andrew Wurray）著；（英）瑞思义意译　许家惺笔述

上海　广学会　1917 年，1918 年　一册

分 31 课讲解信则得之，祈祷不辍等教导。

0629 真主灵性理证二卷

（意）卫匡国著

土山湾印书馆　1918 年重刻　一册

0630 辨敬录

（葡）孟儒望（Monteiro, João）著

（出版不详）

0631 成修神务三卷
（法）穆迪我（Motel, Jacobus）著
精钞本 一册

0632 教要
（葡）郭纳爵著
（出版不详）

0633 玫瑰经十五端图像
（意）艾儒略著
（出版不详）

0634 圣教明证
（ ）方济谷（Frandisco, Varo）著
（出版不详）

0635 死说
（意）龙华民著
（出版不详）

0636 天主教丧礼问答
（西洋）南怀仁著
清刻本 一册

0637 天主教要
耶稣会共译 （葡）傅汎际准
（出版不详）

0638 永年瞻礼单三卷
（比）柏应理著
（出版不详）

0639 斋旨（附司铎化人九要）
（意）利玛窦著
（出版不详）

0640 振心总牍
（葡）费奇观译
1649（清顺治六）年后刊刻

0641 助终功用二卷
（泰西）那永福著
清抄本 一册

0642 总牍汇要二卷
（意）利类思 （比）南怀仁重订
（出版不详）
汇集教友日常应用之经。

教规

0643 七圣事礼典
（意）利类思著
北京刊本　1675（清康熙十四）年　一册

0644 圣洗规仪二卷
（法）穆迪我著
南昌刻本　1698（清康熙三十七）年　一册

0645 祈祷式文
（英）麦都思著
上海　1844（清道光二十四）年　一册；广州　两粤圣教书局　1844（清道光二十四）年　一册

0646 祈祷式文（方言版）
（英）麦都思著
上海　1844（清道光二十四）年　一册
上海方言本。

0647 祈祷式文释句
（英）麦都思著
上海　墨海书馆　1850（清道光三十）年　一册

0648 耶稣圣教洗礼规式
（英）四美著
香港　1851（清咸丰元）年　一册

0649 守祷日论
（美）卢公明著
福州　1855（清咸丰五）年　一册

0650 祈祷文全书
（英）俾士译
广州　1857（清咸丰七）年　一册

0651 耶稣教例言
（美）麦嘉缔著
宁波　1857（清咸丰七）年　小册子

0652 受洗礼之约
（美）麦利和著
福州　1857（清咸丰七）年　一册

0653 祈祷式文
（美）卢公明译
福州　1858（清咸丰八）年　一册

0654 基督诫命
（英）霍尔登撰；（英）莫安仁译

上海　广学会　1916年　一册

基督教文学艺术

0655 祈祷文赞神诗
　　（英）马礼逊译
　　澳门　1833（清道光十三）年　一册

0656 赞美诗
　　（美）麦嘉缔译
　　宁波　1851（清咸丰元）年　小册子

0657 神诗合选
　　（美）宾威廉译
　　厦门　1853（清咸丰三）年　一册

0658 赞神乐章
　　（美）罗尔梯译
　　宁波　1856（清咸丰六）年　小册子

0659 圣山赞歌
　　（英）应思理著
　　宁波　1858（清咸丰八）年　一册

0660 赞主诗歌
　　（英）慕维廉译
　　上海　1858（清咸丰八）年　小册子

0661 哭神诗
　　（　）郏爱比（Cabaniss, A. B.）译
　　上海　1860（清咸丰十）年　一册

0662 宗主诗章
　　（英）湛约翰译
　　广州　1860（清咸丰十）年　一册

0663 宗主新歌
　　（英）Chalmers, J.（湛约翰）译
　　广东　伦敦教会刻本　1879（清光绪五）年　一册
　　原书：18 Popular Sacred Songs.

0664 青年镜
　　（著者不详）；南野浣白子（王宠白）译
　　上海　广智书局　1904（清光绪三十）年　一册
　　译自法文的宗教道德教育故事。

0665 二勇少年（一名　青年镜）
　　（著者不详）；（日）樱井彦一郎原译　南野浣白子重译
　　上海　广智书局　1905（清光绪三十一）年　一册

0666 孝女教父
（著译者并阙名）
河北献县　张家庄天主堂　1917年初版　一册

0667 花篮子
（德）施米德（Schmid, Chanoine）著；明嘉禄译
河北献县　张家庄天主堂　1917年初版　一册
原书：Marie ou la corbeille de fleurs.
宗教小说。

0668 孝女有福
（德）施米德著；（　）Ming, Ch. 译
河北献县　张家庄天主堂　1918年7月初版　一册
原书：La Bonne Fridoline et la méchante Dorothée. 宗教小说。

0669 打鱼船
（著译者并阙名）
河北献县　胜世堂　1918年　一册

基督教史

0670 圣教源流四卷
（葡）费乐德著
开封　1642（明崇祯十五）年前刊行，册数不详

0671 景教碑诠（一名　唐景教碑颂正诠）
（远西）阳玛诺注释
杭州　1644（明崇祯十七）年初刻　一册；京都南堂　1754（清乾隆十九）年　一册；上海　慈母堂刻本　1878（清光绪四）年　一册
天启五年，盩厔人掘地得碑，碑文题曰景教碑（Nestorius），阳玛诺诠释碑文并作序。

0672 景教碑颂注解
（意）艾儒略著
（出版不详）

0673 不得已辨
（意）利类思著　（葡）安文思　（比）南怀仁订
北京　1665（清康熙四）年初版　一册；（出版者不详）刻本　1847（清道光二十七）年　一册；上海　土山湾印书馆　1926年重印　一册；合肥　黄山书社　2005年影印本　一册（东传福音第三册）
清初杨光先等著"不得已"等书，攻天主教及西法，利类思等撰此书以答辩杨光先。

0674 古今圣史记集
（英）米怜著
马六甲　1819（清嘉庆二十四）年　一册

0675 上帝真教传
（德）郭实腊著
（出版地不详） 1834（清道光十四）年 一册

0676 耶稣教略
（英）麦都思辑著
上海 1846（清道光二十六）年，1851（清咸丰元）年，1853（清咸丰三）年修定本，1858（清咸丰八）年再修订本 一册；宁波 华花圣经书房 1847（清道光二十七）年 一册；（出版者不详）刻本 1862（清同治元）年 一册
述教会历史。

0677 天主圣教实录
（意）罗明坚著
广州 1584（明万历十二）年序 一册

0678 亚拉伯罕纪略
（英）理雅各译
香港 1857（清咸丰七）年 一册

0679 圣教通考
（法）田类斯著
1873（清同治十二）年刻本 二册

0680 圣会史记二卷
（美）郭显德编
上海 美华书馆 1876（清光绪二）年 二册

0681 圣教史记三卷
（美）谢卫楼著
通州公理教会馆刻本 1890（清光绪十六）年 一册；上海 协和书局 1914年 一册

0682 路德改教纪略一卷
（美）林乐知译
上海 广学会 1899（清光绪二十五）年，1903（清光绪二十九）年2版 一册
撰者阙名，原书初刻于印度。述德国马丁路德宗教改革始末。

0683 庚子教会受难记二卷
（英）季理斐译 任廷旭笔述
上海 广学会 1901（清光绪二十七）年 二册；上海 美华书馆 1903（清光绪二十九）年 一册
庚子年（1900）八国联军攻占北京，直隶、山西、山东、浙江、内蒙古等地耶稣教传教士受到冲击，外国传教士一百八十余人殉道，其余纷纷逃难。广学会汇译此庚子诸教士受难纪略。

0684 五洲教案纪略五卷
（英）李提摩太授意 林朝圻笔述

上海　广学会　1901（清光绪二十七）年　一册

0685　教士遇难记
（英）司米德（Smith, S. P.）著
上海　美华书馆　1902（清光绪二十八）年　一册
官话本。记庚子事变时，驻山西平遥城的耶稣会传教士一行八人转逃太原而潞城而汉口的经历。

0686　圣若瑟会直指
（法）田类斯著
北京　北京救世堂　1902（清光绪二十八）年　一册

0687　燕京开教略
（法）樊国梁著
北平救世堂　1905（清光绪三十一）年　三册

0688　圣教布道近史
（美）司徒雷登译　陈金镛笔述
上海　青年会书报发行所　1911（清宣统三）年　一册

0689　教会历史
（德）沙穆著；（英）瑞思义（Rees, W. H.）译意　许家惺述文
上海　广学会　1914年　一册
凡五卷，述十九世纪之前基督教教会历史。

0690　教会历史
（美）赫士（Hayes, W. M.）著；李新民　周云路述
上海　广学会　1915年　一册
原书：Church History. 述十六世纪初至二十世纪初基督教历史。

0691　使徒历史
（美）赫士编译
上海　美华印书馆　1917年　一册
原书：Apostolic history.

0692　使法事略一卷
（美）林乐知著
小方壶斋舆地从钞第十一帙
记同治九年（1870）林为在华教堂被焚事，出使法国一事。

0693　苏州致命纪略一卷
（意）罗以礼（Rossi, G.）著；黄佩孟译
上海　土山湾慈母堂刊本　（年代不详）　一册
罗以礼，耶稣会士，清光绪九年传教苏州。黄佩孟，华籍天主教士。该书记乾隆十三年（1748）苏州教案，葡国耶稣会士黄安多（Henripues）与意国方济（F. d'Attimis）死于狱中事。末附苏州教务考略，全书二十九章。

0694 西北边荒布道记

（英）克布勒（Cable, M.）（英）弗兰齐（French, T.）合著；（英）季理斐译　谷云阶笔述

上海　广学会　（年代不详）　一册

克布勒等为基督教内地会女传教士。初传教山西霍州，后立志西行，霍州—甘州—敦煌，经三年四个月还伦敦。此记其所见闻及传教事略。

0695 支那教案论一卷

（英）宓克（Michie, A.）著；严复译

上海　南洋公学译书院　清光绪末　一册

原书：Missionaries in China. (1892)

述基督教在华传播及其教案问题。

0696 中国天主教传教史

（西洋）德礼贤（Delia, P.）著

上海　商务　（年代不详）　一册

德礼贤，意大利人，成书年代不详。此记天主教流传中国始末。

基督教人物传记

0697 圣若瑟行实一卷

（意）龙华民著

韶州　1602（明万历三十）年　一册

0698 大西利先生行迹一卷

（意）艾儒略著

北京　1620（明万历四十八）年　一册；1630（明崇祯三）年钞本　一册；1919年陈垣校重刊本，英敛之、马相伯校；1947年向达校本，名为《大西西泰利先生行迹》

述其家庭，幼年、青年在罗马求学，入教，航海东来，明万历九年抵广东香山墺。来华传教所历之地，结识要人，学汉语及中国文化，传教并翻译西方科学书籍等学术活动，入京后所献西器，万历庚戌年四月在京逝世，殁后厚葬等。

0699 圣人行实七卷

（意）高一志译

绛州　1626（明天启六）年　一册

0700 宗徒列传

（意）高一志撰

绛州　1629（明崇祯二）年初刻，1888（清光绪十四）年重刻　一册；上海　慈母堂　1887（清光绪十三）年李杕删润　一册；道原精萃本

收泰西天主教宗徒十五人传。

0701 圣母行实三卷

（意）高一志译

绛州　1631（明崇祯四）年　一册；1798（清嘉庆三）年刻本　一册

述圣母生平、古今人物叙圣母大德、圣母圣迹。

0702 利玛窦题宝像图一卷　附赠程幼博文

（意）利玛窦著

程氏墨苑本明代；涉园据程氏墨苑本重刊本　一册

0703 圣母净配圣若瑟传

（法）马若瑟著

（出版地、出版者未详）　1721（清康熙六十）年　一册；上海　慈母堂　1872（清同治十一）年，1910（清宣统二）年第3版　一册

0704 德行谱

（西洋）巴多明（克安）译述

北京　1726（清雍正四）年　一册；上海　慈母堂　1869（清同治八）年重刊　一册

巴多明，法国来华传教士。前有巴多明雍正四年序、跋。

卷一至卷三圣达尼老·各斯加本传，述其初生及从游始末，殁后列圣品，其人圣绩。卷四外纪，记其兄保禄本传，其兄始劣迹甚深，后幡然改悔。

0705 济美篇

（西洋）巴多明（克安）译述

北京刊本　1727（清雍正五）年　一册

此系圣类斯公撒格传。

0706 圣若望臬玻穆传

（德）魏继晋译

北京　清初　一册；上海　土山湾印书馆　初版年代不详，1932年3版　一册

述传主诞生、幼年、殉道。

0707 求世者言行真史记

博爱者（即英国米怜）著

广州　1814（清嘉庆十九）年　一册

0708 古时女氏亚国历代列传

（英）马礼逊译

广州　1815（清嘉庆二十）年　一册

0709 耶稣序录

（英）柯利（Collie, David）著

马六甲　1826（清道光六）年初版　一册；上海　美华书馆　1907（清光绪三十三）年　一册

著者柯利，又名柯大卫，汉文名种德。

0710 耶稣言行总论

（英）柯大卫著

马六甲　1826（清道光六）年　一册

0711 救世主言行全传
　　　（德）郭实腊译
　　　（出版地、出版者未详）　1834（清道光十四）年　一册

0712 救世主耶稣之圣训
　　　（德）郭实腊译
　　　新加坡　1836（清道光十六）年　一册

0713 摩西言行传
　　　（德）郭实腊译
　　　新加坡　1836（清道光十六）年　一册

0714 耶稣之宝训
　　　（德）郭实腊著
　　　新加坡　1836（清道光十六）年　一册

0715 耶稣降世之传
　　　（德）郭实腊著
　　　新加坡　1836（清道光十六）年　一册

0716 耶稣神迹之传
　　　（德）郭实腊著
　　　新加坡　1836（清道光十六）年　一册

0717 但耶利言行全传
　　　（德）善德（郭实腊）纂
　　　新加坡　1837（清道光十七）年　二册

0718 保罗言行录
　　　（德）郭实腊译
　　　新加坡　1837（清道光十七）年　一册

0719 约翰言行录
　　　（德）郭实腊著
　　　新加坡　1837（清道光十七）年　一册

0720 约色弗言行录
　　　（德）善德（郭实腊）纂
　　　新加坡　1837（清道光十七）年　一册

0721 圣书列祖全书
　　　（德）郭实腊译
　　　新加坡　1838（清道光十八）年　一册

0722 耶稣比喻注说
　　　（德）郭实腊著
　　　新加坡　1841（清道光二十一）年　一册

0723 耶稣山上重训
　　　（英）理雅各

香港　1844（清道光二十四）年，1856（清咸丰六）年再版　一册

0724 耶稣降世传
（英）麦都思著
上海　石印本　1846（清道光二十六）年　一册

0725 圣差言行传注释
（美）娄理华著
宁波　1847（清道光二十七）年　一册

0726 若瑟言行全传
（美）克陛存译
宁波　1847（清道光二十七）年　小册子

0727 使徒言行录
（美）彝为仁译
香港　1849（清道光二十九）年　一册

0728 以来者言行纪略
（美）彝为仁夫人著
香港　1849（清道光二十九）年　一册
据1841年新加坡版重印。

0729 出麦西传注释
（美）彝为仁著
香港　1851（清咸丰元）年　一册

0730 耶稣登山教众语录注释
（美）罗尔梯著
宁波　1851（清咸丰元）年，1861（清咸丰十一）年　小册子

0731 约瑟纪略
（英）理雅各著
香港　1852（清咸丰二）年　一册

0732 耶稣来历传
（　）戴查士著
宁波　华花圣经书房　1854（清咸丰四）年　一册
上海方言本。

0733 基督降世传
（英）合信译述
广州　1856（清咸丰六）年　一册

0734 耶稣降生言行韵文
（美）麦嘉缔著
宁波　1857（清咸丰七）年　小册子

0735 保罗垂训
（美）丁韪良译

宁波　美华书馆　1858（清咸丰八）年　一册

0736 真福亚尔方骚芳特里垓传
　　　蒋升　龚柴译
　　　上海　慈母堂　1877（清光绪三）年　一册

0737 福女玛琍亚纳传
　　　沈礼门译
　　　上海　慈母堂　1879（清光绪五）年　一册

0738 露德圣母纪略苏女精修
　　　徐励译
　　　上海　慈母堂　1881（清光绪七）年　一册

0739 圣依纳爵传
　　　沈则恭译
　　　上海　慈母堂　1885（清光绪十一）年　一册

0740 基督实录三卷
　　　（英）韦廉臣著　董树棠笔述
　　　山东　登郡　韦廉臣刻本　1879（清光绪五）年　三册；上海　广学会　1898（清光绪二十四）年　一册；上海　美华书馆　1899（清光绪二十五）年　一册

0741 耶稣言行述训
　　　（美）纪好弼著
　　　广州　美华浸会印书局　1883（清光绪九）年　一册

0742 耶稣事迹考九卷
　　　（英）多马口授　陈云五笔记
　　　广州　惠师礼会刻本　1887（清光绪十三）年　九册

0743 近代教士列传
　　　（英）李提摩太著
　　　上海　广学会　1894（清光绪二十）年　一册

0744 真福禄多尔弗传
　　　沈宰熙译
　　　上海　慈母堂　1894（清光绪二十）年　一册

0745 基督本纪 = The life of Christ
　　　（美）卜舫济口述　金泽厚笔录
　　　上海　广学会　1896（清光绪二十二）年初版，1913年，1915年　一册

0746 圣方济各沙勿略传六卷
　　　（法）都率棱（Turselin）著；惟几等译
　　　上海　慈母堂　1896（清光绪二十二）年蒋升序　一册
　　　原书成于1608年。方济各，西班牙人，耶稣会创办人之一，16世纪中传教印度、日本等地。1552（明嘉靖三十一）年抵我广东海面之川岛，欲来华传教，未成，翌年殁于该岛。其事在利玛窦来华之前三十多年，故天主教奉他为明代来华传教第一人。

0747 教士列传十卷

（英）Mrs. Timothy Richard 译

上海　广学会　1900（清光绪二十六）年　十册

译者是李提摩太夫人。官话。记耶稣及圣徒、罗马总教主、亚历山大大主教、隐修士、修女、修道院著名院长、著书者，共一百九十余人。国别涉及英、德、埃及、法国、日本等。

0748 圣日辣尔传

忉梅司铎著；李秋译

上海　土山湾慈母堂　1906（清光绪三十二）年　一册

原书法文。传主日辣尔，意大利人，姓马日辣，1726 年生，卒于 1755 年。

书分五卷，记其幼年至终结，谦逊、爱人、救荒、虔诚、忍耐、明奥理、悉远事等奇言伟行。

0749 耶稣言行传

（英）梅益盛译

上海　美华书馆　1902（清光绪二十八）年　一册

0750 基督传

（英）聂格里（Mac Gillivray）著；（英）季理斐译

上海　广学会　1907（清光绪三十四）年　一册

原名：A new life of Christ.

0751 圣味增爵德行圣训

（　）Maynard 著；（　）Lou, C. M. G. 译

北平遣使会　1912 年　一册

原书：Virtues of St. Vincent de Daul.

0752 基督事略

伍光建译

上海　青年会书报发行所　1913 年　一册

0753 方言圣人行实摘录

（　）苗仰山著

上海　土山湾印书馆　1913 年　一册

记天主教人物热罗尼莫、默辣尼亚、安多尼等 17 人行实。此即《诸圣年广益撮录圣人行实》一书的方言版。

0754 圣多玛斯小传

苏里和　陈雅各译

上海　土山湾印书馆　1916 年　一册

叙意大利神学家托马斯·阿奎那生平。

0755 可敬贤女笃计真传

（　）Baunard, D. 著；刘斌译

天津　崇德堂　1917 年　一册

原书：Vita Servae Dei Peilippinae Duchesne.

0756 耶稣传之研究
    （美）沙尔孟（W. H. Sallmon）著；谢洪赉译　胡贻毂校
    上海　中华基督教青年会书报部　1917 年 3 版　一册
    原书：Studies in the Life of Jesus.

0757 数圣芳标
    （　）苗仰山著；杜席珍译
    张家庄胜世堂　1918 年　一册
    记天主教圣人热罗尼莫等 15 人行实。

0758 耶稣行实
    （意）艾如略著；明守璞译
    河间胜世堂　（年代不详）　一册
    书分八章，叙有天主耶稣圣诞、耶稣证自己为天主、耶稣复活等耶稣言行。

0759 多明我沙维豪传
    （意）Bosco, S. Giovanni（1815—1888）著；朱希圣译
    上海　土山湾印书馆　1919 年　一册
    原书：Vita Dominici Savio.

0760 安公行述
    （意）利类思著
    清初　（出版不详）
    此为葡国来华传教士安文思传。

0761 泰西思及先生语录
    （意）艾儒略著
    （出版不详）
    艾儒略，字"思及"。

0762 戴公行述
    （英）戴德生自述　（英）鲍康宁（Baller, F. W. 1853—1922）译
    中国基督圣教书会刊本　（年代不详）　一册
    戴德生（Taylor, Hudson 1832—1905），英国传教士，1853 年来华，卒于长沙。

0763 方德望神父小传一卷
    （法）艾葆德（Gain, L.）著；袁承斌　丁汝成译
    土山湾印书馆刊本　（年代不详）　一册
    方德望（E. de Fevre）字玉清，法国传教士，1630（明崇祯三）年至中国，始偕高一志（Vognoni）传教山西，后赴陕甘等地传教，中间曾至京师同汤若望治历。1659（清顺治十六）年卒于京。清光绪间耶稣会士罗怀道（Rossi, G.）撰意大利文方德望传，同会士艾葆德译为法文，此为法文本之中译本，具体出版年代不详。

0764 南怀仁行略（一名　南先生行略）
    （葡）徐日昇　（比）安多（Thomas, A.）合著
    影巴黎国民图书馆钞本　一册

书成于康熙间,为比利时来华传教士南怀仁传。

0765 花甲忆记
（美）丁韪良著；赵受恒译
上海　广学会　1910（清宣统二）年　一册
述其在华传教四十七年生活,他以清政府雇员身份所见证之重要事件,以及对中国政治、社会的认识。广西师范大学出版社2004年出版沈弘等重译本。

0766 宗徒行实
（　）鲁喀（Loukas）著
清刻本　一册

0767 杨淇园行略
（意）艾儒略著
1628（明崇祯元）年刊本　一册
中国宗教人物杨廷筠传略。

0768 徐光启行略
（比）柏应理著
1678（清康熙十七）年抄本　一册；影巴黎图书馆藏本

0769 许甘第大传略
（比）柏应理（Couplet, P.）著；许乘白译
上海徐汇益闻馆　1882（清光绪八）年　一册
许氏教名甘第大（Candia）,徐光启之孙女,信奉天主教。当时江西湖广四川河南等地始建天主教堂,皆许氏及其子孙之力。

0770 许母徐太夫人传略
（比）柏应理著；徐允希译
1886（清光绪十二）年　一册
徐太夫人即徐光启之孙女,译自法文本。

0771 印度名人信道记
（印度）但季白（Dhan Jibhai Nauroji）撰；李秋译
上海　广学会　1913年　一册
记但季白（Rev. W. Nauroji 1822—1907）皈依基督教事。

其他宗教

0772 摩尼教流行中国考
（法）沙畹（Chavaunes）（法）伯希和（Pelliot）合著
上海　商务　1913年　一册
考证摩尼教在中国流传经过。

0773 印度教但以利通道自历明证
（美）林乐知著
上海　广学会　1904（清光绪三十）年　一册
记老丹尼尔皈依印度教事。

社会科学总论

社会科学理论

0774 分类经济时务策论六卷 附国朝洋务新论二卷 首一卷
（英）李提摩太撰 仲英辑
上海书局石印 1897（清光绪二十三）年 六册；介石书局石印 1901（清光绪二十七）年 四册

0775 大同学
（英）器德撰；（英）李提摩太节译 蔡尔康笔述
上海 广学会 1899（清光绪二十五）年 一册
原书为英国本杰明·基德著《社会进化》(1895)，译本非原帙。
书凡10章，述十九世纪泰西格致学之进步，斯宾塞至康德以来哲学之发展，欧洲及美国之政治进步，民权发达，民皆平等，举官而治。有讲求安民新学者，如百工领袖马克思，其权笼罩五洲。达尔文变化生长之理，盛名鼎鼎，国家之兴亦如动物之理，相争相进。泰西著名大国教化、养民等之所以大兴，皆因基督大道之行。善治国者，必须顺应基督之天道。
附录：1.婚嫁年岁匀计；2.各业婚娶实年；3.美国生齿；4.法国生齿

0776 实学指针——文华之光
（日）西师意著 训练总监部订
北京 河北译书局刻本 1901（清光绪二十七）年 一册
原汉文。

0777 未来世界论一卷
（日）渡部万藏著；秦毓鎏 张肇桐译
日本 东京留学生印 约1903（清光绪二十九）年前；上海 文明书局 1904（清光绪三十）年 一册
首绪论，余分五章论西洋文明日近末路，白种将衰，欧洲有衰微之兆，世界大势日近统一，世界如何统一。

0778 泰西改良社会第六章
（美）衡德森（Henderson, C. R.）著；莫安仁译
上海 广学会 1917年 一册
原书：Social Programmes.
本书为美国芝加哥大学社会学教授衡德森针对中国、日本、印度之社会状况所作讲演，编辑成书。莫安仁偕钟春晖、王调生译成汉文。书凡六章：一论改良社会须以经济理想为基础，二论救济良策，三论防割害群者之良策，四公共卫生教育及道德，五增进工人经济及文化情况之措施，六进步之预备。

社会科学丛书、杂著、文集

0779 中西关系略论三卷

(美)林乐知著；郑昌棪译

上海 格致堂 1876(清光绪二)年 一册；汉口福音堂 1881(清光绪七)年 一册；上海 申报馆 1882(清光绪八)年 一册

0780 中西关系略论四卷 续编一卷

(美)林乐知著；郑昌棪述

上海 格致书室本 1892(清光绪十八)年 一册；制造局本；益智书局本；小方壶斋舆地丛钞第十一帙

光绪二年初刻本无续卷，1892年重刻本辑十七年间诸大臣之奏牍一卷。

卷一地球图，节录清南北洋通商大臣及督抚总理衙门关于变通旧法、兴办洋务、选拔人才、中外关系、派遣驻外使臣等问题之奏稿；林乐知著论稿：论节抄各大臣奏稿大略、欧洲与中国关系紧要略论、申说欧洲人分布天下、论欧洲人分布天下之意、论欧洲人散布中原而英俄与中原为接壤之国、论中外交接宜如何联络如何维持、论中外交接其联络维持之法究竟如何办理、论谋富之法、续论谋富之法。卷二首论天道之学：传教来历、传教为人解疑、基督教之派别；论鸦片之害。卷三论回教及西域问题。卷四为附录，收赫德著局外旁观论、英钦差威妥玛(Hart T. Wade)著新议论略等文，曾文正公奏稿，总理衙门与美国钦差往来信稿。

续编：序言，上谕、各大臣奏稿：宜保举洞达洋务之真才，速请派员驻外，请设洋学局等。

作者针砭中国积弊，探求中国富强之路，提出改革科举、改革兵制、修铁路、设电报、造船、造炮、通商等多种建议。

0781 自西徂东五卷

(德)花之安著

广州刻本 1884(清光绪十)年 五册；上海 广学会 1889(清光绪十五)年初版，1893(清光绪十九)年，1899(清光绪二十五)年，1902(清光绪二十八)年4版 五册；汉口 天津 基督圣教协和书局 1889年 一册

最早曾在《万国公报》1879年10月至1883年连载，后刊单行本。书名取自《诗经·大雅·桑柔》："自西徂东，靡所定处"。书分仁、义、礼、智、信五集，72章，全书大旨，对基督教与中国文明进行比较。

卷一仁集13章，述济民、治疾、瞻老、抚孤、省刑罚、体狱囚、息战争等仁爱仁政；卷二义集16章：慎理国财、绥靖地方、整饬关税、惩戒奢侈、劝禁赌博、清除鸦片流弊、严禁买卖奴婢、臣道总论、万国公法本旨等，介绍西方议院、定律例及国君为公举等民主制度；卷三礼集15章，主要介绍西方礼仪风俗，批评中国的伪饰、奢侈、妇人缠足等陋习；卷四智集17章，详介西方文化、教育、新闻、语言、科学技术等，强调科学技术和教育在社会进步中的重要作用，尖锐批评中国科举制度；卷五信集11章，介绍西方社会之宗教团体、工人组织等。本书对中国弊政陋习多有中肯的批评，惜以信仰基督教为改良中国之法，多不为国人接受。

0782 时事新论图说一卷

（英）李提摩太编绘

上海　广学会　1894（清光绪二十）年　一册；天津时报馆　清光绪间

0783 时事新论十二卷　附图说一卷

（英）李提摩太著

上海　广学会　1895（清光绪二十一）年，1898（清光绪二十四）年　三册；湖南翻刻本

清光绪十六至十七年，李提摩太主持天津时报馆务，常撰文论治国之说，光绪二十一年汇为一帙，共十二类105篇，图45幅。

卷一国政，收清同治光绪朝外交方面谕旨、书奏、出使、游历通商等事。卷二外国，述亚洲国家，及其国家间关系，俄、德、法琐记。卷三格学，论中国宜求格致之学，宜创新机器。卷四矿务。卷五，通商。卷六筑路，修路、治河、建仓贮粮卷。七养民，养民说略，养民事宜。卷八新学，论学校与新学。卷九利源，论产业宜与人数俱增，论银行、邮政。卷十军务，论水师、陆军。卷十一教务。卷十二杂学：气球考、电学、煤油、造钢铁、说医、税考。图说一卷，收图及表格45幅，包括地球图、各国幅员人口、五洲各教及其辖地、列国矿产、铁路、进出口价目、兵船及其价格、水师图、海关税收图、京师至各省陆路、水陆图等等。

0784 时务新论六卷

（英）李提摩太著；仲英辑

上海　上海书局　1897（清光绪二十三）年　六册

0785 西国近事汇编

（美）林乐知等编译

上海　制造局　1873—1899（清同治十二～光绪二十五）年间

中外十余人参与编译，每年一编，介绍西国大事要闻，材料来源以编译英泰晤士报为主。梁启超谓"《西国近事汇编》最为可读。"（"读西学书法"）

0786 加藤弘之讲演集第一册

（日）加藤弘之著；作新译书局译

上海　作新社　1902（清光绪二十八）年　一册

择加藤弘之讲演而成，共十节，论天则权利、道德与法律的关系，立宪政体与自治制度的关系等。

0787 西学列表二卷

（比）赫师慎著

上海　鸿宝斋石印　1903（清光绪二十九）年　二册

该书取材于癸卯（1903）前五年间《汇报》译登有关西学者萃为一编。卷上：宇宙、日月、地球、行星及轨道、大山大川、五大洲中包括中国在内的各国方里、户籍、属地，万国事物。卷下：各大国陆军、水师比较表、一百年来之大战、宗教、言语、外交、贸易、铁路、中西度量衡表、矿产、农副产品及畜产品。收有中国每年自产鸦片及外洋输入之数。

0788 讲学类钞
    宋育仁译
    上海　商务　约1907（清光绪三十三）年前　一册

0789 福泽谕吉丛谈
    （日）福泽谕吉著；冯沛译
    上海　广智书局　清光绪间　一册
    福泽谕吉（1834—1901），日本思想家、教育家，曾游历美国及欧洲，查考其文化。认为资本主义是通往文明之路，个人主义是达成日本资本主义化的手段，提倡以实学开发生产力。极力倡导国家应独立自尊，认为为保护日本独立，伸张国权，牺牲东亚邻邦势不得已，诡称甲午之战，是"文、野之战"。著作数十种，均收入《福泽全集》。

0790 支那成化论一卷
    （英）胡奋著；作新社译
    上海　作新社　清光绪间　一册
    原书十四章，译本约为六章，首绪论，余分五章论述我国政治、财政、经济、风俗、外交等。

0791 支那成化论一卷
    （英）胡奋著；立法学士解说
    《译书汇编》本。

统计学

0792 统计通论
    （日）横山雅南著；孟森译
    上海　商务　1908（清光绪三十四）年初版　一册
    凡九篇：一，统计沿革：统计略史、官府统计、万国统计会议、万国统计协会、万国卫生及民势学会议、日本统计之来历；二，理论及方法：统计之定义、学派、学说、统计之范围、与统计有关之诸学科、统计的各种操作：观察、调查、材料整理、制表、分析比较等等；三，统计之机关；四，人口统计；五，经济统计；六，政治统计；七，社会统计；八，道德统计；九，教育及宗教统计。

0793 日本统计释例六卷
    考察政治大臣译撰
    政治官报局　清末　二册线装
    考察大臣认为，统计学实为政治学实验之法，非此则无以知国之虚实，政治中必赖统计而后明。法国1620年间设统计局，而后泰西各国次第设立，1853年设万国统计会，日本明治十五年刊行统计年鉴。
    书凡六卷，卷一土地、人口、教育、社寺及教育会；卷二民事及刑事裁判、警察、监狱、陆军、海军；卷三农业、山林及狩猎、渔业及制盐、矿山、工业、外国贸易、国内商业、会社、贮金及保险；卷四陆军、水运、邮便电信电话、筑造、卫生、教育；卷五银行及金融、财政；卷六爵位勋章及褒章、议员选举、官制及附录、北海道、台湾。

0794 经济统计
(美)斯密史著；曾鲲化译
北京 共和印刷公司 1914年 一册
分十三章论经济上应用之统计、消费及生产、交换、分配等。

社会学

社会学理论

0795 养民有法
(英)李提摩太著
上海 广学会 1892(清光绪十八)年 一册

0796 赫胥黎天演论二卷
(英)赫胥黎(Huxley, Thomas Henry 1825—1895)造论；严复达恉

1896(清光绪二十二)年印本 一册；侯官嗜奇精舍石印本 1898(清光绪二十四)年 一册；湖北沔阳卢氏慎始基斋木刻本 1898(清光绪二十四)年 一册；(出版者不详) 1898(清光绪二十四)年印本 一册；南京 富文书局石印本 1901(清光绪二十七)年 一册；(出版者不详) 1902(清光绪二十八)年刻本 一册；申江 同文社 1903(清光绪二十九)年 二册；上海 斌记书庄 1903(清光绪二十九)年石印 一册；西昌 清芬书屋刻本 1903(清光绪二十九)年 二册；实雅书局 1904(清光绪三十)年 二册；(出版者不详)清光绪间刻本 四册；(出版者不详)清光绪间 二册，有图；通学斋 清光绪间 一册；上海 商务 1905(清光绪三十一)年,1915年,1916年,1917年 16版 一册线装,1919年 一册

前有严复光绪丙申重九序,1898年本有吴汝纶光绪戊戌孟夏叙。
原书"Evolution and Ethics and Other Essays"为赫胥黎衍述达尔文进化论之作,是赫胥黎赴英国牛津大学的讲演稿,后加一导论和其它论文一起发表,严复所译是讲演稿和导论的一部分。卷上"导言"十八篇,卷下"论"十七篇。译文之后多有"复案",述其议论发微之言。本书以意译形式述"天演竞争,优胜劣败"的进化论观点,批评了赫胥黎关于物竞天择规律并不适用于人类社会,社会是靠同情心或良心这种感情进化的观点。严复认为进化论不仅适用于动植物界,同时也适用于无机界和人类社会。《天演论》在中国社会近代化过程中产生了深刻的影响。此书有节本出版。

0797 群学肄言十六卷
(英)斯宾塞尔(Spener, H.)著；严复译
1902(清光绪二十八)年刊本；上海 文明编译书局 1903(清光绪二十九)年 四册线装

原书：Study of Sociology (1873) 书分 16 节，主要介绍斯宾塞的社会有机说，包括社会学的意义、方法、社会发展循物竞天择的进化规则等等。

0798 社会学二卷

（日）岸本能武太著；章炳麟译

上海　广智书局　1902（清光绪二十八）年　二册

论原人状态、社会的起源、发展、性质等。

0799 河流与文明之关系

（日）志贺重昂著

上海　人演社　1903（清光绪二十九）年　一册

志贺重昂，明治时期知识分子代表人物之一。

0800 社会通诠

（英）甄克思（Jenks, E.）著；严复译

上海　商务　1903（清光绪二十九）年　一册

著者今译作爱德华·詹克斯，原著"History of Politics"

作者据天演进化理论考究人类社会发展的三个阶段：图腾社会、宗法社会和国家社会，以及国家社会所具有的特点，阐明社会进化原理。

0801 格致进化

（英）Dove, Patrick Edward 著；（英）马林（Macklin, W. E.）译　李玉书笔述

上海　广学会　1904（清光绪三十）年　一册

作者以格致学之方圆平直、快慢长短皆循一定之规，且类推而不生两歧，比喻治世之政治学亦如此。认为社会进化必循一定规律。政事进化皆从不均至于均；政治上应黜退霸政，让人民随意论政事，辩论自由，此即进化之门；经济上处理好分财比注重生财更重要；铲除霸占者多得利益之法律；人之进化在乎得智，人有历算制器等格物之学，足以改变人世之景象，破天主教之迷，改正教为一切进化之根。

0802 社会学三卷

（日）涩江保著；金鸣笃译

上海　开明书店　1902（清光绪二十八）年　一册

共十六编，一至八编论社会及宗教观念，九十编论社会进化，十一至十六编论家族关系。

0803 天则百话一卷

（日）加藤弘之著；吴建常译

上海　广智书局　1902（清光绪二十八）年　一册

加藤弘之，日本文学博士，德国学派之泰斗，专主进化论，以爱己之心为道德法律之标准，其言论于日本学界影响甚大。此为作者研究社会随笔一百条，包括辩实学与空理之别，关于自由的研究，利己之心分为三种等等齐家治国之论。

0804 原政二卷

（英）斯宾塞尔著；杨廷栋译

上海　作新社　1902（清光绪二十八）年　五册

译本非原书卷帙，第一卷总论，叙文明野蛮竞进递嬗，第二卷论政纲，详析群治分合之理。

0805 原政上编四卷

（英）斯宾塞尔著；杨廷栋译

上海　作新社　清光绪末　二册

一总论，二论政纲，三政治成体，四政治分体。

0806 斯宾塞干涉论

（英）斯宾塞著；赵兰生译

帝国丛书社　1903（清光绪二十九）年　一册

前有岳川逸民（赵兰生）序。书分四篇，述政府职能在于对外防御，对内发展经济，保护人民，而不在于干涉独立自主之人民，屈从于干涉之国民则蠢而不振。

0807 斯宾塞社会学原理

马君武译

少年新中国社　1903（清光绪二十九）年　一册

0808 人权新说

（日）加藤弘之著；陈尚素译

译书汇编社　1903（清光绪二十九）年　一册

凡三章：论天赋人权为古曾未有之妄想，论权利之始生及进步，论谋取权利之进步所当注意。

0809 性法学要四卷

李杕编译

上海徐家汇书馆　1904（清光绪三十）年　一册；上海　土山湾慈母堂　1918年再版　一册线装

书前有李杕光绪三十年序，称慨于人心不古，利禄萦怀，俗尚因之日薄，故翻译泰西丽伯辣忉汪代拉肋衡之作。全书问答体。

卷一正行学，述人之善与恶、智与昧等欲望行为产生的功过，使人权衡合理与否，以便趋避。卷二述个人独行。卷三述家庭与社会包括国会、立法、国家等的义务。卷四邦交法，述通商、立约、遣使及战事。

0810 社会进化论

（日）有贺长雄著；萨端译

东京　闽学会　清光绪末　一册

凡三编，前二编多据斯宾塞之说，后编为著者研究心得，详论人事变迁，国势消长。

0811 斯宾塞尔文集

（英）斯宾塞尔著；曾广铨译　章炳麟笔述

时务报馆本（不全）　清光绪间　一册

0812 社会学一卷

（日）远藤隆吉著

《翻译世界》本

0813 社会学提纲（原名社会进化论）
（美）吉登葛斯著；（日）市川源三译　吴建常重译
教科书辑译社　清光绪末　一册

社会问题

0814 华人贫苦之故
（美）卢公明著
福州刊本　1858（清咸丰八）年　一册

0815 山东贫窭考一卷
（英）仲均安译　张召棠述笔
上海　广学会　1895（清光绪二十一）年　一册
述山东之害河为大，人多地少，食用不足。幼年而老羸，壮夫而有衰病之形。守古训不念新学，仰十指以为生活，不知地性与物土之宜。官吏少救荒良策，鲜有养民良法。官吏诈财贪赃，致使百姓受冤屈。无铁路，民船不得利，商贾受困，农工其艰。摆脱贫困，泰西新学必不可少，浇灌、纺织、锻炼等艺，必细心学习方能获大益。

0816 华洋义赈会报告一卷
（英）窦乐安（Darroch, John Litt）编译
1907（清光绪三十三）年印本　一册
窦乐安，山西大学总监。

0817 社会问题
（日）大原祥一著；高种译
东京　闽学会　1903（清光绪二十九）年　一册（闽学会丛书）

0818 衣食住
（美）谦本图著；沈德鸿译　孙毓修校订
上海　商务　1918年　三册，有图
论家庭管理。

0819 男女交际论一卷
（日）福泽谕吉著；张相文译
上海　文明书局　清光绪末　一册
谓女子莫墨守无才为德之古训，提倡男女交际，女学勃兴。

0820 二十世纪之家庭一卷
（日）古川花子著；（日）田谷九桥译
教育世界社　1901（清光绪二十七）年　一册（教育丛书三集）

0821 最新结婚学
（日）青柳有美著；陈适吾译
上海　有正书局　1915年　一册

0822 赌博明论略讲
　　（英）米怜著
　　马六甲刊本　1819（清嘉庆二十四）年　一册；宁波　华花圣经书房　1847（清道光二十七）年　一册据马六甲本修订

0823 赌博明论
　　（美）卢公明著
　　福州刊本　1856（清咸丰六）年　一册

0824 鸦片速改文
　　（美）崔理时（Ira Tyacy）著
　　新加坡刊本　1835（清道光十五）年　一册

0825 改邪归义之文
　　（德）郭实腊著
　　新加坡（？）　1840（清道光二十）年　一册
　　论戒食鸦片。

0826 鸦片六戒
　　（美）崔理时著
　　宁波　华花圣经书房　（年代阙）　一册
　　据1835年新加坡《鸦片速改文》修订。

0827 鸦片速改七戒文
　　（美）崔理时著
　　上海刊本　1847（清道光二十七）年　一册

0828 鸦片六戒一卷
　　（美）培瑞著
　　宁波　华花圣经书房　1838（清道光十八）年　一册

0829 劝戒鸦片论
　　（美）卢公明著
　　福州刊本　1853（清咸丰三）年　一册

0830 劝戒鸦片论
　　（英）温敦著
　　福州刊本　1856（清咸丰六）年　一册

0831 英人强卖鸦片记八卷
　　日本人著；汤叡译
　　上海　大同译书局石印　1898（清光绪二十四）年　二册

0832 支那鸦片病国史论一卷
　　（日）永野吉祐著；金柯译
　　上海　文明书局　清光绪末　一册
　　共五章：一沿革，二各港鸦片贸易景况，三东印度的鸦片耕作，四鸦片之毒害，五结论，禁烟之策。

0833 鸦片毒害宜设院戒除一卷

（泰西）惠医生著

《格致汇编》本

0834 万国青楼沿革史

（美）珊芽著；护花使者编辑

上海　启智书会　1907（清光绪三十三）年　二册

首为绪论，次分二十二章，述十三国青楼历史，此业产生的原因，青楼之变迁，一些国家取缔青楼的规则以及立法情况。十三个国家或地区包括：犹太、埃及与亚细亚、希腊、罗马、法兰西、意大利、普鲁士、英吉利、德国汉堡、俄罗斯、美国纽约、日本、中国。

妇女问题

0835 女权篇一卷

（英）斯宾塞著；马君武译

少年中国学会　1902（清光绪二十八）年　一册（少年中国新丛书）

封面题名：斯宾塞女权篇达尔文物竞篇合刻。女权篇共十节，述男女平等自由。

0836 东洋女权萌芽小史一卷

（日）铃木光次郎编辑；赵必振译

上海　新民译印书局　1903（清光绪二十九）年　一册；上海广智书局　清光绪末

辑日本明治以来闺秀，贞勇相备及其注目泰西事物者七十七人事略。

0837 世界女权发达史二卷

（美）他士坦登辑；王维祺重译

上海　文明书局　清光绪末初版，1905（清光绪三十一）年再版　一册

原著"妇人之活动"，日译本为"西国妇人立志编"，译者改名"西欧女子自助史"，吴芝瑛女士叙之，改为今名。记英、法、德、意、俄、荷兰六国妇女在政治、法律、道德、宗教、美术等方面的活动。

0838 全地五大洲女俗通考二十一卷

（美）林乐知辑；任保罗译述

上海　华美书局　1903（清光绪二十九）年；上海　广学会　1903（清光绪二十九）年　二十一册

林乐知认为泰西之所以重视女学，是因为一男教成，只成一人，一女教成，则成就无数子女。故该书从女俗切入，实则论万国古今教化。林氏博采东西洋各国经书、史书、道书、地理志、风俗志等各有关女俗及教化盛衰者，为时三年，成百万言。

全书二十二卷。卷首绪论，介绍古今关于地球的概念：地圆、大小、旋转、经纬度、四时、五带、五洲等。下分十集，按教化之最下者未教化之人、有教化之人、最上者文明教化之人三等，逐次介绍非洲、东亚旧教诸国、西亚并埃及回教、基督教、犹太教诸国，南欧、北欧各国，美国及美洲诸国之进化程度、律法政治、宗教、学校、世风民俗、女俗家规等。第十集为中国与各国比较女俗考，目的在于使中国知不足，

然后能自强。书中不乏精当论述，如中国政治之不进步，及其独尊儒术，学术缺乏竞争之故等等。

书中附 1400 多幅精细插图。

0839 女子教育论

（日）成濑仁藏著；杨廷栋　周祖培译

上海　作新社　1902（日本明治三十五）年，1903（日本明治三十六）年重印　一册；东京　并木活版所印本

分宗旨、德育、智育、体育四章。

0840 女子教育论一卷

（日）永江正直著；钱单译

上海　教育世界社　清光绪间　一册（教育丛书二集）

0841 现代之女子

（日）长谷著；进步书局编

上海　进步书局　1916年　一册

书分十五章述日本妇女状况，与时代俱新之女子，新独身妇女之贞操观，学者眼中之少年女子等。

人口学

0842 人学一卷

（美）李约各（Lee, James W.）著；（美）林乐知　范袆译

上海　广学会　1904（清光绪三十）年，1910（清宣统二）年　一册

绪论述人于万物间之位置，后分七章述人之形体、群性、智性、主性、艳性、灵性及完全之人所以常存。作者谓：人之贵不在形体而在灵性，人之有恼力有思想有理性良知，超乎万物之上，遂能自觉、自决、自动。

0843 民种学

（德）哈伯兰（Habelandt, Michael 1860－1940）著；（英）鲁威（Loewe, J. H.）原译　林纾　魏易重译

北京大学官书局　1903（清光绪二十九）年　一册

哈伯兰，德国人类学家。原著"VölkerKunde"1898年初版，考部落种族变迁历史。鲁威英译本"Ethnology"（1900）

0844 人种志

（日）鸟居龙藏编辑；林楷青译

东京闽学会　1903（清光绪二十九）年初版，1904（清光绪三十）年再版　一册

一、亚细亚系统人民：支那种族5种；西比利亚种族24种。二、欧罗巴及亚非利加系：北地中海种族16种；南地中海种族7种。三、南方亚非利加系统人民：尼孤利洛部3种；尼孤洛部4种；尼孤洛伊特部1种。四、海洋诸岛屿人民：类似黑奴种族8种；马来种族18种；澳太利亚种族4种。五、亚米利加系统人民：亚米利加种族；南、中、北部亚米利加部11种。述其体态特征、语言、人口，简要迁徙历史，文明及其历史。

0845 内地杂居续论一卷 附录二卷

（日）井上哲次郎口述 （日）泽定教 （日）屈原贯轩笔记 赵必振译

上海 广智书局 1903（清光绪二十九）年 一册

明治二十三年（1890）井上曾著内地杂居论一篇，续论成于明治二十四年。书分十章，论欧美人民及国势当前均优于日本，当此竞争时代，日本处于弱势，若许外国人内地杂居，于政治、宗教、民情、风俗、语言等均受非常之影响，不能制其胜，恐为开门揖盗之害。外国人进入内地杂居非为不可，待时机成熟再开放内地，亦未为晚。附录：读内地杂居论之批评；内地杂居之结果如何。

0846 人群进化论

（日）有贺长雄著；麦仲华译

上海 广智书局 1903（清光绪二十九）年 一册；上海 申报馆 1903（清光绪二十九）年 一册

共三篇：一人群发生，二人群发达，三国家盛衰。

0847 族制进化论

（日）有贺长雄著；广智书局译

上海 广智书局 1902（清光绪二十八）年 一册

分族制发生、发达、盛衰三篇，论人种之学。

0848 人种交涉论衡

（英）白来思著；丁雄 蔡尔康译

上海 广学会 1904（清光绪三十）年 一册线装

0849 支那人之气质

（美）史密夫（Smith, Arthur H.）著；作新社译

上海 作新社 1901（清光绪二十七）年，1903（清光绪二十九）年 一册

原书：Chinese Characteristics（1894）.

政治、法律

政治理论

0850 佐治刍言三卷

（英）Chambers, Wm. And Robert 合著；（英）傅兰雅译 应祖锡笔述

上海 制造局 1885（清光绪十一）年 一册；富强斋丛书册33；格致书室本；军政全书本；质学丛书本；西政丛书本

该书原名 Homely Word to Aid Governance，属于英国钱伯司教育丛书之一。罗伯特钱伯司是苏格兰著述家、出版业者，与其弟威廉共同刊行钱伯司百科全书、英国文学百科全书等。

该书三卷三十一章，一半篇幅论家室之道；人之自然权利，如求食、守法；论文教、论名位，人无论贵贱，皆当平等，人做事应有争先之意；人类分国，介绍欧洲各

大国沿革及政制；论各国交涉事宜；论国政之根源；论国政分类：一为君主国、一为贤主禅位、一为民主国，有择一者，有参用二法者；论法律并国内各种章程；论国家职分并所行法度，论教民。其余内容为经济学，如论产业，论管理、论工价、论资本、论贸易、各国通商、论成法，论开银行、论赊借等等。

0851 民约通义一卷
（法）戎雅屈娄骚著；（日）中江笃介译
上海 同文书局 1898（清光绪二十四）年 一册；上海 泰东书局复刻 1914年 一册
"戎雅屈娄骚"通译卢梭。此据1882年版日译本重译，仅印第一卷。
中江笃介——日本自由民权运动的思想领导者。

0852 社会主义广长舌
（日）幸德秋水著；赵必振译
中国国民丛书社 1902（清光绪二十八）年 一册

0853 广长舌
（日）幸德秋水著；商务印书馆编译所译
上海 商务 1912年 一册

0854 社会主义概评
（日）岛田三郎著；（译者不详）
上海 作新社 1903（清光绪二十九）年 一册

0855 社会主义一卷
（日）村井知至著；罗大维译
上海 广智书局 1903（清光绪二十九）年 一册；《翻译世界》本
书分十章，第一至三章叙欧洲工业革命后，生产效率大增，财富愈加集中于少数人，劳动者就业率降低，贫富愈加悬殊。实行社会主义，资本公有，使少数资本占有者有的巨大利益转而为多数劳动者所共有。第四至九章分论社会主义与道德、与教育、与美术、与妇女、与劳动团体、与基督教等。第十章论理想社会，个人应尽其力于社会，社会应给个人以必要之生活。

0856 社会主义一卷
（日）村井知至著；侯士绾译
上海 文明书局 1903（清光绪二十九）年 一册
全书十章，论述欧洲当时的社会问题及关于道德、教育、美术、妇女、劳工、宗教、理想等。

0857 近世社会主义
（日）福井准造编著；赵必振译
上海 广智书局 1903（清光绪二十九）年 二册；上海 商务 （年代不详）
原书"近世社会主义"(1899)。分四编介绍法国革命后，欧美国家的社会主义历史及其社会党的现状等。

0858 民约论四卷

（法）路索（Rousseur, Jean Jacgues，今译卢梭）著；（日）原田潜译　杨廷栋重译

上海　作新社　1903（清光绪二十九）年　一册；上海　文明书局　1903（清光绪二十九）年　一册；东京　译书汇编社　二卷本

日译本《民约论覆议》（1883）。

该书旧译《民约论》，全称《社会契约论，或政治权的原则》，共四卷。论述社会公约主权、政府和政治。作者持天赋人权主张，认为国家主权属于人民，反对封建等级特权及专制制度。《民约论》被称为欧洲资产阶级革命的"福音书"。

0859 社约论

徐百齐等译

上海　商务　1913年　一册

卢梭"民约论"另一译本。

0860 共产党宣言第一章

（德）马克思　（德）恩格斯著；民鸣译

天义报（半月刊）　1908（清光绪三十四）年

0861 （汉译）政治原论

（日）浮田和民著；左燮　黄芝瑞译

译者印行　1909（清宣统元）年　一册

0862 近世欧洲四大家政治学说一卷

饮冰室主人（梁启超）辑译

上海　广智书局　清光绪间　一册

撮取英国霍布士、洛克，法国孟德斯鸠、卢梭四家撰著之精华，附以己见，论民主政治之精义。

0863 宪政论

（日）菊池学而著；林棨译

上海　商务　1903（清光绪二十九）年，1910（清宣统二）年9版　一册

引东西方之理论，论政党、内阁、宪法等。

0864 理想社会主义与科学共产主义

（德）恩格斯著；施仁荣译

《新世界》（半月刊）　1912年

0865 法政讲义

日本法政大学编；（译者不详）

上海　群益书局　1917年　十五册

卷一泛论建国立法之由，卷二多考希腊古代事。似非全译本。

0866 政学原论一卷
（英）赖烈著；（日）赤坂龟次郎译
翻译世界社本 （年代不详）

0867 政治汎论
（美）威尔逊著；（日）高田早苗原译 张起谓重译
上海 商务 1903（清光绪二十九）年，1913年 二册
书凡十六章：一政治之源，述亚利安人种、西米底及都兰人种、斯拉窝尼初群、希腊及罗马家族、国家起源诸说、契约说等；二政治发达，家族者权舆、亲族与宗教、习惯，移住与征服、官吏世袭；三希腊罗马政治，述古希腊至近代，政治官、僧官、立法、司法，及各时代法典、政教分离，法律成长；四罗马领地及罗马法，述初期罗马法至摩西制度，各代法学家及编纂法典；五中古条顿种族制度政治，述条顿族初制，其与罗马制度相背，二制共存，二制相互，罗马天主教，近代罗马法，罗马法传入欧洲之状；六法兰西封建制，地方自治，三民会议，中央集权制，共和政体，元老院，代议院，国会政治，省县乡町之行政、参事、监督等职；七德意志政治；八瑞士政治；九双君主国，述奥地利、匈牙利、瑞典、挪威；十英伦政治；十一合众国政治；十二概论；十三政府之性质及形式；十四法律之性质及其发达，述万国普通之法律思想，法律伦理、国际法、自然法与国家之法、公法、私法、法理学等；十五政府之职掌；十六政府之目的。

0868 政治汎论
（日）永井惟直著；范迪吉等译
上海 会文学社 1903（清光绪二十九）年 一册（普通百科全书）

0869 政治思想之源
小翠女士译
支那翻译会社 1903（清光绪二十九）年 一册

0870 政治学
（德）那特硁著；戢翼翚 王慕陶译
上海 商务 清光绪间 二册
分上下二编。此为那特硁任日本国大学教授时之讲义。博采西人各派学说，论国家渊源，国权范围及限制，各国主宪之制，宪法之义，辨及国体及政体不同等国家原理。

0871 政治学上编二卷
（德）那特硁著；冯自由译
上海 广智书局 清光绪末 一册
该书为政治学的国家编，阐明国家所具有的天然和社会的主要实质等国家原理。那特硁原书为上中下三编，商务本仅译其上编。广智书局本为上中下三编，各为一册。两者皆译自日文译本。

0872 政治学中编二卷
（德）那特硁著；冯自由译

上海　广智书局　1902（清光绪二十八）年初版，1903（清光绪二十九）年再版　二册

一论国家之主权，二论国家之机关，三论国家之机能。

0873　政治学下编

（德）那特硁著；冯自由译

上海　广智书局　1902（清光绪二十八）年初版，1903（清光绪二十九）年再版　一册

此为政治学行政编，一警察制度，二人口调查，三施济贫民，四公众卫生，五公众教育。

0874（新编）政治学三卷

（美）伯盖司（Burgess, J. W.）著；杨廷栋译

上海　作新社　1903（清光绪二十九）年　一册；《译书汇编》本

伯盖司又译巴遮斯，通译伯吉斯。

述政治学中关系种族、国家、宪法等范围，分析其原理。卷三专叙英美德法四国宪法源流。

0875　政治学

（日）小野塚喜平次著；杜光祐编译

东京　湖北法政编辑社　1905（清光绪三十一）年　一册（法政丛编）

小野塚博士，日本明治时代著名政治学家，东京帝国大学法科教授。本书据其政治学讲义及《政治学大纲》一书译出。

0876　政治学

（日）小野塚喜平次著；陈敬第编译

上海　丙午社　1906（清光绪三十二）年　一册（法政讲义第一集）

0877　政治学

（日）小野塚喜平次讲述　郑篯译述

上海　商务　1907（清光绪三十三）年初版，1913年再版　一册

第一编绪论，共七章，述广义与狭义之政治学、政治学研究范围、重要性等。第二编本论，十一章，述国家之性质、定义、分类、发生与消亡、存在的理由、政治及政策、国家机关、国民、政党、内政及外交政策。

0878　政治学史一卷

（日）浮田和民著；（译者不详）

《翻译世界》本

0879　政治原理

罗恒升译

上海　广学会　1912年　一册

0880　政治学提纲一卷

（日）鸟谷部铣郎著

《译书汇编》本

0881 政群源流考二卷
 （美）韦尔生著；李维格　伍光建译
 上海　南洋公学　1902（清光绪二十八）年　一册

0882 政治辨感论
 （法）路易·普罗尔著；高仲和译
 北京　高仲和印　1914年　一册
 本书英译者为美国法兰克林，日译者为日本松平康国。
 书分十一编，述古希腊至近代各国历史上政治活动中各种罪恶及腐败现象。内中涉及马克百里主义和无政府主义。

0883 最近时政治史
 （日）有贺长雄著；（译者不详）
 东京　闽学会　清光绪末　一册

0884 革命心理
 （法）黎明（Le Bon, G.）著；杜师业重译
 上海　商务　1918年初版　二册
 原书名：La Révolution Francaise et La Psychologie des Révolutions.
 黎明（Le Bon, G. 1841—1931）又译黎朋、赖朋，通译古斯塔夫·勒底。
 此据日文译本和英译本转译。书分三编：革命运动之心理要素，法兰西革命，现代革命主义之发展。

0885 早稻田大学政治理财科讲义
 早稻田大学汉文讲义录编辑部编；早大毕业及在学中国人编译
 东京　早稻田大学　1906—1907（日本明治三十九～四十）年　一册

国家理论

0886 国家学
 （德）伯伦知理著；（日）吾妻兵治译
 东京　善邻译书馆　1899（清光绪二十五）年　二册

0887 国家学原理一卷
 （日）高田早苗讲述　毹镜译
 译书汇编社　1901（清光绪二十七）年　四册；上海　文明书局本
 共十六章。论国家学原理，认为神学契约失当，以君民立宪为历史之要。原为早稻田专门学校讲义录。

0888 国家学纲领一卷
 （德）伯伦知理著；饮冰室主人（梁启超）译
 出版者不详　1902（清光绪二十八）年　一册，上海　广智书局　1908（清光绪三十四）年　一册
 作者为法学大家。书凡五章：一，国家之改革，述希腊时代至近代，国家体制变迁之大略。英国1688年立宪，开宪法制定之基。十八世纪国家学及政务面目大

变,十九世纪国家非君主私有,国土、人民之义务、公法本体,无不备也,国家不为宗教裁判所所制,人民参政权普于全社会,民选议院、参与国事、监督政务、陪审、自治等。二,国家之主义,国家者即民人团体,建立一定国土,自行处理政务。国家是一有机体,精神与形体联合,民人意志即国家精神。国家形式有统一体、联邦体。国家之职在于制定法度保护人民。三,国家之建立、沿革及灭亡。四,立国之渊源,东方诸国皆以天帝之意立国,法兰西路易十四倡君权神授,独英国开议院,力排专制。卢梭民约论出,天下多称赞之,独德国之国家学者视为邪说,且驳斥之,谓其妄谬最甚者,在以国家徒为民众之聚合。五,国家之准约,一司理财,二司教育,三司法律,四司兵政、外交,五许民人参政之权,养成其自由之权,六施行万机政务。

0889 国家学

(日)有贺长雄著;许直译

东京 湖南译编社 清末 一册

国家体制与国家行政管理

0890 西学治平四卷

(意)高一志著

绛州 1630(明崇祯三)年 一册

论国体政体归于专制王国为好,王者当有德,以仁治民,不能妄用权威,当守法制,不能无赏罚等,共十一章。

0891 治国要务

(英)韦廉臣著

上海 广学会 1899(清光绪二十五)年 一册

0892 政治原论三卷

(日)市岛谦吉著;麦曼荪译

上海 广智书局 清光绪间 一册

上卷论政体,中卷论宪法,下卷论行政,共二十四章。

0893 政体论

(日)高田早苗著;秦存仁译

武昌 时中书社 1903(清光绪二十九)年 一册

0894 国家政府界说

日本广友社纂辑;萨君陆译

东京 闽学会 1903(清光绪二十九)年 一册(闽学会丛书)

0895 比较国会论

(日)斋藤隆夫著;姚大中译

上海 商务 1917年 一册

0896 议会及政党论

(日)菊池学而著;范迪吉等译

上海 会文学社 1903(清光绪二十九)年 一册(普通百科全书)

0897 议会政党论三卷
（日）菊池学而著；商务印书馆编译所译
上海　商务　1903（清光绪二十九）年　一册（政学丛书第2集）
分三编：绪论论国家观念及主权国体之区别、种类。第一编议会，论议会之制度、性质、组织、职权等。第二编选举，论选举之意义，代表方法。第三编政党，论政党政治各原因目的及英国内阁政党之理由、状况等。

0898 代议政体原论一卷
（法）乂佐著；（日）山口松五郎译　王钝重译
大宣书局　清光绪末　一册
分四编：一论代议政体之目的、政权及贵族、平民政体之异同。二论代议政体之形式、含义。三论选举权，四论上下议院之利，英国议院上下分离之原因。

0899 共和政体论
（法）纳岌尔布礼著；罗伯雅译
上海　广智书局　1903（清光绪二十九）年　二册
书前有作者自序。书中以法兰西国情为主，论共和政体，间引他国之事以相比较。

0900 共和真谛
（美）摆韬劳（Butler, N. M.）著；杨豹灵　汪彭年　叶达前译
上海　神州编译社　1913年　一册
凡三编：真伪共和之辨别，舆论教育，共和与教育。

0901 民政发展精义
（英）马斯特曼（J. H. B. Masterman）著；梅益盛译
上海　商务　1916年　一册
原名：Progress of Democracy.
此为马斯特曼在伦敦大学的四次讲演稿：论前代政治之理想；法国革命与英国政治理想之关系；论民政主权之开端；论民政主权之发展。

0902 政府论（政治学　第二篇）
（美）黎卡克著；梁同译
上海　科学会编译部　1914年　一册
所述有：分权、立法部、行政部、司法部、联邦政府、殖民政府、地方政府、政党政府等。

0903 地方行政要论
（日）岛村他三郎著；李侃译
上海　群益书局　1907（清光绪三十三）年　一册；上海　开进学社　1907（清光绪三十三）年　一册

0904 地方自治讲义
（日）清水澄讲授；陈登山译　朱德权编
湖北地方自治研究社　1908（清光绪三十四）年　一册
首绪论，余分三编。第一编，统治者及统治机关：天皇、摄政、帝国议会、议会

之开会闭会停会及众议院之解散、国务大臣、枢密顾问、裁判所。第二编，统治权之作用，统治权作用之分类、敕令及任免等大权的作用、立法、预算、国债、租税、决算、司法、行政。第三编，国家基础：领土、国民、皇族。

0905 地方自治一卷

（日）桑田熊三著；陶懋立译

上海　文明书局　清光绪末　一册

著者为日本东京专门学校法学教授。书分总论、特论二编。总论专论自治体制；特论论市町村各种自治之行政机关条律。

0906 地方自治论

（　）马赛讲述　汪贡夫译

上海　广智书局　清光绪间　一册

书分十章述地方自治条例，末章引各国行政裁判之法相比较。

0907 地方自治精义

（日）水野錬太郎著；商务印书馆编译所译

上海　商务　1911（清宣统三）年再版　一册

原名：市制及町村制、府县制、郡制。

原书为日本水野錬太郎考察欧洲英法德三国之地方自治情形所编写。

0908 地方自治制度

杜芝庭纂译

上海　会文学社　1906（清光绪三十二）年　一册（宪法丛书）

0909 警察学一卷

（日）宫国忠吉著；东华社编译所译

东华译社　1903（清光绪二十九）年　一册

0910 警察全书二卷

（日）宫国忠吉著；东华社编译所译

上海　东华译社　1903（清光绪二十九）年　二册

共二编，上编总论，论警察之沿革、警察之观念、分类，警察法之概念，警察权之基础及范围，警察执行机关之形式责任。下编为各论，论保安、行政、司法三类，警察应尽之义务。

0911 警察学一卷

（日）宫国忠吉著；译书汇编社译

译书汇编社　1904（清光绪三十）年　一册

此即《警察全书》总论部分。第一章，绪论、警察之沿革；第二章，警察之概念；第三章，警察之分类：普通警察与地方警察、司法警察及行政警察、高等警察及通常警察、保安警察；第四章，警察法之概念；第五章，警察权之基础及范围；第六章，警察之执行机关；第七章，警察权作用之形式；第八章，警察之责任。

0912 警察全书

（日）宫国忠吉著；许家惺译

群学社　清光绪末　一册

0913 警察学一卷
（日）室伏高信著；译书汇编社编译
译书汇编社　清光绪末　一册

0914 警察学大意
（日）绪方唯一郎讲授　杨宝书编
上海　商务　1911（清宣统三）年　一册

0915 司法警察
（日）岛田文之助讲授　饶孟焘编
上海　商务　1911（清宣统三）年　一册

0916 外事警察
（日）有贺长雄著；李锦沅译
武昌　荆门学社　1907（清光绪三十三）年　一册

0917 消防警察
（日）宝田通经讲授　杜鸿宝编
上海　商务　1911（清宣统三）年　一册

0918 行政警察
（日）木尾虎之助讲授　梅祖培编
上海　商务　1911（清宣统三）年　一册

0919 警务要领
（日）岛田文之助讲授　李凌云编
上海　商务　1911（清宣统三）年　一册

0920 警察犬之研究
（日）山本正一著；中国警察犬学术研究所译
中国警察犬学术研究所　1918年初版　一册
书分十六章，述警犬之种类、特性、饲育、使用、训练、警犬的嗅气。附军用犬。

0921 一指指纹法
（日）古畑种基著；康心铭译
警官高等学校　1914年　一册
译自《近代犯罪科学全集》(1891)一书，详介非十指而只由一指指纹判定犯罪人之方法。

政党理论

0922 欧美政党论
（日）石川条著；王钝译
上海　新民译印书局　1903（清光绪二十九）年　一册
共七章：一总论（自由、保守、过激、专政），二罗迷尔之政党理论，三诸国政党，四中立党，五中央党左右党，六政党首领，七结论。

0923 社会党二卷
（日）西川光次郎著；周子高译
上海　广智书局　1902（清光绪二十八）年，1903（清光绪二十九）年　一册
此书之社会党泛指人民结为党派。

0924 政党及议院政治之弊四卷
（俄）坡鳖那士德夫著；赵兰生译
上海　帝国丛书社　1903（清光绪二十九）年　一册（帝国丛书）

0925 欧美政党政治
（日）田中萃一郎著；毕厚译
上海　商务　1913年　一册
书分五章，论政党的性质，英、法、美、德等国政党概况等。附：英国最近政变之始末。

其它政治理论

0926 民治西学
（意）高一志著
北京　西什库天主堂刻本　清初　一册；1935年重印
论法制、教育、税收、用财、睦民等。

0927 东方时局论略一卷
（英）邓铿著
上海　制造局　1889（清光绪十五）年　一册；军政全书本
邓氏供职高丽洋关税务司时所著。论亚细亚形势，主张中英日应保高丽为自主国，以对付俄之窥伺。

0928 新政策一卷
（英）李提摩太著
上海　广学会　1896（清光绪二十二）年　六册；上海　美华书馆（年代不详）　六册；质学会刻本　1897（清光绪二十三）年　一册；新学汇编本
条陈中国应改进之政务。

0929 九九新论二卷
（美）林乐知著
上海　广学会　1900（清光绪二十六）年　一册
此书于林乐知旅华45年时作，上下卷共收林氏文章26篇，多关系中国当时时局、施维新政策、开口岸利通商、定新律守国际公法、筑路开矿等。同时也介绍美国大学，西方妇女受法律保护、享有受教育、谋职等权利。论中国应仿效日本加入万国公会，论中国应保护基督教。另有林乐知为他人论中国施政书所作序跋数篇。

0930 二十世纪之怪物帝国主义一卷
（日）幸德秋水著；赵必振译
上海　广智书局　1902（清光绪二十八）年　一册

批判列强尚武用兵的殖民政策，指出二十世纪的主要危险是帝国主义、军国主义。

0931 封禁海口论一卷
　　曹骧译
　　上海　著易堂　1902（清光绪二十八）年　一册

0932 弥勒约翰自由原理一卷
　　（英）弥勒约翰著；马君武译
　　译书汇编社　1903（清光绪二十九）年　一册（少年中国新丛书）
　　论思想、言论、信教、出版等之自由，反对专制、迷信。

0933 群己权界论
　　（英）穆勒，约翰（Mill, John Stuart）著；严复译
　　上海　商务　1903（清光绪二十九）年初版，1915年　一册
　　原书：On Liberty.（1859，伦敦）
　　著者今译约翰·斯图尔特·密尔。论思想言论著作出版自由等公民的权利，个人自由为民德之本，国家群体与个人权限之分界，自由大义的施行等。

0934 无政府主义
　　张继译
　　1903（清光绪二十九）年　一册

0935 译文四种
　　小翠女士译
　　支那翻译学会　1903（清光绪二十九）年　一册
　　1. 美利坚独立檄文, 2. 法兰西人权宣言书, 3. 玛志尼少年意大利章程, 4. 噶苏士戒国人书。

0936 殖民政策
　　（日）中山成太郎　（日）山内正瞭口授　周仲曾编译
　　东京　湖北法政编辑社　1905（清光绪三十一）年　一册（法政丛编）

0937 告少年
　　（俄）克罗泡特金（1842—1921）著；真民译
　　巴黎新世界社　1907（清光绪三十三）年　一册（新世纪丛书）
　　作者为俄国无政府主义者和地理学家。

0938 秩序
　　（俄）克罗泡特金著；真民译
　　巴黎新世界社　1907（清光绪三十三）年　一册（新世纪丛书）

0939 无政府主义　共产主义
　　（意）克非业（Carfiero, Carlo 1846—1883）著；真民（李石曾）译
　　巴黎新世界社　1907（清光绪三十三）年　一册（新世纪丛书）
　　著者今译卡罗·卡费罗，意大利无政府主义者。

0940 战争非道论
　　（英）季理斐译　任廷旭笔述

上海　广学会　1907（清光绪三十三）年　一册

0941　权利竞争论一卷

（德）耶陵著；张肇桐重译

上海　文明书局　1902（清光绪二十八）年　一册

耶陵，德国私法家，曾赴奥国大学讲学，临别著此书赠之。译者据英、日两种译本译出，共五章，阐明权利之重要及权利竞争之理。

0942　权利竞争篇

（日）加藤弘之著；（译著不详）

活印本　清光绪间　一册

在日本近代思想史上，加藤是第一个将西方立宪政体介绍到日本的学者，也是将进化论思想融入国家理论的第一人。力主改革政体，行"公明正大之政"，万民同权。

0943　亚细亚东部之霸权（亦名并吞中国策）

（日）户水宽人著；亚细亚东部之一人译

东京　（出版者不详）　1905（清光绪三十一）年　一册

0944　铁血主义

（日）德富健次郎著；通雅书局译

通雅书局印　1903（清光绪二十九）年　一册

0945　铁血主义一卷

（日）德富健次郎著；王钝译

上海　商务印书馆　清光绪末　一册

原书《单刀直入》，译者改为今名。

0946　世界大同议

（日）藤泽南岳著；汪荣宝译述　汪庆琪校

砚云译书斋　清末　一册线装

著者认为，今也万国气运将有一变换，西陬东隅无不通达，当此时均一之期在近，天必降一大圣人统以一之。该书以主宰、历数、文字、霸术、兵刑、名实、公道七类论述著者对世界大同的意见。关于主宰，著者认为以东方变西方或以西方改东方，均非天理之常，世界需一俊杰之士，通天人之意，执东西之中。历法应使用太阳历，权衡取于法国，里程以英国为典，以括全世界。语言则西言东语互效互学，对话交际常语则得相通。霸术，则提倡礼、诚、武（对内贼外寇）、德。兵刑，则应实行法制。名实，则提倡教育，提高国民文化、道德水平，国家之强实基于此。公道，应行万国公法，以协和万邦，各国则专立宪法，使子孙臣民俱遵。

0947　万国联合论

（美）陀留布勒（Trueblood, B. F.）著；（英）梅益盛（Mason, Isaac）译　陆泳笙笔述

上海　广学会　1916年　一册

原书：Federation of the World.

著者为美国法学博士，曾任美国和平会秘书长，面对列强争雄之势，鼓吹弭兵

政策,寻求联合善法,步趋和平,直至世界大同。凡二十二章,论人类统一,统一之障碍、人类离析之原因,战争之发生,基督教有复还联合之势力,新世界社会之研究,万国联邦之讨论,第一次海牙和平会议,海牙国际法庭暨万国联合之进行等。

0948 战争与进化
过耀根编译
上海 商务 1916年9月再版 一册(新知识丛书)

0949 大亚细亚主义论
(日)小寺谦吉著;百城书社译
东京 百城书社 1918年初版 一册

0950 近世科学与无政府主义
(俄)克罗泡特金著;凌霜编译
进化杂志社 1919年 一册
凡十五章,述孔德实验学,斯宾塞综合哲学,无政府主义于近代科学之地位,关于无政府主义之结论等。

0951 同盟总罢工
( )罗列著;张继译
1907(清光绪三十三)年 一册

各国政治

世界政治概况

0952 隔靴论一卷
(日)盐谷世宏著
日本印本 1859(日本安政六)年 一册
论中国十败,英国十胜,论中国弊政。

0953 帝国主义一卷
(日)浮田和民著;出洋学生编辑所译
(出版者不详) 1895(清光绪二十一)年初版 一册;出洋学生编译所 1902(清光绪二十八)年 一册;上海 商务 清光绪末 (帝国丛书)
叙德、俄等帝国主义之民族主义,商业膨胀,关税壁垒,扩张军备,扩张版图,其殖民政策欲吞全世界。对此国民应协同一致,政治应取平民主义或社会主义之一部,改良社会。

0954 东亚将来大势论
(日)持地六三郎著;赵必振译
上海 广智书局 1902(清光绪二十八)年 一册
原书:《支那问题と日人国民の觉悟》。
共五章,前四章分析亚洲形势:俄人可畏,西洋各国互争势力范围,亚洲各国遂为集矢之的。第五章唤起国民精神,以求自立不败。

0955 欧美日本政体通览
　　赤门外史编译
　　译书汇编社　1902（清光绪二十八）年　一册（政法丛书）

0956 欧美政体通览一卷
　　（日）上野贞吉著；出洋学生编辑所译
　　上海　商务　1902（清光绪二十八）年　一册
　　分五章述德美奥匈法英等国立法、行政等之纲领。

0957 欧美日本政体通览一卷
　　（日）上野贞吉著；巅涯生译
　　上海　商务　1903（清光绪二十九）年　六册；译书汇编社　1904（清光绪三十）年　一册
　　述德、美、奥匈、法、英、日六国建国、政治、议院组织、内阁、政府等，述其大要，间附比较与评论。

0958 野蛮之欧洲
　　（德）麦克塞挪斗（Msxnovdau）著；竞强庵主人译
　　达文社　1903（清光绪二十九）年　一册

0959 野蛮之欧洲二卷
　　（德）麦克塞挪斗著；英国亨勒盂书局译　上海独社重译
　　上海　独社　清光绪末　一册
　　英译本：The Conventionalies of our civilization.
　　包括宗教、政治、政体、生计、风俗等论。汉译本只译其政治、政体两部，指斥君主政体尤为野蛮。

0960 欧西自治大观
　　（日）井上友一著；谢正权译
　　1909（清宣统元）年刊　一册

0961 欧洲大陆市政论
　　（美）哈巴尔德（Shaw, Albert）著；（日）美浓部达吉译　胡尔霖重译
　　上海　商务　1909（清宣统元）年　一册
　　原著：Municipal government in continental Europe.

0962 现今世界大势论一卷
　　饮冰室主人（梁启超）译
　　上海　广智书局　1902（清光绪二十八）年　一册
　　梁启超撮取美国灵绶《十九世纪末世界之政治》，美国洁丁士氏（F. H. Giddings）《平民主义与帝国主义》和日本浮田和民《帝国主义》等已译未译之书，参合己意而成。

0963 世界政策二卷
　　（美）兰希罗著；（日）吉田源五郎译　钟鲍尘重译
　　支那翻译会社　1903（清光绪二十九）年　一册

著者为美国挪司东大学政治学科教授。原书成于1902年，40万字，译者撮其大意译编而成。上卷支那之开放，论中国社会特质及外国人在中国所获利益势力；下卷支那开放政策之结果，论俄国人及西欧列强在东方之形势，世界将东西文明会合。

0964 世界之大问题
　　（日）岛田三郎著；通社编译部译
　　上海　通社　1903（清光绪二十九）年　一册（通社丛书）；上海澄衷学堂印本　清光绪间　一册

0965 东游自治译闻
　　（日）美浓部达吉著；姚永概　姚焕译
　　1908（清光绪三十四）年初刊　一册

0966 十九世纪末世界之政治一卷
　　（美）灵绶（Reinsch, P. S.）著；罗普译
　　上海　广智书局　1902（清光绪二十八）年　一册
　　著者又译为芮恩施，1913年任美国驻华公使，是美国远东事务权威之一。
　　本书专论列国政治时局及政策。凡五编：一、民族帝国之主义；二、中国开放门户；三、中国有关地球全局；四、德国之帝国政略；五、美国与东方局势。

0967 世界共和国政要
　　商务印书馆编译所编译
　　上海　商务　1912年再版，1913年3版　一册
　　收瑞士、葡萄牙、安道尔、美国、墨西哥、巴西、阿根廷等二十五个共和制国家的政治制度、宪法、国会议院选举法、大总统职权等。

0968 各国近时政况
　　（日）小野塚喜平次著；林觉民译
　　上海　商务　1912年序，1913年再版　一册，有表
　　凡十四章，述英、法、德、奥、俄、西班牙、土耳其等国政治概况及其发展趋势。

0969 海外纪事
　　孙超等译
　　排印本　二册　（年代阙）

0970 世界之政治
　　（京师大学堂所藏译书）

0971 万国通典十二卷
　　（日）冈本监辅著　（日）三宅宪章校
　　1884（日本明治十七）年　六册

0972 万国通典辑要四卷
　　（日）冈本监辅编；成饴辑要
　　四明玫瑰轩石印　清光绪末　一册

0973 第十九世纪欧洲政治史论一卷

（日）酒井雄三郎；华文祺译

《译书汇编》本；上海　教育世界社　1902年　一册

共四章：一近代欧洲的起源，二政党抗争及制度变更，三欧洲政界之进化，四特质进步对政界之影响。后附结论。

0974 十九世纪欧洲政治史论一卷

（日）酒井雄三郎著；作新社编译

上海　作新社　1902（清光绪二十八）年　一册

记事起拿破仑一世败绩之年（1815）始，与教育世界社译本内容相同。

0975 欧罗巴政治史四卷

（日）幸田成友著；新是谋者译

印本二册　（出版者、年代未详）

0976 欧洲列国变法史二十一卷

（法）赛那布著；（美）麦克范译　许士熊重译

上海　文明书局　1903（清光绪二十九）年　八册

论欧洲各国变法。卷一总论，其余各卷分记英吉利、法兰西、比利时、荷兰、瑞士、西班牙、葡萄牙、意大利、日尔曼、奥斯马加、瑞典、丹麦、挪威诸公爵，俄罗斯、土耳其、巴勒康（即巴尔干）之罗马尼亚、希腊、塞尔维亚等。

0977 政治史

（日）森山守次郎著；范迪吉等译

上海　会文学社　1903（清光绪二十九）年　一册（普通百科全书）

0978 政治史

（日）森山守次郎著；陈大棱译

上海　新民译印书局　1903（清光绪二十九）年　一册

森山守次郎，法学博士。此记普法战争，希腊、德意志之统一，波兰、土尔其之兴亡，英俄奥美内政及外交手段，墨西哥、西班牙问题等关系全球形势之大事。

0979 近世政治史一卷

（日）有贺长雄著

《译书汇编》本

0980 欧洲最近政治史

（日）森山守次郎著；商务印书馆编译所译

上海　上海译书局　1903（清光绪二十九）年　一册；上海　商务　清光绪间　一册

0981 政治源流

（美）谢卫楼（Sheffield, D. Z.）著

北通州协和书院印字馆　1910（清宣统二）年　一册

首述政治大旨，后分二十二章述各国政治，包括希腊、斯巴达、雅典、罗马初创国制，罗马法典；中世徒炭诸族政治之由；法国由王政变民政，国会、议院等，日

尔曼由封建变联邦制；普鲁士上下议院及各省之治；英国议院、枢密院，及地方政治、属地自治、代治；瑞士之联邦自治；奥匈二国联政；美国新联邦合拒英国，美联邦议会、总律、上下院、各省、州之自治；中国政治，述唐虞三代至清代政治，认为皇权无限、军机守旧、无用衙役、闲散冗员，至百弊丛生，国是大坏。末尾三章述政治之义理及变通，法律之义理及变通。认为政治非为保帝王之尊荣与贵族之权势，乃在保卫国民，使其自主、安定，离困苦而获丰盈。法律应随人民习俗之进步而变革。

0982 世界殖民史
（日）山内正瞭著；陈祖兆译
上海　广智书局　1905（清光绪三十一）年　一册

0983 世界和平
（美）爱理德（Eliot, W.）等讲演；尚贤堂译述
上海　商务　1912年　一册
收讲演辞5篇：论美国嘉乃基君所立之世界和平会筹备事；第二次世界和平会纪事；各国兵费站费考；调停与战争之论辩；论国际法之进步。

0984 现代各国警察制度
（日）后藤狂夫著；胡捷等译
上海　昌明公司　1906（清光绪三十二）年　一册

0985 欧洲警察制度
（美）福斯狄克（R. B. Fosdick）著；凌启鸣译　李升培修纂
个人刊印　1915年　一册，有表
原书：European Police System.
述英、法、德、奥、荷、意、比等国以及伦敦、巴黎、柏林、维也纳等大都市之警察制度。附：伦敦警察厅之组织。

中国政治

0986 洋务新论六卷
（英）李提摩太著；仲英辑
长白吏隐仙馆石印　1894（清光绪二十）年　六册；（出版者不详）　1895（清光绪二十一）年　六册
论中国时事、外交、富强之策。

0987 中西互论一卷（一名　书通商总论后）
（美）林乐知著
上海　广学会　1894（清光绪二十）年　一册；新学汇编本
鼓吹中国应减收关税，握通商之枢纽，以收通商之权利，许人出洋贸易等。

0988 西铎九卷
（英）李提摩太著
上海　广学会刻本　1895（清光绪二十一）年　一册
该书录其传教中国时，于诸大吏前论国势等游说之辞。

0989 中西四大政一卷

（英）李提摩太译

上海　广学会　1895（清光绪二十一）年第4次印刷　一册；上海　商务　1898（清光绪二十四）年　一册

作者谓，今中西大事，要有四焉：养民、安民、新民、教民。四大政，实为万国所同。养民：造机器、修路、设信局报馆、和约通商、立领事署、国家帮助商贾、商贾立会设学堂、讲求新学、以化学用于农业。安民：在外和，在内安。新民：此教会宜为之事，去其旧染之污，成一新人。教民：设公学——幼学、中学、书院，设藏书楼等。礼拜堂听讲则男女老幼均可。

0990 兴华新议一卷

（美）林乐知著；蔡尔康笔述

上海　广学会本　1896（清光绪二十二）年　一册；《新学汇编》本

内容包括：一，要求取消大清例律、海国图志、经世文编等有关谤毁传习天主教的内容，以表敦睦。广开口岸、筑铁路、设邮局、连电报、铸币；洋人购矿产、土产，凡有利于商业者兴之。二，中国变通之道当以育才为本。六岁必入学，初塾、文学塾而书院、博学院。读中国书一、二年即可，教以泰西有用文字、农工诸学。年至弱冠聪明者令出洋肄业。设翻译书院、开报馆。府、省必建书楼，省会建博物院。三，道德宜纯备，既讲三纲五常又信耶稣。宋儒空谈心性，应以泰西教化为宗。四政令宜划一，中国皇上独掌全权，泰西有民主国；中国恪奉一尊，却任各省自成风气。法律应为一国之主；应整军经武等。

0991 新学汇编四卷

（美）林乐知　（英）李提摩太　（美）李佳白著；蔡尔康编辑

上海　广学会本　1898（清光绪二十四）年　四册线装；图书集成局本　1898（清光绪二十四）年

收林乐知、李佳白、李提摩太、卜舫济、狄考文、福开森、蔡尔康、任廷旭等人论文六十余篇，多为论述中国强国富民亟应采取之新法。凡四卷，卷一兴华新议等，卷二八星之一（指地球）总论等，卷三上政府书，卷四论机器之益等。其中一些篇目另有单行本。

0992 救华厄言二卷

（英）李提摩太著

上海　广学会　1899（清光绪二十五）年　一册

0993 保华全书

（英）贝思福（Beresford, Lord Charles）著；（美）林乐知译意　蔡尔康　任廷旭笔述

上海　广学会　1899（清光绪二十五）年　二册线装

所谓"保华"，意指让中国开通各口岸，施行各国一体均沾，可免他国于通商之外，谋求其它权利及剪割土地，而保中国免被瓜分。此即贝思福使华目的。贝思福，英国会议员，退役海军少将，奉派于1898年9月至1899年正月来华，其间考察了中国商务，兼及陆军、南北洋水师、水师学堂等。在京曾谒见总理署大臣、庆亲王

及中堂李鸿章、六位总督。该书详记所到之处人口、进出口货值、出入港口商船数、十年来洋货进口货品及价值、港口河滨情形、各国商务局在各港情况、与邻国关系、工业生产、交通、教堂、医院、书院、英国以外的外国在各地的军事及商业活动。书凡四卷，卷一、二记京师、天津、烟台、牛庄、威海、上海、芜湖、镇江、汉口、厦门、香港、广州等十九个城市的情况。卷三，论中国水陆兵备、论中国铁路、水道，论中国财赋钱币法，此节不乏有益建议。卷四，论商务、和约、税务。附日本、美国记事。

续编：若干商务公文、中国商务总清单等。卷末总跋。

0994 醒华博义一卷

（英）李提摩太著

上海　美华书馆　1899（清光绪二十五）年　一册；广学会本

0995 中国政俗考略

（美）佑尼干（Jernigan, T. R.）著；（美）林乐知　任保罗（任廷旭）译

上海　广学会　1906（清光绪三十二）年　一册

原著：China's Business Methods and Policy.

为叙述中国政俗之书，林乐知等摘译。分十二章：论皇室、家规、赋税、钱法、银号、会馆、对外政策之源流、各国与华关系、治外法权、设立领事之法、太平洋及中国之大势等。

0996 筹华刍言

（美）李佳白（Reid, Gilbert）著

抄本；上海　商务　1904（清光绪三十）年　一册

李佳白（1857—1927），美国传教士，1882年赴华，在烟台、济南等地传教，后至北京、上海，1927年卒于上海。曾出版《尚贤堂纪事》月刊，1917年任Peking Post社长，有多部研究中国政治、宗教的著作。

书前有工部尚书吕海寰光绪二十九年序，李佳白自序。

书中论中国问题十三节：东三省边防条陈；上中朝政府书；新命论；中国能化旧为新乃能以新存旧论；治疾篇；防外患论；理财篇；民教相安议；治河篇；广新学以辅旧学说；创设学校议；拟请京师创设总学堂议；拟请创设总学堂。建议中国兴农政、设口岸、开铁路、兴矿物、修武备，养民教民宜用新法，应授之新艺；劝中国政府仿日本明治维新；介绍美、意、埃及、印度治理大河之经验；有关教育管理的建议等。

0997 华事夷言三卷

（英）Downing, C. T. 著

燕京大学旧抄本　三册

著者曾于19世纪初叶到我国广东一带做生意，作者谓："在广东贸易并办理各事，检读此书便可一目了然，欧罗巴人在中国应如何行为之事，详悉讲明。"此书从所谓"番鬼"来粤，如何引水进口岸、住宿、服色、食物，豆栏街情形，无不详明。还介绍了中国人衣食住行的习惯，节令、建筑、儒学、道教、职官、刑法、城防、汉语音义、书籍等。还特别介绍了中国人吸食鸦片的陋习，鸦片走私、捉私等。据其载，道光中期中国与外国贸易每年约七、八千万元，鸦片居其大半。

0998 王安石新法论
　　（日）高桥作卫著；陈超译
　　上海　广智书局　清光绪间　一册
0999 旁观论
　　（英）赫德著
　　清抄本；《中西关系略论》本（名为局外旁观论）
　　述作者对中国问题的看法及其整顿办法：例律虚设，官吏尽职者少，营私者多；兵丁欠饷，缺乏训练，士人不学而仕，中国土产丰富然懦弱不振，中外通商必然；整顿对外关系，约章悉应遵守，派驻外使节，按制召见外国使臣；内政难办，首在无财，官取民税多而上缴国家少，饱私囊矣；应整顿开支，兵法兵数兵饷应改。铸钱、修铁路、造船以利人民。
1000 整顿中国条议一卷
　　（美）福士达著
　　清光绪间通行本；上海　质学会　1897（清光绪二十三）年　一册（质学丛书初集）
　　福士达，美国外交官。清光绪二十一年献策整陆军、修铁路、整国课、改刑律、培人才等五条。
1001 支那问题一卷
　　赤门生辑译
　　译书汇编社　清光绪末　一册
　　辑自日本人持地六三郎《支那问题と日人国民の觉悟》和美国人卜氏所著有关之书。
1002 支那问题一卷
　　（日）持地六三郎著；中国愈思斋主人译述
　　上海　文明书局　清光绪末　一册
　　自《支那问题と日人国民の觉悟》一书辑译。
1003 国家专设农部议
　　（英）贝德礼著；上海商务印书馆译
　　上海　商务　清光绪间　一册
1004 中国秘密结社史（一名中国秘密社会史）
　　（日）平山周著；商务印书馆编译所译
　　上海　商务　1911（清宣统三）年，1912年　一册（史地小丛书）
　　所记包括白莲会、天地会、三合会、哥老会、中兴会、同盟会、光复会。

各国政治

1005 朝鲜政界活历史一卷
　　（日）中岛生著；中国益闻子译
　　上海　开明书店　清光绪末　一册；上海　作新社　1903（清光绪二十九）年

共十二章,叙朝鲜争夺政权之根源,阶级党派之流弊及其相关人物。

1006 政治一斑
（日）桧前保人 （日）上野岩太郎 （日）池本吉治 （日）绪方直清四人分著；出洋学生编辑所编译
上海 商务 1903（清光绪二十九）年 二册
原著为并世之作,由译者合刊,大多作于明治二十年间（1888）。论人民、地方制度、国会、中央政府。大意论日帝制之弊,推崇地方自治,提倡法国制度。

1007 日本现势论
日本东邦协会编著；养浩斋主人译
上海 广智书局 清末 一册
篇中多为开拓日本殖民地、图谋霸业之论。

1008 日本政治要览二册
考察政治大臣咨送
政治官报局 1907（清光绪三十三）年 二册

1009 日本最近在满会议之秘密
国际问题研究会编译
上海 新民印书馆 清末 一册

1010 大东合邦新义
（日）森本藤吉著 陈霞骞（高第）校
上海 大同译书局石印 1898（清光绪二十四）年 一册线装
前有梁启超序。作者谓,东方危机,日韩两国宜合邦,合邦之称为"大东"。书分二十四节：国号释义,人世大势,事态变迁,万国情形,俄、中、朝、日四国情形,日韩古今之交,国政本原,合邦利害,联合方法,论中国宜与东国合纵。附录：宇内独立国一览表,收国名、面积、人口。

1011 观奕间评
（日）有贺长雄著
（出版者不详） 1913年刊本 一册

1012 机外剑客杂著六种
（日）机外剑客著；耐轩译
政治学报本 清光绪末 一册
机外剑客,日本渡边国武士,此其所著政论。一政谈一夕话,二政海一澜,三先进遗响,四狮子球,五矫世危言,六余论。

1013 日本宪政略论
（日）金子坚太郎撰
政治官报局 清光绪间 一册
汉文。

1014 日本国会纪原一卷 附录一卷
（日）细川广世著；译书汇编社译

　　　　译书汇编社　1903（清光绪二十九）年　一册（政法丛书）
　　　　前有末松谦澄明治二十一年序、细川广世明治二十年绪言。
　　　　著者细川于明治初年久官于朝，累迁至元老院书记官，故其所记甚为精详。记事自立宪政体下开国会诏起，至谋构议院止二十年间维新创业，改君主专制之旧体，兴立宪政体之经历，相臣武士与文明势力之争斗，政党及社团之建立，民选议院之发端，开国会之敕谕，官制改革及新内阁之组织等。

1015 日本议会诂法
　　　　考察政治大臣编
　　　　政治官报局　1907（清光绪三十三）年　二册

1016 日本丙午议会四卷
　　　　考察政治大臣译撰
　　　　政治官报局　1908（清光绪三十四）年　一册线装
　　　　记日本明治三十九年（1906）第二十二次议会。卷一有关开院敕语及奉答、新政府组立、众议院选举、政府委任、预算、减债、特别税；卷二铁道问题；卷三关税改正及若干事项法律讨论及改正案；卷四丙午议会数件，收此次议会决议案、否决案、未议了者若干条。

1017 日本议会纪事全编
　　　　日本政府编；蔡文森　王我臧译
　　　　上海　商务　1909（清宣统元）年　四册
　　　　记事自明治二十三年十一月二十九日议会第一期开会起，至明治四十一年十二月二十六日第二十五期议会止。详记开会前之政局、选举、内阁更易、财政、政策、政党、贵族院情势；众议院、贵族院开会、行政方针、预算案、经济、外交、商业、教育等各种议案。

1018 日本议会史 12 期
　　　　（日）工藤武重著；汪有龄译
　　　　翰墨林书局　1904（清光绪三十）年　十二册

1019 日本议会史
　　　　（日）工藤武重编；汪有龄译
　　　　江苏通州　翰墨林书局　1904－1905（清光绪三十～三十一）年　四册
　　　　辑日本第一至四期议会。

1020 日本议会史
　　　　（日）工藤武重编；彭钧译
　　　　东京　多文社　1908（清光绪三十四）年　一册；上海　群益书局　1908（清光绪三十四）年　七册
　　　　辑译日本第一至七届议会纪录。

1021 新译日本议员必携
　　　　（日）小原新三著；王我臧译
　　　　上海　商务　1908（清光绪三十四）年初版（书名：议员必携），1909（清宣统元）

年2版　一册

附日本国会及地方议会法规。

1022 日本制度提要一卷

（日）相泽富藏著；陶珉译

东京　译书汇编社　1902（清光绪二十八）年　一册

计八编，皆抄撮日本当年职官制度及地方制度：一总论，列明治元年至二十九年日本中央职官之立废；二帝室之部，述管理皇室内外事物的各类职官；三立法部；四司法部；五枢密院；六行政部：内阁、各省、行政裁判所、会计、检察院、警视厅、北海道厅、府县；七台湾总督府；八地方制度。

附：法律命令之要则、宫中仪式席次表、文武高等官表、陆海军武官表、在外公使馆职员官表等八则。

1023 地方自治实记

姚鳌　钟麟祥译

1907（清光绪三十三）年刊　一册

记日本静冈县模范村稻取村之事。

1024 日本各省官制规则二十八条

樊炳清译

《教育世界》本　1901（清光绪二十七）年

《教育世界》六十八卷，罗振玉辑；教育世界社，清光绪二十七至二十九年（1901—1903）年陆续出版。

1025 地方行政制度

（日）吉村源太郎著；张家镇译

上海　预备立宪公会　1907（清光绪三十三）年　一册

1026 日本府县制郡制要义

（日）小合伸编著；陆辅译

上海　神州国光社　1910（清宣统二）年　一册

1027 日本职官表一卷

日本官书；罗振玉译

会稽徐氏政艺新书本

录日本明治三十二年所设省衙、品级、员数、俸金之规定。

1028 邻交征书初篇二篇三篇

（日）伊藤松贞一辑

日本　学本堂刻本　1838（日本天保九）年初篇　二册；1840（日本天宝十一）年初二、三篇　六册；上海辞书出版社　2007年新本

1029 东亚同文会章程一卷

日本东亚同文会编

日本印本　1898（日本明治三十一）年　一册

1030 国民同盟会始末一卷
　　日本国民同盟会编；袁毓麟译
　　杭州　通志学社　1903（清光绪二十九）年　一册
　　日本国民同盟会由旅居我国之日本人组成，时在戊戌至庚子间（1898—1900）。此书备载该会原委及当时所有议案书牍。

1031 明治政党小史三卷
　　东京日日新闻社编；陈超译
　　上海　广智书局刻本　1902（清光绪二十八）年　一册

1032 明治政党小史一卷
　　东京日日新报编；出洋学生编辑所译
　　上海　商务　1902（清光绪二十八）年　一册（帝国丛书）
　　叙明治以来各党分合兴衰。

1033 明治政党小史
　　（日）井上毅著；出洋学生编辑所译
　　上海　商务　1903（清光绪二十九）年　一册

1034 明治维新四十年政党史
　　日本太阳杂志社编；胡源汇　张恩绶译
　　保定官书局　1907（清光绪三十三）年　一册；东京宪政研究社　1907（清光绪三十三）年　一册，有图

1035 断肠记一卷
　　（日）胜安芳　胡祥鍒译
　　元和胡氏渐学庐石印　1899（清光绪二十五）年　一册（渐学庐丛书）
　　原书成于明治十一年（1878），追溯日本嘉永癸丑（1857）以来，欧美各国间开展贸易对日本政治经济的影响，记作者亲身经历之德川时期政治势事。

1036 明治政史
　　（日）白海渔长　（日）漠堂居士合著；王钝译述
　　上海　宏文阁　1903（清光绪二十九）年　一册
　　全书二十一节，记自萨长政府成立始，废藩置县，官制设立，分立法、司法、行政三权，征韩论破灭，大久保内阁，西乡氏之暴发，爱国社等团体国会请愿之运动，大偎氏改造内阁，自由、改进两党兴起，伊藤新内阁之组织，外交政策，第一至第八帝国议会，日清之战及辽东半岛归还始末。

1037 日本维新政治汇编十二卷
　　刘庆汾辑译
　　蓉城刻本　1902（清光绪二十八）年　一册

1038 日本政体史一卷
　　（日）秦政治郎著；李志仁译
　　苏州　励学译社　清末　一册（励学译编）

1039 日本政治沿革史一卷
　　（日）秦政治郎著；张品全译
　　上海　富强斋译书局　清光绪末　一册
　　记日本神代至明治维新二千余年政治沿革。

1040 日本政治沿革史八卷
　　（日）秦政治郎著；中西译书会译
　　上海　中西译书会　清光绪间　一册；上海　黎明书局　清末

1041 十九世纪世界大势论
　　（日）高山林次郎撰；夏清贻译
　　上海　开明书店　1902（清光绪二十八）年　一册
　　撰者以芝加哥大学教授乾特生所著《欧罗巴十九世纪》(1901)为蓝本著成。此论实为欧罗巴政治史。凡十章：绪论；法兰西革命；一八四八第二次革命；欧罗巴中部之沿革；东部之沿革；欧亚冲突；欧洲文明之普及；学术与艺术；物质进步；当今问题。

1042 十六国议院典例
　　蔡文森编译
　　上海　商务　1908（清光绪三十四）年初版　一册，1914年5版
　　英国迪堪生原著，此据日译本《欧美各国议院典例要略》重译编辑而成。述英法日比意荷等16国国会之组织、会期、议长及工作人员、法案及动议、议事规则、决议等。

1043 俄国暴状志
　　（日）曾根俊虎编
　　东京　乐善堂书房　1904（清光绪三十）年　一册

1044 俄国政略二卷　附录年表一卷
　　（日）加藤房造著；林行规译
　　京都译学馆　1904（清光绪三十）年　一册
　　分欧罗巴、亚细亚二卷，每卷首有绪论，卷末为结论，总论俄之政策，共十二章。收1300—1902年年表。

1045 最近俄罗斯情势论一卷
　　（日）内田硬石　（日）吉仓九农合著；启新书局译
　　金陵　启新书局　清光绪末　一册
　　共六章：总论，俄罗斯帝国之根底，俄罗斯帝国之命运，日俄海陆军实力比较，平和之设施，结论。

1046 最近俄罗斯政治史一卷
　　日本人原著；富士英译
　　东京　译书汇编社　1902（清光绪二十八）年　一册
　　书分八章，首记自亚力山大二世至尼古拉即位，俄罗斯之政治治乱。述亚历山大二世持自强主义，1857年下诏行改革，开民智，办新闻纸；倡民权自由、解放奴隶；

改革土地所有制及征税法;政务改革:开地方会议,许其自治;改革裁判制度;改正出版限制;改革教育制度;整理财政。余为波兰叛乱,俄国之东方外交,反对党之政略及革命隐忧。

1047 德国议院章程一卷

(德)芬福根鉴定　徐建寅译

1882(清光绪八)年石印　一册,有图;元和江氏丛书本;灵鹣阁丛书本;格致精华录本;质学丛书本;西政丛书本;上海石印本;丛书集成初编册 0762

原著者为德国议院首领。德国议院即下院。徐建寅序曰:会议之要,在人人各得伸其意,尤在人人各得闻其言,既有精密之章程,秩然之条理,坐次井然,方可聚众人之议为一议,合众人之心为一心。所记包括开会程序和规定,如座次安排、公举首领、提案讨论、表决、请假、补缺、作记录等种种细则。徐建寅自刻。

1048 普鲁士地方自治行政说一卷

(德)莫塞著;(日)野村靖编译　商务印书馆重译　张宗弼校

上海　商务　1903(清光绪二十九)年　一册(政学丛书)

共六章,论自治要旨、乡村总论、府村郡州各制等自治行政。

1049 近世德意志政治史

富士英译

上海　作新社　1903(清光绪二十九)年　一册

1050 德意志战论

(德)福利德里希·方·巴伦哈德著;杨铭源等译　茹欲等校订

上海　泰东书局　1915年　一册(欧洲丛书)

著者为德国将军。书分十四章,述德意志历史概观,战争之意义,军队编制与训练,财政上对战争的准备等。

1051 开战时之德意志

(英)陶安著;黄理中译

上海　商务　1915年　一册(新知识丛书3)

分十章,述第一次世界大战开始阶段德国之政治概况;包括皇帝、议会、行政、司法、军事、财政、殖民地及外交政策。

1052 英国觇国记一卷　(一名英兰觇国记)

(日)好本智著;曙海后人译

上海　开明书店　清光绪末　一册

记英国之贫民、盲人、女子教育,奥克司福特(牛津)大学,慈善事业之周祥等。

1053 英国立宪鉴

(英)莫安仁译　许家惺述

上海　广学会　1912年　一册

叙 1215—1485 年英国立宪进步历史。书分五章:一,议院权力之扩张,叙英立宪制度何以渐次改革而至今日情状;二,英征苏格兰及威尔士;三,百年战争;四,十四世纪英国宪政进行情形;五,玫瑰之战。

1054 英国立宪沿革纪略
（英）马林著　李玉书述
上海　协和书局　1908（清光绪三十四）年　一册

1055 英国枢政志十四卷
（英）图雷尔著；上海南洋公学师范院译
上海　南洋公学　清末　一册
记述英国政府之体制及喀宾尼（原译注为军机处）之制，各部各官之沿革与职守，终篇枢政趋向。

1056（译述）英国制度沿革史三卷
（英）非立啡斯弥士著；（日）工藤精一汉译　广智书局重译　（日）山成哲造校
上海　广智书局　1902（清光绪二十八）年　一册
考英政体宪法等政治制度，颇述古代弊政。

1057 英政概一卷
刘启彤译述
清光绪间刻本　一册；新辑各国政治艺学全书本；西政丛书本；小方壶舆地丛钞补编本
记英政体、议院、大臣、百官等。

1058 欧洲列国十九周政治史三卷
（法）赛纽桀著；（美）麦克范英译　许士熊重译
上海　文明书局　清光绪间　一册
中译本仅译其中英吉利一编，述英国十九世纪初以来近百年间的政治变更。

1059 英议院权力发达史
（英）莫安仁　许家惺述
上海　广学会　1912年　一册

1060 英国议事章程二册
（英）李提摩太译
上海　广学会　1899（清光绪二十五）年　一册

1061 英国蓝皮书一卷
黄文浩译
湖北洋务译书局刻本　清光绪间　一册

1062 英国第七册蓝皮书二卷
郑贞来译
湖北洋务译书局　1903（清光绪二十九）年　一册

1063 英国地方政治一卷
（英）希西利洛度利科著；（日）久米金弥译　赵必振重译
上海　新民译书局　清光绪末　一册
原著1882年出版。共四章，记上古索逊时代及中古、近代英国地方政治制度之变迁，详述地方会自治之权利范围，阐明立宪应因地制宜渐变而成。

1064 英国通典二十卷
（英）高尔敦著；许士熊译
上海　文明书局　1903（清光绪二十九）年　二册
原书作于1888年，为英政典，分类胪列。

1065 比利时政治要览
李盛铎译
清光绪宣统间　抄本　一册线装（京师大学堂所藏译书）
介绍比利时1831年从荷兰独立出来，实行议会政治的君主立宪政体。书凡九编：一国王，绪论、国王之权限及其特权、国王继承法、摄政；二比利时人及比利时人之权利；三立法部，叙立法部、议会、二院制、代议士院、元老院、议院之召集停会闭会及解散、议院之权限；四政府，叙国务大臣，其资格、地位、副署、责任等；五司法部，叙司法部之主体、裁判官、裁判所之权限、特别裁判所；六地方制度；七财政，叙其租税、岁计预算；八会计检查院，介绍成员产生办法，会计院权限为：检点国库、监查预算落实情况，被挪用与否，查定各行政部门之会计，有调集一切紧要报告与文书之权，岁计总决算必加会计院意见而后提交议院；九军事，叙其征兵、数量、年限、宪兵、军官选任办法，国民军动员令非依法律不得施行，武官非依法律不得褫夺其官阶及俸给，常备兵征兵年龄，每岁征兵数量、服役年限、退役等规定。附1902年比利时国常备之步兵、骑兵、炮兵、工兵其士官及下士卒人数表。

1066 法国斐加洛报摘要一卷
林学英译
湖北洋务译书局刻本　清末　一册

1067 美国民主政治大纲
（美）麦莱著；陈其鹿译
上海　群益书社　1912年　一册，有图
共二编，述美国的地方自治及邦自治之制度，中央政府制度等。

1068 卢斯福文集
（美）卢斯福著；匡熙民译
个人刊印　1913年　一册
著者通译罗斯福，1901—1909年美国总统。
述大丈夫之本领，美国人之真精神，开国总统华盛顿之遗训，大国民之人格及理想等。

1069 美国总统威尔逊参战演说
蒋梦麟译述
上海　商务　1918年初版，1919年5版　一册
此为威尔逊1917年2月3日—1918年9月28日的演说辞，共八篇：《宣言与德绝交》、《美国对德宣战之理由》、《谨告国民》、《宣布美国和平条件》、《武力与正义》、《独立日之纪念》、《劳动的纪念》、《组织国际联合会之基本问题》。
有著者小传。

1070 美国总统威尔逊和议演说

钱智修译述

上海 商务 1919年 一册

收威尔逊1918年12月2日—1919年3月4日有关"和平问题及其感想"、"美国之政策说明"、"为同盟问题敬告美民"等九篇演说辞。

1071 南美共和政治之评论

（英）勃拉斯著；南溟译

北京 个人刊印 1915年 一册，有图

著者曾任英国驻美大使，1911年赴美游历考察，遂成此书。所述包括中美洲及南美洲地区。首为纪游，余为新民族之勃兴，南美种族关系，南北诸共和国政治生活之地位及其未来。

1072 美国治法要略三卷

（美）Peterman, A. L. 著；（美）林乐知译 范祎笔述

上海 商务 1903（清光绪二十九）年 一册

原书：Elements of Civil Government.

此为中学教学用书。上卷论乡、镇、县、城、邦、省各级自治之权，邦的立法、行政、司法等权利；中卷论全国的立法、行政、司法之权；下卷论专制政体、少数贵族政体及民主政体之治法，略述人民及国家政体的权利与责任，论法律与自由的关系，选举权及其法律规定，论结党社之权，论定法律，论国家理财。

附录：美开国章程七条，续修章程十五条，美国独立宣言。

1073 美国民政考二卷

（美）勃拉斯著；章宗元节译

上海 文明书局 清光绪末 一册

卷一合众国家，论美政体、宪法等制度，卷二列邦国家，论各邦自治。末附美历任总统姓氏、在位年表、十三邦签署宪法。

1074 美国共和政鉴

（美）特韦斯著；钱智修译

上海 商务 1911（清宣统三）年 一册

全书十二章，述美国共和政体及行政制度。

1075 平民政治

（英）布赖斯（Bryce, J.）著；孟昭常等译

上海 民友社 1912年初版，1913年 二册

原书：The American Commonwealth.

凡六编，述国民政府、州政府、党派制、舆论、美国国情举例、社会制度。

外交、国际关系

1076 通使条例

（荷）越克弗著；（译者阙名）

1678—1679（清康熙十七、十八）年间刊行册数不详

1077　星轺指掌三卷　续一卷

（布）马尔顿（Martens, F. de）著；（西洋）葛福根注　联芳　庆常译　（美）丁韪良鉴定

北京　同文馆　1876（清光绪二）年　四册；上海　鸿文书局　1897（清光绪二十三）年（中西新学大全）；上海制造局本；西学大成本

原书：Guide Diplomalique.（外交指南）

述使臣职掌及派使、待使之道，论领事馆。续卷为美国领事则例，及通用外交公文程式。马尔顿（1756—1821）汉堡人，外交官亦国际法名家。布国即普鲁士。

1078　外交通义

（日）长冈春一著；钱承鋕译

东京　译书汇编　1902（清光绪二十八）年　一册

前有译者序。书凡五编，首绪论，叙外交原则、国际关系等基本常识；余为本论：一国家，二国家之外交机关，三涉外的各级官员之设置、官制、权利及义务，四国际会议，条约及外交文书。

1079　邦交提要

（美）丁韪良讲　綦策鳌述

上海　广学会　1904（清光绪三十）年初版，1908（清光绪三十四）年再版　一册

光绪二十八年，丁韪良被聘为湖北仕学馆教习，讲授国际法，綦策鳌为其记述。全书为问答体，上下二卷，首总论邦交公法关系，次论万国族类教化，述希腊、罗马、意大利、土耳其、日尔曼、奥斯马加、德意志、法兰西、英吉利、俄罗斯、丹麦、瑞典、挪威、日斯巴尼亚（西班牙）、葡萄牙、荷兰、比利时、瑞典、暹罗（缅甸）、日本等国地理位置、史略、文化、宗教、古今之交涉等情况，各国于战事、宗教纷争、国际关系上的重大事件及其得失。

1080　欧战善后策（一名　理想中之联邦保和会）

（英）葛雷（Grey, V.）著；杭海译

大英战闻社　1918年　一册

原书：A League of Nations.

著者曾任英外长。述其建立国际联盟之主张。收有《德国休战条约全文》

1081　国际同盟论

（英）罗仁斯著；（英）莫安仁　王官鼎译

上海　广学书局　1919年　一册

凡四章，论设立国际同盟之必要，国际同盟之主旨，国际同盟之组织及其职权等。

1082　欧洲东方交涉记十二卷

（英）麦高尔辑；（美）林乐知译　瞿昂来述

上海　制造局　1880（清光绪六）年林乐知序　二册；富强斋丛书本；1896（清光绪二十二）年张致钧校勘本；军政全书本

记俄罗斯、土耳其战事本末，英、俄之间围绕土耳其的争斗，针对土耳其的有

关条约。记事始于克里米亚战争(1853—1856),迄于1878年柏林会议。

1083 国际地理学一卷
（日）守屋荒美雄编；杨允昌译
东京　闽学会　1903（清光绪二十九）年　一册（闽学会丛书）
论地理与国际关系，各国时势，领地殖民之沿革等。

1084 两次海牙国际和平会盟约全书
（美）司克脱编纂；钱宝源译
个人刊印　1919年　一册
编者为美派第二次大会代表。原著法文，此据英译本转译，辑大会概况、文件条约等。附1856年巴黎宣言等九种。

1085 亚东各国约章一卷
陈肇章译
湖北洋务译书局　清光绪末　一册
此书据英人所辑东亚各国约章原本译成，收集东亚各国国际条约十部，止于1899年英俄互换中国铁路条约。

1086 法国第一次革命之风潮
支那军国民辑译
大经书局　1903（清光绪二十九）年　一册
共五章，首绪论，第一章和兰之争，第二章英败印度，第三章惠灵顿用兵于丁林，第四章西班牙半岛之决战，第五章滑铁卢之大战，末为余论。

1087 英俄印度交涉十六卷
（英）费利摩·罗巴德著；（英）傅兰雅　俞世爵译
上海　制造局　清光绪间　一册

1088 英俄印度交涉书一卷　附续编
（英）马文著；（英）罗亨利译　瞿昂来述
上海　制造局　1887（清光绪十三）年　一册；上海石印本；军政全书本
述英俄两国在中亚争夺、交战情况，材料采自英俄两国官方报纸，记述二国相互窥测领土的阴谋，俄国猜忌印度、波斯、土耳其及德奥，并转而窥伺东亚等行经。末附俄波和约。

1089 泰东之休戚：日英同盟解
（日）西师意著；训练总监部译解
北京　华北译书局刻本　1901（清光绪二十七）年，1902年　一册（金城丛书）

1090 今世外交史
（日）酒井雄三郎著；(译者不详)
东京　闽学会　清光绪末　一册

1091 近时外交史一卷
（日）有贺长雄著
东京　闽学会　清光绪末　一册；《译书汇编》本

《译书汇编》，为期刊。日本坂崎斌编辑兼发行，东京译书汇编社 1900—1903 年间陆续印行。

1092 近世外交史
　　作新社译
　　上海　作新社　1903（清光绪二十九）年　一册
　　首为绪论，以下分十章：一维也纳会议，二神圣同盟，三希腊之独立，四葡萄牙王位继承，五法国七月革命及其影响，六法国二月革命及其影响，七克利米亚战争，八基立喜（奥地利法兰西西萨地尼亚之间）媾和，九休勒斯维尔他因问题（1864 年 10 月 30 日丹麦与普奥三国之间缔结维也纳条约），十普法战争。

1093 欧洲近世外交秘史
　　（日）神藤才一著；蒋義明译
　　东京　新译界社　1907（清光绪三十三）年　一册
　　著者神藤为留法国之法学博士。记事自 1818 年始。

1094 今世欧洲外交史一卷
　　（法）德比缂儿著；麦鼎华译
　　上海　广智书局　1905（清光绪三十一）年　二册

1095 穷兵大幻辨
　　（英）安治尔（Angell, Norman）著；任保罗译
　　上海　广学会　1912 年　一册
　　原书：The Great Illusion.
　　针对十九世纪初英德对峙的国际形势，作者痛论时局。认为从发展经济，人性求和平，比较好战求和两面之结果看，今日之世界非干戈之世界，而是政治之世界，英应限制军备，以保世界和平，否则其影响不但在欧洲，更将延及全球。

1096 十九世纪外交史
　　（日）平田久著；张相译
　　杭州　杭州史学斋　1902（清光绪二十八）年　四册线装

1097 最近外交史二卷
　　作新社编译
　　上海　作新社　1902（清光绪二十八）年　一册
　　全书七章，记 1870 年后三十年间，以中国问题为中心，欧洲各国间的秘密交涉。

1098 最近外交史
　　（美）丁韪良著；慕策鳌　蔡兆熊译
　　上海　商务　清光绪末　一册

中国外交

1099 新译万国垂涎中华近事
　　（法）毕龙　（法）马士克合著；刘翘翰　程瞻洛译述
　　中华编译印书馆　1902（清光绪二十八）年　二册线装

作者谓：中国地大物博，各国故所垂涎，然中国闭关自守，蔑视西人。欧人以兵力相加始得数处口岸，但1890年前西人对在华利益并未满足。作者称，法国每年所得收益为在华投资的3%。书中述中日战争日本告捷，各国遂乘机干预中国政治、经济大事。英德法美日俄比意诸国互相勾结又互相牵制，以谋在华利益均沾。

书分三卷，首论中日战事及各国开通中国情事，次卷论德占胶州及各国保护教务情事，三卷论中法交涉及各国谋川滇黔、闽及两广等边省情事。

1100 支那国际论
（法）铁佳敦著；吴启孙译

上海　作新社　1902（清光绪二十八）年　一册

该书为庚子之后法国人论我国自来外交之弊，谓列国当行干涉之策。

1101 最近东亚外交史
（日）野村浩一郎著；王双歧译

东京　清国留学生会馆　1906（清光绪三十二）年　一册

书分五章，清日战役及其结果；俄在东亚势力之增长；德意志占领胶州湾及其影响；北清事变之原因；俄国之经营满洲及日俄交涉。

1102 支那分割之运命驳议
（日）中岛端著；北洋法政学会编译

天津　北洋法政学会　1912年　一册

著者所论，否定辛亥革命，兼及中日关系。译者予以驳斥。

1103 支那瓜分之命运　附驳论
（日）中岛端著；田雄飞译

上海　群益书局　1913年　一册

1104 李傅相历聘欧美记二卷
（美）林乐知汇译　蔡尔康纂辑

上海　商务　1898（清光绪二十四）年序　一册；上海　广学会　1899年　一册

记李鸿章应邀于1896年3月28日从上海出发，经红海、苏伊士运河、地中海而黑海，访俄、德、荷兰、比、法、英、美、加拿大等国之外交活动。所记皆译自欧美电讯、报章之报道。此次同行者有李中堂之长、次二子，译员罗丰禄、曾广诠等多人。书中不乏整顿中国各种建议。书前有林乐知序。

1105 清俄关系
（日）绿冈隐士著；钮镤译

上海　维新书局　1903（清光绪二十九）年　一册；上海会文堂本　清末

记明万历四十七年（1619）俄国侵略满洲，迄于光绪二十四年（1898）俄国要求伊犁，两国盛衰、交际得失。

1106 清俄之将来
（日）曾根俊虎著；三户遗民编译

1903（清光绪二十九）年刊　一册

1107 中俄关系
　　绿冈隐士著；陈时夏译
　　竞化书局　1903（清光绪二十九）年　一册

1108 现今中俄大势论
　　（日）渡边千春著；梁武公译
　　上海　广智书局　1903（清光绪二十九）年　二册

1109 极东外交感慨史
　　（日）武田源次郎著；觉海浮沤译
　　1904（清光绪三十）年刊　一册

1110 乾隆英使觐见记三卷
　　（英）马戛尔尼（Macartney）著；刘复译
　　上海　中华书局　1917年　一册（清外史丛刊）
　　英使马戛尔尼，1792（清乾隆五十七）年由海道至天津登陆，赴热河入觐，此为作者所见之记载。

1111 外患史一卷
　　陈崎编译
　　上海　时中书局　1903（清光绪二十九）年　一册
　　本书选译多种日文书籍有关中国外交资料，辑为五章：交通、贸易、战争、俄罗斯及耶稣教事，附印度怅亡象、日本策兵机二篇。

1112 中国六十年战史十三卷
　　（英）爱特华斯著；史悠明　程履祥译
　　上海　美华书馆　1903（清光绪二十九）年　一册
　　详记1840至1900年间中国与欧洲人之大小战事，中外交涉等。

1113 支那外交表一卷
　　（日）织田一著；蒋箎方译
　　上海　广智书局　清光绪末　一册　附《中国商务志》后
　　记事自清顺治元年（1644）至光绪二十六年（1900），所记甚略。

1114 俄国侵略黑龙江地方史
　　（日）烟山专太郎著；湖北学报馆编译
　　湖北学报馆　1903（清光绪二十九）年　一册

1115 中外交涉表二册
　　（京师大学堂所藏译书）

各国外交

1116 外交政策
　　（日）稻田周之助著；杨永泰译
　　上海　泰东图书局　1915年　一册
　　凡三编：总论、近世外交史要领、现代外交事件之要领。

1117 外交余势一卷

（日）胜安芳著；胡祥鏴辑

元和胡氏石印　1899（清光绪二十五）年　一册（渐学庐丛书）

原汉文。述日本外交之艰难。

1118 最近外交史

（日）原田丰次郎撰；湖北学报馆译

日本刻本　1904（日本明治三十七）年　四册

1119 并吞中国策

（日）户水宽人著

东京　1905（日本明治三十八）年　一册

1120 日本黑龙会对华之秘谋一卷

（日）内田良平著；（译者阙名）

1916年印本　一册

1121 日华共存论

（日）泽柳政太郎　（日）衣斐针吉合著；（日）服部操　（日）福泽广太郎译

东京　日华共存论发行所　1919年　一册

1122 日本之友支那问题

实业之日本社编著

上海　中华书局　1919年　一册

1123 日俄战役外交史

日本博文馆编

东京　清国留学生会馆　1906（清光绪三十二）年　一册

1124 新译伊藤总监治韩政略

（英）莫安仁撰

上海　广学会　1908（清光绪三十四）年　一册

1125 征韩论实相

（日）烟山专太郎著；李崇夏　袁灼　张振镛译述

东京楚南拾遗社　1908（清光绪三十四）年　一册

述日、朝间近代关系。日本明治政府成立初期，对外侵略意识颇为激烈，于明治元年、明治六年两度起"征韩论"，欲责朝鲜奉贡。

1126 俄罗斯对中国策一卷

（日）渡边千春著

日本印本　清光绪末　一册

共三章，一俄罗斯对亚细亚大陆，二中俄交涉沿革略，三俄罗斯之世界政策与对中国方针。

1127 哥萨克东方侵略史一卷

日本人译　作新社重译

上海　作新社　1902（清光绪二十八）年　一册

取材于"阿姆尔乌地士利地志"一书（莫斯科图书馆藏），记述十六世纪末俄窥我边境，自西伯利亚东渐，迄于爱珲条约定立之年。

1128 俄罗斯经营东方策一卷

（日）蕨山生著；通社译

上海　通社　1903（清光绪二十九）年　一册（通社丛书）

分八章：绪论，俄国侵略政策，俄得日本沿岸地之情形，海参崴之发达，俄占领满洲、旅顺口之形势，朝鲜半岛南岸之问题等。

1129 西方战史

（英）丕理师著；罗衡升译

上海　广学会　1912年　一册

原书：A short history of war and peace.

书分11章：古初王国、宗教迭兴、罗马兴亡、人群迁徙、封建衰落、殖民新地、国势变迁、拿破仑战略、列强均势、和平组织等。

1130 俄土战纪六卷　附录一卷

日本人原著；汤叡译

上海　大同译书局石印　1897（清光绪二十三）年　二册（战纪丛书）

前有梁启超序。

1131 布奥交战论

（美）金楷理（Kreyer, Carl T.）译　赵元益笔述

上海　制造局　1880（清光绪六）年前译　出版不详

金楷理，1839年生于普鲁士萨克森，后移居美国，1866年携夫人来华，传教于宁波、杭州等地，1869年辞去传教职，任江南制造局翻译馆德文馆教习。普鲁士当时被译为布国，故光绪间一些中国文书中也称其为"布师"。他与傅兰雅共同翻译西书二十多种，以军事图籍为多，热那亚尚存有数种未刊稿。清光绪初任上海道通事，徐建寅被派遣欧州时，金楷理充任二等翻译官，并受饬翻译德国武备之书，其后在驻欧洲多国之中国使馆工作直至1903年，1914年死于法兰克福。

1132 布法交战论

（美）金楷理译　赵元益笔述

上海　制造局　1880（清光绪六）年前译　出版不详

1133 交涉要览类编初集四卷

陈钰选　郑贞来译

湖北洋务译书局　1902（清光绪二十八）年　四册

译自1901年英国第六蓝皮书。记八国联军入京后，英外交部与驻华公使领事筹议和约，商酌之文书238件。

1134 英人经略非洲记一卷

（日）户水宽人著；夏清贻译

上海　开明书店　1902（清光绪二十八）年　一册（舆学丛书）

原名《阿非利加之前途》，述非洲情况及英国之政策。

1135 英特战记
东亚善邻学会译　夏清贻编
上海　开明书店　1904（清光绪三十）年　一册
特兰斯法耳，南非一自治国家，1852年成立。该书叙其史略及1899年与英国开战前后详细情形。

1136 英国外交政略史一卷
（日）高田早苗著；胡克猷译
上海　文明书局　1903（清光绪二十九）年，1914年重印　一册

1137 法国外交报摘要一卷
林学英译
湖北洋务译书局刻本　清末　一册

1138 法国黄皮书：滇省交涉公文
曾仰东译
湖北洋务译书局刻本　清光绪间　一册
法国与中国交涉修筑滇越铁路事宜。

1139 欧洲和约辑要四卷
（俄）伍罗柬甫辑；黄致尧译
上海　鸿宝书局石印　1897（清光绪二十三）年　四册线装
1887年译者随洪文卿侍郎出使俄都圣彼得堡，于书肆得是编。退食之余，闭户潜译，一载而成。依编年体，以史事先后为序，各约前后系以叙事，记事自1648迄1878年。
卷一 1648—1789，欧洲三十年宗教战争至法国大革命；卷二 法国大革命至1815年拿破仑一世；卷三 拿破仑一世至1878年柏林条约；卷四 俄与瑞士、波兰、土耳其三国间争战及普奥二国分裂，波兰诸条约。

1140 美国垂涎中华近事
（法）毕龙著；刘翘翰译
1902（清光绪二十八）年刊　一册

1141 美中记事八卷　卷首一卷
（美）姜宁氏著；章宗元译
求我斋　1903（清光绪二十九）年　二册

法律
法学理论

1142 法律释义
（英）蒲拉斯顿著；（译者不详）
1769（清乾隆三十四）年刊

1143 法律汎论一卷
（日）熊谷直太著；范迪吉等译

上海　会文学社　1903（清光绪二十九）年　一册（普通百科全书）；《翻译世界》本

1144 法律探原二卷

马建忠译述

会稽徐氏石印本　清光绪末　一册（政艺新书）

上卷论法，下卷民法。

1145 法律学纲领一卷

（日）户水宽人著；巅涯生译

译书汇编社　1901（清光绪二十七）年　一册

共六章：一法律学，二法律学分类，三法律哲学，四推理派沿革派，五比较法学，六法律及权利。附法律学研究术一卷，国际公法一卷。

1146 法学通论二卷

（日）矶谷幸次郎著；王国维译

上海　金粟斋　1902（清光绪二十八）年　一册；上海　商务　1904（清光绪三十）年，1914年　一册；前进出版社　1914年　一册

原著是教授学生之讲演稿。分绪论与本论二部。绪论述研究法学的必要性，法律与道德及与其它学科之关系；本论述法律的定义、种类、渊源、制定、发布、变更与废止、适用、法律的制裁、法律的宗旨等。

1147 万法精理二卷

（法）孟德斯鸠（Montesquieu, C. L. S.）著；（日）何礼之译　张相文重译

上海　文明书局　1903（清光绪二十九）年　二册

译本由法文而英文而日文而中文，与严复译《法意》为同一原著，程芝嚴润文。共二编，论国家政体立宪之理。日译本1876年版。

译者张相文对初版译文不满意，民国十八年将译稿寄日本何礼之为之校，二版五卷，署何礼之、张相文、程炳熙同译，载《南园丛稿》。

1148 法意十九卷

（法）孟德斯鸠著；严复译

上海　商务1904（清光绪三十）年初版，1907（清光绪三十三）年再版，1909年，1913年　一册

译自"Spirit of Law"。孟德斯鸠，法国著名启蒙思想家、法学家。原著法文，1748年出版。严复据英译本重译。该书大旨反对封建专制，主张建立君主立宪，提倡立法、行政、司法三权分立。凡二十九卷，分法律通论、论治制之形质、治制之精神、论三制精神之弊、论制作法典之宜忌等。

1149 法学通论

（日）奥田义人著；张知本编译

东京　湖北法政编辑社　1905（清光绪三十一）年　一册（法政丛编）

1150 法学通论二卷

（日）奥田义人著；卢弼　黄炳言译

政治经济社　清光绪间　一册；东京　清国留学生会馆　1906（清光绪三十二）年　一册；上海　昌明公司　1908（清光绪三十四）年再版　一册（800页）

奥田义人，日本法学博士。卢弼，时任提学史。

首绪论。上卷法学：第一编总论法学之性质、类别、效用，第二编法学之基础，第三编法学之小史，第四编法学之学派；下卷法律：第一编总论，法律之性质、渊源、类别，第二编法律之立废，第三编法律之效力，第四编法律之运用，第五编法律之裁制，包括裁制之性质、公力裁制、自力裁制、国际裁制。

1151 法学通论
（日）织田万著；刘崇祐译

政治学报本；上海　商务　1907（清光绪三十三）年初版，1917年14版　一册

凡二卷，内容为法学概论及各法纲要。总论四编，论法学、法律、国家和政权、权利与义务；各论六编，概括论述宪法、行政法、刑法、民法、商法、诉讼法。

1152 法学通论
陈敬第编译

天津　丙午社　1907（清光绪三十三）年　一册（法政丛书）

1153 法学通论上、下卷
（日）谷川高次讲授；赵澄宇编辑

编者自刊　1907（清光绪三十三）年　二册

1154 法学通论九卷
（日）冈田朝太郎撰；张孝栘译

1908（清光绪三十四）年　四册

1155 法学通论讲义二卷
（日）梅谦次郎著；王焘译

湖南　石玉麟堂　1908（清光绪三十四）年　一册

1156 法学通论
作新社译

上海　作新社　清光绪末　一册

共五编：一泛论，二法律，三权利及法律之私权，四公权及私法，五国权及国际法。

1157 法学丛书问题义解
日本普文学会著；共和法政学会编译部译

上海　中国图书公司　1913年　一册

1158 各国国民公私权考
（日）井上毅著；章宗祥译

译书汇编社　1901（清光绪二十七）年　一册

1159 各国国民公私权考一卷
（日）井上毅著；出洋学生编译所译

上海　商务　1902（清光绪二十八）年　一册

以二章分论人民参与公共事务之权利；人民自营生计所得之权利，并征引各国实例加以说明。

1160 法制经济通论
（日）户水宽人等著；何燏时　汪兆铭译述
上海　商务　1908（清光绪三十四）年初版，1913年8版　一册
分法制、经济二卷。
法制卷：法律学纲领／户水宽人著，宪法／清水澄著，行政法／松本顺吉著，民法／铃木喜三郎著，刑法／平昭骐一郎著，商法／老田钾太郎著，民事诉讼法／横田五郎著，刑事诉讼法／丰岛直通著，国际公法／中村进午著，国际私法／中村进午著。
经济卷凡二编：经济学、财政学／小林丑三郎著。

1161 法学通论
（日）矢板宽著；步以韶编
直隶法律学堂　清末　一册

法学教科书

1162 法学通论二卷
（日）铃木喜三郎讲义　震生译意
上海　广智书局　1902（清光绪二十八）年　一册
法学教科书，上卷综论法律，下卷专论民法。

1163 法律教科书一卷
作新社编译
上海　作新社　清光绪末　一册
分总论、性法、人定法三编，对于法律、源流、宪政、国际法皆扼要论之。

1164 法学门径书一卷
（日）玉川次発著；李广平译
上海　开明书店　1903（清光绪二十九）年　一册
译者李广平即李叔同。凡六章，第一章养成法律全体之概念，第二章国民有知法律之义务，第三章研究法律当依实际研究法，第四章法律学研究法（分析、历史、比较、哲理研究法四种），第五章法律之知识与普通知识，第六章学法律学有必要之学科（一外国语、二名学、三生计学、四历史学、五哲学）。

1165 法学速成科讲义录
日本法政大学编
上海　广智书局　1905（清光绪三十一）年　一册

1166 最近法制讲义
（日）和田垣谦三编；黄汝鉴译
东京　奎文馆　1907（清光绪三十三）年　一册

1167 法学通论讲义二卷
（日）梅谦次郎著；王焘译
湖南　石玉麟堂　1908（清光绪三十四）年　一册

1168 法制新编一卷
（日）葛冈信虎讲义；朱孔文译
译书汇编社　清光绪末　一册
此为法律理论讲义，上编法制大纲，下编法制实体。

1169 法学通论
（日）冈田朝太郎讲义；熊元翰编
北京　安徽法学社　1911年　一册（京师法律学堂笔记）
该书据日本法学家冈田朝太郎（1868—1936）1906年在京师法律学堂讲义之笔记编辑而成。

1170 法律顾问
（日）清水铁太郎著；刘积学译
上海　群益书局　清末　一册
简介法律行为及其程序，特别介绍民法、刑法、民事诉讼法、刑事诉讼法四种法律。

1171 汉译新法律词典
（日）三浦熙等著；新法典讲习会编　徐用锡等译
北京　京师译学馆　1905（清光绪三十一）年　一册

1172 新法律字典一卷
（未著编译人姓名）
政法学报本　一册
译自日本法律，专有名词多参核西书译出。

1173 法律学小史
（日）户水宽人著；履瀛社译
上海　普及书局　1906（清光绪三十二）年　一册

法制史

1174 古法经世
（布）赛非尼著；（译者不详）
1803（清嘉庆八）年刊

法律汇编

1175 罗马法一卷
启新书局译
上海　启新书局　1904（清光绪三十）年　一册
原书为日本早稻田大学讲义。共四章：第一章从罗马创立至奢士芝尼亚帝时代止，第二章为表，表1—10为平民所规定，以剥夺贵族之权，表11为贵族所定，以压民权为宗旨，表12举仅存五条中之重要者，第三、四章叙罗马法沿革之由及近代各国采用情况。

1176 罗马法
（日）户水宽人　（日）田中逊　（日）冈本芳次郎编著；樊树勋编译
东京　湖北法政编辑社　1905（清光绪三十一）年　一册（法政丛编）

1177 现行法制大全一卷
译书汇编社辑译
译书汇编社　清光绪末　一册
所辑至明治三十（1898）年为止，分四编：国家、法、公法、私法。

1178 现行法制大意一卷
（日）樋山广业著
《译书汇编》本

国家法、宪法

1179 比较国法学
（日）末冈精一著；商务印书馆编译所译
上海　商务　1906（清光绪三十二）年　一册

1180 政治学及比较宪法论
（美）巴路捷斯（Burgess, J. W.）著；（日）高田早苗原译　朱学曾等重译
上海　商务　1907（清光绪三十三）年　1912年5版　二册
原书：Political science and comparative constitutional law. (1890)
著者系美国哥伦比亚大学政治部学部长兼政治学国际法教授。巴氏通英美德法诸国法制，于德法尤精。本书二编，第一编政治学：卷一民族。卷二国家，述国家之形体、国家之目的。卷三分述英美德法宪法编纂史。第二编比较宪法论：卷一分述英美德法宪法上之国家机关。卷二个人自由，分为四章，个人自由之理想渊源、内容，合众国和日耳曼帝国宪法上之个人自由宪法上个人自由、学理上的地位及其实际上之关系。卷三政府之组织：一政府之形体；二立法部之组织，述英美德法政府之立法机构及其比较研究，英德法立法部、美联邦议会之权力，美、德两宪法关于立法权之比较；三行政部之组织，述英美德法国王、大统领、皇帝及其义务与权力，行政部组织构造，行政部长官的比较研究；四司法部之组织：分述美英德法宪法上的司法组织及其权力，司法部比较。卷末附英国宪法、美国宪法、普鲁士宪法、德意志宪法施行法律、德意志帝国宪法、奥大利国宪法、法兰西国宪法。

1181 政治学及比较宪法论
（美）巴路捷斯（Burgess, J. W.）著；（日）高田早苗原译　刘德熏等重译
东京　法制经济社　1907（清光绪三十三）年　一册

1182 比较宪法
（日）美浓部达吉著；张孝慈等编译
东京　秀光社　1907（清光绪三十三）年　一册

1183 各国宪法源泉三种合编
（德）挨里捏克（Ailinieke）著；（日）美浓原译　林万里　陈承泽汉译　潘承锷校订

上海　中国图书公司　1908（清光绪三十四）年　一册

第一编人权宣言论。论人权宣言在法史上之地位、卢梭民约论非人权宣言之渊源、人权宣言之模范在于美国各州之权利宣言、罚基尼亚及其他美国诸州之权利宣言、人权宣言与美国诸州权利宣言之对照、美国诸州之权利宣言与英国权利宣言之异、以法律规定一般人权之思想其根源在于美国在英国殖民地信教之自由、美国规定各种人权之由来、人权思想与日耳曼民族固有法律思想之关系。第二编论少数者之权利。从政治学角度论文明社会关于保护少数者，使不致受多数压制，少数者唯一武器在于不承认权（Veto）。第三编历史上国家之种种相。分五节论今西亚地区国家，在古代多为超自然力之神主国，神在国王之上，然国民有人格，国王亦受法律约束，东洋诸国为专制王权；古希腊、罗马时代的个人与国家的关系；中世纪日耳曼种族国家的人权状况；近世之国家受洛克、卢梭思想影响，王权高于神权，个人对国家而言，有不可夺之天赋权利。

1184 各国宪法论
　　（京师大学堂所藏译书）

1185 各国主权宪法对照一卷
　　（日）川泽清太郎著
　　政治学报本　清光绪末　一册
　　阐明宪法原理，立宪主权、共和主权两说并列，相互比较。

1186 国法汎论一卷
　　（德）伯伦知理（Bluntschli, J. C.1808—1881）著；（译者阙名）
　　《译书汇编》本

1187 美、法、英、德四国宪法比较
　　（美）约翰·温泽尔著；杨铈森　张萃农译
　　上海　中华书局　1913年　一册
　　比较美法英德之政体、宪法、元首、内阁、国会。

1188 国法学四卷
　　（日）岸崎昌　（日）中村孝合著；章宗祥译
　　译书汇编社　1902（清光绪二十八）年　一册（法政丛编）；上海开明书店本
　　首为绪论，论国法学之意义、渊源；卷一论国家组织，论统治权、领土、臣民、国家机关等理论；卷二论国家之机关：政府、国会；卷三论国家之机能，法律、行政、预算、立约、司法；卷四论国家之联合，论事实上之联合与国际法上之连结。

1189 国法学
　　（日）岸崎昌　（日）中村孝合著；范迪吉等译
　　上海　会文学社　1903（清光绪二十九）年　一册（普通百科全书）

1190 国法学
　　（日）笕克彦著；陈武编译
　　东京　湖北法政编辑社　1905（清光绪三十一）年　一册（法政丛编）

1191 国法学

（日）笕克彦著；陈时夏译

上海　商务　1907（清光绪三十三）年初版，1913 年 5 版　一册

著者为日本法学博士。首绪论，余分三篇：一，国家总论；二至三，国家有形之要素：皇室、国土、臣民，国家无形之要素：统治权、统治机构、统治作用等。结论：至善国家。

1192 国法学

（日）笕克彦著；熊范舆译

丙午社　1907（清光绪三十三）年　一册（法政讲义第 1 集）

1193 宪法精理

周逵编译

上海　广智书局　1902 年（清光绪二十八）年，1903 年　一册

1194 宪法要义

（日）高田早苗编；稽镜译

上海　文明书局　1902（清光绪二十八）年　一册

1195 宪法要义一卷

（日）高田早苗著；张肇桐译

上海　文明书局　1902（清光绪二十八）年　一册

分十三章，皆引日本宪法之文，附以己意，为法学理论著作。

1196 宪法论一卷

（日）逸见晋著

《普通学报》本　1901—1902（清光绪二十七～二十八）年

1197 国宪汎论二卷

（日）小野梓著；陈鹏译

上海　广智书局　1903（清光绪二十九）年　二册

共四十七章，详引欧洲名家之说，对行政官参政国会之事、刑法陪审官制度、会计预算决算方法，皆论其利弊得失。原书著于日本宪法未立之前。

1198 宪法

（日）清水澄著；卢弼　黄炳言译

东京　政治经济社　1906（清光绪三十二）年　一册

1199 宪法

（日）清水澄著；陈登山译述　朱德权编

湖北地方自治研究社　1908（清光绪三十四）年　一册（湖北地方自治社讲义）

1200 国宪要论

（日）市村光惠著；李维翰译

上海　普及书局　1906（清光绪三十二）年　一册

1201 最新宪法要论

（日）市村光惠撰

保定官书局　1907（清光绪三十三）年　一册

1202 宪法要义
稽镜编译

上海　文明编译印书局　1907（清光绪三十三）年　一册

采日本近代宪法文本，综述宪法原理，共6章：宪法之概念、人民之权利义务、国民大会、中央政府、地方制度、基本国策。

1203 宪法讲义
（日）美浓部达吉著；王运嘉　刘蕃合译

宪学社　1907（清光绪三十三）年　一册

美浓部达吉任东京帝国大学法科教授，兼任法政大学讲习，译者从其肄业。

该书参考各国宪法，比较异同，以解释日本宪法。首绪论，论国家与国法；第一编总论：宪法、统治权、国家机关、国体；第二编国家之自然的基础、领土、国民、国民之特别阶级；第三编国家机关君主及君主代表机关、帝国议会；第四编国家之作用：立法、司法、行政、命令、预算、国际条约。

1204 宪法研究书
（日）富冈康郎编著；吴兴让译　孟森校

上海　商务　1907（清光绪三十三）年初版，1911年，1916年8版　一册

凡三编。一总论，概述国家与法的起源及宪法的一般理论；二国家之组织，述国家之基础及国家机关；三国家之机能，讨论国家的作用，法律的制定及司法、行政、国际条约等。

1205 宪法论纲
（日）法曹阁编纂；陈文中译

上海　群益书局　1910（清宣统二）年初版，1911年，1913年　一册

分四编：一绪论，述国家之概念、种类；二国家组织：统治权、领土、人民；三国家机关：天皇、摄政、帝国议会三方组织权限；四国家之作用，述法律命令、预算、条约等。

附泰西人名和汉译对照表。

1206 宪法论
（英）戴雪（Dicey, A. V.）著；谢无量编译

上海　右文社　1914年　一册

此为节译《英宪法精义》序论及第一编"国会之主权"，述宪法本质及国会主权、联邦政体等。

1207 万国宪法比较一卷
（日）辰巳小二郎著；戢翼翚译

上海　商务　1902（清光绪二十八）年　一册

原书《万国现行宪法比较》（1888），著者摘引各国宪法，系之以论。

选举法

1208 普通选举法一卷
（日）九山虎之助著；季铭又译
上海　开明书店　清光绪末　一册
书分八章，述普通选举为强国之本、宪法、议会等。附改正选举法、各国选举实例、妇人可参与选举三篇。

1209 选举法纲要
（日）美浓部达吉编；毕原　张步先译
北京　内务部编译处　1918年　一册
首绪论，述选举法之定义、目的、性质、范围。余为二编，上编述选举法理论：选举及被选举权、强制选举及选举方法；下编译各国选举法，包括英、德、法、普鲁士、匈牙利、比利时、意、荷、美等国。

行政法

1210 行政法泛论
（日）清水澄著；金泯澜译
上海　商务　1903（清光绪二十九）年，1907（清光绪三十三）年，1913年6版　一册
分四编述行政及其法规、行政组织、中央及地方机关、行政官吏、行政行为、行政处分、诉愿及行政审判。

1211 行政法
（日）清水澄编；黄履贞编译
东京　湖北法政编辑社　1905（清光绪三十一）年　一册（法政丛编）

1212 行政法总论
（日）美浓部达吉著；熊范舆译
丙午社　1907（清光绪三十三）年　一册（法政讲义第1集）

1213 行政法各论
（日）美浓部达吉著；陈崇基编译
丙午社　1907（清光绪三十三）年　一册（法政讲义第1集）

1214 行政法各论
（日）清水澄著；商务印书馆编译所译
上海　商务　1908（清光绪三十四）年初版，1912年4版　一册
书分财务行政、司法行政、军事行政、内务行政、外务行政五编，包括警察、卫生、宗教、土木、救济、教育、农工商、邮电等部门行政法。

1215 行政裁判法论
（日）小林魁郎著；范迪吉等译
上海　会文学社　1903（清光绪二十九）年　一册（普通百科全书）

1216 法律经济辞典
（日）清水澄著；张春涛　郭开文译

上海　群益书局　1905（清光绪三十一）年　一册　有著者中译本序；东京　奎文馆　1907（清光绪三十三）年
采集日本各名家著述之语词定立词条，加以释义，以汉字笔划排列，注有假名。

1217 法律经济辞解
（日）岸木辰雄著；张思枢等译
（出版者不详）1907（清光绪三十三）年　一册

民法

民法总论

1218 民法原论
（日）富井政章编；王双歧译
日本东京渊学社　1907（清光绪三十三）年　一册

1219 民法原论
（日）富井政章编；陈海瀛　陈海超译　杨廷栋修订
上海　商务　1913年5版　一册
据日本民法，参稽各国法制学说，述民法的原理原则，释义日本民法条文。

1220 泰西民法志
（英）甘格士著；胡贻谷译
上海　广学会　1912年　二册；上海　商务　1912年　一册
原书：History socialism Thomas Kirkup.
著者Kirkup，Thomas（1844—1912）今译柯卡普。
述法、英等欧洲国家民法内容、立法旨意、法学家学说等。

1221 民法总则
（日）梅谦次郎（1860—1910）著；严献章　匡一编译
东京　湖北法政编辑社　1905（清光绪三十一）年　一册（法政丛编）

1222 民法总则
（日）梅谦次郎著；周大烈　陈国祥编辑
丙午社　1907（清光绪三十三）年　二册（法政讲义第1集）

1223 民法总则（上、下）
（日）松冈义正讲义；熊元翰等编译
北京　安徽法学社　1911（清宣统三）年　一册（京师法律学堂笔记）

1224 民法问题义解（上下卷）
日本普文学会编；共和法政学会编译部译
上海　共和法政学会　1913年3版　二册
根据日本民法，分述总则、物权、债权、亲族、相续等内容。

1225 民法财产（绪论、物权）
（日）梅谦次郎著；姚华编译
天津　丙午社　1907（清光绪三十三）年　二册（法政讲义第1集）

据日本梅谦次郎口授编写。

1226 民法要览第一卷总则编
东方法学会编译
上海　泰东书局　1914年，1919年3版　一册（法政要览丛书）

1227 民法要览第二卷物权编
东方法学会编译
上海　泰东书局　1914年6月再版　一册（法政要览丛书）

1228 民法债权篇释义
（日）九尾昌雄著；范迪吉译
上海　会文学社　1903（清光绪二十九）年　一册（普通百科全书）

1229 民法要览第三卷债权编
东方法学会编译
上海　泰东图书局　1914年7月再版　一册（法政要览丛书）

1230 民法债权担保
（日）梅谦次郎编著；彭树棠编译
东京　湖北法政编辑社　1905（清光绪三十一）年　一册（法政丛编）

1231 民法债权　附担保
（日）梅谦次郎著；许壬　姚华译
天津　丙午社　1907（清光绪三十三）年　二册

1232 民法亲族篇、相续篇释义
（日）田丰著；范迪吉等译
上海　会文学社　1903（清光绪二十九）年　一册（普通百科全书）

1233 民法要览第四卷亲属编继承编
东方法学会编译
上海　泰东书局　1914年7月再版　一册（法政要览丛书）

商法

1234 商法汎论
（日）添田敬一郎著；范迪吉等译
上海　会文学社　1903（清光绪二十九）年　一册（普通百科全书）

1235 商法
（日）志田钾太郎著；徐志绎编译
东京　湖北法政编辑社　1905（清光绪三十一）年　二册（法政丛编）

1236 商法总则
（日）志田钾太郎著；陈汉第编译
丙午社　1907（清光绪三十三）年　一册（法政讲义第1集）

1237 商法海商
金宝康编译

丙午社　1907（清光绪三十三）年　一册（法政讲义第1集）

1238 商法原论
（日）松本烝治著；陈寿凡译
上海　商务　1917年　一册
分绪论、总则两部分。绪论概述商和商法之概念，商法沿革，法、英、美、俄、中、日等国商法。总则分十章述商法源流、范围、商行为、商人、营业、商业登记、商号、商标、商业簿记、代理商等。

1239 商法会社
（日）松波仁一郎著；陈时夏编译
丙午社　1907（清光绪三十三）年　二册　（法政讲义第1集）

1240 商法商行为
（日）志田钾太郎著；雷光宇编译
丙午社　1907（清光绪三十三）年　一册（法政讲义第1集）
据日本志田钾太郎博士《新商法论》一书编译，介绍买卖、契约、保险、运送等十二类商行为。

1241 商法手形
（日）冈野敬次郎著
方表编译　1907（清光绪三十三）年　一册（法政讲义第1集）

1242 商法要览第二卷公司编
东方法学会编译
上海　泰东图书局　1914年再版　一册（法政要览丛书）

1243 商法要览第三卷票据篇海商篇
东方法学会编译
上海　泰东图书局　1914年再版　一册（法政要览丛书）

刑法

1244 刑法总论
（日）冈田朝太郎著；李维钰编译
丙午社　1905（清光绪三十一）年　一册（法政讲义第一集）

1245 刑法总论
（日）冈田朝太郎著；瞿宗铎编译
东京　湖北法政编辑社　1906（清光绪三十二）年　一册

1246 刑法通义
（日）牧野英一著；陈承泽译
上海　商务　1910（清宣统二）年　一册（法学名著）

1247 刑法
（日）冈田朝太郎讲义；熊元翰等译
北京　安徽法学社　1911（清宣统三）年　一册（京师法律学堂笔记）

1248 刑法学说汇纂
楼英译辑　吴鸿校
北京　法学编辑社　1913年　一册
据日本花井卓藏、冈田朝太郎等七位法学专家之刑法学说译辑而成。大要：总论、犯罪论、罪状论、刑罚论等。

1249 汉文刑法总则讲义案
（日）冈田朝太郎撰
东京　有斐阁书房　1906（日本明治三十九）年　一册

1250 刑法各论
（日）冈田朝太郎著；袁永廉编译
丙午社　1905（清光绪三十一）年　一册（政法讲义第一集）

1251 刑法各论
（日）冈田朝太郎著；李碧编译
东京　湖北法政编辑社　1906（清光绪三十二）年　三册

1252 新刑法问题义解
日本普文学会编；共和法政学会编译部译
上海　共和法政学会　1913年　一册
按照日本刑法节次，列出问题，加以义解。

1253 刑法过失论
S.P.C.著；郑宇中译
北京　法学社　清末　一册

诉讼法

1254 华英谳案定章考一卷
（英）哲美森著；（英）李提摩太译　蔡尔康笔述
上海　广学会　1893（清光绪十九）年，1897（清光绪二十三）年　一册；《新学汇编》本；浏阳质学社丛刻本
著者为英驻沪副臬司。清代中外交接以来，与中国立约之各国人仍隶本国官吏辖治而不使辖于华官，其原因为泰西各国谳案之律文大同小异，而中国之律文格格不入。哲美森特就华英两国所定国民互控之律与英国之律考订成篇。所考为中英两国有关民事、商务的诉讼、审判等律例。

1255 民事诉讼法释义
（日）梶原仲治著；范迪吉等译
上海　会文学社　1903（清光绪二十九）年　一册（普通百科全书）

1256 民事诉讼法
（日）板仓松太郎著；欧阳葆贞　朱泉璧编辑
东京　湖北法政编辑社　1905（清光绪三十一）年　一册（法政丛编）

1257 民事诉讼法
　　（日）岩田一郎著；李穆等编译
　　丙午社　1907（清光绪三十三）年　五册（法政讲义第一集）

1258 民事诉讼法
　　（日）松冈义正讲述　熊元襄编译
　　北京　安徽法学社　1911（清宣统三）年初版，1913年3版　一册（京师法律学堂笔记）
　　首绪论，余分四编：总论、诉讼关系、诉讼手续、执行关系等。

1259 民事诉讼法问题义解
　　日本普文学社著；共和法政学会编译部编译
　　上海　共和法政学会　1913年　一册
　　内容包括第一审、上诉、再审、强制执行、仲裁等八编。

1260 刑事诉讼法
　　（日）板仓松太郎编；邹麟书等编译
　　东京　湖北法政编辑社　1905（清光绪三十一）年　一册（法政丛编）

1261 刑事诉讼法
　　（日）板仓松太郎著；张一鹏编译
　　丙午社　1907（清光绪三十三）年　一册（法政讲义第一集）

1262 刑事诉讼法论
　　（日）松室致著；陈时夏译
　　上海　商务　1910（清宣统二）年　一册（法学名著）

1263 刑事诉讼法
　　（日）冈田朝太郎讲义；熊元翰等编译
　　北京　安徽法学社　1911（清宣统三）年　一册（京师法律学堂笔记）

1264 刑事诉讼法要览
　　东方法学会编译
　　上海　泰东图书局　1914年7月再版　一册（法政要览丛书）

司法制度

1265 裁判所构成法
　　（日）岩田一郎著；吴柏年译
　　东京　湖北法政编辑社　1905（清光绪三十一）年　一册（法政丛编）

1266 裁判所构成法附辩护士法等
　　吴柏年编译
　　上海　中央书店　1905（清光绪三十一）年，1906年增订再版　一册（法学问答丛书）

1267 监狱学
　　（日）小河滋次郎著；刘铭编译

东京　湖北法政编辑社　1905（清光绪三十一）年初版　一册，1907（清光绪三十三）年版附《日本监狱法规》

1268 汉译监狱学

（日）小河滋次郎著；明志学社译

明志学社　1906（清光绪三十二）年　一册

1269 监狱学

（日）小河滋次郎　（日）印南於菟吉讲授；裴楠等编辑

编者自刊　1907（清光绪三十三）年　一册（湖北警察汇编：监狱之部第十三种）

1270 监狱学

（日）小河滋次郎讲义；熊元翰等编译

北京　安徽法学社　1911（清宣统三）年　一册（京师法律学堂笔记）

1271 独逸监狱法

德国人原著；（日）小河滋次郎口述　（日）印南於菟吉笔记；柳大谧编辑

东京　丙午社　1907（清光绪三十三）年　一册（法政讲义第一集）

据日本小河滋次郎口述欧西各国监狱法编辑。前编：犯罪、刑罚、犯罪防制、监狱构造及管理等，后编述司狱官吏。

1272 监狱访问录二编

（日）小河滋次郎著

1907（清光绪三十三）年　二册

1273 监狱作业论

（日）小河滋次郎撰；徐金熊译

东京　警察学校　1908（清光绪三十四）年　一册

附则：监狱作业规程。

1274 犯罪搜查法

（日）南波本三郎著；徐祖中译

北京　法学社　清末　三册

法医学

1275 法律医学二十四卷　绪论一卷　附录一卷

（英）该惠连（Guy, Wm. A）著　（英）弗里爱（Ferrier, David）修订；（英）傅兰雅译　徐寿　赵元益笔述

上海　制造局刻本　1899（清光绪二十五）年　十册

原书：Principles of Medical Jurisprudence. (1880)

Irwin 著"Legacy"指出，教育丛书目录误认为该书系译自 Taylor 所著"[A Maunal of] Medical Jurisprudence"。

著者该惠连、弗里爱，先后为伦敦医学大书院法律医学总教习。该惠连曾任英国皇家学会副会长。

徐寿笔述一至四卷，赵元益笔述绪论、五至二十四卷。

详述西方法医学关于辨验人身、年纪、男女、打胎杀子、辨验亲子、辨验为保命而假冒的疾病，辨验尸体，查明死因，区别溺死、缢死、绞死、闷死、火焚、自焚、触电死、冻死、饿死等各种类型，介绍各种毒药的名称、性质、特点。此为介绍近代西方法医学的第一部中译本，附图187幅。

1276 近世法医学
（日）田中祐吉著；丁福保　徐蕴宣译
上海　文明书局　1911（清宣统三）年　一册（丁氏医学丛书）
分总论与分论。总论：概述法医学及相关检查、检查报告、鉴定等。分论，述男女关系、妊娠论、器械致伤论、窒息死论、中毒论、其他死因论、尸体现象论。

1277 汉法医典
（日）野津猛男编；丁福保译
上海　医学书局　1916年　一册（丁氏医学丛书）

1278 基氏法医学
（英）G. H. Giffen 原著；（英）E. J. Stuckey 编译
中国博医会　1912年　一册
原书：Medical Jurisprudence. 讲述书面、口头、实验证等多种医学证据；分析各种死因，辨认特征与方法。附中英名词对照索引。

1279 实用法医学大全
（日）石川清忠著；王佑　杨鸿通编译
汉口　湖北共友会假事务所　1908（清光绪三十四）年初版，1909（清宣统元）年　二册

中国法律

1280 中国古世公法论略一卷
（美）丁韪良著；汪凤藻译
北京　同文馆　1884（清光绪十）年　一册；西政丛书本
原书：International Law in Ancient China.
此系丁氏1881年出席柏林东方学大会之论文。述中国古代与邻国往来交际，所遵之公法不见纂述成书。丁韪良广阅孔孟之书，诸子百家之说及稗官野史所记，尤其是周礼一书，择其要者著成一书。记春秋战国时定尊卑、朝觐之事，婚丧之仪，官制、权衡制度、取赋、明刑、与邻国会盟、遣使等礼仪，军旅之法等。

1281 中国法典编纂沿革史（上下编）
（日）浅井虎夫著；陈重民译　吴贯因校
北京　内务部编译处　1915年，1919年　二册
此为日本京都法学会法律学研究丛书之一。凡十四章：总论、法经、汉魏至隋

时期之法典，唐至清代法典，末简述中国法典特点。

1282 清国行政法
（日）织田万编；法学研究社译
东京　清国留学生会馆　1906（清光绪三十二）年　一册

各国法律

1283 日本法政大要
（日）仁井田益太郎编著；刘念祖译
东京　东亚公司　1907（清光绪三十三）年　一册

1284 日本法制大意
（日）和田垣谦三著；吕延年译
清末刊本　一册

1285 日本法律参考书概评一卷
译者不详
译书汇编社　清光绪末　一册
本书就宪法、国法、行政、民商、刑事、民事、国际公私各法等书，各著提要。

1286 汉译日本法律经济辞典
（日）田边庆弥编；王我臧译
上海　商务　1908（清光绪三十四）年初版，1913年14版　一册
所收包括宪法、刑法、民法、商法等以及会计法、税法、商标法等经济类法律法规。词条按笔画多寡排列，每条目下注明出处。书前有引用法律、法规缩略语表。

1287 日本皇室典范义解一卷
（日）伊藤博文等义解；沈纮译
上海　金粟斋　1901（清光绪二十七）年　一册

1288（新译）日本法规大全
刘崇杰等译　（日）高田早苗译校
上海　商务　1907（清光绪三十三）年　八十册线装
光绪辛丑（1901）南洋公学曾译是书，因经费不继而未刊。甲辰（1904）冬商务馆主慨允刊行。此时距始译已四年，刘崇杰遂携稿赴东京，与昔年留日同学二十四人分任补译，并分类编定。南洋公学稿据明治三十四年第3版翻译，刘崇杰等据明治三十七年第5版补译，三十八年（1905）颁行者亦间有采入。高田早苗为早稻田大学法学博士。
该法规共分二十五大类：一帝国宪法、皇室典范、帝国议会、法例、公文式、官报，二裁判、行政诉讼及诉愿，三民法，四商法，五民事诉讼，六刑法，七刑事诉讼，八官制，九官规，十统计报告、文书官印，十一外交，十二族表、地阶、华族、赈恤，十三地方制度，十四土地、水利、水道、道路桥津等等，十五警察、新闻、出版、著作权，十六监狱，十七卫生，十八社寺、宗教，十九败政，二十军事，廿一教育、气象，廿二劝业、度量衡，廿三矿业、森林，廿四特许、意匠、商标，廿五运输、通信。附

解字一册，钱恂、董鸿祎编著，按词条首字部首检字，对该法规难解词语释义，以期读者准确把握。

1289 日本变法次第类考初二三集
　　程恩培　程尧章集译
　　上海　政学译社　1902（清光绪二十八）年　十二册
　　此系日本1868—1901（明治元～三十四）年法规汇编，摘录日本人内川义章所著之法规大全而成。

1290 日本法规大全样本
　　（著、译者并阙名）
　　上海　商务　清末　一册
　　存总目，一类一章，附预约章程。

1291 日本六法全书
　　日本政府编；商务印书馆编辑所译
　　上海　商务　1911（清宣统三）年，1914年　一册
　　此为日本明治时期颁行之六种主要法规及施行条例汇编，包括宪法、裁判所构成法、民法、商法、民事诉讼法、刑法、刑事诉讼法等。

1292 汉译日文法令类纂
　　日本政府编；法院研究社译
　　上海　商务　清末　二十二册

1293 日本帝国宪法论
　　（日）田中次郎著；范迪吉等译
　　上海　会文学社　1903（清光绪二十九）年　一册（普通百科全书）

1294 日本帝国宪法论
　　（日）副岛义一著；曾有澜　潘学海译
　　南昌　江西公立法政学堂　1911（清宣统三）年初版　一册
　　凡四编，一绪论，概述国家与宪法；二日本国家机构，包括天皇、摄政、帝国议会、国务大臣等；三论立法、司法、行政权；四述国家之自然基础。

1295 日本宪法全书
　　（日）田中次郎著；范迪吉　李思慎译述
　　上海　群学社　1905（清光绪三十一）年　一册
　　第一编总论五章：帝国宪法之沿革及意义，宪法之位置及解释，国家之观念，国家统治组织关系，国家统治之机能；第二编各论七章：一至六章论宪法上之天皇、臣民权利义务、帝国议会、国务大臣及枢密顾问、司法、会计等的有关条文，第七章补则，补述宪法及皇室典范改正规则，宪法实施前法令之效力。附录：誓文五则，明治十四年诏敕，皇室典范改正文，宪法各条条文（明治二十二年）。

1296 日本帝国宪法义解　附皇室典范义解
　　（日）伊藤博文著；沈纮译
　　1901（清光绪二十七）年　一册；金粟斋译书社　1902年（清光绪二十八）年再版　一册

1297 日本宪法义解
（日）伊藤博文著；沈纮译
金粟斋刻本　1902（清光绪二十八）年　一册
记日本维新后对于天皇、大臣、国会至臣民所有之权利义务的法律规定。

1298 日本帝国宪法义解
（日）伊藤博文著；(译者阙名)
上海　商务　1905（清光绪三十一）年　一册
明治十五年（1882）三月伊藤博文作为特派理事，赴欧洲考察宪法，明治十六年七月归，设宪法调查所，明治二十二年二月十一日天皇发布宪法昭告。日本宪法以德意志宪法为主，参酌欧美其他宪法而成。义解共七章，一天皇，述皇位继承、天皇依宪法条规应行之各项权利；二臣民权利义务；三帝国议会；四国务大臣、枢密顾问；五司法；六会计，管理国家度支、课税、预决算等；七补则，解释前文宪法名词。篇末有译者后序。

1299 日本宪法义解
（日）伊藤博文著；丁德咸编译
（不著出版者）　1907（清光绪三十三）年刊　一册

1300 日本宪法说明书
（日）穗积八束讲述　考察政治大臣译
政治官报局刻本　1907（清光绪三十三）年　一册
明治三十九年五月十一日，穗积八束博士为清廷出使大臣讲解日本宪法，参酌欧美宪法，略述日本宪法大纲。凡十二目次，一立宪政体，二宪法，三君位及君主之大权，四臣民之权利，五国会制度及上院之组织，六下院之组织，七帝国议会之权限，八国务大臣及枢密顾问，九法律及命令，十预章，十一司法权，十二地方制度及中央行政各部。

1301 日本宪法疏证四卷附一卷
考察政治大臣编译
政治官书局　1908（清光绪三十四）年　一册
依日本宪法条文七十六条，逐条疏其本义，并引西洋各国宪法以证其异同。凡四卷，卷一天皇之章，卷二臣民权利义务之章，卷三帝国一会之章、国务大臣及枢密顾问之章，卷四司法之章、会计之章、补则之章；附卷：皇室典范。

1302 日本宪法详解
（日）城数马述著；邵义译
上海　预备立宪公会　1908（清光绪三十四）年　一册

1303 共和宪法持久策
（日）有贺长雄撰
1913年　一册

1304 宪法草案之误总汇志
（日）有贺长雄撰

1913年　一册

1305 日本议院法
（日）工藤重义编；施尔常译
北京　第一书局　1906（清光绪三十二）年　一册

1306 汉译日本议会法规
日本政府编；商务印书馆编译所译
上海　商务　1908（清光绪三十四）年，1914年4版　一册
收有日本宪法、议会法、贵族院令、众议院议院选举法等。

1307 日本行政法纲领一卷
董鸿祎译辑
译书汇编社　1903（清光绪二十九）年　一册（政法丛书）
共五编，一内务行政，述警察、卫生、医学各事；二军务行政，述组织、军制、征发兵员各事；三财务行政，度支租税各事；四外务行政，述外交政策等；五司法行政，述民事诉讼。

1308 日本行政法三卷
顾昌世编译
上海　通社　清光绪末　一册（通社丛书）
共三编，一总则，记行政规划机关自治官职等类；二行政组织，记普通地方特别行政组织；三行政事务，记国民物质精神、公共救恤、安宁资财等事务。

1309 日本警察新法
日本政府编；（日）小幡严太郎译
东京　善邻译书馆　1899（清光绪二十五）年　一册

1310 汉译日本警察法述义
（日）渡边清太郎　（日）鲛岛东四郎编；项泽潘　杨宝书　梅祖培译
东京　清国留学生会馆　1906（清光绪三十二）年　二册

1311 汉译日本警察法类纂
法政研究社译
法政研究社　1906（清光绪三十二）年　二十二册线装

1312 日本警察法令提要一卷
唐宝锷译
译书汇编社　清光绪末　一册
一治安警察，述集会、结社、演说及出版物检查之法令，二司法警察办事规则。

1313 日本警察法释义
李信臣编译
北京　内务部编译处　1919年　一册

1314 警察法监狱学问题义解
日本普文学会编；共和法政学会编译部译
上海　共和法政学会　1913年　一册

胪列日本警察法及监狱学内容，加以讲解。

1315 日本违警治罪法

（京师大学堂所藏译书）

1316 日本监狱法

（日）佐藤信安编著；中国国民丛书社译

上海　商务　1903（清光绪二十九）年　一册（法学丛书）

述日本监狱法条规。

1317 日本监狱法

（日）佐藤信安编著；章宗弼译

修订法律馆　1905（清光绪三十一）年　一册

1318 户籍法登记法问题义解

日本普文学社编；共和法政学会编译部译

上海　共和法政学会　1913年　一册

据日本户籍法、登记法胪列问题加以义解。

1319 自治问题义解

日本普文学会著；共和法政学会编译部译

上海　共和法政学会　1913年　一册

据日本地方自治制度解义。

1320 民法总则篇、物权篇释义

（日）九尾昌雄著；范迪吉等译

上海　会文学社　1903（清光绪二十九）年　一册（普通百科全书）

1321 日本民法财产物权

（日）梅谦次郎编著；樊树勋编译

东京　湖北法政编辑社　1905（清光绪三十一）年　一册（法政丛编）

1322 日本民法要义总则篇

（日）梅谦次郎编著；孟森等译

上海　商务　1909（清宣统元）年，1910年，1913年　一册（法学名著）

凡六章：人、法人、物、法律行为、期间、时效。

1323 日本民法要义物权篇

（日）梅谦次郎编著；陈承泽　陈时夏译

上海　商务　1909（清宣统元）年　一册（法学名著）

凡十章：总则、占有权、地上权、永水作权、地役权、留置权、先取特权、质权、抵当权。

1324 日本民法要义债权篇

（日）梅谦次郎编著；孟森译

上海　商务　1909（清宣统元）年初版,1913年3版　一册(法学名著)；(东京) 法政大学　1909（清宣统元）年　一册

包括总则、契约、事务管理、不当得利、不法行为五章。

1325 日本民法要义亲族篇
　　（日）梅谦次郎编著；陈舆荣译
　　上海　商务　1909（清宣统元）年　一册（法学名著）

1326 日本民法要义相续篇
　　（日）梅谦次郎编著；金泯澜译
　　上海　商务　1909（清宣统元）年　一册（法学名著）
　　译自《日本民法要义》之一部分，述有关遗产继承的法律。

1327 日本商法论（总则编、会社编）
　　（日）松波仁一郎著；秦瑞玠译述
　　上海　商务　1911年初版，1913年3版　一册（法学名著）
　　此为《日本商法论》第一、二编。总则共七章：法例、商人、商业登记、商号、商业帐簿、商业使用人、代理商。会社编包括总则、合名会社、合资会社、株式会社、株式合资会社、外国会社、罚则等七章。

1328 日本商法论（商行为编）
　　（日）松波仁一郎著；秦瑞玠译述
　　上海　商务　1911年初版，1913年3版　一册（法学名著）
　　此为《日本商法论》第三编。内容有：总则、买卖、交互计算、匿名组合、运送营业、寄托、保险。

1329 日本商法论（手形编、海商编）
　　（日）松波仁一郎著；郑剑译述
　　上海　商务　1911年初版，1913年3版　一册（法学名著）
　　此为《日本商法论》第四、五编。第四编手形，包括总则、为替手形、约束手形、小切手等四章；第五编海商，共六章：船舶及船舶所有者、船员、运送、海损、保险、船舶债权者等。

1330 商法问题义解（上下卷）
　　日本普文学会编；共和法政学会编译部译
　　上海　共和法政学会　1913年　二册
　　解答日本商法诸问题。

1331 日本盐专卖法规
　　吕嘉荣编译
　　东三省盐务总局　1910（清宣统二）年　一册

1332 日本公用征收法释义
　　李信臣译
　　北京　内务部编译处　1919年　一册

1333 日本刑法通义
　　（日）牧野英一著；陈承泽译
　　上海　商务　1910（清宣统二）年，1913年　二册（法学名著）；北京　中国政法大学李克非点校本　2003年　一册此为日本1907年刑法之释义。第一编总则；第二编罪，有概念简释、学说评价、相关判例及作者观点。附日本刑法正文。

1334 日本刑法
　　日本政府编；中外法制调查局译　（日）岩谷孙藏校
　　北京　修订法律馆　1905（清光绪三十一）年　一册
　　具体译者为章宗祥、董康。

1335 汉译日本刑法
　　朱乔岳译
　　东京　秀光社　1905（清光绪三十一）年　一册

1336 日本刑法义解
　　（日）高木丰三著；张仲和译　董康笔录
　　诵芬室　1905（清光绪三十一）年　三册（诵芬室丛钞）

1337 日本改正刑法草案
　　陆宗舆译　（日）杉荣三郎订正
　　北京修订法律馆　1905（清光绪三十一）年　一册
　　绪论论及刑法理念，刑法有法国与德国模式，日本刑法之十大问题等。

1338 日本改正刑法草案
　　日本政府编；（日）西田龙太译
　　（出版者不详）　1907（清光绪三十三）年　一册

1339 日本刑法附则
　　日本政府编制；（译者阙名）
　　北京　中外法制调查局抄本　清光绪间　一册

1340 日本刑法大全
　　唐宝锷译注
　　法律修订馆　清光绪宣统间（1875—1911）　二册

1341 死刑宜止一种论
　　（日）冈田朝太郎著
　　北京农工商部印刷所　1907（清光绪三十三）年　一册

1342 日本民事诉讼法论纲
　　（日）高木丰三著；陈与年译
　　上海　商务　1910（清宣统二）年初版，1913年　二册（法学名著）
　　首绪论，余总则，一审之诉讼手续、上诉、再审、证书诉讼及替代诉讼、强制执行、公示催告、仲裁手续等。

1343 日本刑事诉讼法论
　　（日）松室致著；陈时夏译
　　上海　商务　1910（清宣统二）年初版，1913年3版　一册
　　首为绪论，余分十编。一编总则，叙裁管辖和回避制度，证据及证据时效的有关规定；二至四编述公诉和自诉，起诉手续及预审；五至十编述上诉、再审、特别诉

讼等程序，裁判、执行及消灭原因。

1344（改正）刑事诉讼法问题义解
日本普文学会著；共和法政学会编译部译
共和法政学会　1913年　一册
据日本刑法对主要问题进行义解。

1345 日本法制史
（日）三浦菊太郎编；李铭文译
上海　开明书店　1903（清光绪二十九）年　一册

1346 日本明治法制史
（日）清浦奎吾著；商务印书馆编译所译　张起谓校
上海　商务　1903（清光绪二十九）年　一册
记明治以来法制沿革，分三编：一国法，述宪法、议院、公文、法例等；二政法，述行政机关各部行政法，诉讼等；三司法，述裁判所及刑、民、商各法。

1347 新加坡律例
汪凤藻译　（美）丁韪良鉴定
京师同文馆　（年代未详）　一册
原书：Penal Code of Strait Settlements.

1348 印度刑律二卷
（英）托玛　（美）巴理　同著；（英）山雅各口译　邱起霖笔述
上海　广学会　1903（清光绪二十九）年　二册线装

1349 俄罗斯民法四卷
（俄）阿立希摩著；清修订法律馆译
修订法律馆　清末　六册
此为俄罗斯1833年1月颁行之俄国法典第十四册之第一编的内容。
卷一，家族之权利及义务，有关婚姻包括不同教派间的婚姻的有关规定以及由婚姻产生的相关权利及义务。卷二，取得一切财产上之权利及保全顺序，包括动产、不动产、分产不分产、自得产及家传产等公产私产的所有权及各种处置的规定。卷三得财产上之权利及保全顺序之事，包括赐赠、分与、遗产、嫁资等所得财产，以及交换及买求所得财产的各种规定。卷四关于契约书上义务各事。

1350 俄罗斯刑法十二卷
萨阴图译
法制调查局　1905（清光绪三十一）年　二册

1351 俄国京城警兵章程要例一卷
傅仰贤译
京华书局　清光绪宣统间　一册

1352 俄租辽东暂行省治律一卷
李家鳌译
上海　商务　清光绪末　一册

原书为阿穆尔官报所载俄历 1899 年 8 月辽东暂行省治律，共 138 条，包括兵刑钱谷邮电路矿等类。

1353 海参威公董局城治章程一卷
李家鏊译
上海　商务　清光绪末　一册
此为东海滨兵备巡抚所批定城治章程，共十一节，涉及屋宇街道饮食起居防疫防火等。

1354 欧美强国宪法汇编二卷
（美）李佳白选译　王振民编订
伦敦　麦美伦图书公司　1909（清宣统元）年　一册
该书由上海美华书馆代印。前有孙家鼐、端方等人序。卷一宪法纲要：绪言，分述英德法美四国宪法之由来、宪法之大概、有关总统、大臣、国会、上下议院、司法院、地方政务等的规定。卷二宪法讲义。1—6 章述英法意德美等国宪法大略，7 章地方自治，8 章中国政治之利弊，9 章国会权限，10 章国政分党，述多党制有利司法与行政管理，11 章宪法与枢密院之关系，12 章政或出于民或不出于民，英国政体之权由英王及贵绅所赐，瑞士、美国乃民权之国；13 章中国政府为江浙铁路借款与立宪之关系，述政府有权截留江浙铁路公司所得。

1355 各国宪法一册
（京师大学堂所藏译书）

1356 各国宪法大纲四卷
作新社译
上海　作新社　清光绪间　一册
原著无从考证，仅记英、德、法、日四国立宪之要。

1357 欧美各国宪法
日本众议院译　薛莹中校
1902（清光绪二十八）年　一册

1358 欧美各国宪法
日本众议院译　汪有龄重译
无锡　传经楼刻本　1902（清光绪二十八）年　一册

1359 万国宪法志三卷
周逵译
上海　广智书局　1902（清光绪二十八）年　一册

1360 法美宪法正文
商务印书馆编译所译
上海　商务　1911（清宣统三）年，1912 年 3 版，1913 年　一册
收有法兰西宪法（1852）、美利坚国宪法（1878），附阿客兰荷马（俄克拉荷马）州宪法。

1361 普鲁士行政法典
（京师大学堂所藏译书）

1362 英律全书五卷
胡礼垣辑译　何启鉴定
上海　鸿宝书局　1902（清光绪二十八）年　一册（各国政治艺学全书）
坊间石印改名《西例便览》。

1363 英国宪法论二卷
（日）天野为之　（日）石原健三合著；周逵译
上海　广智书局　1902（清光绪二十八）年　一册
专论英国宪法各条。

1364 英国宪法辑要
（英）莫安仁　徐惟岱译
上海　广学会　1909（清宣统元）年　一册

1365 英国宪法史
（日）松平康国编著；麦鼎华译
上海　广智书局　1903（清光绪二十九）年　三册

1366 英吉利宪法史一卷
政治学报社译
《政治学报》本　清末

1367 和兰刑法三编
法律修订馆译　汪有龄校正
法律修订馆　1907（清光绪三十三）年　一册

1368 比利时国法条论一卷
曾仰东译
湖北洋务译书局朱印本　1902（清光绪二十八）年　一册
据1900年比利时国都之课本译出，共五章：立国总论、国民、疆域、主权、律法。

1369 法国律例四十四卷
（法）毕利干口译　时雨化笔述
同文馆　1880（清光绪六）年初印　十二册未全；同文馆　清光绪间　五十四册；同文馆　清刻本　四十六册；制造局本；慎记石印　1897（清光绪二十三）年
原书：Code Napoleon.
此为《拿破仑法典》的第一部中译本，包括刑名、刑律、园林则律、贸易则律、民律等。

1370 法国民法
法律修订馆译
法律修订馆　清光绪间　一册

1371 校正法兰西刑法四编
　　法律修订馆译
　　法律修订馆　1907（清光绪三十三）年　一册

1372 法国六法
　　商务印书馆编译所编译
　　上海　商务　1913年　一册
　　收法国宪法、法国民法（1803）、法国民事诉讼法（1807）、法国商法（1807）、法国治罪法（1808）、法国刑法（1810）等。

1373 法国宪政通诠
　　（法）狄骥（Duguit，L'eon 1859—？）著；唐树森译
　　上海　神州编译社　1913年　一册
　　原书：Manuel dedroitcoustitutionnel.
　　作者狄骥博士执教波尔多大学，著述颇丰，尤以本书及宪法精义等国家学为杰作。书前有伍廷芳、马相伯等多人序。书凡四编：第一编绪论，述法之意义、法之基础、个人主义之评判，社会法学之说，国家之概念、神权论、人权说、公法及其类别、公法与私法。第二编国家通论，述国家学之要素，国家之职务、国家机关、代表政体、议院的组织、选举、专制与共和之政府、议院与政府之关系。第三编自由权论，述平等之原则、居住、言论、教育等等十项自由权利。第四编法国政治机关论，介绍选举、议院、宪法修订等组织形式、运作规则。末附1875年法兰西宪法译文及法文原本。

1374 法兰西宪法一卷
　　群学社译
　　群学社　清光绪末　一册
　　收法国1793年宪法，共35条。

1375 德意志帝国新刑律草案总则一卷
　　德国司法院原本；魏总慈译
　　青岛德华特别高等专门学堂　1910（清宣统二）年　一册

1376 德国六法
　　商务印书馆编译所编译
　　上海　商务　1913年　一册
　　所收为德意志十九世纪末主要法律，包括德国宪法、德国宪法实施法（1871）、德国裁判所编制法、德国民法、德国商法、德国民事诉讼法、德国刑法（1892）、德国刑事诉讼法等。

1377 德意志法律书一卷
　　樊炳清译
　　钞本　一册

1378 德意志刑法二编
　　修订法律馆辑译

北京　修订法律馆　1907（清光绪三十三）年　一册

1379 德意志刑法草案
（清）佚名译
钞本　二册

1380 比利时国考察犯会纪略
（英）傅兰雅著
质学会刻本　1897（清光绪二十三）年　一册（质学丛书）

1381 美国宪法纂释二十一卷　宪法一卷　续增宪法一卷
（美）海丽生（Harrison, B.）著；舒高第口译　郑昌棪笔述　陈洙润笔
上海　制造局刻本　1907（清光绪三十三）年　二册
海丽生，通译哈里森，美国第23届总统，1889—1893年在位，当选前曾从事律师业。此书为光绪末年之立宪运动而译。
卷一宪法源流，卷二、三国会事宜，卷四至十总统篇，卷十一至十八内阁及各部，卷十九各派班派员，卷二十、二十一大理院。

1382 美国宪法提要一卷
章宗元译
上海　文明书局　1902（清光绪二十八）年　一册
美国宪法，订于1787（清乾隆五十二）年，共七章，后又续十五章。细目：第一章立法之制，第二章行政部之制，第三章司法部之制，第四章列邦互相交往及与中央国家交往之制，第五章增修宪法之法，第六章施行之法，第七章签署之法。续卷一至十章国民之权利，十一章修司法部之制，十二章修行政部之制，十三至十五章南北战后续订释奴及善后之法。正文后均附案辞，博采他书及讲义而成。

国际法

国际法理论

1383 公法释疑
（荷）宾克耳著；（译者不详）
1720—1730（清康熙五十九～清雍正八）年间刊本

1384 公法九章
（美）干德著；（译者不详）
1823（清道光三）年刊本　一册

1385 公法讲义
（英）曼宁著；（译者不详）
1829（清道光九）年刊本　一册

1386 公法源流考
（美）惠顿著；（译者不详）
1830—1840（清道光十～二十）年间刊

1387 万国公法四卷

（美）惠顿（Wheaton）著；（美）丁韪良等译

京都崇实馆 1864（清同治三）年 四册线装；新学书会石印 1864（清同治三）年，1898（清光绪二十四）年 四册；上海 醉六堂 1895（清光绪二十一）年（西学大成本）；上海 飞鸿阁 1896（清光绪二十二）年 四册（中西新学大全）；制造局本；各国政治艺学分类全书本

原书：Elements of international Law.

惠顿，任美驻普鲁士公使多年，深谙欧洲诸国国情，撰有《欧美国际法进化史》、《国际法大纲》等著作。

译者除丁韪良外，同文馆生何师孟、李大文、张炜、曹景荣亦参与译述。

本书为《国际法大纲》一书之略译本，据第六版译出。卷一释公法本义，论邦国自治自主之权；卷二论诸国自然之权：自主权、制法权、审判权、领土权、不得干涉内政、内治之权；卷三论诸国平时往来之权，如通使、立约等；卷四论交战条款。该书由总理衙门出资印行，奕訢要求印得送总理衙门五百册，各地海关每处一册。

1388 万国公法蠡管七卷

（美）惠顿著；（日）高谷龙洲注

日本刻本 1876（日本明治九）年 八册

1389 公法便览五卷 续一卷

（美）吴尔玺（Woolsey）著；汪凤藻 汪凤仪译 贵荣润色 （美）丁韪良鉴定

京师 同文馆聚珍版 1877（清光绪三）年 六册；制造局本；上海排印本

原书：Introduction to the Study of International Law.

吴尔玺，通译伍尔西，美国耶鲁大学教授，1846年当选为校长，所著《国际法研究引论》（1860）曾多次再版，此即其中译本。卷首总论，论公法本源，卷一论邦国平时之权利与应尽之责守，卷二论邦国通使之权利与议约之规例，卷三论交战之例，卷四论战国与局外交际之例，续卷摘录各国盟约大旨，补论新订之约例。

1390 公法会通十卷

（德）步伦（Bluntschli, J. C.）著；（美）丁韪良 联芳 庆常译 贵荣笔述

京师 同文馆 1880（清光绪六）年序 五册；上海 益智书会 1890（清光绪十六）年 一册；北洋书局 1895（清光绪二十一）年初版，1898（清光绪二十四）年重印 三册线装 1902（清光绪二十八）年重印 三册；制造局本；上海美华书馆 1899（清光绪二十五）年，1902（清光绪二十八）年重印 一册；日本印本 1881（日本明治十四）年 五册

原书：International Law. 步伦即伯伦知理（Bluntschli, J. C.1808—1881），通译布伦奇利，原国籍瑞士，后国籍德国，国际法名家。所撰《现代国际法》(1868) 为法学名著，被译成多种文字，为外交人员广为使用。原书德文，此自法文译本重译，译本原拟名《公法千章》，董恂改定今名。凡十卷，卷一论公法源流及邦国权位；卷二论代国而行，指国王之权，公使、国戚之权，以及通使的有关规定；卷三论辖地之权；卷四论辖人之权；卷五论条约；卷六论邦国启衅皆因违背公法；卷七论邦国交战；

卷八论邦国水战；卷九论局外国之权责；卷十专载美国行军训诫。书前有译者序。

1391 公法指南

（美）金楷理译　蔡锡龄笔述

上海　制造局　1880（清光绪六）年前译，出版不详

1392 各国交涉公法十六卷　校勘记一卷　中西纪年一卷

（英）费利摩·罗巴德（Phillimore, Robert J.）著；（英）傅兰雅译　俞世爵笔述　汪振生校　钱国祥复校

上海　制造局　1894（清光绪二十）年　十六册，1898（清光绪二十四）年，1903（清光绪二十九）年　十二册线装；小仓山房　1895（清光绪二十一）年；慎记石印本　1898（清光绪二十四）年；富强斋丛书本

原书为1861年伦敦出版的"Commentaries Upon International Law of Comity"（国际私法）。书分三集，初集一至四卷，二集五至八卷，三集九至十六卷。述自希腊、罗马至近代交涉公法的源流，有关著述，论国之灭亡、国家对内对外的主权范围，保护侨民，论和约、字义解释及应互守，驻外公使，论宗教与国政，论奉不同教会各国间的交涉，论交战与议和等平、战时有关公法。附中西纪年表。钱国祥录翻译歧异之校勘记附于卷末，为当时篇幅最大的国际法译本。

1393 公法总论一卷

（英）罗伯村（Robertson, Edmund）著；（英）傅兰雅　汪振声译

上海　制造局　清光绪间　一册；广学会本；富强斋丛书本；军政全书本；西政丛书本

初版不晚于1894（清光绪二十）年。译自大英百科全书"International Law"。论公法源流，公法大纲，公法沿革，自主与不自主之国，新得地与定交界法，使臣，和约，战时公法，局外国应守之例，待野人法，会议公法等。

1394 邦交公法新论五卷

（　）Ferguson, Jan Helenus 著；（英）傅兰雅　程瞻洛译

中国科学书局　1901（清光绪二十七）年　一册

译自1884年伦敦出版的"Manual of International Law"，国际公法指南。

1395 国际公法志上卷

蔡锷译

上海　广智书局　1902（清光绪二十八）年　一册

凡五章，首总论，论国际公法及其历史，公法与私法之差别。第一章论邦国独立权及互相保持之责，第二章论处置国财国产法，第三章论邦国之权利义务，第四章论外交礼仪，第五章论国家之间开展贸易之权利义务。

1396 国际公法精义一卷

林棨编译

东京　闽学会　1903（清光绪二十九）年　一册（闽学会丛书）

所译皆为当时名家之作，凡二编。上编论国际公法之主体，下编论国家之权力、义务。

1397 国际公法

（日）北条元笃　（日）熊谷直太编；范迪吉等译

上海　会文学社　1903（清光绪二十九）年　一册（普通百科全书）

1398 公法新编四卷

（美）霍珥(Hall, W. E. 1836—1894)　（美）丁韪良编译　基策鳌笔述

上海　广学会　1903（清光绪二十九）年　二册

译本于原书章节偶有分合，原书注释亦有移入正文者。全书问答体，以便利大学堂教学之用。卷一公法纲领，述享公法权利之国，论平时战时公例，局外公例。卷二申论平时公例，述待新国公例、辖地、辖水、掌物等有关规定，论陆地及海上之主权，论外交人员、条约及调处免战各法。卷三论战时各条例、备战、处置敌人、敌产、战时进退敌境、战时交涉、了结战局等公例。卷四申论局外公例，告战局外国，局外与局内之交涉、通商、禁运、查处船只、人、货等规定。

书前有中西年表，自汉平帝元年起；有中西字目，分章以词出现先后排列，收词600余。

1399 万国公法要领二卷

（日）沼崎甚三编著；袁飞译

译书汇编社　1903（清光绪二十九）年　一册（政治丛书第七编）

分为二编，一为平时，论国家人民的各种权限；一为战时，论敌对国及中立国之权利义务。

1400 万国公法要略四卷

（英）劳麟赐(Lawrence, T. J.)撰；（美）林乐知译　蔡尔康笔述

上海　广学会　1903（清光绪二十九）年　一册

劳麟赐，通译罗麟斯，英国国际法名家，任教于剑桥大学。原书1885年初版，出版后即被英国海军部悉数购尽，分发给海军部员及士兵，作为对外交涉的手册使用，不数月即三次增印。1897年出修订本，此即增订本之译本。全书四卷，卷首述公法概念、公法使用国之范围，不囿于宗基督教国家，公法渊源及其流别。卷二论国家自主之权利、领土、财产、司法、外交等权利及其使用范围。卷三有关交战的规定。卷四局外国之间、交战国与局外国有关交涉的公法。

1401 国际公法要略

（英）卢麟斯(Lawrence, Thomas Joseph)著；钟建闳译

上海　商务　1910（清宣统二）年3版　一册

原书：A Handbook of Public Internationa Law.

著者通译罗麟斯。第一部导言，述国际法之定义、沿革、主体、渊源及分类；第二部平时法，论国家独立、国家财产、国家司法权、国际平等及外交权利责任；第三部战时法，述关于敌人、陆地敌产、海上敌产的战争法，交战国的非战事交涉；第四部中立法，述中立法之性质、分类、交战国与中立国的权责。

1402 国际公法提纲

（英）罗麟斯著；但焘译

上海　昌明公司　虎蒙公司（寄售处）　1910（日本明治四十三）年　一册

共四编：总论、平时、战时、局外中立等国际公法。

1403 万国公法提要
（日）高桥作卫编；留日学生译
泰东同文局 1905（清光绪三十一）年 一册

1404 国际公法
（日）千贺鹤太郎著；庐弼 黄炳言译
上海 昌明公司 1908（清光绪三十四）年 一册

1405 邦国通法义
（英）苏志著；（译者不详）
清刊本 一册
作者为阿斯富学院教习，原书1650年出版。

1406 公法条例
（英）怀尔曼著；（译者不详）
出版者未详，清末出版
原作1829年出版。

1407 国际公法之租借论
刘光谦译
清光绪间石印本 一册

1408 廿世纪国际公法
（法）福偶著；朱文黼译
上海 民友社 1913年 一册

1409 平时国际公法
（日）中村进午编；华开琼编译
东京 湖北法政编辑社 1905（清光绪三十一）年 一册（法政丛编）
论国家主权，外交官地位，条约效力等。

1410 平时国际公法
（日）中村进午著；陈时夏译述
上海 商务 1911（清宣统三）年初版，1912年再版，1915年4版 一册
分绪论、本论二部分。绪论述国际公法之定义、渊源、组织、国际法学历史、国际法与相关学科之关系。本论七章，包括国际法之主体、国家之权利义务、国际法之机关、国家权力义务之承继、国家之代表机关、条约、国际争议调和之方法等。

1411 平时国际公法
（日）山胁贞夫讲授；陈履洁 文溥编辑
编者自刊 1907（清光绪三十三）年 一册
共五编：本论、国际法之主体、国家主权行使范围、国家之权利义务、国家平时之关系。

1412 平时国际公法
（日）高桥作卫著

　　　　东京　泰东法政新书局　1907（清光绪三十三）年　三册，有地图

1413　国际法要论（平时之部）
　　　　（日）远藤源六著；沈豫善　陈锡畴译
　　　　镇江　启润书局　1914年　一册
　　　　凡五编：总论、国家、国家行使主权之范围、国家之权利、国家间之平时关系。

1414　平战例法
　　　　（荷）葛罗丢著；（译者不详）
　　　　原作1625（明天启五）年刊，译本刊刻年代不详

1415　战时国际法
　　　　（日）中村进午编；张福先译
　　　　东京　湖北法政编辑社　1905（清光绪三十一）年　一册（法政丛编）

1416　战时国际公法
　　　　（日）中村进午著；方庚源　陈英编译
　　　　编者自刊　1907（清光绪三十三）年　一册
　　　　凡六编：总论、陆战之法规、海战之法规、局外中立、休战、战争终了。附录，海牙国际和平会最终决议书陆战例规宣言；万国国际法学会海商捕获规程。

1417　战时国际公法
　　　　（日）中村进午编；陈时夏译
　　　　上海　商务　1911（清宣统三）年初版，1914年8版　一册
　　　　绪论论战争及国际法之历史，余叙海、陆战法及局外中立诸问题。

1418　战时国际公法
　　　　（日）有贺长雄编；严献章译
　　　　东京　清国留学生会馆　1908（清光绪三十四）年　二册

1419　最近战时国际公法论
　　　　（日）高桥作卫著；徐锷　郭恩泽译
　　　　国际法学研究会　1908（清光绪三十四）年　一册

1420　国际法要论（战时之部）
　　　　（日）远藤源六著；陈豫善　陈锡畴译
　　　　镇江　启润书局　1914年　一册
　　　　书分总论、陆战法规、交战者间之协约、局外中立等。

1421　各国律例
　　　　（瑞士）滑达尔（Vattel, Emeric De 1714—1767）著；（美）伯驾　袁德辉同译
　　　　清道光间　一册
　　　　滑达尔，瑞士著名国际法学家，原书法文（1758年），1759年被译为英文（Law of Nations）。本书摘译英文本中交战国之间敌对措施，封锁与禁运等规定。

1422　中立之国际法论
　　　　（日）远藤源六著；王广圻节译
　　　　1914年　一册

原书《日露战役国际法论》。

1423 局外中立法精义
（英）罗伦（Lawrence, T. J.）著；王肇熴等译
上海　商务　1914年初版　一册
罗伦又有汉译罗麟斯、卢麟斯。书分六章，概述局外中立之性质、沿革、交战国与中立国之相互义务、封锁及战时禁制品、中立国在军事上协助一方交战国之处罚。附《战时国际公法与局外中立的关系》

1424 中立法规
（日）立作太郎著；李述膺译
上海　泰东图书局　1914年　一册
此为作者《战时国际法》第二编译本。凡十章，述中立法之概念、中立船舶之临检及缉拿、中立财产等。

1425 各国交涉便法论六卷
（英）费利摩·罗巴德（Phillimore, Robert J.）著；（英）傅兰雅译　钱国祥校
上海　制造局刻本　清光绪间　六册
述有关移民、游历、婚娶方面国际私法的内容。

1426 国际私法一卷
（日）太田政弘　（日）加藤政雄　（日）石井谨吾著；李广平（即李叔同）译
译书汇编社　1903（清光绪二十九）年　一册
指示个人与他国交际，既不失治外法权，个人又不受屈之国际私法。

1427 国际私法
（日）中村太郎编；范迪吉等译
上海　会文学社　1903（清光绪二十九）年　一册（普通百科全书）

1428 国际私法
（日）三田博士编著；（德）郭文武编译
东京　湖北法政编辑社　1905（清光绪三十一）年　一册（法政丛编）

1429 国际私法
（日）山田三良编著；傅疆编译
上海　丙午社　1907（清光绪三十三）年，1913年再版　一册（法政讲义第1集）

1430 国际私法
（日）山田三良编著；李倬译
上海　商务　1911（清宣统三）年，1915年3版　一册
首绪论，次分四编：一，国籍及国籍之抵触；二，外国人之地位；三，法律之抵触；四，国际民法。

1431 新译国际私法
（日）中村进午编；袁希濂译
上海　商务　清末　一册

1432 各国入籍法异同考
　　陈箓译
　　修订法律馆　清末民初刊本　一册

1433 比较归化法
　　（日）立作太郎著；吴源瀚译
　　北京　内务部编译处　1919年　一册
　　归化法即国籍法，述国籍法之定义、种类、取得国籍法之条件及效力、比较各国取得国籍的有关规定等。

1434 国际公法、国际私法问题义解
　　日本普文学会编；共和法政学会编译部译
　　上海　共和法政学会　1913年　一册
　　公法部分包括总论、和平关系法则、交战关系法则、局外中立法则四篇。私法部分包括总论、各论二编，设问予以义解。

1435 公法源流考
　　（英）华洛伯著；(译者不详)
　　清末刊本　一册

国际公法、国际私法

1436 欧罗巴近代国际法
　　（布）马尔顿著；(译者不详)
　　书成于1789（清乾隆五十四）年，出版不详

1437 欧洲公法
　　（德）格吕伯著；(译者不详)
　　1819（清嘉庆二十四）年刊本　一册

1438 通融公法
　　（美）思多利著；(译者不详)
　　1830－1840（清道光十～二十）年间刊

1439 通融公法
　　（法）斐里斯著；(译者不详)
　　1843（清道光二十三）年刊本　一册

1440 欧洲当今公法
　　（德）海书得著；(译者不详)
　　1844（清道光二十四）年刊本　一册

1441 战时国际条规辑览
　　江庸译
　　东京　闽学会　1905（清光绪三十一）年　一册（闽学会丛书）

1442 比国调查德军违犯万国法律及文明国交战规矩公会报告一卷
　　译者阙名
　　年代阙　铅印本　一册

1443 国际立法条约集
张嘉森译
上海　神州大学　1912年初版，1913年再版　一册
收《伦敦海战法规宣言》(1909年2月26日)、《第二次保和会条约》(1907年6月15日)。

1444 往金山要诀
（英）理雅各著
香港　1858（清咸丰八）年　一册
介绍关于移民美国之事务。

1445 坎那大中华移民律
邵挺译
1917年　一册
述加拿大对华移民法律，凡32条。

军事

总论

1446 武备新书
北洋武备学堂原译　廖寿丰等重译
浙江书局　1897（清光绪二十三）年　一册

1447 军备与金融之关系
（英）梅益盛译
重庆　华西圣教书局　1913年　一册

1448 论武备书一卷
（英）戈登著；（英）傅兰雅译
《格致汇编》本

1449 战争
（日）中泽三夫著；训练总监部译
上海　南洋公学　清末　一册

世界军事概况

军事理论

1450 军制学暂行教程十一篇
（日）井上璞辑
广东陆军速成学堂　1908（清光绪三十四）年　一册

军事教育与训练

1451 陆操新义四卷 附录一卷（一名德国练兵书）
（德）康贝著；李凤苞译
（出版者不详） 1866（清同治五）年初版，1874（清同治十三）年4版，1877（清光绪三）年5版 一册；天津 天津机器局 1884（清光绪十）年 二册；上海 同文书局 清光绪间 二册；西学大成本；中西新学大全本二卷
首论一队自战、全营合战；次论奋勇进攻，不可坐守；末论进攻与排列。

1452 日本陆军大学校论略一卷
（日）东条英教口述 （日）川岛浪速译 张浍查双绥点定
浙江官书局木刻 1898（清光绪二十四）年 一册；新政丛书本
共七篇：本旨、原始、编制、学生、教育、退校、经费等。

1453 日本军事教育编
钱恂译
江楚书局 1899（清光绪二十五）年 四册
钱恂时为湖北兼江南留学日本学生监督官。
全书收日本陆军学校之条例、教育纲领、细则、课目等规定三十二种，涉及陆军大学、士官学校、幼年学校、炮兵、骑兵、军乐、陆军经理、军医、将校团等类型之学校。

1454 日本武备教育一卷
商务印书馆译
上海 商务 清光绪末 一册（政学丛书本）

1455 日本陆军教育摘要一卷
（日）稻村新六校订；卢永铭译
上海 南洋公学 清末 一册

1456 日本陆军学校章程汇编
日本陆军省编；孟森译 （日）稻村新六校订
上海 南洋公学 清末 四册线装

1457 日本要塞防御教科书
军学编辑局编译
北京 军学编辑局 1914年 一册

1458 步队操法摘要一卷
北洋武备学堂译
浙江书局 1897（清光绪二十三）年 一册

1459 步兵操典二卷
日本陆军省原本；孟森译
上海 南洋公学译书院 1901（清光绪二十七）年，1904年3版 二册

1460 步兵部队教练教科书
（德）阿屋土记著；日本户山学校编译 （日）稻村新六辑补 孟森译

上海　南洋公学　1902（清光绪二十八）年　二册（五洲舣编译时务丛书）

1461 兵式体操教科书十一编
　　范迪吉编译
　　上海　育文书局石印　1906（清光绪三十二）年　四册

1462 步兵操法摘要一卷
　　北洋武备学堂原译　浙江武备学堂重译
　　浙江武备新书本；续富强斋丛书本
　　所述共计三类：一论列队时一哨官弁应站地步，二操队章程，三撤操队章程。以二十二图说明列队变化各式。

1463 步兵各个教练书一卷
　　日本军事教育会编　（日）稻村新六辑补；孟森译
　　上海　南洋公学　清末　二册

1464 步兵工作教范四卷　附录一卷
　　日本陆军省原本；樊炳清译
　　上海　南洋公学译书院　清光绪间　一册

1465 步兵工作教范摘要
　　日本陆军省原本；卢永铭译
　　清光绪间　一册

1466 步兵连之战斗教练
　　（日）工藤豪吉著；训练总监部译
　　南京　军用图书社　1906（清光绪三十二）年　一册

1467 步兵射击教范四卷　附表一卷　图一卷
　　日本陆军省原本；（日）山根虎之助译
　　上海　南洋公学　1902（清光绪二十八）年初版　二册

1468 步兵战斗射击教练书二篇一卷
　　日本陆军户山学校原本；（日）山根虎之助译
　　上海　南洋公学译书院　清光绪间　一册

1469 瞄准要法二卷
　　北洋武备学堂原译　浙江武备学堂重译
　　浙江武备新书本　清光绪末　一册
　　述训练炮队新兵方法。

1470 日本步兵机关枪操典草案
　　军学编辑局编译
　　北京　军学编辑局　1914年　一册

1471 日本战时步兵短期教育
　　军学编辑局编译
　　北京　军学编辑局　1914年　一册

1472 步兵斥候论
　　（日）稻村新六校订；王鸿年译
　　上海　南洋公学　1902（清光绪二十八）年　一册

1473 骑兵斥候答问一卷
　　日本陆军教导团编；王鸿年译
　　上海　南洋公学　清末　一册

1474 日本骑兵操典
　　军学编辑局编译
　　北京　军学编辑局　1914年　一册

1475 日本骑兵机关枪操典草案
　　军学编辑局编译
　　北京　军学编辑局　1914年　一册

1476 日本骑兵射击教范
　　军学编辑局编译
　　北京　军学编辑局　1914年　一册

1477 喇叭吹法一卷　图三十一幅
　　（美）金楷理译　蔡锡龄笔述
　　上海　制造局刻本　1877（清光绪三）年　一册

1478 体操法五卷
　　德国武备原本；（德）瑞乃尔（Schnell，Theodor H.）口译　萧诵芬笔述
　　湖北武备学堂　清光绪末　一册；上海扫叶山房石印本；宝善斋石印大字本；作新社本
　　瑞乃尔曾被李鸿章聘为陆军教练。该书介绍空手、运枪、用架、越险阻四种练兵操法，附图60幅。

1479 野操规则
　　（日）多贺宗之著；泰东同文局译
　　东京　泰东同文局　1906（清光绪三十二）年　一册

1480 日本辎重兵操典
　　军学编辑局编译
　　北京　军学编辑局　1914年　一册

1481 养兵秘诀二卷
　　（日）仓辻明俊著
　　东京　泰东同文局　1906（清光绪三十二）年　二册
　　著者酌采德国养兵法，参以己见成二编。前编总论，新兵教育，射击法，兵语及地形学，征候及方位学，记号及暗号，兵役义务；后编：行军、宿营、警戒、步哨、巡察及斥候、战斗、步兵之工程、卫生法。

1482 武弁职司一卷
　　（德）何福满　杨其昌译　蒋煦笔述

湖北官书局　1900（清光绪二十六）年　一册

1483 美国行军训戒一卷
　　（德）李伯尔编辑
　　附《公法便览》后。

1484 生徒心得一卷
　　日本陆军士官学校编；王肇鋐译
　　工防营　1902（清光绪二十八）年　一册

1485 海军机关学校规则
　　日本海军机关学校编
　　上海　教育世界社　清末　一册（教育丛书三集）

1486 水师操练十八卷　首一卷　附录一卷
　　英国战船部原书；（英）傅兰雅译　徐建寅笔述
　　上海　制造局刻本　1872（清同治十一）年，1874（清同治十三）年　三册，有图及表；清光绪间刻四卷本　三册，有图；清末刻本　三册，有图及表
　　译自1843年出版的"Great Britain, Board of Admiralty, Instruction for the exercise and service of Great Guns on Board Her Majesty's Ships."（大不列颠海军部，皇家海军舰上大炮操练及服役指南），为海军训练教材之属。

1487 德国水师学堂事宜
　　卞长胜译
　　武昌　质学会石印　1897（清光绪二十三）年　一册

1488 布国兵船操练
　　（美）金楷理译　李凤苞笔述
　　上海　制造局　1880（清光绪六）年前译出，出版不详

军事后方勤务

1489 军队内务书一卷
　　日本陆军省原本；杨志洵译
　　上海　南洋公学　1902（清光绪二十八）年2版　二册

1490 日本军队给与法一卷
　　（日）稻村新六校订；孟森　杨志洵译
　　上海　商务　1902（清光绪二十八）年2版　一册；南洋公学本

1491 日本战时弹药补给令
　　军学编辑局编译
　　北京　军学编辑局印行　1914年　一册

1492 日本兵站弹药纵列勤务令
　　军学编辑局编译
　　北京　军学编辑局印行　1914年　一册

1493 作战粮食给养法一卷
　　　日本陆军经理学校原本；杨志洵译
　　　上海　南洋公学　清末　一册

1494 日本兵站粮秣纵列勤务书
　　　军学编辑局编译
　　　北京　军学编辑局印行　1914年　一册

1495 日本兵站勤务令
　　　军学编辑局编译
　　　北京　军学编辑局印行　1914年　一册

1496 日本战时卫生勤务令
　　　军学编辑局编译
　　　北京　军学编辑局印行　1914年　一册

1497 日本辎重兵驭法
　　　中央军校译
　　　北京　武学书局　清末　一册

1498 日本战时辎重兵营勤务令
　　　军学编辑局编译
　　　北京　军学编辑局印行　1914年　一册

1499 日本预备马厂勤务令
　　　军学编辑局编译
　　　北京　军学编辑局印行　1914年　一册

1500 行军帐棚说一卷
　　　德国武备原书；(德)何福满口译　杨其昌同译　闵广勋笔述　周家禄校订
　　　湖北官书处　1900（清光绪二十六）年　一册；湖北武备学堂　1900（清光绪二十六）年　一册；上海扫叶山房本；宝善斋石印本
　　　介绍行军帐篷的外形、结构、择装、用法等，附图。

1501 日本船舶输送勤务令
　　　军学编辑局编译
　　　北京　军学编辑局印行　1914年　一册

军事史

1502 欧战实验国家总动员
　　　（日）佐藤纲次郎著；王作新译
　　　北京　武学书局　1919年　一册

中国军事

1503 孙吴司马穰苴兵法
　　　（法）钱德明著

巴黎刊本　1776（清乾隆四十一）年　一册

1504 拟请中国严整武备说一卷

（德）瑞乃尔（Schnell, Theodor H.）著

质学会刻本　1897（清光绪二十三）年　一册；格致汇编本

瑞乃尔1870年来华，为克虏伯厂推销军火，被李鸿章聘为陆军教官。写此文时任山东登荣水师教习。

书分8章，述德国志略、德国版舆、德国军政、德国武备品级、军队官兵数额、德国平时、战时官兵数额等，供中国军队参考。

1505 清国海军近况一斑

日本海军参谋部著

日本印本　1889（日本明治二十二）年　一册

详记中国海军船舰、马力、旗帜等。

1506 借箸筹防论略一卷　附炮概浅说

（德）来春石泰著；沈敦和译

金陵刻本　1895（清光绪二十一）年　一册；质学丛书本

来春石泰，德国子爵，应广雅尚书之聘，来华练自强军。此即来春石泰所上条陈，论我水师形势等军务。

1507 扬子江筹防刍议一卷

（德）雷诺著；张永鑑译述

《时务报》本

1508 南洋水师学堂考试纪略一卷

（英）傅兰雅著

《格致汇编》　1882（清光绪八）年

该学堂设于金陵，分驾驶与管轮两门，聘英兵船供事多年者二人及天津水师学堂习业者多人为教习。傅兰雅到堂主考，试题洋文，按门考试，三小时交卷，连考五日。内容为：行船法、天文学、汽机学、画图学、数学、代数学、几何学、平弧三角法、地志学、英国文法、翻译与诵读、默书与解字、英文作文。满分3200分，平均得分2031分。

1509 中东战纪本末八卷　卷首一卷　卷末一卷　续编四卷　三编四卷

（美）林乐知辑著；蔡尔康述

上海　广学会本　1896（清光绪二十二）年初编八卷　八册，1897（清光绪二十三）年续编四卷　十五册，1900（清光绪二十六）年三编四卷　十七册；上海　图书集成局石印本

此为甲午战争资料、评论汇编。

初编卷一述中日战事由来，上溯明代以来之中日关系，至甲午战前几十年间之中日冲突。卷二为清廷有关上谕、奏折。卷三日方资料及有关电文，黄海战图。卷四、卷五为交战、谈判的有关文件。卷六至卷八为中外人士对战事及有关时局之评论，包括林乐知著中日朝兵祸推本穷原说、治安新策；蔡尔康著新说；李佳白著上政府

书等。

续编卷一收王文韶、盛宣怀、刘坤一等大臣奏疏。卷二卷三为战争期间有关的电报。卷四为中外人士的议论。三编收有英国兵部炮兵司主事蒲雷著"东方观战记实"，美国驻华使馆、中国驻英使馆有关战守和议的电文、李鸿章的奏疏等。

1510 清日战争实记十五卷

  日本人原著；(日) 桥本海关译

  东京　1898（清光绪二十四）年　十册

1511 日清战史六卷

  日参谋本部编纂

  东京印刷株式会社　1907（日本明治四十）年　一册

1512 中东战史二卷

  （日）田村维则著

  玫瑰轩　民国初年　二册　（日本丛书）

  记甲午中日之战。

各国军事

军事制度

1513 列国陆军制三卷

  （美）欧波登著；（美）林乐知译　瞿昂来笔述

  上海　制造局　1876（清光绪二）年，1889（清光绪十五）年一卷本　一册；制造局三卷本　三册；军政全书本；质学丛书本九卷；富强斋丛书本九卷

  欧波登游历日本、印度、波斯、意、俄、奥、德、法、英等国，专考陆军兵制而作。述养兵、调兵、教兵、制禄等。

1514 西国陆军制考略八卷

  （英）柯理集著；（英）傅兰雅译　范本礼笔述

  上海　制造局　1902（清光绪二十八）年　一册

  著者为英国军官，原文名不可考。原书 The Armies of the Great Powers. 述英、德、法、奥、俄、意、美、西班牙、葡、荷、比、瑞士、瑞典、土耳其等国陆军兵制。

1515 世界海军力二卷

  （日）浅野正恭著；钱无畏译

  上海　通社　1904（清光绪三十）年　一册（通社丛书）

  著者为日本海军少佐。上卷述海军制度，下卷叙各国海军强弱，记日本海军较详。附表35个。

1516 水师岁纪

  （英）勃来西著；（译者不详）

  1896（清光绪二十二）年刊本

  每年一册，详论各国兵力。

1517 列国海军及其国民

（英）拜窝成著；（日）石丸藤太译　军学编译处重译

北京　军学编译处　清末　一册

1518 外国水师船图表四册

（京师大学堂所藏译书）

日本军事

1519 日本军政要略三卷

日本陆军经理学校编　（日）稻村新六校订；（日）细田谦藏译

上海　南洋公学　1898（清光绪二十四）年　二册线装；东京刊本　1899（清光绪二十五）年

述兵卒招募、编列、教育、廪给、官制、营制、军用、马政等。

1520 日本陆军刑法　日本海军刑法

董康　章遹骏译

中外法制调查局　1905（清光绪三十一）年　一册

1521 近世陆军二卷

日本人原著；陶森甲译辑

上海　商务　清光绪末　一册（政学丛书）

分二编：述日本陆军，各国陆军军制组织。

1522 日本陆军军制提要

王鸿年编译

东京京桥区王惕齐　1901（日本明治三十四）年　一册线装

王鸿年，己亥（1899）赴东京大学学习政治，取日本兵书及陆军各条例详细研察，著成此书。凡十四章，一日本军制沿革概略、二武官之阶级及种别、三元帅府、四陆军诸官衙、五陆军诸学校、六陆军军队平时编制、七步兵联队之区分、八特务机关、九兵卒、十征兵、十一召集、十二陆军刑法摘要、十三恩给、十四陆军经理（包括定额金、平时与战时兵器、筑垒、俸给、宅料、旅费、被服、粮秣、营缮、卫生、邮便等条例）。附表。

1523 日本战时补充令

军学编辑局编译

北京　军学编辑局　1914年　一册

1524 日本战时高等司令部勤务令

军学编辑局编译

北京　军学编辑局　1914年　一册

1525 日本陆军动员计划令

陆军训练总监编辑局编译

北京　军学编辑局　1914年　一册

1526 日本野战兵器厂勤务令
　　军学编辑局编译
　　北京　军学编辑局　1914年　一册

1527 日本野战金柜处勤务书
　　军学编辑局编译
　　北京　军学编辑局　1914年　一册

1528 野外要务令二卷
　　日本陆军省原本；卢永铭译
　　上海　南洋公学　清末　一册

1529 日本征兵规则大全
　　孙桂馨译
　　云南杂志社　1906（清光绪三十二）年　二册

1530 日本军法大全
　　唐宝锷译
　　1906（清光绪三十二）年　二册线装

1531 日本陆海军刑法
　　日本政府编；章通骏　董康译
　　北京　修订法律馆　1907（清光绪三十三）年　一册

1532 日本宪兵制一卷
　　孟森译　（日）稻村新六校订
　　上海　南洋公学　清末　一册
　　据1898（日本明治三十一）年修订日本宪兵章程译出。

1533 初级干部指挥之研究
　　（日）仓石忠二郎著；军官学校译
　　北京　武学书局　清末　一册

1534 新译日本帝国海军之危机
　　（日）盛田晓著；林汝魁等译
　　（出版者不详）　1915年　二册

1535 大日本创办海军史二十六卷
　　（日）胜安芳编；（日）楢原陈政译　（日）中岛雄补译
　　东京　吉川弘文馆刻本　1906（清光绪三十二）年　三册线装

俄国军事

1536 最近俄罗斯海军考
　　（日）窪田重戈著；赵必振译
　　上海　作新社　1903（清光绪二十九）年　一册

1537 俄国水师考一卷
　　（英）百拉西著；（英）傅兰雅译　李岳蘅笔述

上海　制造局本　清末　一册；续富强斋丛书本

原书：Russian Naval Examinations. 俄国海军考查，记1895年俄国海军状况。对船名、质量、吨位、马力等考察详细。后列铁甲表、巡船炮船表、副佐巡船表若干。

英国军事

1538 水师章程八卷续编六卷

英国水师部原书；(美)林乐知译　郑昌棪笔述

上海　制造局　1879(清光绪五)年　十六册

1539 水师章程续编六卷

英国水师部原书；(美)林乐知译　郑昌棪笔述

清光绪间　二册

1540 整顿水师说

李凤苞译

天津　天津机器局　1884(清光绪十)年　三册，1885(清光绪十一)年　一册

1541 英国水师律例三卷　附一卷

(英)德麟　(英)极福德合著；舒高第　郑昌棪译

上海　制造局　1877(清光绪三)年　二册；清光绪间石印　一册；军政全书本；富强斋丛书本；续西学大成本

1542 英国水师考一卷

(英)巴那比　(美)克理合著；(英)傅兰雅　钟天纬译

上海　制造局　1886(清光绪十二)年　二册；西学富强丛书本；军政全书本；新辑各国政治艺学全书本

述英国海军各种制度：造船用料、调兵、操练、防病、制禄、奖赏等章程，并有各国兵船相比、各国水师官与兵相比之数、铁甲船表等。

法国军事

1543 法国水师考一卷

(美)杜默能著；(美)罗亨利译　瞿昂来笔述

上海　制造局　清光绪中　一册；富强斋丛书本；西学军政全书本

第一章述法国水师创办历史，收1854年英、法各等兵船表，包括年代、船只、等级(吨位、马力、尺寸、速度等)数量、武力配备、费用等。第二章介绍法船之冠——丢比理的构造、功能之优势。第三章论无铁甲新船。第四章介绍法国1873年以来造船数量、1880年英意等国造战船情况，以及水师官员设置、品级、人数、待遇等。第五章介绍法国五大兵船厂地点、设备、能力等。

德国军事

1544 德国军制述要

(德)来春石泰撰；沈敦和　(德)锡乐巴译

金陵刻本　1895（清光绪二十一）年　一册

1545 德国陆军考四卷
（法）欧盟著；吴宗濂译　潘元善笔述
上海　制造局　1901（清光绪二十七）年　四册
共十八章，记乾隆四十年至光绪十六年（1775—1890）间德国陆军情况。卷首总叙德国近世情形及历朝皇系，德皇威廉第一第二对陆军的经营。卷末附德皇三代年表。

1546 德国扩充海军条议
徐建寅译
天津石印本　1887（清光绪十三）年　一册

美国军事

1547 美国陆军制一卷
葛胜芬译
南洋公学本　清末　一册

1548 美国水师考一卷
（英）巴那比　（美）克理合著；（英）傅兰雅译　钟天纬笔述
上海　制造局　清光绪间　二册；富强斋丛书本；军政全书本

各国战史

1549 近世海战史二卷
（日）浅野正恭著；叶人恭译
上海　群宜译社　清光绪间　一册
上卷记甲午中日之战，下卷记美国与西班牙之战。作者为日本海军少将。

1550 列国海战记一卷
李凤苞辑译
西学大成本；中西新学大全本

1551 尼罗海战史
（美）耶特瓦德斯边著；（日）越山平三郎译
上海　商务　1903（清光绪二十九）年　一册（战史丛书）

1552 欧洲战史二卷
阮焦斗　范尚之译
集益修书局　1916年，1917年　一册（集益社丛书）

1553 日俄大战史
（日）中岛端编译
上海　劝学会分社　1904（清光绪三十）年　一册
分论说、记事本末、战记、佚事、时报、战局之外大事、公论等。

1554 日俄战时纪要
　　日本外务省编；何寿明译
　　东京　龟田忠一刊　1905（清光绪三十一）年　一册

1555 日俄战记
　　（日）依田雄甫　（日）河田熊合著
　　东京　富山房　1906（日本明治三十九）年　一册，有图
　　原汉文。书前冠有日俄战绩例言，述1904—1905年日俄之战，有照片、地图。

1556 日俄战记全书
　　商务印书馆编译所译
　　上海　商务　1907（清光绪三十三）年　四册

1557 日俄战争写真帖四集
　　日本诸画家绘
　　上海　商务　清光绪末　四册
　　每集60图，写日俄战争景况，每图有汉、英、日三国文字记事。

1558 日俄战争写真帐
　　日本金港堂编
　　上海　商务　清光绪末　四册

1559 日俄战役实验谈
　　陆军部编译
　　北京　陆军部印行　1914年　一册

1560 西美战史二卷（一名　一八九八年之西美战史）
　　（法）勃利德著；李景镐译
　　上海　制造局　1904（清光绪三十）年　一册
　　述西班牙与美国在美洲之争战。时人誉其为兵志中佳本。

1561 英丁前后海战记
　　（美）贤独滑独希兹配痕著；（日）安住宗俊译
　　东亚书局　1898（清光绪二十四）年　一册

1562 英美海战史三卷
　　（美）爱德华·斯宾著；（日）越山平三郎译　世界译书局重译
　　上海　世界译书局石印　清光绪末　一册
　　卷一记1812年威利湖战事，美将玻理败英海军。卷二记冊亚路派列沙湾战事，美将扑他被擒。卷三记鸦耶普列痕湖战事，英举水陆两军侵美北境，战败。

国防

1563 防海新论十八卷　图九十五幅
　　（布）希理哈（Von Schliha, Viktor E. K. R.）著；（英）傅兰雅译　华蘅芳笔述
　　上海　制造局刻本　1874（清同治十三）年序　六册，有图；（出版者不详）清

刻本　六册；清末石印　一册，有图；富强斋丛书本易名《南北花旗战纪》

著者为普鲁士武官。原书：A Treatise on Coast Defence. 论海岸防御，二十卷，1868年伦敦出版。译本合为十八卷。卷一至八论船、炮益精、防守之法宜新，卷九至十一论阻遏行船之法，卷十二至十七论水雷制法，卷十八论阻敌船偷渡法。

1564 海防臆测二卷

（日）伺庵贺古著

书成于天保九年（1838）出版不详

战术

1565 武备火攻要略图编四卷

（德）汤若望授　焦勖纂　赵仲订

清同治光绪间刊本

1566 前敌须知四卷图十九幅

（英）克利赖著；舒高第译　郑昌棪笔述

上海　制造局　1890（清光绪十六）年　四册；清末　五册；西学富强丛书本

述侦探等计谋、战法，并引战史为证。

1567 战法学二卷

（日）石井忠利著；王治本译

北京　日本使署刻本　1896（清光绪二十二）年　一册；武昌　质学会　1897（清光绪二十三）年　一册（军事丛书初集）；东京　善邻译书馆　1898（清光绪二十四）年初版，1905（清光绪三十一）年　一册；质学丛书本

1568 战术学

日本陆军士官学校编；（日）细田谦藏译

上海　南洋公学　清末　四册

共十三篇，论用兵要旨、长短兵之用与步、骑、炮、工诸兵联合各法、命令传达、警戒、侦探、行军、驻军、战斗等。

1569 战术学讲话

（日）中村定吉著；唐天闲等译

上海　南洋公学　清末　一册

1570 治旅述闻三卷

顾臧译

明耻堂　1902（清光绪二十八）年　三册

原为日本士官学校教程。分三编，上编述各种兵战法原则，中编述野外帅兵法则，下编述临敌决计通则。

1571 护队辑要

（德）谭发勒著；（德）斯泰老（Strauch, Ernst Von）　冯锡庚译　萧诵芬笔述　周家禄校订

湖北武备学堂　1900（清光绪二十六）年　一册；上海　扫叶山房本；上

海　宝善斋石印本

述行护队和坐护队的队法、章程及应作之事，附图。

斯泰老（？—1931），1894年来华，在天津任中国军队教官，1899年为中国海关三等帮办，1918年回国。

1572 战法辑要六卷

（德）梅开尔著；（德）何福满　杨其昌译　蒋煦笔述

湖北武备学堂　清光绪间　一册；上海　扫叶山房石印本；宝善斋石印本

卷一战时报传信令各法，卷二开差安营粮食各法，卷三战时攻守各事，附医药队法，卷四侦探保护各法，附意法奥德各国前行护队式图、坐护队式图，卷五随地打仗之法，卷六小战法，附我兵各种记号图1幅。

1573 临阵管见九卷

（布）斯拉弗司著；（美）金楷理译　赵元益笔述

上海　制造局　1866（清同治五）年，1873（清同治十二）年，清光绪中　四册；富强斋丛书本；西学富强丛书本

以具体战例，论述普鲁士军队列阵方法及各种战术。

1574 陆地战例新选一卷

（德）布伦　（瑞士）穆尼耶等辑；（美）丁韪良译　罗饴编

北京　同文馆　1883（清光绪九）年　一册；（出版者不详）　1901（清光绪二十七）年　一册；上海　鸿宝书局石印　1902（清光绪二十八）年　一册；西政丛书本

原书：Laws of Land War. 国际法学会拟订，共86条。主要包括兵民有别，遵守公法战例、停战、投降、战时管辖、占领原则等。另摘录国际法学会会规数条。前有丁韪良、陈兰彬序。

1575 泰西近代历战图论兵略类编

（英）赫谙理著；卢祖华译纂

抄本　清光绪间　十册

赫谙理为英国提督，搜罗各国战略详备。卢祖华幼年肄业于英国，复供职北洋水师。

书凡五篇，自战前壁上画图至临阵机宜，指陈得失利弊，逐一绘图指明。第一篇论未战时之筹划：屯粮及运转，进攻法、接济；第二篇论未战时之酌夺，论进攻、占据要隘；第三篇论交战如何布阵；第四篇两军前线情形：述1796年意大利之战，1809年德国之战，1861年美国南北战争；第五篇论阻挡地势。末册为战图29幅，皆近代欧洲及北美著名战役。

1576 予拟将来陆战议一卷

（英）奴里司著；（英）傅兰雅摘译

《格致汇编》本

叙陆战要术。

1577 炮队战法一卷
　　（德）梅开尔著；（德）斯泰老　蒋煦译　周家禄校
　　湖北武备学堂　1900（清光绪二十六）年　一册；上海扫叶山房石印本；宝善堂石印本
　　共十一章：炮队之作用、炮队战法、炮队列阵、领队宜应留心之事、子弹、择靶、放炮、炮队攻守法及保护炮队法。附图。

1578 步队战法二卷
　　（德）梅开尔著；（德）斯泰老　蒋煦译
　　湖北武备学堂　1900（清光绪二十六）年　一册；上海扫叶山房石印本；宝善斋石印本
　　上卷述步队操演法，下卷述步队打仗之法，附图9幅。

1579 马队战法一卷
　　（德）梅开尔著；（德）斯泰老　蒋煦译
　　湖北武备学堂　1900（清光绪二十六）年　一册；上海扫叶山房石印本；宝善斋石印本
　　详述马队冲敌、摆阵，与步队炮队作战诸法，附图。

1580 三队合战法一卷
　　（德）梅开尔著；（德）何福满　杨其昌译　蒋煦笔述　周家禄校订
　　湖北武备学堂　1900（清光绪二十六）年　一册；上海扫叶山房石印本；宝善斋石印本
　　介绍马队、炮队、步队联合作战的优越性和战法。

1581 行军指要六卷图四十九幅
　　（英）哈密著；（美）金楷理译　赵元益笔述
　　上海　制造局　1901（清光绪二十七）年　六册

1582 行军侦探要略
　　德国武备原本；（德）何福满　杨其昌译　闵广勋笔述
　　湖北官书处　1900（清光绪二十六）年　一册

1583 行营防守学一卷步队工程学一卷
　　北洋武备学堂译
　　浙江书局　1897（清光绪二十三）年　一册

1584 行营防守学一卷
　　北洋武备学堂原译　浙江武备学堂重译
　　浙江武备学堂刻本　清光绪末　一册；续富强斋丛书本

1585 海军调度要言三卷　图一卷
　　（英）挐核甫　（英）赖甫吞　（英）鲁脱能阚麦尔合著；舒高第　郑昌棪译
　　上海　制造局　1890（清光绪十六）年　一册；（出版者不详）清光绪刻本　一册，有图；清光绪间印本　二册，有图；清末石印　一册，有图；西学富强丛书本
　　论水战分队、行阵、轮船战法。

1586 海军指要一卷（一名海战指要）
　　（美）金楷理译　赵元益述
　　清光绪间　印本一册；清光绪间　刻本一册；清光绪间　印本二册；西学大成本；质学丛书本；中西新学大全本

1587 海战要诀
　　（英）傅兰雅译
　　《格致汇编》本

1588 轮船布阵十二卷　首一卷　图解一卷
　　（英）贾密伦（Cameron）（英）裴路（Pellew, Pownoll）合著；（英）傅兰雅译　徐建寅笔述
　　上海　制造局刻本　1873（清同治十二）年，清光绪间刻本　二册，图；上海　鸿文书局石印　1896（清光绪二十二）年　一册（西学富强丛书）；丛书集成续编本
　　卷首绪论译自英国人 Cameron 著"Steam Tactics"汽轮战术，述轮船独行、多船连行、成列绕行、触碰敌船等。全书十二卷译自 Pellew 著"Fleet Manoeuvering"（舰队列阵）。叙英国兵舰作战变换队形的一百多种方法，附图。

1589 船阵图说（一名重译轮船布阵图说）
　　天津北洋水师学堂绘译
　　天津　1884（清光绪十）年　二册，图

1590 海战用炮说
　　（美）金楷理　顾祖荣译
　　天津　天津机器局　1885（清光绪十一）年　一册

1591 水师保身法一卷
　　（法）勒罗阿著；（英）伯克雷原译　程銮　赵元益重译
　　上海　制造局　1875（清光绪元）年　一册
　　为告船主及军医有关饮食、操练、洁身防病等事。

军事技术

武器

1592 火攻挈要三卷　（一题则克录）
　　（德）汤若望口授　焦勖述
　　1643（明崇祯十六）年刊本；清刻本　三册；海山仙馆丛书本
　　前有焦勖崇祯癸未年（1643）识语，火攻诸器图27页。
　　上卷论火攻总原，砌炮台，铸攻战守各用途炮之尺寸比例，作炮模、熔铸炮身所需料、制造各种奇弹；中卷论炮药各成分的比例，炮弹的储存、摆放、运送等，火攻要略，火攻根本总说；下卷述炮身铸造的有关知识、装弹、攻与守战炮击的有关战术。

1593 火攻挈要三卷 图一卷
　　（德）汤若望口授　焦勖笔述
　　明刊本；清刻本　一册；清刻本　四册；丛书集成初编册4911

1594 火攻挈要二卷
　　（德）汤若望口授　焦勖笔述
　　清抄本　一册；1847（清道光二十七）年　一册

1595 火攻秘要一卷
　　（德）汤若望口授　焦勖辑
　　清抄本　一册

1596 神武图说
　　（比）南怀仁编译
　　北京刊本　1681（清康熙二十）年　一册
　　叙铳炮的原理，附图。

1597 火器略说一卷
　　黄达权　王韬辑译
　　弢园王氏自刻本　1881（清光绪七）年　一册（弢园丛书）；上海石印本　1881（清光绪七）年　一册；1897（清光绪二十三）年　一册；西学大成本
　　黄达权，字平甫，广东人，曾居美6年。

1598 军械图说二卷
　　德国武备原本；何福满　杨其昌译
　　湖北武备学堂　1900（清光绪二十六）年　一册；扫叶山房石印本；宝善斋石印本
　　卷一军械总揭，卷二各种药力运送管理之法，附图。

1599 雷火图说一卷
　　德国武备原本；（德）何福满　杨其昌译　闵广勋述
　　湖北官书处　1900（清光绪二十六）年　一册；湖北武备学堂　清光绪末　一册；上海　扫叶山房石印本；宝善斋石印本
　　列埋雷表工程药性各说，附表、附器械图34幅。

1600 哈乞开司枪图说四卷
　　（著、译者不详）
　　天津　武备学堂　1880（清光绪六）年，1892（清光绪十八）年　一册

1601 洋枪浅言一卷 图十五幅
　　颜邦固译
　　上海　制造局　1886（清光绪十二）年　一册

1602 毛瑟枪学一卷
　　北洋武备学堂原译　浙江武备学堂重译
　　浙江书局　1897（清光绪二十三）年　一册；续富强斋丛书本
　　述毛瑟枪之零部件，瞄准法及全枪装卸法等。

1603 快枪打靶通法二卷
　　德国武备原本；(德)斯泰老译　萧诵芬笔述　王肇鋐绘图
　　湖北武备学堂　清光绪末　一册；上海　扫叶山房石印本　二册；宝善斋石印本
　　凡十章，述子弹速率、飞路、准力器具等理。有图有表。

1604 快枪图说一卷　附总件名目考一卷
　　德国武备原本；(德)瑞乃尔译　萧诵芬笔述
　　湖北武备学堂　清光绪末　一册；上海　扫叶山房石印本；宝善斋石印本
　　述快枪件数、用法、子弹施放、管理章程等，图41幅。

1605 枪法图解一卷
　　德国武备原本；(德)何福满　杨其昌译　蒋煦笔述
　　湖北官书局　1900(清光绪二十六)年　一册(湖北武学)；上海　扫叶山房石印本；宝善斋石印本
　　凡八章，述持枪操演法，图23幅。

1606 美国萨维治新出灵巧六响来福枪利用功效图说一卷
　　元丰顺洋行辑译
　　益新西报馆石印　清光绪末　一册

1607 西洋神机二卷
　　孙元化译
　　1661(清顺治十八)年刊　一册
　　首论铸炮，次论制药，后论命中之由，并绘图式。

1608 攻守炮法六卷　图五十四幅
　　布国军政局著；(美)金楷理译　李凤苞述
　　上海　制造局　1872(清同治十一)年，1875(清光绪元)年，清光绪中重印本　一册
　　布国即普鲁士国。

1609 克虏伯炮表八卷
　　布国军政局；(美)金楷理译　李凤苞述
　　上海　制造局　1872(清同治十一)年　一册；富强斋丛书本

1610 克虏伯炮操法四卷　附表八卷
　　布国军政局原本；(美)金楷理译　李凤苞述
　　上海　制造局　1872(清同治十一)年　二册；西学富强丛书本

1611 克虏伯图说四卷　图三十五幅
　　布国军政局原本；(美)金楷理译　李凤苞笔述　胡树荣校
　　上海　制造局　1872(清同治十一)年，1874(清同治十三)年　一册；富强斋丛书本

1612 克鹿卜电光瞄准器具图说
　　(著、译者不详)
　　天津武备学堂　1890(清光绪十六)年　一册

1613 克虏卜量药涨力器具图说（一名罗德满器具说略）
　　（德）瑞乃尔译
　　　天津武备学堂　1891（清光绪十七）年　一册

1614 克虏伯螺绳炮架说一卷　附图一卷
　　布国军政局著；(美)金楷理译　李凤苞笔述
　　　上海　制造局　清光绪中　一册

1615 克鲁伯炮说四卷　炮表八卷
　　布国军政局著；(美)金楷理译　李凤苞笔述
　　　上海　制造局刻本　清末　二册；西学富强丛书；新译西洋兵书五种本

1616 格林炮操法一卷
　　（美）佛兰克林（Franklin）著；（英）傅兰雅译　徐建寅笔述
　　　上海　制造局　1875（清光绪元）年　一册
　　原书：Gatling Gun Drill.
　　述操练时各炮手方位，格林炮之用，拆卸法、装配法、收拾法、装弹桶法及格林炮各部件名目三十四件。

1617 炮法求新六卷　附编及补编
　　（英）乌里治官炮局原书；舒高第　郑昌棪译
　　　上海　制造局　清末　八册

1618 格鲁森快放炮操法一卷
　　北洋武备学堂原译　浙江武备学堂重译
　　　浙江武备学堂　清光绪末　一册
　　共三节：一未套马之炮操法，二上下炮尾，三移动已下架尾之炮。列操法口令四十条，各有释语。

1619 管炮法程一卷
　　（德）瑞乃尔辑译　沈敦和重编
　　　金陵刊本　1896（清光绪二十二）年　一册；质学丛书本　四卷
　　原名克卢卜海岸炮管理法，后改为今名。论临用法、用炮时法、用完时法、收存法。

1620 炮准心法二卷　图一卷
　　布国军政局原书；(美)金楷理译　李凤苞述
　　　上海　制造局　清同治间初刊本，1875（清光绪元）年　二册；富强斋丛书本

1621 克虏伯炮准心法一卷　图一卷
　　布国军政局原书；(美)金楷理译　李凤苞述
　　　上海　制造局　清末　二册；富强斋丛书本；西学富强丛书本

1622 施放炮书一卷　施放行营炮章程一卷　瞄准要法一卷　格鲁森快炮操法一卷
　　北洋武备学堂原译　浙江武备学堂重译
　　　浙江书局　1897（清光绪二十三）年　一册

1623 施放炮书一卷
　　北洋武备学堂原译　浙江武备学堂重译
　　浙江武备学堂　1897（清光绪二十三）年　一册（浙江武备新书）
　　分甲乙两部分共十一章。甲论飞路六章：解说炮弹受力、飞出、遇物情形，论子母弹、群子弹；乙论炮之能力五章：论命中、炮表、子弹命中效验、炮位及相关事。

1624 炮概浅说一卷
　　（德）来春石泰著；沈敦和译
　　附《借箸筹防论略》后。

1625 日本野战炮兵射击教范
　　军学编辑局编译
　　北京　军学编辑局　1914年　一册

1626 近时战船论一卷
　　英国船厂原本；（英）傅兰雅译
　　《格致汇编》本

1627 铁甲丛谈五卷　图一卷
　　（英）黎特著；舒高第　郑昌棪译
　　上海　制造局　清光绪间　二册，有图
　　记英、法、意、俄、德、奥、土、美、日本、巴西、智利等国至1889年止所造铁甲水雷兵船之数量、制造及操演等。附美国凯来撰《近时战船论》、《欧洲各国兵舰比较论》。

1628 克虏伯船炮操法一卷
　　布国军政局著；（美）金楷理译　李凤苞笔述
　　上海　制造局　清光绪中　一册；西学富强丛书本

1629 兵船炮法六卷
　　美国水师书院著；（美）金楷理译　朱恩锡　李凤苞述
　　上海　制造局　1872（清同治十一）年，1876（清光绪二）年　三册；富强斋丛书本；西学富强丛书本；西洋兵书后五种

1630 美国兵船枪法
　　（美）金楷理译　李凤苞笔述
　　上海　制造局　1880（清光绪六）年前译，出版不详

1631 炮甲合论
　　（　）Holly, Alexander L.著；（英）傅兰雅　徐建寅译
　　1880（清光绪六）年初版　一册
　　论各种巨炮和舰装甲。一名"炮与铁甲论"

1632 海用水雷法
　　（英）傅兰雅译　华蘅芳笔述
　　上海　制造局　1880（清光绪六）年译，出版不详

1633 水雷秘要五卷　图二百二十四幅
　　（英）史理孟著；舒高第　郑昌棪译
　　上海　制造局刻本　清光绪末　六册；清稿本；清末石印　一册（西洋兵书后五种）
　　原书1880年出版，述水雷及兵船之防御、保护、攻守、燃放、制造、入水各法。

1634 水雷说一卷
　　（泰西）斯米德著；（译者不详）
　　《格致汇编》本　1876（清光绪二）年

1635 水雷图说十一卷
　　（英）施立盟辑译
　　天津　天津机器局　1884（清光绪十）年　四册，1890（清光绪十六）年四卷本　一册

1636 艇雷纪要一卷　附图
　　李凤苞辑译
　　天津机器局　清末　一册；西学大成本

1637 阿里士庄子药图说
　　（著、译者不详）
　　天津武备学堂　1890（清光绪十六）年　一册

1638 爆药纪要六卷　图四幅　（一名炮药记要）
　　美国水雷局原本；舒高第译　赵元益笔述
　　上海　制造局　1879（清光绪五）年　一册；西学大成本

1639 饼药造法一卷　附图一卷
　　布国军政局著；（美）金楷理译　李凤苞笔述
　　上海　制造局　清光绪间　一册

1640 克虏伯炮弹造法二卷　附图一卷　饼药造法一卷
　　布国军政局原本；（美）金楷理译　李凤苞述
　　上海　制造局　1872（清同治十一）年　一册

1641 克虏伯炮药弹造法四卷　图一百五十二幅
　　布国军政局原本；（美）金楷理译　李凤苞笔述　胡瑞麟校
　　上海　制造局　1874（清同治十三）年　一册

1642 西炮说略　附炮纪略
　　（英）傅兰雅著
　　《格致汇编》　1877（清光绪三）年
　　西炮说略内容：八十一吨炮说，鸽令炮说，回特活德钢炮论。
　　附炮纪略（德）斯米德撰，内容：论炮料，论前后膛，论火药，论英国安士得龙炮，论乌里治炮，论瓦瓦司炮，德国克虏伯炮，安士得龙、乌里治、克虏伯前膛炮优拙论，克鲁伯、瓦瓦司后膛钢炮优拙论。

1643 回特活德钢炮说一卷

（英）回特活德著；（英）傅兰雅译　徐寿述

上海　制造局　1878（清光绪四）年　一册（西艺知新）；富强斋丛书本；格致汇编本

回特活德自1857至1872年，历时十五年发明了螺丝炮。该书叙回特活德试验过程及其新工艺，造炮所用钢的冶炼方法及钢的质量要求等。

1644 火器考一卷

陈寿彭辑译

求是报本　清末

1645 克虏伯炮架说一卷　附图一卷

布国军政局原书；（美）金楷理译　李凤苞笔述

上海　制造局　清光绪中　一册

1646 克鲁伯炮造法二卷

（美）金楷理译

上海　制造局　清光绪间　一册

1647 克虏卜新式陆路炮图说　附行炮表

（德）瑞乃尔译　萧诵芬述

天津武备学堂本　1890（清光绪十六）年　一册，无表；天津局印本

1648 克虏伯腰箍炮说一卷

布国军政局原书；（美）金楷理译　李凤苞述

上海　制造局　清光绪中　一册；杭州衢樽局石印本（兵书十二种）

1649 炮乘新法三卷　图一百四十一幅

英国制造局原本；舒高第译　郑昌棪笔述

上海　制造局　1890（清光绪十六）年　六册；清末刻本　五册

1650 神武正规

（远西）汤若望著

香港纳匝肋静院　1907（清光绪三十三）年　一册

1651 西洋自来火铳制法一卷

英国人原著；丁守存辑译

1842（清道光二十二）年木刻　一册（海国图志　卷九十一）

介绍雷管起爆药雷银及纯硝酸制法。

1652 造子药铜壳机器图说一卷

（英）傅兰雅译

格致汇编本

1653 千药准则七册

（京师大学堂所藏译书）

军事工程

1654 步队工程兵一卷
    北洋武备学堂原译　浙江武备学堂重译
    浙江武备学堂刊　清光绪末　一册；续富强斋丛书本

1655 行军造桥图说一卷
    （德）何福满　杨其昌译　萧诵芬笔述
    湖北官书处　1900（清光绪二十六）年　一册

1656 浮桥工程学五卷　附录一卷
    （德）何福满　杨其昌译　蒋煦笔述　石其荣绘图
    湖北官书处　1900（清光绪二十六）年　一册

1657 行军铁路工程二卷　附图一卷
    英国武备工程课则；（英）傅兰雅译　汪振声述
    上海　制造局　1886（清光绪十二）年　一册，有图；另有光绪间刻本　二册，有图；富强斋丛书本；续西学大成本
    译自"Military Railways"第一卷，大不列颠皇家工兵陆军学校原书，1870年伦敦出版。

1658 营垒图说一卷　附图
    （比）伯里牙芒著；（美）金楷理译　李凤苞述
    上海　制造局　1872（清同治十一）年，1876（清光绪二）年　一册；西学大成本

1659 营城揭要二卷　附图一卷
    （英）储意比（Portlock, Jos. E.）著；（英）傅兰雅译　徐寿笔述
    上海　制造局　1876（清光绪二）年　一册；（出版者不详）清光绪间刻本　二册，有图；（出版者不详）清末石印　一册，有图（西洋兵书后五种）；富强斋丛书本；丛书集成续编册88
    译自大英百科全书第8版"Fortification"词条（"筑城学"），主要述作战时筑造城营之作图法。

1660 营工要览四卷　附图
    英国武备工程课则；（英）傅兰雅译　汪振声述
    上海　制造局　清光绪间　二册；制造局　清光绪间　一册
    述工兵攻守、行军取水、行营、造瞭望台、开路等事。

1661 营垒从新一卷
    （德）何福满　杨其昌同译　萧诵芬笔述
    湖北官书局　1900（清光绪二十六）年　一册

1662 沟垒图说四卷
    德国武备原本；（德）福克斯选译　詹贵珊同译　周家禄校订
    湖北武备学堂　1900（清光绪二十六）年　一册；上海扫叶山房石印本；宝善斋石印本
    述因地制宜开沟筑垒之法。

1663 日本筑营教范
　　　　军学编辑局编译
　　　　北京　军学编辑局　1914年　一册

1664 开地道轰药法三卷　图一卷
　　　　英国武备工程学堂辑；（英）傅兰雅译　汪振声述
　　　　上海　制造局刻本　1893（清光绪十九）年　二册；清末石印　一册（西洋兵书五种）；吴县叶氏重校本
　　　　该书译自英国工兵学校 Chatham 氏所著有关爆破兵使用的爆炸方法论一书。述在敌城近处开挖地道，装火药爆炸之，以坏其城、桥的方法。此种地道分为直道、常道、分道、大道四种，各种地道的开挖、尺寸、道内撑木疏密距离、所用兵力、火药及其装置方法。

1665 炮台说略二卷
　　　　（德）何福满　杨其昌译　萧诵芬笔述
　　　　湖北官书处　1900（清光绪二十六）年　一册；上海扫叶山房石印本；宝善斋石印本
　　　　上卷论工程形势，下卷论攻台守台法。

1666 行军电报要略二卷
　　　　（德）何福满　杨其昌译　萧诵芬　蒋煦笔述
　　　　湖北官书处　1900（清光绪二十六）年　一册

军事地形学、军事地理学

1667 地势学五卷
　　　　（德）库司孟著　（德）福克斯增补；詹贵珊译前三卷　（德）斯泰老　蒋煦译后二卷　周家禄校订
　　　　湖北武备学堂　1900（清光绪二十六）年　一册；上海宝善斋石印本；扫叶山房石印小字本
　　　　前三卷地面学、水学、地势分类学，后二卷武备地势学，述行军打仗驻扎遮蔽扼守等地势的利用。附图81幅。

1668 行军测绘十卷　首一卷　附图一卷
　　　　（英）连提（Lendy, Auguste F.）著；（英）傅兰雅译　赵元益笔述
　　　　上海　制造局刻本　1871（清同治十）年，1873（清同治十二）年　二十册；富强斋丛书续集本；西学大成续集本；西洋兵书五种本
　　　　译自1869年伦敦出版的"A Practical Course of Military Surveying"实用行军测绘课程。

1669 行军测绘学三卷　量地表一卷
　　　　德国武备原书；（德）何福满　扬其昌译　闵广勋笔述　石其荣绘图
　　　　湖北武备学堂　1900（清光绪二十六）年　一册；上海扫叶山房石印本；宝善斋石印大字本
　　　　卷一各种地图绘制法，卷二地图着色法，卷三测量应用器械。量地表一卷。

经济

经济理论

1670 制国之用大略
（德）郭实腊编
新加坡刊本 1839（清道光十九）年 一册
述民需、货币、税收、国用、军事、教育、财源等政治经济。

1671 富国策三卷
（英）法思德（Fawcett, H.）著；（美）丁韪良译 汪凤藻述
北京 同文馆 1880（清光绪六）年，1883（清光绪九）年 三册；乐善堂 1881（日本明治十四）年 三册；上海 美华书馆 1899（清光绪二十五）年；制造局本；益智书会本；日本排印本
原书：Fawcett's Political Economy.（1876）著者通译亨利·福西特。
此为西方政治经济学理论，卷一论生财，卷二论用财，卷三论交易。

1672（重译）富国策
（自题）通正斋生译
时务报馆 1895（清光绪二十一）年序 一册
该书取同文馆1880年本重加删润而成。

1673 生利分利之别论
（英）李提摩太著；蔡尔康译
上海 广学会 1894（清光绪二十）年 一册；上海 鸿宝书局 1902（清光绪二十八）年 一册；上海 商务本；西政丛书本；质学丛书本；新学汇编本
所论为生利、分利两部分。创造财富，产品分配，谓之生利，其要点有四：1. 利非独力所能生，应合千百人之力以生利；2. 利非现力所能生，劳动有过程，有分工。3. 利宜予储人力以生，对劳动者应予育、教；4. 利宜广增新法以生利，如提高劳动者素质，发展科技，提高生产能力。分利：论既生利又分利，只分利不生利，直接生利与间接生利之区别。末附《续论生利分利之别》。

1674 富国养民策一卷
（英）哲分司（Jevons, W. Stanley）著；（英）艾约瑟译
上海 税务司 1886（清光绪十二）年 一册（西学启蒙十六种）；上海 广学会 1893（清光绪十九）年 一册；上海 著易堂 1896（清光绪二十二）年 一册；西政丛书本
原书：Theory of political Economy. 1871年初版，1879年再版。
哲分司（1835—1882），今译杰文斯，英国逻辑学家和经济学家，以研究经济学著名。书前有哲分司1878年写于伦敦大学的序言。本书共十六章：第一章导引，第二章论物之有益于人，第三章生财，第四章分工操作，第五章资本，第六章财分于各主，第七章工价，第八章论行会，第九章资本操作联合之诸情形，第十章论地并租地事宜，第十一章论交易，第十二章金银钱钞交易，第十三章论借银之理并典当

店银庄金店，第十四章生意兴衰循环之运数，第十五章益民生诸事官办民办之利弊，第十六章征税。

1675 富国须知一卷

（英）傅兰雅著

上海　制造局　1892（清光绪十八）年　一册；格致须知三集本

此为政治经济学。

1676 富国真理二卷

（英）嘉托玛著；（英）山雅谷译　蔡尔康述

上海　广学会　1899（清光绪二十五）年　一册

共二十五章，提出富国之法十二项，包括使用精明人材，搞活贸易，讲求学问，创新制造业以及调剂赋税，开展赊贷、赈济等。

1677 富民策二卷

（英）马林（Macklin, W. E.）著；李玉书译

上海　广学会　1899（清光绪二十五）年　一册；上海　美华书馆　1911（清宣统三）年　一册

马林，英国医生，侨居中国，著有马氏丛书。该书以美国乔治·亨利（Henry George）之"进步与贫穷"一编为蓝本，摘其大意，别采他书之说为旁证。

1678 原富八卷

（英）亚丹斯密（Smith, Adam）著；严复译

南洋公学译书院　1901（清光绪二十七）年　三册；上海　商务　1901年初版　三册

原书：An Inquiry into The Nature and Causes of the Wealth of Nations. (1776) 严复所用底本为英国罗哲斯1880年注释本。分甲乙丙丁戊五部分，述分工、交换、货币、价值、价格、工资、利润、地租、资本、各国财富发展、重商主义、重农主义、财政等方面问题，属资产阶级古典政治经济学，提倡经济自由。本书所附中西编年地名人名物义诸表，为张元济补订。

1679 理财学四卷

（美）谢卫楼著

上海　协和书局　1902（清光绪二十八）年　一册；上海　美华书馆　1906（清光绪三十二）年　一册

原书：Political Economy。

1680 经济纲要一卷

日本普通教育研究会编著；时中书局译

上海　时中书局　1903（清光绪二十九）年　一册

分六章：一经济概念，二财之生产，三财之交换，四财之分配，五财之消费，六财政。

1681 经济通论五卷

（日）持地六三郎著；商务印书馆译

上海　商务　1903（清光绪二十九）年　一册（财政丛书）

卷一总论，卷二财之生产，卷三财之交易，卷四财之分配，卷五财之消耗。

1682 社会经济学
（日）金井延著；陈家瓒译
上海　群益书局　1905（清光绪三十一）年　一册

1683 经济学
（日）山崎觉次郎著；王憬芳译
（出版者不详）　1905（清光绪三十一）年　册数不详

1684 经济学要义
（日）松崎藏之助著；（日）铃木虎雄译　杨度补译
东京　东亚公司　1906（清光绪三十二）年　一册

1685 经济学粹四卷
（比）耶密迩·罗貌礼著；（英）亚弗勒字烈儿原译　（日）牧山耕平重译
金陵　江楚编译官书局　1906（清光绪三十二）年　二册线装
罗貌礼（1822—1892），比利时国之硕学，代表十九世纪进化思想，1882年著"经济学纲领"，日译者译为今名。卷一总论，卷二生产要素之劳动，卷三分配及循环，卷四富之消费。共三十二章一百二十九条，属初学之善本。

1686 经济学
（日）胜水淳行著；易泰乾编译
东京　湖北法政编辑社　1908（清光绪三十四）年初版，1914年3版　一册

1687 经济原论
（美）麦喀梵（Macvane, S. M.）著；朱宝绶译
上海　中国图书公司　1908（清光绪三十四）年　一册
原书：The Working Principles of Political Economy.
著者麦喀梵，今译麦克文（1862—1943），美国土地经济学家。书分二十七篇，论钱币、交易、资本、佣工、物价、分配、信贷、国际商务，美国两党对商业所持观点及其相互辩驳。

1688 经济学概论
（美）伊利（Ely, R. T. 1862—1943）著；熊崇煦　章勤士译
上海　商务　1910（清宣统二）年初版，1913年，1916年　一册
原书：Outlines of Economics.
书分四编，首"历史之序论"，述及人类经济发展、英国工业革命、美国经济史等；二编"私经济学"，论生产、交换、分配、消费；三编"公经济学"，述国家对经济的干预、国家财政收支、国企等；四编经济学说史。

1689 经济学
（日）小林丑三郎著；李佐廷编译
丙午社　1911（清宣统三）年　一册（法政讲义第1集）

1690 经济学研究方法
（日）金井延著；康宝忠译

上海　民主图书公司印刷所　1913年　一册

1691　经济学要览
东方法学会编译
上海　泰东图书局　1914年7月再版　一册（法政要览丛书）

1692　国民经济学原论
（日）津村秀松著；马凌甫译
上海　群益书局　1915年　一册；大中书局本
分为七编：总论、国民经济发达要件论、生产论、交易论、分配论、消费论、结论。

1693　经济学大意
（日）津村秀松著；彭耕译
上海　群益书局　1916年　一册
此为《国民经济学原论》之简约本。

1694　最新经济学一卷
（日）田岛锦治著
《翻译世界》本

1695　经济教科书六卷
（日）和田垣谦三编
上海　广智书局　1902（清光绪二十八）年　一册
初学者门径之书。

1696　经济教科书
（日）桥本海关译
江宁　江楚编译官书局　1903（清光绪二十九）年　一册

1697　经济学讲义
（日）葛冈信虎讲述；直隶速成师范生笔记
直隶学务处　1905（清光绪三十一）年　一册（直隶速成师范讲义）

1698　经济学教科书
王宰善译
上海　开明书店　1906（清光绪三十二）年　一册

1699　经济学讲义
直隶速成师范译
同文舍　1906（清光绪三十二）年　一册

1700　经济学讲义一卷
（日）杉荣三郎编
上海　商务　清光绪末　一册（京师大学堂讲义本）
分总论、生产、交易、分配、消费几部分。

1701　经济学史一卷
（日）滨田健二郎　（日）伊势本一郎合著
《翻译世界》本

世界经济概况、经济地理

1702 万国国力比较二十三卷　表一卷　附录一卷
　　　（英）默尔化（Mulhall, M. G.）著；出洋学生编译所译
　　　上海　商务　1903（清光绪二十九）年　六册（政学丛书）
　　　系辑各国当时统计报告而成，包括人工、动力、蒸汽力、农、渔、矿、制造各业、贸易、运输、银行、货币、租税、公债等。

1703 经济地理学大纲
　　　（日）野口保一郎著
　　　上海　平凡书局　1903（清光绪二十九）年　一册

1704 商工地理学
　　　（日）永井惟直著；范迪吉等译
　　　上海　会文学社　1903（清光绪二十九）年　一册（普通百科全书）

中国经济

1705 中国经济全书
　　　日本东亚同文会编著；经济学会编译
　　　经济学会　1910（清宣统二）年　三册
　　　原书《支那经济全书》，原为日本之上海东亚同文书院毕业生调查作品集，有关中国财政制度、市场经济、工商企业、国内外贸易等均有记述。

1706 满洲财力论　（一名富之满洲）
　　　（日）松本敬之著；施尔常译
　　　北京　京师官书局　1906（清光绪三十二）年　一册

1707 中国现势论一卷
　　　法国人原著；日本支那调查会原译　清国出洋学生编译所重译
　　　上海　商务　1902（清光绪二十八）年　一册（帝国丛书）
　　　共三篇，首篇中国经济地理；二篇述马关条约后欧洲列强对我山东及海南诸地的侵入；三篇述我通商口岸之经营，路矿失权，列强势力扩张，海军，贸易等。

各国经济

1708 二十年来生计剧变论一卷
　　　（日）田尻稻次郎著；陈国镛译
　　　上海　广智书局　1903（清光绪二十九）年　一册
　　　原书成于1902年，缕述日本经济近况。

1709 德国工商勃兴史
　　　（法）伯罗德尔著；日本文部省原译　商务印书馆重译
　　　上海　商务　1903（清光绪二十九）年　一册（商业丛书）
　　　首总论德国之实利主义，英德、俄德、法德关系。第一章工业勃兴：述矿业、纺织、化工、陶瓷玻璃、家具、制纸、制革、农业。第二章商业勃兴：述国内商业、铁道、

水路之功用；外国商业、国际运河、津港发达、殖民计划，德国与欧亚非美间商业关系；德国政府政策及其青少年教育，德之人性特质等致使德国商业勃兴诸原因。末为结论：商业勃兴不仅为物质进步，也是知识、德、义之进步。

1710 德国实业发达史

（美）哈渥著；吴之椿译

上海　商务　1917年　一册，有表

原书：Development of Modern Industry in Germany.

书分二编凡八章，述德意志近代实业发达之现状。

1711 德意志之战时经济

（瑞典）嘉塞尔著；陈灿重译

1918年　一册

作者通译卡塞尔。本书自日文本转译。述第一次世界大战间，德国之人力、工农业、消费、国外汇兑、财政等措施。附德国战时经济年表。

1712 英国实业史

丁雄　斐熙林译

上海　广学会　1907（清光绪三十三）年　一册

1713 英国颁行公司定例

（英）哲美森著；（英）李提摩太译　蔡子莴笔述

上海　广学会　1896（清光绪二十二）年　一册

哲美森时任驻沪英使兼总领事，他将英国颁行公司之例中与当时上海公司相关者，撮其要录出，内容有：创立公司，注册条例；科收股票资本与股人名分之例；总理公司事务之例；公司歇业之例。

经济管理

1714 会计学

（日）吉田良三著；张永宣译

上海　中华书局　1917年　一册；上海　商务　1917年　一册

全书十六章，包括借贷对照表，资产负债种类，单会计法与复会计法，资本的支出与收益的支出，财产评价法，填补减价，损益计算，公积金，减价基金，原价计算，有关商品的问题等。

1715 参考官厅簿记一卷

（日）斋藤善三郎著；瞿铖译

1914年　一册

农业经济

1716 农业经济篇二卷

（日）今关常次郎著；（日）吉田森太郎译

江南总农会石印　1901（清光绪二十七）年　一册，表格（农学丛书三集）

1717 农业经济论
（日）横井时敬　（日）泽村真合著；范迪吉等译
上海　会文学社　1903（清光绪二十九）年　一册（普通百科全书）

1718 地球人数渐多应设法以添食粮一卷
（英）傅兰雅译
《格致汇编》本

1719 鄂省西北部农业视察记一卷
（日）美代清彦著；朱承庆译
农学丛书本

1720 日本地租论
胡翔云编译
编译者印行　1913年　一册

1721 日本土地收用法释义
（日）樋口祐造著；王侃译
北京　内务部编译处　1919年　一册

1722 农业经济教科书（农学校用）
（日）石坂橘树著；沈化夔译
上海　新学会社　1913年　一册
述农业经济的特性与技术、企业等的关系，分述其生产、交易、分配、消费等。

工业经济

1723 工业与国政相关论二卷
（英）司旦离遮风司（Jevons, Stanley）著；（美）卫理译　王汝骕笔述
上海　制造局　1900（清光绪二十六）年　二册
著者通译杰文斯。上卷论工业国法之理，国家直接干预工业，制造厂律法及其它同类律法。下卷论国家绕道干预工业及工艺会律法，工业结党律法，合力法及工业合伙，公断与调停，末章总结。

1724 日本矿律一卷
唐宝锷译
《译书汇编》本
日本矿律颁于明治二十三年（1890），共九章，一总则，二试掘及采掘，三矿区，四使用法，五矿业警察，六矿夫，七矿业税及矿区税，八罚则，九附则。

交通运输经济

1725 交通学
（日）庄太郎斋藤改订　余明铨校正
1905（清光绪三十一）年印本　一册
附图24幅。

1726 运送法
　　（日）菅原大太郎著；范迪吉等译
　　上海　会文学社　1903（清光绪二十九）年　一册（普通百科全书）

1727 开办铁路工程说略一卷　附美国大火轮车图说
　　（英）傅兰雅译
　　《格致汇编》　1890（清光绪十六）年
　　译自 Matheson's "Engineering Enterprise Abroad"
　　述开办铁路工程三要事：一工程之费用，二每年所用开销，三每年所得之利；另述车辆大小，铁路宽窄，机车之重；末节详列承揽合同之要事十八款。有图表。

1728 铁路运送论
　　（美）安登哈特勒著；（日）小松谦次郎译　陈宗蕃重译
　　邮传部通译局　1909（清宣统元）年　一册
　　第一章近世运送制度，概述欧美铁路水运之近况；第二章合众国内地商业之发达；第三章铁路所有权及铁路投机；第四章竞争及同盟理论；第五章竞争及同盟之实行；第六章运费及特别减价；第七章合众国之铁路法律；第八章英国铁路制度；第九章英国铁路法律；第十章法国铁路政略；第十一章中央欧罗巴铁路制度，述德、法、普鲁士、奥地利、比利时诸情形；第十二章伊大利之铁路立法；第十三章国家管理铁路之结果。

1729 铁道新论
　　（日）片山潜著；沈尔昌译
　　上海　华南书局　1913年　一册
　　凡七章，述运输与铁道发展趋势，铁道资金，各国铁道制度及劳动问题等。

1730 铁路行政泛论
　　（日）杉田百助著；曹一敏等译
　　北京　交通部　1913年　一册

1731 中国路矿航运危亡史
　　（日）尾川半三郎著；王荫藩译
　　清国留学生会馆　1906（清光绪三十二）年　一册

1732 西比利亚铁路考
　　（美）勒芬迩撰；徐兆熊等译
　　南洋公学　1902（清光绪二十八）年　一册

1733 伦敦铁路公司章程一卷
　　英国铁路公司著；邓廷铿译　杨葆寅辑
　　时务报馆　1896（清光绪二十二）年　一册
　　记伦敦公司关于行车、收票、收货、上货、搭客、座位、服役、遇险等铁路章程。

1734 英国铁路章程二卷
　　邓廷铿译　杨葆寅编
　　上海　鸿宝书局石印　1902（清光绪二十八）年　一册（新辑各国政治艺学全书）

1735 德国铁路律

（美）林文德译

清邮传部图书通译局　清宣统间　一册

共十四条，包括工作人员须礼貌待人，不可收馈赠，办公时不可吸烟；供差人与人发生龃龉，在车站、沿途由何人判明；投诉规定；货物、装卸等规定；行车时刻、价目、验票、换票、退票之规定；行路举止、车辆毁伤后对旅客之赔付，延误、停开车等对旅客之赔付；行李、危险品、金银等贵重物品、禽兽等运载条例。

1736 邮传部译书十七种

清邮传部图书通译局译

译者印　1910（清宣统二）年　十册

1. 法兰西铁路警察律　七章七十二条
2. 日国铁路条例　1855年6月3日定/胡得望译（驻日商务随员）
3. 日葡界地铁路例章/黄履和译（驻日商务随员）；有人名、地名法文注
4. 日法界地铁路例章/黄履和译；人名、地名有西文注
5. 意大利商办铁路章程
6. 法兰西商办铁路律
7. 德国铁路律/林文德译（美国律师）
8. 英国一八七三年铁路规定律/沈成鹄译
9. 各国交通行政律汇编：路政律　a.墨西哥共和国铁路律；b.德国干线铁路营业律；c.比国铁路营业律
10. 铁路运送论/（美）安登哈特勒著；（日）小松谦次郎译　陈宗蕃重译
11. 水运/杨志洵译　李湛田校（一）民船业，述水道、民船、征税、船政及章程。（二）轮船业，述扬子江及中国北方各航路、港埠、轮船公司、货运各事。附大阪商船会社码头捐。该书译自日本支那经济全书。
12. 英国泰姆斯河航海练习学校章程
13. 世界之交通/邓振瀛译　程宗尹校；译自日本太阳报临时增刊。述及欧亚非美等洲水运工具、造船术之进步，开通新航线，开凿运河，洲际铁路及海底电缆之贯通，各国海上势力之发展，对海运的保护等。
14. 欧美电信电话事业/（日）中山龙次著；李景铭　方兆鳌译　王慎贤等校
15. 万国电报通例/荣永清译
16. 通信要录/（日）坂野铁次郎著；方兆鳌译述　黄维基　李湛田校订
17. 调查日本邮电学堂报告书/李景铭　方兆鳌编；周作霖校。述电信学校之沿革、建筑图式、各种配制、修业年限、官制、教员、仪器、书籍及课本、各种规则、经费等。

邮电经济

1737 通信要录

（日）坂野铁次郎著；方兆鳌译述　黄维基　李湛田校订

邮传部图书通译局　1909（清宣统元）年　二册

全书十三章，述通信官署、通信区划、邮票类、内国邮便、内国邮便汇兑、邮便储金、汇拨储金、内国电报、电话、外国邮便、外国邮便汇兑、外国电报、无线电报。

1738 通信行政概要

（日）渡部信讲述　润璋编译　金桂等校

有信社丽古斋　1911（清宣统三）年　一册，有照片及表

1739 欧美电信电话事业

（日）中山龙次著；李景铭　方兆鳌译　王慎贤等校

1910（清宣统二）年刻本　四册

中山技师明治三十七年由日本启程，经上海，香港至欧洲游历，此其调查报告。

凡四卷：卷一上海电话事业、香港电话事业、英国邮便电信电话；卷二瑞士电气事业、德国电信电话、瑞典电信电话；卷三船舶电报管理及设备方法、新闻电报制度（记英、法、德、日等国），私设电信电话制度；卷四欧洲各国扩张电话方法及经济，电信电话普及方法，电话费制度，欧美无线电信。

上海电话公司于光绪八年创设，加入者354名，共18年。新电话公司1900年始，名为华洋德律风公司，管理人奥倍尔克，四年间加入者1264人。

1740 万国电报通例一卷

东西各国电线局总办合著；胡礼垣译

中国电报沪局　1881（清光绪七）年　一册

记1879年于彼得堡所订国际公约，共分十七类，包括收写、传打、计费、入国际公会等。

1741 万国电报通例

荣永清译

上海电报局　1909（清宣统元）年　一册

光绪三十四年（1908）万国电报会在葡萄牙开会，修订万国电报通例，计公约二十一款；章程二十二章八十八条四百五十七节。此通例于1908年6月1日施行。

贸易经济

贸易经济理论

1742 贸易通志五卷

（德）郭实腊编

新加坡？　1840（清道光二十）年　一册

卷一述古代商业重要性，商人，公司与自由贸易；卷二述现代商业状况，包括中国及其邻国、印度洋沿岸国家、东印度、西方民族、欧洲国家、北美洲、南美洲；卷三述货物运输，车辆、道路和港湾；卷四述货币、银行、兑换、保险等；卷五述新建的国家情况，贸易法则、关税、契约等。

1743 贸易稳法一卷

（英）傅兰雅著

《格致汇编》　1877（清光绪三）年

述如何借地利以取财致富。

1744 国政贸易相关书二卷

（英）法拉（Farrer, Thomas H.）著；（英）傅兰雅译　徐家宝笔述

1883（清光绪九）年刻本　二册；上海　制造局　1897（清光绪二十三）年　一册；上海石印本　1898（清光绪二十四）年　一册

法拉曾为英国法官，原著：The State in Its Relation to Trade. (1883)，论国家开展贸易的原则、制度、商业裁判机关、国内外贸易法律、价格、货币等。国家和个人开发海口、运河，兴办邮电、自来水、电灯、煤气、铁路、修桥与渡口、船坞、灯塔等各种公共设施的原则和制度。

1745 商业经济学

（日）清木泰吉著；范迪吉等译

上海　会文学社　1903（清光绪二十九）年　一册（普通百科全书）

1746 商学四卷

张相文编译　阜丰商业学社辑

上海商学公会　1905（清光绪三十一）年　四册线装

前有御前大臣商部尚书固山贝子衔镇国将军戴振叙、清光绪己巳孙多森序。

此书以日本清水氏《商业经济学》为蓝本，参以名人著述四十余种，裒辑而成，虽取径东洋，实导源西籍。卷一述商业起源、商业进化、商业发达所赖之国际与国内自然及人文环境、商业作为生产与消费的中间环节对社会发展所产生之利与弊、中国商业沿革、世界商业沿革，卷二商品、货物、商业集散、证券；卷三独立营业、协同营业、联约营业、商会、商业职务、信用、泉币、资本；卷四述证券交易所、买卖、市场、物价、市情、市荒，其征兆、原因、预防与疗治。

1747 商业参考书

（日）太田原一定著；史宝安译

京师五道庙售书处　1909（清宣统元）年　一册

1748 商业通论

（日）石川女吾撰

南洋印刷官厂　1911（清宣统三）年　一册（绮楼著述）

1749 生意公平聚益法

（英）米怜著

马六甲刊本　1818（清嘉庆二十三）年初版，1832（清道光十二）年重印　一册；宁波　1837（清道光十七）年再版　一册；宁波　华花圣经书房　1847（清道光二十七）年修订　一册

述贸易往来应遵循之基本法则，在中国通行之检查不公平贸易的方法，度量衡知识，伪劣商品、劣币，废除契约的知识等。

1750 生意人事广益法

（美）卢公明著

福州刊本　1857（清咸丰七）年　一册

1751 销售法五百种
（日）井关十二郎著；蔡文森译
上海　商务　1918年　一册（商业丛书）

1752 广告须知
甘永龙编译
上海　商务　1918年　一册（商业丛书）

1753 （最新）商业簿记
（日）吉田良三著；杨蕴三译
上海　群益书局　1917年初版，1919年再版　一册
解说簿记、借贷原理等商业会计。

1754 商业簿记教科书（实业学堂用）
（日）佐野善作著；汪廷襄译
上海　商务　1908（清光绪三十四）年初版，1913年　一册

1755 商店组织管理法
汪筱谢编译
上海　商务　1918年　二册（商业丛书）

世界贸易地理、贸易史

1756 亚东贸易地理四卷
（日）永野耕造著；南洋公学译
上海　南洋公学　1903（清光绪二十九）年　一册

1757 亚洲商业地理志二卷
（日）永野耕造编；刘世珩译
刘世珩石印　清末　二册（五洲舣编译时务丛书）
上卷支那。首总论，次分述支那本部、满洲、蒙古、西藏、准葛尔、东土耳其斯坦。叙其地势、河流、气候、物产、工业、商业、大都市及条约港总论、北京天津等25个城市、朝鲜。下卷英法葡荷德俄等国在亚洲属地，以及波斯、阿富汗、亚剌比亚（今沙特及周边地区）等独立国的自然地理、重要都市、物产、工业、商业、国内外贸易等。

1758 万国商业地理志一卷
（英）嘉植德著；广智书局译
上海　广智书局　1902（清光绪二十八）年　一册
分国为章，共二十三章，记各国商务，并未涉及商业与地理之关系。

1759 万国商业志二卷
陈子祥编译
上海　广学会　1901（清光绪二十七）年　一册；上海　广智书局　1903（清光绪二十九）年　一册（万国通志第五编）
共四章：一太古商业志，记埃及、亚西利亚、巴比伦、中国、罗马之商业；二中

古商业志，记查列曼帝国、意大利、英吉利之商业；三近世商业志，记葡萄牙、西班牙、荷兰、法兰西、日耳曼、英吉利之商业；四最近商业志，记英、法、日尔曼、俄罗斯、奥地利、瑞士、西班牙、美国、印度、日本、中国之商业。

1760 万国商业历史

（法）伯罗德尔著；商务印书馆译

上海　商务　1903（清光绪二十九）年　一册

1761 世界商业史三卷

（英）器宾（Gibbins, Henry Beltgens 1865—1907）著；（日）永田健助原译　许家庆重译

上海　山西大学译书院　1904（清光绪三十）年　一册；上海　协和书局　1905（清光绪三十一）年　一册

1762 世界商业史

（日）和田垣谦三著；徐宗稚　周保銮译述

上海　商务　1911（清宣统三）年，1916年　一册

述太古至近世世界各国商业发展史。

1763 万国通商史

（英）琐米尔士（Somers, R.）著；日本经济杂志社译　（日）古城贞吉重译　孟森校订

上海　南洋公学译书院　清光绪末　一册

英文原著成于1890年，日译本成于1895年。书分九章，记上古亚剌比亚（今沙特阿拉伯及其周边地区）、地中海东岸非尼西亚等国，通过陆路及红海、尼罗河、地中海等水路，开对外贸易之风气始，至近世欧洲、美洲各国开新航路、建殖民地、移民，国际间贸易达到极盛的历史。涉及关税、外国债贷、设商法保护等。末附上古及中古通商地图及近世通商地图两幅。

中国贸易

1764 通商海关华洋贸易总册

上海通商海关造册处编译

上海通商海关造册处印　1878（清光绪四）年至1919年

记中国进出口贸易情况、通商海关各口互相贸易、出入内地货物及其它统计资料。每年一册二册不等，原为英文，后改英汉对照。

1765 中国工商业考

（日）绪方南溟著；（日）古城贞吉译

上海　时务报馆石印　1897（清光绪二十三）年　二册

1766 华英通商事略一卷

（英）伟烈亚力口译　王韬笔述

上海　广学会　清末　一册；西学辑存本

记明崇祯丁丑（1637）英国威咸率五舶抵虎门，因葡国人从中作梗，中英起衅，

至道光间东印度公司专利取消,先后二百年间中英通商大事之来龙去脉。叙事均持英人立场。书中考中英通商始于万历四十一年(1613)。

1767 中国商务志一卷
（日）织田一著；蒋篯方译
上海 广智书局 1902（清光绪二十八）年 一册
共十章,述中国各商埠及其运输。

1768 通商各关华洋贸易论略
清驻沪通商海关造册处译
上海 上海通商海关造册处 1910（清宣统二）年 一册

1769 修水口以利通商
（英）李提摩太著
上海 广学会 1894（清光绪二十）年 一册；新学汇编本

国际贸易

1770 太平洋商战史
（俄）柴索维著；李垣 王樾译
北京 新智囊 1912年 一册
凡十二章,述殖民地与消费市场、太平洋沿岸之商业、东亚之消费市场、各国欲开放中国门户之政策、日英美法德俄等国在太平洋之竞争等。

1771 商业政策（上下册）
（日）津村秀松著；覃寿公译
汉口 维新印书局 1914年 二册,有表
书分三编凡二十章,述国际贸易政策学说及政策发展；有关关税、通商条约、最惠国条款、自由港等政策之手段；英美日等列强在国际贸易上的现势与将来。

1772 出洋通商举隅一卷
（法）雷翁何珊著；吴宗濂辑译
寿萱室 1901（清光绪二十七）年 一册

1773 南清贸易
（日）小山松寿著
东京 闽学会 1901（清光绪二十七）年 一册

1774 镇南浦开埠记一卷
（日）古城贞吉著
小方壶斋舆地丛钞再补编第十帙
镇南浦在朝鲜平安道。

1775 西国象牙贸易一卷
（英）傅兰雅译
《格致汇编》本

财政、金融

财政理论

1776 财政学
（日）冈实著；叶开穷 何福麟编辑
东京 湖北法政编辑社 1906（清光绪三十二）年增订再版 一册（法政丛编）

1777 财政学
（日）松崎藏之助 （日）神户正雄合著；黄可权编译
丙午社 1907（清光绪三十三）年 一册（法政讲义第1集）

1778 理财新义
（法）戈利撰
上海 商务 1907（清光绪三十三）年 一册

1779 比较财政学（上下卷）
（日）小林丑三郎著；张锡之等译
日本东京 财政调查社 1909（清宣统元）年 二册
凡六编：财政学总论、国家经费论、国家收入论、国家公债论、国家财务论、财政史论。附世界各国度量衡比较表、世界各国货币价格比较表。

1780 最近财政学
（日）和田垣谦三著；作新社译
上海 广智书局 清末 一册

1781 财政学提要
（日）小林丑三郎著；陈启修译
上海 科学会编译部 1914年 一册
凡三十二章：财政学之意义及职分、财政学之发达、财政之特别原则、财政之计划、预算案、公共经费、公共收入论、租税论、公债、岁计等。附中西地名、人名词汇对照表，各国货币及度量衡译名表，中、日纪年与公元年历对照表。

1782 财政学要览
东方法学会编译
上海 泰东图书局 1914年再版 一册（法政要览丛书）

1783 财政学
（日）泷本美夫讲述 孟森译述
上海 商务 1916年初版 一册，有表
此为作者在东京高等商业学校的讲义。首绪论，余为支出、收入、收支之适合。

1784 最新财政学
（日）松崎藏之助著；张家骝译
上海 群益书社 1918年 一册
分总论、岁入、公债、岁计预算等。为节译本。

1785 理财学纲要
　　（日）天野为之著；嵇镜译述
　　上海　文明书局　1903（清光绪二十九）年，1907（清光绪三十三）年　一册

1786 理财学精义一卷
　　（日）田尻稻次郎著；王季点译
　　上海　商务　1903（清光绪二十九）年　一册

1787 理财学课本上编三篇
　　（美）华克著；颜惠庆译
　　上海　商务　1903（清光绪二十九）年　一册

1788 工商理财要术
　　（德）那特硁著；蒯寿枢　周达译
　　上海　广智书局　清末　一册

1789 理财学一卷
　　（德）李士德著；（译者不详）
　　《译书汇编》本

1790 经济学大意
　　（日）田尻稻次郎著；（日）吉田谨三郎译
　　东京　东京专修学校　清光绪末　一册；同文沪报馆本
　　著者为日本法学博士，专论财政统计。

国家财政

预决算

1791 最近预算决算论
　　（日）工藤重义著；易应缃译
　　上海　群益书局　1911（清宣统三）年　一册
　　所论以财政学为主，兼及国家学。

1792 各国预算制度论
　　（日）工藤重义著；李犹龙译
　　上海　群益书局　1912年　一册
　　此为《最近预算决算论》之续作，分三编：预算准备之问题，预算提出之问题，预算议定之问题；述各国预算制度沿革及得失。

税收

1793 税敛要例一卷
　　（美）卜舫济著
　　上海　广学会　1894（清光绪二十）年　一册；新学汇编本

1794 税关及仓库论
　　（日）岩崎昌著；范迪吉等译
　　上海　会文学社　1903（清光绪二十九）年　一册（普通百科全书）

1795 租税论
（日）田中穗积著；咸运机译
政治经济社 1906（清光绪三十二）年 一册

公债

1796 公债论
（日）田中穗积著；咸运机译
政治经济社 1906（清光绪三十二）年 一册

1797 公债论
（日）田中穗积著；陈与年译
上海 商务 1909（清宣统元）年，1913年 一册
论公债之沿革、本质、定义、种类、各种公债之利弊、公债之募集、偿还方法。
附各国公债之沿革、各国公债情况表。

1798 国债论一卷
（日）土子金四郎著；王季点译
上海 商务 清光绪末 一册（财政丛书）
分三章论国债之性质、利害得失、种类。

地方财政

1799 地方自治财政论一卷
（日）石塚刚毅著；友古斋主译
上海 商务 1903（清光绪二十九）年 一册（政学丛书第8集）
论地方自治当以财政为基础，详征各国成绩以证。一总论，论地方自治体之性质、种类、财政学之目地，自治体之经济限制；二岁出论，论日本欧美自治体经费岁出状况，增加原因及经济法律判定岁出当否；三岁入论，论自治体之收入，国税地方税之区别、沿革；四共有财产论，论财产财政之性质、类别以及欧美日本各国各级地方行政之基本财产及森林土地一切财产之管理法；五地方债论，论地方债募集之目地、现状、偿还法等。

各国财政

1800 列国战时财政状况
张家森译
上海 中华书局 1918年 一册（战时小丛书）

1801 欧洲各国比较财政及组织一卷
（德）海开路著；译书汇编社译
《译书汇编》本
列十七表，分两类，一各国财政年表，二各国比较组织表。

1802 地方财政学
（日）小林丑三郎著；姚大中译 卢寿钱校订

上海　崇文书局　1919 年　一册

凡二卷。上卷述英、法、德、日等国地方财政制度、预算与收支；下卷论以上各国地方税制及实务。

1803 欧洲财政史一卷

（日）小林丑三郎著；胡宗瀛译

上海　商务　1902（清光绪二十八）年　一册线装　（政学丛书）；日本专修学校本

博考欧洲各国古时用财征税之本末，迄于近代，附录各表载各国近代各年经费、财政、国债、岁出岁入等数。

1804 欧洲财政史一卷

（日）小林丑三郎著；罗普译

上海　广智书局　1902（清光绪二十八）年　一册

1805 欧洲财政史

（日）小林丑三郎著；金邦平译

日本东京　译书汇编社　1902（清光绪二十八）年　一册

第一章概论,按年叙事,分述各国财政之沿革。第二章古代(罗马、希腊)之财政，记罗马以战争为财源，没收战败国领土、财产、奴役人工。第三章中世之财政，记十一至十三世纪欧洲列国由封建破坏，都市独立，工商业及货币银行发达。第四章近世之财政，记十七世纪以前之财政，商业航海之发达、货币经济、贸易政策之勃兴，中央集权君主国家之兴盛，宗教改革及侵略战争等史事对各国财政的影响；十八世纪之财政，前半期君主专制之战乱，保护贸易之竞争，滥征租税、强募公债；后期美国独立、法国大革命，共和政体、自由学说、宪政及行政大改革影响财政租税制度变化；和平与进步，俄奥普之神圣同盟，南美西班牙属地独立、自由主义、个人主义学说介入改革宪法及财政理论的进步，促国力发展，税种改革、岁计均衡，国家职务应为下级人民均利益，增加教育、卫生、土木建筑等经费，保护关税，发展铁路、邮便、河运；银行官营、盐业烟草火柴专卖，以增国库。附各国近年岁出、岁入类别表(1898 年)：宪法、国防、行政、财政、关税、行政杂收、临时收入等项，有德、普鲁士、奥匈、法、英、意、俄、美、日等国。

1806 中国财政纪略一卷

日本东邦协会著；吴铭译

上海　广智书局　1903（清光绪二十九）年 4 版　一册

译自日本《东邦小鉴》中论中国财政一篇。

1807 袁批理财节略一卷

（英）戴乐尔（Taylor, Francis Edward）著；袁昶批

上海　新中国图书社　清光绪间　一册；石印本　一册

戴氏 1877 年进入中国海关，任帮办、副税务司、总税务司等职多年，1902 年清廷派出参与订立"中英马凯条约"，1919 年辞职回国。清光绪中戴乐尔就中国商务情形及所宜整顿者列为十三条上于清政府，袁批就原本圈识其要。义和团运动之后，袁氏家人以其手迹付之石印。

1808 中国度支考一卷

（英）哲美森（Jamieson, sir G. 1843—1920）辑；（美）林乐知译　任廷旭笔述

上海　广学会　1897（清光绪二十三）年　一册；图书集成局　1897年　一册

蔡尔康序。哲美森为英驻沪领事。书中辑光绪中三年之京外奏报而成，凡三十七条，分计出入之数，总计全国每年出入清单。

1809 通商进口税则

清驻沪通商海关造册处编

驻沪通商海关造册处　清光绪间　一册线装

所列进口货物十七类：油蜡矾磺、香料、茶、药材、腌腊、海味、颜料、器皿箱盒、竹木、钟表、布、绸、毯、糖酒、铜铁、珍宝、牙角等。按双、只、疋、码、斤等单位收税若干两、钱、厘。附俄国增补税则，俄、意、法三国增补改订税则清单。

1810 咸丰戊午通商税则

清驻沪通商海关造册处译

驻沪通商海关造册处　1910（清宣统二）年　一册

1811 中国关税制度论

（日）高柳松一郎著；李达译

上海　商务　1916年　一册

1812 日本财政及现在一卷

（日）小林丑三郎著；王宰善译

《译书汇编》本

共五章：一维新之财政，二明治十年后之财政，三明治二十三年后之财政，四明治二十七年后之财政，五今后之财政。

1813 日本国库事务纲要

日本政府编；叶春墀编译

济南　山东国税厅筹备处　1914年　一册

山东国税厅1910年曾赴日本考察，此系当时日本官员讲演录。述日本国库机构组织、制度、财政收入统计、簿记等。附录：日本财政制度大纲、中国会计法草案与实施细则。

1814 印度筹税纲要

（英）莫安仁译

上海　广学会　1912年　一册

1815 英国财政史

（京师大学堂所藏译书）

1816 英国财政志七卷

（英）怀尔森（Wilson, A. J.）撰；南洋公学师范院译

南洋公学译书院印本　1903（清光绪二十九）年　二册

1817 英国度支考一卷

（英）司可得开勒著；华龙译

上海　商务　清光绪末　一册；上海　广智书局　一册

记述1688年至十九世纪末，英国包括其属地之财政情况。

1818 英国印花税章程一卷

邓廷铿译　李企晟编

上海　吴兴陆氏　1898（清光绪二十四）年　一册；上海　印书公会石印　清光绪间　二册

论及附条，照章收税，印花格式，征税字据，控告税司，字据纠葛，入各种行会纳税，爱尔兰律会及英格兰律会之经费。汇票、期票、卖契、债契、股票、抵押、保险等等各种字据应如何征税。附律师纳税数目、英国印花税章程附条。英国印花税例摘要/邓廷铿译；附有关遗产、继承等税例，拍卖、车辆、宰杀及出卖野味、租房、烟酒、药品、当铺、首饰、纸牌、饭馆、烈酒等凭帖税数目。

1819 编译印花税章程

陆树藩编辑；沈鉴译述

1899（清光绪二十五）年　一册

书前有陆树藩叙。本书采两种英国印花税章程编译而成。书中详列各类"字据"、票、券等印花税的征缴对象、免税范围、税务司的责权及监管、有关印花票法、税则、罚则等。另有"印花税章程续编"，陆树藩编辑，刘镜人译述，内容有：一总办税务，二增缴税款，三发票印花票，四退换误、坏印花纸，五禁犯印花例，六杂项。附税例摘要、英国印花税始末并为中国拟筹印花税办法节略。

1820 英国印花税章程

沈鉴译

清末石印　二册线装

1821 法国印花税章程一卷

法国印花局原书；黄致尧译

上海　时务报馆　1896（清光绪二十二）年　一册

译者曾任驻西班牙使馆官员。法自1799年废印花旧例，更定新章，以后据此章程随时增修。章程分四类：按张大小之印花、按值微税之印花、豖购印花、专项印花等。

货币、金融

1822 保富述要二卷

（英）布来德（Pratt, J. T.）著；（英）傅兰雅译　徐家宝笔述

上海　制造局刻本　1896（清光绪二十二）年　二册；上海　鸿宝书局石印　1902（清光绪二十八）年　一册；清末刻本　二册；西政丛书本

原书"Money"，共十七章，专论货币、银行，叙述货币发展史和币制，银行对积累资本的作用，开设银行，开展贸易和发展国家经济的关系等。

1823 货币论

（日）高田早苗著；孙云奎译

政治经济社　1906（清光绪三十二）年　一册

1824　货币论

（日）河津暹著；陈家瓒译

上海　群益书局　1907（清光绪三十三）年　一册

分概论、硬货论、纸币论三编，对货币之沿革、本位之得失、货币之原则、发行货币之方法、各国货币之比较，皆有论述。

1825　纸币论

（日）杉荣三郎讲授　唐宗愈笔述

北京　京师仕学馆　1906（清光绪三十二）年　一册

1826　经济各论讲义二卷

（日）杉荣三郎编

上海　商务　清光绪末　一册（京师大学堂讲义本）

上编硬货论，论金银铜三品各货本位之变迁制度及沿革；下编纸币论，论纸币之性质、利害、准备机关各法。

1827　钞业略论

大学堂译书局译

清户部刻本　清光绪间　一册，有图、表

1828　泉币通论

（法）德浮斐尔著；王鸿猷译

译者刊　1912年　二册

凡二卷，上卷述货币作用、沿革、种类、本位、各国币制；下卷论币值、物价与纸币的产生、发展及其性质、作用。

1829　经济学各论

（日）盐谷廉及　（日）坂口直马合著；王我臧译

上海　商务　1913年　一册

论货币、银行、外国贸易、外国汇兑。

1830　货币论

（日）堀江归一著；李翰章　李克谦译

东京　早稻田大学中华研学社　1917年　一册；山西重印本

述货币流通、货币技术、价格、本位制度、各国币制等。附主要名词解释，及李翰章著"中国币制改革及采取本位制意见"一文。

1831　欧洲货币史二卷

（英）达布留耶西容著；（日）信夫淳平述　新民译印书局重译

上海　新民译印书局　1903（清光绪二十九）年　二册；上海　商务　清末

此为1259—1894年间欧洲各国通货史，共三章，始于欧洲金币铸造之创始，止于印度政府停止银币自由铸造。

1832　中国货币论

（日）清水孙秉著；王皷炜译

北京　翰林院王宅　1911（清宣统三）年　一册（槐荫丛书）

1833 中国币制改革初议
（荷兰）卫斯林　陆德著；邵长光译
青岛　观象台　1912 年　一册

1834 卫士林支那货币论
（荷兰）卫士林（Vissering, G.）著；杨冕译
上海　泰东图书局　1917 年　一册
著者通译卫斯林。述中国币制改革的方法与步骤，建议采用"金汇兑本位制"，并介绍印度、菲律宾等国实施该种制度的实例。附录：1. 支那货币现状，2. 支那银行现状，3. 爪哇银行总裁卫士林博士致法国驻巴达维亚领事书。

1835 日本货币史一卷
（日）信夫淳平著；新民译印书局译
上海　新民译印书局　1903（清光绪二十九）年　一册；上海　时中书局　清末　一册
凡三章：德川幕府以前之货币概略；德川幕府之货币制度；明治政府之货币制度。明治维新以前，日本货币多类华币制，自日本安政间与美缔约始改币制。

1836 银行及外国为替
（日）水岛铁也著；刘鹤年　梁振岷译
致诚书局　1908（清光绪三十四）年　339 页

1837 银行学原理
（美）敦巴（Dunbai, C. F.）著；王建祖编译　朱宗焘增补
上海　商务　1911（清宣统三）年　一册
原书：Theory of Banking.

保险

1838 农业保险论一卷
（日）吉井东一著；（日）山本宪译
江南总农会　清光绪间　一册，表格（农学丛书初集）
原载 1898 年《农学报》。论保险之意义、种类、方法，以及农业保险的具体内容和方法。

文化、教育、体育

各国文化事业

1839 七国新学备要一卷
（英）李提摩太著
上海　广学会　1889（清光绪十五）年，1892（清光绪十八）年　一册；浏阳质

学社刊广学会丛书八种本；新学汇编本

书前有光绪十四年李提摩太自序。七国指美英法德俄日印度。凡八章，前三章记各国大中小学，其主要课程、在校学生、教师数量、各种学校之经费及其来源。次记各国报馆、藏书楼及其藏书品种数量。末三章论中国应取法外国订立章程，按照中国时事宜变通章程：1. 国家必须先立学部，令各地皆设新学校；2. 应特赐专权于新学部，使其统辖各省学校；3. 国家每年至少应拨银一兆两，以办新学，以后随时酌补；4. 督饬各地绅商富户，量力输银以补公款之不足。

新闻

1840 新闻学一卷

（日）松本君平著；商务印书馆编译所编译

上海　商务　1903（清光绪二十九）年　一册

共三十六章，详论新闻社成员之权限、编辑方法、发行效果等，并列举英美法德俄五国新闻事业以相印证。

1841 应用新闻学

（美）休曼（Shumon, E. L.）著；史清译

上海　广学会　1913年　一册

1842 报章源流一卷

（英）姑连著；南洋官报馆节译

南洋官报本　一册

原书作于十九世纪，记欧美各国报章沿革。

出版

1843 版权考三卷

（英）斯克罗敦　（英）普南　（美）罗白孙合著；周仪君译

上海　商务　1903（清光绪二十九）年　一册

分三篇：甲篇论版权之胚胎，乙篇论版权之发达，丙篇论版权之完备。详考各国版权之起点、要义，罗列现行法规。

1844 欧美著书版权限制一卷

（著、译者均阙名）

《教育世界》本

1845 德意志出版条例（一八七四年五月初七日发）

佚名译

（年代阙）油印本　一册

述1874年德国出版条例：一总则，二出版手续，三应被罚出版物所犯者之责任，四期满免除，五出版物之封押，六附录：战时办法，献纳图书馆、博物馆不许收特别税等。

1846 译书事略一卷

（英）傅兰雅著

《格致汇编》本

记述江南制造局译书事业。

群众文化事业

1847 美国百年大会记略一卷

（英）傅兰雅译

《格致汇编》 1877（清光绪三）年

记美国1876年5月4日在费城开幕之美国独立百年博览会。详记其章程、经费、场地设置、展馆样式、景观、各国寄送展品名目。中国送展奇而雅者有雕漆、嵌金银丝之木器、螺钿屏风、古瓷花瓶，最精致者为费工数年而雕成之一木床及秀帐。附图多幅。

1848 美国博物大会一卷

（英）傅兰雅辑译

《格致汇编》 1892（清光绪十八）年；单行本 1892（清光绪十八）年 一册，有图

介绍美国为纪念哥伦布发现美洲大陆四百周年，1893年即将在芝加哥开幕之博物大会，会期为1893年5月1日—10月31日。述博物会总章程、经费、董事会分工，大会设十五院：农工院、种植院、生灵院、渔务院、矿物院、机器院、运务院、工艺院、电务院、技艺院、文艺院、政务院、林木院、邮政院、邻政院，详述各院章程、占地面积、构造、装潢、拟设展品细目。

1849 大阪博览会便览

（日）石原昌雄等著

日本 裕邻馆 1903（日本明治三十六）年 一册

介绍日本明治三十一年（1898）三月劝业博览会会馆、局所、旅肆、银行、名胜、寺观等。卷首附博览会俯瞰图1大幅，大阪图2幅，楼阁风景图26幅。

图书馆事业

1850 图书馆教育

（日）户野周二郎著；谢荫昌译

沈阳 奉天图书发行所 1910（清宣统二）年 一册

1851 图书馆小识

日本图书馆协会编；通俗教育研究会译

北京 通俗教育研究会 1917年 一册

教育

教育理论

1852 广学兴国策

（美）林乐知译

上海　广学会　1897（清光绪二十三）年　一册

1853 教育探源一卷
（日）冈本监辅著
《教育世界》本　1901（清光绪二十七）年

1854 费尔巴尔图派之教育三卷
（美）查勒士德葛尔毛（Garmo, Charles De）著；（日）中岛端译
上海　教育世界社　1901（清光绪二十七）年　一册（教育丛书三集）
原书：Herbart and the Herbartions (1895).
查勒士德葛尔毛今译查尔斯·德·加谟。

1855 埒氏实践教育学二卷
（奥）埒斯弗勒特力著；（日）藤代祯辅译　（日）中岛端重译　大学堂译书分局译　陈黻宸校　管学大臣审定
大学堂官书局　1903（清光绪二十九）年　二册线装
埒氏为欧洲十九世纪教育改良大家。原书1868年出版，再版七次，各国争相译而传之。此为埒氏教育全书第二部分之中译本，原书分四部：一心理学、论理学，二教育教授要论，三国民学校教授法，四教育教授历史。
译本凡六篇：第一篇体育，包括概论、婴幼儿养育、一般生理及保养、运动及休息、神经及感觉器官之动作、论疾病；第二篇论精神生活之通观；第三篇智育，论智育之价值及其本质、论感觉器官之重要，论修养与游戏、认识与语言，论家庭之智性修养，论直观思考、记忆力与想象力、注意力的培养等教育方法；第四篇情育与美育，论心情之重要及审美修养以及学校对情育美育的本务；第五篇德育，论处世原理之建立，论伦理、道义、自由志操等价值及构成，论发育、求自善、名誉心及爱敬心之养成，以及预防忌妒，意志行为的养成、诱掖、赏罚，论伦理之训诲等意志行为的指导；第六篇教育通论，论教育之本旨，论教育手段，子弟的分类，论教育者及教育所。

1856 格氏特殊教育学
（德）格露孟开伦著；蔡俊镛译
上海　广智书局　1903（清光绪二十九）年　一册（教育丛书）
"特殊教育"指儿童精神特性不同，应视其差异施以不同的教育，使儿童保持特性，精神焕发。书分三章：一概论，论天赋之特性及习得之特性，宗教信仰之当注意，职业教育，家庭教育；二学校通论，论学校教授与单独教授的比较，学校与家庭教授的相互关系，音体美教授以及学校仪式对儿童素质的培养关系；三学校各论，论各种学校之必要，高等文科学校的数学、历史及语言教授，国民学校教育，市民学校、女子学校的教育等。

1857 教育新论一卷　教育新史一卷
（日）天眼铃木力著"新论"　（日）中野礼四郎著"新史"；张肇熊译
上海　文明书局　清光绪末　一册
"新论"为《丈夫之本领》中之一篇，分五章，举泰西教育家理论，侧重自修。"新

史"为《东西洋教育史》中之一章,凡欧洲各国学校种类、课程、卒业期均列说著表。

1858 教育学
（日）熊谷五郎著；范迪吉等译
上海　会文学社　1903（清光绪二十九）年　一册（普通百科全书）

1859 教育学
（日）伊泽修二著；（日）三屋大四郎译
泰东同文局　1905（清光绪三十一）年　一册

1860 教育学
（日）波多野贞之助编；闵爻等编译
湖北官书处　1905（清光绪三十一）年　一册（师范科丛编）

1861 教育学
（日）立花铣三郎讲述　王国维译
教育世界社　1901（清光绪二十七）年　一册（教育丛书初集）
首总论什么是教育，教育需投入人力，教育可及之范围，教育之必要，教育之权利及义务。余分三编，一教育之精神：宗旨、方便、方法；二教育之原质：体育、智育、实际教育；三教育之组织：教育、训练、教授。

1862 教育学教科书一卷
（日）牧濑五一郎著；王国维译
教育世界社　清光绪间　一册（教育丛书二集）

1863 教育学问答
（日）富山房编；范迪吉等译
上海　会文学社　1903（清光绪二十九）年　一册（普通百科全书）

1864 教育学问答
（日）日下部三之介著；冯霈译
上海　广智书局　1903（清光绪二十九）年　一册（教育丛书）

1865 教育学新书
（日）富山房编；范迪吉等译
上海　会文学社　1903（清光绪二十九）年　一册（普通百科全书）

1866 普通教育学要义
（日）中岛半次郎著；田吴炤译
移山堂　1903（清光绪二十九）年　二册

1867 休氏教育学
（日）大濑甚太郎著
上海　通社　1904（清光绪三十）年　一册（通社丛书乙编）

1868 教育学原理一卷
（日）波多野贞之助讲述；颜可铸编辑
翰墨林书局　1905（清光绪三十一）年　一册；速成师范讲义丛录本
分普通、职业两类，分述各科目及教育学。

1869 新教育学
（日）吉田熊次著；蒋维乔译
上海　商务　1909（清宣统元）年初版，1913 年 5 版　一册
书分六编，绪论、教育之目的、教授论、训育论、养护论、学校论。

1870 新编教育学讲义
（日）中岛半次郎编著；韩定生译
东京　富山房　1911（清宣统三）年　一册

1871 教育学原理一卷
（日）尺秀三郎　（日）中岛半次郎合著；季新益译
教科书译辑社　清光绪末　一册（教育丛书第一编）
此为东京专门学校教育科讲义之一，专论教育学原理，分序论、本论、余论，综论教育之形成等。

1872 原师一卷
（日）泽柳政太郎著；武昌翻译学塾译
武昌　翻译学塾　清光绪末　一册
分十二章论教育重要，将来资格，效果，规则等。

1873 实际教育学
（日）泽柳政太郎著；彭清鹏译
吉林　教育杂志社　1914 年　一册

1874 实用教育学一卷
（日）越智直　（日）安东辰次郎合著；张肇桐译
上海　文明书局　清光绪末，1914 年　一册
首概论，以下分六篇：一论智育，二论致智之方，三论德育，四论养德之方，五论体育兼论学校卫生事宜，六论学校管理事宜。

1875 实用新教育学一卷
（日）加纳友市　（日）上田仲之助合著；（译者不详）
《教育世界》本

1876 蒙养镜（一名教育诡言）
（德）撒耳士曼著；（日）大村仁太郎编译　吴燕来译补
天津　教育图书局　1908（清光绪三十四）年　一册

1877 欧美教育观一卷
日本育成会编；沈纮译
上海　教育世界社　清光绪间年　一册（教育丛书二集）

1878 修学篇一卷
（日）饭田规矩三著；蒋方震译
上海　广智书局　清光绪末　一册
论少年自学选书、读书、质疑、有恒等。

1879 日本教育论
   （日）吉村寅太郎著；张肇熊译
   上海　文明书局　1914年　一册
1880 衣服论
   邹德谨　蒋正陆编译
   上海　商务　1917年再版　一册（通俗教育丛书）
   论美育。

社会教育

1881 世界教育谭
   （日）泽柳政太郎著；王曾颐译
   上海　开明书店　1903（清光绪二十九）年　一册（教育研究会丛编）
   共十二章，论教育不修则政治法律农商工艺美术各实业皆不发达。分论教与育等师范之学。
1882 教育与国家一卷
   （日）山路一游讲述；颜可铸编辑
   （出版者不详）　清光绪末　一册（速成师范讲义丛录）
   内容分八类：一汉学之传来，二西洋文物传来，三通俗教育，四书籍及学术器之输入，五西洋学术及其分类，六学问之应用，七东西学风之差异，八学校之统系。
1883 斯宾塞尔劝学篇一卷
   （英）斯宾塞著；严复译
   南昌　读有用书之斋　1901（清光绪二十七）年　一册；侯官严氏丛刻本
   此为斯宾塞《教育学》第一篇"什么知识最有用"。大旨：群之为学（指大众教育）不可缓；智之开也，物理为先，格致不明则无以于治平之理；格致中繁难嫌疑之理，必以实测之证明辨之；民众之智、力、德三者卑卑，则虽有至美至良之政术，皆将无补于治。
1884 社会教育法
   （日）佐藤善治郎著；沈纮译
   教育世界社　清光绪间　一册（教育丛书二集）；邮传部图书通译局　1909（清宣统元）年　一册

教育学史

1885 教育学史
   （日）金子马治著；陈宗孟译
   上海　广智书局　1903（清光绪二十九）年　一册（教育丛书）
   分为古代、中代、近代前半期三编，以各时期著名教育家言论分类而记。
1886 教育学史
   （日）金子马治著；陈毅译
   上海　广智书局　1903（清光绪二十九）年　二册

1887 十九世纪教育史一卷
（日）熊谷五郎著
教育世界社 1901（清光绪二十七）年 一册（教育丛书初集）
第一章泛论，自卢梭主张平等权利以来，莫不知欲使国家富强，必以普及教育为第一；第二至五章分别述德法英美四国之初等、中等、高等教育，教育沿革，特殊人群之教育等。

1888（增订）日本欧美教育制度及方法全书
（日）小泉又一讲演；（日）西师意译
东京 富山房 1907（清光绪三十三）年 一册
光绪末年清学部大臣、各省提学史奉派赴日考察学政，日本文部省派人开讲演会，讲演稿增订而成此书。首绪论，次本论，本论分三编：一学校管理法六章，二教授法二章，三各科性质及其相互关系十四章。

教育丛书

1889 教育丛书初集
（日）原亮三郎等著；沈纮等译
上海 教育世界社 1901（清光绪二十七）年 十册
收内外教育小史、国民教育资料等译著十一种。

1890 教育丛书二集
（日）牧濑五一郎等著；王国维等译
上海 教育世界社石印 清光绪间 十册
收译著十五种。

1891 教育丛书三集二十七种
教育世界社编译
教育世界社 清光绪间 二十一册线装

德育

1892 公民鉴
（美）马维克（W. Marivick）（美）斯密司（W. Smith）著；苏锡元译
上海 商务 1914年 一册
原书：The True Citizen.
讲述自孩提始，至青年、成人、公民之道德修养，及政治知识之教育。

1893 常识修养法
邹德谨 蒋正陆编译
上海 商务 1916年 一册（通俗教育丛书）

1894 德育及体育二卷
（日）久保田贞则著；广智书局译
上海 广智书局 1903（清光绪二十九）年 一册

1895 活青年一卷

（日）铃木力造著；范迪吉译

上海　东华翻译社　1903（清光绪二十九）年　一册

以自任、独立、进取、武健等品质激发青年向上。

1896 进德篇

（英）华林泰著；李诘元译

成都　公记印刷公司　1914年　一册

论志向、品质、财物等人生道德修养。

1897 成功宝诀

（美）马尔腾（O. S. Marden）著；奚若译

上海　基督教青年会　1914年　一册

原书：The Secret of Achievement.

书分十章述辛勤、诚实、习惯、慎微、窒碍、勇敢、自治、决断、坚志、贞洁。

1898 品性论

（英）苏曼雅士著；秦同培译

上海　中华书局　1916年　一册

原书：Character. 作者通译斯迈尔斯。述品性之势力、家庭之势力、朋友之模范、职业、勇气等，共十二编。

1899 勤俭论

（英）斯迈尔斯著；中华书局编辑所编译

上海　中华　1914年　一册

原书：Thrift. 分十六章论勤俭、节约与储蓄之重要。

1900 人道主义

（英）节丽春译　高献箴笔述

上海　广学会　1912年　一册

1901 人生胜利术汇编

（美）波临登（E. F. Purinton）著；青年协会书报部编译

上海　青年协会书报部　1917年　一册

原书：Efficiency and Life. 著者通译布林顿。述人之健康、快乐、富裕、获得才干等人生胜利的方法。

1902 少年鞭一卷

（日）菅学应著；郑诚元译

上海　群学社　清光绪末　一册

论艰难困苦对青年学问有助。

1903 学生立志论一卷

（日）柳内蝦著；秦毓鎏译

上海　文明书局　清光绪末　一册

共八章，勉励青年学生勇往进取，指出怠惰玩忽为失败之源。

1904 职分论
  （英）斯迈尔斯著；叶农生译
  上海　中华　1915年　一册

1905 职分论
  （英）斯迈尔斯著；蒋方震译
  上海　商务　1917年　一册
  原书：Smile's Duty.
  书分十六章，述职分、良心、正直、真实、金钱不能移、勇气、忍耐、海军军人及陆军军人、博爱、传道之勇气、行善之勇气、同情、对动物之慈悲、责任、人之最后等品质。

1906 泰西是非学拾级
  库全英译　李永庆述
  上海　广学会　1911年　一册

教学理论

1907 教授学问答
  日本富山房编；范迪吉等译
  上海　会文学社　1903（清光绪二十九）年　一册（普通百科全书）

1908 应用教授学
  （日）神保小虎著；（日）西师意译
  上海　山西大学译书院　1905（清光绪三十一）年　一册

1909 教授法沿革史一卷
  （日）大濑甚太郎　（日）中川延治著
  上海　教育世界社　清光绪间　一册（教育丛书二集）

1910 教授学一卷
  （日）汤本武比古著
  上海　教育世界社　1901（清光绪二十七）年　一册（教育丛书初集）
  共14章，述小学教师，教授通义，未成年之教育以陶冶品性，无愧于人无愧于社会为最高宗旨，教授原则等。

1911 新教授学一卷
  （日）小山忠雄著；田真译
  杭州印本　清光绪末　一册
  分总论、教授原理、材料、方法、问答五类。

1912 统合新教授法二卷
  （日）樋口勘次郎著；董瑞椿译
  上海　南洋公学　清光绪末　一册

1913 新学教授学一卷
  （日）槙山荣次著

上海印本　清光绪末　一册
首绪论，次教授之目的，教授之材料，教授之作用。

1914 美国施脱兰欧教授法概要
　　俞子夷编译
　　上海　商务　1917年初版　一册（教育丛书第三集）

教学法

1915 各科教授法精义
　　（日）森冈常藏编著
　　东京　东亚公司　1908（清光绪三十四）年　一册

1916 理科教授法
　　（日）矢泽米三郎著；教育世界社译
　　教育世界社　清光绪间　一册（教育丛书二集）

1917 读书法
　　（日）泽柳政太郎著
　　教育世界社　清光绪间　合订一册（教育丛书二集）

1918 教师论
　　（日）泽柳政太郎著；东亚公司编纂处抄译　王延干补译
　　东京　东亚公司　1907（清光绪三十三）年　一册

教育行政

1919 教育行政
　　（日）木场贞长著；陈毅译
　　1902（清光绪二十八）年刊本　二册

1920 各国学校制度三卷
　　（日）寺田勇吉著；白作霖译
　　上海　海上译社　清光绪间　一册
　　原书成于1897（日本明治三十）年。上卷为理论，中卷叙述各国学制，下卷述日本学校情况。

1921 实用学校园
　　日本博物学研究会编；曹棣译
　　上海　中国图书公司　1910（清宣统二）年　一册

1922 学校管理法问答
　　日本富山房编；范迪吉等译
　　上海　会文学社　1903（清光绪二十九）年　一册（普通百科全书）

1923 学校管理法
　　（日）大久保介寿（讲义）；闵彖等编译
　　湖北官书局　1905（清光绪三十一）年　一册（师范教科丛编）

1924 学校管理法一卷

（日）田中敬一著；周家树译

教育世界社　1901（清光绪二十七）年　一册（教育丛书初集）

所述有：绪论、校舍、教授用具、教科（修业年限、教学时数、科目、调查学生成绩）、学校、教员、管理、卫生、经济（经费、授业费、基本财产）、表簿（各种表类、样式）。

1925 学校制度

（日）小泉又一讲授；莫覃瀛　夏绍璞　陈湘俊编译

湖北官书局　1905（清光绪三十一）年　一册（师范教科丛编）

1926 学校制度

（日）隈本繁吉讲授；程家柽编译

北京　京师官书局　1906（清光绪三十二）年　一册

世界教育事业、教育史

1927 西学凡

（意）艾儒略述

杭州刊本　1623（明天启三）年；天学初函本；四库全书本

介绍当时欧洲大学所授课程名称、内容、简要学术源流、修业顺序及所需时间。总共六大种，科下分"门"。

一文科，"勒铎理加"，即拉丁文 Rethorica——修辞学，包括古圣名训、各国史书、各种诗文、文章议论等。

二理科，"此斐录所费亚之学，……立为五家"：落日加（Logic）总六大门，费西加（Physical）亦分六大门；默达费西（metaphysice）即形而上学，分为五大门；几何之学，名曰"马得第加"（mathematical）"专究物形之度与数"；修齐治平之学，名曰"厄第加"（ĕthica）即伦理学。

三医科，"默第济纳"（Medcina）。

四法科，"勒义斯"（Leges）。

五教科，"加诺搠斯"（Canones），教规。

六道科，"陡禄日亚"（Cheologia），指神学。

1928 西学考略二卷

（美）丁韪良著

北京　同文馆　1883（清光绪九）年初版，1899（清光绪二十五）年　二册（坊间改名"西学考"）

丁韪良任同文馆教习期间，于光绪六年请假回国，清光绪八年回京。其间访问了日、美、法、德、瑞士、英、意大利七国。该书记其周行各国咨访政教之概况。

卷上纪游。为七国名胜杂记、博览会、著名教堂、自幼学至乡学、太学、武学等各级各类学校、书院、师范院，最新工艺，如煤气、各种电器，活字印刷；国会、律法，各种学会。卷下缀论。记各国学业之同异，学校章程，道学院、法学院、医学院、工艺院、农政馆、精艺馆、船政馆、武学、营造馆、冶矿院、机器馆、乡学、女学、聋瞶学、师道馆、文艺馆等其所学课程、教法、功名等级、实习方法、教习及学生人数。内中介绍了瑞士裴斯泰洛奇的教育思想，和英国兰卡斯特的导生制，以及西国相师之道。裴斯泰洛奇是西方近代最负盛名的资产阶级民主主义教育思想家，他认为，贫穷和堕落的根源，是社会剥夺了人们受教育的权利，良好的教育是社会进步的根源。本书最早介绍了裴氏的理论。兰卡斯特是导生制的创始人，即让年龄大智力好的学生帮助较弱者。书中还介绍了炼丹术、罗盘、火药、蚕桑、烧瓷、种茶等。西学源流，介绍毕达哥拉斯地动说，哥白尼日心地动说，伽利略创行星运动三大定律，牛顿万有引力，伽利略斜塔自由落体试验，近代光学，拉普拉斯创三光之原说，吉尔赫创分光镜，数学，牛顿、莱布尼兹创微积分，欧几里得几何学，地质学，生物学，林奈动植物分类，达尔文物种起源等学说。介绍培根《新工具》一书"所论悉宣底蕴"。末为西国学校册记，记英、普鲁士、法、德、日、意、荷兰、比、俄、美等国1870年以来，国民人数、各类学校在校人数、教习人数。

1929 西学章程汇编

出洋肄业局译　沈敦和校

1890（清光绪十六）年初版　一册；慎记书庄石印本　1897（清光绪二十三）年　一册（西政丛书）

首为格林书院详细课程及章程，课程包括数理化、制造之学、各国语言、水军阵法、测候、交涉公法等37门功课名称。书院山长、监院、各科教员人数，书院考课之一、次、三等分数的规定。以下依次为政治学馆章程、泾士学堂章程、法国沙浦制造军官学校学堂课程单、法国汕答佃矿务学堂课程单、白海土登监工上等学堂课程单、赛隆匠首学堂第一、第二、第三课程等。所记甚详。

1930 文学兴国策二卷

（日）森有礼辑；（美）林乐知译　任廷旭笔述

上海　广学会　1896（清光绪二十二）年　二册

森有礼曾肄业英国，认为精神自由是天赋人权的重心所在，主张排除政治干扰，充分防卫个人的各项权利。他是日明治维新后著名外交家，1871年为日驻美第一任大使，曾奉命察访美国文化教育事业，明治十年担任文部省大臣。

书分二卷。上卷述教育于国家之重要意义；下卷介绍有关美国教育制度，经费来源及管理，各级各类学校及其教法、课程概况，对日本发展教育的建议。此书曾附录于《中东战纪》。

1931 泰西教育史二卷

（日）能势荣著；叶瀚译

上海　金粟斋　1901（清光绪二十七）年　一册；京都文明书庄　1902（清光绪二十八）年　一册

上卷叙西方古代教育事业及近代兴学规模，下卷记近世教育家及改良法。

1932 内外教育小史

（日）原亮三郎著；沈纮译

教育世界社　1901（清光绪二十七）年　一册（教育丛书初集）

记日本上古至德川时代、中国周朝至宋代、西洋古代至近世之学制、学风、教法、教育家、女子教育、贫民教育、宗教之兴等。

1933 欧美教育实际
（日）小泉又一著；商务印书馆编译所编译
上海　商务　1908（清光绪三十四）年　一册
介绍德、法、英、美等国从幼儿园至大学、师范学校教育、女子教育等。

1934 欧美列强国民性之训练
陈寿凡译述
上海　商务　1916年　一册
该书非译自某一蓝本，作者博考欧美教育，译而述之，重在强调国家存亡隆替，其根本在于国民性之训练如何。共四编：第一编英国之训育，第一章人物养成主义，介绍洛克1693年著《关于教育之意见》，所谓理想人物，第一德性，第二知虑（即常识），第三礼仪，第四学识；第二章各种学校训育之概况；第三章英国大学之训育；第四章关于学校训育设备上之意旨；第五章学校以外之势力：家庭、教会、社会。第二编德国之训育，巴威尔森教授之意见，苗比教授之意见，梨恧之意见。第三编法国之训育，英法比较。第四编美国之训育，英美训育之比较，结论。

1935 世界教育统计年鉴
（日）伊东佑谷著；谢荫昌译
沈阳　奉天图书发行处　1910（清宣统二）年　一册

1936 十九世纪欧洲教育之大势
（日）中野礼四郎著
东京　湖南译编社　1914年　一册

1937 万国教育志三卷
（日）寺田勇吉著；赵必振译
上海　进化译社　清光绪末　一册；上海　作新社　1903（清光绪二十九）年　一册
分三编：一国家与教育之关系，二欧美诸国之教育制度，三日本帝国之教育制度。卷末附教育制度表。

1938 东西洋教育史二卷
（日）中野礼四郎著；蔡艮寅　贺廷谟译
猎较社　清光绪末　一册；上海　开明书店　1903（清光绪二十九）年
共三编：一编述东洋教育家，包括中国、印度、波斯、埃及、犹太；二、三编述西洋古希腊时期、中古时期及近代之教育家。

1939 教育史一卷
（日）中野礼四郎著；（译者不详）
《翻译世界》本

1940 教育史教科书一卷
作新社编译
上海　作新社　清光绪末　一册

共十二章：第一章叙日本古代至王朝教育，二、三章叙当时他国教育，四、五章叙日本中世至近世教育，六至十一章叙近世之末至王政维新后日本教育之变动，十二章叙日本教育受欧美教育之影响。

1941 中外教育史

（日）中岛半次郎编；周焕之　韩定生译

上海　商务　1914年　一册

1942 新体欧洲教育史要

（日）谷本富著；（译者不详）

东京　闽学会　清光绪末　一册

教育事业

1943 速兴新学条例一卷

（英）李提摩太著；蔡尔康笔述

上海　广学会　1898（清光绪二十四）年　一册

此即李提摩太《七国新学备要》之修订本，应戊戌变法之需增订再版。论我国兴新学六端：一书籍宜亟求善本，二学塾书院宜亟定妥章，三考政必宜更改，四新学报亟宜广布，五经费必宜筹备，六人才必宜设法鼓舞。附录泰西要书总目，胪列新学各学科。

1944 支那教学史略

（日）狩野良知著

上海　商务　1903（清光绪二十九）年再版　一册

1945 孔门之德育

（日）亘理章三郎著

教育世界社　清光绪间　合订一册（教育丛书二集）

1946 中国教育议

（　）卫西琴（Westharp, S. Alford）著；严复译

上海　文明书局　1914年　一册

1947 重订东游丛录

（日）文部所讲　章宗祥　吴振麟　张奎等口译　吴汝纶笔受

1902（清光绪二十八）年　四册

前有吴汝纶小序。全书共四部分，第一部分，日本文部所讲：教育行政，包括教育制度、文部职掌；教育大意，包括小学、中学、大学、师范、艺术、盲哑人、女子、实业，以及补习学校；学校卫生，包括沿革、卫生实验、设备等；学校管理法，包括社会及校内管理，大中小学管理、外国大学管理、学位，教授法，包括教科书、成绩考核；学校设备，包括图书、实验室等；日本学校沿革，附欧美小学校学科课程。第二部分摘抄吴汝纶五月十五至九月六日赴日本考察日本学制的日记。第三部分，学校图表，包括大中小学、师范、女子学校、盲哑学校、职业学校、士官学校、商业学校、寄宿学校等之规则、课程、经费预算、度支等十九表。第四部分函扎笔谈，收与

日本教育界名士谈教育的问答信札、日本报纸有关教育内容的译文、京师大学堂总教习往访日本，咨询明治初日本教育制度等多通札记。

1948 日本学校源流

（美）路义思著；（美）卫理译　范熙庸笔述

上海　制造局刻本　1899（清光绪二十五）年　一册

第一章述明治以前学校情形。第二章新教法始行大略，述1630年始准荷兰人开埠通商，其后工程、开矿、制药、天文等兰学始传，1872年颁新学制；明治维新后的大学教育，教习、课程等。第三章详论新教法，分述小学、中学，法、医、文、工、理、农各科高等学校之经费、费用、课程设置、藏书等。第四章新教法相关各事，述及官立学校、妇女教育、高等教育与修身之关系，学校教育与释、儒、基督教教育等。

1949 日本近世教育概览

教育世界社译

教育世界社　清光绪间　一册（教育丛书二集）

1950 国民教育资料二卷

（日）峰是三郎著；沈纮译

上海　教育世界社　清光绪间　一册

上卷八章论国民爱国之义务，下卷二十五章论政治教育。

1951 日本大塚氏学校管理法

（日）大塚薰编；刘邦骥译

汉川六吉斋　1903（清光绪二十九）年初版　一册

1952 最新日本学校管理法关键

（日）槙山荣次　（日）小山忠雄合著；杜光佑　程鹏年译

（出版者不详）　1906（清光绪三十二）年　一册

1953 新令学校管理法一卷

（日）寺内颖著；（译者不详）

《教育世界》本

1954 成城学校生徒心得一卷

高凤谦译

《教育世界》本　1901（清光绪二十七）年

共八章：一纲要及通则，二尊称，三敬礼，四服装，五寄宿规则，六班长规则，七讲堂管理，生徒勤务，八校外寄宿规则。

1955 日本现实教育

（日）吉村寅太郎著；罗振常译

1898（清光绪二十四）年　一册；教育世界社刻本　清光绪间　一册

1956 日本明治学制沿革史

（日）黑田茂次郎　（日）土馆长言合著；商务印书馆编译所译

上海　商务　1908（清光绪三十四）年　一册

1957 日本教育制度一卷

（日）古城贞吉译

上海　时务报馆本　（在《日本学校章程三种》内）

1958 日本学校章程三种

日本文部省编；（日）古城贞吉译

上海　时务报馆　1898（清光绪二十四）年　一册

一日本教育制度，二日本高等师范学校章程，三日本华族女学校规则。

1959 日本新学制

日本文部省编；天津东寄学社编译

天津　开文书局　1902（清光绪二十八）年　一册

1960 日本学制大纲四卷

日本泰东同文局编；（日）桥本武译

泰东同文局石印　1902（清光绪二十八）年　四册

1961 庆应义塾规则

日本庆应义塾编；王泰钟译

长沙　明德学堂　1905（清光绪三十一）年　一册（明德学堂丛书）

该义塾安政五年（1858）福泽谕吉创办，1868 年吐弃汉学，以英语、西学为基础，所用之经、法、史、地等教材数百种，均由福泽自美国购归。

1962 文部文课规程八条　文部大臣官房图书课事务分掌课程六条

樊炳清译

（出版者不详）　清光绪末　一册

1963 文部省官制十二条

樊炳清译

《教育世界》本　1901（清光绪二十七）年

1964 日本文部省沿革及官制一卷

日本文部省原本；清出洋学生编辑所译

上海　商务　1902（清光绪二十八）年　一册线装

日本文部省建于明治四年（1871）七月，记事自明治元年始所辖学校之置废沿革。一，文部省沿革，明治元年（1868）将东京旧幕府之开成所改为学校并设校长主管，聘外国教师，西学始兴；明治二年改称大学，至明治三十二年止，各级各类学校之建制沿革，经费，各项制度及细则，包括新闻、出版、博览会等在内。二，文部省官制（明治三十一年敕）详文。

1965 日本教育行政法

（日）祷苗代编著；徐志绎　樊树勋译

上海　商务　1906（清光绪三十二）年　一册

1966 新译日本教育法规二十七编　附勘误表

庐靖　步其诰译

直隶提学使署　1906（清光绪三十二）年　十一册线装

1967 新译日本教育法规
　　日本文部省编；庐靖等译　奉天学务公所增补
　　奉天　图书发行所　1910（清宣统二）年　十二册

1968 调查日本社会教育纪要
　　唐碧译
　　北京　通俗教育研究会　1916年　一册

1969 日本学政纂要
　　（日）冲祯介著
　　东京　劝学会　清光绪末　二册
　　记日本普通师范、中等高等女子、残疾、私立、军事等各种学校教育之规则、学制及课程。

1970 新译日本明治教育史
　　（日）野田义夫编；林万里译
　　上海　中国图书公司　1910（清宣统二）年　一册

1971 英国十大学校说一卷
　　陈寿彭　泰东时务局译纂
　　上海　泰东时务译印局　1902（清光绪二十八）年　一册
　　详考英国十大学校规则沿革。卷首列欧洲各国大学沿革考及表各一篇。

1972 德国学校论略二卷　附录一卷（一名西国学校）
　　（德）花之安（Faber, Erhst）译述
　　广东小书会真宝堂刻本　1873（清同治十二）年　一册；质学丛书本；西政丛书本
　　原书编七卷，今合为一卷，述德国学校学制较详备。叙其课程，每学科皆有总说，卷末载德国人1871年新著书10669种。

1973 德国学校制度
　　（日）加藤驹二编著；中国国民丛书社译
　　上海　商务　1903（清光绪二十九）年　一册
　　详介德意志各种学校规模、章程等，列章程每引宪法及各条规加以阐明，间有作者附论。

1974 英德学制比较一卷
　　（英）查理斯伯德著；项骧译
　　武昌　翻译学堂　清光绪末　一册
　　查理氏曾游于德国司德辫学校，讨论其课程教育，以英之学制比较之，著成此书。

1975 德国教育新调查
　　王仁夔　顾树森编译
　　上海　商务　1917年　二册
　　述普鲁士王国、巴敦大公国、威丁堡王国、巴伊伦王国教育状况。

1976 法国乡学章程一卷
　　郑守箴译

教育世界社　1901（清光绪二十七）年　一册（教育丛书初集）
记述法国 1811 年始不收束脩，1882 年始禁儿童不学及 1882 年章程二十六条。

1977　法国学制
　　林行规译
　　京都译学馆　清光绪末　一册；上海　时务书局本改名"法国经世辑要"
　　编译英人格列森"法国教育沿革史"、日人土屋政朝"佛兰西通国制度"二书而成。共三编：详论法国学政得失；前代教务改革，学制变更；文部省及各教务局之规模、选举局员、稽查功课、地方学政等。

1978　最近美国学务大全
　　（英）莫安仁译　管鹤笔述
　　上海　广学会　1910（清宣统二）年　一册

各类教育

幼儿教育

1979　童幼教育二卷
　　（意）高一志译
　　1620（明万历四十八）年刊　一册
　　论胎教以至成人之人格教育。卷上述教之源、育之功、教之助、教之法、教之翼、学之始、洁身、知耻等。卷下述缄默、言信、文学、正书、西学、饮食、衣裳、寝寐、交友、闲戏。

1980　新编童蒙养正教育学
　　（日）长谷川乙彦著；严献章译
　　湖北　湖北译书局　1904（清光绪三十）年　一册
　　原名"女子用教育"。

1981　蒙台梭利教育法
　　（日）今西嘉藏著；但焘译
　　上海　商务　1914 年　一册
　　蒙台梭利（Maria Montessori 1870—1952）意大利著名幼儿教育家。

1982　蒙铁梭利教育之儿童
　　顾树森　王维尹译
　　上海　中华书局　1917 年　一册（教育丛书）

1983　儿童矫弊论
　　叶农生译
　　上海　中华书局　1917 年　一册（教育丛书）

1984　幼稚教育恩物图说一卷
　　（日）关信三著；（日）小俣规义译
　　《教育世界》本

1985 幼童初阶
（著、译者并阙名）
香港　文裕堂刻本　清光绪间　一册

初等教育

1986 小学各科教授法
王用舟编译
（出版者不详）　1898（清光绪二十四）年　一册

1987 小学各科教授法九卷　附论一卷　附表一卷
（日）寺内颖　（日）儿崎为槌合著；白作霖译
上海　文明书局　清光绪末　二册
论述小学各科教授法，附论教育原理九章。

1988 小学教授法要义
（日）木村忠治郎著；于沈编纂　蒋维乔校订
上海　商务　1907（清光绪三十三）年　一册

1989 小学教授法一卷
（日）东基吉著；沈纮译
教育世界社　清光绪间　一册（教育丛书二集）

1990 小学教授学及管理法纲目
（日）田口义治编；章梫译
上海　会文堂　清光绪末　一册

1991 地理教授法
（日）斋藤鹿三郎著；陈由己译
东大陆图书译印局　清光绪末　一册
论小学地理教授法，凡九章。述地理科之意义、性质、要点、历史、目的，教授之时间、材料、方法、器械等。

1992 小学地理教授法一卷
（日）富直礼著；张相文译
南洋公学本　（年代未详）　一册

1993 日本关小学校教员检定等规则三十三条
高凤谦译
《教育世界》本　1901（清光绪二十七）年

1994 小学校令
胡钧　樊炳清译
《教育世界》本　1901（清光绪二十七）年
原书系日本明治二十三年勅令第二百十五号。共八章九十六条：一小学校之本旨及种类，二小学校之编制，三就学，四小学校之设置，五小学设置上地方财政应负之经费，六小学校长及教员，七管理及监督，八附则。

1995 小学校要则二卷
　　（日）山路一游讲述　朱杞　龙纪官辑译
　　速成师范讲义丛录本　清光绪末　一册
　　上卷：编制、设备、地方制度、设置；下卷：就学、教员、地方制度之概要、费用、授业科目、教育机关、校务整理等，共十章。

1996 实验小学管理术
　　（日）山高几之丞著；胡家熙译
　　上海　广智书局　清光绪间　一册
　　述及小学监护、命令、训诲、赏罚、考试、仪式等。

初等教科书

1997 小子初读易识之书课
　　（英）麦都思编
　　巴达维亚刊本　1824（清道光四）年，1836（清道光十六）年修订　一册

1998 训蒙日课
　　（英）杨威廉编
　　巴达维亚刊本　1835（清道光十五）年　一册

1999 智环启蒙塾课初步
　　（英）理雅各编
　　香港刊本　1856（清咸丰六）年　一册；广州　1859（清咸丰九）年再版　一册
　　此为理雅各于英华书院执教时所编教科书，共200课，内容包括：人类、国政、贸易、居住、饮食等24类。中英文对照，再版本只有中文。

2000 幼儿诗释句
　　（英）罗存德著
　　香港刊本　1857（清咸丰七）年　一册

2001 蒙童训
　　（　）吉士夫人译
　　上海刊本　1857（清咸丰七）年
　　由英文译成上海方言之启蒙教科书。

2002 千字文
　　（英）罗存德著
　　香港刊本　1857（清咸丰七）年　一册
　　以千字文形式著成之教科书。

2003 蒙养启明
　　（　）耿惠廉夫人著
　　上海刊本　1860（清咸丰十）年　一册
　　以上海方言编写之教科书。

2004 蒙学图说二卷
　　张仲秋译

(出版者不详) 1898（清光绪二十四）年 一册

2005 养蒙正轨一卷
（英）秀耀春译 汪振声笔述
上海 制造局 清光绪末 一册

2006 日本教科书一卷
（日）伊藤贤道编
杭州 杭州编译局 1902（清光绪二十八）年 一册

2007 高小商业教科书
杨鸿奎译
南洋官书局 1906（清光绪三十二）年 一册

2008 博物
张肇熊译补
上海 文明书局 1902（清光绪二十八）年 一册
高等小学教科书。

2009 博物揭要一卷
王庆翰编译
（出版者不详） 1905（清光绪三十一）年 一册
教科书，共三十三课，分述矿物、植物、动物的构造。

2010 高等小学博物教科书三卷
张肇熊译
上海 文明书局 清光绪末 一册
采辑日本博物书而成，分三编，附若干插图。

2011 初等博物教科书
（日）大森千藏编；张肇熊译
上海 文明书局 1914年 一册

2012 高等小学生理卫生教科书
（日）斋田功太郎著；丁福保译
上海 文明书局 1904（清光绪三十）年，1905（清光绪三十一）年 一册，有图

2013 新撰小学校体操法
李春醸译
清学部图书局 1906（清光绪三十二）年 一册

2014 蒙学体操教科书一卷
（日）坪井玄道 （日）田中盛业合著；丁锦译
上海 文明书局 清光绪末3版 一册
共四章：一整顿法，二矫正身体术，三、四徒手体操，附图说明。

2015 高等小学游戏教科书一卷
（日）山本武著；丁锦译
上海 文明书局 清光绪末 一册

介绍小学生游戏法,共四十八节。

2016 铅笔习画帖
（日）广田藤治著；丁宝书编译
上海　文明书局　清光绪末　三册
高等小学学生写生用书。

2017 蒙学地理纪要
蓝寅译
蒙学书报局　1902（清光绪二十八）年　一册

2018 小学地理
（日）松林译　茅迺封校
蒙学书报局　1902（清光绪二十八）年　一册

2019 舆地启蒙　附地图
曾广铨译
蒙学书报局　1902（清光绪二十八）年　四册
原书为英国人著,列举世界各国面积、人口、教育、政治、进出口及交通。

2020 蒙学理科教科书四卷
无锡三等学堂编译
上海　文明书局石印　1902（清光绪二十八）年　一册
上篇二卷,据日本高等小学理科教科书翻译,下篇二卷为普通物理。

2021 理科
（日）棚桥源太郎著；王季烈译
上海　文明书局　1902（清光绪二十八）年　一册
高等小学教科书。

2022 小学理科
徐有几译
江宁　江楚编译官书局　1903（清光绪二十九）年　一册

2023 小学理科新书一卷
日本教科书原本；王季点译
便蒙丛编本　1904（清光绪三十）年　一册

2024 小学新理科书
由宗龙编译
（出版者不详）　1906（清光绪三十二）年　一册

2025 小学理科教科书
（日）棚桥源太郎　（日）樋口勘次郎合著；曾泽霖译
教科书辑译社　清光绪末　四册
每册分三篇,适合儿童一年用。包括农、工、水产、林业、卫生、家事等。

2026 高等小学几何学
沈纮译

　　　　江宁　江楚编译官书局　1903（清光绪二十九）年　一册

2027 几何画
　　　　张景良译补
　　　　上海　文明书局　1902（清光绪二十八）年　一册
　　　　高等小学教科书。

2028 数学教科书
　　　　（日）藤泽利喜太郎编
　　　　上海　通社　1904（清光绪三十）年　一册（通社丛书）
　　　　高等小学用书。

2029 新译算术教科书
　　　　金焕东　赵缭辑译
　　　　湖南编译社　1906（清光绪三十二）年　二册

2030 新编小学物理学一卷
　　　　（日）木村骏吉编；樊炳清译
　　　　上海　教育世界出版社　1901（清光绪二十七）年，1903（清光绪二十九）年　一册（科学丛书第1集）

2031 植物学教科书
　　　　（日）松村任三　（日）斋田功太郎编；直隶编译处译
　　　　直隶编译处　清末　一册（师范学堂小学课本）；天津官报局本

2032 高等小学生理卫生教科书一卷
　　　　（日）斋田功太郎著；丁福保译
　　　　上海　文明书局　1902（清光绪二十八）年　一册
　　　　日文书为斋田所译《生理卫生学》，丁氏译为教科书，体例稍变。

2033 高等小学卫生教科书一卷
　　　　（美）项尔构著；章乃炜译
　　　　上海　文明书局　1902（清光绪二十八）年　一册
　　　　共十八章，论空气、呼吸、饮食、清洁、运动、休息等。

2034 小学农业教科书
　　　　日本教科书；（译者不详）
　　　　江宁　江楚编译官书局　1906（清光绪三十二）年　一册

2035 小学农业教科书四卷
　　　　（日）佐佐木祐太郎著；（日）桥本海关译
　　　　江南总农会　清光绪间　一册（农学丛书五集）

中等教育

2036 中学校学科及程度一卷
　　　　日本明治十九年六月文部省令原本；陈毅译
　　　　《教育世界》本　1901（清光绪二十七）年

2037 **日本普通学科教授细目三卷　中学校令施行规则一卷**
　　东京高等师范学校附属小学校编；胡元俊　仇毅编译
　　东京　翔鸾社　1903（清光绪二十九）年　一册
　　本书译自日本东京高等师范学校所用教授细目第二部分，以日本堤又次郎著《中学校教授细目》补之。附日本文部省明治三十四年颁布《中学校令施行规则》六十一条。

2038 **中学各科教授细目十八卷　附表**
　　日本人原著；江苏师范讲习会译
　　上海　文明书局　清光绪末　一册
　　分伦理、国语（日语）、汉文、英文、地理、历史、数学、博物、植物、生物、矿物、理化、化学、物理、习字、图画、唱歌、体操十八科。附第一学年至第五学年时间配置表。

2039 **日本中学校令施行规则一卷　教授要目一卷**
　　钱恂译
　　上海　作新社　清光绪末　一册
　　此为日本明治三十四年三月五日文部大臣松田正久所颁第三号省令。计七章：一学科及其程度，二学年教授日数及式日，三编制，四设备，五设置及废止，六入学、在学、退学及惩戒，七补则，八附则。

高等教育

2040 **日本东京大学规制考略**
　　东京大学编
　　北京　京师大学堂　1899（清光绪二十五）年　一册线装
　　目次：大学总规，教科，学规，研究科规则，副手规则，选科规则，贷费规则，修金学费，各科学科课程，附官用医学讲习科规则，农学、林学、兽医学诸乙科规则。
　　大学院规则，大学官制，大学官俸，大学总长职务规则，大学评议会规则，聘用外国人规则，大学卫生委员会规则，卒业考验规则，学位规则，图书馆规则，列品室、实验室。

2041 **日本东京大学规则一卷**
　　著译者并阙名
　　上海　制造局　清光绪间　一册
　　述东京大学各规则：大学总规、食堂规则、学费、学科章程、校长职务规则、学位规则、图书馆规章等。

2042 **日本高等学校规则要览一卷**
　　（日）小野矶次郎著；周维新译
　　《教育世界》本

2043 **高等女学校令施行规则一卷**
　　日本明治三十四年三月文部省令原本；沈纮译
　　《教育世界》本　1901（清光绪二十七）年

一学科及程度，二学年教授日式日，三编制，四设备，五设置及废止，六人学在学退学及惩戒，七补则，八附则。

2044 文部省外国留学生规程一卷
　　日本明治十四年三月勅令原本；沈纮译
　　《教育世界》本　1901（清光绪二十七）年

2045 美国加邦大书院图说
　　（英）傅兰雅著
　　中国科学书局　1900（清光绪二十六）年　一册
　　此为美国加利福尼亚州立大学介绍。

2046 美国依丁堡大学考要一卷
　　陈肇章译
　　湖北洋务译书局刻本　清末　一册

师范教育

2047 师范学校简易科规则一卷
　　日本明治二十五年七月文部省令原本；陈毅译
　　《教育世界》本　1901（清光绪二十七）年

2048 日本东京师范学校章程　附预备科
　　东京高等师范学校编；翁昆恭译　（日）木野村政德校
　　正学堂　1902（清光绪二十八）年　一册

2049 日本高等师范学校章程一卷
　　（日）古城贞吉译
　　上海　时务报馆本　（在"日本学校章程三种内"）

2050 师范学校学科及程度一卷
　　日本明治二十五年七月文部省令原本；陈毅译
　　《教育世界》本　1901（清光绪二十七）年
　　分十二条述各学科程度、教学法等。

2051 中学校要则一卷
　　（日）平田芳太郎讲述；周起凤编辑
　　速成师范讲义丛录本　清光绪末　一册
　　一总论，叙日本学制，二高等师范学校，三女子高等师范学校，四师范学校。

2052 女子师范教育学
　　（日）长谷川乙彦著；覃寿公译
　　东京　清国留学生会馆　清末　一册

2053 师范学校卒业生服务规则一卷
　　日本明治二十五年七月文部省令原本；陈毅译
　　《教育世界》本　1901（清光绪二十七）年
　　共二十四条，详述卒业服务规则。

2054 速成师范讲义丛书
　　日本人原著；(译者阙名)
　　上海　广智书局　1898(清光绪二十四)年　册数不详
2055 日本速成师范讲义丛录
　　(日)山路一游著；颜可铸译
　　湖南编译局印本　清光绪间　一册

其它各类教育

2056 实业教育一卷
　　(英)斐理普麦古那著；(日)一户清方　(日)上冈市太郎译
　　上海　教育世界社　清光绪间　一册(教育丛书二集)
2057 职业教育论
　　朱景宽译
　　上海　商务　1916年初版　一册
2058 职业技师养成法
　　(日)秋安治安著；熊崇煦译
　　上海　商务　1919年　一册
2059 日本大阪府立农学校章程一卷
　　(日)吉田森太郎译
　　《湖北农学》本；《农学报》本
2060 札幌农学校施设一斑一卷
　　日本札幌农学校原本；沈纮译
　　《农学丛书》初集
2061 法国商务学校章程一卷
　　罗懋勋译
　　湖北洋务译书局刻本　清末　一册
2062 教育瞽人理法论
　　(英)傅兰雅译
　　上海　时中书局　1911(清宣统三)年　一册
　　原书：Method of Teaching the blind.
　　介绍欧美各国盲人教育事业，美国之免瞽会，盲文及其学习方法等。书中还述及预防和治疗幼儿眼疾的知识，我国广州、福州、北京、上海、汉口等地之瞽院等。

社会教育

2063 励学古言
　　(意)高一志著
　　1632(明崇祯五)年刊本　一册
2064 言志后录
　　(日)佐藤捨藏著；(日)一斋居士(佐藤坦)录

大阪心斋桥通北久太郎町　1846（日本弘化三）年　一册线装

提倡人应发奋、知耻，须自省自察、敛欲，应养成飒飒之风，惜阴，为学莫尚于立志，个人应正确对待孝道、死生等。人皇大臣为邦之道，不出于教养二途。

2065 教化论五卷

（德）花之安著

上海　美华书馆　1875（清光绪元）年　一册；上海　商务　1897（清光绪二十三）年　一册；广州小书会真宝堂本；制造局本

大旨论国家之兴在于人材，人材之盛在于学术，学术之正，在家则在于父母，在书院则在于师儒，五者互相为用。

2066 精神之教育二卷

（日）隅谷已三郎著；赵必振译

上海　广智书局　1902（清光绪二十八）年　二册；山东官印书局　1898（清光绪二十四）年　二册

原书：立身策。

2067 社会改良论一卷

（日）乌村满都夫著；赵必振译

上海　广智书局　1902（清光绪二十八）年　一册

论民俗教育，共十二章。

2068 教育准绳

（美）卜舫济译　徐雅用述

上海　基督教育会　1903（清光绪二十九）年，1907（清光绪三十三）年　一册

2069 国民教育爱国心

（日）穗积八束著；张起谓译　刘景韩校

北京　大学堂官书局　1903（清光绪二十九）年　一册

2070 致富锦囊一卷（原名成功锦囊）

王建善译

上海　开明书店　1904（清光绪三十）年初版，1915年再版　一册（实业丛书第一编）

历举泰西名人事迹，述勤奋为成功致富之由。

2071 简便国民教育法一卷

（日）清水直义著；沈纮译

教育世界社　清光绪间　一册（教育丛书二集）

2072 教育家言一卷

（日）德富苏峰著；蒋百里译

上海　广智书局　清光绪末　一册

德富苏峰主张"纯粹泰西主义"，只有以西方民主国家为典范，才能达到国家独立的目的。其后，由优胜劣汰进化论，进而企图以武力侵略将日本国防线扩展到东亚邻邦。

该书论教育国民应以富进取、重责任、去依赖为本，并引欧西史事相印证。

2073 法国公民教育
（法）培尔（Bert, Paul 1833—1886）著；华南圭译
上海　商务　1912年　一册
原书：L'instruction Civique. 以问答体述尚武、纳税、下议院、法律、政府、国家、平等、自由等问题。

2074 民德论
（英）白来斯著；杨熊祥　（英）瑞思义同译
上海　商务　1913年　二册

2075 实务才干养成法
邹德谨　蒋正陆编译
上海　商务　1916年　一册（通俗教育丛书）

2076 社会的国民教育
（日）田中义一著；董瑞椿译
北京　通俗教育研究会　1917年　一册

家庭教育

2077 家事教科书
张相文　韩洪译
上海　文明书局　1902（清光绪二十八）年　一册

2078 家政学五卷
（日）下田歌子著；钱单译
1902（清光绪二十八）年　二册

2079 家政学
（日）下田歌子著；汤钊译
上海　广智书局　1905（清光绪三十一）年再版　一册

2080 家政学五卷
（日）下田歌子著；作新社译
上海　作新社　清光绪间　一册
作者曾学于欧美，归而任职族华女学校。本书叙修身齐家，交际礼貌、卫生等。

2081 新撰家政学（第2种）
（日）下田歌子著；汤钊译
上海　广智书局　1913年8版　一册
书分七章，述小儿教育、家庭教育、养老、看病、交际等。

2082 家政学
（日）服部繁子著；陆绍治译
东京　富山房　1908（清光绪三十四）年　一册
家庭及学堂用书。

2083 家庭教育一卷
  人演译社编译
  上海　人演译社　清光绪末　一册
  凡二十章，以日本民友社之家庭教育为主，参考日本母亲之心得及中国律例等书，译者间附己意。

2084 家庭教育法一卷
  （日）利根川与作著；沈纮译
  教育世界社　清光绪间　一册（教育丛书二集）

体育

2085 体育图说二卷
  （美）罗克斯著；姚受犀译
  上海　广学会　1904（清光绪三十）年　一册

2086 国民体育学一卷
  （日）西川政宪著；杨寿桐译
  上海　文明书局　清光绪末　一册
  共六章：一论结婚，二论婴儿之体育，三论幼时之体育，四论少年之体育，五论青年之体育，六论少女之体育。

2087 运动规则
  青年会译
  上海　青年会书报发行所　1916年　一册

2088 田径赛运动
  （美）麦克乐著；李德晋译
  上海　商务　1917年再版　一册（体育丛书第一集）

2089 瑞典式体操初步
  李春醴译
  学部图书局　1906（清光绪三十二）年　一册

2090 最新发明二分间体操
  （日）小出未三著；徐傅森译
  上海　中国图书公司　1909（清宣统元）年　一册

2091 体操释名
  （美）麦克乐译　黄稻孙校
  上海　青年会书报发行所　1910（清宣统二）年　一册

2092 国民新体操一卷
  （日）嘉纳治五郎编；钟观光译
  上海　科学仪器馆　清光绪末　一册
  记德国人孙唐训练体力的方法和他在欧美兴行斗狮等事。卷末附年龄表、练习法等。

2093 普通体操摘要一卷
  日本师范学校原本；王肇鋐译
  武备学堂　1900（清光绪二十六）年　二册，有图；上海扫叶山房石印本；宝善斋石印大字本；湖北官书处　1900（清光绪二十六）年　一册（湖北武学）
  原书八十七章，译本仅译其哑铃八章。

2094 体操步法撮要
  （美）麦克乐著；中华基督教青年会译
  上海　商务　1917年　一册

2095 行进游技法
  汪应钧编译
  上海　商务　1917年　一册

2096 分级器械运动
  麦东意译
  上海　青年会书报发行所　1916年　一册

2097 女学体操
  苏慕德　王培基译
  上海　广学会　1907（清光绪三十三）年　一册

2098 幼学操身图说一卷
  （英）庆丕辑；瞿汝舟述
  北洋官书局　1896（清光绪二十二）年　一册；上海　益智书会本　一册

2099 童子警探
  任志奋译
  上海　中国圣教书局　1913年初版，1917年再版　一册

2100 球术
  范迪吉译
  上海　育文书局　清末　一册

2101 射击球
  范迪吉译
  上海　育文书局　清末　一册

2102 球队规则
  译者阙名
  上海　青年会书报发行所　1914年　一册

2103 足球规则
  郭毓彬　高宝寿译
  上海　青年会书报发行所　1916年　一册

2104 网球规则
  郭毓彬　高宝寿译
  上海　青年会书报发行所　1916年　一册

2105 水面赛船
　　范迪吉译
　　上海　育文书局印本　清末　一册

2106 日本柔术
　　徐卓果译
　　上海　中华书局　1907（清光绪三十三）年　一册

2107 游戏法
　　董瑞春译补
　　上海　文明书局　1902（清光绪二十八）年　一册
　　高等小学教科书。

2108 西国嬉戏格致器说一卷
　　（英）傅兰雅著
　　《格致汇编》本

语言、文字

演讲、速记、格言

2109 演说与辩论
　　（英）荷利阿克（Cornaby, W. A.）著；高葆真译
　　上海　广学会　1914年　一册
　　原书：Public Speaking and Debate. 高葆真，英国人。本书述演说之利益，辩术之真伪，演说之感动力，演说之计划，口才要诀，演说之方法，辩论之宗旨等。

2110 演说学
　　（日）冈野英太郎著；王蕃青　贾树模译
　　保定　直隶教育图书局　1912年初版　一册
　　内容：演说学原始，演说法，演说之三大派别，演说学之解剖等。后附实例图解。

2111 （最新）汉字传音速记法
　　（美）钟约翰（Jones, D. D.）著；黎道援译
　　广州　著者自刊　1913年　一册
　　原书：The Jones System of Chinese shorthand. 介绍字划、字母、音调、写法，特别减写法及减写法例式等。书前有钟荣光序及广州公医学校的序言，述速记的必要性及创造速记法经过。

2112 五十余言
　　（意）艾儒略
　　福州刊本　1645（清顺治二）年　一册
　　译自西方格言。

2113 泰西格言集

高凤谦辑译

东京　闽学会　1902（清光绪二十八）年　一册（闽学会丛书）

上溯古希腊、罗马、下逮十九世末，摘译欧美百余家议论学说及诗歌俚谚等。

2114 西洋古格言一卷

徐云译

上海　医学书局　1915 年再版，1918 年 3 版　一册

汉语、读物

2115 西儒耳目资

（法）金尼阁（Trigault, Nicolas）著　王征校

杭州印本　1626（明天启六）年，1627 年再版　六册；北平图立图书馆影印 1933 年　三册；四库全书本。

金尼阁，法国耶稣会士，1611 年来华。本书以中、西方法研究汉字形、音、义，以罗马字拼读汉字，作为欧洲人学习汉语的耳目之资。该书在中国音韵学史上占有重要地位，是我国第一部罗马字注音之专书。

2116 通用汉言之法 =A Grammar of the Chinese Language

（英）马礼逊著

澳门　Printed at the Mission-Press　1815 年　一册

第一部分介绍汉语单字，按读音顺序排列。每列左侧有官话和方言的三种西文拼读，中间为汉字，右侧为英文释义；第二部分介绍汉语的四声：平上去入和仄声以及记音符号；第三部分按照康熙字典介绍汉语部首，每列左侧为汉字的西文拼音，中间是部首，右侧为英译；第四部分介绍与名词、动词相关的汉语短语，每字左为拼音，中间汉字，右为英译；第五部分为汉语数字表：收一至兆；第六部分汉语的短语、短句，如："君子民之父母，民之所好好之，民之所恶恶之"；第七部分介绍汉语的官话、方言土语；第八部分介绍汉语的句法规则，以诗词歌赋曲之作品为例。

2117 四书俚语启蒙

（英）罗存德编

香港刊本　1860（清咸丰十）年　一册

2118 字语汇解：罗马字系宁波土话

（美）睦礼逊惠理（Morrison, W.）著

Shanghai：American Presbyterian Mission（上海：美国长老会传教团）　1876（清光绪二）年　一册

以英文二十六字母为序，以英文单词为词条条目，又用罗马字拼成宁波话，以汉文释义。末附中英文世界地名表。

2119 华语考原一卷

（英）艾约瑟著

《格致汇编》 1890（清光绪十六）年

第一章论肇创语言，言及唇喉齿牙舌五音，送气、不送气、四声；第二章论人初创新语，唐韵末音互变举例27例；第三章字音字母各分类；第四章论四声及诸音母多分上下两行，以英语上转声、希腊语之三声与华语相较；第五章约论中国语所历诸变更；第六章考中国言语之源。

2120 文字考

（奥地利）恩理格（Herdtricht）著

清初刊本

著者为清初来华耶稣会士。

2121 学部辑解

（美）罗孝全编

澳门刊本　1840（清道光二十）年　一册

汉语字典。

2122 厦门话拼写书

（美）打马字编

厦门刊本　1852（清咸丰二）年　一册

厦门方言。

2123 翻译英华厦腔语汇八卷

（美）罗啻（Doty, Elihu 1809—1864）著

广州刊本　1853（清咸丰三）年　一册

罗啻，美国归正会教士，1834年在南洋华侨中传教，1844年到厦门传教。本书英汉对照，用罗马字拼注厦门话。

2124 上海土白入门

（美）吉士（Keith, Cleveland）编

上海刊本　1855（清咸丰五）年　一册

2125 上海土音字写法

（美）高第丕著

上海刊本　1855（清咸丰五）年　一册

高第丕用自创之既非汉字也非罗马字母注音符号写成。

2126 初学粤音切要

（英）湛约翰（Chalmers, J. 1825—1899）著

香港刊本　1855（清咸丰五）年　一册

2127 英粤字典

（英）湛约翰著

香港刊本　1859（清咸丰九）年，1872（清同治十一）年重印　一册

名为《粤语袖珍字典》，以广东话与英语对照，以罗马字注音的袖珍手册。

2128 文学书官话二十一卷

（美）高第丕（Grawford, Tarlton Perry）　张儒珍合著

1869（清同治八）年刻本　一册

高第丕(1821—1902),美国南浸信传道会教士。1852 年来华传教,1900 年返美,曾在上海、登州、泰安等地活动。发明以注音字母学上海方言的方法。

2129 宁波土话初学

（美）蓝亨利著

宁波　华花圣经书房　1857（清咸丰七）年　一册

用宁波话介绍中国历史、地理,以罗马字注音。

2130 总译亚细亚言语集:[支那官话部]

（日）广部精撰

东京青山清吉刻本　1892（日本明治二十五）年　四册线装

2131 官话萃珍

（美）富善(Goodrich, Chauncey 1836—1925)编

北京　汇文书院　1898（清光绪二十四）年　一册线装;上海　美华书馆　1916 年 10 月再版　一册

供英美人学习汉语用。汉字按读音的英语字头顺序排列,字下有用法举例。

2132 官话初阶

（英）怀恩光(Whitewright, J. S. 1858—1926)编

山东　大学堂书局　1911（清宣统三）年　一册;上海　广学书局　1918 年　一册

编者为英国浸会教士,在山东青州传教。全书用汉语编写,为外国人学习汉语课本。

2133 国语指南

（　）施列民(Selmon, A. C.)编

上海　时兆报馆　1915 年初版,1919 年再版　一册

教会编刊的汉语读本。

2134 启蒙读本三卷

（　）Mrs. Jewell 编

上海　广学会　1915—1917 年　三册

外国人学习汉语课本,共 137 课,除书名英汉对照外,余无英文注释。

2135 沪话开路

（　）克罗福特(Grofoot, J. W.)（　）拉伍林桑(Rawlinson, F.)合编

上海　美华书馆　1915 年初版　一册

供外国人学习上海话的简单会话读本。

2136 帝国会玉篇

（日）森昌作编辑

（出版者不详）1891（日本明治二十四）年　铅印　一册

此为汉日字典,按汉字部首,再按汉字笔画多寡排列,一字以假名先注正音,再注转音、异音,注平上去入;次训义,极简。书前有部首表,并标明篆体与宋体,另有笔画检字表。

2137 汉文典
　　（日）猪狩幸之助编；王克昌译
　　杭州　东文学社　1903（清光绪二十九）年　二册

英语

2138 华英尺牍
　　何灿辑译
　　上海　点石斋石印　1879（清光绪五）年　一册

2139 英文举隅一卷
　　汪芝房（凤藻）译
　　北京　同文馆　1879（清光绪五）年　一册；京都官书局石印　1899（清光绪二十五）年　一册；斐英馆石印本　清末　一册
　　此为英文文法书。

2140 英字指南六卷
　　杨勋辑译
　　上海　美华书馆　1879（清光绪五）年　六册
　　卷一至三，英语的拼读方法、书写方法；卷四至六为分类词汇，如天文、地理、职官、刑法、格致、财税、通商、交易等等。收词汇1130个。分三栏，左汉语词汇，中英文单词，右汉字拼读英文注音。

2141 华英字录
　　（　）波列地（Polette, P.）编
　　潮汕洋税关编者刻　1880（清光绪六）年　一册
　　从左至右分为三栏，左汉字；中汉字读音，以改进的拉丁字母拼读；右对应的英文单词。汉字按笔画多寡分为十七类，每类下收常用字若干。

2142 英语入门
　　舒高第译　朱格仁笔述
　　出版者不详　1880（清光绪六）年前译

2143 英文法教科书
　　（日）斋藤秀三郎编；张嘈译
　　赤城学社　1904（清光绪三十）年　一册
　　中学用书。

2144 （纳氏第二）英文法讲义
　　赵灼译述
　　上海　英文研究会　1907（清光绪三十三）年，1913年5版　一册
　　共十篇：词类定义、名词、形容词、代名词、动词、副词、前置词、接续词、文章论与解剖图、单文分解等。末有附录。

2145 （纳氏第三）英文法讲义二卷
　　赵灼译述

上海　英文研究会　1909年3月序　二册

2146 英汉成语辞林

（英）提克松（Dixon, M. J.）著；陈荫明译　颜惠庆校订

上海　商务　1909（清宣统元）年初版　二册

收习用成语，并注明出处。书前有孙毓修序，书末有附录。

2147 中学英语教科书

日本正则英语学校编；杨启瑞译

上海　群益书局　1915年　一册

2148 初等英文典

（日）神田乃武（1857—1923）编；（译者不详）

上海　商务　清末　一册

2149 英文典

（日）越山平三郎编著；彭毅编译

上海　群益书局　1915年　一册

2150 华英字典六卷

（英）马礼逊（Morrison, R. 1782—1834）著

一至三卷《字典》

第一卷　澳门　1815（清嘉庆二十）年

第二卷　澳门　1822（清道光二）年

第三卷　澳门　1823（清道光三）年

四至五卷《五车韵府》

第四卷　澳门　1819（清嘉庆二十四）年

第五卷　澳门　1820（清嘉庆二十五）年

第六卷《英汉字典》　伦敦　1822（清道光二）年

本书自1808年开始编写，至1823年陆续出版，共计4595页。

第一部分《字典》，正文部分首列汉字部首表，分214个部首，每部首下隶各汉字楷体字为条目，以罗马字拼音，英文注释。列为条目的楷体字后附该字的篆隶行草等书体，同时收有与本字相关的词语、成语、短句等。如"三"，其下有第三、三次、再三、三才、三光、三纲、三宝、三思而后行、朝三暮四、三五成群等等。汉字横排。

第二部分《五车韵府》，首列英文字母表，正文为汉字音序表，所收均为单字，汉字按其读音的音标以英文字母顺序排列，如 A 亚；AN 安、澳；CHA 查、察等，同音字典之属。所附检字表，按汉字部首排列，有罗马字拼音，同时列有每个汉字的不同书体。

第三部分为《英汉字典》将汉字按音标用英文26字母顺序排列，收有单字、词汇、短语等，罗马字注音，英语注释。

《华英字典》条目及注释参考了《康熙字典》和17世纪末来华传教士巴西勒（Basile De Gle mona）编写的《拉汉字典》，还有马礼逊阅读的上万卷中国典籍，每个单字字头下，收有与该字直接或间接相关的中国文化信息，重要内容如伏羲、孔

子等等，均有生活年代注释。

在正文开始之前，作者介绍了汉字产生的历史、字体演变源流，籀篆隶楷行草等字体、有关汉语的传统注音方法"读若某""反切"，汉语音韵学基本知识如四声、七音、五音、《切韵》，汉语字书如玉篇、类篇直至字汇、正字通等等简介，还有中国造纸术的简介。

马礼逊，英国伦敦会教士，基督新教来华传教之鼻祖，殁于广州。

2151 英吉利文话之凡例 =A Grammar of English Language.

（英）马礼逊著

Macao, China　Printed at the Honorablb　1823 年　一册

首先介绍英文字母表，包括大、小写，以汉字注音。第二部分音节表。第三部分两个字母、三个字母、四个字母组成的单音节、双音节词及语句，如：am 是也，在也；err 舛、错；No, it is not so 不，不是这样；aunt 婶；beat 打。第四部分为常用杂字及多音节语词，如：A-ny 不论那个；Ma-ny 多，许多；A-ba-cus 算盘。第五部分"字从来论"，讲"各字彼此相从会意更改分类等学"即词源学。末为动词时态表。

2152 英华字典 =English and chinese dictionary with the punti and Mandarin pronunciation.

（英）W. Lobscheid 著

香港　每日新闻社　1866 年　四册

著者汉文名罗存德，德国礼贤会教士，1848 年来华，初在香港，后在广州传教行医。

书首有广州话音节表、根据威廉博士的字词法系统的汉语方言音系表、客家方言音节表。正文部分，按英文字母顺序排列，先英文后汉语，包括字、词、短语、书面语、口语，口语中有大量广东话，汉字均有注音。

2153 英华字典（增订）

（英）罗布存德著　（日）井上哲次郎增订

东京　藤本书店　1899（日本明治三十二）年再版　一册

2154 汉英韵府

（美）畏廉士甫（Williams, S. W.）编译　华北公理会委办重订

北通协和书院　1906（清光绪三十二）年再版　一册

2155 英华新字典

商务印书馆编译所编

上海　商务　1907（清光绪三十三）年初版，1913 年 16 版　一册

2156 英华字典 =An English and chinese pocket dictionary in the Mandarin dialect

（美）Mrs. Foster, Arnold 著

上海　美国长老会使团　1909 年　一册袖珍本

著者阿诺德·福斯特夫人。书首介绍汉语音调：阴平阳平上去入；汉语的元音、二合元音及其多个组合之音节表格。正文部分，按英文字母顺序排列，先英文单词，再汉语相应字词或短语，注官话读音，注音调，英文解释。收汉语常用字词及少量地名。

2157 五车韵府二卷
（英）Morrison, Robert 编
上海　中华图书馆　1913年　二册
马礼逊《华英字典》第二部分,汉英字典。所收汉字按读音的英文字母顺序排列,书前有字有部首和笔划索引。

2158 汉英辞典
张在新编辑
上海　商务　1917年6版　一册

英语读物

2159 拜伦诗选
（英）拜伦著；苏曼殊译
（出版者未详）　1904（清光绪三十）年　一册；上海　泰东图书局　1908（清光绪三十四）年初版　一册；东京　梁绮庄　1914年3版　一册
中英文合璧。收有去国行、留别雅典女郎、赞大海、答美人赠束发满带诗、哀希腊。
书前有译者序。泰东图书局本封面加题："曼殊大师遗著"。

2160 三美姬
（美）Irving, W. 著；李犹龙译注
上海　群益书社　1912年初版　一册（青年英文学丛书第五编）
原书：The Three Beautiful Princesses.
短篇小说,英汉对照,有注释。

2161 近世英文选
（英）蔡博敏（Chapman, T. W.）编
上海　中华书局　1914年初版　一册

2162 勿雷岛居小传
（　）Dwyer, J. F. 著；胡宪生译述
上海　商务　1918年初版　一册（英汉合璧小说丛刊）
原书：The Man who Fought A Battleship.
短篇小说,英汉对照,汉译为文言。

2163 有志竟成
胡宪生译
上海　商务　1918年初版　一册（英汉合璧小说丛刊第4种）
英汉对照,有注释。

2164 炸药千磅
（　）Swayne, M. 著；胡宪生译
上海　商务　1918年初版　一册（英汉合璧小说丛刊第1种）
原书：Half a ton of Dynamite.
中篇小说、英汉对照。汉译为文言。

2165 牧场秘史
　　胡宪生译
　　上海　商务　1919年初版　二册　（英汉合璧小说丛刊第9种）
　　英汉对照，有注释。

日语

语法、修辞

2166 东语入门二卷
　　陈天麟辑译
　　海盐陈天麟石印　1895（清光绪二十一）年　一册

2167 中等日本文典译释（初篇）
　　（日）三土忠造著；（译者不详）
　　上海　教育改良会石印本　1901（清光绪二十七）年　一册

2168 中等日本文典译释
　　（日）三土忠造著；丁福同译
　　上海　文明书局　1903（清光绪二十九）年初版，1905（清光绪三十一）年再版　三册

2169 修辞学
　　（日）馆田规矩三著；蒋方震译
　　上海　广智书局　1902（清光绪二十八）年　一册

2170 实用东语完璧
　　（日）宫崎新太郎著；新智书局编辑局编
　　上海　新智社　1903（清光绪二十九）年　一册（附日本东京游学案内）

2171 （言文对照）汉译日本文典
　　（日）松本龟次郎著
　　日本蒋城县　高木市兵卫　1904（清光绪三十）年　一册
　　有嘉纳治五郎序。（言文对照，指口语与书面语对照）

2172 国文法
　　（日）儿岛献吉郎编；丁永铸译
　　上海　科学书局　1905（清光绪三十一）年　一册

2173 （汉译）东文法汇编
　　日本独一译社编
　　东京　清国会馆中国书林　1906（清光绪三十二）年　一册

2174 （文法应用）东文汉译轨范
　　（日）门马常次著
　　东京　东亚公司　1906（清光绪三十二）年　一册；上海　东亚公司新书局　1909（清宣统元）年3版　一册

2175 汉和对照日语文法述要

　　（日）难波常雄口述　观澜社编译

　　观澜社　1906（清光绪三十二）年　一册

2176 （汉译）日语文法精义

　　（日）高桥龙雄著

　　东京　东亚公司　1906（清光绪三十二）年　一册

2177 日语合璧

　　文求堂编辑局编

　　东京　文求堂　1906（清光绪三十二）年　一册

2178 日本文典

　　（日）芳贺矢一编；商务印书馆编译所译

　　上海　商务　1907（清光绪三十三）年　一册

2179 日语入门

　　（日）长谷川雄太郎著；广东同文馆编

　　东京　善邻书院石印　1910（清宣统二）年　一册

2180 和汉英对照文法

　　（日）田森长次郎著；(译者不详)

　　东京　1913年　一册

2181 东文新法会通二册

　　（京师大堂所藏译书）

教学、读本、会话

2182 和文汉译读本八卷

　　（日）坪内雄藏编；沙颂虞　张肇熊译

　　上海　商务　1902（清光绪二十八）年　八册

2183 和文汉译读本（卷五，卷六）（一名日文读本）

　　（日）坪内雄藏著；（日）长尾慎太郎译

　　上海　商务　1904（清光绪三十）年　二册

2184 新编日本语言集全汉译日本新辞典合璧二种　附三种

　　王杰编辑

　　东京同学社石印　1902（日本明治三十五）年　六册线装

　　附：新体汉译和文读本一卷；日本文法举隅一卷；日本新书介绍目录一卷

2185 日语教程三卷

　　日本成城学校编

　　东京　湖南编译社　1903（清光绪二十九）年　一册

2186 日本文典课本

　　（日）大矢透著　钟赓言校

　　东京　泰东同文局　1905（清光绪三十一）年　一册

2187 （新撰）日本文法教科书
　　　　（日）木野崎吉辰著；杨政译
　　　　东京　奎文馆　1905（清光绪三十一）年　一册
2188 新式东语课本二卷
　　　　（日）中堂谦吉著
　　　　东京　泰东同文局　1906（清光绪三十二）年　一册
2189 应用东文教科书
　　　　权量译
　　　　中东书社　1906（清光绪三十二）年　一册
2190 （汉文注释）东文读本
　　　　（日）小山左文二著
　　　　东京　二松堂书局　1906（清光绪三十二）年　一册
2191 （四版订正）和文汉译读本
　　　　（日）坪内雄藏著
　　　　上海　商务　1906（清光绪三十二）年　一册
2192 （汉译）日本语文对照读本
　　　　语文练习社编
　　　　东京　语文练习社　1906（清光绪三十二）年　一册
2193 （汉译高等）日本文典课本
　　　　（日）儿崎为槌著
　　　　东京　东亚公司　1907（清光绪三十三）年　一册
2194 日清对译编
　　　　（日）松平康国著
　　　　东京　东亚公司　1907（清光绪三十三）年　一册
2195 中学日本文法教科书
　　　　（日）和田万吉编；李征译
　　　　上海　文明书局　1908（清光绪三十四）年　一册
2196 日语读本（一至四册）
　　　　（日）内堀维文著
　　　　上海　商务　1909（清宣统元）年初版　一册
　　　　卷末附新语索引。
2197 中学日本文典
　　　　（京师大学堂所藏译书）
2198 东亚普通读本
　　　　（京师大学堂所藏译书）
　　　　汉日对照读物。
2199 （中日对照）实用会话篇
　　　　（日）唐木歌吉著；王盛春译

东京　中东书局　1906（清光绪三十二）年　一册

2200（汉译）学校会话篇
（日）池菊金正著
东京　诚之堂书房　1906（清光绪三十二）年　一册

2201（汉译）日本口语文典
（日）松下大三郎著
东京　诚之堂书房　1907（清光绪三十三）年　一册

2202 桃太郎
（日）杉房之助著；陶懋颐译
东京　东亚公司　1907（清光绪三十三）年　一册

2203（汉译）日本语会话教科书
（日）松本龟次郎著
东京　光荣馆　1913年　一册
附言文对照汉译书简文语用例。

2204（汉译）日本口语文法教科书
（日）松本龟次郎著
东京　笹川书店　1919年　一册

其它语种

2205 汉满蒙藏法五国文字字汇
（法）钱德明编
北京　清乾隆间　（出版者不详）
该书由乾隆皇帝敕翰林院各编修暨满蒙学士协助编订，复敕达赖喇嘛派藏中硕彦来京合作，书成付印，庋藏文渊阁。

2206 华法满蒙文对照字典
（法）孙章著
稿本　原存北京西什库天主堂藏书室　一册

2207 西语译汉入门＝Dictionaire Francais-Latin-Chinois De La Perny
（法）童保禄（Paul Hubert 1818—?）著
巴黎　1869年　大开本（25cm×30cm）　一册精装
以 ABCDEFGHIJKLMNOPQRSTUVZ 为序排列词条，先法文后拉丁文再中文，末为拼音。一个法文词条下引申出若干相关词语或短句。

2208 法字入门一卷
龚渭琳编译
上海　美华书馆　1887（清光绪十三）年　一册

2209 汉译法文典
（日）松井知时编；京师译学馆译
上海　开明书店　1904（清光绪三十）年　一册

2210 法汉字汇
（法）毕利干编
同文馆　清末　一册

2211 法华新字典
陆伯鸿等编译
上海　商务　1910（清宣统二）年初版，1914年4版　一册
据法国辣罗司字典编译而成，附汉译。

2212 德诗汉译
应时译
杭州　浙江印刷公司　1914年初版　一册
德汉对照，汉译为旧体律诗。

2213 德华浅显小说（别体德文读本）
李梅龄编译
上海　中华图书馆　1917年初版　一册
收"雅各之宅"、"三睡汉"等15篇短篇小说及谚语数十则。有中文注释，篇后有习题，书末附各篇字汇。

2214 平常问答词意
（意）利玛窦　（意）罗明坚合著
1584—1588（明万历十二～十六）年间抄本　一册
葡华字典（Dizionario Portoghese-Chinese）此为第一部中西文字典，未完成，存罗马耶稣会档案室。

2215 字考——汉葡及葡汉字汇 =Tse k'ao, 2 vocabulaires; chinois-portugais, et portugais-chinois
（葡）鲁德（Semedo, Alvare de）著
（出版不详）
著者汉文名曾德昭，字继元，曾用名谢务禄、鲁德照（1585—1658），葡萄牙耶稣会士，1613年来华传教，1658年死于广州。

2216 西字奇迹
（意）利玛窦著
1605（明万历三十三）年　一册
此书以拉丁音注汉字，梵蒂冈图书馆有藏本。

2217 华拉文对照字典
（法）孙章著
稿本　原存北京西什库藏书室　一册

2218 汉译俄罗斯文法教科书
日本人原著；余大鹏译
北京　京师译学馆　1904（清光绪三十）年　一册

2219 中俄话本
（京师大学堂所藏译本）

2220 世界语教科书（附详解）
（德）鲍雷而著；沈羽编译
上海　中国图书公司　1911（清宣统三）年初版　二册

2221 （袖珍）世界语字典
（波兰）柴孟何著；沈羽译
上海　土山湾印书馆　1911（清宣统三）年初版　一册
柴孟何即世界语创造者，现通译柴门霍甫。

2222 世界语
（波兰）柴门合著　（英）乌克那校订；林振翰编译
上海　科学会编译部　1912年初版　一册
较系统介绍世界语字母、发音、拼写、语法。分文规、练习文规、会话、尺牍、字汇五篇。字汇为世界语、英、汉对照。书前有林栋"汉译世界语序"及译者例言。末附世界语、英、汉对照各国国名。

文学

世界文学（亚欧美作品翻译集）

2223 侦探谭
冷血译
上海　时中书局　四册
共十种：
第一册：游皮/（法）西余谷著；大村善言/（日）中村贞吉著；1903（清光绪二十九）年刊；
第二册：关口三太郎/（日）渡边为藏著；格尔奇特/（法）彭脱著；松贯野一/（日）上野和夫著；梅脱/（英）皮登著；落勒脱/（著者不详）1903年刊；
第三册：三缕发/（日）泪香小史著；开明书店　1904（清光绪三十）年刊；
第四册：美人狩/（著者不详）；自杀俱乐部/（英）吐司爱沙著　开明书店　1904（清光绪三十）年刊。

2224 说部腋
饮冰子等译
新小说社　1905（清光绪三十一）年　一册
收小说七种：
1. 世界末日记/饮冰子译；2. 俄皇宫中之人鬼/曼殊室主人译；3. 白丝袜/披发生译；4. 俾斯麦之狼狈/披发生译；5. 窃皇/披发生译；6. 百合花/佚名译；7. 窃贼俱乐部/知新室主人译

2225 域外小说集（二集）
　　周树人　周作人译
　　东京　神田印刷所　1909（清宣统元）年3月一集初版，7月二集初版　一册
　　一集：乐人杨珂/(波兰)显克微支著；戚施/(俄)契诃夫著；塞外/(俄)契诃夫著；邂逅/(俄)迦尔洵著；谩/(俄)安德列夫著；默/(俄)安德列夫著；安乐王子/(英)淮尔特著
　　二集：先驱/(芬兰)哀禾著；默/(美)亚伦坡著；月夜/(法)摩波商著；不辰/(波兰)思尼亚穆拉淑微支著；摩诃末翁/(波兰)思尼亚穆拉淑微支著；天使/(波兰)显克微支著；灯台守/(波兰)显克微支著；四日/(俄)迦尔洵著；一文钱/(俄)斯谛普虐克著

2226 欧美名家短篇小说丛刻
　　周瘦鹃译
　　上海　中华　1917年　一册
　　上卷·英吉利之部
　　死后之相见/但尼尔谈福(Daniel Defoe)原著
　　贪/奥利佛古尔斯密(Oliver Goldsmith)原著
　　鬼新娘/乾姆司霍格(James Hogg)原著
　　古室鬼影/华尔透施各德(Sie Walter Scott.)原著
　　故乡/却尔司兰姆(Charles Lamb)原著
　　义狗拉勃传/约翰白朗(John Brown)原著
　　情场侠骨/贾斯甘尔夫人(Mrs Gaskell)原著
　　情奴/山格莱(W. M. Thackeray)原著
　　星/却尔斯迭更司(Charles Dickens)原著
　　良师/却尔司李特(Charles Reade)原著
　　回首/汤麦司哈苔(Thomas Hardy)原著
　　慈母之心/韦达(Oulda)原著
　　意外鸳鸯/史蒂文逊(R. L. B.Stevenson)原著
　　红楼翠幙/哈葛德(Sir H. R. Haggard)原著
　　缠绵/科南道尔(Sir. A. Conan Doyle)原著
　　黑别墅之主人/科南道尔原著
　　病诡/科南道尔原著
　　中卷·法兰西之部
　　欲/伏尔泰(Votaire)原著
　　无可奈何花落去/施退尔夫人(Madame de Stael)原著
　　男儿死耳/邬拿特白尔石克(Honore de Balzac)原著
　　美人之头/亚历山大仲马(Alexandre Dumas)原著
　　阿兄/阿尔芳士陶苔(Alphonse Daudet)原著
　　伤心之父/阿尔芳士陶苔原著
　　洪水/哀密叶查拉(Emile Zola)原著

功……罪／法朗莎柯贝（Francois Coppee）原著
伞／毛柏霜（Guy de Maupassant）原著
恩欤怨欤／保罗鲍叶德（Paul Bourget）原著
中卷·美利坚之部
这一番花残月缺／华盛顿欧文（W. Irving）原著
帷影／南山尼尔霍桑（Nathaniel Hawthorne）原著
心声／哀特加挨兰波（E, A, Poe）原著
惩骄／施土活夫人（Mrs. H, B, Stowe）原著
无国之人／爱德华海尔（Edward E. Hale）原著
妻／马克吐温（Mark Twain）原著
噫归矣／白来脱哈脱（Brete Harte）原著
下卷·俄罗斯之部
死／杜瑾纳夫（Iran S. Turgenieff）原著
宁人负我／托尔斯泰（Lco Tolstoi）原著
大义／麦克昔姆高甘（Maxime Gorky）原著
红笑／盎崛利夫（Loenid Andreef）原著
下卷·德意志之部
驯狮／贵推（J. W. von Goethe）原著
破题儿第一遭／盎黎克查格（J. H. D. Zschokke）原著
下卷·意大利之部
悲欢离合／法利那（Salvatore Farina）原著
下卷·匈牙利之部
兄弟／玛立司育堪（Maurice Jokai）原著
下卷·西班牙之部
碧水双鸳／佛尔苔（A. P. Valdes）原著
下卷·瑞士之部
逝者如斯／甘勒（Gottfried Keller）原著
下卷·丹麦之部
断坟残碣／亨司盎特逊（Hans Anderson）原著
下卷·瑞典之部
芳时／史屈恩白（August Strindberg）原著
下卷·荷兰之部
除夕／安娜高白德（Anna Kaubert）原著
下卷·塞尔维亚之部
一吻之代价／崛古立克氏（T. Drakulitch）原著
下卷·芬兰之部
难夫难妇／瞿海尼挨柯（Juhani Aho）原著

2227 新厂谐译二卷

新庵译

上海　清华书局　1900（清光绪二十六）年　一册

上卷节译《一千零一夜》，下卷为西洋童话。

2228 妙喻精选

王元德笔述　（美）狄文氏鉴定

潍县　广文堂　1910（清宣统二）年　一册

中国文学

小说

2229 清宫二年记（历史小说）

德菱著；东方杂志社译

上海　商务　1905年，1915年　一册（说部丛书二集）

德菱（1886—1944）美籍华人，通称德龄。

2230 清宫二年记一卷

陈贻先译

上海　商务　（年代不详）　一册

2231 清季宫闱秘史

（著者阙名）；（原题）则民译

上海　中华图书馆　1913年　一册

日本文学

2232 帝国文学史

（日）屉川种郎著；范迪吉等译

上海　会文学社　1903（清光绪二十九）年　一册（普通百科全书）

小说

2233 佳人奇遇

东海散士著；梁启超译

上海　商务　1901（清光绪二十七）年　一册

东海散士即柴四郎。长篇小说，译文为文言。

2234 佳人奇遇（政治小说）

（日）柴四郎著；商务印书馆编译所译

上海　商务　1906（清光绪三十二）年8月3版，11月6版，1907（清光绪三十三）年重印　一册（说部丛书一集）

2235 累卵东洋

（日）大桥又太郎（乙羽）著；（日）大房元太郎译　愚公订

东京　译者印行　1901（日本明治三十四）年　一册

2236 经国美谈

（日）矢野文雄著；商务印书馆编译所译

上海　商务　1902（清光绪二十八）年　二册线装、一册平装（说部丛书一集）
叙古希腊齐武国志士驱除斯巴达，光复故土事。

2237 经国美谈前编一卷　后编一卷
（日）矢野文雄著；雨尘子译
上海　商务　1902（清光绪二十八）年　一册

2238 经国美谈
（日）矢野文雄著；周逵译　扪虱谈虎客（韩文举）评
上海　广智书局　1907（清光绪三十三）年　一册

2239 日本维新英雄儿女奇遇记（一名　维新豪杰情事）
（日）长田偶得著；逸人后裔译
1901年　一册

2240 日本维新英雄儿女奇遇记（一名　维新豪杰情事）
（日）长田偶得著；（日）原口增一译
上海　广智书局　1902（清光绪二十八）年　一册

2241 未来战国记
（日）东洋奇人著；南支那老骥氏马仰禹编译
上海　广智书局　1902（清光绪二十八）年　一册
原书《世界列国の行末》。

2242 夺嫡奇冤
（日）柴四郎著；商务印书馆编译所译
上海　商务　1903（清光绪二十九）年初版，1905（清光绪三十一）年5月再版，1906（清光绪三十二）年5月3版，11月4版　一册（说部丛书二集）

2243 恨海春秋
（日）佐藤藏太郎著；仆本恨人译
上海　开明书店　1903（清光绪二十九）年　一册

2244 花间莺
（日）末广重恭著；(译者不详)
上海刊本　1903（清光绪二十九）年　一册
末广重恭曾参与日本在上海设立"东洋学馆"，并任馆长，训练培养经营中国大陆的人才，对外侵略意识极强。

2245 极乐世界
（日）矢野文雄著；披雪洞主译
上海　广智书局　1903（清光绪二十九）年　一册

2246 空中飞艇二卷
（日）押川春浪著；海天独啸子译
明权社　1903（清光绪二十九）年　二册

2247 苦学生
（日）山上上泉著；中国之苦学生译

　　　　　上海　作新社　1903（清光绪二十九）年　一册

2248 星球游行记
　　　　　（日）井上圆了著；戴赞译
　　　　　彪蒙译书局　1903（清光绪二十九）年　一册
　　　　　原书《星界想游记》（1890）。

2249 雪中梅一卷
　　　　　（日）末广铁肠（重恭）著；熊垓译
　　　　　江西　尊业书局　1903（清光绪二十九）年　一册；江西　广智书庄本　一册
　　　　　尊业书局本版权页误题作者为"广重恭"、译者误为"能垓"。

2250 游侠风云录
　　　　　（日）佚名著；独立苍茫子译
　　　　　东京　明权社　1903（清光绪二十九）年　一册

2251 政海波澜四卷
　　　　　（日）广陵佐佐木龙著；赖子译
　　　　　上海　作新社　1903（清光绪二十九）年　一册

2252 俄宫怨
　　　　　（日）森林黑猿著；傅阆甫译
　　　　　1904（清光绪三十）年刊本　二册

2253 千年后之世界
　　　　　（日）押川春浪著；天笑（包公毅）译
　　　　　上海　群学社　1904（清光绪三十）年　一册

2254 新舞台（军事小说）（一至二编）
　　　　　（日）押川春浪著；东海觉我（徐念慈）译
　　　　　上海　小说林社　1904（清光绪三十）年第一编初版　一册，1905（清光绪三十一）年第二编初版　一册
　　　　　原书：《武侠の日本》。

2255 虚无党
　　　　　日本人原著；冷血（陈景韩）译
　　　　　上海　开明书店　1904（清光绪三十）年　一册
　　　　　收杜衣儿著《白格》，渡边为藏著《绮罗沙夫人》，田口掬汀著《加须克夫》。

2256 哑旅行（上、下册）
　　　　　（日）末广铁肠著；黄人译述
　　　　　上海　小说林社　1904（清光绪三十）年上册初版，1906（清光绪三十二）年下册初版，1907（清光绪三十三）年上册4版、下册2版（小说林）

2257 白云塔（又名　新红楼）
　　　　　（日）押川春浪著；冷血译
　　　　　上海　有正书局　1905（清光绪三十一）年初版　一册；上海　小说林社再版

2258 电术奇谈（亦名　催眠术）

　　（日）菊池幽芳著；方庆周译　我佛山人衍义　知新主人评点

　　横滨　新小说社　1905（清光绪三十一）年　一册；上海　广智书局　1905（清光绪三十一）年初版，1911（清宣统三）年3版　一册

　　译文为章回体，有眉批。

2259 新法螺先生谭（科学小说）

　　（日）岩谷小波著；天笑生译

　　上海　小说林社　1905（清光绪三十一）年　一册（小说林）

2260 银山女王

　　（日）押川春浪著；摩西（黄梦庵）译补

　　上海　小说林社　1905（清光绪三十一）年初版　一册（小说林）

2261 澳洲历险记（冒险小说）

　　（日）樱井彦一郎（1872—1929）著；金石　褚嘉猷译

　　上海　商务　1906（清光绪三十二）年初版（说部丛书第四集），1914年再版（说部丛书初集），1915年（小本小说）　一册

2262 大魔窟（原名　塔中之怪）

　　（日）押川春浪著；吴弱男译

　　上海　小说林社　1906（清光绪三十二）年初版　一册（小说林）

2263 地中秘

　　（日）江见忠功著；凤仙女史译

　　上海　广智书局　1906（清光绪三十二）年　一册

2264 寒牡丹二卷（哀情小说）

　　（日）尾崎红叶著；吴梼译

　　上海　商务　1906（清光绪三十二）年初版　一册（说部丛书四集）；上海　商务　1913年，1914年　二册（说部丛书初集）

2265 花笑翁

　　（日）岩谷小波著；梅秀峰译

　　东京　东亚公司　1906（清光绪三十二）年　一册

2266 秘密电光艇（科学小说）

　　（日）押川春浪著；金石　褚嘉猷译

　　上海　商务　1906（清光绪三十二）年初版　一册（说部丛书四集）；上海　商务　1914年再版　一册（说部丛书初集）

2267 秘中秘

　　（日）江见忠功著；凤仙译

　　上海　广智书局　1906（清光绪三十二）年　一册

2268 舌切雀

　　（日）杉房之助著；周颂彝译

　　东京　东亚公司　1906（清光绪三十二）年　一册

2269 侠黑奴
（日）尾崎德太郎著；吴梼译
上海　商务　1906（清光绪三十二）年　一册（说部丛书六集）；上海　商务　1914年再版

2270 血蓑衣（义侠小说）
（日）村井巳弦斋著；商务印书馆编译所译
上海　商务　1906（清光绪三十二）年6月初版，12月2版　一册（说部丛书五集）；上海　商务，1914年再版　一册（说部丛书初集）

2271 虞美人
（日）宫崎来城著；吴人达译
上海　时中书局　1906（清光绪三十二）年初版，1908（清光绪三十四）年4版　一册（国色丛书）

2272 薄命花
（日）柳川春叶著；吴梼译
上海　商务　1907（清光绪三十三）年初版，1917年6版　一册（袖珍小说）

2273 鬼士官（写情小说）
（日）小栗风叶著；商务印书馆编译所译
上海　商务　1907（清光绪三十三）年初版　一册（说部丛书九集）；上海　商务　1914年　一册（说部丛书初集）

2274 机器妻
（日）罗张氏著；横竖无尽室主人译
新世界小说社　1907（清光绪三十三）年　二册；改良小说社　1909（清宣统元）年　二册

2275 橘英男
（日）枫村居士著；商务印书馆编译所译
上海　商务　1907（清光绪三十三）年　（说部丛书十集）；上海　商务　1914年（说部丛书初集）

2276 美人岛
（日）鹿岛樱巷著；张伦译
上海月月小说社　1907（清光绪三十三）年　一册；上海　群学社　1910（清宣统二）年　一册（说部丛书）
群学社译本译者误作张论。

2277 谋色图财记
（日）泪香小史著；商务印书馆编译所译
上海　商务　1907（清光绪三十三）年　一册

2278 色媒图财记
（日）泪香小史著；黄山子译
改良小说社　1907（清光绪三十三）年　一册；新世界小说社本

2279 世界一周

（日）渡边著；商务印书馆编译所译

上海　商务　1907（清光绪三十三）年6月初版，1908（清光绪三十四）年1月再版　二册（说部丛书七集）；上海商务　1914年4月　一册（说部丛书初集）

2280 新魔术

（日）大泽天仙著；金为　吴梼译

新世界小说社　1907（清光绪三十三）年　一册

2281 不如归二卷

（日）德富健次郎著；（日）盐谷荣（Sakae Shioya）（日）E. F. Edgett 英译　林纾　魏易重译

上海　商务　1908（清光绪三十四）年初版，1915年4版　一册（说部丛书二集）；上海　商务　1913年初版（小本小说）；上海　商务　1914年初版　一册（林译小说丛书）

长篇小说。原书《不如归》(1900)，此本据盐谷荣英译本《Nami-ko》(1904)重译。

2282 模范町村

（日）横井时敬著；唐人杰　徐凤书译

上海　商务　1908（清光绪三十四）年初版，1915年10月再版　一册（说部丛书二集）；上海　商务　1915年5月初版　一册（小本小说）

日本近代中篇小说。

2283 女海贼

（日）江见水荫著；商务印书馆编译所译

上海　商务　1908（清光绪三十四）年　一册

2284 旅顺实战记

（日）樱井忠温著；黄郛译

上海　新学会社　1909（清宣统元）年　一册

该书记1904年2月至1905年9月，日俄两国为争夺我辽东半岛而战之始末。作者任步兵中尉，亲历战役，原名《肉弹》，留学生黄郛译为今题。

2285 旅顺双杰传

（日）押川春浪著；汤红绂女士译

世界社　1909（清宣统元）年　一册

收《旅顺土牢之勇士》、《女露兵》两种。

2286 女学生旅行记

（日）五峰仙史著；曼陀译

上海　有正书局　1909（清宣统元）年　二册

2287 英雄之肝胆

（日）乌伊苛脱由刚著；陆士谔译

清光绪末　一册

2288 狐狸梦
（日）藤田丰山著；笑笑生译
上海　文明书局　清末　一册

2289 佳人奇遇经国美谈合刻
（译者不详）
上海　广智书局　清末　一册

2290 双美人
（日）弦斋居士著
上海　群学社　清末　一册（说部丛书）

2291 五色石
（日）大江小波著；汤淑成译
东京　东亚公司　清末　一册

2292 蟹之仇讨
（日）杉房之助著；周颂彝译
东京　东亚公司　清末　一册

2293 美人烟草
（日）尾崎德太郎（红叶）著；吴梼译
上海　商务　1914年（清光绪三十二）年（说部丛书六集）；上海　商务　1914年再版　一册（说部丛书初集）

2294 秘密怪洞（社会小说）
（日）晓风山人著；郭家声　孟文翰译
上海　商务　1915年7月初版，10月2版　一册（说部丛书二集）

2295 侠女郎
（日）押川春浪著；吴梼译
上海　商务　1915年5月初版，10月再版　一册（说部丛书二集）

2296 郅姊妹
（日）菊池幽芳著；韵琴译
上海　图书公司和记　1916年　二册
长篇小说。

杂著

2297 吉田松阴遗墨三卷
（日）吉田松阴著；国民丛书社编
上海　商务　清末民初　一册
吉田松阴，幕府末期维新初期之思想家、改革志士，对中国思想界有影响。原书汉文，有记有传说、杂著。

2298 田川大吉郎之学说一卷
（日）田川大吉郎著；杜士珍译
新世界学报本　清光绪末　一册

印度文学

2299 香粉狱

（印度）田温斯著；病狂译

上海 小说林社 1907（清光绪三十三）年初版 一册

阿拉伯文学

2300 航海述奇一卷

阿拉伯原本；(英) 谷德原译 钱锴重译

上海 文明书局 清光绪末 一册

2301 天方夜谭

绣像小说报译

上海 商务 1903（清光绪二十九）年 一册

阿拉伯地区民间故事总集。

2302 天方夜谈

奚若译

上海 商务 1906（清光绪三十二）年初版，1914年再版 四册（说部丛书初集）

据英译本"Arabian Nights"选译，包括五十个故事。

2303 侠女奴

萍雪译述 初我润辞

上海 小说林社 1905（清光绪三十一）年初版，1906（清光绪三十二）年再版 一册；女子世界社 1905（清光绪三十一）年 一册

欧洲文学（包括欧洲不同国别者合著）

2304 少年侦探

（法）爱米加濮鲁 （英）智尔博甘培合著；寄生虫 无腸子译

上海 小说林社 1907（清光绪三十三）年 三册

2305 新庵九种

周桂笙辑译

上海 群学社 1910（清宣统二）年 一册

收译著：(英) 弥泼著《猫日记》，(法) 纪善著《红痣案》、《妒谋夫案》；以下原著者不详：《飞访木星》、《水深火热》、《自由结婚》、《伦敦新世界》以及"上海侦探案""玄君会"两种创作。

2306 近代欧洲文艺思潮

（日）相马御风著；杨启瑞译

上海 中华书局 1915年 一册（常识丛书）

2307 泰西轩渠录（又名 西洋笑林广记）

（日）和田万吉著；唐如真译

上海 东方书局 1915年初版 一册

收西洋古今笑话约二百则。

2308 金台春梦录
　　（法）丹米安　（俄）华伊尔合著；林纾　王庆通译
　　上海　商务　1918年初版　二册（说部丛书三集）

古希腊文学
寓言

2309 况义（一名　意拾喻言）
　　（法）金尼阁口译　张赓笔述
　　西安　1625（明天启五）年　一册
　　收伊索寓言22则，为伊索寓言最早中译本。

2310 意拾喻言
　　蒙昧先生著，门人懒惰生编译
　　广东　1840（清道光二十）年　一册
　　收伊索寓言82则。书前有小引，简介作者及其寓言流传情况。译者真名罗伯特·汤姆，英国人。"意拾"为粤语"伊索"。全书用英、汉、国语拼音、粤语拼音四者对照排列。

2311 海国妙喻
　　（希腊）伊所布著；张赤山译
　　天津时报馆　1888（清光绪十四）年　一册
　　收伊索寓言70则，著者伊所布通译"伊索"。

2312 伊索寓言一卷
　　林纾　严培南　严璩译
　　上海　商务　1903（清光绪二十九）年4版，1906（清光绪三十二）年　一册

2313 伊娑菩喻言
　　（译者不详）
　　香港　文裕堂　1903（清光绪二十九）年　一册
　　伊索寓言。

2314 伊娑菩喻言一卷
　　（译者不详）
　　上海　施医院刻本　清光绪间　一册

2315 伊氏寓言选译
　　（译者不详）
　　上海　美华书馆　1910（清宣统二）年　一册

2316 伊索寓言演义
　　孙毓修译
　　上海　商务　1915年初版，1917年再版，1919年4版　一册（演义丛书第一种）
　　收伊索寓言133则，据英译重译。

神话

2317 希腊神话

（英）巴德文（Baldwin, J.）著；商务印书馆编译所译

上海　商务　1907（清光绪三十三）年初版，1908（清光绪三十四）年再版　一册（说部丛书七集）；上海　商务　1914年再版　一册（说部丛书初集）

2318 西方搜神记

（英）C. Kingsley 著；Ma Shao-Liang 译

上海　广学会　1912年　一册

原书：The Heroes；Greek Fairy Tales.

卷首有（英）莫安仁序。包括《潘西斯传》、《亚格海舰之英杰事略》、《昔西斯传》三篇希腊神话。

古罗马文学

2319 罗马文学史

（日）涩江保著；何震彝译

上海　开明书店　清光绪末　一册

分王政时代、共和时代、帝政时代三篇，对罗马古代戏曲、诗歌、文学、哲理之源流、著者姓名等，皆记其大略。

英国文学

诗歌

2320 痴汉骑马歌

（英）柯伯，威廉（Cwper W.）著；辜鸿铭译

上海　商务　1900（清光绪二十六）年，1905（清光绪三十一）年　一册

译文为五言诗。

2321 哀希腊

（英）拜伦著；马君武译

《新文学》　1905（清光绪三十一）年　一册

戏剧

2322 女律师

（英）莎士比亚著；天笑改编

城东女学　1911（清宣统三）年　一册

四幕话剧，即"威尼斯商人"。

小说

2323 昕夕闲谈

（著者不详）；（原题）蠡勺居士译

上海　申报馆　1874（清同治十三）年　一册

我国翻译小说以此书为最早，原载清同治癸酉（1873）年的《瀛寰琐记》中，为长篇小说。

2324 昕夕闲谈

（著者阙名）；（英）约纳约翰重译 （英）李约瑟笔述

上海 文宝书局 1904（清光绪三十）年 二册

2325 包探案

（英）华生著；商务印书馆编译所译

上海 商务 1899（清光绪二十五）年 一册

2326 长生术一卷

（英）解佳著；曾广铨译

昌言报馆 1899（清光绪二十五）年 一册；时务报本

2327 新译包探案

（英）达尔著；曾广铨译

昌言报馆 1899（清光绪二十五）年 一册（与长生术合函）

2328 新译包探案

时务报馆译 丁杨杜译

素隐书屋木刻 1899（清光绪二十五）年 一册；上海 文明书局 1903（清光绪二十九）年 一册

收柯南道尔福尔摩斯探案五种：1.英国包探访喀迭医生奇案，2.英包探勘盗密约案；3.记伛者复仇事；4.继父诳女破案；5.呵尔唔斯缉案被戕。

2329 续译华生包探案

（英）柯南道尔著；员警学生译

（出版者不详） 1902（清光绪二十八）年刊本 一册；文明书局 1902（清光绪二十八）年 二册

收福尔摩斯探案三种：

亲父囚女案、修机新指案、贵胄失妻案。文明书局本除以上三种外，增译四种：三K字五橘核案、跋海淼王照相片、鹅腹蓝宝石案、伪乞丐案。

2330 潜艇魔影

（英）亚波倭得（Allen Upward 1863—1926）著；林纾 陈家麟译

上海 商务 1900（清光绪二十六）年 一册（说部丛书）

原书作者今译作曷普华或艾伦·阿布瓦特，英国人，林纾等译者误认为法国人。原书：Phantom Torpedo Boats.

2331 泰西说部丛书之一

（英）柯南道尔著；黄鼎 张在新译

1901（清光绪二十七）年刊本 （出版者不详） 一册

收毒蛇案、宝石冠、拔斯夸姆命案、希腊诗人、红发会、绅士、海姆七种。

2332 绝岛飘流记一卷

（英）狄福著；跛少年译

1902（清光绪二十八）年木活字本　一册

2333 绝岛飘流记

（英）狄福著；沈祖芬译

上海　开明书店　清光绪末　一册

2334 白丝线记

（英）Upward, Allen 著；（日）周游生原译　（中译者不详）

横滨　新小说社　1903（清光绪二十九）年　一册

原书：Secrets of the Courts of Europe. 日译本《外交奇谭——白系》(1897）。

2335 补译华生包探案一卷　（一名　华生包探案）

（英）柯南道尔著；商务印书馆编译所译

上海　商务　1903（清光绪二十九）年　一册；《华生包探案》上海　商务　1906（清光绪三十二）年初版，1907（清光绪三十三）年2版，1908（清光绪三十四）年5版，1914年　一册（说部丛书初集）；上海　商务　1911（清宣统三）年初版　一册（小本小说）书前有译者序

短篇小说集，收福尔摩斯探案六种：哥利亚司考得船案，银光马，孀妇匿女，墨斯格力夫礼典，书记被骗，旅居病夫。

2336 法国地利花奇案

（英）佚名著；尊业辑业书馆译

江西　尊业辑业书馆　1903（清光绪二十九）年　一册

2337 海外奇谈

（英）莎士比亚著；达文社译

达文社　1903（清光绪二十九）年　一册

原为莎士比亚诗作，英国兰卜改为散文，名为 Tales From Shakespeare. 译者将其归为小说。收莎士比亚剧本故事十种：一蒲鲁萨贪色皆良朋，二燕敦里借债约割肉，三武历维错爱孪生女，四毕楚里驯服恶癖娘，五错中错埃国出奇闻，六计上计情妻偷戒指，七冒险寻夫络偕伣俪，八苦心救弟坚守贞操，九恒妒心李安德弃妻，十报大仇韩利德杀叔。

2338 海外天

（英）马斯他孟立特著；觉我译

海虞图书馆　1903（清光绪二十九）年　一册；上海　开明书店　1903（清光绪二十九）年　一册；上海　小说林社　1907（清光绪三十三）年再版　一册（小说林）

2339 汗漫游

（英）司忒夫脱著；绣像小说报译

《绣像小说》本　1903（清光绪二十九）年　一册

此即《格列佛游记》的一部分，记船长辨里物泛海遇险至小人国，复至大人国。参见《海外轩渠录》。

2340 双线记六卷

（英）厄冷著；逸儒（陈寿彭）口译　秀玉（薛绍徽）笔述

杭州　武林印刷所　1903（清光绪二十九）年　一册；上海　中外日报馆　1903（清光绪二十九）年　三册线装

2341 唯一侦探谭四名案

（英）柯南道尔著；嵇长康　吴梦鬯译

上海　文明书局　1903（清光绪二十九）年　一册

2342 侠男儿

（英）因凡痕斯著；燕蓟少年译

上海　广智书局　1903（清光绪二十九）年　一册

2343 埃及妃

（英）Upward, Allen 著；（日）德富芦花原译　（中译者不详）

1904（清光绪三十）年刊本　一册

译自 Secrets of the Courts of Europe. 日译本《一亿万の赌博》(1898)。

2344 埃司兰情侠传

（英）哈葛德著；林纾　魏易译　严复题

上海　广智书局木刻　1904（清光绪三十）年　一册；又有涛园居士叙本，末附如皋冒广生著《仿竹枝体八首题情侠传》　二册

原书：Eric Brighteyes. (1891)

2345 案中案

（英）屠哀尔士著；商务印书馆编译所译

上海　商务　1904（清光绪三十）年初版，1905年再版，1906年4版　一册；上海　商务　1914年再版　一册（说部丛书初集）

2346 大复仇

（英）柯南道尔著；奚若　黄人译

上海　小说林社　1904（清光绪三十）年　一册

2347 恩仇血（福尔摩斯侦探小说）

（英）柯南道尔著；陈彦译

上海　小说林社　1904（清光绪三十）年初版　一册（小说林）

2348 福尔摩斯再生案（一至十三册）

（英）华生笔记；周桂笙等译

上海　小说林社　1904(清光绪三十)年12月第一册初版，10月第二至五册初版，1905（清光绪三十一）年5月第九至十册初版，12月第六至八册初版，1906（清光绪三十二）年5月第一至五册5版，10月第十一至十三册初版，10月第六至十册6版

2349 福尔摩斯再生案

（英）柯南道尔著；奚若译

上海　小说林社

第一册　再生第一案　1904（清光绪三十）年

第二册　亚特克之焚尸案　郤令登乘自转车案　1904（清光绪三十）年

第三册　麦克来登之小学校奇案　宓尔逢登之被螫案　1904（清光绪三十）年

第四册　毁拿破仑像案　黑彼得被杀案　密码被杀案　陆圣书院窃题案　虚无党案　1906（清光绪三十二）年

2350 金银岛（冒险小说）

（英）司的反生著；商务印书馆编译所译

上海　商务　1904（清光绪三十）年初版，1906（清光绪三十二）年3版　一册（说部丛书第二集）；上海　商务　1914年再版　一册（说部丛书初集）；东京　明权社　清光绪末　一册

此为史蒂文森长篇小说"Treasure Island"节译本。

2351 军役奇谈

（英）脱马斯加泰著；陶㻽旦译

上海　小说林社　1904（清光绪三十）年初版　一册（小说林）

2352 玛瑙印

（英）Upward, Allen 著；（日）德富芦花原译　（中译者不详）

1904（清光绪三十）年刊本　一册

译自 Secrets of the courts of Europe. 日译本《法王殿の墓》（1898）

2353 双艳记（艳情小说）

（英）佛露次斯著；小说林编辑员译

上海　小说林社　1904（清光绪三十）年10月初版　一册（小说林）

2354 一封信（侦探小说）（上、下册）

（英）麦孟德著；吴步云译

上海　小说林社　1904（清光绪三十）年11月上册初版，1905（清光绪三十一）年2月下册初版（小说林）

2355 吟边燕语（神怪小说）一卷

（英）莎士比著；林纾　魏易译

上海　商务　1904（清光绪三十）年10月初版，1905（清光绪三十一）年3月再版，1906（清光绪三十二）年4月3版，1913年6月4版，1914年4月再版　一册（说部丛书初集）；上海　商务　1914年5月初版，1915年3月再版　一册（小本小说）；上海　商务　1914年6月初版　一册（林译小说丛书）

原书：Tales from shakespeare. (1807)

收莎士比亚戏剧故事改编的短篇小说二十篇：肉券、驯悍、李误、铸情、仇金、神合、蛊征、医谐、狱配、鬼诏、环证、女变、林集、礼哄、仙狯、珠还、黑瞀、婚诡、情惑、飓引。

2356 埃及金塔剖尸记（神怪小说）

（英）哈葛德著；林纾　曾宗巩译

上海　商务　1905（清光绪三十一）年初版，1907（清光绪三十三）年再版　三册（说部丛书二集）；上海　商务　1914年4月再版　三册（说部丛书初集）；上

海　商务　1914年6月初版　三册（林译小说丛书）

长篇小说，原书 Cleopatra.

2357 爱河潮（上、中、下册）

（英）哈葛德著；奚若译

上海　小说林社　1905（清光绪三十一）年初版　三册（小说林）

2358 （海外奇谭）百合花

（英）Upward, Allen 著；（日）德富芦花原译　（中译者不详）

横滨　新小说社　1905（清光绪三十一）年　一册

译自 Secrets of the Courts of Europe. 日译本《百合の花》(1898)

2359 车中毒针（侦探小说）

（英）勃拉锡克著；吴梼译

上海　商务　1905（清光绪三十一）年初版，1906年（清光绪三十二）再版，1907（清光绪三十三）年3版　一册（说部丛书三集）；上海　商务　1914年再版　一册（说部丛书初集）

2360 妒之花（艳情小说）

（英）洛克司克礼佛著；小说林社译述

上海　小说林社　1905（清光绪三十一）年初版　一册

2361 俄皇宫中之人鬼

（英）Upward, Allen 著；（日）德富芦花译　梁启超重译

横滨　新小说社　1905（清光绪三十一）年　一册

译自 Secrets of the Courts of Europe. 日译本《冬宫の怪谈》(1898).

2362 斐洲烟水愁城录（冒险小说）二卷

（英）哈葛德著；林纾　曾宗巩译

上海　商务　1905（清光绪三十一）年初版　二册（说部丛书三集）；上海　商务　1914年再版　二册（说部丛书初集）；上海　商务　1914年6月初版　二册（林译小说丛书）

原书：Allan Quatermain. (1887) 长篇小说，卷首有林序。

2363 鬼山狼侠传（神怪小说）二卷

（英）哈葛德著；林纾　曾宗巩译

上海　商务　1905（清光绪三十一）年7月初版，10月2版，1907（清光绪三十三）年3版　一册（说部丛书第三集）；上海　商务　1914年4月再版　二册（说部丛书初集）；上海　商务　1914年6月初版　二册（林译小说丛书）

原书：Nada the Lily. (1892) 长篇小说。

2364 迦茵小传（言情小说）二卷

（英）哈葛德著；林纾　魏易译

上海　商务　1905（清光绪三十一）年初版，1906（清光绪三十二）年3版　一册；上海　商务　1913年12月，1914年4月再版　二册（说部丛书二集）；上海　商务　1914年6月初版　二册（林译小说丛书）

原书：Joan Haste. (1895) 长篇小说。

2365 鲁滨孙飘流记（冒险小说）二卷

（英）达孚著；林纾　曾宗巩译

上海　商务　1905（清光绪三十一）年初版　一册（说部丛书第四集）；上海　商务　1914年再版　二册（说部丛书初集）；上海　商务　1914年6月初版　二册（林译小说丛书）；上海　商务　1914年11月初版　二册（小本小说）

原书：Farther Adventures of Robinson Crusoe (1719) 长篇小说。

2366 马丁休脱侦探案

（英）玛利孙著；奚若译

上海　小说林社　1905（清光绪三十一）年初版　三册

2367 窃皇案

（英）Upward, Allen 著；（日）德富芦花原译　披发生（罗普）重译

横滨　新小说社　1905（清光绪三十一）年　一册

译自 Secret of the Courts of Europe. 日译本《王の纷夫》(1898)

2368 日本剑（侦探小说）（上、下册）

（英）屈来珊鲁意著；沈伯甫译　黄摩西润笔

上海　小说林社　1905（清光绪三十一）年5月上册初版，1906（清光绪三十二）年2月下册初版，5月上册再版（小说林）

2369 撒克逊劫后英雄略二卷

（英）司各德著；林纾　魏易译

上海　商务　1905（清光绪三十一）年初版，1906（清光绪三十二）年再版　一册（说部丛书第三集）；上海　商务　1914年4月再版　一册（说部丛书初集）；上海　商务　1914年6月初版　一册（林译小说丛书）

原书：Ivanhoe. (1820).

2370 双指印（侦探小说）

（英）培福台兰拿（Delannoy, H. Burford）著；商务印书馆编译所译

上海　商务　1905（清光绪三十一）年6月初版　一册（说部丛书第三集）；上海　商务　1914年4月再版　一册（说部丛书初集）

2371 万里鸳

（英）婆斯勒著；吴步云译

上海　小说林社　1905（清光绪三十一）年11月初版　三册（小说林）

2372 降妖记

（英）柯南道尔著；陆康华　黄大钧译

上海　商务　1905（清光绪三十一）年2月初版，7月再版　一册（说部丛书第二集）；上海　商务1914年4月再版　一册（说部丛书初集）；上海　商务　1914年6月初版　一册（小本小说）

未题著者名，据内容为福尔摩斯探案。

2373 一束缘（道德小说）
（英）荸来姆著；商务印书馆编译所译
上海　商务　1905（清光绪三十一）年 2 月初版，1906（清光绪三十二）年 2 月 2 版　一册（说部丛书第三集）；上海　商务　1914 年 4 月再版　一册（说部丛书初集）；上海　商务　1913 年 11 月再版　一册（小本小说）
兰言主人口述，老钝笔译。原书名《伯爵之女》。

2374 英孝子火山报仇录（伦理小说）二卷
（英）哈葛德著；林纾　魏易译
上海　商务　1905（清光绪三十一）年 6 月初版，1906（清光绪三十二）年 4 月再版　一册（说部丛书第二集）；上海　商务　1913 年 12 月初版，1914 年 4 月再版　二册（说部丛书初集）；上海　商务　1914 年 6 月初版　二册（林译小说丛书）
原书：Montezuma's Daughter. (1893) 长篇小说，书前有林序及"译余剩语"。

2375 白巾人（侦探小说）二卷
（英）歇复克著；商务印书馆编译所译
上海　商务　1906（清光绪三十二）年 3 月初版，11 月 2 版　二册（说部丛书四集）；上海　商务　1914 年　二册（说部丛书初集）

2376 彼得警长（上、中、下册）
（英）佚名著；吴步云译
上海　小说林社　1906（清光绪三十二）年 1 月上卷初版，2 月中卷初版，4 月下卷初版（小说林）　三册

2377 波乃茵传（写情小说）
（英）赫拉著；商务印书馆编译所译
上海　商务　1906（清光绪三十二）年初版　一册（说部丛书六集）；上海　商务　1913 年 12 月初版，1914 年 4 月再版　一册（说部丛书初集）

2378 地心旅行（一题　地球隧）
（英）佚名著；周桂笙译
上海　广智书局　1906（清光绪三十二）年　一册

2379 髑髅杯三卷
（英）楷陵著；奚若译
上海　小说林社　1906（清光绪三十二）年 4 月初版　一册（小说林）

2380 二佣案（侦探小说）
（英）许复克著；商务印书馆编译所译
上海　商务　1906（清光绪三十二）年初版　一册（说部丛书七集）；上海　商务 1914 年再版　一册（说部丛书初集）

2381 佛罗纱
（英）亨忒哈乃著；陈寿彭译　夏元鼎润辞
上海　群学社　1906（清光绪三十二）年　二册

2382 福尔摩斯侦探第一案
　　（英）柯南道尔著；佚名译
　　上海　小说林社　1906（清光绪三十二）年　一册

2383 海底漫游记（一题　投梅记）
　　（英）露亚尼著；海外山人译
　　新小说社　1906（清光绪三十二）年　一册

2384 海外轩渠录二卷
　　（英）狂生斯威佛特（Swift, Jonathan 1667—1745）著；林纾　魏易译
　　上海　商务　1906（清光绪三十二）年初版　一册（说部丛书第五集）；上海　商务　1914年4月　一册（说部丛书初集）；上海　商务　1914年6月　一册（林译小说丛书）
　　著者据版权页著录。1906年商务本卷端题：林纾、曾宗巩合译，实为魏易口授，林、曾分别笔述。
　　原书 Gulliver's Travels (1726) 即《格列佛游记》，叙船长格列佛泛海至小人国、大人国、飞岛国等四游记，叙其所见之人物、政制、风俗等，皆荒诞不经，实则以此讽刺其祖国，为一代杰出讽刺小说。林译仅有小人国及大人国部分。

2385 阱中花（言情小说）二卷
　　（英）巴尔勒斯著；商务印书馆编译所译
　　上海　商务　1906（清光绪三十二）年4月初版，11月再版　一册（说部丛书第四集）；上海　商务　1914年4月再版　一册（说部丛书初集）
　　译文为章回体。

2386 洪罕女郎传（言情小说）二卷
　　（英）哈葛德著；林纾　魏易译
　　上海　商务　1906（清光绪三十二）年1月初版，1907（清光绪三十三）年2月3版　（说部丛书第四集）；上海　商务　1914年4月再版　二册（说部丛书初集）；上海　商务　1914年6月初版　二册（林译小说丛书）
　　原书：Colonel Quaritch, V. C. (1888)　长篇小说。

2387 红泥记
　　（英）包福著；竹书译
　　上海　小说林社　1906（清光绪三十二）年初版　一册（小说林）（小本小说）

2388 红礁画桨录（言情小说）二卷
　　（英）哈葛德著；林纾　魏易译
　　上海　商务　1906（清光绪三十二）年初版，1907（清光绪三十三）年再版　一册（说部丛书第五集）；上海　商务　1914年4月再版　二册（说部丛书初集）；上海　商务　1914年6月初版　二册（林译小说丛书）
　　长篇小说。书前有林序及"译余剩语"。
　　原书：Beatrice. (1890)

2389 黄金骨（福尔摩斯侦探案）
（英）华生笔记；马汝贤译
上海　小说林社　1906（清光绪三十二）年初版　一册（小说林）

2390 绝岛英雄
从奁译
上海　广益书局　1906（清光绪三十二）年　一册
此即"鲁滨逊飘流记"重述本。

2391 帘外人（侦探小说）
（英）格利吾著；商务印书馆编译所译
上海　商务　1906（清光绪三十二）年初版，1907（清光绪三十三）年2版　一册（说部丛书第五集）；上海　商务　1914年再版　一册（说部丛书初集）

2392 炼才炉（政治小说）
（英）亚力杜梅著；甘永龙译
上海　商务　1906（清光绪三十二）年4月初版，12月2版　一册（说部丛书第五集）；上海　商务　1914年再版　一册（说部丛书初集）

2393 蛮荒志异（神怪小说）二卷
（英）哈葛德著；林纾　曾宗巩译
上海　商务　1906（清光绪三十二）年2月初版，8月2版　一册（说部丛书第四集）；上海　商务　1914年4月再版　二册（说部丛书初集）；上海　商务　1914年6月初版　二册（林译小说丛书）
本书据 Black Heart and White Heart, and Other Stories (1900) 译出，上、下卷各收中篇小说一篇。

2394 蛮陬奋迹记（冒险小说）
（英）特来生著；商务印书馆编译所译
上海　商务　1906（清光绪三十二）年初版　一册（说部丛书第六集）；上海　商务　1914年再版　一册（说部丛书初集）

2395 秘密党（侦探小说）
（英）顾能著；杨心一译述
上海　有正书局　1906（清光绪三十二）年初版　一册；上海　时报馆本　一册（小说丛书一集）
译者杨心一，本名杨锦森，字心一，江苏吴县人，1911年毕业于美国宾夕法尼亚大学，获硕士文凭，归国后任中华书局编辑

2396 秘密隧道（上、下卷）
（英）和米著；奚若译
上海　小说林社　1906（清光绪三十二）年初版　一册（小说林）

2397 女魔力（艳情小说）（上、中、下册）
（英）孟奇著；吴步云译
上海　小说林社　1906（清光绪三十二）年初版　三册（小说林）

2398 女首领

（英）媚姿著；井蛙译述

上海　小说林社　1906（清光绪三十二）年初版　二册（小说林）

2399 七星宝石（探险小说）

（英）勃兰姆斯道格著；商务印书馆编译所译

上海　商务　1906年初版　一册（说部丛书第五集）；上海　商务　1914年再版　一册（说部丛书初集）

2400 胠箧术

（英）白髭拜著；乌衣译

上海　小说林社　1906（清光绪三十二）年初版，1907（清光绪三十三）年再版　一册（小说林）

白髭拜亦译波斯倍、浦斯培、布司白。

2401 三字狱（言情小说）

（英）赫穆著；商务印书馆编译所译

上海　商务　1906（清光绪三十二）年初，1913年3版　一册（说部丛书第五集）；上海　商务　1914年4月再版　一册（说部丛书初集）

2402 深浅印

（英）柯南道尔著　（英）华生笔记；不因人译

上海　小说林社　1906（清光绪三十二）年初版　一册（小说林）

2403 身毒叛乱记

（英）麦度克著；幡溪子　天笑生译

上海　小说林社　1906（清光绪三十二）年初版　二册（小说林）

2404 尸椟记

（英）E. 华尔登著；商务印书馆编译所译

上海　商务　1906（清光绪三十二）年初版　一册（说部丛书第六集）；上海　商务　1913年12月初版，1914年8月再版　一册（说部丛书初集）

2405 苏格兰独立记

（英）佚名著；陈鸿璧译

上海　小说林社　1906（清光绪三十二）年第一册初版，1908（清光绪三十四）年第二册初版（小说林）

2406 铁锚手

（英）般福德伦纳著；商务印书馆编译所译

上海　商务　1906（清光绪三十二）年9月初版　一册（说部丛书第六集）；上海　商务　1914年4月再版　一册（说部丛书初集）

原书：The Margate Murder Mystery.（1902）

2407 吞玉奴

（英）杰而克著；陈无我译

鸿文书局　1906（清光绪三十二）年　一册

2408 雾中人（冒险小说）三卷

（英）哈葛德著；林纾　曾宗巩译

上海　商务　1906（清光绪三十二）年11月初版，1913年10月再版　三册（说部丛书第六集）；上海　商务　1914年4月再版　三册（说部丛书初集）；上海　商务　1914年6月初版　三册（林译小说丛书）

原书：The People of the Mist.（1894）长篇小说。书前有林序。

2409 香囊记（侦探小说）

（英）斯旦来威门著；商务印书馆编译所译

上海　商务　1906（清光绪三十二）年4月初版，1907（清光绪三十三）年7月3版　一册（说部丛书第五集）；上海　商务　1914年4月再版　一册（说部丛书初集）；上海　商务　1915年1月初版　一册（小本小说）

2410 橡湖仙影（社会小说）三卷

（英）哈葛德著；林纾　魏易译

上海　商务　1906（清光绪三十二）年10月初版　三册（说部丛书第六集）；上海　商务　1914年4月再版　三册（说部丛书初集）；上海　商务　1914年6月初版　三册（林译小说丛书）

原书：Dawn.（1884）长篇小说。书前有林序。

2411 血之花

（苏格兰）施高脱著；猿述　虫笔译

《新新小说》9—10期　1906—1907（清光绪三十二～三十三）年

此为司各特之短篇小说。

2412 印雪簃译丛（探案录之一）

（英）维多夫人著；陈鸿璧译

上海　小说林社　1906（清光绪三十二）年11月初版　一册（小说林）

2413 最新侦探案汇刊

新民丛报社　1906（清光绪三十二）年　一册

收小说四种：1.窃毁拿破仑遗像案/（英）陶高能著　知新子（周桂笙）译；2.失女案/知新室主人（周桂笙）译；3.毒药案/无歆羡斋主人译；4.双公使/知新室主人（周桂笙）译。

2414 宝石城

（英）白髭拜著；商务印书馆编译所译

上海　商务　1907（清光绪三十三）年初版　一册（说部丛书八集）；上海　商务　1914年再版　一册（说部丛书初集）

2415 盗窟奇缘（言情小说）

（英）蒲斯培著；商务印书馆编译所译

上海　商务　1907（清光绪三十三）年初版，1908年再版　二册（说部丛书九集）；上海　商务　1914年4月再版（说部丛书初集）；1914年7月再版　二册（小本小说）

2416 多那文包探案（侦探小说）

（英）狄克多那文（Donovan, Dick）著；商务印书馆编译所译

上海　商务　1907（清光绪三十三）年初版　一册（说部八集）；上海　商务　1914年再版　一册（说部丛书初集）

原书：From Clue to Capture. (1898)

2417 飞行记

（英）萧尔斯勃内著；谢炘译

上海　小说林社　1907（清光绪三十三）年　一册

2418 福尔摩斯最后之奇案

（英）柯南道尔著；白侣鸿译

飞鸿阁　1907（清光绪三十三）年　一册；上海　新世界小说社　1907（清光绪三十三）年　一册

2419 复国轶闻（航海小说）

（英）波士俾著；商务印书馆编译所译

上海　商务　1907（清光绪三十三）年初版　一册（说部丛书第九集）；上海　商务　1914年再版　一册（说部丛书初集）

2420 鬼室余生录

（英）佚名著；方笛江译

上海　小说林社　1907（清光绪三十三）年初版　一册（小说林）(小本小说)

2421 海门奇案（侦探小说）

（英）福格斯兴著；穷汉译

上海　小说林社　1907（清光绪三十三）年初版　一册（小说林）(小本小说)

2422 海屋筹（上、下册）

（英）哈葛德著；逍遥生译

上海　小说林社　1907（清光绪三十三）年初版　二册（小说林）

2423 红星佚史（神怪小说）

（英）罗达哈葛得　（英）安度阑俱（Lang, A. 1844—1912）合著；周逴译

上海　商务　1907（清光绪三十三）年初，1912年再版　一册（说部文丛第八集）；上海　商务　1914年4月再版　一册（说部丛书初集）

罗达哈葛得通译哈葛德。原书：The World's Desire. 长篇小说。书前有译者序。

2424 花因

（英）几拉德著；林纾　魏易译

中外日报馆　1907（清光绪三十三）年初版　一册

2425 花月香城记

（英）哈葛德著；惜花主人译

上海　广智书局　1907（清光绪三十三）年　一册

2426 滑稽外史（滑稽小说）六卷

（英）C. 迭更司著；林纾　魏易译

上海　商务　1907（清光绪三十三）年初版，1915 年 4 版　六册（说部丛书二集）；上海　商务　1914 年初版　六册（林译小说丛书）

原书：Nicholas Nickleby.（1839）长篇小说，卷首有林序。

2427 画灵（言情小说）

（英）晓公伟著；商务印书馆编译所译

上海　商务　1907（清光绪三十三）年初版，1908（清光绪三十四）年再版　一册（说部丛书第八集）；上海　商务　1914 年再版　一册（说部丛书初集）

2428 黄金藏

（英）哈葛德著；中国日报社译

香港　中国日报社　1907（清光绪三十三）年　二册

2429 黄铅笔（上、下册）

（英）斐立泼斯著；章仲谧　章季伟译

上海　小说林社　1907（清光绪三十三）年初版　二册（小说林）

原书：The Yellow Crayon.

2430 剑底鸳鸯（言情小说）二卷

（英）司各德著；林纾　魏易译

上海　商务　1907（清光绪三十三）年初版，1915 年 4 版　二册（说部丛书二集）；上海　商务　1914 年 2 月初版　二册（小本小说）；上海　商务　1914 年 6 月初版　二册（林译小说丛书）

原书：The Betrothed.（1825）长篇小说，卷首有林序。

2431 狡狯童子

（英）式勤德著；商务印书馆编译所译

上海　商务　1907（清光绪三十三）年初版，1913 年 3 版，1914 年 4 版　一册（袖珍小说）

2432 劫花小乘（哀情小说）

（英）格洛麦著；思莼斋译

上海　广智书局　1907（清光绪三十三）年初版，1911（清宣统三）年 3 版　一册

2433 金风铁雨录三卷

（英）柯南达利著；林纾　魏易译

上海　商务　1907（清光绪三十三）年初版，1915 年 3 版　三册（说部丛书二集）；上海　商务　1914 年初版　三册（林译小说丛书）

原书：Micah Clarke.（1889）译者据版权页著录，卷首题林纾、曾宗巩译。卷首有林序。

2434 金丝发

（英）格离痕著；商务印书馆编译所译

上海　商务　1907（清光绪三十三）年初版　一册（说部丛书第八集）；上海　商务　1914 年再版　一册（说部丛书初集）；上海　商务　1912 年初版，1917

年3版　一册(小本小说)

2435　空谷佳人(爱情小说)
　　(英)博兰克巴勒著；商务印书馆编译所译
　　上海　商务　1907(清光绪三十三)年初版　一册(说部丛书第七集)；上海　商务　1914年再版　一册(说部丛书初集)；上海　商务　1911(清宣统三)年初版　一册(小本小说)

2436　苦海余生录(警世小说)
　　(英)白来登(亦译勃内登)著；商务印书馆编译所译
　　上海　商务　1907(清光绪三十三)年初版　一册(说部丛书第九集)；上海　商务　1914年再版　一册(说部丛书初集)
　　卷首有署名江东旧酒徒的译者序言，译文为白话。

2437　罗仙小传
　　(英)霍旨因著；商务印书馆编译所译
　　上海　商务　1907(清光绪三十三)年　一册

2438　媒孽奇谈(婚事小说)
　　(英)白朗脱著；商务印书馆编译所译
　　上海　商务　1907(清光绪三十三)年初版　一册(说部丛书第九集)；上海　商务　1914年4月再版　一册(说部丛书初集)；上海　商务　1914年5月3版　一册(小本小说)

2439　秘密地窟(义侠小说)
　　(英)华司著；商务印书馆编译所译
　　上海　商务　1907(清光绪三十三)年初版　一册(说部丛书第七集)；上海　商务　1914年再版　一册(说部丛书初集)

2440　窃图案
　　(英)白福兰著；大妙译
　　竞立社　1907(清光绪三十三)年　一册

2441　情侠(义侠小说)
　　(英)谭伟著；商务印书馆编译所译
　　上海　商务　1907(清光绪三十三)年初版　一册(说部丛书第九集)；上海　商务　1914年4月再版　一册(说部丛书初集)；上海　商务　1911(清宣统三)年初版，1914年6月4版　一册(小本小说)

2442　三名刺
　　(英)葛威廉著；商务印书馆译
　　上海　商务　1907(清光绪三十三)年　一册

2443　三疑案
　　(英)奥姐著；商务印书馆译
　　上海　商务　1907(清光绪三十三)年初版，1917年5版　一册(袖珍小说)
　　收伊兰案、雪驹案、跛翁案三篇短篇小说。

2444 神枢鬼藏录（侦探小说）

（英）阿瑟毛利森（Morrison, Arthur 1863—1945）著；林纾　魏易译

上海　商务　1907（清光绪三十三）年5月初版，10月再版　一册（说部丛书第七集）；上海　商务　1913年12月初版，1914年4月再版　一册（说部丛书初集）；上海　商务　1914年6月初版　一册（林译小说丛书）

原书：Chronicles of Martin Hewett. (1895) 收侦探短篇小说六篇：窗下伏尸，霍尔福德遗嘱，断死人手，猎甲，菲次鲁乙马圈，海底亡金。卷首有林序。

2445 十字军英雄记（军事小说）上、下册

（英）司各德著；林纾　魏易译

上海　商务　1907（清光绪三十三）年初版，1915年10月3版　二册（说部丛书二集）；上海　商务　1914年6月初版　二册（林译小说丛书）；上海　商务　1914年8月初版　二册（小本小说）

原书：The Talisman. (1825) 长篇小说。

2446 双冠玺（历史小说）

（英）特渴不厄拔伫著；何心川　林豰桢译

上海　商务　1907（清光绪三十三）年初版　一册（说部丛书第八集）；上海　商务　1914年再版　一册（说部丛书初集）

2447 双孝子噀血酬恩记（伦理小说）二卷

（英）大隈克力司蒂穆雷（Murray, David Christie 1847—1907）著；林纾　魏易译

上海　商务　1907（清光绪三十三）年初版　一册（说部丛书第七集）；上海　商务　1913年12月4版，1914年4月再版　二册（说部丛书初集）；上海　商务　1914年6月初版　二册（林译小说丛书）

原书：The Martyred Food.

书前有畏庐居士（林纾）评语。

2448 隧中灯

（英）特维生著；张柏森译

上海　小说林社　1907（清光绪三十三）年10月初版　一册（小说林）

2449 雾中案

（英）哈定达维著；笑我生译

上海　小说林社　1907（清光绪三十三）年1月初版　一册（小说林本，小本小说第一集本）

2450 侠英童

（英）佚名著；沈海若译

上海　小说林社　1907（清光绪三十三）年11月初版　二册（小说林）

2451 孝女耐儿传（伦理小说）三卷

（英）C.迭更司著；林纾　魏易译

上海　商务　1907（清光绪三十三）年12月初版，1915年10月4版　三册

（说部丛书二集）；上海　商务　1914年2月初版　三册（小本小说）；上海　商务　1914年6月初版　三册（林译小说丛书）

原书：Old Curiosity Shop. (1841) 长篇小说。

2452 悬崖马

（英）麦去麦脱著；卢达译

上海　小说林社　1907（清光绪三十三）年8月初版　二册（小说林）

2453 一万九千磅

（英）般福德伦纳著；商务印书馆编译所译

上海　商务　1907（清光绪三十三）年8月初版，1908（清光绪三十四）年1月再版　一册（说部丛书第八集）；上海　商务　1914年4月再版　一册（说部丛书初集）

原书：Nineteen Thousand Pounds. (1901)

2454 英国最近五命离奇案

（英）霍士爹核士著；易次乾　何颖泉译

香港　小说编译社　1907（清光绪三十三）年　一册

2455 玉屑喷

（英）普鲁杰士著；林翼清　洪如松译

新世界小说社　1907（清光绪三十三）年　一册

2456 鸳盟离合记二卷

（著者不详）；（日）黑岩泪香原译　汤尔和重译

上海　商务　1907（清光绪三十三）年10月初版　一册（说部丛书九集）；上海　商务　1914年3版　二册

2457 圆室案（侦探小说）

（英）葛雷著；商务印书馆编译所译

上海　商务　1907（清光绪三十三）年7月初版　一册（说部丛书第八集）；上海　商务　1914年4月再版　一册（说部丛书初集）

2458 真偶然（言情小说）

（英）伯尔著；商务印书馆编译所译

上海　商务　1907（清光绪三十三）年6月初版，1908（清光绪三十四）年1月再版　一册（说部丛书第七集）；上海　商务　1914年4月再版　一册（说部丛书初集）；上海　商务　1914年7月初版　一册（小本小说）

2459 指中秘录（侦探小说）二卷

（英）麦区兰著；商务印书馆编译所译

上海　商务　1907（清光绪三十三）年9月初版　一册（说部丛书第七集）；上海　商务　1914年4月再版　二册（说部丛书初集）

2460 冢中人

（英）密罗著；黄序译

上海　商务　1907（清光绪三十三）年10月初版　一册（说部丛书第九集）；

上海　商务　1914年4月再版　一册（说部丛书初集）

2461 白头少年（社会小说）

（英）盖婆赛著；陈家麟译

上海　商务　1908（清光绪三十四）年初版，1915年再版　一册（说部丛书二集）；上海　商务　1912年初版　一册（小本小说）

2462 杯中血

（英）杰而克著；凌景伊译

新世界小说社　1908（清光绪三十四）年　一册

2463 冰天渔乐记二卷

（英）径司顿著；商务印书馆编译所译

上海　商务　1908（清光绪三十四）年初版　一册（说部丛书十集）；上海　商务　1914年再版　一册（说部丛书初集）

2464 博徒别传（社会小说）二卷

（英）柯南达利著；陈大灯　陈家麟译

上海　商务　1908（清光绪三十四）年初版，1915年再版　二册（说部丛书二集）

书前有译者序。

2465 大侠红蘩露传（义侠小说）

（英）阿克西夫人（Orczy, Baroness Emmuska 1865—1947）著；林纾　魏易译

上海　商务　1908（清光绪三十四）年初版，1915年2版　一册

作者今译为"奥切"，英国女小说家。本书以法国大革命为时代背景，描写行迹不定的布莱克尼爵士的冒险行径，是20世纪最成功的作品之一，作者因发表该书而成名。

2466 电感（侦探小说）

（英）哈本著；临桂木子译

上海　小说林社　1908（清光绪三十四）年初版　一册

2467 电影楼台（社会小说）

（英）柯南达利著；林纾　魏易译

上海　商务　1908（清光绪三十四）年初版，1915年3版　一册（说部丛书二集）；上海　商务　1913年再版　一册（欧美名家小说）；上海　商务　1914年6月初版　一册（林译小说丛书）；上海　商务　1914年7月初版　一册（小本小说）

原书：The Dolings of Raffles Haw.（1892）作者柯南达利通译柯南道尔。卷首有林序。

2468 蛊情记

（英）鳃克瑞著；商务印书馆编译所译

上海　商务　1908（清光绪三十四）年初版，1914年3版　一册（袖珍小说）

2469 柜中尸

（英）克保斯培著；东海钓客译

改良小说社　1908（清光绪三十四）年　一册

2470 海棠魂
　　（英）布斯俾著；薛一谔　陈家麟译
　　上海　商务　1908（清光绪三十四）年初版，1917年4版　一册

2471 海外拾遗
　　（英）柯南达尔著；商务印书馆编译所译
　　上海　商务　1908（清光绪三十四）年　一册

2472 海卫侦探案（侦探小说）
　　（英）模利孙著；商务印书馆编译所译
　　上海　商务　1908（清光绪三十四）年初版，1913年3版　一册（说部丛书第十集）；上海　商务　1914年再版　一册（说部丛书初集）
　　收《医生冤》等8篇侦探小说。

2473 化身奇谈（滑稽小说）
　　（英）安顿著；商务印书馆编译所译
　　上海　商务　1908（清光绪三十四）年初版，1913年再版　一册（说部丛书第十集）；上海　商务　1914年再版　一册（说部丛书初集）；上海　商务　1911（清宣统三）年初版，1913年再版　一册（小本小说）

2474 恨绮愁罗记（历史小说）二卷
　　（英）柯南达利著；林纾　魏易译
　　上海　商务　1908（清光绪三十四）年初版，1915年4版　二册（说部丛书二集）；上海　商务　1914年初版　二册（林译小说丛书）
　　原书：The Refugees.（1893）卷首有林序。

2475 剧场奇案（侦探小说）
　　（英）福尔奇斯休姆著；商务印书馆编译所译
　　上海　商务　1908（清光绪三十四）年初版，1914年再版　一册（说部丛书初集）

2476 科学罪人
　　（英）甘霜著；李新甫　吴匡予译　天虚我生润辞
　　上海　中华书局　1908（清光绪三十四）年初版　一册

2477 块肉余生述前编二卷
　　（英）C.迭更司著；林纾　魏易译
　　上海　商务　1908（清光绪三十四）年初，1915年3版　二册（说部丛书二集）；上海　商务　1914年6月初版（小本小说）；上海　商务　1914年6月初版　二册（林译小说丛书）
　　著者迭更司通译狄更斯。原书：David Copperfield（1850），今译作"大卫·科波菲尔"，长篇小说，书前有林序。

2478 块肉余生述续编二卷
　　（英）却而司·迭更司著；林纾　魏易译
　　上海　商务　1908（清光绪三十四）年初版，1915年3版　二册（说部丛书二集）；上海　商务　1914年初版　二册（小本小说）；上海　商务　1914年　二册（林

译小说丛书）

2479 绿阴絮语

（英）笔登著；黼臣　铁汉译

上海　中国图书公司　1908（清光绪三十四）年　一册

2480 青藜影（言情小说）

（英）布斯俾著；薛一谔　陈家麟译

上海　商务　1908（清光绪三十四）年初版，1915年3版　一册（说部丛书二集）；上海　商务1914年初版　一册（小本小说）

2481 青酸毒

（英）格理民著；商务印书馆编译所译

上海　商务　1908（清光绪三十四）年初版，1914年4版　一册（袖珍小说）

2482 青衣记

（英）傅兰饬著；商务印书馆编译所译

上海　商务　1908（清光绪三十四）年初版，1915年3版　二册（说部丛书二集）

2483 情海波澜记

（英）倍根著；张春帆（漱六山房）译

集成图书公司　1908（清光绪三十四）年　一册

2484 髯刺客传（历史小说）

（英）柯南达利著；林纾　魏易译

上海　商务　1908（清光绪三十四）年初版，1915年再版　一册（说部丛书二集）；上海　商务　1914年初版　一册（林译小说丛书）

原书：Uncle Bernac.（1897）卷首有林序。

2485 三捕爱姆生

（英）柯南道尔著；西冷　悟痴生译

集成图书公司　1908（清光绪三十四）年　一册

2486 蛇女士传（社会小说）

（英）柯南达利著；林纾　魏易译

上海　商务　1908（清光绪三十四）年初版，1915年再版　一册（说部丛书二集）；上海　商务　1914年初版　一册（林译小说丛书）

原书：Beyond the City.（1892）书前有林序。

2487 双罥丝

（英）爱迭斯著；南梦（陆秋心）译

上海　有正书局　1908（清光绪三十四）年　一册

2488 双鸳侣（义侠小说）

（英）格得史密斯（Oliver Goldsmith 1730—1774）著；商务印书馆编译所译

上海　商务　1908（清光绪三十四）年6月　一册（说部丛书第十集）

原书：The Vicar of Wakefield. 长篇小说。

2489 斯芬克斯之美人

  （英）甘麽伦夫人著；无闷居士译

  上海　广智书局　1908（清光绪三十四）年　三册

2490 天囚忏悔录（社会小说）

  （英）约翰沃克森罕著；林纾　魏易译

  上海　商务　1908（清光绪三十四）年9月初版，1915年10月再版　一册（说部丛书二集）；上海　商务　1914年2月初版　一册（小本小说）；上海　商务　1914年6月初版　一册（林译小说丛书）

2491 铁血痕（军事小说）二卷

  （英）倍耒著；商务印书馆编译所译

  上海　商务　1908（清光绪三十四）年2月初版　一册（说部丛书第十集）；上海　商务　1914年4月再版　一册（说部丛书初集）

2492 西利亚郡主别传（言情小说）（上、下册）

  （英）马支孟德（Marchmont, Arthur W. 1852—1923）著；林纾　魏易译

  上海　商务　1908（清光绪三十四）年8月初版，1915年10月3版　二册（说部丛书二集）；上海　商务　1914年6月初版　二册（林译小说丛书）

  原书：For Love or Crown. (1901)

2493 新天方夜谭（社会小说）二卷

  （英）路易司地文（Stevenson, Robert Louis 1850—1894）（英）佛尼司地文（Stevenson, Fanny Van de Graft 1840—1914）合著；林纾　曾宗巩译

  上海　商务　1908（清光绪三十四）年5月初版，1913年1月再版　一册（说部丛书第十集）；上海　商务　1914年4月再版　二册（说部丛书初集）；上海　商务　1914年6月初版　二册（林译小说丛书）

  原书：More New Arabian Nights: The Dynamiter. (1885) R. L. 史蒂文森夫妇合著之短篇故事集。

2494 行路难

  （英）达溟著；商务印书馆译

  上海　商务　1908（清光绪三十四）年1月初版，1914年3版　一册（袖珍小说）

2495 遗嘱

  （英）华登著；小说林总编译所译

  上海　小说林宏文馆　1908（清光绪三十四）年1月初版　一册（小说林）

2496 易形奇术

  （英）斯底芬孙著；（译者未详）

  上海　商务　1908（清光绪三十四）年　一册

  斯底芬孙通译史蒂文森，此即《约格尔医生与海棣先生》，今译《化身博士》，叙医生约格尔发明一种药，能分人身为二人，医生以所有恶性赋于其化身海棣，海棣成极恶之人，医生无法控制而自杀。

2497 贼史（社会小说）（上、下册）

（英）却而司迭更斯著；林纾　魏易译

上海　商务　1908（清光绪三十四）年6月初版，1915年10月再版　二册（说部丛书二集）；上海　商务　1913年10月初版　二册（小本小说）；上海　商务　1914年6月初版　二册（林译小说丛书）

原书：Oliver Twist.（1838）长篇小说，书前有林序。

2498 钟乳髑髅（冒险小说）

（英）哈葛德著；林纾　曾宗巩译

上海　商务　1908（清光绪三十四）年9月初版，1915年10月3版　一册（说部丛书二集）；上海　商务　191？年　一册（林译小说丛书）；上海　商务　191？年　一册（小本小说）

原书：King Solomon's Mines.（1885）长篇小说。

2499 财色界之三蠹

（英）奇司克著；吴献书译

鸿文书局　1909（清宣统元）年　一册

2500 贝克侦探谈初编（侦探小说）

（英）马克丹诺保德庆（Bodkin, M. Mcdonnel 1850—1933）著；林纾　陈家麟译

上海　商务　1909（清宣统元）年初版，1915年再版　一册（小说丛书二集）；上海　商务　1914年初版　一册（林译小说丛书）

原书：The Quests of Paul Beck.（1908）（初编）

短篇小说集，收有尸言、因微见著、珠宝坠水、西班牙罪人、球场伏尸、红玉被盗6篇。

2501 贝克侦探谈续编（侦探小说）

（英）马克丹诺保德庆著；林纾　陈家麟译

上海　商务　1909（清宣统元）年初版，1915年再版　一册（说部丛书二集）；上海　商务　1914年初版　一册（林译小说丛书）

原书：The Capture of Paul Beck.（1909）

短篇小说集，收有手隐不见、血印、破案迅捷、鬼海、穷盗所往、舟行记程6篇。

2502 冰雪因缘（社会小说）六卷

（英）却而司·迭更司著；林纾　魏易译

上海　商务　1909（清宣统元）年初版，1915年3版　一册（说部丛书二集）；上海　商务　1913年初版　三册（小本小说）；上海　商务　1914年初版　六册（林译小说丛书）

原书：Dombey and Son.（1848）长篇小说，书前有林序。

2503 错中错

（英）查理士高法司著；商务印书馆编译所译

上海　商务　1909（清宣统元）年初版，1915年3版　一册（说部丛书二集）

2504 短篇小说合璧

大发财／（英）可宁屠儿著　雄今译；玫瑰贼／陈听彝著；赤珠血／亚义译；珠娘

艳史／新吾郎著
时事报馆　1909（清宣统元）年　一册

2505 堕泪碑
（英）布斯俾著；商务印书馆编译所译
上海　商务　1909（清宣统元）年初版，1915年4版　一册（说部丛书二集）

2506 复朗克侦探案（侦探小说）
（英）麦伦笔记；觉一译
上海　群学社　1909（清宣统元）年　一册（说部丛书）

2507 黑太子南征录（军事小说）（上、下册）
（英）柯南达利著；林纾　魏易译
上海　商务　1909（清宣统元）年初版，1915年再版　二册（说部丛书二集）；
上海　商务　1914年初版　二册（林译小说丛书）
原书：The white company.（1891）译本书前有林序。

2508 红发案
（英）柯南道尔著；汤心存　戴鸿蘽译
小说进步社　1909（清宣统元）年　一册

2509 红泪影
（英）巴达克礼著；息影庐主译
上海　广智书局　1909（清宣统元）年　四册

2510 荒岛孤童记
（英）马理溢德著；无闷居士译
上海　广益书局　1909（清宣统元）年　二册

2511 彗星奇婿录（社会小说）
（英）却洛得倭康　（英）诺埃克尔司合著；林纾　魏易译
上海　商务　1909（清宣统元）年初版，1915年再版　一册（说部丛书二集）；
上海　商务　[191？]（林译小说丛书二集）
书前有林序。

2512 玑司刺虎记（言情小说）二卷
（英）哈葛德著；林纾　陈家麟译
上海　商务　1909（清宣统元）年初版，1915年再版　二册（说部丛书二集）；
上海　商务　1914年5月初版　二册（小本小说）；上海　商务　1914年6月初版　二册（林译小说丛书）
原书：Jess.（1877）长篇小说，书前有林序。

2513 芦花余孽（社会小说）
（英）色东麦里曼（Merriman, Henry Seton）著；林纾　魏易译
上海　商务　1909（清宣统元）年初版，1915年再版　一册（说部丛书二集）；上海　商务　1913年初版，1914年6月再版　一册（小本小说）；上海　商务　1914年6月初版　一册（林译小说丛书）

原书：From One Generation to Another. (1892)

2514 露惜传二卷

（英）司各德著；陈大镫　陈家麟译

上海　商务　1909（清宣统元）年初版，1915年再版　二册（说部丛书二集）；

上海　商务　1914年初版　二册（小本小说）

长篇小说。

2515 秘密社会（新译侦探小说）

（英）尼古剌著；商务印书馆编译所译

上海　商务　1909（清宣统元）年初版，1914年再版　一册

2516 藕孔避兵录（侦探小说）

（英）蜚立伯倭翰（Oppenheim, E. P. 1866—1946）著；林纾　魏易译

上海　商务　1909（清宣统元）年初版，1915年3版　一册（说部丛书二集）；

上海　商务　1914年初版　一册（林译小说丛书）

原书：The Secret. (1907)

2517 偶像奇闻

（英）佚名著；时事报馆译

上海　时事报馆　1909（清宣统元）年　三册

2518 （绘图）骗术翻新（醒世小说）

（英）毛茂笛克著；轶群译

上海　改良小说社　1909（清宣统元）年初版　一册（说部丛书）

2519 西奴林娜小传（言情小说）

（英）安东尼贺迪（Hope, Authony）著；林纾　魏易译

上海　商务　1909（清宣统元）年7月初版，1915年10月3版　一册（说部丛书二集）；上海　商务　1914年6月初版　一册（林译小说丛书）

原书：A Man of Mark. (1890)

2520 血泊鸳鸯

（英）哈葛德著；薛一谔　陈家麟译

上海　商务　1909（清宣统元）年1月初版，1915年10月再版　一册（说部丛书二集）

2521 英德战争未来记（军事小说）（上、下卷）

（英）卫梨雅著；东海觉我译　天笑校补

上海　中国图书公司和记　1909（清宣统元）年初版，1914年再版　二册

长篇小说，白话译文。书前有原陆白芝元帅序。

2522 英伦之女贼

（英）海里著；铁樵译

上海　中国图书公司　1909（清宣统元）年　一册

2523 遮那德自伐八事（义侠小说）（上、下册）

（英）柯南达利著；陈大镫　陈家麟译

上海　商务　1909（清宣统元）年 1 月初版，1915 年 10 月再版　二册（说部丛书二集）

2524　遮那德自伐后八事（义侠小说）（上、下册）
（英）柯南达利著；陈大灯　陈家麟译
上海　商务　1909（清宣统元）年 12 月初版，1915 年 10 月再版　二册（说部丛书二集）；上海　商务　1919 年前后编　八册

2525　脂粉议员（社会小说）
（英）司丢阿忒著；林纾　魏易译
上海　商务　1909（清宣统元）年 10 月初版，1915 年 10 月再版　一册（说部丛书二集）；上海　商务　1914 年 6 月初版　一册（林译小说丛书）；上海　商务　1914 年 7 月再版　一册（小本小说）
书前有林序。

2526　醋海波
（英）哥林斯著；群学社译
上海　群学社　1910（清宣统二）年　一册

2527　含冤花
（英）培台尔著；穉桂译
上海　群学社　1910（清宣统二）年　一册

2528　红宝石指环（家庭小说）（一题"八角室"）
（英）密德著；张瑛译
上海　群学社　1910（清宣统二）年　一册（说部丛书）

2529　三千年艳尸记（神怪小说）二卷
（英）哈葛德著；林纾　曾宗巩译
上海　商务　1910（清宣统二）年初版，1915 年再版　二册（说部丛书二集）；上海　商务　1914 年 2 月初版　二册（小本小说）；上海　商务　1914 年 6 月初版　二册（林译小说丛书）
原书：She.（1886）长篇小说。

2530　亚媚女士别传（言情小说）二卷
（英）却而司·迭更司著；薛一谔　陈家麟译
上海　商务　1910（清宣统二）年 9 月初版　二册（说部丛书二集）；上海　商务　1915 年 6 月再版　二册（欧美名家小说）
长篇小说。

2531　裴西杰奇案
（英）查克著；张默君　陈鸿璧译
上海　广智书局　1911（清宣统三）年　一册
张默君本名张昭汉（1884－1965），字默君。

2532　阿罗小传
（英）笠顿著；平公译

（出版者不详）清光绪末　二册　下册题《阿难小传》

另有"新新小说"译本，题《圣人欤盗贼欤》。

2533 情天磨蝎录

（英）柯为廉著；不才子译

新世界小说社　清末　一册

2534 死椅

（英）米爱德著；陈无我译

新世界小说社　清末　一册

2535 醒华小说集

醒华报社编

醒华报社　清末　一册

收小说三种：窃贼俱乐部/知新室主译；伊兰案/佚名译；鹦鹉案/（英）马利孙著　奚若译。

2536 掌中珠

（英）杰而克著；警僧　无我译

新世界小说社　清末　一册

2537 指弓沙

（英）米爱德著；陈无我译

新世界小说社　清末　一册

2538 鸳鸯血（侦探小说）

（英）哈葛德著；朱引年译

上海　尚古书局手写石印　1913年　一册，有图

2539 残蝉曳声录（政治小说）

（英）测次希洛著；林纾　陈家麟译

上海　商务　1914年初版，1915年再版　一册（说部丛书二集）；上海　商务　[191？年]（林译小说丛书二集）

书前有林序。

2540 黑楼情孽（哀情小说）（上、下册）

（英）马尺芒忒（Marchmont, A. W.）著；林纾　陈家麟译

上海　商务　1914年11月初版　二册（林译小说丛书）；上海　商务　1914年11月初版　二册（说部丛书二集）

原书：The Man who was Dead. (1907)

2541 红粉劫

（英）司达渥（Startward, Don）著；李定夷译述

上海　国华书局　1914年8月初版，9月再版　一册

原书：A Fair in Peril.

长篇小说。初版及再版书前有徐枕亚等8人的序言和题词，书末有蹙红女史评语。

2542 荒唐言

（英）伊门斯宾塞尔（Spenser, Edmund）著；（ ）麦里郝斯改编 林纾 曾宗巩译

上海 商务 1914年再版 一册（小本小说）

原书：Faerie Queene. 为未完成之长诗《仙女王》，麦里郝斯改编成故事，原书十一篇。译本收《后仙》等八篇。

2543 辣女儿（侦探小说）

（英）格多士著；江山渊译述 李定夷评润

上海 国华书局 1914年初版 一册

有眉批和总评。

2544 卢宫秘史（上、下册）

（英）恩苏霍伯著；甘永龙 朱炳勋译

上海 商务 1914年初版 二册（小本小说）；上海 商务 1915年6月初版，10月再版 二册（说部丛书二集）

原书：The Prisoner of Zenda.

2545 娜兰小传（言情小说）二卷

（英）蔡尔司拿维斯著；梦痴 耕者译

上海 商务 1914年初版 二册；上海 商务 1915年再版 二册（说部丛书二集）

书前有红兰馆主叙。

2546 深谷美人

（英）倭尔吞著；林纾 陈器译

北京 宣元阁 1914年初版 一册

中篇小说。

2547 双雄较剑录（言情小说）二卷

（英）哈葛德著；林纾 陈家麟译

上海 商务 1914年初版 二册（小本小说）；上海 商务 1915年6月初版，9月再版 二册（说部丛书二集）

原书：Fair Margaret. (1907) 长篇小说。

2548 侠女破奸记（社会小说）

（英）加仑汤姆著；刘幼新译述

上海 商务 1914年12月初版，1915年10月再版 一册（说部丛书二集）

2549 八十万年后之世界（理想小说）

（英）威尔士（Wells, H. G.）著；心一译

上海 进步书局 1915年初版 一册

原书：Time Machine. 科幻小说。

2550 大侠锦毗客传

（英）哈葛德著；天笑生（包公毅） 幡溪子（杨紫麟）译

上海　有正书局　1915年初版　一册，冠图
　　长篇小说。

2551 百愁门
　　（英）吉百龄（Rudyard Kipling）著；胡适译
　　《留美学生季报》秋季第3号　1915年

2552 飞将军（理想小说）（上、下册）
　　（英）葛丽裴史著；天游译
　　上海　商务　1915年初版　二册（说部丛书二集）
　　长篇小说。白话译文。

2553 合欢草（言情小说）二卷
　　（英）韦烈著；卫听涛　朱炳勋译
　　上海　商务　1915年初版　一册（说部丛书二集）
　　长篇小说，译文为章回体。

2554 洪荒鸟兽记（科学小说）（上、下册）
　　（英）柯南达利著；李薇香译
　　上海　商务　1915年3月初版，10月再版　二册（说部丛书二集）

2555 火星与地球之战争（怪异小说）
　　（英）威尔士；心一译
　　上海　进步书局　1915年初版　一册
　　原书：The First Man in the Moon. 此为科幻小说，今译作《星际战争》。

2556 劫花小影（言情小说）二卷
　　（英）勃雷登著；王蕴章译
　　上海　商务　1915年6月初版，10月再版　一册（说部丛书二集）
　　版权页题王蕴章译，卷首题心石译意，况夔润辞。

2557 柳暗花明录（写情小说）
　　（英）却而斯佳维著；常觉　小蝶译　天虚我生编
　　上海　文明书局　1915年初版　一册

2558 罗刹雌风（侦探小说）
　　（英）希洛著；林纾　力树蓤译
　　上海　商务　1915年1月初版，8月再版　一册（说部丛书二集）；上海　商务　191?年　（林译小说丛书二集）

2559 秘密女子（奇情侦探小说）
　　（英）哈葛德著；贡少芹译意
　　上海　进步书局　1915年初版　一册

2560 牧羊少年三卷
　　（英）却而斯著；黄翠凝译
　　上海　中国图书公司和记　1915年初版　一册

2561 续笑里刀（社会小说）二卷

　　枕流译

　　上海　商务　1915年10月初版　二册（说部丛书二集）

　　译著无原作者名。《笑里刀》原著者史蒂文森。

2562 玉楼惨语（哀情小说）

　　（英）勒格克司，威连著；胡克　赵尊岳译

　　上海　商务　1915年5月初版，10月再版　一册（说部丛书二集）

2563 盗花

　　（英）莎士比亚著；贡少芹译意

　　上海　文明书局　1916年初版　一册

　　原为剧本，译本改为小说。

2564 二义同囚录——加黎波的将军二卷

　　（英）亨旦著；甘永龙　朱炳勋译述

　　上海　中国图书公司和记　1916年初版　四册

　　长篇小说。

2565 福尔摩斯侦探全集（一至十二册）

　　（英）柯南道尔著；小青等译

　　上海　中华书局　1916年5月初版，8月再版

　　第一册　第一案　血书／瘦鹃译

　　第二册　第二案　佛国宝／刘半农译

　　第三册　第三至第八案　情影　红发会　怪新郎　杀父案　五结核　丐者许彭／常觉　小蝶译

　　第四册　第九至十四案　蓝宝石　彩色带　机师之指　怪新娘　翡翠冠　金丝发／常觉　小蝶译

　　第五册　第十五至十七案　失马得马　窗中人面　佣书受绐／严独鹤译

　　第六册　第十八至二十一案　孤舟浩劫　窟中秘宝　午夜枪声　偻背眩人／严独鹤译

　　第七册　第二十二至二十五案　客邸病夫　希腊舌人　海军秘约　悬崖撒手／严独鹤　小青译

　　第八册　第二十六至三十一案　绛市重苏　火中秘计　壁上奇书　碧巷双车　湿原蹄迹　隔帘髻影／天侔　常觉　天虚我生译

　　第九册　第三十二至三十八案　室内枪声　剖腹藏珠　赤心护主　雪窖沉冤　荒村轮影　情天决死　掌中倩影／常觉　天虚我生　严天侔译

　　第十册　第三十九案　獒崇／陈霆锐译

　　第十一册　第四十至四十三案　魔足　红圜会　病诡　窃图案／小青等译

　　第十二册　第四十四案　罪薮／小青译

　　全书共收侦探小说44种。第一册卷首有天笑、冷血、独鹤各一篇序，刘半农的《英国勋士柯南道尔先生小传》。第十二册末附半侬跋。

2566 亨利第六遗事
（英）莎士比亚著；林纾　陈家麟译
上海　商务　1916年4月初版　（说部丛书三集）
原书：Henry VI.（1594—1623）原著为剧本，译本改为小说。

2567 孽海疑云（奇情小说）
（英）Le Queux, W. 著；天虚我生译
上海　中华图书馆　1916年初版　一册
原书：Seven Secrets. 据卷首说明，由李常觉汉译，陈小蝶笔录，天虚我生删润而成。

2568 奇女格露枝小传
（英）克拉克（Clarke, M. C. 1809—1898）著；林纾　陈家麟译
上海　商务　1916年初版　一册（说部丛书三集）
原书：The Thane's Daughter.（1850）短篇小说。

2569 弃儿续编
（英）麦拉特著；常觉　小蝶译　天虚我生润文
上海　中华书局　1916年　二册；续编1917年　二册
长篇小说。正编1—40章，续编41—78章。

2570 情窝
（英）威利孙著；林纾　力树萱译
上海　商务　1916年初版　二册（说部丛书三集）；上海　商务　191？年　二册（林译小说丛书二集）
长篇小说。

2571 秋灯谈屑
（英）包鲁乌因（Baldwin, James）著；林纾　陈家麟译
上海　商务　1916年　一册
本书从"Thirty More Famous Stories Retold"（1905）中选译16篇故事。

2572 世界名著之大骗子
（英）加兰了伦著；冯汉译述
上海　中国图书公司和记　1916年初版　一册
长篇小说。

2573 双凤奇妻录（一名　珠联璧合）（言情小说）
（英）Garvice, C. 著；倪灏森译述
上海　小说丛书报社　1916年初版　一册

2574 侠贼小史（侠情小说）
（英）奥尔嫩著；潜夫译
上海　中国图书公司和记　1916年5月初版　一册

2575 小拿破仑别记
（英）巴科著；朱世溱译述

上海　中华书局　1916年11月初版　一册

2576 新恋情
（英）赫德著；鹤笙译
上海　小说林社　1906（清光绪三十二）年　二册

2577 鹰梯小豪杰
（英）杨友（Yonge, C. M. 1823—1901）著；林纾　陈家麟译
上海　商务　1916年5月初版　一册
原书：The Dove in the Eagle's Nest. 中篇小说，书前有林序。

2578 云破月来缘
（英）鹃刚伟著；林纾　胡朝梁译
上海　商务　1916年　一册

2579 毒菌学者（上、下册）
（英）惠霖劳克著；朱有昀译
上海　商务　1917年6月初版　二册（说部丛书三集）

2580 革心记
（英）斯蒂温森（Stevenson, R. L.）著；陈家麟　陈大镫译
上海　中华书局　1917年　一册
中篇小说。

2581 惊婚记
（英）司各德著；陈家麟　陈大镫译
上海　中华书局　1917年初版　三册
原书：Quentin Duward. 长篇小说。

2582 航海复仇记四卷
（英）铿斯莱（Kinsley, Charles 1819—1875）著　甘永龙　汤颐琐校订
上海　中国图书公司和记　1917年初版　三册
铿斯莱今译查尔斯·金斯利。

2583 慧却（上、下册）
（英）可林克洛悌著；刘泽沛　高卓译
上海　商务　1917年初版　二册（说部丛书三集）
长篇小说。

2584 杰克航海记
（英）佚名著；兰溪闲人译
上海　中国图书公司和记　1917年初版　一册
中篇小说。译者序谓，原作者为英国海军中人。

2585 历劫恩仇（上、下册）
（英）华特生著；王汝荃　胡君复译
上海　商务　1917年初版　二册（说部丛书三集）
长篇侦探小说。白话译文。

2586 辽西梦（欧战中之情史）
　　（英）勃烈特著；李定夷译意
　　上海　国华书局　1917年初版，1919年3版　一册

2587 墨沼疑云录（上、下册）
　　（英）洛平革拉著；陆秋心译
　　上海　商务　1917年初版　二册（说部丛书三集）
　　长篇小说。

2588 女师饮剑记
　　（英）布司白（Boothby, Guy 1867—1905）著；林纾　陈家麟译
　　上海　商务　1917年初版　一册（说部丛书三集）
　　原书：A Brighton Tragedy.（1905）中篇小说，译文为文言。

2589 蓬门画眉录
　　（英）亨利瓦特夫人著；铁樵译
　　上海　商务　1917年初版　二册（说部丛书三集）
　　原书：Park Water. 长篇小说。

2590 牝贼情丝记二卷
　　（英）陈施利著；林纾　陈家麟译
　　上海　商务　1917年初版，1918年再版　二册（说部丛书三集）
　　长篇小说。

2591 天女离魂记三卷
　　（英）哈葛德著；林纾　陈家麟译
　　上海　商务　1917年4月初版　三册（说部丛书三集）上海　商务　[191？]年初版　三册（林译小说丛书）
　　长篇小说。原书：The Ghost Kings.（1908）

2592 围炉琐谈
　　（英）柯南达里著；刘延陵　巢幹卿译
　　上海　商务　1917年12月初版　一册（说部丛书三集）
　　原书：Round the Fire Stories. 收十七篇短篇侦探小说，中译本仅选译十二篇，书前有译者序。

2593 贤妮小传二卷
　　（英）亨利瓦特（Mrs. Wood, Henry）著；丁宗一　陈坚编译
　　上海　商务　1917年6月初版　二册（说部丛书三集）
　　长篇小说。

2594 续贤妮小传二卷
　　（英）亨利瓦特著；丁宗一　陈坚编译
　　上海　商务　1917年12月初版　二册（说部丛书三集）
　　长篇小说，译本未题原著者名。

2595 再续贤妮小传二卷
　　丁宗一　陈坚编译

上海　商务　1917年12月初版　二册（说部丛书三集）

长篇小说，译本未题原著者名。

2596 烟火马三卷

（英）哈葛德著；林纾　陈家麟译

上海　商务　1917年5月初版　三册（说部丛书三集）；上海　商务　[191？]年初版　三册（林译小说丛书）

原书：The Brethren.(1904) 长篇小说。

2597 痴郎幻影三卷

（英）赖其锃女士著；林纾　陈器译

上海　商务　1918年10月初版　三册（说部丛书三集）；上海　商务　[191？]（林译小说丛书二集）

长篇小说。

2598 孤露佳人（上、下册）

（英）亨利瓦特夫人著；范彦翃译

上海　商务　1918年初版　二册（说部丛书三集）

长篇小说。原书：Trevlyn Hold.

2599 孤露佳人续编（上、下册）

（英）亨利瓦特夫人著；范况　徐尔康译

上海　商务　1918年初版　二册（说部丛书三集）

2600 旅行笑史

（英）却而司迭更斯著；常觉　小蝶译

上海　中华书局　1918年初版　二册

长篇小说"The Posthumous Papers of the Pickwick Club"之节译本。

2601 玫瑰花二卷

（英）F. L. 巴克雷（Barclay, F. L.）著；林纾　陈家麟译

上海　商务　1918年初版　二册（说部丛书三集）

原书：The Rosary.(1909) 长篇小说。

2602 玫瑰花续编

（英）F. L. 巴克雷著；林纾　陈家麟译

上海　商务　1919年初版　一册（说部丛书三集）

原书：The Rosary. 长篇小说。

2603 桑狄克侦探案

（英）奥斯登（Austen, Jane）著；常觉　觉迷　天虚我生译述

上海　中华书局　1918年初版　一册

包括"碎镜残冠"、"香麝余馨"、"烟斗鸣冤"、"襟上微尘"四篇，译文为文言。

2604 桃大王因果录二卷

（英）参恩女士著；林纾　陈家麟译

上海　商务　1918年11月初版　二册（说部丛书三集）

长篇小说。

2605 歇洛克奇案开场（侦探小说）
（英）柯真达利著；林纾　魏易译
上海　商务　1908（清光绪三十四）年6月初版，1915年10月3版　一册（说部丛书二集）；上海　商务　1914年6月初版　一册（林译小说丛书）
原书：A Study in Scarlet. (1887)

2606 帐中说法
（英）唐格腊司（Donglas, Jerrold）著；刘半农译述
上海　中华书局　1918年1月初版　一册
原书：Mr. Candles Curtain Lectures.

2607 法将血战记
胡宪业译
上海　商务　1919年　一册

2608 鬼窟藏娇二卷
（英）武英尼著；林纾　陈家麟译
上海　商务　1919年初版　二册（说部丛书三集）
长篇小说。

2609 鬼史
（英）却而司·迭更司著；闻野鹤编译
上海　东阜兄弟图书馆　1919年初版　一册（名译说部丛书）
原书：A Christmas Carol. 中篇小说，译文为文言。

2610 莲心藕缕缘二卷
（英）卡叩登（Caskoden, Edwin 1856—1913）著；林纾　陈家麟译
上海　商务　1919年初版　二册
原书：When Knighthood Was In Flower (1898)
长篇小说。卡叩登即书中叙事者。原著初版署 Edwin Caskoden 著，较晚版本皆署 Charles Major 著。

2611 罗京春梦影
（英）哈尔克以纳著；赵尊岳译
上海　商务　1919年初版　一册

2612 明眼人
（英）H. G. 威勒斯著；孟宪承编纂
上海　商务　1919年初版　一册（说部丛书三集）
原书：Mr. Britling sees it through.

2613 模范家庭
（英）亨利瓦特夫人著；陈观奕译
上海　商务　1919年初版　一册（说部丛书三集）
原书：The Channings. 长篇小说。

2614 模范家庭续编二卷
　　（英）亨利瓦特夫人著；陈观奕译
　　上海　商务　1919年初版　二册（说部丛书三集）
　　长篇小说。

2615 女强盗（福尔摩斯新侦探案）
　　（英）柯南道尔著；悟痴生编译
　　上海　大新图书馆　1919年初版　一册

2616 铁匣头颅二卷
　　（英）哈葛德著；林纾　陈家麟译
　　上海　商务　1919年8月初版　二册（说部丛书三集）
　　原书：The witch's head (1887) 长篇小说。

2617 铁匣头颅续编二卷
　　（英）哈葛德著；林纾　陈家麟译
　　上海　商务　1919年10月初版　二册（说部丛书三集）

2618 西楼鬼语二卷
　　（英）约克魁迭斯著；林纾　陈家麟译
　　上海　商务　1919年6月初版　二册（说部丛书三集）
　　长篇小说。

2619 笑里刀（社会小说）
　　（英）司提文森著；薛一谔　陈家麟译
　　上海　商务　1909（清宣统元）年初版　一册；上海　商务　1913年5月初版，1915年10月3版　一册（说部丛书二集）

2620 赝爵案二卷
　　（英）柯南李登（Leighton, M. C.）著；张舍我译
　　上海　商务　1919年2月初版　二册（说部丛书三集）
　　原书：The Bride of Dutton Market. 长篇小说。

2621 再世为人二卷
　　（英）汤姆格伦（Gallon, Tom）著；何世枚译
　　上海　商务　1919年初版　二册（说部丛书三集）
　　原书：Just as he is Born. 长篇小说，文言体译文。

2622 重臣倾国记（上、中、下册）
　　（英）勒格克司，威连著；赵尊岳译
　　上海　商务　1919年10月初版　三册（说部丛书三集）
　　长篇侦探小说。

2623 黑狱之光
　　（英）梅达克著；警钟报社译
　　警钟报社刊　（年代未详）　一册

杂著

2624 诗人解颐语二卷

（英）倩伯司（Robert Chambers 1802—1871）著；林纾　陈家麟译

上海　商务　1916年12月初版，1918年6月再版　二册（说部丛书三集）；上海　商务　[191?]年　二册（林译小说丛书二集）

本书共收短篇故事二百零五则。

童话

2625 新小儿语

（英）吉布林（Kipling, Joseph R.）著；(译者不详)

上海　美华书馆　1913年　一册

自"Just so Stories"中选译古时的小象、蹬脚的蝴蝶、豹子怎样有斑点等三篇童话。

法国文学

戏剧

2626 牺牲

（法）嚣俄著；天笑　卓呆译

1910（清宣统二）年刊本　秋星社发行　一册

著者嚣俄通译雨果。

2627 祖国（世界三大悲剧之一）

（法）柴尔时著；冷血译

《小说时报》第5、6期　1910（清宣统二）年；上海　有正书局　1917年8月初版　一册

2628 鸣不平

（法）蔡雷著；李石曾译

万国美术研究社　清末　一册

独幕话剧，原名"社会之阶级"，社会讽刺喜剧。

2629 守钱奴

（法）摩里埃尔著；唯一等译述　枕亚润词

小说丛报第2—26期　1914年

著者通译莫里哀。二十四幕喜剧。

2630 黄金（独幕剧）

（法）佚名著；独译

《娱闲录》第16期　1915年

2631 热泪

（法）萨特著；卓呆译

《小说大观》第7集　1916年

2632 枭欤（三折十九幕）

（法）嚣俄著；东亚病夫译

上海　有正书局　1916年9月初版　一册

小说

2633 巴黎茶花女遗事

（法）小仲马著；冷红生（林纾）　晓斋主人（王寿昌）译

福州　素隐书屋木刻　1899（清光绪二十五）年　一册；玉琴瑶怨馆木刻　1901（清光绪二十七）年　一册；上海　文明书局　1903（清光绪二十九）年　一册；通行翻印本　清光绪间　一册

长篇小说。陈寅恪谓："光绪中，林纾（原名群玉）仿唐人小说体译小仲马巴黎《茶花女》遗事，其文凄丽，为世所重。后有玉情瑶怨馆本，镌刻甚精，盖出茶陵谭氏兄弟也。"（《陈寅恪最后二十年》）

2634 八十日环游记

（法）房朱力士著；陈绎如　薛绍徽女士合译

经世文社　1900（清光绪二十六）年　一册；上海　小说林社　1906（清光绪三十二）年　一册

著者房朱力士通译凡尔纳。

2635 毒蛇圈

（法）鲍福著；知新室主人译

上海　广智书局　1901（清光绪二十七）年初版，1906（清光绪三十二）年　一册

2636 海底旅行

（法）迦尔威尼著；（日）大平三次译　卢藉东译意　红溪生润文　披发生（罗普）批

横滨　新小说社　1902（清光绪二十八）年　一册

原书：Vingt mille lieues sous les mers. (1869—1870)，日译本《海底旅行》(1884)

2637 十五小豪杰

（法）焦士威尔奴著；（日）（思轩居士）森田思轩原译　饮冰子（梁启超）　披发生（罗孝高）重译

上海　广智书局　1903（清光绪二十九）年　一册；横滨　新民社　1904（清光绪三十）年　一册；上海　小说林社　1903（清光绪二十九）年　一册

原书：Les Voyage Extraordinaires. 著者焦士威尔奴通译凡尔纳。

日译本《十五少年漂流记》(1896)，据英译本译出。此据日译本重译，章回体。

2638 铁世界

（法）迦尔威尼（Verne, Jules）著；（日）红勺园主人译　（日）森田思轩删润　天笑生重译

上海　文明书局　1903（清光绪二十九）年　一册

原书：Les Cing cents millions de la Bigum.

著者通译凡尔纳。
　　　此据日译本重译，日译本《佛曼二学生の谭》(1887)

2639 冶工轶事
　　　（法）刚奈隆著；朱树人译
　　　上海　文明书局　1903（清光绪二十九）年，1918年　一册
　　　教育小说。

2640 狱中花二卷
　　　（法）散颠著；（美）亮乐月　陈春生译
　　　上海　广学会　1903（清光绪二十九）年　一册

2641 月界旅行
　　　（法）迦尔威尼著；（日）井上勤原译　鲁迅重译
　　　东京　翔鸾社　1903（清光绪二十九）年　一册
　　　原书：De la terre à là lune.
　　　著者通译凡尔纳。此据日译本《九十七时二十分间——月世界旅行》(1880)重译。

2642 最后一课
　　　（法）都德著；陈匪石译
　　　湖南教育杂志　1903（清光绪二十九）年　一册
　　　陈匪石，名世宜，三十年代历任各大学教授，著名词家。

2643 谷间莺
　　　（法）Cervantes Saavedra, Miguel 著；（日）斋藤良恭原译　逸民重译
　　　1904（清光绪三十）年刊本　一册
　　　日译本《血の力》。此据《中国译日本书综合目录》著录，今考：著者为西班牙著名作家塞万提斯。

2644 滑铁庐战血余腥记
　　　（法）阿猛查登著；（英）达尔康原译　林纾　曾宗巩重译
　　　上海　文明书局　1904（清光绪三十）年　一册；上海　进步书局　1915年　一册
　　　原书：Waterloo：Suite de Conscript de 1813. (1865) 英译本：Waterloo：A Sequel to the Conscript. (1872)

2645 环游月球（科学小说）
　　　（法）焦奴士威尔士著；（日）井上勤原译　商务印书馆重译
　　　上海　商务　1904（清光绪三十）年7月初版　一册；上海商务　1905（清光绪三十一）年，1906（清光绪三十二）年，1913年7月5版，10月版，1914年4月版　一册（说部丛书初集）；上海　商务　1914年3月初版　一册（小本小说）
　　　原书：Autour de la lune. 著者焦奴士威尔士通译儒勒·凡尔纳。
　　　汉译本据日译本《月世界一周》(1883)重译。

2646 利俾瑟战血余腥记

（法）阿猛查登（Erckmann-Chatrian）著；（英）达尔康（Dulcken, H. W.）译　林纾　曾宗巩重译

上海　文明书局　1904（清光绪三十）年4月初版　一册；上海　进步书局　1915年12月3版　一册

原书：Histoire d'un Conscrit de 1813.（1864）长篇历史小说。汉译本据英译本 The Conscript.（1871）重译。原著者"阿猛查登"是二人合用笔名，他们的本名是：Erckmann, Emile（1822—1899）；Chatrian, Alexandre（1826—1890）。

2647 秘密使者（地理小说）二卷

（法）迦尔威尼著；天笑生译述

上海　小说林社　1904（清光绪三十）年6月上卷初版　一册，8月下卷初版　一册（小说林）

1910年坊间翻刻本，改题"秘密党魁"。著者迦尔威尼通译儒勒·凡尔纳。

2648 双碑记（一题　媚兰色斯克事）

（法）金威登著；铁英生译

爱社刊　1904（清光绪三十）年　一册

2649 无名之英雄（上、中、下册）

（法）迦尔威尼著；天笑生译述

上海　小说林社　1904（清光绪三十）年8月上册初版　一册，1905年3月中册初版　一册　6月下册初版　一册，1906（清光绪三十二）年2月中册再版　一册，4月下册再版　一册（小说林）

2650 义勇军

（法）毛白石著；冷血译

《新新小说》第2期　1904（清光绪三十）年　一册

著者通译莫泊桑。此为短篇小说。

2651 大彼得遗嘱（一题　白藕节）

（法）握兴著；吴士毅译

时报馆　1905（清光绪三十一）年　一册

2652 红茶花

（法）朱保高比著；陆善祥译意　陈绍枚润文

香港　聚珍书楼　1905（清光绪三十一）年　一册；上海　振民编辑社　1918年12月初版　一册

2653 马哥皇后佚史

（法）大仲马著；东亚病夫（曾孟朴）译

小说林社　1905（清光绪三十一）年　一册

2654 秘密海岛二卷

（法）焦士威奴著；奚若译述

上海　小说林社　1905（清光绪三十一）年4月第一卷初版　一册，5月第二

卷初版　一册（小说林）

著者焦士威奴通译凡尔纳。

2655 母夜叉（侦探小说）

（法）Du Boisgobey, Furtuné 著；（日）黑岩泪香原译　小说林社重译

上海　小说林社　1905（清光绪三十一）年初版，1906（清光绪三十二）年再版　一册（小说林）

英译本：The Sculptor's Daughter，日译本《如夜叉》（1891）。汉译本据日译本重译。

2656 世界末日记一卷（原名　地球末日记）

（法）佛林玛利安（Flammarion, Camille）著；（日译者不详）　梁启超重译

横滨　新小说社　1905（清光绪三十一）年　一册；古今图书馆　1911（清宣统三）年　一册梁启超译、张春帆释；上海　广益书局　1915年　一册剑痕评点

著者为法国著名文学家兼天文学家，为科幻小说。此据日译本重译，日译本《世界の末日》（1891）。

2657 手足仇

（法）波罗弥宁著；江之屏译

新小说社　1905（清光绪三十一）年　一册

2658 双金球

（法）（作者不详）；（日）黑岩泪香原译　中国祥文社重译

东京　清国留学生会馆　1905（清光绪三十一）年　二册

日译本《大金块》（1892），此据日译本重译。

2659 侠奴血

（法）嚣俄著；天笑译

上海　小说林社　1905（清光绪三十一）年　一册

著者通译雨果。

2660 影之花（艳情小说）（上中册）

（法）嘉禄傅兰仪著；竞雄译　东亚病夫（曾朴）润

上海　小说林社　1905（清光绪三十一）年6月上册初版　一册，1906（清光绪三十二）年4月中册初版　一册（小说林）

2661 云中燕

（法）佚名著；大陆少年译

上海　文明书局　1905（清光绪三十一）年　一册

2662 巴黎秘密案

（法）佚名著；小说林总编译所辑　君毅译

上海　小说林社　1906（清光绪三十二）年7月初版　二册

2663 车中死人

（法）海德著；北京第一书局译

北京第一书局　1906（清光绪三十二）年　一册

2664 地底旅行
（法）迦尔威尼著；（日）三木爱华　（日）高须墨浦原译　之江索（鲁迅）重译
上海　普及书局　1906（清光绪三十二）年　一册；南京　启新书局　1906（清光绪三十二）年　一册
原书：Voyage au centre de la terre. 日译本《拍案惊奇》(1885)。
原著者"Verne, Jules"早期亦译作"焦士威尔奴"，今译"儒勒·凡尔纳"。《鲁迅全集》所收译本，原著者误作英国威男。

2665 孤儿记
（法）嚣俄著；平云（周作人）译
上海　小说林社　1906（清光绪三十二）年　一册

2666 环球旅行记
（法）房朱力士著；陈泽如译
上海　小说林社　1906（清光绪三十二）年　一册
阿英考此系"八十日环球记"之翻本，托名陈泽如译。

2667 环球旅行记
（法）房朱力士著；雨译
上海　有正书局　1906（清光绪三十二）年　一册
此为"八十日环游记"之不同译本。

2668 几道山恩仇记
（法）大仲马著；抱器室主人译
香港　中国日报社　1906（清光绪三十二）年　二册

2669 美人手
（法）Du Boisgobey Fortuné 著；（日）黑岩泪香原译　香叶阁凤仙女史重译
上海　广智书局　1906（清光绪三十二）年初版，1908（清光绪三十四）年　一册
原著：La Main Corysee. (1880)
汉译本据日译本重译，日译本《美人の手》(1889)。

2670 女人岛
（法）佚名著；驭狂译
新世界小说社　1906（清光绪三十二）年　一册

2671 铁假面
（法）波殊古碧著；听荷女士译
上海　广智书局　1906（清光绪三十二）年　三册
原书：Les Duex Merles de Monsieur de Saint-Mars.

2672 网中鱼（一题　巴黎之奴隶）
（法）贾爱密著；少刚译
新世界小说社　1906（清光绪三十二）年　二册

2673 险中险
（法）亨利美士著；鸳水不因人译
科学会社　1906（清光绪三十二）年　一册

2674 一捻红
（法）迦尔威尼著；（日译者不详）　天笑生重译
上海　小说林社　1906（清光绪三十二）年1月初版　一册（小说林）

2675 爱国二童子传（实业小说）二卷
（法）沛那（Bruno, G. 1833—1923）著；林纾　李世中译
上海　商务　1907（清光绪三十三）年7月初版，1913年1月3版　一册（说部丛书九集）；上海　商务　1914年4月再版　二册（说部丛书初集）；上海　商务　1914年6月初版　二册（林译小说丛书）
原书：Le Tour de la France par deux enfants. (1877) 长篇小说。沛那（G. Bruno）为笔名，本名 Alfred Fouillée 夫人。书前有林纾著"达旨"一文。

2676 博浪椎
（法）科雷著；天涯芳草译
竞立社　1907（清光绪三十三）年　一册

2677 大侠盗邯洛屏
（法）仲马著；公短译
上海　新世界小说社　1907（清光绪三十三）年　二册

2678 毒药罇（侦探小说）
（法）嘉波留（Gaboriau, Emile 1832—1873）著；商务印书馆编译所译
上海　商务　1907（清光绪三十三）年7月初版，1908（清光绪三十四）年1月再版　一册（说部丛书第七集）；上海　商务　1907（清光绪三十三）年8月初版，1914年4月再版　一册（说部丛书初集）
原书：Le Crime d'Orciual. (1867) 故事叙1860年7月1日巴黎郊外西姆河边发现一具女尸，为屈来马伯爵夫人遗骸。伯爵本人也同时失踪。侦探利快（今译勒高克）与裁判官伯伦德合作，几经曲折，终于破案。

2679 孤星泪（励志小说）（上、下册）
（法）嚣俄著；商务印书馆译
上海　商务　1907（清光绪三十三）年6月初版，1915年10月再版　二册（说部丛书二集）；上海　商务　1914年8月初版　二册（小本小说）
原书：Les Misérables. 长篇小说。

2680 骇杀奇谭
（法）斯曼著；醒已译
新世界小说社　1907（清光绪三十三）年　一册

2681 剧盗遗嘱
（法）朱保高比著；林紫虬　李心灵译
香港　聚珍书楼　1907（清光绪三十三）年　一册

2682 漫郎摄实戈（言情小说）

（法）伯雷华斯德著；商务印书馆编译所译

上海　商务　1907（清光绪三十三）年 5 月初版，1910（清宣统二）年再版，1915 年 9 月 3 版　一册（说部丛书二集）；上海　商务　1914 年 5 月初版　一册（小本小说）

原书：Historie du chevalier des Grieux et Manon Lescaut. 长篇小说。

2683 五里雾

（法）Maupassant, Henri René Albert Guy 著；（日）上村左川译　吴梼重译

上海　商务　1907（清光绪三十三）年　一册

原书：Monsieur Parent. 汉译本据日译本重译。

2684 侠隐记（义侠小说）（第一至四册）

（法）A. 大仲马著；君朔（伍光建）译

上海　商务　1907（清光绪三十三）年 7 月初版，1915 年 10 月 3 版　四册（说部丛书二集）

原书：Les trois mousquetaires. 长篇小说《三剑客》。

2685 续侠隐记（义侠小说）（第一至四册）

（法）A. 大仲马著；君朔译

上海　商务　1907（清光绪三十三）年 11 月初版，1915 年 10 月再版　四册（说部丛书）

原书：Vingt ans après. 长篇小说。

2686 法官秘史前编（历史小说）（上、下册）

（法）A. 大仲马著；君朔译

上海　商务　1908（清光绪三十四）年 4 月初版，1915 年 9 月再版　二册（说部丛书二集）

原书：Le Vicomte de Bragelome. 即《布拉琪龙子爵》，长篇小说。

2687 法宫秘史后编（历史小说）（上、下册）

（法）A. 大仲马著；君朔译

上海　商务　1908（清光绪三十四）年 4 月初版，1915 年 9 月再版　二册（说部丛书二集）

长篇小说。

2688 国手（世界秘史）

（法）大仲马著；张祝龄　何德荣译

上海　广文书局　1908（清光绪三十四）年 11 月初版　三册

2689 黄衫赤血记

（法）大仲马著；牢愁子译

上海　新世界小说社　1908（清光绪三十四）年　一册

2690 傀儡美人

（法）格斯达夫著；商务印书馆译

上海　商务　1908（清光绪三十四）年　一册

2691 美人磁

（法）威廉规克斯著；商务印书馆译

上海　商务　1908（清光绪三十四）年5月初版，1915年10月3版　一册（说部丛书二集）；上海　商务　1915年5月初版　一册（小本小说）

2692 纳里雅侦探谈

（法）哈伦斯著；商务印书馆编译所译

上海　商务　1908（清光绪三十四）年初版，1917年4月再版　一册

收七粒珠、三水手、鼓琴图、寄电匣四种短篇侦探小说。

2693 棠花怨

（法）雷科著；吴梼译

上海　中国图书公司　1908（清光绪三十四）年　一册

2694 天际落花

（法）Du Boisgobey, Fortuné 著；（日）黑岩周六译　褚灵辰重译

上海　商务　1908（清光绪三十四）年5月初版，1914年4月再版　一册（说部丛书初集）；上海　商务　1913年9月初版　一册（小本小说）

英译本：The Angle of the Bells. 此据日译本重译，日文译本书名页误题"泪香小史译"。

2695 土里罪人

（法）佚名著；陈冷（陈景韩）译

上海　有正书局　1908（清光绪三十四）年　一册

2696 玉楼花劫前编（历史小说）（上、下册）

（法）A. 大仲马著；林纾　李世中译

上海　商务　1908（清光绪三十四）年10月初版，1915年10月3版　二册（说部丛书二集）；上海　商务　1914年6月初版　二册（林译小说丛书）

原书：Le chevalier de maison-rouge. (1846) 长篇小说。

2697 玉楼花劫后编（历史小说）（上、下卷）

（法）大仲马著；林纾　李世中译

上海　商务　1909（清宣统元）年2月初版，1915年10月3版　二册（说部丛书二集）；上海　商务　1914年6月初版　二册（林译小说丛书）

2698 碧血巾

（法）佚名著；蒋景缄译

时事报馆　1909（清宣统元）年　四册；上海　进步书局　1915年11月初版　二册

2699 拿破仑忠臣传（侦探小说）二卷

（法）佛蔡斯著；曾宗巩　钟濂译

上海　商务　1909（清宣统元）年3月初版，1915年1月3版　二册（说部丛书二集）

此据英译本重译。

2700 女子侦探薛蕙霞
　　（法）嘉宝尔著；陈鸿璧译
　　上海　广智书局　1909（清宣统元）年　一册

2701 双美脱险记
　　（法）摩利斯著；轩裔译
　　星洲印刷所　1909—1911年（清宣统间）　一册

2702 一百十三案
　　（法）嘉宝耳著；陈鸿璧译
　　上海　广智书局　1909（清宣统元）年　二册
　　原书：Le dossier No.13. (1867)

2703 情狱
　　（法）摩洛女士著；江余园译
　　改良小说社　1910（清宣统二）年　二册

2704 铁窗红泪记
　　（法）嚣俄著；天笑生译
　　上海　群学社　1910（清宣统二）年　一册

2705 新盦丛谈（劄记小说）
　　（法）E. 左拉等著；周桂笙译
　　上海　群学社　1910（清宣统二）年3月初版　一册（说部丛书）

2706 爱美耳钞五卷
　　（法）卢骚著；（日）山口小太郎　（日）岛崎恒五郎译　（日）中岛端重译
　　上海　教育世界社　清光绪间　二册（教育丛书三集）
　　著者通译卢梭。

2707 宝琳娘
　　（法）仲马著；朱陶　陈无我译
　　新世界小说社　清末　一册

2708 惨世界
　　（法）嚣俄著；苏子谷（曼殊）　陈由己（独秀）译
　　东大陆图书译印局　清末　一册

2709 决斗缘
　　（法）佚名著；同文沪报馆译
　　同文沪馆刊　清末　一册

2710 李觉出身传
　　（法）嘉破虏著；陆善祥译　邱菽园评注改订
　　（出版者不详）　1911（清宣统三）年刊　四册
　　原书：Monsieur Lecoq. (1869)

2711 九十三年（法国革命外史）（上、下册）
（法）嚣俄著；东亚病夫译
上海　有正书局　1913年10月初版　二册
原书：Quatre-Vingts Treize. 长篇小说。

2712 离恨天（哀情小说）
（法）森彼得（Saint-Pierre, J. H. B. 1737—1814）著；林纾　王庆骥译
上海　商务　1913年6月初版，1915年10月3版　一册（说部丛书二集）；上海　商务　1914年6月初版　一册（林译小说丛书）
原书：Paul et Virginie. (1787) 长篇小说，书前有林序。

2713 八十日（冒险小说）
（法）裘尔俾奴著；叔子译
上海　商务　1914年11月初版，1915年10月再版　一册（说部丛书二集）
原著者裘尔俾奴通译凡尔纳。

2714 情仇（一名恋爱之敌）
（法）克林各尔著；君牧译述
上海　国学书室　1914年1月初版　一册
译本有删节。卷首有译者自序。

2715 哀吹录（笔记小说）
（法）巴鲁萨著；林纾　陈家麟译
上海　商务　1915年5月初版，9月再版　一册（说部丛书二集）（林译小说丛书二集）
著者今译巴尔扎克。此为短篇小说集，内收猎者斐里扑、耶稣显灵、红楼冤狱、上将夫人四个短篇，疑据英译本重译。

2716 盗盗（侦探小说）
（法）大仲马著；贡少芹译
上海　文明书局、中华书局　1915年5月初版　一册

2717 澜中花（讽世小说）（上、下册）
（法）爽梭阿过伯（Coppée, Francois 1842—1908）著；林纾　王庆通译
上海　商务　1915年10月初版　二册（说部丛书二集）
原书：Le Coupable. (1897)

2718 苦儿流浪记（教育小说）三卷
（法）爱克脱麦罗著；包公毅译
上海　商务　1915年10月再版　一册（说部丛书二集）
原著者 Malor, Hector Henri (1830—1907)，通译马洛。
原书：Sans Famille. 长篇小说。

2719 恋海之恶波澜
（法国人原著）；欧阳沂编译
上海　中华书局　1915年　一册

2720 蟹莲郡主传（政治小说）（上、下册）

（法）大仲马著；林纾　王庆通译

上海　商务　1915年2月初版，8月再版　二册（说部丛书二集）

原书：Une fille du régent. (1845) 长篇小说。

2721 野草花（艳情小说）

（法）Téramond, G. 著；乐天生　铁冷译

上海　小说丛报社出版部　1915年4月初版　一册

2722 义黑（义侠小说）

（法）德罗尼著；林纾　廖琇昆译

上海　商务　1915年1月初版，8月再版　一册（说部丛书二集）

2723 鱼海泪波（哀情小说）

（法）辟厄略坻（Loti, Pierre）著；林纾　王庆通译

上海　商务　1915年8月初版　一册（说部丛书二集）

原书：Pêcheurs D'islande. (1886)

著者笔名 Loti, Pierre, 通译洛蒂, 本名 Viaud, Julien (1850—1923)。

2724 冰蘖余生记（上、下册）

（法）勒东路易著；魏易译

上海　商务　1916年5月初版、再版　二册（说部丛书三集）

长篇小说。书末附译者跋。

2725 大荒归客记（上、下册）

（法）曲特拉痕脱著；梁禾青　赵尊岳译

上海　商务　1916年6月初版　二册（说部丛书三集）

长篇小说。

2726 铜圆雪恨录（上、下册）

（法）余增史著；双石轩译

上海　商务　1916年10月初版　二册（说部丛书三集）

长篇小说。

2727 香钩情眼（上、下册）

（法）A. 小仲马著；林纾　王庆通译

上海　商务　1916年5月初版　二册（说部丛书三集）

原书：Antonine. (1894) 长篇小说。

2728 福尔摩斯别传（上、下册）

（法）玛利瑟·勒勃朗（Leblanc, Maurice 1864—1941）著；周瘦鹃译

上海　中华书局　1917年8月初版　二册

长篇侦探小说。

2729 就是我（侦探小说）

（法）瓦尔斯著；何颂岩　谢慕连译　许慕羲润文

上海　时还书局　1917年4月序　一册

书前有徐枕亚、陆士谔序。

2730 胠箧之王（侦探小说）
（法）玛黎瑟·勒勃朗著；周瘦鹃译
上海 有正书局 1917年12月再版 一册
长篇侦探小说。

2731 雄风孤岛
（法）Frémeaux, P. 著；姜汉声 徐亚星译
上海 中华书局 1917年2月初版 一册
原书：Souvenirs D'une Petite amie de Napoléon. 长篇历史小说。

2732 犹太灯
（法）玛丽瑟·勒勃朗著；周瘦鹃译
上海 中华书局 1917年7月初版 一册
侦探小说。

2733 绿光（上、下册）
（ ）C.盖维斯著；张毅汉编纂
上海 商务 1918年5月初版 二册（说部丛书三集）

2734 水晶瓶塞
（法）玛丽瑟·勒勃朗著；常觉 觉迷译
上海 中华书局 1918年1月初版 二册
长篇侦探小说。

2735 亚森罗蘋奇案
（法）玛丽瑟·勒勃朗著；常觉 觉迷译
上海 中华书局 1918年1月初版 一册
收短篇侦探小说七篇。

2736 鹦鹉缘（上、下册）
（法）小仲马著；林纾 王庆通译
上海 商务 1918年2月初版 二册（说部丛书三集）
原书：Aventures de quatre femmes et d'un perroquet. (1804—1847) 长篇小说。

2737 鹦鹉缘续编（上下册）
（法）小仲马著；林纾 王庆通译
上海 商务 1918年初版 二册（说部丛书三集）

2738 鹦鹉缘三编（上下册）
（法）小仲马著；林纾 王庆通译
上海 商务 1918年初版 二册（说部丛书三集）

2739 情天异彩
（法）周鲁倭著；林纾 陈家麟译
上海 商务 1919年9月初版 一册
中篇小说。

挪威文学

戏剧

2740 傀儡家庭

（挪威）Ibsen（易卜生）著；陈嘏译

上海　商务　1918年10月初版　一册（说部丛书三集）

原书：Et dukkehjem. 三幕剧。此据英译本重译。

丹麦文学

童话

2741 十之九

（丹麦）安德森著；陈家麟　陈大镫译

上海　中华书局　1918年1月初版　一册

收童话6篇。著者通译安徒生。

比利时文学

小说

2742 孝友镜（上、下册）

（比）恩海贡斯翁士（Conscience, Hendrick 1812—1883）著；林纾　王庆通译

上海　商务　1918年8月初版　二册（说部丛书三集）

原书：De arme edelman.（1851）法文译本：Le gentilhomme pauvre.

长篇小说，疑据法文译本重译。卷首有林纾撰"译余小识"。

荷兰文学

小说

2743 梦游廿一世纪（科学小说）

（荷）达爱斯克洛提斯（Dioscorides, Pseud）著；（日）上条信次译　杨德森重译

上海　商务　1903（清光绪二十九）年4月初版，1914年7版　一册（说部丛书初集）

原书：Anno 2065. 科幻小说。汉译本据日译本《开化进步后世梦物语》（1874）重译。

2744 神女缘（游记小说）

（荷）麦巴士著；吴竞口译　（笔述者阙名）

上海　时报馆　1905（清光绪三十一）年10月初版　一册（小说丛书第一集）；

上海　有正书局　1905（清光绪三十一）年　一册

德国文学

戏剧

2745 威廉退尔

（德）许雷（Schiller）著；马君武译

《大中华》第一卷：1-6 期　1915 年

著者 Schiller，通译席勒。五场十五幕剧。

小说

2746 卖国奴（军事小说）

（德）苏德蒙（Sudermann, Hermann 1857—1928）著；（日）登张竹风（信一郎）译　吴梼重译

上海　商务　1903（清光绪二十九）年初版　一册；上海　商务　1913 年 12 月初版，1914 年 4 月再版　一册（说部丛书初集）

原书：Der Katzensteg. 著者今译"苏德尔曼"，该书当代译本名为《猫桥》。

2747 卖国奴

（德）苏德蒙著；商务印书馆编译所译

上海　商务　1905（清光绪三十一）年 11 月初版，1907（清光绪三十三）年 3 月 3 版　一册（说部丛书二集）

著者又译"苏德尔曼"、"苏台尔曼"，通译"苏德尔曼"。本书当代译本题名《猫桥》。

2748 大除夕

（德）苏虎克（Zschokke, heinpich 1771—1848）著；卓呆译

上海　小说林社　1906（清光绪三十二）年 1 月初版　一册

原书：Das Abenteuer der Neujahpesnacht. 奇特而轻快之喜剧小说，以园丁吉儿（Philip）与少女花姐（Roschen）之关系为主线，配以谐谑洒脱之皇子（Julian），写德国官廷及政府之状态。

2749 虚无党真相

（德）摩哈孙著；芳草馆主人译

上海　广智书局　1907（清光绪三十三）年　二册

另有题"骨性馆主人"译本。

2750 儿童教育鉴

（普鲁士）柴尔紫芒著；徐传霖口译　陆基笔述

上海　文明书局　1907（清光绪三十三）年　二册

著者柴尔紫芒普鲁士人。

2751 醋海波

（德）佩克伦司著；铁泪译

改良小说社　1909（清宣统元）年　一册

2752 破天荒（军事小说）

（德）冒京著；徐凤书　唐人杰重译

东亚译书会　1910（清宣统二）年　二册；上海　国光书局　1910年；上海　东方书局　1910（清宣统二）年2月初版，1911（清宣统三）年6月再版，1915年1月3版　二册

2753 双婿案（妒情小说）

（德）鲍姆拔黑著；陈牧民译

上海　进步书局　1915年5月初版　一册

报告文学

2754 比德临战笔记

（德）雷瑰特著；许金源译

上海　有正书局　1917年4月初版　一册（欧战丛书）

此为第一次世界大战的通讯报导。

杂著

2755 德国军事侦探谈

（著者不详）；叶农生译

上海　中华书局　1915年9月初版　一册

回忆录。一个德国间谍记述第一次世界大战前，他个人的间谍活动。

儿童文学

2756 格列姆童话

（德）格列姆著；（译者未详）

东方杂志　1909—1910（清宣统元～二）年

著者为格林兄弟。

瑞士文学

小说

2757 小仙源

（瑞士）威司著；商务印书馆编译所译

上海　商务　1905（清光绪三十一）年11月初版，1906（清光绪三十二）年8月2版，1913年12月4版，1914年4月再版　一册（说部丛书初集）

原书：Der schweizeriche robinson. 作者通译威斯。此据长篇小说《瑞典家庭鲁滨孙》编译。

2758 小仙源

（瑞士）威司著　（泰西）戈特尔芬美兰女史重订；绣像小说报译

上海　商务印书馆　清光绪末　一册；1913年，1914年　一册

原著为德文。记瑞士人洛萍生夫妇及五子泛海遇险，居南洋小岛经营田宅的故事。

匈牙利文学

2759 匈奴奇士录（言情小说）

（匈）育珂摩耳（Mór, Jókai 1825—1904）著；周逴（周作人）译

上海　商务　1908（清光绪三十四）年9月初版，1915年10月再版　一册（说部丛书二集）

原书：Egy az isten. 历史小说。著者育珂摩耳通译约卡伊。

波兰文学

戏剧

2760 夜未央

（波兰）廖抗夫（Kampf, Leopold）著；李石曾译

万国美术研究社　清末　一册；广州　革新书局　1908（清光绪三十四）年初版　一册（革新丛书）

原书：Am vorabend. 三幕话剧。卷首有作者为中译本写的序言。

小说

2761 灯台守

（波兰）星科伊梯著；吴梼译

绣像小说第68—69期　1906（清光绪三十二）年

著者通译显克微支。此为显克微支短篇小说杰作，吴梼从山田花袋日译本重译。

2762 台灯卒

（波兰）星科伊梯著；（日）山田花袋译　吴梼述

上海　商务　清末　一册

2763 女博士

（波兰）罗琛著；华通斋译

著者自刊　1915年初版　一册

罗琛系作者的中国名字，作者丈夫中国人，姓华，故又名华罗琛。她的作品均由其丈夫译为汉文。此为中篇小说。

2764 女虚无党

波兰人原著；胡利编　路钧译

上海　有正书局　1916年11月初版　一册

中篇小说。

俄国文学

戏剧

2765 生尸

（俄）托尔斯泰著；程生　夏雷译

小说时报第32期　1917年

小说

2766 俄国情史

（俄）普希罄原著；（日）高须治助译述　戢翼翚重述

上海　开明书店　1903（清光绪二十九）年　一册；上海　大宣书局　1903（清光绪二十九）年　一册

著者普希罄又译蒲轩根，即普希金。本书据日译本《花心蝶思录》(1883)重译。本书又名："俄国情史，斯密士玛丽传"、"斯密士玛丽传"、"花心蝶梦录"、"花心蝶梦"、"花心蝶影录"。此即《上尉的女儿》。

2767 昙花梦

（俄）萨拉斯苛夫著；商务印书馆编译所译

上海　商务　1905（清光绪三十一）年8月初版，10月2版　一册（说部丛书第三集）；上海　商务1914年4月再版　一册（说部丛书初集）；上海　商务　1915年1月初版　一册（小本小说）

2768 黑衣教士

（俄）溪崖霍夫著；（日）薄田斩云译　吴梼重译

上海　商务　1907（清光绪三十三）年初版，1914年3版　一册（袖珍小说）

原书：ЧеРНЫЙ МОНаХ．短篇小说。

著者溪崖霍夫又译奇霍夫，即契诃夫。该书为契诃夫作品的最早中译本。

2769 银钮碑

（俄）莱门忒甫（莱蒙托夫）著；（日）嵯峨の家主人译　吴梼重译

上海　商务　1907（清光绪三十三）年6月初版，1914年8月4版　一册（袖珍小说）

日译本《当代の露西亚人》，此即《当代英雄》上部《蓓拉》。

2770 忧患余生

（俄）戈厉机著；吴梼译

《东方杂志》第4年1—4号　1907（清光绪三十三）年　一册

著者亦译戈里基，今译高尔基。此系据日本长谷川二叶亭译本《犹太人之浮生》重译。

2771 不测之威（历史小说）二卷

（俄）L.托尔斯泰著；商务印书馆译

上海　商务　1908（清光绪三十四）年2月初版，1915年10月再版　二册（说部丛书二集）

长篇小说。书前有译者序。

2772 俄王义文第四专政史；不测之威

（俄）A.K.托尔斯泰著；（译者不详）

上海　商务　1908（清光绪三十四）年　一册

此即《谢勒勃良尼大公》。

2773 奈何天

（俄）亚历山大杜庐著；莫等闲斋主人译

上海　改良小说社　1908（清光绪三十四）年　一册

2774 六号室

（俄）奇霍夫著；天笑生译

《小说时报》本　1910（清宣统二）年；上海　有正书局　1915年11月初版　一册

原书：Лалата No.6。中篇小说。

2775 毒药案（侦探小说）

（俄）谋康斯著；陆钟灵　马逢伯译

上海　改良小说社　1911（清宣统三）年　一册

又名《双侠记》。

2776 蛾眉之雄（一题　柔发野外传）

（俄）托尔斯泰著；热质译

拜经室　1911（清宣统三）年　二册

2777 神炮手

（俄）蒲轩根著；毋我　冷译

小说时报13号　1911年

著者通译普希金。译者毋我，本名不详，冷即陈景韩。

2778 六尺地

（俄）托尔斯泰著；包天笑译

小说月报第五卷2号　1914年

2779 心狱（社会小说）

（俄）L. 托尔斯泰著；马君武译

上海　中华书局　1914年9月初版，1916年9月3版　一册

原书：Воскресение.

2780 骠骑父子（义侠小说）

（俄）L. 托尔斯泰著；朱东润译

上海　商务　1915年10月初版　一册（说部丛书二集）

短篇小说。据英译本重译。

2781 罗刹因果录（笔记小说）

（俄）L. 托尔斯泰著；林纾　陈家麟译

上海　商务　1915年5月初版，10月再版　一册（说部丛书二集）

此本据英译本重译。收短篇小说八篇，其中《梭伦格言》非托尔斯泰作品，系据美国包鲁乌因所撰儿童读物改写。

2782 绿城奇客

（俄）L. 托尔斯泰著；马君武译

上海　中华　1915年　一册

2783 雪花围（醒世小说）

（俄）L. 托尔斯泰著；雪生译

上海　商务　1915年10月　一册（说部丛书二集）
短篇小说。据英译本重译。原名 Хозяин и работник

2784 风俗闲评（上、下册）
（俄）契诃夫著；陈家麟　陈大镫译述
上海　中华书局　1916年11月初版　二册（中华短篇小说）
据英译本重译之契诃夫短篇小说集，收23篇。

2785 春潮
（俄）屠尔格涅甫著；陈嘏译
上海　青年杂志第一卷1—4号　1917年
此为屠格涅夫短篇小说之佳作。英译名 Spring Floods.

2786 婀娜小史（初编—四编）
（俄）L.托尔斯泰著；陈家麟　陈大镫译
上海　中华书局　1917年8月初版　二册
原书：Анна Каренина. 长篇小说。
此本据英译本重译，共四编。

2787 克利米战血录（军事小说）
（俄）托尔斯泰著；朱世溱译
上海　中华书局　1917年5月初版　一册
由英译本重译，此即《西伐斯托波尔的故事》三篇全译本。

2788 社会声影录
（俄）L.托尔斯泰著；林纾　陈家麟译
上海　商务　1917年5月初版　一册（说部丛书三集）
据英译本重译之短篇小说集。

2789 现身说法（上、中、下卷）
（俄）讬尔司泰著；林纾　陈家麟译
上海　商务　1918年11月初版　三册（说部丛书三集）
据英译本重译。原著题英译名：Childhood (1852), Boyhood (1854), Youth (1857), 系自传体三部曲《幼年、少年、青年》。

2790 恨缕情丝二卷
（俄）L.托尔斯泰著；林纾　陈家麟译
上海　商务　1919年4月初版（说部丛书三集）　一册
据英译本重译。

儿童文学

2791 克雷洛夫寓言三篇
（俄）克雷洛夫著；任廷旭译
上海　广学会　1900（清光绪二十六）年　一册

意大利文学

2792 新蝶梦（写情小说）

（意）波仑著；冷译

上海时报馆　1906（清光绪三十二）年2月　一册；上海　有正书局　1907（清光绪三十三）年6月再版　一册（小说丛书第一集）

2793 身外身

（意）格恩梅著；傲骨译

1909（清宣统元）年　一册

美国文学

小说

2794 百年一觉

（美）毕拉宓著；（英）李提摩太译

上海　广学会　1894（清光绪二十）年　一册

原著：Looking Backward, 2000—1887（1888年）

毕拉宓（Edward Bellamy, 1850—1898）今译贝拉米，是美国19世纪著名作家、空想社会主义者，所著为幻想小说，写一美国人在他30岁（1887年）的一天，因病难以入睡，医生对其使用"入蛰"妙术，使其昏然睡去，一觉醒来已是公元2000年。作者描述了出现在这位美国人面前的巨大变化：由街舍窄陋、衣食粗疏，而变成环境优雅、丰衣足食，交易只持帐簿，无须钱币；由等级森严、劳资对立尖锐，而成无贵贱之分，国人一律平等，国君亦由选举产生；社会道德高尚，文化生活丰富多彩等等。

作者在书中衍义其所主张的均贫富思想，通过这113年间社会的巨变，设计了理想的未来，即"真所谓大同之世"。原书在美英等国行销一百万册以上。李氏仅译其梗概，对中国思想界有一定影响，康有为、梁启超、谭嗣同等人均受其启发。

2795 黑奴吁天录四卷

（美）斯土活（Stowe, H. B.1811—1896）著；林纾　魏易译

魏氏木刻本　1901（清光绪二十七）年　四册；上海　文明书局木刻本　1904（清光绪三十）年　四册；上海　文明书局　1905（清光绪三十一）年，1915年12月3版　二册；（出版者不详）清光绪间印本　一册

原书：Uncle Tom's Cabin（1852）今译《汤姆叔叔的小屋》。

著者为斯托夫人。

2796 小英雄

（美）步奈特夫人著；陈春生译

华美书局　1903（清光绪二十九）年　二册

2797 小英雄

（美）步奈特（Burnett, Frances H. 1849—1924）著；（美）亮乐月译

上海　广学会　1905（清光绪三十一）年1月初版　一册

原书：Little lord fauntleroy. 长篇小说。著者步奈特通译伯内特。

2798 黄金血（侦探小说）

（美）乐林司郎治著；商务印书馆编译所译

上海　商务　1904（清光绪三十）年11月初版，1906（清光绪三十二）年4月3版，1913年12月4版，1914年4月再版　一册（说部丛书初集）

2799 美洲童子万里寻亲记

（美）亚丁（Alden, W. L. 1837—1908）著；林纾　曾宗巩译

上海　商务　1904（清光绪三十）年10月初版，1905（清光绪三十一）年9月2版，1906（清光绪三十二）年9月3版，1914年4月再版　一册（说部丛书初集）；上海　商务　1913年6月初版　一册（小本小说）；上海　商务　1914年6月初版　一册（林译小说丛书）

原书：Jimmy Brown tryin to find Europe.

2800 奇狱

（美）麦枯尔特（亦著麦枯滑特尔）著；林盖天译第一册　华子才译第二册

上海　小说林社　1904（清光绪三十）年第一册初版，1906（清光绪三十二）年再版；1906（清光绪三十二）年第二册初版，1907（清光绪三十三）年再版（小说林）

第一册：假死伪葬　邮书之奇祸　金刚石之颈键签票　金网　万金之革带

第二册：西门特被杀案　假死窃产案　银柄斧案　虚无党之秘密会

2801 泰西说苑（一题　五十名史）

（美）乾姆斯著；镜乙译

上海　通社　1904（清光绪三十）年　一册

记五十名人轶事，均为短篇。

2802 俄皇独语

（美）马可曲恒著；严通译

志学报第2期　1905年

著者通译马克·吐温。

此为1919年前马克·吐温作品唯一译文。后附"译者系言"谓："浇我方寸中之块垒，一时固有雨后凉风之概"，慨叹"专制，势必愚民，非怯之，则无以争存，民权必有待于民智，……今日重要难决之问题，孰有过于此哉。"

2803 黑行星（科学小说）

（美）西蒙纽加武著；觉我（徐念慈）译

上海　小说林社　1905（清光绪三十一）年7月初版，1906（清光绪三十二）年7月再版　一册（小说林）

2804 回头看（政治小说）

（美）威士著；商务印书馆编译所译

上海　商务　1905（清光绪三十一）年2月初版，1913月再版，1914年4月再版　一册（说部丛书初集）

2805 小公子

（美）Burnett, France Hodgson 原著；（美）Warren, Eliza 改写；（日）若松贱子原译　小说林社重译

上海　小说林社　1905（清光绪三十一）年11月初版　一册

2806 血史

（美）佛兰斯士专逊著；梁启超　程斗译

上海　广智书局　1905（清光绪三十一）年　一册

2807 银行之贼

（美）佚名著；（日）黑岩泪香原译　谢慎冰重译

上海　小说林社　1905（清光绪三十一）年3月初版,11月再版　一册（小说林）日译本《魔术の贼》（1889），此据日译本重译。

2808 玉虫缘

（美）安介坡（Poe, E. Allan）著；碧罗译　初我润

上海　小说林社　1905（清光绪三十一）年　一册

原书：Golden Bug. 此即爱伦·坡著名侦探小说《黄金城》最早之中译本。安介坡今译作爱伦·坡，十九世纪美国作家。此书为分析推理之侦探小说。译者碧罗，序者萍云，即周作人。初我即丁初我，时任小说林社编辑。

2809 红柳娃（探险小说）

（美）柏拉蒙著；商务印书馆编译所译

上海　商务　1906（清光绪三十二）年4月初版　一册（说部丛书第五集）；上海　商务　1913年12月3版,1914年4月再版　一册（说部丛书初集）

2810 旧金山（冒险小说）

（美）诺阿布罗克士著；金石　褚嘉猷译

上海　商务　1906（清光绪三十二）年初版,1914年再版　一册（说部丛书初集）

2811 妖塔奇谈

（美）佚名著；无歆羡斋译

上海　广智书局　1906（清光绪三十二）年　二册

2812 大食故宫余载（历史小说）

（美）华盛顿·欧文著；林纾　魏易译

上海　商务　1907（清光绪三十三）年12月初版,1915年8月3版　一册（说部丛书二集）；上海　商务　1914年6月初版　一册（林译小说丛书）

原书：Alhambra. (1832) 书贾题为"历史小说"，实为作者旅行西班牙时，记其国王古宫之散文故事。

2813 拊掌录（寓言小说）

（美）华盛顿·欧文著；林纾　魏易译

上海　商务　1907（清光绪三十三）年2月初版,1915年10月4版　一册（说部丛书）；上海　商务　1914年6月初版　一册（林译小说丛书）；小本小说本

原书：The sketch book of Geoffrey Crayon, Gent. (1820) 短篇小说集，收文10篇。

2814 合浦还珠记

（美）佚名著；许桢祥　王莼甫译

新世界出版社　1907（清光绪三十三）年　一册

2815 黑蛇奇谈（侦探小说）

（美）威登著；张瑛译

上海　小说林社　1907（清光绪三十三）年8月初版　一册（小说林）

2816 狡兔窟

（美）佚名著；商务印书馆译

上海　商务　1907（清光绪三十三）年　一册

2817 镜中人（一题　女侦探）

（美）乌尔司路斯著；俞箴墀　嵇长康译

上海　小说林社　1907（清光绪三十三）年　一册

2818 旅行述异（滑稽小说）（上、下册）

（美）华盛顿·欧文著；林纾　魏易译

上海　商务　1907（清光绪三十三）年6月初版，1915年10月3版　二册（说部丛书二集）

短篇小说集，书前有林序。原书：Tales of a traveller.（1824）

2819 玫瑰花下

（美）聂卡脱报社著；商务印书馆译

上海　商务　1907（清光绪三十三）年　一册

2820 聂格卡脱侦探案

（美）讫克著

上海　小说林社　1906－1908（清光绪三十二～三十四）年陆续出版

一册：银行主人被杀案　猎太拒捕案／吴子才译　1906（清光绪三十二）年刊

二册：双生案　觊产案／吴子才译（一著华子才译）　1907（清光绪三十三）年刊

三册：车尸案　蓄音案／吴子才译　1907（清光绪三十三）年刊

四册：复仇案／华子才译　1907（清光绪三十三）年刊

五册：宝刀影案／沧海渔郎　延陵伯子译　1907（清光绪三十三）年刊

六册：奇窟记／延陵伯子译　1907（清光绪三十三）年刊

七册：大里斯案／华子才译　1907（清光绪三十三）年刊

八册：戕姊案／华子才译　1907（清光绪三十三）年刊

九册：假面女子案　续假面女子案／华子才译　1907（清光绪三十三）年刊

十册：疯子劫杀案　飞刀案／华子才译　1907（清光绪三十三）年刊

十一册：戕父劫女案　假王案／华子才译　1907（清光绪三十三）年刊

十二册：雷护所案　炸弹案／华子才译　1907（清光绪三十三）年刊

十三册：姓名名姓案　姓名名姓案解决案／华子才译　1907（清光绪三十三）年刊

十四册：红面党案／华子才译　1908（清光绪三十四）年刊

十五册：一钱酬劳案　五玉黍案／华子才译　1908（清光绪三十四）年刊
十六册：飞箭案　飞艇案／华子才译　1908（清光绪三十四）年刊
据说为书商撰侦探小说的共有五位作者，其书出版数百种，而英文单行本皆署聂格·卡脱为作者。

2821 聂克卡脱侦探案
（美）讫克著；顾明卿译初编　顾明卿　顾鹏举译二编
上海　一新书局　1907（清光绪三十三）年　一册

2822 弃儿奇冤
（美）老斯路斯（一著老斯罗）著；沧海渔郎　延陵伯子译
上海　小说林社　1907（清光绪三十三）年　一册

2823 情海魔
（美）柯布著；木子　不才译
上海　小说林社　1907（清光绪三十三）年　一册

2824 霜锋斗
（美）林拉伦著；步青译
新世界小说社　1907—1908（清光绪三十三～三十四）年　四册

2825 双鸽记
（美）嘉路尔士著；洪如松译
新世界小说社　1907（清光绪三十三）年　一册

2826 侠女碎琴缘（一题　西伯利亚流窜记）
（美）屠力赖著；仇光裕译
上海　有正书局　1907（清光绪三十三）年　一册

2827 一仇三怨（婚事小说）
（美）沙斯惠夫人著；商务印书馆编译所译
上海　商务　1907（清光绪三十三）年12月初版　一册（说部丛书第九集）；
上海　商务　1914年4月再版　一册（说部丛书初集）

2828 中山狼
（美）文龙女史著；商务印书馆编译所译
上海　商务　1907（清光绪三十三）年初版，1914年3版　一册

2829 洞中天
（美）哇而司脱著；李国英译
集成图书公司　1908（清光绪三十四）年　二册

2830 怪医案
（美）企格林著；商务印书馆译
上海　商务　1908（清光绪三十四）年　一册

2831 红闺镜
（美）史德兰著；华兮译
上海　小说林社　1908（清光绪三十四）年1月初版　一册

2832 幻想翼

（美）爱克乃斯格平著；商务印书馆编译所译

上海　商务　1908（清光绪三十四）年2月初版，1914年8月3版　一册（袖珍小说）

2833 寂寞

（美）安介·爱棱·坡著；周作人译

《河南》第8期　1908年

《域外小说集》改题《默》，有删改。

2834 美人唇

（美）讫克著；冶孙　不才译

上海　中国图书公司　1908（清光绪三十四）年　一册

2835 奈何天（一题　身外身）

（美）佚名著；集成图书公司译

集成图书公司　1908（清光绪三十四）年　一册

2836 剖脑记（新译侦探小说）

（美）查普霖著；商务印书馆编译所译

上海　商务　1908（清光绪三十四）年8月初版，1914年12月3版　一册

2837 强盗洞

（美）佚名著；陈春生译

上海　美华书局　1908（清光绪三十四）年　一册

2838 三人影（侦探小说）

（美）乐林司郎治著；商务印书馆编译所译

上海　商务　1908（清光绪三十四）年1月初版　一册（说部丛书第十集）；上海　商务　1914年4月再版　一册（说部丛书初集）

原书：Shadowed by three. (1884)

2839 失珠案

（美）老斯格斯著；改良小说社译

上海　改良小说社　1908（清光绪三十四）年　一册

2840 双环案

（美）尼哥拉著；商务印书馆译

上海　商务　1908（清光绪三十四）年　一册

2841 双乔记（言情小说）

（美）杜伯著；商务印书馆编译所译

上海　商务　1908（清光绪三十四）年3月初版　一册（说部丛书第十集）；上海　商务　1914年4月再版　一册（说部丛书初集）

2842 伪票案

（美）老斯路斯著；改良小说社译

上海　改良小说社　1908（清光绪三十四）年　一册

2843 密誓缘
　　（美）盘山克莱女士著；西泠　鸥梦生译
　　上海　科学书局　1909（清宣统元）年　一册

2844 女魔王（聂格卡脱探案之一）
　　（美）讫克著；小说进步社编译
　　中国图书公司　1909（清宣统元）年　二册

2845 蛇环记
　　（美）尼果拉著；商务印书馆译
　　上海　商务　1909（清宣统元）年　一册

2846 风流镜
　　（美）都伯德著；西湖子译
　　集成图书公司　1910（清宣统二）年　一册

2847 希腊兴亡记
　　（美）彼得巴利著；曾宗巩译
　　上海　商务　1910（清宣统二）年8月初版，1915年10月再版　一册（说部丛书二集）；上海　商务　1913年6月初版　一册（小本小说）

2848 盗面（奇情小说）
　　（美）白乃杰著；陈鸿璧　默君译
　　上海　广智书局　1911（清宣统三）年7月　一册
　　默君本名张昭汉（1884—1965），字默君，女翻译家。

2849 情魔
　　（美）佚名著；无歆羡斋译
　　上海　广智书局　1911（清宣统三）年　一册

2850 尸光记
　　（美）沈咸廉著；张默君译
　　译者自刊　1911（清宣统三）年3月初版　一册

2851 新世界之旧梦谈
　　（美）Irving, Washington著；刘作柱　谢国藻译
　　上海　群益书社　1911（清宣统三）年4月初版　一册（青年英文学丛书）

2852 薛蕙霞
　　（美）葛德耳著；陈鸿璧译
　　上海　广智书局　1911（清宣统三）年　一册

2853 明珠血
　　（美）佚名著；(译者不详)
　　清光绪间　一册

2854 逃缘
　　（美）斯路史翁著；中国日报社编
　　香港　中国日报社　清末　一册

2855 新剑侠传
　　（美）斯露士翁著；中国日报译
　　香港　中国日报　清末　一册

2856 车中语
　　（美）加撒林克罗著；甘永龙译
　　上海　商务　1912年12月初版，1913年11月再版　一册（小本小说）
　　短篇小说。

2857 自由界一卷
　　（美）史比尔著；胡贻谷译
　　中华基督教青年会　1912年　一册

2858 薄倖郎（上、下册）
　　（美）销司倭司（Southworth, E. D. E. N. 1819—1899）著；林纾　陈家麟译
　　上海　商务　1914年12月初版　二册（小本小说）；上海　商务　1915年7月初版，10月再版　二册（说部丛书二集）；上海　商务　[191?]年　二册（林译小说丛书二集）
　　原书：The Changed Brides. (1869) 长篇小说。
　　著者销司倭司今译索恩沃斯。

2859 孤士影（言情小说）（上、下册）
　　（美）玛林克罗福著；诗庐译
　　上海　商务　1914年11月初版，1915年10月再版　二册（说部丛书二集）

2860 小公主（学堂小说）
　　（美）步奈特（Burnett, F. H. 1849—1924）著；（美）亮乐月译意　周澂朗演话
　　上海　广学会　1914年初版　一册
　　原书：Sara Crewe. 短篇小说。

2861 稗苑琳琅（社会小说）
　　（美）美林孟著；诗庐译
　　上海　商务　1915年10月初版　一册（说部丛书二集）

2862 城中鬼蜮记（社会小说）
　　（美）爱得娜温飞尔著；汪德祎译
　　上海　商务　1915年5月初版，10月再版　一册（说部丛书二集）

2863 橄榄仙（上、下卷）
　　（美）巴苏谨著；林纾　陈家麟译
　　上海　商务　1916年11月初版　二册（说部丛书三集）

2864 罪影（哀情小说）（上、下册）
　　（美）沙路顿著；耀华　祝龄编译
　　上海　中华新教育社　1916年6月初版　二册

2865 夺产案
　　（美）达拉斯著；许金源译

上海　中华书局　1917年1月初版　一册
中篇侦探小说。

2866 怪手（侦探小说）（上、下册）
（美）亚塞李芙著；周瘦鹃译
上海　中华书局　1917年6月初版　二册

2867 猫探
（美）梅丽维勤著；刘半农译
上海　中华书局　1917年4月初版　一册
侦探小说。

2868 魔冠浪影
（美）C. C. 安德卢斯（Andrews）著；丁宗一　陈坚译
上海　商务　1917年1月初版　一册（说部丛书三集）
中篇小说。

2869 蛇首
（美）亚塞李芙著；丁宗一　陈坚译
上海　中华书局　1917年7月初版　一册（小说汇刊）
长篇侦探小说。

2870 鱼雷（"蛇首"续编）
（美）亚塞李夫著；丁宗一　陈坚译述
上海　中华书局　1918年1月初版　一册（小说汇刊）

2871 蛇首党
（美）奥瑟黎敷著；范况　张逢辰译
上海　商务　1917年9月初版　一册（说部丛书三集）
长篇侦探小说。

2872 铁手（侦探小说）
（美）Stringer, A. 著；羽仙编辑
上海　交通图书馆　1917年9月初版　一册
原书：The iron claw.

2873 乡里善人（上、下册）
（美）伊凡弇宁著；胡君复　恽铁樵译
上海　商务　1917年7月初版　二册（说部丛书三集）
长篇小说。

2874 杜宾侦探案
（美）爱伦浦著；常觉　觉迷　天虚我生译
上海　中华书局　1918年1月初版　一册
爱伦·坡短篇侦探小说集。书前有译者序。

2875 黑伟人（上、下卷）
（美）华盛顿（Washington, B. T. 1856—1915）著；孟宪承译

上海　商务　1919年1月初版　二册（说部丛书三集）

原书：Up from slavery. 自传体小说。译文为文言。

2876 荒村奇遇（上、下册）

（美）弗老尉佗著；李澄宇译

上海　商务　1919年6月初版　二册（说部丛书三集）

国别不明的文学作品

小说

2877 安乐家

威尔通女士著；图画新报馆译

图画新报馆　1882（清光绪八）年　一册

2878 闺娜传

（著、译者并阙名）

上海　图画新报馆　1884（清光绪十）年　一册

2879 露漱格兰小传

（著者不详）；信陵骑客译　林纾叙

普通学书室　1902（清光绪二十八）年　一册；支那新书局　1903（清光绪二十九）年　一册；上海　文明书局　1904（清光绪三十）年　一册

2880 女子救国美谈

（著者不详）；（原题）热诚爱国人编译

上海　广智书局　1902（清光绪二十八）年　一册

2881 议探案

（著者不详）；黄鼎　张东新译

余学斋木活字本　1902（清光绪二十八）年　一册

2882 二金台（一题　新包探案）

（著者不详）；叶启标译

上海　通社　1903（清光绪二十九）年　一册

2883 二十世纪之学生

（著者不详）；人演社译

上海　文明书局　1903（清光绪二十九）年　一册

2884 离魂病

（著者不详）；（日）黑岩泪香原译　披发生重译

上海　广智书局　1903（清光绪二十九）年　一册；上海　文明书局本

译自日译本《探侦》。

2885 瑞西独立警史

（著者不详）；陆龙朔译述

译书汇编社　1903（清光绪二十九）年　一册（传记丛书）；岭南小说翻印本

2886 生死自由（一题毒杀案）

（著者不详）；暂生生译

惠学书局　1903（清光绪二十九）年　一册

2887 万国演义

（著者不详）；沈惟贤译编

上海　作新社　1903（清光绪二十九）年　六册

2888 美人妆

（著者不详）；东海觉我译

上海　小说林社　1904（清光绪三十）年　一册

2889 孟恪孙奇遇记

公法编辑；谔谔等译

上海　作新社　1904（清光绪三十）年7月　一册（小说丛书）

2890 西亚谈奇

（著者不详）；关葆麟译

上海　新民译书局　1904（清光绪三十）年　一册

收"矮驼子述异"一篇。

2891 侠恋记

（著者不详）；时报馆译

上海　时报馆　1904（清光绪三十）年　一册

2892 血手印

（著者不详）；（日）茂原周辅原译　陶懋立重译

上海　文明书局　1904（清光绪三十）年　一册

2893 侦探新语

夫概等著；索公译

上海　昌明公司　1904（清光绪三十）年　一册

共收八篇：1.塔夫之自缢／夫概著；2.邮票毒／华士曼著；3.诱拐公司／雷比著；4.异形之腕／穆尔司著；5.复仇／佚名著；6.暗杀党／葛史克著；7.石炭窟中之侦探／恺陀斯敦著；8.试金室之秘密／幡兰德著

2894 巴黎繁华记（社会小说）二卷

（著者不详）；商务印书馆编译所译

上海　商务　1905（清光绪三十一）年10月初版　一册（说部丛书第三集）；

上海　商务　1914年4月再版　二册（说部丛书初集）

2895 忏情记二卷

（著者不详）；（日）黑岩泪香原译　商务印书馆编译所重译

上海　商务　1905（清光绪三十一）年初版，1906（清光绪三十二）年5月3版，12月　一册（说部丛书二集）

2896 车中美人（艳情小说）

（著者不详）；小说林总编译所译

上海　小说林社　1905（清光绪三十一）年11月初版　一册（小说林）

2897　杜德蕾冒险记
（著者不详）；裘锴译
上海　文明书局　1905（清光绪三十一）年　一册

2898　儿童修身之感情
（著者不详）；天笑译
上海　文明书局　1905（清光绪三十一）年，1917年再版　一册
记意大利一工人之子，十三岁到美洲寻母，历尽艰辛终达目的的故事。

2899　怪獒案
（著者不详）；人境学社译
上海　广智书局　1905（清光绪三十一）年　一册

2900　狸奴角
果盘著；饭囊译
上海　小说林社　1905（清光绪三十一）年　一册

2901　指环党（侦探小说）
（著者不详）；商务印书馆编译所译
上海　商务　1905（清光绪三十一）年10月初版，1907（清光绪三十三）年3月3版　一册（说部丛书第三集）；上海　商务　1914年4月再版　一册（说部丛书初集）

2902　珊瑚美人
（著者不详）；（日）三宅彦弥原译　商务印书馆编译所重译
上海　商务　1905（清光绪三十一）年4月初版，9月再版　一册（说部丛书二集）；教育改良会　1906（清光绪三十二）年　一册

2903　环瀛遇险
（泰西）奥爱孙孟著；商务印书馆译
上海　商务　1905（清光绪三十一）年　一册

2904　环瀛遇险
（泰西）奥爱孙孟著；绣像小说报译
上海　商务　1906（清光绪三十二）年　一册

2905　毒蛇牙
（著者不详）；笑（包公毅）译
上海　有正书局　1906（清光绪三十二）年　一册

2906　堕溷花
（著者不详）；王静庵译
震东学社石印　1906（清光绪三十二）年　二册

2907　粉阁奇谈
（　）福克著；公短译
新世界小说社　1906（清光绪三十二）年　二册

2908 寒桃记（侦探小说）二卷
　　（著者不详）；（日）黑岩泪香译　吴梼重译
　　上海　商务　1906（清光绪三十二）年 4 月 2 版，1907（清光绪三十三）年 2 月 3 版　一册（说部丛书第四集）；上海　商务　1914 年 4 月再版　二册（说部丛书初集）
　　原书：Within an inch of his life.

2909 鸿巢记
　　酒瓶著；饭囊译
　　上海　小说林社　1906（清光绪三十二）年 2 月初版　一册（小说林）

2910 火里罪人二卷
　　（著者不详）；冷译　（一著　上海时报馆记者译）
　　上海　有正书局　1906（清光绪三十二）年 3 月初版　一册（时报馆小说丛书）

2911 埋香记
　　（著者不详）；陈伯熙译
　　上海　小说林社　1906（清光绪三十二）年　一册

2912 美国独立史别裁
　　（著者不详）；清河译
　　上海　群学社　1906（清光绪三十二）年　一册

2913 莫爱双丽传
　　（著者不详）；（日）黑岩泪香原译　（汉译者不详）
　　上海　时报馆　1906（清光绪三十二）年 7 月初版，1907（清光绪三十三）年 8 月初版　一册（小说丛书第一集）；上海　有正书局　1906（清光绪三十二）年　一册

2914 纤手秘密
　　（著者不详）；铁冰译
　　上海　小说林社　1906（清光绪三十二）年 6 月初版　一册（小说林）

2915 情海劫（上、下册）
　　（著者不详）；小说林总编译所编辑　任墨缘译　李叔成润
　　上海　小说林社　1906（清光绪三十二）年 3 月上册初版，8 月下册初版　二册（小说林）

2916 桑伯勒包探案（侦探小说）
　　（著者不详）；商务印书馆编译所译
　　上海　商务　1906（清光绪三十二）年 2 月初版　一册（说部丛书第三集），1907（清光绪三十三）年 7 月，1914 年 4 月　一册
　　短篇小说集，收文 12 篇。

2917 世界豪杰美谈记
　　（著者不详）；越社译
　　支那书局石印　1906（清光绪三十二）年　二册

2918 双义传

（著、译者并阙名）

抄本 1906（清光绪三十二）年 一册

2919 死复仇

（著者不详）；北京第一书局译

北京第一书局 1906（清光绪三十二）年 一册

2920 无人岛

（著者不详）；笺骚主人译

上海 时中书局 1906（清光绪三十二）年 一册

2921 环球旅行记（游记小说）

（著者不详）；时报馆记者译述

上海 时报馆 1907（清光绪三十三）年6月再版 一册（小说丛书一集）

疑为法国凡尔纳著。

2922 剑魄花魂

（著者不详）；新世界小说社译

新世界小说社 1907（清光绪三十三）年 二册

2923 剧场大疑狱

（著者不详）；无敌羡斋主人译

上海 广智书局 1907（清光绪三十三）年初版，1908（清光绪三十四）年6月2版，1911（清宣统三）年3版 一册

2924 里城狱（一名 里城案）

（ ）罗蕊著；（译者不详）

上海 小说林社 1907（清光绪三十三）年 一册

2925 卖解妃（一名 狄克传）

（著者不详）；铤夸编译

上海 小说林社 1907（清光绪三十三）年8月初版 一册（小说林）

2926 梦游天

（著者不详）；科学仪器馆译

上海 科学仪器馆 1907（清光绪三十三）年 一册

2927 秘密会

（著者不详）；广智书局译

上海 广智书局 1907（清光绪三十三）年 一册

2928 秘密结婚案

（著者不详）；葛增庠译

文宝书局 1907（清光绪三十三）年 一册

2929 男装侦探

（著者不详）；（日）古田太郎译

香港 1907（清光绪三十三）年 一册

2930 窃电案（一名　英日同盟电被盗案）
　　（著者不详）；曼陀译
　　上海　小说林社　1907（清光绪三十三）年11月初版　一册（小说林）

2931 三疑狱
　　（著者不详）；冉泾童子　海隅少年译
　　上海　小说林社　1907（清光绪三十三）年　一册

2932 三姊妹
　　（著者不详）；新世界小说社译
　　新世界小说社　1907（清光绪三十三）年　一册

2933 司底芬侦探案
　　（著者不详）；颜茗琴　董潄珠译
　　上海　广智书局　1907（清光绪三十三）年　一册

2934 天眼通
　　（著者不详）；新世界小说社译
　　新世界小说社　1907（清光绪三十三）年　一册

2935 笑之人
　　（著者不详）；新世界小说社译
　　上海　新世界小说社　1907（清光绪三十三）年　一册

2936 新飞艇（科学小说）
　　尾楷忎星期报社编；商务印书馆编译所译
　　上海　商务　1907（清光绪三十三）年12月初版　一册（说部丛书第十集）；上海　商务　1914年4月再版　一册（说部丛书初集）
　　中篇小说。

2937 朽木舟
　　（日）樱井彦一郎原译　商务印书馆编译所重译
　　上海　商务　1907（清光绪三十三）年7月初版　一册（说部丛书第八集）；上海　商务　1914年4月初版　一册（说部丛书初集）

2938 白头鸳鸯
　　（著者不详）；煮梦译
　　上海　改良小说社　1908（清光绪三十四）年　一册

2939 地狱村
　　（著者不详）；（日）雨迺舍主人原译　黄翠凝　陈信芳重译
　　上海　小说林社　1908（清光绪三十四）年　一册

2940 电幻奇误
　　（著者不详）；洪如松译
　　上海　改良小说社　1908（清光绪三十四）年　一册

2941 花中贼
　　（著、译者并阙名）

上海　改良小说社　1908（清光绪三十四）年　一册

2942 剑胆琴心录

（　）硁端著；斯人译

上海　小说林社　1908（清光绪三十四）年3月初版　一册（小说林）

2943 将家子

（著者不详）；小说林社译

上海　小说林社　1908（清光绪三十四）年　一册

2944 金钵儿

（著、译者并阙名）

艺大中外小说部　1908（清光绪三十四）年　一册

2945 扣子记

（著者不详）；狄丁编译

1908（清光绪三十四）年　一册

2946 奇瓶案

（著者不详）；吴紫崖译

上海　中国图书公司　1908（清光绪三十四）年　一册

2947 色界之恶魔

（著者不详）；杨希曾译

上海　改良小说社　1908（清光绪三十四）年　三册

2948 双侦探

（著者不详）；李应雄译

香港　1908（清光绪三十四）年　一册

2949 倭刀恨

（著者不详）；李国英译

三省轩　1908（清光绪三十四）年　二册

2950 向隅仙

（著者不详）；卫听涛　风林译

集成图书公司　1908（清光绪三十四）年　二册

2951 销金窟

（著者不详）；包天笑译

上海　有正书局　1908（清光绪三十四）年　一册

2952 一声猿

（著者不详）；商务印书馆编译所译

上海　商务　1908（清光绪三十四）年　一册

2953 八宝匣（虚无党小说）

（著者不详）；周桂笙译

上海　群学社　1909（清宣统元）年7月初版，1910（清宣统二）年3月再版　一册（说部丛书）；乐群书局　1906（清光绪三十二）年初版　一册

2954 海谟侦探案（译本短篇小说）
　　　　（　）哈华德著；杨心一译
　　　　上海　群学社　1909（清宣统元）年7月初版，1915年4月再版　一册

2955 恨中恨（一题　双恨魂）
　　　　（著者不详）；陶朱译
　　　　上海　改良小说社　1909（清宣统元）年　一册

2956 幻梦奇冤
　　　　（著者不详）；松陵钓叟田铸译
　　　　上海　改良小说社　1909（清宣统元）年　一册

2957 傀儡侦探
　　　　（著者不详）；天醉译
　　　　上海　改良小说社　1909（清宣统元）年　一册

2958 （绘图）女侠传（侠情小说）
　　　　（著者不详）；天籁生口译　卧龙仲子（笔述）
　　　　上海　改良小说社　1909（清宣统元）年2月再版　一册（说部丛书）

2959 新译文明结婚
　　　　（著者不详）；三措朗女士译
　　　　科学编译书局　1909（清宣统元）年　一册

2960 血衣冤（一题　红泪痕）
　　　　（著者不详）；毗陵逸者　平江浩然译
　　　　台北　集成图书公司　1909（清宣统元）年　一册

2961 血渍痕
　　　　（著者不详）；马利泰译
　　　　香港　1909（清宣统元）年　一册

2962 血指印
　　　　（著者不详）；田铸译
　　　　香港　中国小说社　1909（清宣统元）年　一册

2963 碧海情波记
　　　　（著者不详）；天笑译
　　　　秋星社　1910（清宣统二）年　一册

2964 盗侦探（又题　金齿记）
　　　　（著者不详）；解朋译
　　　　上海　群学社　1910（清宣统二）年　一册

2965 绝岛日记
　　　　（著者不详）；周砥译
　　　　上海　群益书社　1910（清宣统二）年5月初版　一册（青年英文学丛书）

2966 梅花落
　　　　（著者不详）；天笑译

上海　有正书局　1910（清宣统二）年　二册

2967 美人兵
（著者不详）；林下老人译
上海　改良小说社　1910（清宣统二）年　一册

2968 少年侦探
（著者不详）；林少琴译
上海　中兴社　1910（清宣统二）年　一册

2969 侠客谈
（著者不详）；冷血译
秋星社　1910（清宣统二）年　一册
收刀余生传二种，兄弟，路毙，世界奇谈（食人会），义勇军（莫泊桑著）等。

2970 馨儿就学记
天笑译
上海　商务　1910（清宣统二）年　一册
疑为意大利人原著。

2971 金麒麟
（　）伯勒马著；谭新译
集成图书公司　1911（清宣统三）年　一册

2972 滑稽旅行
（　）Combe，William 著；（日）井上勤原译　包天笑重译
上海　有正书局　清末　一册
原书：Syntax's three tours.

2973 回天绮谈
（著者不详）；（日）加藤政之助原译　玉瑟斋主人重译
上海　广智书局　清末　一册
据日译本《英国名士——回天绮谈》（1886）重译。

2974 空谷兰
（著者不详）；天笑译
上海　有正书局　清末　二册

2975 谋杀寡妇案
（著者不详）；同文沪报译
同文沪报馆　清末　四册

2976 木偶侦探
（著者不详）；天醉译
环球图书公司　清末　一册

2977 女中丈夫
（著者不详）；佚名译
石印插图本　清末　一册

2978 七秘密
（著者不详）；顽石译
抄本　清末　一册

2979 奇想
（著者不详）；时中书局译
上海　时中书局　清末　一册

2980 捕鬼奇案（侦探小说）
（著者不详）；陈鸿璧译
译者自刊　1912年9月初版　一册

2981 井底埋香记（哀情小说）
（著者不详）；周瘦鹃译
上海　国华书局　1912年初版　一册

2982 埋石弃石记
（著者不详）；天笑译
上海　商务　1912年　一册

2983 外交秘事
（著者不详）；（日）千叶紫草译编　商务印书馆编译所重译
上海　商务　1912年初版，1914年6月3版　一册（说部丛书）（小本小说）

2984 孤雏感遇记
（著者不详）；天笑译
上海　商务　1913年　一册

2985 情网（言情小说）（上、下册）
（著者不详）；天笑生译述
上海　有正书局　1913年8月再版　二册

2986 情竟（言情小说）（上、下册）
（著者不详）；恨逸译
上海　中华书局　1914年9初版，1916年8月3版　二册

2987 情铁
（著者不详）；林纾译
上海　中华书局　1914年9月　一册

2988 爱儿小传（艳情小说）
（著者不详）；陶祝年　庄孟英译
上海　商务　1915年10月初版　一册（说部丛书二集）

2989 八一三（上、下册）
（著者不详）；徐卓呆　包天笑译
上海　中华书局　1915年7月初版　二册

2990 蓓德小传
（著者不详）；天笑生编译

　　　　上海　有正书局　1915年3月初版　一册

2991 刺蔷薇（军事小说）
　　　　（著者不详）；蒋景缄译
　　　　上海　进步书局　1915年10月初版　一册

2992 孤雏劫（奇情小说）
　　　　（著者不详）；瘦腰郎　胡寄尘编译
　　　　上海　进步书局　1915年11月　一册

2993 纪克麦再生案
　　　　（著者不详）；筹甫译　天笑修词
　　　　上海　中华书局　1915年11月初版　一册
　　　　长篇侦探小说。

2994 庐山花二卷
　　　　（著者不详）；中华书局编译所译述
　　　　上海　中华书局　1915年初版　二册

2995 欧陆纵横秘史（外交小说）
　　　　（著者不详）；刘半农译
　　　　上海　中华书局　1915年5月初版，1916年11月再版　一册

2996 葡萄劫（上、下册）
　　　　（著者不详）；陆秋心译述
　　　　上海　民权出版部　1915年1—2月初版　二册

2997 石麟移月记
　　　　（著译者并阙名）
　　　　上海　中华　1915年初版　一册

2998 西班牙宫闱琐语（历史小说）
　　　　（著者不详）；商务印书馆编译
　　　　上海　商务　1915年4月初版，10月再版　一册（说部丛书二集）

2999 雪市孤踪（言情小说）
　　　　天行译
　　　　上海　商务　1915年10月初版　一册（说部丛书二集）

3000 云想花因记二卷
　　　　（著者不详）；包天笑译
　　　　上海　中华书局　1915年12月初版　二册

3001 波兰遗恨录
　　　　（著者不详）；朱世溱（现名朱东润）译
　　　　上海　中华书局　1916年　一册

3002 甘萨女郎
　　　　（　）Richardson, P. 著；倪灏森译述

上海　小说丛报社　1916年12月初版　一册
长篇小说。

3003 海天情孽
（著者不详）；黄士淇编译
上海　商务　1916年4月初版　一册（说部丛书三集）

3004 名优遇盗记
（著者不详）；郭公演编译
上海　商务　1916年4月初版　一册（说部丛书三集）

3005 木乃伊（上、下册）
（著者不详）；徐卓呆译
上海　中华书局　1916年12月初版　二册

3006 树穴金
（著者不详）；束凤鸣编译
上海　商务　1916年9月初版　一册（说部丛书三集）

3007 血痕
（著者不详）；生可编译
上海　商务　1916年11月初版，1918年2月再版　一册（说部丛书三集）

3008 战场情话（上、下册）
（著者不详）；史久成编译
上海　商务　1916年8月初版　一册（说部丛书三集）

3009 真爱情（言情小说）
（著者不详）；莲心　雏燕编译
上海　商务　1916年7月初版　一册（说部丛书三集）

3010 巴黎之剧盗
（著者不详）；谢直君译述
上海　中华书局　1917年1月初版　一册

3011 巴黎之剧盗（续编）
（著者不详）；谢直君译
上海　中华书局　1917年6月初版　一册

3012 地狱礁（上、下册）
（著者不详）；卓呆译
上海　商务　1917年7月初版　二册（说部丛书三集）

3013 冬青树（言情小说）
（著者不详）；程小青译
上海　中华书局　1917年6月初版　一册

3014 怪手印（上、下册）
（著者不详）；丁宗一　陈坚编译
上海　商务　1917年4月初版　二册（说部丛书三集）

3015 航海少年（冒险小说）
　　（著者不详）；(日)樱井彦一郎原译　商务印书馆编译所重译
　　上海　商务　1907（清光绪三十三）年8月初版　一册（说部丛书第八集）；上海　商务　1914年4月再版　一册（说部丛书初集）

3016 积雪东征录（上、下册）
　　（著者不详）；朱世溱译述
　　上海　中华书局　1917年1月初版　二册
　　以1810年英法失和为故事背景。

3017 秘密军港
　　（著者不详）；范况　张逢辰编译
　　上海　商务　1917年8月初版　一册（说部丛书三集）

3018 情仇
　　（著者不详）；吴雄昌译
　　上海　中华书局　1917年1月初版　一册

3019 情崇（言情小说）
　　（著者不详）；周瘦鹃译
　　上海　中华书局　1917年4月初版　一册

3020 薰犹录
　　翠娜女史译　天虚我生润文
　　上海　中华书局　1917年　二册

3021 一粒钻（侦探小说）
　　（　）Cholmondeley，Mary 著；贡少芹　石知耻译述
　　上海　文明书局　1917年2月初版　一册

3022 翻云覆雨录
　　（著者不详）；周瘦鹃译
　　上海　中华书局　1918年1月初版　一册
　　短篇小说集。

3023 冰天艳影（言情小说）
　　（著者不详）；周瘦鹃译
　　上海　中华书局　1918年1月初版　一册

3024 拉哥比在校记二卷
　　（著者不详）；商务印书馆编译所译
　　上海　商务　1918年4月初版　一册（说部丛书三集）

3025 十万元
　　（著者不详）；林纾译
　　上海　侦探小说社　1919年7月初版　一册

3026 四字狱
　　（著者不详）；徐慧公译

上海　商务　1919年10月初版　一册（说部丛书三集）
中篇侦探小说。

3027 蜘蛛毒
　　（著者不详）；徐慧公编译
　　上海　商务　1919年10月初版　一册（说部丛书三集）

童话

3028 二王子
　　（著者不详）；徐傅霖译
　　上海　中华书局　1913年　一册（世界童话第一种）

3029 魔博士
　　（著者不详）；徐傅霖译
　　上海　中华书局　1913年　一册（世界童话第二种）

3030 法螺君
　　（著者不详）；徐傅霖译
　　上海　中华书局　1913年　一册（世界童话第三种）

3031 驴公主
　　（著者不详）；徐傅霖译
　　上海　中华书局　1913年　一册（世界小说第四种）

3032 铁王子
　　（著者不详）；徐傅霖译
　　上海　中华书局　1913年　一册（世界童话第五种）

3033 梦三郎
　　（著者不详）；徐傅霖译
　　上海　中华书局　1913年　一册（世界童话第六种）

3034 指环窟
　　（著者不详）；徐傅霖译
　　上海　中华书局　1913年　一册（世界童话第七种）

3035 卜人子
　　（著者不详）；徐傅霖译
　　上海　中华书局　1913年　一册（世界童话第八种）

3036 惊人谈
　　（著者不详）；徐傅霖译
　　上海　中华书局　1913年　一册（世界童话第九种）

3037 大洪水
　　（著者不详）；徐傅霖译
　　上海　中华书局　1913年　一册（世界童话第十种）

艺术

美术

3038 论画浅说一卷
（著者不详）；山英居士译 （一著 范约翰 Farnham, J. M. W. 译）
上海 1879（清光绪五）年 一册

3039 画说一卷
（意）毕方济著
旧抄本 一册
以问答体概述人身各部画法，并讲解其理论。

3040 美术新书
日本富山房著；范迪吉等译
上海 会文学社 1903（清光绪二十九）年 一册（普通百科全书）

3041 铅笔画范本
商务印书馆编译所译
上海 商务 1913年7版 一册
中学教材。

3042 睡庵清秘录
（日）浦上春琴著
1915年原稿影印 一册
画谱。

3043 中国美术二卷
（英）布丽耳著；戴岳译
上海 商务 （年代不详） 一册
上卷记石刻、建筑、铜器、木牙犀角诸刻、雕漆、琢玉。下卷记陶瓷、玻璃、珐琅、首饰、织物、绘画。

音乐

3044 西琴曲意一卷（亦名 西琴八曲）
（意）利玛窦译 汪汝淳校梓
四库全书本，附刻于《畸人十篇》后
书成于1600（明万历二十八）年。万历二十八年，利氏抵京，献西洋乐器雅琴一具，皇上奇之，问曰，其奏必有本国之曲，愿闻之。窦对曰，夫他曲旅人罔知，唯习道语数曲，今译其大意。分八章：吾愿在上，牧童游山，善计寿修，德之勇巧，悔老无德，胸中庸平，肩负双囊，定命四达。

3045 律吕正义二编四卷 续编一卷
（葡）徐日昇 （意）德理格著；何国宗 梅瑴成汇编
北京 内府刊本 1713（清康熙五十二）年 六册，有图、表；武英殿刻

· 345 ·

本　1723（清雍正元）年　五册；律历渊源三种本
前四卷论中国音乐，为清圣祖玄烨御纂。续编徐日昇、德理格著，论西洋乐理，介绍了五线谱的编制和用法。有图。

3046 古今音乐篇
（法）钱德明著
北京　1776（清乾隆四十一）年初刻　一册
详论中国古乐八音。

3047 律吕纂要
（意）德理格著
（出版不详）
四库收乐类存目。1936年吴相湘先生在国立北平图书馆发现汉文精抄本一册，汉文草抄本一册，满文抄本一册。

3048 音乐学
（日）铃木米次郎　（日）中岛六郎合著；陈邦镇　傅廷春译
湖北官书局　1905（清光绪三十一）年　一册（师范教科丛编）

3049 中学乐典教科书
（日）田村虎藏编；徐傅霖　孙揆译
上海　商务　1907（清光绪三十三）年　一册

3050 西国乐法启蒙二卷
（英）狄就烈著
上海　美华书馆　清末　一册；上海　益智书会　清末　一册

3051 乐书要录三卷
（日）吉备真备辑
沪上黄润生木活字刻本　1882（清光绪八）年　一册（佚存丛书）；崇文书局　清光绪间　一册
原书十卷，存卷五、六、七，余阙。该书总结了唐代武则天以前的乐律理论，有很高的学术价值。

舞蹈及其它艺术

3052 中国古代宗教舞蹈
（法）钱德明著
1888（清光绪十四）年印本　一册

3053 天胜娘魔术讲义初集不分卷
（日）山冈光洋述意　吴蛰盦笔译
1915年　一册

历史

史学理论

3054 史眼十章
（日）西师意撰
李茂堂　1901（清光绪二十七）年　一册

3055 史学原论一卷
（日）浮田和民著；刘崇杰译
东京　闽学会　1903（清光绪二十九）年　一册（闽学会丛书）；北洋官报汇编本　一册；进化译社　一册
全书八章：一特质及范围，二定义，三价值，四国家，五地理，六人种，七大势，八研究。

3056 史学原论
（日）浮田和民著；杨毓麟译
东京　湖南译编社　1903（清光绪二十九）年　一册

3057 史学概论一卷
衮父辑译
《译书汇编》本
本书以日本坪井九马著《史学研究法》为底本，参考浮田和民、久米邦武等人著述辑译而成。

3058 史学通论一卷
（日）浮田和民著；李浩生译
（出版者不详）　清光绪间　一册
叙史学性质、范围、定义、价值以及历史与国家、地理、人种之关系等。

3059 史眼古意新情
（日）西师意著；训练总监部编译
南京　军用图书社　清末　一册

世界史

通史

3060 东西史记和合
（英）麦都思编
巴达维亚刊本　1829（清道光九）年　一册；马六甲　1833（清道光十三）年再版　一册
中国史、欧洲史分列两栏，对照记事，记重大文明创造、历史事件等。

3061 古今万国纲鉴
（德）郭实腊编

新加坡刊本　1838（清道光十八）年　二十册（244页）；宁波　华花圣经书房修订本　1856（清咸丰六）年　一册（266页）

介绍世界各国历史，有大幅地图。

3062 万国纲鉴

（美）麦嘉缔著

宁波　华花圣经书房　1850（清道光三十）年　一册

3063 四裔编年表四卷

（英）博那著；（美）林乐知　严良勋译　李凤苞汇编

上海　制造局　1874（清同治十三）年　一册；上海石印本　1899（清光绪二十五）年　一册

用年表体例，以各国帝王沿革为经，记亚欧非美三十余国种族、政教、和战大局、学问政事。始于公元前2349年，讫于公元1861年。

3064 万国史记二十卷

（日）冈本监辅著

日本刻本　1879（日本明治十二）年　八册；上海　申报馆　1879（清光绪五）年　十册；上海六先书局　1897（清光绪二十三）年　八册；上海　著易堂　1898（清光绪二十四）年　六册，有地图；上海　两宜斋石印　1901（清光绪二十七）年　六册，有地图；上海书局石印本　1902（清光绪二十八）年　六册线装

冈本监辅曾作汗漫游，东及亚细亚，曾由天津入京，游大清国秦汉以来百战兴亡之地，西抵欧罗巴，转至美、澳诸洲，探其山川河塞，询其政俗物产。该书参稽美国彼德巴利著《万国史略》、魏源《海国图志》等多种著述，摘录其要，编译而成。书凡二十卷，首万国总说，余依次为亚细亚总记、日本、中国、印度、波斯、鞑靼、巴勒斯坦、腓尼基、西里亚、亚剌伯、亚细亚诸国；亚非利驾总说、埃及、亚非利驾诸国；欧罗巴总说、希腊、马其顿、罗马、东罗马、罗马宗教国、意大利、土耳其、法兰西、西班牙、葡萄牙、荷兰、日尔曼、瑞士、奥斯地亚、普鲁士、俄罗斯、波兰、瑞典、英吉利；亚美利驾总说、美国、墨西哥、秘鲁、巴西、亚美利驾诸国；阿塞亚尼亚（澳洲）总说、阿塞亚尼亚群岛记。述其地理位置、政权沿革、政体变迁、官制、对外关系之重大事件、国政之重大改革、宗教、法律、财政、教育、风俗等。

3065 万国史记十四卷

（日）冈本监辅著；（日）中村正直选编

上海　读有用书斋　1895（清光绪二十一）年　十册

3066 万国通鉴五卷　首一卷（亦名　历代万国史论）

（美）谢卫楼（Sheffield, D. Z. 1841—1913）口述　赵如光笔授

上海　基督教育会　1882（清光绪八）年刻本　六册线装；冈千仞训点日本刻本　1884（日本明治十七）年　六册；杭州石印本改名为"历代万国史论"1898（清光绪二十四）年；上海书局　1902年　六册，有地图；清光绪间刻本四卷　六册，有地图

卷一述中国、日本、蒙古、印度等东方国史。卷二西方古世史，卷三西方中世史，

卷四西方近世史，述各国政权、疆域沿革、山川名物、宗教文化、人情风土及重大战事。末附彩色地图11幅及汉译地名、人名索引一册。

3067 列国变通兴盛记四卷

（英）李提摩太著

上海 广学会 1894（清光绪二十）年，1898年 一册

记俄罗斯、日本、印度、缅甸、安南等国事。

3068 万国通史前编十卷

（英）李思伦白（Rees，J. Lambert）辑译 蔡尔康笔述

上海 商务 1900（清光绪二十六）年 十册

李思伦白，英国来华传教士，今译兰伯特·瑞斯。书分十卷，述世界古代史，上自太古埃及、迦勒邸、波斯、希伯来、腓尼基下迄古希腊、罗马。记各国土地疆域、民族、政权更迭、政教艺术等。书前有上自五帝下至清光绪朝的中西对照年表。附彩色中文世界地图。

3069 万国通史续编十卷

（英）李思伦白辑译 曹曾涵笔述

上海 广学会大字本 1904（清光绪三十）年 十册

卷一至四为英吉利志，详述英吉利建国至1903年；卷五、六为英之属地志；卷七至十为法兰西志。内有插图近350幅，彩色地图100幅，中西年表、五朝世系表等。

3070 万国通史前编十卷 续编十卷 三编十卷 校勘记三卷

（英）李思伦白辑译 蔡尔康笔述

上海 广学会 1900—1905（清光绪二十六～三十一）年 三十册，有图及像

3071 埏纮外乘二十五卷 附续编二卷 补遗一卷

（美）林乐知 严良勋译 （美）卫理 汪振声译续编、补遗

上海 制造局 1901（清光绪二十七）年 八册

记法、德、荷兰、比利时、印度、巴西、英、美等二十五国历史，每国一卷。"埏纮"意为边远之地。

3072 世界通史三十卷

（日）石川利之编

东京 日清书馆 1902（清光绪二十八）年 十册线装，另有四册本；上海 中外书会 1902（清光绪二十八）年 册数不详

原书汉文。

3073 万国史纲目八卷（一名 万国史纲目前后编）

（日）重野安绎著

东京 劝学会刻本 1902（日本明治三十五）年 八册，1905年再版 八册

著者是文学博士，教授，日本权威汉学家。全书用汉文，所用人名、地名均依《瀛寰志略》等旧籍常用者。书分上下二编，记事起西历元前三千余年至明治四年（1871），为编年体史书，记五洲各国疆域、政治盛衰。

3074 万国史略四卷
　　　（著者不详）；作新社译
　　　上海　作新社　1902（清光绪二十八）年　一册

3075 西洋历史
　　　（日）木寺柳次郎撰；李国盘等译
　　　1902（清光绪二十八）年　二册

3076 历代中外史要二卷
　　　（日）桑原骘藏著；樊炳清译
　　　1903（清光绪二十九）年　四册

3077 世界史要
　　　（日）雨谷羔太郎　（日）坂田厚允著；吴家煦　吴传绂译补
　　　上海　开明书店　1903（清光绪二十九）年　一册
　　　原书成于1899年。分为四编，一编上世古希腊罗马史，二编中古史，三编近古史，四编现世史。记述民族变迁，文明进化，社会兴衰，政治得失等。补者补以当时有影响之世界大事，并于人名、地名之译名有歧异者做附注。

3078 世界通史三卷
　　　（德）驾尔市勒志著；（译者不详）
　　　上海　镜今书局　1903（清光绪二十九）年　一册

3079 万国历史
　　　日本富山房编；范迪吉等译
　　　上海　会文学社　1903（清光绪二十九）年　一册（普通百科全书）

3080 万国通史三卷
　　　（日）天野为之著；吴启孙译
　　　上海　文明书局　1903（清光绪二十九）年　二册
　　　分三编：上古、中世、近世三史，始埃及建国迄十九世纪末止，记欧洲详细。

3081 五洲史略
　　　（英）赖白奇（Lethbridge）著　（英）李提摩太续补；丁雄口译　裴熙琳笔述
　　　上海　广学会　1903（清光绪二十九）年初版，1910（清宣统二）年再版　一册；
　　　上海　商务　清末　一册
　　　分四十六章述世界上下七千年治乱兴亡。

3082 重订五洲史略
　　　（英）李提摩太　丁雄译　庐峰三校
　　　上海　广学会　1903（清光绪二十九）年初版，1911（清宣统三）年再版　一册

3083 西洋历史
　　　（日）吉国藤吉编；范迪吉等译
　　　上海　会文学社　1903（清光绪二十九）年　一册（普通百科全书）

3084 万国史纲
　　　（日）元良勇次郎　（美）家永丰吉合著；邵希雍译

上海　支那翻译会社　1903（清光绪二十九）年　一册；上海　商务　1904（清光绪三十）年，1906（清光绪三十二）年4版　一册

书分三编。上古编三章，包括古代东洋、希腊、罗马。中古编二章，为黑暗时代、复兴时代。近世编二章，为宗教改革时代，政治革命时代。每章分政治史、宗教史、工艺技术史、文学哲学科学史、社会史等门类。清学部定为教科书。

3085 万国史纲

（日）元良勇次郎　（美）家永丰吉著；东华译书局译

天津　东华译书局　清光绪末　一册

3086 迈尔通史

（美）迈尔（Myers, P. V. N.）著；黄佐廷口译　张在新笔述

上海上海华美书局　1905（清光绪三十一）年　一册；上海广学会　1912年　一册

原书：Myers' general history.（1900）

3087 万国通史三编

（英）李思伦白辑译　曹曾涵笔述

上海　广学会　1905（清光绪三十一）年　十册线装

收日耳曼志、俄罗斯志。

3088 万国史略六卷

（美）彼德巴利（Peter Parley）著；陈寿彭译

金陵　江楚编译官书局　1906（清光绪三十二）年　四册线装

原书1837年初版，后经1860、1886年两次增订，通行于美国。日本变法，首次购二百四十册，颁于学校作教本。全书二百零三章，首为引言，次分叙亚非欧美澳五大洲历史及地志，记古今各国疆域、山川、物产、人口及种族、政权沿革、宗教、文化、工艺等。每节后有"习问"若干。重要人名地名后均附原文。一国或二三国后有大事年表，末章为全书编年表。卷一第二十八章至三十章记中国古代至清代。记欧洲及美国尤详。记事浅近。

3089 万国历史三卷

（著者不详）；作新社译

上海　作新社　清光绪间　一册

上卷为古代史，记罗马帝国以前，中卷为中古史，记十字军起以前事，下卷近世史，迄于十九世纪末。

3090 万国史要

（日）辰巳小次郎　（日）小川银次郎合著；求是书院译

杭州刊本　清光绪末　一册

3091 万国史要

（美）维廉斯困顿著；张相译

杭州　史学斋石印　清光绪末　四册

共四编：一编古代东洋各国，如埃及、巴比伦、腓尼西亚、印度、波斯帝国等，

二编古利司史，三编罗马史，四编中代史。记其地理、人种、政教兴废、文明、商业等。

3092 新编万国历史
　　（日）长泽市藏著；白振民译
　　清光绪间　一册

3093 各国史略
　　杨枢　长秀译
　　北京　同文馆（出版年不详）　一册；上海　制造局　清末　一册
　　原书：Outlines of the world's history.

3094 世界通史三卷
　　（德）布列著；（日）和田万吉原译　特社重译
　　特社　清末　一册
　　梁启超评曰：此书在欧洲极负盛名，已重版十余次，美国人译为英文，亦重版六次。叙事简洁，便于记忆，英德等国学生每听课，恒携带之。

3095 通史辑览一卷
　　（德）瞿彬甫（P. Candido Vanara）著；李杕译
　　上海　土山湾慈母堂　1915年再版　一册
　　书分上古、中古、近代、今世四期。

3096 世界历史·上古史
　　（　）Gagnol 等著；盛恺译
　　上海　土山湾印书馆　1914年　一册
　　原书：History of the world. Part I：Ancient history.

3097 世界历史·中古史
　　（　）Gagnol 等著；胡诚临译
　　上海　土山湾印书馆　1916年　一册
　　原书：History of the world. Part II：Mediaeval history.

3098 世界历史·今世史
　　（　）Gagnol 等著；胡诚临译
　　上海　土山湾印书馆　1915年　二册
　　原书：History of the world. Part IV：Contemporary history.

文化史

3099 西学略述十卷
　　（英）艾约瑟译
　　1885（清光绪十一）年西学启蒙十六种本；总税务司署刻本　1886（清光绪十二）年（格致启蒙十六种）；质学丛书本
　　该书博考兼收，非一书之译本。略述西方学术之递变，凡十卷：训蒙、方言、教会、文学、理学、史学、格致、经济、工艺、游览。

3100 中西教化论衡
　　（美）林乐知著
　　上海　广学会　1897（清光绪二十三）年　一册

3101 西学探源
　　（日）冈本监辅著
　　上海　商务　1901（清光绪二十七）年　二册

3102 泰西事物起源四卷
　　（日）涩江保著；傅运森译补
　　上海　文明书局　1902（清光绪二十八）年　二册
　　书分天时、地理、科学、工艺、教育、宗教、商业、机械、建筑等23类，述每种事物的起源及发展，附中东西纪年表。

3103 泰西事物起源四卷
　　（日）涩江保著；广智书局译
　　上海　广智书局　1902（清光绪二十八）年　一册

3104 古世文明三卷
　　（英）华立熙（Walshe, Rer. W. C.）著；张翰译
　　上海　广学会　1903（清光绪二十九）年　三册，有插图及地图
　　原书：Ancient Civilizations.

3105 世界进步之大势
　　东京民友社编；曾剑夫译
　　上海　文明书局　1903（清光绪二十九）年4月　一册（平民丛书）

3106 世界文明史一卷
　　（日）高山林次郎著；商务印书馆编译所译
　　上海　商务　1903（清光绪二十九）年　一册
　　共三篇：一未文明之人类，述人之原始，自然民族之类；二东洋文明；三欧罗巴。叙欧亚非三洲之宗教、文学、美术、哲学等源流。记事仅至18世纪止。

3107 西洋文明史
　　（日）高山林次郎著；商务印书馆编译所译
　　上海　商务　1903（清光绪二十九）年　一册；镜今书局本

3108 泰西事物丛考八卷
　　上海徐家汇报馆教士译
　　上海　鸿宝斋石印　1903（清光绪二十九）年　四册；另有清末石印　六册

3109 西洋文明史之沿革一卷
　　（美）家永丰吉著；（日）山泽俊夫编辑　王师尘译
　　上海　文明书局　1903（清光绪二十九）年　一册
　　作者为美国文学博士。本书论进步思想、人类统一思想和自由思想三者结合而共同促成文明之发达，更征引法国历史、德国、英国之变迁，述文明之进步。

3110 泰西民族文明史一卷

（法）赛奴巴著；（日）野泽武之助　沈是中　俞子彝译

上海　商务　1903（清光绪二十九）年　一册

3111 十九周新学史

（英）华丽士（Alfred Russel Wallace）原著；梁慎始译述　许家惺纂辑

上海　山西大学堂译书院　1904（清光绪三十）年　一册

原书：The wonderful century reader.

华丽士（1882—?）名学博士、法学博士，皇家格致会会员。梁慎始即梁澜勋。

前有美国莱门义壬寅（1902）叙言。书分55节，胪陈百年中技艺格致之进步。新学总论，铁路、航海、踏车、省工机械：缝衣、打字、收割等，邮政、电报、得律风、用火、取火，论光、煤灯、电灯、照相机、X光，论光学、热之运动、气中微点、热能变形、光行速率、地球旋转、留声机、微尘、原质、天文学进步、世界推原、地学进步、成功之力、冰川、外来石、上古人类、物类变优及竞存；体用新学：细胞学、微生物学、药学，新学总论，新创之理学，十八至十九世纪知名学者，其著述及流传。新学比较表。末附中西名目表。

3112 欧化篇

（法）基梭（Guizot 1787—1874）著；（英）高葆真译

上海　广学会　1909（清宣统元）年　一册

原书：Civilisation in Europe. 述欧洲自古罗马以来政教兴衰史，阐明无论君主庶民，需具知识德慧，须行宪政、得自由、文明开化，则文治武备。

3113 欧洲近世智力进步录

（英）高葆真译

上海　广学会　1909（清宣统元）年　一册

该书参考 W. Arthur Cornaby 著 Hector Macphersons' A century of intellectual development 而译。

第一章法国反对政教之感动（即影响）；第二章法国才士之感动　附卢梭小传；第三章天文之感动，述及哥白尼、开普勒、牛顿、侯失勒、坎特（Kant）、拉普拉斯（Laplace）等；第四章物质考之感动，述光、热、电、磁等格致之学；第五章生物学之感动，述格德（Goethe）讨论植物之变化，阿根（Oken）、色令（Schelling，谢林）、赫格勒（Hegel，即黑格尔）、库斐尔（Cuvier）、赫胥黎、斯宾塞、达尔文、瓦雷斯（Wallace）等物竞天择理论；第六章英国思想家之感动；第七章德国思想家之感动；第八章喀赖尔（Carlyle）之理想；第九章理财学。附美国巨富说财。介绍斯密·亚当的简要生平、利喀多·大卫（Ricardo, David）、玛克斯·喀勒（Marx, Karl 即卡尔·马克思）等人的经济学理论。

3114 历史哲学二卷

（美）威尔逊著；罗伯雅重译

上海　广智书局　清光绪间　一册

由日文重译，述埃及文学与风俗、古教门仪、罗马文明、英法美诸国革命等广泛之文明史内容。

3115 泰西进步概论

（　）马尔文（Marvin, F. S.）著；伍光建译

上海　商务　1919年　一册（历史丛书）

年表

3116 （新撰）东西年表一卷

（日）井上赖国　（日）大槻如电合著

1898（日本明治三十一）年　一册线装；小方壶斋石印本　1901（清光绪二十七）年；群书宝窟小字本

汉籍。上自五帝，下迄1898年，每年一竖行，分三栏记日本、中国、西洋三方大事，书后有人名索引，汉字打头，后注假名及西文名。

3117 （增订新撰）年表一卷

（日）野田文之助著

东京　松山堂书店　1898（日本明治三十一）年　一册

汉籍。

3118 十九世纪大事记略一卷

董瑞椿译述

苏州开智书室刻本　1902（清光绪二十八）年　一册（便蒙丛书初二集：17种）

以西历为纲，附东亚大事，存中日两国年号。凡一国事总隶一系，涉数国者别立条目。

3119 新译万国近世大事表

董瑞椿译述　徐继高参校

（出版者不详）　1902（清光绪二十八）年石印　一册线装（京师大学堂所藏译书）

普及读物

3120 万国通史教科书

（著者不详）；吴启祥译

上海　文明书局　1902（清光绪二十八）年　一册

3121 世界历史问答

日本富山房编；范迪吉等译

上海　会文学社　1903（清光绪二十九）年　一册（普通百科全书）

3122 西洋历史问答一卷

（日）长谷川诚也编；陈亮译

上海　时中书局　1903（清光绪二十九）年　一册

3123 西洋历史教科书二卷

（英）默尔化著；出洋学生编译所译述

上海　商务　1902（清光绪二十八）年，1906（清光绪三十二）年5版　二册线装

全书六编，分古代、中世、近代、最近四史，述泰西政教沿革，历史兴衰。

3124 西洋历史教科书
（日）本多浅治郎编；湖北兴文社编译
上海　群益书局　1906（清光绪三十二）年初版，1913年　一册
封面题《汉译西洋历史》。凡六编，从古代至近代。

3125 中等西洋历史课本
（日）木寺柳次郎编；张相编译
东京　东亚公司　1906（清光绪三十二）年　一册

3126 西洋史
（日）本多浅治郎著；百城书舍译
上海　商务　1909（清宣统元）年　二册
高等教学参考书。

3127 列国史
南洋公学编译
清光绪末　一册
中学教科书，汇集英文本编译而成。

3128 万国史讲义一卷
（日）服部宇之吉讲述
京师大学堂　清光绪末　一册线装（京师大学堂讲义本）
此系万国史第一卷，共二章，述埃及与亚细亚诸国关系、希伯来民族全盛时代。

上古史、古代史、中世史

3129 古史探源二卷
（英）克罗德著；（英）李提摩太　任廷旭译
上海　广学会　1899（清光绪二十五）年　一册

3130 西洋通史前编十一卷
（法）驼悁屡著；（日）村上义茂译
会文译书社石印　1902（清光绪二十八）年　七册；另有同年石印三册本
记事始于开天辟地，终于1481年。原书1865年出版。

3131 万国兴亡史
（日）松村介石著；汤锡祉译
上海　新民译印书局　1903（清光绪二十九）年　上中册
仅记世界上古史、中古史。叙事至十字军征伐止。简要叙述各国历史梗概、宗教、学术、商业等。

3132 万国兴亡史
（日）松村介石著；觉民编辑所译
上海　国民丛书社　1903（清光绪二十九）年　二册；东京　清国留学生会馆　1903（清光绪二十九）年　一册；东京　觉民社　清光绪间　一册
书分古代史概观、中古史概观两部分。记事自古埃及始，止于东罗马帝国灭亡。

与新民译印书局所用为同一底本,译笔较前者为佳,凡遇地名、人名、计量单位等专有名词首次出现,均在括弧内注英文名。

3133 万国兴亡史二卷
（日）松村介石著;戢翼翚译
大宣书局　1903（清光绪二十九）年　二册;上海言志社讲义本

3134 古荒原人史
（英）麦开柏著;吴敬恒译
上海　文明书局　1912年　一册
分绪言、最古之人、旧石器前期、旧石器后期、新石器特迹及后期、金器时代等七章。

3135 史源
（英）迈尔斯（Myres, J. L.）著;任保罗译
上海　广学会　1913年　一册
原书：The dawn of history.
书分十一章,记世界上古史。首总论,余记埃及、巴比伦及其邻近地区、闪族人入侵、叙利亚小亚细亚及赫族人、地中海东地区、北方人来历、意大利、欧洲中部北部等史源。

3136 亚西里亚巴比伦史一卷
（日）北村三郎著;赵必振译
上海　广智书局　1902（清光绪二十八）年　一册（史学小丛书）
分七章记亚西里亚覆灭,新旧巴比伦之兴盛。

3137 希腊史一卷
（日）柴舟桑原等著;商务印书馆编译所译
上海　商务　1903（清光绪二十九）年　一册
共八篇,前四篇总叙希腊极盛时代,后四篇总叙衰微时代各邦分裂,罗马内侵等。对希腊哲学、建筑、雕刻、绘画等古代文化仅有概述。

3138 希腊兴亡史
（日）宫井铁次郎著;（日）片山子译
东京　明权社　1903（清光绪二十九）年　一册

3139 罗马志略十三卷　附年表
（著者不详）;（英）艾约瑟译
税务司本　1886（清光绪十二）年　一册;清光绪间石印本有卷首　一册,有图;清光绪间　无卷首　二册;西学启蒙十六种本;西政丛书本
译者谓,罗马国实为欧洲古今数代之枢纽,读罗马史便悉欧洲近事。
卷一罗马城古初诸事,卷二罗马得意大利全地始末,卷三罗马与加耳达俄战,卷四罗马砥属东域,卷五罗马平诸国后之转变,卷六革氏出手救时弊,卷七罗马弊政,卷八罗马内地战,卷九罗马立帝之始,卷十弗拉分族之诸帝,卷十一军士拥立之诸帝,卷十二丢革利典与根斯丹典二帝之世,卷十三他族人入居罗马。

3140 罗马史二卷
（日）占部百太郎著；陈时夏译

上海　商务　1897（清光绪二十三）年，1903（清光绪二十九）年　二册（历史丛书）

3141 布匿第二次战纪
（英）阿纳乐德（Arnold, Thomas 1795—1842）著；林纾　魏易译

北京　大学堂官书局　1903（清光绪二十九）年初版　二册

阿纳乐德，英国著名教育家，悉心研究罗马史。林译据1886年版"The second Punic War"，记达斯名将韩伯尼抗拒罗马大军始末。

3142 亚剌伯史一卷
（日）北村三郎著；赵必振译

上海　广智书局　1903（清光绪二十九）年　一册（史学小丛书）

首列阿剌伯说略，下分二篇。第一篇述马哈默德创教立国，及亚彪庇结阿马二君之勇武，即阿剌伯隆盛时期。第二篇叙阿剌伯之分裂灭亡及其政治、文学、宗教、贸易等。

近代史

3143 列国岁计政要十二卷　首一卷
（英）麦丁富得力编；（美）林乐知译　郑昌棪笔述

上海　制造局　1875（清光绪元）年，1878（清光绪四）年　六册；富强斋丛书本；军政全书本；西学大成本；慎记书庄本

原书为英国公使麦丁得力于1873（清同治十二）年编辑。卷首介绍五大洲各国人民、土地、交通等，余分国列述，记奥斯曼、比、法、德、英、希腊、意、俄、美、埃及等国之疆域、户口、官制、议院、教育、财政、商务等事，有多种统计数字。大事记类型。

3144 泰西新史揽要二十四卷（原名　泰西近百年来大事记）
（英）马恩西（Mackhenzie, R.）著；（英）李提摩太译　蔡尔康笔述

上海　广学会　1895（清光绪二十一）年　八册上海　广学会　1898（清光绪二十四）年　七册；三味堂　1895（清光绪二十一）年　八册；美华书馆　1895（清光绪二十一）年　八册；某出版者　1901（清光绪二十七）年第7版，1902（清光绪二十八）年第8版　八册；梦坡室删节本八卷　1901（清光绪二十七）年　二册

著者马垦西，今译麦肯齐。记19世纪欧美各国变法除弊、政体演变、人口物产、经济发展、科技文化、著名人物、风俗习惯等等。卷一述欧洲百年前情形，卷二、三详述法皇拿破仑行状，卷四至十三述英国及其殖民地，卷十四、十五记法国大革命历史，卷十六至二十分述德、奥、意、俄、土等国，卷二十一记美国，卷二十二至二十四述教皇、欧洲安民、欧洲新政、欧洲学校等，总结及附记。附人地名诸表，英汉对照。此书对晚清维新运动有一定影响，以致翁同龢陪同光绪皇帝一起阅读该书。

3145 万国史略备览六卷
曾纪泽编；张斯枸译

明道堂　1901（清光绪二十七）年　六册

书名页题：泰西新史揽要。

3146（新译）列国岁计政要上中下三编（原名　万国统计要览）

日本人原著；傅运森译述　白作霖校补

上海　海上译社　1901（清光绪二十七）年刻本，1902（清光绪二十八）年再版　六册；1901（清光绪二十七）年　十二册（出版者未详）

上海制造局曾译"列国岁计政要"，此书以"新译"别于旧作。非转译一书，为辑译本。分上中下三编。上编记亚洲各国，中编记欧洲各国，下编记美非两洲各国。分皇室、政体、官制、面积、人口、宗教、教育、刑法、赈恤、财政、军备、产业、航海、交通、货币、属地等类，皆罗列纲要。

3147 十九世纪

日本博文馆编

上海　广智书局　1902（清光绪二十八）年　一册

汉籍。

3148 十九世纪大势变迁通论

（著者不详）；吴铭译

上海　广智书局　1902（清光绪二十八）年　一册

3149 十九世纪大势略论

（日）加藤弘之著；荞浩斋主人译

上海　广智书局　1902（清光绪二十八）年　一册

3150 世界近世史前后编二卷

（日）松平康国编；作新书局译

上海　作新书局　1902（清光绪二十八）年初版，1903（清光绪二十九）年5月再版　一册

凡五编，前编分为二编：近世之发端，欧洲宗教改革时代；后编分三编：欧洲列国之波澜，亚东诸国之变化，欧美自由主义之发动。记事迄于拿破仑第一创业时代。卷首有亚欧美洲图3幅。

3151 世界近世史一卷

（日）松平康国编；国民丛书社译

上海　商务　1902（清光绪二十八）年　一册；上海　商务　1903（清光绪二十九）年　二册（中国国民丛书）

分为五编：第一编述封建之余波，第二编论君主压制及教皇权威，第三编述欧洲各国民变及宗教改革之战争，第四编述东亚各国之变动及教派衰微，第五编论各国立法、议会、总政、帝政。述及中国事甚略。与作新社本译笔互有详略。

3152 世界近世史二卷

（日）松平康国编；梁启勋译

上海　广智书局　1903（清光绪二十九）年　二册

加有按语百余条。

3153 近世史略
　　（英）华立熙译
　　上海　广学会　1903（清光绪二十九）年　一册

3154 活世界
　　沈联译
　　上海　国学社　1903（清光绪二十九）年　一册
　　凡十四章：拿破仑退位史、维也纳公约、神圣同盟、亚历山大与梅特涅、全欧革命、七月革命之影响、东方问题等。

3155 近世史略一卷　附中西目录一卷
　　（西洋）季培尔著
　　上海　1904（清光绪三十）年　一册

3156 近世泰西通鉴十八卷
　　（美）棣亚著；（日）岛田三郎等人原译　通社重译
　　上海　通社　1904（清光绪三十）年　一册
　　日译本于明治十六至二十三年陆续出版，由岛田三郎等6位学界名人同译。记事自土耳其人陷君士坦丁堡起，至日尔曼、意大利建国统一止，凡二十七卷，是日文近世史最详博者，中译本未译完全。

3157 世界近代史
　　日本作新社编译
　　上海　作新社　1904（清光绪三十）年　一册

3158 西国新史
　　泰东同文局编订
　　东京　泰东同文局　1906（日本明治三十九）年　一册
　　汉籍。

3159 万国春秋二卷
　　（日）岩原次郎著；榴芳女学生译
　　成都　启蒙通俗报本　清光绪末　一册
　　原名"地球十九世纪大事记"，译者改名。记1800—1900年间史事。

3160 环球新史
　　（英）顾克（Gooch, G. P.）著；罗恒开译
　　上海　广学会　1913年　一册
　　原书：Histroy of our time.
　　分十章述十九世纪初至二十世纪初历史。

3161 十九世纪以来之战争及和约
　　（英）彭孙比著；冯飞译
　　北京　亚洲文明协会　1919年6月　一册（亚洲文明协会丛书）
　　略述自1821年希腊独立战争至1913年第二次巴尔干战争止，其间40次战争及战后条约。附：维也纳条约等。

3162 巴黎和会实录
(美)培德著；陈震泽　杨钧译
上海　环球书局　1919年　二册，有图
收威尔逊和平十四条件、巴黎和会组织之内容、五国预议、预备会议及正式会议。附"我国专使略历"。封面题谭震泽、杨钧译。

3163 欧洲血战史
(美)施塔福著
上海　时报馆　1914年　一册
记第一次世界大战起因、战况、评论战争之根源、结局等。

3164 五洲三十年战史二册
(京师大学堂所藏译书)

亚洲史

3165 东邦近世史二卷
(日)田中萃一郎著；汉口日报馆编译
汉口　汉口日报馆　1903(清光绪二十九)年　一册；汉口日报馆　1900(清光绪二十六)年随报刊行上卷，1903(清光绪二十九)年下卷出单行本并有二卷本；上海　广智书局　1902(清光绪二十八)年　上卷本
广智书局上卷本凡十章：一欧人通商之初期，二满洲之兴起，三欧人通商之第二期，四俄国东方侵略之初期，五印度、蒙古帝国勃兴及其瓦解，六英人侵略印度，七满洲朝之经略西方，八缅、越诸国侵略之初期及南洋诸岛，九中亚英、俄冲突之初期，十鸦片战争及洪杨之难。

3166 东亚史课本
(日)桑原骘藏著；泰东同文局编译
东京　泰东同文局石印　1904(日本明治三十七)年　一册，1905(清光绪三十一)年　一册

3167 东亚新史
(日)桑原骘藏编著；泰东同文局编译
东京　泰东同文局　1905(日本明治三十八)年　一册

3168 东亚史要
日本开成馆编；陆鋆译
北京　直隶学校司　清光绪末　二册线装

3169 兴国史谈
作新社译
上海　作新社　1903(清光绪二十九)年　一册
述中东古代史。

文化史

3170 东洋文明史二卷
（美）家永丰吉著；（日）山浑俊夫辑　王师尘译
上海　文明书局　1903（清光绪二十九）年　一册

3171 东洋文明一卷
萨幼实译　郭奇远　马君武润色
支那翻译社　清光绪末　一册
本书取材于（日）白河次郎"支那文明史"和（日）高山林次郎"世界文明史"二书，述日本、印度、美索布达、埃及、中国等文明史。

3172 西力东侵史
（日）斋藤奥具著；林长民译
东京　闽学会　1903（清光绪二十九）年　一册（闽学会丛书）
记十四世纪至二十世纪初西洋诸国人东渡，对中国、印度、日本等国在文化、宗教、贸易等方面的影响，共十章。第五章详述莫斯科公国至俄国时期对亚洲领土的蚕食。

3173 西力东侵史
（日）斋藤奥具编；秦元弼　秦毓鎏译
上海　文明书局　1914年　一册

中国史

通史

3174 支那史
（著者不详）；陈文译
上海　广智书局　1898（清光绪二十四）年　一册

3175 东洋史要二卷
（日）桑原骘藏著；樊炳清译
东文学社石印　1899（清光绪二十五）年初版，1903（清光绪二十九）年再版　二册；宝庆劝学书舍　1903（清光绪二十九）年四卷本　四册；清末民初印本　二册；清活字本　二册
分上古、中古、近世，记事迄甲午中日战争。1899年东文学社本有王国维清光绪二十五年序。

3176 （增补）东洋史要
（日）桑原骘藏编著；屠长春　樊炳清译
文学图书公司　1899（清光绪二十五）年　四册

3177 东洋小史　附图
（日）下村三四吉编著
东京　目黑山房、成美堂合梓　1900（清光绪二十六）年　一册
汉文。首为亚细亚总图，余为周以前中国图至近代欧美殖民者在华租占地图，共16幅。

3178 东洋史要四卷

（日）小川银次郎编著；屠长春译

上海　普通书室　1902（清光绪二十八）年　一册；上海　商务　1902（清光绪二十八）年　一册

首为年表，中西对照，自公元1123年起至1895年止。卷首总论；卷一上古史，中国夏至周；卷二中古史，中国秦至唐代，印度、大月氏、突厥、吐蕃、安息、波斯、景教、回回教；卷三近世史，中国辽至明代，蒙古、西夏至金；卷四近世史，中国清初之伟业，康、乾间之文物制度，欧人东渡及入侵中国，鸦片战争，中俄关系，英俄之于中亚细亚，安南、暹罗与法国之交涉，日中韩之交涉与中日战争。

3179 支那史要六卷

（日）市村瓒次郎著；陈毅译

上海　广智书局　1902（清光绪二十八）年初版，1903（清光绪二十九）年再版，1904（清光绪三十）年　一册

卷首有历代一览表，历代帝系表，历代帝都表。全书六卷，一总论；二古代史，止秦统一；三上世史，至隋止；四中世史，至宋末；五近世史，元至清道光；六近代史，止于同治末台湾、伊犁之议。叙我国自开辟迄清光绪朝数千年政治变迁之大纲，学术、风俗之有关政治者择要记述，浅显简要。

3180 东洋历史

（日）辛田成友编；范迪吉等译

上海会文学社　1903（清光绪二十九）年　一册（普通百科全书）

3181 中国史要

日本普通教育研究会编；罗福成译

上海　教育世界社　1903（清光绪二十九）年　一册（科学丛书第二集）

3182 中国纲鉴撮要三卷

（美）毕腓力辑

上海　美华书馆　1904（清光绪三十）年　一册

附历代帝王年表。

3183 东洋史

（日）丸井圭次郎　（日）高岛米峰合著；宏文馆总编辑所译

上海　宏文馆　1907（清光绪三十三）年　一册

3184 支那全书七卷

（日）藤田久道编　（日）增田贡校

上海　教育世界社石印　清光绪末　一册

始太古人皇氏迄清光绪五年（1879）止，按朝代摘录要事数条，不编年，史钞类。

3185 支那通史四卷　续支那通史二卷　增补支那通史十卷

（日）那珂通世编　（日）山峰峻藏续　（日）狩野良知增订

清光绪间石印　二十册

记事自唐虞至甲午中日战争，收上古至宋图系沿革表及正教各事，记事本末体。

3186 历代史略
（日）那珂通世著
清末刊本　一册
汉籍。

3187 撮要支那史七卷
（日）小溪七郎辑
上海书局石印　（出版年代不详）　一册

3188 列强在中国竞争
（日）今井嘉幸著；马鸣鸾　吴炳南译
晋新书社　1917年　一册
分七章记自十六世纪始列强侵略中国史。附"列强在中国之矿山权"、"列强在中国之铁路权"。

文化史

3189 支那文明史论
（日）中西牛郎著；普通学书室编译
上海　普通学书室　1902（清光绪二十八）年　一册

3190 支那文明小史（亦名中国文明小史）
（日）田口卯吉著；刘陶译
上海　广智书局　1902（清光绪二十八）年　一册
原书《支那开化小史》，重在议论而不在史实，所记仅择有关议论者而录之。分十五章，记事自太古至明末。

3191 帝国文明史
（日）白河次郎　（日）国府种德著；范迪吉等译
上海　会文学社　1903（清光绪二十九）年　一册（普通百科全书）

3192 支那四千年开化史
支那少年编译
上海　支那翻译会社　1903（清光绪二十九）年初版，1905（清光绪三十一）年再版，1906（清光绪三十二）年2月3版，7月4版　一册；上海　广智书局　1905（清光绪三十一）年　一册线装
卷首为历代大事年表，以下分九章记地理、人种、太古时代至清代之开化，包括政制、学术、宗教、技艺、产业、风俗。

3193 支那文明史一卷
（日）白河次郎　（日）国府种德著；竞化书局编译
上海　竞化书局　1903（清光绪二十九）年　一册
凡十一章：一世界文明之源泉及支那民族，二原始时代之神话及古代史之开展，三支那民族自西亚细亚来之说，四学术宗教之变迁概说，五政治思想及君主政体之发展，六历数地理之发达及变迁，七建筑土木之发达及变迁，八文字书法绘画之发达及变迁，九支那人用欧洲印刷术源流，十音乐之发达及变迁，十一金属之使用及舟车

3194 中国文明发达史
　　（日）白河次郎　（日）国府种德著；东新译社译
　　1903（清光绪二十九）年刊本　一册

3195 中国四千年开化史
　　梁启超编译
　　成都局刻本　1906（清光绪三十二）年　二册
　　有历代大事年表。

3196 中国学术史纲一卷
　　（日）白河次郎　（日）国府种德合著；杨志洵译
　　清光绪间刊　一册
　　叙太古至光绪朝中国文化。

3197 铁鞭
　　（日）冈本监辅编
　　上海　商务　清末　一册

年表

3198 中国历代帝王纪年表
　　（法）钱德明编
　　北京刊　1767（清乾隆三十二）年　一册
　　记自黄帝六十一年至乾隆三十四年（1769）止。书成，乾隆帝命翰林院详加审核乃付印。

3199 中国历代帝王年表一卷（一名　历代帝王年契）
　　（英）华约翰编
　　1890（清光绪十六）年刻本　一册

普及读物

3200 中国历史教科书
　　日本成城学校编
　　上海　商务　1903（清光绪二十九）年　二册

3201 东洋史要四卷
　　（日）桑原骘藏著；樊炳清译
　　宝庆劝学书舍刻本　1903（清光绪二十九）年　四册线装
　　京师大学堂审定史学教科书。

3202 （重译考订）东洋史要四卷
　　（日）桑原骘藏著；金为译
　　上海　商务　1908（清光绪三十四）年　一册
　　中学教科书。

3203 东洋史教科书一卷
　　日本开成馆编；王季点译

明德译书局　清末　一册

自唐虞至清代,纪载大略。

古代史、中世史

3204 支那通史四卷　附地球沿革图

（日）那珂通世编

东京中央堂刻本　1891（日本明治二十四）年　五册；上海　东文学社石印　1899（清光绪二十五）年，1901（清光绪二十七）年第四次石印　五册；湖南书局刻本　1902（清光绪二十八）年　六册

原汉文。记自唐虞迄宋末,分总论、上世史、中世史三部分。

3205 （增补）支那通史十卷

（日）那珂通世编　（日）狩野良知增订

文学图书公司石印　1904（清光绪三十）年　六册

原书四卷,增补本改为十卷。一至五卷系增补:卷一历代图系沿革表三类,至宋末止;卷二至五记历代政教各事。

3206 西突厥史料

（法）沙畹（Chaves, E.）著

上海　商务刻本　清光绪末　一册

记事起东西突厥分离,迄西突厥灭亡。分为四篇:一绪说,考订西突厥之世系年代;二哀辑隋唐诸书之西突厥列传;三辑诸正史列传中与西突厥有关者,并及光智传,玄奘记传、悟空行记;四西突厥史略。

3207 续支那通史二卷

（日）山峰畯藏著；汉阳青年译

会文政记石印　清光绪末　八册

仿纪事本末体,记事自元太祖元年迄清光绪中日之战（1206—1894）。

3208 续支那通史二卷

（日）藤田久道编

石印本　1903（清光绪二十九）年　二册；上海　文明书局石印　1905（清光绪三十一）年　二册

3209 元明清史略五卷

（日）平村贞一编

日本刻本　1877（日本明治十）年　五册,有地图

汉籍。

近代史

3210 满清史略二卷

（日）增田贡撰

东京刻本　1880（日本明治十三）年　二册

汉籍。

3211 最近支那史四卷
　　（日）河野通之著；（日）石村贞之编
　　上海　振东室学社　1901（清光绪二十七）年初版，1903（清光绪二十九）年再版，1904（清光绪三十）年3版　四册
　　汉籍。

3212 清国十朝史略二卷
　　（日）增田贡撰
　　日本抄本乌丝栏　清末　二册
　　汉籍。

3213 拳匪纪事六卷
　　（日）佐原笃介　沤隐辑
　　上海印本　1901（清光绪二十七）年　一册
　　原汉文。剪辑义和团运动时期中外报纸而成。卷一上谕恭录，卷二匪乱纪闻，卷三各省防卫志，卷四八国联军志，卷五通论（报刊评论），卷六附记。

3214 西巡大事本末记六卷
　　（日）吉田良太郎编译　八咏楼主人笔述
　　上海书局石印　1901（清光绪二十七）年，1902（清光绪二十八）年　六册
　　吉田富有正义感，八国联军侵华时，来华旅居上海，遇八咏楼主人，共同辑录当时各报所载而成此书。记自义和团运动起，至李鸿章奉命进京与各国议和止，凡大事均详考。

3215 支那最近史六卷（一名　清史揽要）
　　（日）增田贡编
　　日本刻本　1877（日本明治十）年　六册；上海　上海书局　1902年　四册
　　汉籍。

3216 皇朝政典絜要八卷（一名　皇朝政典举要）
　　（日）增田贡著；毛淦补编
　　知新书局　1902年　四册；上海石印本　清光绪间　四册；北洋官报馆本
　　仿编年体，始天命迄同治(1616—1874)年。原名"清史揽要"，此本毛氏稍有删改。

3217 最近之满洲
　　（日）小藤文次郎著；虞和寅译
　　1902（清光绪二十八）年　一册

3218 日俄战后满洲处分案
　　（日）户水宽人著；新民丛报社社员编译
　　上海　广智书局　1905（清光绪三十一）年　一册
　　实际译者为梁启超。

3219 庚子传信录
　　（日）小山秉信著
　　东京　嵩云书社　1902（日本明治三十五）年　一册；近代外祸史本
　　汉籍。

3220 新译庚子中外战纪二卷
（法）佛甫爱加来·施米侬撰；刘翘翰　程瞻洛译
上海　著易堂　1902（清光绪二十八）年　二册

3221 回銮大事记
（日）长谷川雄太郎著
上海　三乐书屋石印　1902（清光绪二十八）年　六册线装
原汉文。

3222 战余录一卷
陈崎编译
上海　时中书局　1903（清光绪二十九）年5月初版　一册（民辱丛书）
译自英国人斯文化所著《北支那战争记》，记咸丰间英法联军进犯北京北塘一带居民的情形。

3223 支那近三百年史四卷（一名　清国史）
（日）三岛雄太郎编
上海　开明书店　1904（清光绪三十）年　一册
摘编开国方略、圣武记、满洲源流考、啸亭杂录、湘军记等书而成。

3224 清朝全史
（日）稻叶岩吉著；但焘译订　姚汉章　张相编
上海　中华书局　1914年初版，1918年再版　二册

3225 清室外纪
（英）濮兰德（Bland, J. O. P.）（英）白克好司（Backhouse, Sir Edmund）著；陈冷汰　陈诒先译
上海　中华书局　1917年8月初版，1919年10月再版　一册（清外室丛书）
濮兰德系英《泰晤士报》驻华记者，白克好司为在华英国汉学家。

3226 庚子使馆被围记三卷
（英）朴笛南姆威尔（Putman Weale, B. L.）著；陈冷汰　陈诒先译
上海　中华书局　1917年　一册（清外史丛书）
原书：Indiscreet Letter From Peking. 该书著者署其笔名，本名辛普森（Simpson, Bertram Lenox），为英报社驻北京记者。全书六十一章，以亲身见闻逐月、日记录1900年义和团围攻北京各国驻华使馆情况。作者敌视义和团，对八国联军入京后之野蛮暴行也毫不隐讳予以披露，还涉及了清廷内部矛盾。

方志

3227 续支那通志二卷
（日）山峰畯藏著
崇石书局石印　1903（清光绪二十九）年　一册

朝鲜史

3228 东国通鉴五十六卷　外纪一卷
（高丽）徐居正等著
日本　松柏堂重刻本　1883（日本明治十六）年　一册
汉籍。记高丽檀君至恭让王止。

3229 韩国沿革史二卷
（日）吉备西村丰著；王履康等编译
1902（清光绪二十八）年印本　一册

3230 朝鲜史
（日）吉备西村编；独头山熊译
上海　点石斋　1903（清光绪二十九）年　一册

3231 朝鲜近世史二卷
（日）北怱林泰辅编；刘世珩校译
上海　鸿宝书局石印　1903（清光绪二十九）年　二册，有地图

3232 朝鲜近世史
（日）林泰辅编；毛乃庸译
上海　教育世界出版社　1903（清光绪二十九）年　二册线装（科学丛书第二集）

3233 国朝宝鉴八十二卷
（朝）金尚喆等著
朝鲜刻本　二十六册；朝鲜刻本　1909（朝鲜隆熙三）年九十卷本　二十八册
汉籍。

3234 高丽史一百三十七卷　目录二卷
（朝）郑麟趾撰
东京　日本国书刊行会　1908－1909（日本明治四十一～四十二）年　三册；清抄本　九十九册
汉籍。

3235 小华外史八卷　附别编二卷　续编二卷
（朝）吴庆元编辑　（朝）男显相重校
朝鲜刻本　清代　六册
中国当时称朝鲜为小华，以其礼乐文明亚于中国之故。本书汉籍，记事起康献王开创之岁，止于崇祯后四甲申（1392－1884）。

3236 通文馆志十一卷
（朝）金庆门著　李湛等续辑
朝鲜刻本　1898（清光绪二十四）年　十册
汉籍。

日本史

3237 大日本史二百四十三卷
（日）源光国著
日本刻本　1810（日本文化七）年，1851（日本嘉永四）年　一百册；手抄本残存九十三卷　三十册

3238 日本历史略四卷
（日）巨势彦山著
皇都书林　菱屋孙兵卫刻　1818（日本文政元）年　四册
记事自天神七代地祇五代人皇始，至后阳成天皇文禄元年，丰臣秀吉征朝鲜止。记大事，文字简约。正文部分为汉字，以假名作双行小注。

3239 日本外史二十二卷
（日）赖襄著
日本刻本　1848（日本嘉永元）年　二十二册；广州刻本　1875（清光绪元）年　十四册；上海刊本（钱子琴评）1879（清光绪五）年；赖氏刻本　1894（日本明治二十七）年　十二册；文贤阁本　1902（清光绪二十八）年；华通书局本；日本刻本　1901（日本明治三十四）年
汉籍。原书成于日本文政十年（1827），列传体。采250余种书，记将门兴废。始于源氏，终于德川。

3240 增补日本外史二十二卷
（日）赖襄撰　（日）赖又二郎增补
日本　1882（日本明治十五）年　刻本　十二册，地图

3241 增补日本外史二十二卷
（日）赖襄撰　（日）赖又二郎增补；钱恽译
上海　读史堂翻刻　1889（清光绪十五）年　十二册

3242 日本全史二十二卷
（日）高谷赖夫著
日本教育世界社　日本明治间（1867—1912）　十六册线装
汉文。记事自神武帝始，至明治帝终，以皇室更替、兵刃大事为主，语言极简。手册式小开本。

3243 皇朝史略正编十二卷　续编五卷
（日）青山延于著
日本　文敬堂、文渊堂　1875（日本明治八）年　十七册线装；1878（日本明治十一）年三刻
汉籍。该书节略二百四十六卷本"大日本史"，更旁考稗官野史，除正史外悉注出处，编年体史书。正编记事自神武天皇始，续编记应永至庆长。

3244 续编皇朝史略五卷
（日）石村贞一纂辑
文敬堂刻本　1881（日本明治十四）年　二册，附于皇朝史略正续编之后

记事始于庆长六年,迄于文化十三年,体例仿正续编。

3245 国史略七卷

（日）石村贞一著；游瀛主人译

东京　东生龟治郎　1877（日本明治十）年　七册,有地图；上海　时学庐石印　1899（清光绪二十五）年,1901（清光绪二十七）年　七册,改名《日本新史揽要》又名"东洋新史揽要"

记事始日本神武迄明治十五（1882）年止,仿编年体,叙日本三千年政权更迭,典章沿革,外交、文教之大事。记事简约。

3246 日本史略一卷　附日本师船考一卷

（日）冈本监辅编；沈敦和译

1894（清光绪二十）年　一册

3247 日本维新三十年史十二编　附录一卷

日本东京博文馆编辑；罗孝高译

1897（清光绪二十三）年印本　六册；上海　广智书局　1902（清光绪二十八）年　六册

原书成于明治三十年（1897）,由博文馆聘日本著名博士高山林次郎、姊崎正治等十二人分纂。译者罗孝高,游学日本多年,娴悉日本政治学风。书凡十二编:一学史思想史,二政治史,三军政史,四外交史,五财政史,六司法史,七宗教史,八教育史,九文学史,十交通史,十一产业史,十二风俗史。附"三十年间国势进步表"。叙事自明治元年起,对三十年间改造社会,求知识于世界之维新事业中,各种政治流派、代表人物、政治主张之优劣得失、国民争民权自由之思想进步、政体变革、农工商各业、语言、文教风俗等弃旧图新,均详细品评。

3248 大日本维新史二卷

（日）重野安绎编

东京　善邻译书馆　1899（日本明治三十二）年　二册；上海　商务　1902（清光绪二十八）年

汉籍。

3249 日本历史五卷

（日）获野由之著；刘大猷译

上海　教育世界社石印　1901（清光绪二十七）年　五册

上起神武下迄明治二十九年（1896）,记日本皇代统系、国政变革、文明进步等。

3250 （中等教育）日本历史二卷

（日）获野由之著；刘大猷译

上海　教育世界社石印　1901（清光绪二十七）年　一册

3251 北海道拓殖概观

日本北海道厅编；杨成能　谢荫昌译

沈阳　奉天提学司　1910（清宣统二）年　一册

3252 日本全史

（日）中村正直著

上海　教育世界社　1902（清光绪二十八）年　十五册；通文书局石印　1902（清光绪二十八）年　十六册

扉页题《日本变法全史》。

3253 日本维新活历史一卷

（日）坂东宣雄著；陆规亮译

译书汇编社　1902（清光绪二十八）年　一册

前有陆规亮光绪壬寅（1902）于日本东京所作序曰："急译是书，告我同胞之怀才济世而好谈革命者，何不取法日本而一展其文明之手段哉。"

又有日本紫山逸人识语。

该书记日本维新党领袖西乡隆盛等，见幕府受外辱，切齿扼腕，结慷慨尚义之士，艰难奋战，结束三百年幕府霸业，改元明治，师法欧美，建立新政。征韩论起，西乡谓此绝妙之机，当借此一振东洋国威，一扫海外之侵侮，遭天皇否决。西乡与大隈内阁不合，西乡建私立学校，练兵数千人。明治十一年一月警察至私立学校直捕之，西乡与官军作战，城陷战死。

3254 日本历史

（日）木寺柳次郎编；范迪吉等译

上海　会文学社刻本　1903（清光绪二十九）年　一册（普通百科全书）

3255 帝国历史

日本富山房编；范迪吉等译

上海　会文学社　1903（清光绪二十九）年　一册（普通百科全书）

3256 日本历史

（日）青木武助著；张枏译

金陵　江楚编译官书局　1907（清光绪三十三）年　二册

记事自太古传说始，至明治维新废藩置县止。记其皇朝更迭、政体演变、文物风土、佛教兴隆、天主教东来，外交及通商。

3257 日本诸国封建沿略一卷

（日）荻野由之著；刘大猷译

上海　教育世界石印　清光绪末　一册（附日本历史后）

3258 （新译）大日本近世史

（日）松井广吉编；范枕石译

上海　广学会　清末　三册

书名页题：大日本帝国近世史，封面题：日本帝国近世史。

3259 日本维新三十年大事记一卷

作新社译

上海　作新社　清末　一册

3260 日秘史二卷
　　（日）新井君美撰
　　通学斋丛书本

普及读物

3261 新撰日本历史问答
　　（日）冈野英太郎著；逸人后裔译
　　上海　广智书局　1902（清光绪二十八）年　二册
　　分为四编：上古史，记神代王政时代；中世史，记武门政治时代；近世史，记新时代；通史，记国体国家之发达。

3262 日本历史问答
　　日本富山房编；范迪吉等译
　　上海　会文学社刻本　1903（清光绪二十九）年　一册（普通百科全书）

亚洲其它国家史

3263 大越史记全书二十四卷
　　（安南）吴士连等编
　　日本埴山堂刻本　1884（日本明治十七）年　存三册
　　汉籍。

3264 安南史四卷
　　（日）引田利章著；毛乃庸译
　　上海　教育世界社石印　1903（清光绪二十九）年　一册

3265 越南志一卷
　　（泰西）著者阙名
　　小方壶斋舆地丛钞第十帙

3266 飞猎滨独立战史一卷　附录志士列传一卷
　　（菲律宾）樟时著；中国同是伤心人译
　　上海　商务　1902（清光绪二十八）年　一册（战史丛书）
　　系作者流亡日本时所作，书分十四章，记当时美国西班牙之战，菲岛抵抗西班牙，建立共和国之历史。后附樟时小传、二十三志士列传。

3267 暹逻志一卷
　　（泰西）著者阙名
　　小方壶斋舆地丛钞第十帙

3268 印度史揽要三卷
　　（英）亨德伟良（Hunter, William）著；任廷旭译
　　上海　广学会　1901（清光绪二十七）年　二册；上海　美华书馆　1901（清光绪二十七）年　三册，地图
　　上卷始于亚利安人之兴，止于西徐安人之侵入；中卷始回教人之征服印度，止于欧洲人初入印度；下卷述英人得印度始末。

亨德生于1840年,1861年入印度,素习梵文,悉心考究印度古今沿革、政教风俗。辑印度各省志、印度通志等,撰成此书。原书成于1892至1900年间。

3269 印度史（一名　印度蚕食战史）
　　　王本祥译述
　　　上海　启文社　1903（清光绪二十九）年　一册（博物教科统合丛书）

3270 印度史
　　　（日）北村三郎编；程树德译
　　　东京　闽学会　1903（清光绪二十九）年　一册（闽学会丛书）

3271 印度杂事
　　　（日）松本文三郎著；毛乃庸译
　　　上海　中国图书公司　1909（清宣统元）年　一册

3272 印度国史
　　　（美）林乐知译
　　　上海　制造局　清光绪初待印　出版不详

3273 印度灭亡战史
　　　夏清馥汇译
　　　上海　群宜译社　清光绪间　一册
　　　以日本人著之"印度覆亡记"及英人著印度史为蓝本,汇译而成。起于印度之政略,迄于全印沦亡于英。

3274 印度蚕食战史三卷
　　　（日）涩江保著；汪郁年译
　　　杭州　译林馆　清末　一册；励学译编本

3275 印度古今事迹考略
　　　（英）贺尔兑奈司（Holderness, T. W.）著；汪治译
　　　上海　广学会　1913年　一册
　　　原书：People and problems of India. 著者曾为英国驻印官员。全书十章,述印度国土、历史、人民、种姓、宗教、英印政府、印度土邦、英统治印度计划等。

3276 亚细亚西部衰亡史卷
　　　（日）野口竹次郎著；丁文江译
　　　《译书汇编》本　清光绪末
　　　叙印度越南缅甸衰亡原因,欧洲之殖民政略。记印度历史、宗教、风俗、地理较详。

3277 波斯史一卷
　　　（日）北村三郎著；赵必振译
　　　上海　广智书局　1903（清光绪二十九）年　一册线装（史学小丛书）
　　　书分上世、中世、近世三篇,记波斯数千年盛衰。记蒙古侵略亚细亚中部事较完整。卷首地势说略一篇,其中一章记英俄关系。

3278 蒙古史
　　　（日）河野元三编；欧阳瑞骅译

上海　江南图书局　1911（清宣统三）年　二册

3279　腓尼西亚史一卷

（日）北村三郎著；赵必振译

上海　广智书局　1903（清光绪二十九）年　一册（史学小丛书）

分七章记述腓尼西亚建国兴亡，与其古时属地加达腊两国间商业情形。书中名物间以英语俄语并注之。腓尼西亚（Phoenicia），今译作腓尼基，奴隶制古国名，位于今黎巴嫩、叙利亚西部沿海地区。

3280　土耳机史一卷

（日）北村三郎著；赵必振译

上海　广智书局　1902（清光绪二十八）年　一册（史学小丛书）

书分四编：首编论土耳其形势，一编上世纪，二编中世纪，三编衰退时代，四编近世纪。记其开国及世系兴衰，政治、兵制、财政、宗教、教育、美术、贸易、交通等。

3281　土国战事述略一卷

（英）艾约瑟著

小方壶斋舆地丛钞第十二帙

记土耳其与其属地琐尔非雅之战。

3282　犹太国史

（德）郭实腊译

新加坡　1839（清道光十九）年　一册

3283　犹太史一卷

（日）北村三郎著；赵必振译

上海　广智书局　1903（清光绪二十九）年　一册（史学小丛书）

一至十一章述犹太历史，始亚伯拉罕迄十字军之役止。十二至十七章述犹太政治、美术、商业之盛衰、文学、宗教沿革。

非洲各国史

3284　埃及近世史一卷

（日）柴四郎著；麦鼎华译

上海　广智书局　1902（清光绪二十八）年初版　一册

记埃及十九世纪衰乱。

3285　埃及近世史

（日）柴四郎著；出洋学生编译所译

上海　商务　1902（清光绪二十八）年初版　一册（帝国丛书）

3286　埃及近世史

（日）柴四郎著；张起谓译

上海　商务　1903（清光绪二十九）年　一册（历史丛书第1集）

3287　埃及史一卷

（日）北村三郎著；赵必振译

上海　广智书局　1903（清光绪二十九）年　一册（史学小丛书）

记埃及十九世纪详，而古代史及古代文化阙。

3288 埃及近事考
　　刘鉴译
　　金陵　江楚编译官书局石印　1907（清光绪三十三）年　一册

3289 埃及变政记
　　（英）密理纳（Milner, Lord）著；任保罗译
　　上海　广学会藏版　商务印书馆代印　1907（清光绪三十三）年　三册
　　原书：England in Egypt. 述1882年英国统治埃及后施行新政的史事，书分十六章，首小引；二至四章述变法维新所遇周围诸国阻拒；五至十一章述国政维新，军制、财政、刑律等改革，水利、种植等新法，卫生、教育之改革；十二至十四章英埃关系、英法争端、埃及前程；十五、十六章为1892年该书初版至1894年间新史事之补遗。

3290 南阿新建国史
　　（日）福本诚著；陈志祥译
　　上海　作新社　清光绪间　一册
　　南阿指南非一小国杜兰斯哇（德兰士瓦），1685年沦为荷兰殖民地，后不堪压抑，北徙至阿列西河北，建自由新都。十九世纪末与英人血战三年，以和罢战。该书分四编：记杜兰斯哇地理与政治，阿列西新建国，英阿冲突，概论南阿。

3291 南阿新建国史四卷
　　（日）福本诚著；贺廷谟译
　　上海　广智书局　清光绪末　二册

3292 特兰斯法尔一卷
　　（日）福本诚著；合众译书局译
　　杭州　合众译书局　1903（清光绪二十九）年　一册；上海　出洋学生编辑所本
　　记英吉利与南非阿扎尼亚1899—1902年之战。

3293 欧洲各国开辟非洲考一卷
　　（英）李提摩太著
　　小方壶斋舆地丛钞再补编第十二帙

欧洲史

3294 欧洲史略十三卷
　　（英）赫德辑；（英）艾约瑟译
　　税务司总署　1886（清光绪十二）年　一册（格致启蒙）；西学启蒙本
　　卷一记欧洲诸族，卷二至五记希腊罗马盛衰，卷六至八记诸国肇始，至东西罗马衰弱，卷九记耶稣新教源流及宗教战争，卷十至十三记法国兴盛，与西班牙联盟，法废君主行民主共和，德意志诸国统一。

3295 欧罗巴通史四卷
　　（日）箕作元八　（日）峰岸米造合编；胡景伊　徐有成　唐人杰译
　　上海　东亚译书会　1900（清光绪二十六）年，1903（清光绪二十九）年　一册

分上古、中古、近世、最近世四卷，叙万国文明之变迁，由教权而王权而民权、君民共主之权的历史发展。

3296 西洋史要四卷　图一卷

（日）小川银次郎著；樊炳清　萨端译

上海　金粟斋　1901（清光绪二十七）年初版，1903（清光绪二十九）年再版　二册，1906（清光绪三十二）年二卷本；蜀东善成堂　1902（清光绪二十八）年　三册

该书分上世史、中世史、近世史、现世史。记希腊罗马以来，直至十九世纪欧洲宗教、政治兴衰，逾三万字。

3297 泰西通史上编一卷

（日）箕作元八　（日）峰岸米造合著；华纯甫　李静涵译

上海　文明书局　1902（清光绪二十八）年　四册

此即箕作元八、峰岸米造所著之"欧罗巴通史"暨"西洋史纲要解"二书合纂，体例循欧罗巴通史。为历史教科书之属。

3298 泰西史教科书

（日）本多浅治郎编

上海　广智书局　1902（清光绪二十八）年　一册

3299 欧洲新政史

（德）米勒尔著；（日）绫部竹之助　（日）稻田孝吉译

上海　商务　1903（清光绪二十九）年　二册

3300 西史通释

（日）浮田和民著；吴启孙译

上海　文明译书局　1903（清光绪二十九）年　一册（早稻田大学讲义丛译）

3301 西洋史

（日）野村浩一郎编；李薵仪　柏年编译

东京　湖北法政编辑社　1905（清光绪三十一）年　一册（法政丛书）

3302 泰西十八周史揽要十八卷　附一卷

（英）雅各伟德（White, James）著；（英）季理斐译　李鼎星述

上海　广学会　1901（清光绪二十七）年初版，1902年重印，1903年第三次印刷　六册

原书：The Eighteen Christian Centuries. 所记包括古代罗马至近代欧洲。记事起汉平帝元年至清仁宗五年（公元1—1800年），每一百年为一周，每周以若干大事为标题，分节叙述。叙事加议论，记教务兴衰特详。

3303 欧洲历史揽要四卷

（日）长谷川诚也著；敬业学社译

敬业学社石印　1902（清光绪二十八）年　二册

3304 西洋史钩元一卷

（日）箭内亘　（日）小川银次郎　（日）藤冈作次郎合编；留学生译

上海　新中国图书社　清光绪末　一册
记欧洲东方古代诸国迄近代诸国成立,共十四篇。

3305　汉译西洋通史
（日）濑川秀雄著
东京　富山房　1907（日本明治四十）年2版　三册

3306　西洋通史
张起谓编译　傅运森校
上海　商务　1912年2版,1913年,1916年4版　二册
该书以濑川秀雄在日本陆军大学讲义为蓝本增删而成。分古代史、中世史、近世史、最近世史四编,分章述欧美列国之大势,兼述各国殖民政策,以示西力东渐。亚洲之英俄交战、日俄战争亦备志始末。自古至今之文化科学则另立一章,文学、史学、美术、建筑、自然科学、实用科学等,均述其大概。末附中西名称对照表。

3307　近世欧洲大事记一卷
（日）森山守次郎编著
国民丛书社译　1903（清光绪二十九）年　一册（国民丛书）
原名"政治史"。始维也纳会议,迄十九世纪后半期。时人谓:弱肉强食天演之淘汰方新,十九世纪以后,亚东大陆遂为外交家之大舞台,而立宪共和之政亦为国民所公认矣。读是书者,可不惧哉！

3308　欧洲十九世纪史
（美）札逊著；（日）大内畅三原译　麦中华重译
上海　广智书局　1902（清光绪二十八）年　一册

3309　欧洲十九世纪史一卷
（美）轩利普格质顿著；麦鼎华译
上海　广智书局　1902（清光绪二十八）年　一册

3310　欧洲近世史一卷
（英）阚磻师著；顾培基译
励学汇编本

3311　欧美各国政教日记
（日）井上圆了著；林廷玉译
上海　新民译印书局　1889（清光绪十五）年　一册

3312　欧美政教纪原二卷
（日）井上圆了著；林廷玉译
上海　新民译印书局　1903（清光绪二十九）年　一册
原书为欧美各国游记,译本专取其关于宗教、政治译成一帙。

3313　日耳曼史一卷
史寿白译
《译书汇编》本
译述日尔曼人种兴盛之由。

3314 日耳曼史一卷

（英）沙安著；商务印书馆译

上海　商务　1903（清光绪二十九）年　一册

3315 英法政概六卷

刘启彤译编

上海　广百宋斋　1890（清光绪十六）年　一册；成都刻本　1896（清光绪二十二）年　一册；双梧书屋　1897（清光绪二十三）年　一册；西政丛书本

3316 李哲脑斯基氏之秘录一卷

（德）李哲脑斯基著；（译者不详）

出版不详　一册

李氏于1912年任德国驻英国大使。1916年著此秘录，记引起第一次世界大战的种种事实，涉及英法德奥俄等欧洲国家。

文化史

3317 欧洲文明进化论

日本民友社著；陈国镛译

上海　广智书局　1902（清光绪二十八）年　一册

3318 欧洲文明史

（法）尼骚著；日本译书社译

清光绪末刊本　一册

欧洲各国史

俄国史

3319 俄国史略

俄文馆学生译

京师　同文馆本　（年代不详）　一册；上海　制造局　清同治光绪间　一册

3320 俄史辑译四卷

（英）阚斐迪译　徐景罗重译

1886（清光绪十二）年石印本　二册（出版者未详）；上海　益智书会　1888（清光绪十四）年　四册，有图，有1886年徐景罗序；明连学社刻本　1896（清光绪二十二）年　三册；湖南新学书局　1897（清光绪二十三）年　六册；西学富强丛书本

记公元860年至1856年间俄国历史。卷一860年鲁立克（即留里克）创始，至1721年俄瑞尼斯介得议和（即俄《尼什塔德和约》）。卷二彼得一世加尊号"大帝"、"祖国之父"起，至彼得三世被杀。卷三红格特林二世（即叶卡捷琳娜二世）即位至俄法战争，拿破仑攻俄战败。卷四俄法战争拿破仑被俘，订巴黎和约及阿勒克三达第二（即亚历山大二世）即位止。首冠历代总略，末附俄历代疆域扩张图。

3321 俄国新志八卷

（英）陕勒低（Keltie, J. Scott）著；（英）傅兰雅译　潘松笔述

上海　制造局刻本　1898（清光绪二十四）年　三册；续富强斋丛书本

原书：History of Russia. 共八章，包括面积、人口、农工、贸易、交通、财政、国政、学校、刑律、国防、银行、货币、度量等。

3322 露西亚通史

（日）山本利喜雄著；廖寿慈译

上海　通社　1903（清光绪二十九）年　一册（通社丛书）

3323 俄罗斯史二卷

（日）山本利喜雄著；麦鼎华译

上海　广智书局　1903（清光绪二十九）年　一册

附俄罗斯皇帝年谱。

3324 俄罗斯史

（日）八代六郎编著

国民丛书社　1903（清光绪二十九）年　一册

3325 俄罗斯三卷

（法）波留撰；（日）林毅陆译　（日）中岛端重译

上海　商务　1904（清光绪三十）年　三册

3326 俄罗斯国史

（美）林乐知译　严良勋述

上海　制造局　（清光绪初年译而待印）

3327 俄罗斯大风潮

（英）克喀伯（Kirkup, Thomas）著；中国独立之个人译

少年中国学会　1902（清光绪二十八）年　一册

记俄国革命党人巴枯宁等人事迹。

3328 俄国历皇纪略二卷　附录一卷

（美）林乐知译　范祎述

上海　广学会　1903（清光绪二十九）年　一册；上海　商务　1903（清光绪二十九）年　一册

上卷自鲁立克（留里克）至彼得，君主凡二十三人；下卷自加他邻（凯瑟琳二世女皇）迄尼古拉第二，君主凡十二人，载其在位年数，略述其兴衰。附录略载俄国制度。

3329 俄国如是

（德）西多哥夫撰；（日）中西牛郎译

东京　渡边为藏印　1904（日本明治三十七）年　一册

原名：在尼哥拉二世俄国之真相

3330 俄罗斯国志二卷

林则徐译　魏源辑

上海　乐善堂刻本　清光绪间　二册

3331 俄国蚕食亚洲史二篇
（日）佐藤弘　（英）克乐诗著；养浩斋主人辑译
上海　广智书局　1902（清光绪二十八）年　一册（史学小丛书）
上编日本佐藤弘著，述十九世纪末俄国蚕食旅大辽东情况；下编为英国克乐诗著，记俄国侵略帕米尔、阿富汗，与英国争雄亚洲。

3332 取中亚西亚始末记
缪祐孙译
小方壶斋舆地丛钞第三帙
记俄国1700年至1884年间，文武相加，得中亚西亚诸地。

3333 俄国近史
（英）窦乐安　苏本铫译
上海　协和书局　1908（清光绪三十四）年　一册

波兰史

3334 波兰衰亡史
（日）涩江保著；蒋垫龙译
译书汇编社　1901（清光绪二十七）年　一册

3335 波兰衰亡史
（日）涩江保著；薛公侠译
上海　镜今书局　1904（清光绪三十）年　一册

3336 波兰遗史
（日）涩江保著　陈澹然订
江西官报　清光绪末　一册；(出版者不详)　1916年　一册线装

德国史

3337 德国史二卷
（　）Kohlrush 著；（美）林乐知译　严良勋笔述
上海　制造局　清同治光绪间　一册

3338 德意志史四卷（一名　德意志全史）
（日）河上清著；褚嘉猷译
上海　通雅书局　1903（清光绪二十九）年　一册
起于日尔曼人种出现之时，迄于德意志联邦成立以后，分为古代、中世、近世三时期。记日尔曼种族之统系，普鲁士政治源流，法皇旧事，旧教权威，列国纷争，帝国统一，地方自治等，农商民俗也有记载。

3339 德意志史三卷
（日）白石真编；人演社译
上海　人演社　1903（清光绪二十九）年　一册；开明书局本

3340 德国合盟纪事本末一卷
徐建寅辑译

徐氏三种本　1871（清同治十）年　一册；清刻本朱印　一册；质学丛书本；西政丛书本

主要叙述1815—1871年间德意志48个邦的政治异同与历史沿革。书中所谓"布国"即普鲁士。

3341 德国最新进步史
（美）林乐知译　范子美述

上海　广学会　1903（清光绪二十九）年　一册

介绍德国近世政治、通商、殖民、兴学、理财等状况。

3342 普法战纪十四卷
张宗良口译　王韬辑撰

中华印务总局　1873（清同治十二）年　八册

3343 普法战纪二十卷
张宗良口译　王韬辑著

弢园王氏　1886（清光绪十二）年初刻　十册；1895（清光绪二十一）年　十册

该书初版时仅十四卷，1878年日本军方再版，1886年增至二十卷。记1870年普法构兵，法国战败，1871春议和之有关史事。

张宗良亦名张芝轩，广东南海人，精通英语，深通西学，1877年随何如璋使日本，任驻神户领事馆翻译官。张宗良当时任香港日报主笔，该书以西方报道这次战争的日报及期刊翻译编辑而成。本书深得曾国藩、李鸿章、丁日昌、梁启超等人赞赏。

3344 普法战纪辑要四卷
张宗良译　王韬辑　李光廷删纂

真州张允颐　1913年　二册；榕园丛书本

此为《普法战纪》删节本。

3345 普奥战史
（日）羽化生著；赵天骥　王慕陶译

上海　商务　1902（清光绪二十八）年　一册（战史丛书）

记普法战争前普奥两国开战原委、媾和始末，及前后两次订约之全文。

希腊史

3346 希腊春秋八卷
（日）冈本监辅著；王树枏译

新城王氏刻本　1902（清光绪二十八）年　四册（陶庐丛刻二集）；1906（清光绪三十二）年刊本

3347 希腊独立史一卷
（日）柳井絅斋著；秦嗣宗译

上海　广智书局　1902（清光绪二十八）年　一册；上海　商务　清光绪间　一册

书分四编，前二编叙希腊独立之前，后二编叙媾和及独立之时。

3348 希腊史二卷
（日）桑原启一纂译　中国国民丛书社重译
上海　商务　1903（清光绪二十九）年　一册（历史丛书）

意大利史

3349 义大利独立战史六卷　附录一卷
东京留学生译
上海　商务　1902（清光绪二十八）年　一册（战史丛书）
卷一述意大利之地理缘起，始西罗马灭亡迄拿破仑时代止，卷二、三述意大利独立战之远近原因，卷四、五记意大利独立之战，卷六记意大利统一之战。附录列传一卷。

3350 意大利独立战史
作新社译
上海　作新社　1903（清光绪二十九）年　一册
记意大利1859年统一战之始末，附意大利独立诸杰传。

3351 意大利建国史
（日）田中建三郎著；徐省三译
上海　一新书局　1902（清光绪二十八）年　一册

3352 义大利独立史六编一卷
（日）松井广吉编；张仁普译
上海　广智书局　1903（清光绪二十九）年　一册

3353 伊太利亚史
（日）坂本健一编；通社编辑部译
上海　通社　1903（清光绪二十九）年　一册

3354 现代意大利
（日）下位春吉讲述　仇宣编译
崇德社　清末　一册
据下位氏演讲稿编译而成。

英国史

3355 大英国统志
爱汉者编
新加坡？刊本　1834（清道光十四）年　一册
编著者为德国人郭实腊，1824年受荷兰布道会派遣的亚洲传教，其间学会福建方言。

3356 大英国志八卷
（英）托马斯·米尔纳著；（英）慕维廉译　蒋敦复润色
松江　墨海书院　1856（清咸丰六）年　二册；日本刊本　1861（日本元久元）

年　五册；上海　益智书会　1881（清光绪七）年　四册；西学大成本；各国政治艺学全书本；西史汇函本；中西新学大全本

英国史学家托马斯米尔纳原著"英国史记七卷"，慕维廉增译一卷。卷一开国纪原，英降罗马；卷二至卷七，伯勒瓦尔第七王纪至维多利亚纪；卷八职政志略、刑法志略、教会志略、则赋志略、学校志略、兵志略、农商志略、地理志略、地理图、英伦分部。

3357 大英国志续刻

（英）慕维廉译

松江　墨海书院　清咸丰六（1856）年　二册

3358 大英国志三卷

（英）慕维廉撰

上海　鸿文书局　1897（清光绪二十三）年　一册

3359 英兴记二卷　附广学会记一卷

（英）邓理槎著；（美）林乐知　任廷旭译　蔡尔康校

上海　图书集成局　1894（清光绪二十）年　二册；上海　广学会　1898（清光绪二十四）年　二册

3360 大英十九周新史

（英）季理斐　（英）华立熙译

上海　广学会　1907（清光绪三十三）年　一册

3361 英国维新史四卷

（日）羽化生编译

上海　作新社　清光绪末　一册

凡四编，记十六世纪时英王查尔斯宠信嬖臣，力行专制，终至身弑名裂。每编各附所涉之人小传。

3362 英国革命战史

（日）涩江保著；萨忧敌译

上海　支那翻译会社　1903（清光绪二十九）年　一册

书分四编，记英国资产阶级革命之原因，及革命战争。

3363 英国文明史

（英）勃克鲁著；南洋公学译书院译

南洋公学　1903（清光绪二十九）年　五册

3364 英民史记三卷

（英）葛耳云（Green, J. R. 1837—1883）著；（英）马林（Macklin, W. E.）译　李玉书笔述

上海　美华书馆　1907（清光绪三十三）年　三册

上卷首叙英国种族源流，记事起古代迄1485年亨利七世；中卷起亨利八世迄英格兰内战，克伦威尔战败国王；下卷始自由会与长老会对峙至普法之战，拿破仑战败被困孤岛。强调国家之立，民为邦本，人民要有自立精神、自立能力。所谓"天

演",实出于人力,非出于自然。中国言立宪,不可不效法英国。

3365 英吉利史

(日)须永金三郎编;广智书局编译

上海 广智书局 1903(清光绪二十九)年 二册

3366 英吉利史

(美)李佳白译 吴清志编 王振民续

上海 麦美伦公司 1911(清宣统三)年 一册;上海 协和书局 1911(清宣统三)年 一册

李佳白来华三十余年,合中外官绅之力,于沪创建尚贤堂,内设校舍,授英文、经济、各国历史、公法、政治、宪法条理、商律、理财等。

英吉利古称大俾勒顿国。卷一上古史,自卑勒顿时代起;卷二卷三中古史;卷四近世史,至维多利亚时代1901年止。

3367 苏格兰独立史一卷

(美)那顿著;商务印书馆译

上海 商务 1903(清光绪二十九)年 一册(历史丛书)

共二十章,记苏格兰人争取独立,摆脱英之统治的历史。

3368 苏格兰独立志一卷

(英)华德苏格著;穆湘瑶译

上海 通社 清光绪末 一册

记苏格兰抗英之事。

3369 英藩政概四卷

刘启彤译

双梧书屋 1897(清光绪二十三)年 一册;西政丛书本;小方壶舆地丛钞补编本

记英属地之政治、商务、农业、工艺等。

法国史

3370 法兰西志六卷

(法)猷里著;(日)高桥二郎选译 (日)冈千仞删定

露月楼刻本 1878(日本明治十一)年 三册;湖南新学书局仿日本版刻本 1896(清光绪二十二)年(西史汇函本)

所据底本为法国猷里著《法国史要》(1866)、《近古史略》(1869)和《法国史》(1870)三书,抄其要领译为一编。地名人名取已有之汉译,汉未译者以汉字读音填之。书分六卷,记事上自公元前481年下至1800年波拿巴氏止。述历代治乱兴废,间记学问教化、发明创造等人文进步。

3371 法兰西史五卷

商务印书馆编译 张宗弼校

上海 商务 1903(清光绪二十九)年 一册(历史丛书第一集)

凡五卷：一上古之政治，二封建时代之政治，三法兰西立君之政治，四法兰西革命时代之政治，五法兰西今世（近代）之政治。

3372 法史揽要二卷
　　（法）费克度著；刘翘翰　王文耿译
　　上海　会文学社　清光绪末　三册；上海　广智书局三卷本　1902（清光绪二十八）年
　　始法国建立迄1887年止，记法国政治沿革。

3373 法政概一卷
　　刘启彤译编
　　清光绪间刻本　一册；新辑政治艺学全书本；西政丛书本；小方壶舆地丛钞补编本
　　记法国之政体制度、大臣、地方官、学校、财政、阿尔及利属地、兵制等。

3374 法国政教考略
　　刘式训译编
　　清光绪间　一册

3375 法国独立战史
　　（日）涩江保著；（译者不详）
　　上海　商务　清光绪间　一册

3376 革命前法朗西二世纪事二卷
　　（日）中江笃介著；出洋学生译
　　上海　出洋学生编辑所　清光绪末　一册
　　原书1886年出版，记路易十五、路易十六时事。

3377 法兰西今世史一卷（亦名　法兰西近世史）
　　（日）福本诚著；马君武译
　　上海　出洋学生编译所　1902（日本明治三十五）年　一册
　　述法国现政体制度、地理、经济、学术、文学、美术及其沿革之概况。

3378 法兰西革命史
　　（日）兴田竹松著；青年会编译
　　1903（清光绪二十九）年刊本　一册

3379 佛国革命战史八编
　　（日）涩江保著；人演社译
　　上海人演社　1903（清光绪二十九）年　一册
　　书分八编，记述法国之腐败政治，1789年大革命立宪，制宪议会之政党及政治家，立法议会、盟约议会，恐怖时代及山岳党之激进。

3380 法国革命战史八编　发端一编
　　（日）涩江保著；中国国民丛书社译
　　上海　商务　1903（清光绪二十九）年　一册

欧洲其它国家史

3381 威廉振兴荷兰纪略四卷

（英）马林（Macklin, W.）译　蔚青氏述

上海　广学会　1900（清光绪二十六）年　一册

述十六世纪荷兰王威廉事迹。

3382 取悉毕尔始末记一卷

缪祐孙译

小方壶斋舆地丛钞第三帙

美洲史

3383 亚美利加洲通史十编

戴任彬编译

上海　商务　1902（清光绪二十八）年　二册

书分十编，一、二编总论美洲地理、人种、气候、物产及其殖民地；三、四编叙美国政党竞争及革命；五至八编叙美大统领之递嬗更迭；九、十编叙美之文明及技术进步。

美国史、加拿大史

3384 联邦志略二卷（一名　大美联邦志略）

（美）禆治文著

上海　墨海书馆　1862（清同治元）年修订本　一册　西学大成本

此即1838年版之《美理哥合省国志略》之再修订本，禆治文学生梁植为之校。禆治文又名高理文，道光二十一年（1841）以前游历中、英、法、西班牙、日本诸国，此书首刊于广东，后刊于日本，咸丰十一年（1861）上海重刊。上卷叙美利坚拓地开国之原、疆域度数、山川道路、天时物产、开国原始、政制职官、刑规、语言文字、学术、宗教、百工技艺、贸易、风俗等。下卷分述三十四邦，各邦均有标明经纬度数的地图。

3385 米利坚志四卷

（美）格坚勃斯（Quackenbos, G. P.）著；（日）冈千仞　（日）河野通之编译

光启社博闻社　1873（日本明治六）年　二册；湖南新学书局　1896（清光绪二十二）年　二册；新辑各国政治艺学全书本

李善兰序。本书从瀛环志略、联邦志略、万国公法、格物入门诸书间采而补之，叙哥伦布发现美洲大陆至美国第十五代大总统（James Buchanan, 1857—1861在任）止。叙华盛顿立国事详。

3386 大美国史略八卷

（美）蔚利高（Wilcox, Myron C.）著

福州　美华书局　1899（清光绪二十五）年　一册

3387 美国独立史

(美)姜宁著;章宗元译

东京 译书汇编社 1903(清光绪二十九)年再版 一册

原书前后各六卷,此书为前六卷译本,后六卷另译为"美史纪事本末"。本书记美国开国史,一觅地之原,二殖民之原,三殖民地之进境,四合众,五自立,六立宪。

3388 美史纪事本末八卷卷首一卷 卷末一卷

(美)姜宁著;章宗元译

木刻本 1903(清光绪二十九)年 二册(求我斋丛译之四)

原书十四卷,著者为美国哈佛大学史学教授著,译本自独立战争始迄1902年历史,记其宪政、政党、南北战争等。

3389 美国独立战史

作新社图书局译

上海 作新社图书局 1903(清光绪二十九)年 一册

分九编叙美1775—1781年独立战争史事,附美国独立战大事表。

3390 美国独立战史二卷

(日)涩江保著;中国东京留学生译

上海 商务 清光绪末 (战史丛书第一集),1911(清宣统三)年再版,1912年3版 一册

上下卷共九编;一编叙美与殖民地之倾轧,二至八编叙革命大战,九编叙战后情况及各种政策。

3391 美国合盟本末一卷

徐建寅辑译

徐氏自刊本 清末 一册

3392 美国立国原理

白秀生译

上海 协和书局 1915年 一册

3393 振新金鉴(坎拿大史要)

(加拿大)克礼孟(Macgillivray, D.)著;任廷旭译 (英)季理斐鉴定

上海 广学会 1903(清光绪二十九)年 三册

原名:The Development of a new country: Its Goverment, Reforms, Religion, Commerce, Agriculture, etc. Being The History of Canada.

译者认为,加拿大为亚东国家变法维新之先导,其史实可作为中华治国之明鉴,特用此名。一至五十二章记加拿大史事,自欧洲中世纪始至十九世纪末加拿大近世止。记其政俗沿革得失,力求自由政体所推行之新政新法,宗教及学校情形,垦荒开路,开浚运河,农工制造商业等随铁路之贯通而大兴。第五十三章加拿大新政纪要,其内容辑列国岁纪政要,包括政体官制、辖境户口、教道学校、土产工艺、各项新政等五节。书前有中西人名地名合璧表。

传记

世界人物传记

3394 地球一百名人传三卷
（英）李提摩太　蔡尔康译
1898（清光绪二十四）年　一册；上海图书集成局　1901（清光绪二十七）年　一册；上海　广学会　1909（清宣统元）年　三册合订
辑世界宗教、哲学、政治名人四十余人之传，中国仅孔子一人入传。

3395 泰西历代名人传六卷
汇报馆原译　徐心镜增订
上海　鸿宝斋石印　1903（清光绪二十九）年　四册
收太古迄清光绪间西方一百三十余人传。分德行、政事、武功、才智、辞令、帝王、将相、硕儒、教士、性理、哲学、天文、舆地、医算、格致、形性、农化各类。

3396 泰西名人事略
（英）季理斐辑；王臻善译
上海　广学会　1903（清光绪二十九）年初版，1911（清宣统三）年再版　一册

3397 世界名人传略
（英）张伯尔原著；（英）窦乐安等译述　许家惺校订
上海　山西大学译书院　1908（清光绪三十四）年　1204页

3398 辟地名人传
（　）爱德华　王汝宇合著；商务印书馆译
上海　商务　1903（清光绪二十九）年　一册（传记丛书第一集）

3399 世界七个无政府主义家
（　）爱露斯著；真民（李石曾）译
巴黎　新世纪社　1907（清光绪三十三）年　一册（新世纪丛书）
记葛德文、蒲鲁东、司梯尔、巴枯宁、克罗泡特金、梯于格、托尔斯泰等人。

3400 泰西政治学者列传一卷
（日）杉山藤次郎编纂；中国广东青年译
上海　广智书局　1902（清光绪二十八）年　一册

3401 世界英雄传略
（　）Thomas Carlyle 著；（　）Dorcas C. Joynt 译
上海　广学会　1912年　一册
原书：Heroes and Hero-Worship. 简述奥丁、穆罕默德、但丁、莎士比亚、路德、约翰逊、卢梭、克伦威尔、拿破仑等十一人传。

3402 贫子成名鉴
（美）布理登著；任保罗译
上海　广学会　1913年　一册
记比博第、瓦特、林肯等十七人生平。

亚洲人物传记

3403 亚洲三杰　帖木儿　成吉思汗　丰臣秀吉传
时中书局译
上海　时中书局　1903（清光绪二十九）年　一册

中国人物传

3404 孔子传
（法）钱德明著
清乾隆间刊本

3405 台湾开创郑成功
（日）丸山正彦编著；张铸六译
东京　四素寄庐　1903（日本明治三十六）年　一册；东京　文润书肆　清光绪间　一册

3406 中国第一伟人岳飞一卷
（日）屈川种郎著；金鸣銮译
上海书局石印　1903（清光绪二十九）年　一册

3407 成吉思汗传一卷
（日）太田三郎著；作新社译
上海　作新社　1903（清光绪二十九）年　一册

3408 成吉思汗少年史一卷
（日）坂口瑛次郎著；吴梼译
上海　人演译社　1903（清光绪二十九）年　一册
据《元朝秘史》删饰而成，分十二章叙成吉思汗少年事。

3409 西太后一卷
（日）中久喜信周著
知非书会　清末　一册

3410 慈禧外纪二卷
（英）勃兰　（英）白克好司合著；陈冷太　陈贻先译
上海　中华书局　1914年　一册（清外史丛刊）
著者勃兰，亦译濮兰德。

3411 慈禧写照记
（美）凯瑟琳·卡尔女士著；陈政（陈霆锐）译
上海　中华书局　1915年初版，1917年，1919年　一册（清外史丛刊）
著者是美国女画家，本书记她在颐和园及紫禁城内为慈禧画像的经历。

3412 光绪帝
（日）大久平治郎著
东京　横山会社　1902（日本明治三十五）年　一册

3413 李莲英一卷
（日）古彦培在著
清末印本　一册

3414 袁世凯正传一卷
（日）内藤顺太郎著；张振秋译
1914年　一册

3415 曾国藩一卷
（日）川崎三郎著；顾学成　唐重威译
上海　开明书店　1903（清光绪二十九）年　一册

3416 大革命家孙逸仙
（日）白浪庵滔天著；黄中黄（章士钊）译
支那第一荡虏社　1903（清光绪二十九）年　一册（荡虏丛书）

3417 西学东渐记
容闳著；商务印书馆节译
上海　商务　1915年　一册
容闳（1828—1912），广东香山县人，为近代中国第一批留美学生。原书用英文写成，书名为"My Life in China and America" 1909年在美国出版。自述其经历太平天国运动、洋务运动、维新运动等重大历史事件和生平从事教育、政治、经济等活动。

3418 中国之旅行家
（法）沙畹（Chavaunes, E.）著
上海　商务　1904（清光绪三十）年　一册
记行历外国的中国使臣、僧人共二十余人。述其事迹，考其所历之地。

日本人物传

3419 日本龙马侠士传二卷
（日）愚山真轶郎著
日本　东亚书局　1898（清光绪二十四）年　二册
汉文。日本维新志士板田龙马（1835—1867）传略。

3420 东乡平八郎评传
（日）井上哲次郎著；毕祖成译述
上海　昌明公司　1899（清光绪二十五）年　一册

3421 大日本中兴先觉志二卷
（日）冈本监辅编　开导社校订
开导社　1901（清光绪二十七）年　二册
记明治中兴事业三十五人传记，附录天保间人物。

3422 日本教育家福泽谕吉传一卷
（日）奥村信太郎编；汪有龄译

教育世界社　1901（清光绪二十七）年　一册　（教育丛书初集）

福泽谕吉14岁习孟子，好《左传》，安正五年（1858）学英语，文久元年（1861）以大使翻译赴英、法二国，庆应三年（1867）往美国旧金山。生平著述62种。

3423　日本维新慷慨史二卷
（日）西村三郎著；赵必振译
上海　广智书局　1902（清光绪二十八）年　二册

本书原名《近古慷慨家列传》，收维新人物传，前为先觉者，次为攘夷者，维新功臣殿后。

3424　东洋卢骚中江笃介传
（日）幸德传次郎著；黄以仁译
日本　东京国学社　1903（清光绪二十九）年　一册

3425　吉田松阴
（日）德富猪一郎著；王钝译
上海　通雅书局　1903（清光绪二十九）年　一册

3426　日本近世豪杰小史四卷
商务印书馆编译所译
上海　商务　1903（清光绪二十九）年　二册线装

3427　日本维新百杰传一卷
（日）千河岸贯一著
上海　开明书店　1903（清光绪二十九）年　一册

3428　日本维新人物志四卷
（日）冈本监辅著
东京　金港堂书籍株式会社　1903（日本明治三十六）年

3429　三十三年落花梦
（日）宫崎寅藏（白浪滔天）著；金一（松岑）译
上海　国学社　1903（清光绪二十九）年，1905（清光绪三十一）年　一册

译者金一，本名金天翮，字松岑。宫崎寅藏曾出资赞助孙中山革命，此为其回忆录，记戊戌后康梁东渡及与孙中山会晤，宫崎代购武器与惠州起义等事。

3430　三十三年落花梦
（日）宫崎滔天著；章士钊译
上海　上海书局　1911（清宣统三）年　一册

3431　西乡隆盛
（著者不详）；林志钧译
东京　闽学会　1903（清光绪二十九）年　一册（闽学会丛书）

西乡（1827—1877），日本近代政治家、外交家，高倡"征韩论"者，参与决定于明治五年派池上四郎一行，乔装商人赴上海转芝罘再转营口，以此为基地，调查我东北有关地理、政治、军备、财政、风俗等项。池上赴华后，于明治七年返国，向西乡隆盛报告调查经过。译者林志钧并未涉及此背景，书中只是简介西乡隆盛于明治

维新政权创立前后之事迹。

3432 西乡南洲先生遗训
（日）西乡隆盛撰；（日）成田安辉选译
清末刻本　一册

3433 伊藤博文
日本民友社编；（未著译者）
上海　一新书局　1903（清光绪二十九）年　一册

3434 日本农学家伊达邦成传一卷
（日）柳井錄太郎著；沈纮译
江南总农会石印　1901（清光绪二十七）年　一册，肖像（农学丛书三集）

3435 日本西学传略一卷
（日）木村一步编；郑诚元译
上海　群学社　清光绪末　一册
记日本文化、天保、安化、文久诸年间讲求荷兰学者十一人。

3436 日本维新三杰传
（日）北村紫山著；马汝贤译
苏州　励学译社　清末　一册

亚洲其它国家人物传

3437 菲律宾志士独立传
（日）崇昭本西著；吴超译
译书汇编社　1902（清光绪二十八）年　一册
记菲律宾志士挥铁洒热血，成独立自治之事迹。

3438 印度政治家事略
（英）奥斯威尔（Oswell, G. D.）著；张铁民译
上海　广学会　1914年　一册
书分二编，上编阿育王、巴卑尔、亚格伯、兰奇德里事略；下编收达尔好西、亨利·劳伦斯、克雷特、施脱兰南、梅育等人。

欧洲人物传记

3439 欧洲八大帝王传（一名　欧洲八帝纪）
（英）李提摩太译
上海　广学会　1894（清光绪二十）年，1903（清光绪二十九）年　一册
记希腊亚力山大、罗马恺撒、日尔曼沙厘曼、英吉利亚勒腓、瑞典伟良、西班牙沙力第五、荷兰伟良、法国拿破仑等人传略。

3440 泰西十大家
公利活版所编译
上海　开明书店　1903（清光绪二十九）年　一册

收苏格拉底、柏拉图、亚里士多德、培根、奈端（牛顿）、孟德斯鸠、亚丹斯密、边沁、豪斯丁（英，1790—？）、斯宾塞等十人传。

3441　哲学十大家

　　日本东京文学士著；国民丛书社译

　　汲绠斋分庄　1903（清光绪二十九）年　一册；文化编译会社　清光绪末　一册

　　记苏格拉底、弗拉的（柏拉图）、亚利斯多德、培根、牛顿、孟德斯鸠、本唐（亚当·斯密）、边沁、达尔文、斯宾塞等人事迹。

3442　自由三杰一卷

　　党民子译述

　　译书汇编社　清光绪末　一册（传记丛书）

　　记苏格兰之威腊斯、勃鲁士，瑞士之维廉德尔事迹。

3443　世界十二女杰一卷

　　（日）岩崎徂堂　（日）三上寄凤合著；赵必振译

　　上海　广智书局　1902（清光绪二十八）年　一册；富智出版社清末　一册

　　汇集法、意、俄、英、西班牙十二女杰事迹。

3444　世界十女杰一卷

　　（未著撰、译者）

　　上海译书局　清光绪末　一册

3445　泰西名小说家略传

　　魏易译

　　通俗教育研究会　1917年　一册

　　收大仲马、司各特、班扬、狄更斯等欧西作家传略四十余篇。

3446　开辟美洲阁龙航海家独列几合传一卷

　　（日）桥本海关译

　　日本印本　1898（清光绪二十四）年　一册（日本东亚书局丛书）

　　收航海家哥伦布、迪亚士传。

3447　恺撒一卷

　　（美）克拉哥著；张大椿　沈联译

　　上海　人演社　清光绪末　一册

　　分十一章叙恺撒武功，兼及罗马史梗概，末附诸家论断。

俄国人物传

3448　俄大彼得帝传

　　（日）山崎敬一郎著；张稷光译

　　上海　江左书林　1902（清光绪二十八）年　一册；上海　广智书局　1902（清光绪二十八）年　一册，有像

3449　彼得大帝一卷

　　（日）佐藤信安编著；愈愚斋主译

上海　文明书局　1902（清光绪二十八）年　一册

分九章叙彼得生平事迹，末附彼得遗训十五条。

德国人物传

3450 俾斯麦传一卷
广智书局同人编译
上海　广智书局　1902（清光绪二十八）年　一册

3451 卑斯麦
爱卑斯麦者译
少年社　清光绪末　一册

书分四章：传略，铁血政略，国家社会主义，评论。

3452 铁血宰相十八章
（日）吉川润二郎撰；钱应清　丁畴隐译
上海　文明书局　清光绪间　一册有像

意大利人物传

3453 意大利兴国侠士传
（日）松井广吉著；（日）桥本太郎译
上海　上海译书局　清末　一册

3454 加里波的传一卷
广智书局编译
上海　广智书局　1903（清光绪二十九）年　一册（传记小丛书）

加里波的，通译加里波第（Garilbaldi, Giuseppe 1807—1882）意大利民族统一运动著名领袖。

英国人物传

3455 毕查但传
（英）哈利逊（Dr. Timothy, Richard）撰；胡颐谷　任保罗合译
上海　广学会　1912年　一册
原书：Life of Lord Chatham.

毕查但（Chatham 1708—1778），查塔姆伯爵，老皮特，曾两度为英实际上宰相。分十二章记其少年、鹏程发轫、任职、失意、握权、失位闲居、复入内阁、保护爱尔兰、印度、美洲属地等业绩。

3456 毕维廉传
（英）罗斯伯利撰；任保罗译
上海　广学会　1912年　一册
原书：Life of William Pitt. 毕维廉（1759—1806）英宰相查塔姆之子小皮特，官至首相，书分十四章，记其一生。

3457 英皇肥挖利阿圣德记一卷
（英）华立熙辑；张文彬述
上海　广学会　1902（清光绪二十八）年　一册
英女皇 Victoria，通译维多利亚，在位六十四年，该书采辑其一代事迹而记。

3458 克莱武传一卷
（英）麦可利著；商务印书馆译
上海　商务　1903（清光绪二十九）年初版　一册（传记丛书）
记英国传奇人物克莱武（Robert Clive）战功，亦述印度衰颓，西方东渐及克氏开拓商务之政策。

3459 纳耳逊传一卷
（英）罗培索叟（Shouthey, R.）述　译书汇编社辑译
东京　译书汇编社　1903（清光绪二十九）年　一册
原书无章节，译本分四章，按四个历史阶段记述英国海军上将纳耳逊（Nelson, Horatio 1758—1805）一生事迹，对英国海军之发展史及英法争雄史事多有涉及。

3460 纳尔逊传一卷
（日）中村佐美译　何震彝编订
上海　商务　1903（清光绪二十九）年　一册（传记丛书）

3461 戈登将军一卷
（日）赤松紫川著；赵必振译
上海　新民译印书局　1903（清光绪二十九）年　一册（世界历史谭之二）
述 Gorden charles George（1833—1885）之生平事迹，前有戈登序。戈登，第二次鸦片战争英法联军统帅。

3462 格兰斯顿列传
（英）勒舍尔著；张味久译
上海　广学会　1912年　一册

法国人物传

3463 穑者传十卷
（法）麦尔香著；朱树人译
上海　文明书局　1903（清光绪二十九）年　一册

3464 卢骚传一卷　爱美耳评论一卷
（日）山口小太郎　（日）岛崎恒五郎译　（日）中岛端重译
教育世界社　清光绪间　二册，附《爱美耳钞》后

3465 拿破仑传
（日）矢岛元四郎著
国民丛书社　1903（清光绪二十九）年　一册

3466 拿破仑本纪
　　（英）洛加德（Lockhart, John Gibson 1794—1854）著；林纾　魏易译
　　京师　京师学务处官书局　1905（清光绪三十一）年　四册；上海　商务　1917年，1919年　一册
　　原书：History of Napoleon Buonaparte. (1829)

3467 拿破伦传一卷
　　赵宗正译
　　上海　作新社　清光绪间　一册

3468 拿破仑一卷
　　吴元润　秦国璋译
　　上海　文明书局　清光绪末　一册

3469 拿破仑一卷
　　（日）土井晚翠编著；赵必振译
　　上海　益智译社　清光绪末　一册

3470 拿破仑
　　钱智修编译
　　上海　商务　1919年　一册

3471 拿破仑外纪
　　（法）莱翁·格尼爱尔（Léon Meyniel）等著；陆翔辑译
　　上海　广文书局　1919年　一册
　　内容取自法国史家著作，记拿破仑少年、全盛至衰落时事。

欧洲其它国家人物传

3472 梅特涅
　　（日）森山守治著；陈时夏译
　　竞化书局　清光绪末　一册
　　梅特涅（1773—1859）奥地利政治家，专制主义者。本书分五章：一总论，二梅特涅修业时代，三、四梅特涅成业时代，五梅特涅之末路。

3473 苏格拉底一卷
　　（日）久保天随著；张相译
　　杭州　合众书局　清光绪末　一册
　　书分八章：首记波斯战后希腊文化之盛，二至七章记苏格拉底之生及死，与弟子讲学各事，八章论苏氏与孔子之同异。

3474 瑞典王沙尔第十二传
　　（法）福尔泰著；(英) 陶洪德（Todhunter, W.）译　罗开重译
　　上海　广学会　1913年　一册
　　原书：Voltaire's History of Charles XII Ring of Sweden

非洲人物传记

埃及人物传

3475 亚历山大一卷
（日）幸田成友编著；赵必振译
上海　新民译印书局　清光绪末　一册
全书十二章，评亚历山大功罪较详，记其战事则略。

美洲人物传记

美国人物传

3476 华盛顿全传八卷
（美）耳汾华盛顿（Irving, W.）著；黎汝谦　蔡国昭译
1886（清光绪十二）年刻本　八册；新学会　1897（清光绪二十三）年　四册
记佐治华盛顿一生事迹。涉及美合众国政体、财政、征战、著名人物等。

3477 华盛顿
（日）福山义春编著；丁锦译
上海　文明书局　1903（清光绪二十九）年　一册

3478 华盛顿
（日）福山义春著；汤济沧译
上海　开明书店　1903（清光绪二十九）年　一册；公利活版所印本

3479 华盛顿传不分卷
（美）励德厚（Wright, H. K.）译　徐翰臣笔述
上海　广学会　1914年　一册
记华盛顿一生事迹，始幼年，迄归田。

3480 林肯传一卷
（日）松村介石著；钱增　顾乃珍译
上海　文明书局　1903（清光绪二十九）年　一册；明权社　1903年　一册
凡十三章，记林肯幼年、青年、容貌、智ălt、德行、政治、任大总统及被刺。

3481 林肯传
（美）励德厚译　魏廷弼述
上海　广学会　1912年　一册

3482 林肯传
（美）清洁理（Green, Katharine R.）著；译者阙名
上海　广学会　（年代不详）

3483 麦荆来三卷（一名　米利坚近世史）
（日）根岸磐井著；张冠瀛译
上海　通雅书局　清光绪末　一册　（新史学丛书第二编）

麦荆来，今译作麦金利（William Mckinley 1843—1901），美国第二十五届总统，1897—1901年在任，罗斯福继其任。本书分上、中、下三编，记麦氏生平及内外政策，下编兼记罗斯福历史及政策。

3484 美国哈密登
（美）卜舫济口述　陈宝琪译意
上海　广学会　1912年　一册（世界政治家列传）
原书：Life of Alexander hamilton.

3485 美国第二总统亚但氏约翰传
（美）沐尔赐著；（美）潘慎文口译　曹卓人笔述
上海　广学会　1912年　一册（世界政治家列传）
原书：Life of John Adams, The Second president of the United States.
美国第二届总统约翰·亚当斯（1735—1826）传略。

3486 美国军事家李统帅传
（美）李斐绮著；（美）潘慎文　罗恒升译
上海　广学会　1913年　一册（世界政治家列传）
原书：Life of Gen Robert E. Lee.

国别不明人物传

3487 爱国杰女若安阿亚尔格传一卷
同志学社译
上海　竞化书局　1903（清光绪二十九）年　一册

3488 海军第一伟人
（日）岛田文之助著；侯士绾译
上海　文明书局　1903（清光绪二十九）年　一册

考古

中国考古

3489 中国西部考古记
（法）色伽兰（Segalen, V.）著
上海　商务　1913年
书分四章：中国古代石刻、崖墓、四川古代佛教艺术、渭水诸陵。

日本考古

3490 日本金石年表一卷
（日）西田直养辑
濠喜斋丛书本；丛书集成初编册1539

前有潘祖荫序、1838年森可弼序。上起推日本古天皇四年伊豫道后碑，下至庆长十九年(1614)京师方广寺钟止，收一千零一十九年间日本金石文字，附载先辈题跋，共五百余种。

各国礼俗

3491 清明扫墓之论
（英）麦都思著
巴达维亚刊本　1826（清道光六）年　一册

3492 清明祭扫坟墓论
（英）胡德迈著
宁波　华花圣经书房　1848（清道光二十八）年　一册

3493 寒食清明论
（美）卢公明著
福州刊本　1855（清咸丰五）年　一册

3494 日本风俗谈
（日）坂本健一著；范迪吉等译
上海　会文学社　1903（清光绪二十九）年　一册（普通百科全书）

3495 印度风俗记一卷
（日）冈本监辅著
小方壶斋舆地丛钞第十帙

3496 戒礼须知
（英）傅兰雅著
1886（清光绪十二）年刻本　一册；格致须知十六种
此为 Western Etiquette: What to Avoid. 傅兰雅所编丛书之一："西礼应戒"，述西方礼节。

3497 西礼须知
（英）傅兰雅译
1886（清光绪十二）年刻本　一册；格致须知十六种本；通学斋丛书册91
英国人原著，著者姓名不可考。原书 Western Etiquette: what to do. (1885)

3498 泰西礼俗新编
（日）司达福著；刘式训译
译者自刊　1906（清光绪三十二）年　一册

3499 泰西礼仪指南
陈政译述
上海　进步书局　1916年初版　一册

地理

世界地理

3500 地志须知一卷
（英）傅兰雅辑译
1882（清光绪八）年初版　一册；格致须知初集本
此为政治地理。

3501 政治地理
（日）野村浩一郎编著；刘鸿钧编译
东京　湖北法政编辑社　1905（清光绪三十一）年　一册（法政丛书）

3502 人类地理学
（英）何伯森（Herbertson, A. J.）著；（英）瑞思义　许家惺译
上海　广学会　1917年　一册，图

3503 职方外纪五卷　卷首一卷（一名　五大洲图说）
（意）艾儒略译　杨廷筠笔述
杭州　1623（明天启三）年初刻本　二册；福建　明崇祯间刻本；天学初函本；四库全书本；墨海金壶本；守山阁丛书本；外藩舆地丛书本；北徼汇编本；丛书集成初编册3265
前有艾儒略序，原书五卷，崇祯间福建刊本扩为六卷。
述当时所谓"五大洲"各国风土民情、气候、物产、名胜等。卷首万国全图1幅，五大洲总图界度解。卷一亚细亚图，总说及分说；卷二欧罗巴图，总说及分说；卷三利未亚图，总说及分说；卷四亚墨利加图，总说及分说，墨瓦蜡泥加总说（墨瓦蜡泥加[Magellanica]为麦哲伦的异译，指火地岛、南太平洋中的部分岛屿以及南极洲）；卷五有北南舆地图各1幅，日蚀、月蚀图，四海总说，有海名、海岛、海族、海产、海状、海舶、海道等。天学初函及四库全书本均为五卷本，无卷首。

3504 西方答问二卷
（意）艾儒略著
原刻本　1637（明崇祯十）年　一册
米嘉穗序。上卷录西国国土、路程、海舶、海险、土产、国王、西学、官职、服饰、风俗、法律、交易、饮食、医药、婚丧、祭祖等。下卷地图、历法、交蚀、年号、西士、术数等。艾儒略传教于福州时写成。

3505 西方要纪一卷
（意）利类思　（比）南怀仁等著
北京刊本　1668（清康熙七）年，1697（清康熙三十六）年　一册；清乾隆间　一册；吴江沈氏世楷堂　1833（清道光十三）年　一册，1867（清同治六）年刻本　一册，清光绪间重印　一册；晁氏1831（清道光十一）年　一册；昭代丛书本；学海类编本；小方壶舆地丛钞第十一帙；青照堂丛书册87；丛书集成初编册3278

此乃就西洋风土国俗条答康熙帝之书，节录西方答问而成。分述国土、路程、海舶、海奇、土产、制造、西学、服饰、风俗、法度、交易、饮食、医学、性情、救济院、宫室、城池、兵备、婚配、教法、西士等。

3506 坤舆格致略说

（极西）南怀仁著

1674（清康熙十三）年刻本　一册；旧钞本　1676（清康熙十五）年　二册线装抄本前有康熙丙辰（1676）季冬八日上海徐尔觉（徐光启孙）序。

坤舆目录：坤舆图说，亚细亚，欧罗巴，利未亚，亚墨利加，墨瓦蜡尼加，五大洲总说

格致目录：四元行之序并其形，气行，地球两极必对天上两极，地圆，地体之圆，地震，人物，山岳，江河，海之潮汐，风、雨、云。

3507 坤舆全图绘意二卷

（法）蒋友仁（Benoist, Michel 1715—1774）著

（出版不详）

卷一第一部分与蒋友仁所著坤舆图说稿跋语略同，第二部分坤舆小引，第三部分论地体形象，论浑天仪、地平圈、经纬度、诸曜隐见、昼夜长短四季轮流之故。卷二论诸曜之序次。

3508 坤舆图说二卷

（比）南怀仁著

1674（清康熙十三）年刻本　一册；清初刻本（1644—1722）　三册；金山钱熙祚刻本　1841（清道光二十一）年　二册；四库全书本；指海本；丛书集成初编册3266

意大利艾儒略序。此为南怀仁所制世界两半球图《坤舆全图》之解说。上卷坤舆图说，地体之圆，南北极，地震，山岳，海水之动，潮汐，江河，风云雨，人物。下卷为当时所谓五大洲及各国风土人情、名胜等。

3509 坤舆外纪一卷

（比）南怀仁著

1697（清康熙三十六）年刻本　一册；石门石氏大酉山房刻本　1794（清乾隆五十九）年　一册；1825（清道光五）年刻本　一册；昭代丛书本；龙威秘书本；说铃前集册10；丛书集成初编册3266

四库收地理存目。记世界奇绝之见闻，皆短篇，多已见于坤舆图说及职方外纪诸书。四海总说，海状，海族，海产，海舶，附异物图23幅，七奇图等。

3510 地球图说一卷　附补图一卷

（法）蒋友仁奉旨译　何国宗　钱大昕同奉旨润色　阮元补图

1776（清乾隆四十一）年初刊本　一册；1799（清嘉庆四）年补图，文选楼丛书本；丛书集成初编册1334

蒋友仁于乾隆二十六年（1761）奉旨绘坤舆全图，乾隆三十二年木刻，为两半球图，藏于官中。图之四周有许多说明文字，内容为：大地两半球图、经纬度、赤道、两极、子午线、时差、赤道周长，简介亚、欧、非、南北美四大洲、七曜序次、恒星、

诸行星半径,与太阳半径比例表、交食、客星、浑天仪等近代天文学知识。还对用望远镜观测日、月、金、土、木各星表面作了介绍。

其中,蒋友仁详细介绍哥白尼日心地动说:"哥白尼置太阳于宇宙中心,太阳最近者水星、次金星、次地、次火星、次木星、次土星。太阴之本轮绕地球……土星旁有五小星绕之,木星旁有四小星绕之,各有本轮绕本星而行。距斯诸轮最远者乃为恒星天,常静不动。"并指出:"今西士精求天文者,并以歌白尼所论序次推算诸曜之运动。"

作者还介绍了开普勒关于行星运动的轨道是椭圆这一成就:"水、金、地、火、土、木六曜之本轮,游绕乎太阳,太阴之本轮旋绕乎地球,而土木二星又各有小星之本轮绕之。然太阳、地球、土、木非各为本轮之中心,微在某一偏,其相距之数,名为两心差。歌白尼将此诸轮作不同心之圈,而刻白尔细察游曜之固然,证此诸轮皆为椭圆。"开普勒行星运动三大定律,只介绍了第一、第二定律,第三定律和牛顿万有引力定律并未述及。三十多年后,钱大昕将该图所附文字整理成册,定名《地球图说》,嘉庆四年(1799)李锐补图一卷附之,遂正式出版。

蒋友仁并不是第一位译介欧洲最新天文学知识的传教士。1615年阳玛诺《天问略》、1626年汤若望《远镜说》、1629年《主制群征》以及1634年完成的《崇祯历书》中《历法西传》等书,对欧洲近代天文学的最新成就均有介绍,但不及蒋友仁对哥白尼学说介绍那样明确而完整。

3511 西游地球闻见略传

(英)马礼逊编

马六甲刊本(?) 1819(清嘉庆二十四)年 一册

记一四川人经西藏,穿印度至法国之历程。述及各国教育、文学、西人之宇宙观、地球观、欧洲各国政治、风俗等。附世界地图及说明文字。

3512 全地万国记略

(英)米怜编

马六甲刊本 1822(清道光二)年 一册

3513 万国地理全集

(德)郭实腊著

新加坡(?) 1838(清道光十八)年

分世界为四大洲,扼要介绍各大洲面积、人口、国家、首都和言语。

3514 四洲志

(英)慕瑞著;林则徐等译

抄本

此为摘译本,介绍亚、非、欧、南北美洲主要国家的历史、地理。由林则徐组织人力翻译的世界地理著作。

原书:The Encyclopedia of Geography.(1834)伦敦初版

3515 海国图志五十卷

魏源编订

古微堂　1844（清道光二十四）年初刊　木活字本　二十册

卷一筹海篇，卷二世界地图，其余各卷述各国地理、历史、民情风俗、科学技术、政治军事等。

3516 海国图志六十卷

魏源编订

扬州　1847（清道光二十七）年增修本　十六册；古微堂刻本　1849（清道光二十九）年　二十册

3517 海国图志定本一百卷

魏源重订

1852（清咸丰二）年增订一百卷刻本　二十四册；柳州陈善圻　1868（清同治七）年重刻　二十四册；1895（清光绪二十一）年本附二十五卷续集；岳麓书社　1998年　标点本　三册；中州古籍出版社　1999年　标点本　一册，有论无图

本书据林则徐主持翻译《四洲志》，历代史志，明以来岛国志及当时西洋人所著图籍汉译本，西方期刊译文等，贯串钩稽而成。初为五十卷，道光二十七年（1847）增至六十卷，后陆续增补至一百卷。

开篇即为"议守、议战、议款"等外交之急务，次列两半球图，以赤道为界之海国横图，汉魏至元代我国疆域及西域图，海国沿革图以及亚、非、欧、俄罗斯及北洋、南北美地图、各国专图，其中亚洲东南洋、西南洋岛国及列强之属地尤细。又有南洋、西洋各教门表、中西历法异同表、中西纪年对照表、五大洲国地总论、利玛窦地图说、艾儒略五大洲总说，南怀仁坤舆图说，庄延旉图说；筹海总论，收林则徐、魏源、奕山等御外奏折多条，夷情备采；以及西洋战船、炮、炮弹、自来火铳、水雷、地雷、望远镜图及造法、西洋器艺杂述等。续集论述英俄关系、近东问题，以及军事技术。其中魏源自撰部分为：军贮篇、筹河篇、论海漕书、钱漕更弊议、下河水利书，其余为编译。

3518 海国图志一百卷首一卷

魏源编订

平庆泾固道署刻本　1876（清光绪二）年　三十二册；邵阳急当务斋刻本　1880（清光绪六）年　三十二册；上海书局石印　1895（清光绪二十一）年　十四册；清光绪间刻本　二十八册

3519 海国图志续集二十五卷　卷首一卷

（英）麦高尔辑著；（美）林乐知　瞿昂来同译

上海书局石印　1895（清光绪二十一）年　四册；文贤阁石印　1902（清光绪二十八）年　二册

书前有高丽海关税务司邓铿序。邓铿1883年始至高丽襄理海关税务。卷首三章述俄国与高丽交涉详情，附中国高丽通商条约。

书凡二十五卷，一至十二卷述克里米亚之战，英、俄、土耳其、印度等国参与该事件的详细情形。十三至二十五卷述海战中轮船布阵、变阵及各种战法。有图，有简单计算。

3520 外国地理备考十卷（一题 新释地理备考全书）

（葡）玛姬士（Martins-Morquez, Jose）辑译

1847（清道光二十七）年刻本 六册；海山仙馆丛书本；丛书集成初编册 3267—71

成书之年在道光乙巳（1845）。玛姬士，又作玛吉士。

卷一地理志，述天文：地球论、日月五星、恒星、天汉、寒温热三带、经纬度、时刻、四季等。本卷"新查五星论"，介绍了 1781—1807 年间欧洲人发现的五颗新行星；卷二气论，述云风雷电、虹雨雪雾、泉河、地震、火山诸自然现象；卷三邦国法度原由，政治贸易根本总论，按照圣经介绍天地之始，人类经邦定国，直至发现非洲、亚洲等大陆，卷四、五、六地理总论，述欧罗巴洲；卷七哑细哑州全志；卷八哑啡哩咖州全志；卷九哑美哩咖州全志；卷十啊嚓哑呢哑州全志（即大洋洲）；介绍各洲地理位置、江湖河海、山川岛峡、各国首府、政事制度、丁口、宗教、艺文、历史、风俗等。

3521 地球图说（一名地球说略）

（美）祎理哲（Way, R. Q.）编

宁波 华花圣经书房 1848（清道光二十八）年，1856（清咸丰六）年增订 一册，易名《地球说略》，清末刊本 一册；小方壶斋舆地丛钞再补编本

内容包括地球圆说、地球图说、大洲图说、大洋图说、亚细亚图说、欧罗巴图说、亚非利加洲图说、澳大利亚洲图说、亚美理驾洲图说、北亚美利驾洲图说。介绍主要国家和地区之位置、疆域、人口、宗教、语言、物产、教育文化、经济、法律、社会及风俗等。附图多幅，包括各国国旗图。

3522 瀛环志略十卷

徐继畬辑著；霍蓉生采译

福建抚署刻本 1848（清道光二十八）年 六册线装；日本 对嵋阁刻本 1861（日本文久元）年 十册；总理衙门刻本 1866（清同治五）年 六册；楚南周鲲刻本 1880（清光绪六）年 六册

徐继畬（1795—1873）山西五台人，曾在广东、广西、福建等地任巡抚、布政使等职。任福建巡抚时一度负责监督对外商务，有机会接触西人。1843 年在厦门遇美传教士雅裨理（David Abeel 1804—1846），借得一本世界地图册，后又获得多张地图，并搜集西洋人编的一些中文地理著作、杂书、月报、报纸数十种，经五年完成此十卷世界地理著作。日本 1859、1861 年两次刊印。

该书以图为纲，图从泰西人原本钩摹，地名均汉译，使用中国纪年。卷一至三皇清一统舆地全图、亚细亚东洋、东南洋、南洋各岛及国家、印度及西域各部。卷四至七欧罗巴各国，卷八阿非利加各国，卷九至十北、南亚墨利加各国。记各国地理位置、疆域形势、沿革、物产、政权更迭、时事、宗教、文化、教育、医院、风俗等。记亚洲各国与中国的交往较详。国名译名下注明其各种不同译名，例如"西班牙"条下，有七种译名。

3523 地理全志二卷

（英）慕维廉撰

上海 墨海书馆 1854（清咸丰四）年 二册；上海 美华书馆 1854（清咸

丰四）年重印本；1883（清光绪九）年　二册（题名续瀛寰志略）；上海　益智书会本　1883（清光绪九）年，1902（清光绪二十八）年　一册；石印本　1902（清光绪二十八）年；西学大成本；小方壶斋再补编本

上卷为政治地理，分述亚欧非美等五洲地势、出产、政治、风俗、经纬度、疆域。下卷为地貌地理和历史地理，包括地球形势大率论、水陆分界论、洲岛论、山原论、地震火山论、平原论、海洋论等。

3524 地理新志

（英）罗存德著

香港刊本　1855（清咸丰五）年　一册

内容包括序言、释教略论、地球理论、地球转动、论地昼夜。附西班牙、葡萄牙地图、火轮机图。

3525 地球说略一卷

（美）祎理哲译

宁波　华花圣经书房　1856（清咸丰六）年　一册；上海　制造局　1856（清咸丰六）年　一册；上海　美华书馆　1871（清同治十）年　一册；1878（清光绪四）年　一册；小方壶斋舆地丛钞再补编第十二帙

此为祎理哲1848年版《地球图说》之修订本，内容包括：地球圆体说、地球图说、大洲说、大洋图说、亚细亚图说、欧罗巴洲图说、亚非利加洲图说、澳大利亚洲图说、亚美理驾洲图说、北亚美利驾洲图说。先介绍大洲，后述各洲所属国家的地理位置、疆域、山川、种族、人口、政治、宗教、文化、物产、风俗。卷首附各国国旗图样。

3526 地球图说略

（　）万为著

福州刊本　1857（清咸丰七）年　2页

3527 地理论略

（英）俾士著

广州刊本　1859（清咸丰九）年　一册

介绍世界地理常识。

3528 地理全志上编五卷下编十卷

（英）慕维廉著

三都书林　1859（日本安政六）年　十册

3529 海国大政记十二卷　卷首一卷

（英）麦丁富得力编纂；（美）林乐知译　郑昌棪笔述

上海　慎记书庄石印　1875（清光绪元）年　十二册；1897（清光绪二十三）年　石印　十二册

卷首中外各国面积人口，铁路，通讯，轮船装载量，进出口吨数、货值，国债，宗教等项比较表。正文十二卷记欧美非亚澳各国（中国除外）宗室、国王世系、议院、官制、教会、学校、财政、税收、军事，包括陆军及水师的详细资料、疆域、民族、商业、铁路、邮政、商船、钱币制度。其统计数字皆出自各国公使抄录之1873年年度统计表。

3530 地理志略

（美）江戴德（Chapin, Lyman Dwight）著；（英）傅兰雅译

上海　协和书局　1881（清光绪七）年初刊，1917年再版　一册；小方壶斋舆地丛钞再补编第十二帙

本书叙亚欧非美诸洲各国地理、物产、民族、政治、风俗、宗教等。

3531 地理志略

（美）江戴德著　谢子荣　丁辑五合校

福音印刷合资会社　1902（清光绪二十八）年再版本　一册

此为《地理志略》一书之再版本，除对五洲各国舆地名胜物产绘图列说外，对二十年中政治地理的变迁均作更正，卷末增各国面积、人口、山川数篇。

3532 天下五洲各大国志要一卷（一名　五洲各国志要）

（英）李提摩太著；铸铁生笔述

上海　广学会本　1892（清光绪十八）年　一册；1897（清光绪二十三）年刻本　一册；总学堂刻本　1902（清光绪二十八）年　一册；浏阳质学社刻本　一册；小方壶斋再补编本，改名"三十一国志要"，删去后附杂记

记世界三十一个国家和地区的疆域、历史、面积、人口、宗教、物产等概况，末附古今道德、学问、法律、军事、新学、航海、机器、报馆、邮政、格物、传教、火轮机器、铁路、轮船、电报电话、电学、通商各事之杂论。

3533 八星之一总论一卷

（英）李提摩太著；蔡尔康译

上海　广学会　1893（清光绪十九）年，1897（清光绪二十三）年　一册；上海　美华书馆　一册；新学汇编本

本书初名"地理奇妙论"。1881年《格致汇编》本名为"地球养民关系"，与本书内容有出入。凡二十一节，杂采地志之书而成，以地球为八行星之一，故以为名。

述地为圆形，地球的体积，面积，太虚有八大行星绕日而行，各大行星的运行轨道、周期，以及在太阳系中的位置，地球表面水多于土，日中黑子，日之热力，热力能养地球之生物，地球五大洲五大洋概况、人种分布、基督教、印度教、回教、儒教、犹太教等各大宗教的分布等。

3534 地理略说附图（亦名"地理浅说"）

（美）戴集著

上海　美华书馆　1894（清光绪二十）年　二册，1900（清光绪二十六）年　一册；上海重印本　二册

3535 瀛环志略续集四卷卷末一卷补遗一卷

（英）慕维廉撰

上海　新学会堂　1897（清光绪二十三）年　五册；扫叶山房　1898（清光绪二十四）年　四册

此即慕维廉《地理全志》。

3536 五洲图考四卷

龚柴　徐迈　许彬译辑

石印本　1899（清光绪二十五）年　四册；上海　徐家汇印书馆　1902（清光绪二十八）年　四册；上海汇报馆　清光绪末　四册

本书以益闻录所载之原书裒辑而成，五大洲总图及各国分图57幅，所附图说记各大小国家地理、风俗、政治、物产、人才、名胜等。

3537 世界地理志六卷　首一卷

（日）中村五六编　（日）顿野广太郎修补；（日）桶田保熙译

上海　金粟斋　1902（清光绪二十八）年　三册

卷首地理学总汇，数学地理，自然地理，政治地理。六卷分别记亚、欧、非、北美、南美、澳洲各国位置、疆界、属岛、山脉、平原、河流、气候、农产品、矿产、贸易、交通、人种、政体、都市、属地。

3538 万国地理志

（日）中村五六　（日）顿野广太郎修订；周起凤译

上海　广智书局　1902（清光绪二十八）年　一册

此即《世界地理志》。

3539 万国地志三卷

（日）矢津昌永著；樊炳清译

上海　教育世界出版社　1901（清光绪二十七）年　三册（科学丛书第一集）

上卷总叙，亚洲总论，亚洲各国志。中卷欧洲总论，欧洲各国志。下卷非洲总论，非洲各国志；北美总论，各国志；南美总论，各国志；大洋洲总论，各部志。

3540 五大洲志三卷

（日）辻武雄编

东京　泰东同文书局　1902（清光绪二十八）年，1906（清光绪三十二）年　三册

原书汉文。分为六编，首五洲概论，余亚、欧、非、澳、美洲各一编，每编末附沿革论略一篇。记各洲人口、兵备、贸易、交通等。附地图7幅。

3541 地理学新书

日本富山房编；范迪吉等译

上海　会文学社　1903（清光绪二十九）年　一册（普通百科全书）

3542 改正世界地理学六卷

（日）矢津昌永著；吴启孙编译

东京　丸善书店　1903（清光绪二十九）年　一册；上海　文明书局　1903（清光绪二十九）年　二册；上海　桐城吴豈生　1905（清光绪三十一）年　二册

原书名"世界地理学"，此为译者厘定本。卷首通论，亚洲十七章，南洋群岛四章，欧洲二十章，非洲五章，北美洲五章，南美洲十一章，附录一篇。论列国大势，交通、贸易、人种、财富、兵力、领土等均有列表。

3543 瀛环志略续集二卷补遗一卷
　　（英）慕维廉撰
　　上海　有用书斋　1903（清光绪二十九）年　二册
　　此即《地理全志》。

3544 万国地理学新书
　　（日）田边新之助编；范迪吉等译
　　上海　会文学社　1903（清光绪二十九）年　一册（普通百科全书）

3545 万国旅行地理
　　（日）山上万次郎编；范迪吉等译
　　上海　会文学社　1903（清光绪二十九）年　一册（普通百科全书）

3546 万国新地理
　　（日）佐藤传藏编；范迪吉等译
　　上海　会文学社　1903（清光绪二十九）年　一册（普通百科全书）

3547 万国新地志
　　（英）雷文斯顿著；何育杰译
　　上海　通社　1902（清光绪二十八）年初版，1903（清光绪二十九）年10月再版　一册（通社丛书）

3548 新撰万国地理五卷
　　（日）山上万次郎　（日）滨田俊三郎合编；林子芹　林子恕译
　　上海　开明公社　1903（清光绪二十九）年　三册
　　分五编记亚、欧、非、美、澳五洲诸国地理，每卷各有总论，以记其要。

3549 最近统合外国地理二卷
　　（日）山上万次郎著；谷钟秀译
　　日本　并木印刷所　1906（清光绪三十二）年　一册；北京　河北译书局　1907（清光绪三十三）年　一册

3550 地理撮要四卷
　　孙文桢编译
　　上海　土山湾印书馆　1907（清光绪三十三）年　一册

3551 大国次第考（一名　大国次第）
　　（英）李提摩太著
　　上海　广学会　清光绪中　一册
　　1892年完稿，列世界三十余国之人口、幅员、粮赋、贸易、学校、工价等等统计数字，列出各大国所在名次。

3552 万国地理新编二卷
　　陈乾生译
　　石印本　清光绪间　一册

3553 五大洲图说
　　（美）潘雅丽等

上海　美华书馆　清光绪间　一册

3554 最新万国政鉴五十一卷

日本太阳报原译　赵天择　王慕陶编译

国民丛书社　清光绪末　八册

原名"世界国势要览"，为日本太阳报社集多种参考书，按年汇编。本书分亚、欧、北美、南美、非洲五编。分类列表，包括皇室、政体、面积、人口、宗教、教育、财政、外交、军事、农工商业。

3555 世界诸国名义考五卷

（日）秋鹿见二著；沈诵清译

上海　广智书局　清光绪间　一册

分亚细亚、欧罗巴、阿非利加、亚美利加、澳大利亚五卷，考各国国名之由来。

3556 金行集二卷

（英）杨姬（Yonge, Charlotte M.）著；（英）柏尔根（Bergen, P. D.）译　丁树荣述

上海　美华书局　1910（清宣统二）年　一册

3557 地理浅说一卷

（美）林乐知著

小方壶斋舆地丛钞第一帙

3558 地球推方图说一卷

（美）培瑞著

小方壶斋舆地丛钞再补编第一帙

著者谓地球圆而动，自东向西周行，绘其全图，分四大洲：亚细亚、欧罗巴、亚非利加、南北美利加。此其四大洲图说。

3559 地球总论一卷

（葡）玛吉士著

小方壶斋舆地丛钞

3560 万国总说一卷　续二卷

（日）冈本监辅著；朱克敬续二卷

富强斋丛书本

内容：欧罗巴洲总说，亚美理嘉洲总说，亚非理驾洲总说，阿塞亚尼亚洲总说，印度记。

3561 圣经所载诸国见于汉书考

（英）艾约瑟撰

上海　商务　1919年　一册

3562 地球寒热各带论一卷

（欧）著者阙名

小方壶斋舆地丛钞再补编本

3563 北洋事迹述略一卷
　　（美）艾约瑟著
　　小方壶斋舆地丛钞第十一帙
　　叙北极事。

3564 二十世纪第二年之南北冰洋二卷
　　（瑞典）屋土诺得肯司乔　（挪威）屋士史缶局辣拨合著；仇光裕　严新辙译
　　嘉定　日新书局　清光绪间　一册
　　瑞典人南行，挪威人北行，此为分探南北极之日记。似由日文本重译。

3565 北冰洋洲及阿拉斯加沿海闻见录一卷
　　（日）阿部敬介著；唐人杰译
　　政学报馆本　清光绪末　一册
　　记阿拉斯加之民族、地理、物产、风俗较详。

3566 亚欧两洲热度论一卷
　　（泰西）欧白苓著
　　小方壶斋舆地丛钞再补编

3567 阿塞亚尼亚群岛记一卷
　　（日）冈本监辅著
　　小方壶斋舆地丛钞第十帙
　　此为澳大利亚等太平洋岛屿与东印度洋岛屿之统称。

3568 俄西亚尼嘎洲志略一卷
　　（美）江戴德著
　　小方壶斋舆地丛钞第十帙
　　本书所指包括马来西亚、菲律宾、澳大利亚等。

3569 天下五大湖各国志要
　　（英）李提摩太撰；铸铁生述
　　上海　广学会　1897（清光绪二十三）年　一册

3570 宇内高山大河考一卷
　　（日）木村杏卿著
　　小方壶斋舆地丛钞第四帙

3571 岛夷图志
　　（比）南怀仁　陈伦炯等撰
　　清刻本　一册
　　子目：坤舆图略 /（比）南怀仁著，海国闻见录图 / 陈伦炯著，英咭唎类林图 /（英）类林著，进呈英咭唎地图说 / 姚莹著

3572 中西地名合璧表一卷（中英对照）
　　（美）李佳白编
　　1905（清光绪三十一）年　一册

教科书与普及读物

3573 地理便童略传

（英）麦都思编

马六甲刊本　1819（清嘉庆二十四）年　一册

启蒙读本之属。共8回：一论地分四分，即亚、欧、非、美四大洲；二论中国；三论印度、彼耳西亚等国；四论亚拉彼亚及氏亚等国；五论英吉利国；六论友罗巴列国；七论亚非利加；八论亚默利加。介绍世界各主要国家的疆域、面积、物产、人口、宗教等，对英国政制、司法制度介绍颇详。

有地图4幅：两半球图、中国图、亚洲图、欧洲图。

3574 地理问答

（　）甘第德（Condit, I. M.）译

上海　制造局　清光绪初初版，1886（清光绪十二）年再版　一册

3575 地理初阶一卷

（美）李安德著

北京　汇文书院　1894（清光绪二十）年　一册

全书七章，问答形式。首论地球，次论中国，再次论亚欧非美澳五洲各国，后总论。附图画、地图若干。

3576 坤舆撮要问答四卷　附编一卷

孙文桢译

上海　土山湾印书馆　1898（清光绪二十四）年，1902（清光绪二十八）年　一册，附图表

3577 地理学讲义一卷　附表

（日）志贺重昂编；萨端译

上海　金粟斋　1901（清光绪二十七）年　一册

3578 外国地理

（日）松林译　茅迺封校

蒙学书报局　1902（清光绪二十八）年　一册

3579 世界地理二卷

作新社编译

上海　作新社　1903（清光绪二十九）年5版　一册

该书荟萃多种地理书编译而成，教科书之属。分三编：首编世界总论，分论天、地、人文三类，上编本国之部，下编外国之部。附舆图7幅，名胜图6幅。

3580 世界地理问答

日本富山房编；范迪吉等译

上海　会文学社　1903（清光绪二十九）年　一册（普通百科全书）

3581 中学地理外国志二卷

（日）矢津昌永　（日）角田政治合著；刘邦骥译

汉川刘氏刻本　1903（清光绪二十九）年　一册

3582 万国地理课本
（日）辻武雄编
东京　泰东同文局　1906（清光绪三十二）年　一册
原汉文。

3583 中学万国地志
（日）矢津昌永著；出洋学生编译所译
上海　美华书馆　1906（清光绪三十二）年　一册

3584 外国地理讲义三卷
（日）堀田璋编；曹典球译
思贤　1907（清光绪三十三）年　五册线装

3585 地理学一卷
（日）矢津昌永讲述；朱杞编辑
速成师范讲义丛录本　清光绪末　一册
书分七节：亚细亚、大洋洲、欧罗巴、亚美利加、中国大势、世界交通。篇末论世界交通贸易进步。

3586 外国地理学教科书三卷
（日）渡边光次编；（日）白洋一夫译
同文沪报馆石印本　清光绪末　一册
书分七章，述六大洲位置、境界、地势、区划、邦国情形。附图若干，卷末附世界各国面积比较表，世界各国人口比较表。

3587 外国史略不分卷
（英）马礼逊（Morrison, Robert）著；王锡祺删削合并
清钞本，小方壶斋舆地丛钞
介绍自希腊、罗马始，直至近代之各洲历史，各国概况。首亚洲诸国，次亚非利加洲诸国、欧洲诸国、亚默利加洲诸国，缺澳大利亚洲。记各国位置、疆域、山川、民族、人口、物产、经济、礼俗、文化。

3588 外国地理问答一卷
卢籍刚译
上海　广智书局　清光绪末　一册

3589 万国地理统纪
（日）若原编；顾培基　马汝贤译
苏州　励学译社　清末　一册

3590 瀛寰译音异名记十二卷
杜宗预编
鄂城宜都杨氏刻本　1904（清光绪三十）年　六册线装
此为世界地理地名表。

3591 旅人入胜
（英）哥伯播义著

宁波　华花圣经书房　1855（清咸丰五）年　一册

以宁波方言著成有关旅游之书。

世界地图

3592 万国舆图

（意）利玛窦制

钱塘张文焘过纸　1602（明万历三十）年；禹贡学会　1936年　18页

参考洪煨莲著"利玛窦的世界地图"，载《禹贡》第五卷第三、四合期"利玛窦世界地图专号"，列利氏世界地图版本表如下：

山海舆地图　万历十二年（1584）　王泮刻版　肇庆

（世界图志？）万历二十三年（1595）　南昌　绘赠建安王多火节

山海舆地图　万历二十三年（1595）

万历二十六年（1598）　赵可怀勒石　苏州　翻王泮本

（世界图记）万历二十四年（1596）　南昌　为王佐编制

（世界地图？）万历二十四年（1596）　南昌　绘成一本或二本

山海舆地全图　万历二十八年（1600）　吴中明刻版　南京　增订王泮本

舆地全图　万历二十九年（1601）?　冯应京刻版　北京　大屏6幅，增订南京本

坤舆万国全图　万历三十年（1602）　李之藻刻版　北京　增订吴中明本

坤舆万国全图　万历三十年（1602）　钱塘张文焘刻板　复刻李之藻本

山海舆地全图　万历三十二年（1604）　郭子章刻版　贵州　缩刻吴中明本

世界地图　万历三十四年（1606）?　李应试刻版　北京　增订李之藻本

（坤舆万国全图）万历三十六年（1608）　北京　诸太监摹绘李之藻本若干份

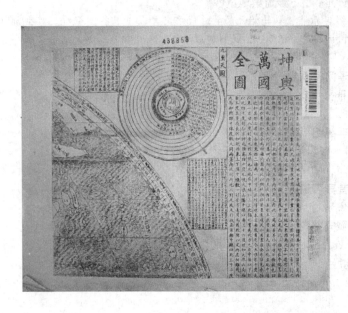

绘而未刊者加括弧，图之汉名未考得者，姑称之为世界地图，加问号。

利氏之"万国全图"(1602年版)，附有自撰图解说明，述及地为圆形，南北二极，赤道，赤道南北昼夜之长短，五带，和当时的五大洲概念——亚、非、欧、美和墨瓦蜡尼加；中国位置；论地球九重天等。图中空地有若干识语或注释，如"庚子至白下蒙左海吴先生之教，再为修订。辛丑来京，考前图得失，增地名数百，再作半球者二，共成大屏6幅。""看北极法"，"太阳出入赤道纬度表"，以及古希腊的四行论。另有吴中明、李之藻、杨景淳等等数人跋语。地名有习见译名即注于下，否则注英文名，特殊地方加附注，地名旁注产油（涂尸油）、银矿、产香等资料。

3593 海外舆图全说
（西班牙）庞迪我绘
（出版不详）
此为世界地图，成于明末。

3594 万国全图
（意）艾儒略绘
明代绘 （出版不详）

3595 舆图汇集
（葡）阳玛诺著
明末清初 徐汇楼藏本

3596 坤舆全图
（意）毕方济绘
明末清初木刻 一幅 19cm×25cm 梵蒂冈藏本；民国间摄影本
采用摩尔维特等积投影绘制的椭圆形世界地图，太平洋居中。有文字说明"地本圆体"，图之四周绘有龙形图案。有民国间据此本摄制本。

3597 坤舆全图
（比）南怀仁制
北京刻本 1674（清康熙十三）年 28cm×37cm；天津工商大学 1925年摄影本
世界东西两半球图，此图已增绘澳大利亚洲。所绘各大洲轮廓已接近现代地图，同时绘有海船及多种兽类图形，附图说30余篇。1925年天津工商大学据其所藏珍版摄制两半球图2张，局部放大图36张。

3598 坤舆全图
（法）蒋友仁绘
1761（清乾隆二十六）年于绘坤舆全图进呈，1767（清乾隆三十二）年木刻
图长13—14尺，高6尺，为两半球图，此图附有说明，名为"坤舆图说稿"，内中介绍了哥白尼最新之地动说。

3599 世界全图
（法）蒋友仁绘
1773（清乾隆三十八）年绘 未刻

3600 平圆地球图一幅
　　李凤苞译
　　上海　制造局　1876（清光绪二）年；上海　益智书会　（年代不详）

3601 坤舆方图一幅
　　（日）木村信卿绘
　　1884（清光绪十）年石印　一幅
　　此为彩色世界全图，有作者自序和姚文栋跋语。有国界、省州界、铁路、航海线、居民点等标识。

3602 万国舆图一册
　　英国原图；陈兆桐译
　　上海　同文书局石印　1886（清光绪十二）年　一册
　　单色图42幅，首为天文图及解说，余为天下五大洲方图、平圆地球全图、五大洲各国分图。

3603 五洲各国统属图一幅
　　（英）李提摩太译
　　上海　广学会　1892（清光绪十八）年

3604 新案万国地图　附教科摘要一卷
　　（日）吉仓次郎编辑
　　1895（清光绪二十一）年初版　一册；日本　三松堂　1900（日本明治三十三）年增订12版　一册
　　图11幅：行星轨道图，说明月之盈亏、昼夜、气候、潮汐、日月蚀、各星象图；世界图，地球，亚洲，非洲，欧洲，北美，南美，大洋洲，日本，朝鲜。后附教科摘要，述地球，水陆，气候，政体，兵备，财政，物产等。

3605 万国全地图
　　（日）渡边忠久编辑
　　东京　协诚堂　1896（日本明治二十九）年　一册

3606 万国新地图　附统计表一卷
　　（日）岛田丰著　（日）岩永义晴校
　　日本　大仓书店　1901（日本明治三十四）年增订第4版　一册
　　图15幅，夹杂日文。

3607 近世万国新地图
　　（日）服部悦次郎编
　　大阪　田中宋荣堂　1902（日本明治三十五）年　一册
　　图较精细，每图后附各洲名胜影片若干幅。另有万国著名市街图一卷，地理统计表一卷。

3608 世界大地图
　　（日）辰巳小次郎译
　　东京　1903（日本明治三十六）年第7版一幅

3609 最新万国形势指掌全图

（日）依田雄甫编

东京　富山房　1903（日本明治三十六）年初版，1905（日本明治三十八）年3版（增订），1906（日本明治三十九）年12版　一册，彩色

1905年图增至18幅，新增"日俄交战地图"等内容，末附太阳表等32篇；1906年版图20幅，主要增补日俄战后世界新形势。

3610 汉译世界读史地图

（日）依田雄甫编

东京　富山房　1906（日本明治三十九）年　一册　精装彩色

前有著者明治三十九年自序及"旧自序"（无年月），谓："……至明末大势一变，西人东来，近海诸国皆归其朵颐，至所卧榻之侧，容他人之鼾声，岂可不慨乎？余尝作此图欲使世人知东西两人种盛衰消长，……愤发激励，则往时之盛岂不可期而待乎。"

此为世界历史地图，所记上自埃及下迄当代，亚、欧、北美三洲各国境界沿革，争战征讨引起的疆域变迁，著书时诸国领地、航路电线、时差、人口、人种及宗教等。全书33图。

3611 中等教育辑制新地图　附地志一斑一卷

（日）野口保兴著

日本　精华堂　清光绪末4版　一册

图22幅：斜面地势、雨量、风向、植物带、世界政治地图、六洲各自然地理图、政治地图、中、朝、印、俄、英、法各国图等。后附一卷，述面积、位置、政治、人口等。其书汉文日文夹杂。

世界游记

3612 东来航海游记（亦作　渡海苦绩纪）

（意）杜奥定著；（　）方德望（Faber, Stepharus）口译　王征笔述

1631（明崇祯四）年　一册

述其1626年自罗马启程，同舟者六百余人，行至若望得那模海岛旁，遇狂风巨浪，船触大石之后的惊险艰难经历。对曾栖息之绝无人烟小岛上的珍奇鱼鸟有详细记述。

3613 美风欧云录一卷

（日）松本君平著；岑钟朴译

上海　镜今书局　1903（清光绪二十九）年　一册（政治丛谭）；上海　广智书局本

作者于光绪二十四、二十五年间（1898—1899）游历美英两国，调查其政治、工商、风俗等。此即作者此间日记之类。

3614 世界探险一卷

人演社译

上海　人演社　清光绪间

原本为丛刻,共九种:

一、希马拉雅山/(日)樱井基峰著
二、沙漠横断记/(欧人)史汶黑敌阴著
三、瑞士之山光/题:青萍迁人著
四、澳洲纪行/(日)志贺重昂著
五、南洋食人国/(日)龙江义信著
六、南极冰中二千里/(比)科克著
七、北极探险谭/(挪威)奈生著
八、太平洋中之乐园/(日)题:枫堂著
九、科罗拉特之峡路/(日)山县悌三郎著

亚洲地理

3615 东游记略五卷

(英)艾约瑟辑
通学斋丛书本
元时欧洲加路博俄革五博士曾东游亚洲,所闻见各有著述,艾约瑟摘录成书。

3616 新撰亚细亚洲大地志

(日)山上万次郎编;叶瀚译
上海　正记书局石印　1901(清光绪二十七)年　四册　另有二卷本
共七章:一世界地理总论,二亚细亚总论,三朝鲜,四支那,五露西亚领亚细亚,六南部亚细亚,七西部亚细亚。记各国地理、政体、宗教、民俗等。附图8幅。

3617 东亚三国地志二卷

(日)辻武雄著
1899(清光绪二十五)年印本　二册;东京普及舍　1900(日本明治三十三)年　二册
原书汉文,记中朝日三国事。作者任日本教育时报主笔,戊戌年(1898)曾游我国及朝鲜,归而作是书,为游记随笔之作。

3618 中亚细亚论略二篇

(俄)麦登斯曾著
(出版不详)
上篇以新疆为主,下篇以印度为主。

3619 英属地志一卷

(英)慕维廉著
小方壶斋舆地丛钞第十二帙
记英国在亚洲的藩属地。

3620 东亚各港口岸志一卷

日本陆军参谋本部编;广智书局译
广智书局　1902(清光绪二十八)年　一册
书名页题:东亚各港志。原书成于甲午中日之战前。书分七篇,首记中国各通商港口，次记俄领沿海州、朝鲜，法属西贡、安南之海防，英属新加坡、暹逻之盘谷、小吕宋群岛。对各港位置、沿革、行政、兵备、风俗、气候、物产、贸易、街市均分节以记。

3621 昆仑及南海古代航行考不分卷

（法）费瑯（Ferrand）著

上海　商务　收在《交广印度两道考》一书之后

3622 东南海岛图经十卷

薛福成鉴定　世增译　张让三笔述

上海石印本　1900（清光绪二十六）年　三册

世增通法文，精于测绘。张让三光绪十六年随薛福成出使英法等国。此为张让三随薛福成出使英法时得西洋人所志东南海岛诸书，世增口译，张让三润色考订。张让三，本名张美翊（1857—1924），号让三，著名学者。

卷一巫来由部落（Malay peninsula），包括新加坡、槟榔屿、马六甲等十七地。卷二苏门达腊岛，记苏门达腊本岛及其以东、以西诸岛共十三地。卷三记爪哇、巴达维亚、巴厘岛等十三地。卷四婆罗洲（Borneo）。卷五斐利滨群岛。卷六西里百岛（Belbes）、摩鹿加群岛（Maluccas Islands）等十六地。卷七澳大利亚洲。卷八达斯曼尼岛（Dasmania）、纽西兰南北岛。卷九美勒内西群岛（Melanesia）十三地。卷十颇利内西群岛（Tolynesia）十八地。附南太平洋至东印度洋之间岛屿大图1幅。

3623 舨鸟纪略一卷

（泰西）鸭砵著

小方壶斋舆地丛钞第十帙

3624 南洋与日本

（日）井上清著；黄率真译

上海　中华书局　1904（清光绪三十）年　一册，图；北平　辛未编译社　1914年　一册

分六章述南亚概论，南洋之咽喉——新加坡、马来半岛之开发，荷属诸岛情形，各岛观察之概要，南洋之五大产业。

3625 中亚洲俄属游记二卷

（英）兰士德（Lansdell, H.）著；莫镇藩　杨枢译

同文馆本　1885（清光绪十一）年　一册；南海张荫印本　1894（清光绪二十）年　二册；上海　时务报馆　1894（清光绪二十）年　二册

作者为英国传教士。清光绪八年游历俄属中亚细亚，往返三万余里，历时179天，归而撰此记。上卷由英京都至西伯利亚、伊犁、塔什干、撒马儿罕等地，下卷记历撒马儿罕、布哈拉机洼地等事。

3626 犹太地理择要

（美）纪好弼著；陈觉民笔述

上海　基督教育会刻本　1882（清光绪八）年　一册

3627 帕勒斯听历史地理学

（英）斯密甫（G. Adam Smith）著；（美）G. D. Wilder 译　杨坚芳校

上海　广学会　1914年　一册

原书：Historical Geography of Palestine. 书分三卷凡三十章，叙巴勒斯坦历史及人文地理。

亚洲地图

3628 乾隆内府地图（又名　十三排皇舆全图）

（法）宋君荣　（法）蒋友仁　（法）高慎思　（　）傅作林（Rocha, Felix da）等绘制

北京　1761（清乾隆二十六）年　武英殿藏本　1775年在法国制成铜板104块

主要包括：

1. 亚洲西部略图：以皇舆全图为基础，参酌利玛窦万国图志、万国舆图，南怀仁坤舆全图、坤舆图说而成。

2. 亚洲俄领略图，根据俄国所献图。

3. 准噶尔部及回部地图：命左部御史何国宗、蒙古正白旗生员五官正明安图督率西洋教士蒋友仁、高思慎等实地测绘而成。

全图宽十二尺半，高六尺半。南至琼海，北至俄罗斯北海，东至东海，西至地中海，西南至印度、南海。全图刻为十三排，合若干页，每页注明经纬度数。西北各边皆满文，内地用汉字。

3629 亚细亚东部图一幅　附朝鲜图一幅

（日）省三绘

日本刊本　清光绪间

3630 中日韩三国大地图一幅

（日）恒三郎制图　（日）原田藤一郎校

日本　青木嵩山堂　1901（日本明治三十四）年

图大近两平米，附东洋著名军港图9幅。

3631 东亚三国地图一幅

（日）赤松范静绘

日本　东京市京桥区桶町十七番地林荣翠印本　1902（日本明治三十五）年

中国地理

3632 清国地志三卷

（日）岸田吟香编

东京　乐善堂刻本　1882（日本明治十五）年　五册

3633 支那疆域沿革略说一卷

（日）重野安绎等编

日本印本　1896（日本明治二十九）年　一册；东京　富山房　1903（日本明治三十六）年　一册

3634 中国历代疆域沿革考一卷
　　（日）重野安绎　（日）河田羆合编；滌盫居士译
　　上海　商务　1902（清光绪二十八）年　一册线装
　　该书据中国正史、通鉴等书中关于历史地理部分，拾其大略，以资读史。所记为夏至清代封侯及所置省、郡、县、都城，以及疆域变动。包括向中国纳贡的周边小国：高丽、百济、新罗、林邑（越南）、吐谷浑、突厥、回纥、渤海、南诏等。

3635 中国地舆志略
　　（法）夏之时　孙文桢译
　　上海　土山湾　1906（清光绪三十二）年　一册

3636 支那一卷
　　（美）魏礼森著；黄斌　范祎译
　　上海　广智书局　清光绪末　一册
　　作者为美国陆军统将，在华游历考察甚详。原书二十二章，译本并为八章，论中国地理、政治、教育、商业、历来外交之得失等。

3637 中华地理全志五卷
　　孔廷璋编译
　　上海　中华书局　1914年　一册
　　该书主要据日本西山荣久《支那大地志》一书，参以欧美有关图籍译编而成。首绪论，述中国地质地理；余为本论五卷，卷一上，中华本部各省地志；卷一中，中华本部沿海地志；卷一下，中华本部人文地理；卷二东三省；卷三新疆省；卷四蒙古；卷五西藏、青海。

3638 亚东论略一卷
　　（美）戴乐尔著
　　小方壶斋舆地丛钞再补编第三帙

3639 中国江海险要图志二十二卷　首一卷　补编五卷　附图五卷
　　（英）伯利特辑；陈寿彭译
　　上海　经世文社石印　1901（清光绪二十七）年　十五册；广东　广雅书局　1907（清光绪三十三）年　十五册，有图
　　英国海军海图官局原书（1894），此第三次裒集较近新书而成，名为《中国海方向图》。所增二百余条。图五卷，凡208幅。

3640 海道总图
　　（英）兵船部原书；（美）金楷理译　王德均笔述
　　上海　制造局　1874（清同治十三）年　一册

3641 大江图说五卷
　　英国兵船部著；（美）金楷理译　王德均笔述
　　上海　制造局　1874（清同治十三）年　一册

3642 扬子江流域现势论八卷
　　（日）林繁著；汪国屏译
　　上海　广智书局　1901（清光绪二十七）年，1902（清光绪二十八）年　一册

共四编，对沿江商埠地势叙述较详。

3643 扬子江
　　（日）林安繁著；汪国屏译
　　上海　商务　清光绪间　一册；抄本　清末　一册
　　著者林安繁即林繁。考述水道源流简略，记口岸租界、商业、地产较详。

3644 满洲旅行记二卷
　　（日）小越平隆著；克斋译
　　上海　广智书局　1902（清光绪二十八）年　一册（史地丛书）
　　上卷记满洲形势，俄国人经营铁路情形；下卷记满洲物产、疆域沿革、江河、平原、方言等。

3645 白山黑水录一卷
　　作新社编译
　　上海　作新社　1904（清光绪三十）年　一册
　　分为铁道志、道里志、沿革志三章，记长白山黑龙江等东三省地理。

3646 满洲调查记
　　（日）冈田雄一郎著；富士英译
　　1906（清光绪三十二）年刊本　一册

3647 富之满洲
　　（日）松本敬之著；马为龙译
　　政治转输社　1907（清光绪三十三）年　一册

3648 满洲地志一卷
　　日本参谋本部著；商务印书馆译
　　上海　商务　清光绪间　一册

3649 东三省丛话
　　（日）户水宽人著；政法学报社员译
　　清光绪间　政法学报本

3650 西行琐录一卷
　　（德）福克著
　　小方壶斋舆地丛钞第六帙

3651 西藏
　　日本西藏研究会编；西藏调查会译
　　成都　西藏调查会　1907（清光绪三十三）年　一册

3652 西藏通览
　　（日）山县初男编；（日）三原辰次选　四川西藏研究会译
　　成都　西藏研究会　1909（清宣统元）年　四册，有图；台北　文海出版有限公司影印　2003年　一册

3653 西藏通览
　　（日）山县初男编；陆军部译

· 422 ·

北京　陆军部　1913 年　一册

3654 喀什噶尔略论一卷
（美）林乐知著
小方壶斋舆地丛钞

3655 琉球地理小志（一名　琉球小志）
（日）中根淑等撰；姚文栋译
石印本　1883（清光绪九）年　一册
附琉球小志补遗一卷、琉球说略一卷。

3656 琉球形势略一卷
（日）中根淑著
小方壶斋舆地丛钞第十帙

3657 汉口
（日）水野幸口著；刘鸿枢等译
上海　昌明公司　1908（清光绪三十四）年　一册（东京并木活版所印刷）

3658 三藩市记
（美）丁韪良著
小方壶舆地丛钞第十二帙册 63

中国地图

3659 皇舆全览图
（法）白晋（Bouvet, Joachim）等
北京初版木刻　1718（清康熙五十七）年　二十八幅；手绘本　1720（清康熙五十九）年 6 月　三十二幅；后由马国贤（P. Ripa）携往欧洲，制成铜版　四十一幅　1929 年在沈阳故宫博物院所发现者即是
第二次木刻　三十二幅　1722（清康熙六十一）年此版与手绘本同，西藏与黄河上游已较前详细。1726（清雍正四）年，以二百十六图收入图书集成，所列地名较前更为丰富。
康熙四十七年（1708）帝命西方传教士遍览中国各省，用西学量法及仪器测绘地图，康熙五十六年（1717）绘毕，由杜德美汇编成总图三十二帧，进呈御览。参加者法国雷孝思、费隐、白晋、冯秉正、杜德美。
著者白晋又译白进，法国耶稣会士，1685 年法王路易十四派来中国的五位传教士之一。

3660 中国新图
（法）唐维尔（Anville, J. B. Bouguignon de）绘制
1729－1734（清雍正七～十二）年陆续出全
包括中国全图及高丽、鞑靼、不丹等。

3661 中国全国舆图
（法）蒋友仁绘

北京印　1773（清乾隆三十八）年

长二尺三寸，宽一尺二寸，共一百零四幅。

3662 唐土历代州郡沿革地图

（日）长久保赤水著

1789（日本宽政元）年刻本　一摺册；学部编辑局　1896（朝鲜建阳元）年重刊　一册

前有乾隆五十四年沈琬纶序；水户立原万日本宽政元年（1789）序；重刊本有广学会李提摩太1892年识语，主要是解释图例。

此为中国历史沿革图册。包括：大清国海陆道程图，禹贡九州图附古帝都，周职方氏图，春秋列国图，战国七雄图，秦三十六郡图，西汉州郡图，东汉州郡图，三国州郡图，两晋南北朝图附五胡十六国图，唐十五道图，大明一统志图，亚细亚小东洋图。

3663 清二京十八省疆域全图

（日）东条耕绘制

1848（日本嘉永元）年刻本　一摺册

书前有东条耕嘉永元年序，作此为读史者知山河所鳞接、州县之众寡、输漕之险夷。

首为华夷一统总图，附二京十八省版图幅员略说。次第为二京（京师、盛京）十八省总图；京师全图；直隶、山东、山西、河南、江苏、安徽、江西、浙江、福建、湖北、湖南、广东、广西、陕西、甘肃、四川、云南、贵州18幅分省彩色图。

3664 极东地图一幅

（日）今泉秀太郎著

日本　信阳堂　1902（日本明治三十五）年再版本　一幅

中国各行省测绘精细，附日本、朝鲜。附列北京、天津附近地图，世界总图，世界将来之道路图三小幅。

3665 北支那图一幅

（日）堀内政固编辑

日本　信阳堂　1905（日本明治三十八）年　一幅

图分两面：阳面列盛京直隶山东沿海郡县村落地名山川甚详，阴面列中国各行省全图。此为甲午战事日本军队所用。

3666 大清全图（汉译大清国舆地全图）

（日）集画堂编制

东京集画堂　1907（日本明治四十）年　一幅，彩印

附《清国位置及世界交通图》

3667 清国分割新图

编制者阙名

日本印本　清光绪末　一册

图16幅　中国二十一行省及内外蒙古、伊犁、青海、西藏、扎萨克图、唐努乌梁海、天山南北路各图，日本、朝鲜殿后。

3668 清全地图一大幅
（日）宫忠龟一著
日本　三省堂铜版本　清光绪末　一幅
绘我国二十一行省及内外蒙古西藏各地，山川、路线、城邑、市镇皆详。

3669 大清帝国分省精图
（日）依田雄甫撰
东京　富山房书局　1907（日本明治四十）年　一册，彩色
图19幅，各大城市及枢要都会地图较详，末附1901—1904年间自然经济统计资料。

3670 八省沿海舆图七十九幅
日本陆军测量部绘
天津局石印本　清光绪间　一函
包括沿海总图，广东、台湾、福建、浙江、江苏、山东、直隶、奉天八省沿海图、长江图等，各图详细标注海水深度。

3671 中俄交界图三十五幅
俄国原图；洪钧译绘
天津局本　1890（清光绪十六）年　一函
收有俄国出版的关于中俄边界地图35幅。洪钧（1840—1893）字陶士，江苏吴县人，内阁学士、外交家，曾历任湖北学政、江西学政、主典陕西山东等地乡试，1887年任出任俄、德等四国钦差大臣，赛金花以妾位伴其欧洲任职。留欧期间，洪钧译俄国出版的中文地图多幅。

3672 光绪勘定西北边界俄文译汉图
佚名绘
1894（清光绪二十）年　平板印本　二幅

3673 西北边界图地名译汉考证二卷
许景澄撰
上海　藻文书局石印　1902（清光绪二十八）年　二册
著者曾奉派驻俄使者。俄文中俄交界图共印行六种，始为1877年土尔吉斯坦图。1891年绘亚细亚俄国南界图，其中俄全界为最新最详。由于中俄间所订条约，边界有所增改。我中俄界图为侍郎洪钧使俄时用俄文亚细亚图本拓摹，俄境内名称多就汉文旧名切成俄文，歧杂不一。
本书收皇清一统舆地图2幅，俄罗斯国全图，俄罗斯西境图，西域各回部图，土耳其图，欧罗巴洲全图。著者参稽官私图籍地名之旧文新称，以北纬度数为次第，由北而南，先东后西，核稽国界及山川水道地名之译名，并注明从某书改。

3674 清国北东地图
（日）后藤常太郎编
日本中田精一石印　1900（日本明治三十三）年　一幅
收盛京省（满洲）、本部、直隶省、山东省及北京市街图。

3675 最新满洲图一幅 附交通解说
（日）葛生修亮绘图 （日）伊东正基 （日）小越平六等五人解说
黑龙江会铜版 1901（日本明治三十四）年 一册
图一尺八寸×二尺。述满洲险要形势、考察路矿、解说交通道里。

3676 台湾详密地图
（日）后藤常太郎绘
日本刻本 1902（日本明治三十五）年 一幅，彩色
附台南市、台北市街图。

3677 唐土名胜图会六卷
（日）冈田玉山编
日本刻本 1802（日本文化二）年 二册

3678 扬子江图
日本水路部制
日本 1900—1902（日本明治三十三～三十五）年 五幅，单色
此为日本水路部翻印英国海军部1859—1869年出版的海图，英、日、汉文对照。收上海—南京、南京—东流、东流—汉口、汉口—岳州府、岳州府—夔州府五幅图。

中国游记

3679 观光记游一卷
（日）冈千仞著
1886（日本明治十九）年排印本 一册；台北文海本；小方壶斋舆地丛钞第五帙
作者1885年间游中国所作。

3680 燕山楚水纪游二卷
（日）山本宽撰
大阪 上野松龙所 1898（日本明治三十一）年 二册

3681 长城游记
（日）大鸟圭介著；黄守恒译
嘉定 日新书局 1902（清光绪二十八）年 一册
原书作于光绪十八年（1892），作者为驻北京日使。

3682 元代客卿马哥博罗游记三卷
（意）马哥博罗著；魏易译
北京 正蒙印书局 1913年 二册
记载元世祖中马可波罗在中国十九年所见所闻。欧洲人记述中国之书，从该书始。

3683 聘盟日记一卷
（俄）义兹柏阿朗特义迭思（Ides, Ysbrants）著；柏龄译
通学斋本；小方壶斋舆地丛钞第三帙
康熙三十二年（1693）九月至三十三年二月，作者为通商事务奉使至北京，此记觐见康熙帝，以及在京所见市井风情。柏龄适时为俄文馆教习。

3684 过蜀峡记一卷
　　（英）艾约瑟著
　　小方壶舆地丛钞再补编

3685 探路日记一卷
　　（英）密斯耨著
　　小方壶斋舆地丛钞第十帙
　　作者1868—1877年出使中国，1876年自蜀赴西藏至云南再至缅甸，此为游记。

3686 游历西藏记一卷
　　（英）李提摩太著
　　小方壶斋舆地丛钞再补编第三帙

3687 栈云峡雨日记二卷
　　（日）竹添光鸿著
　　奎文堂　1878（清光绪四）年　二册

3688 支那游记
　　（英）艾约瑟著
　　通学斋　清末印本　一册

日本地理

3689 日本地志提要八卷
　　（日）三好纪德等纂
　　日本　1874（日本明治七）年　一册

3690 日本地理志一卷
　　（日）中村五六编纂　（日）顿野广太郎修补；王国维译
　　上海　金粟斋　1901（清光绪二十七）年　三册线装
　　共十一章，记日本各道之位置、面积、人口、区划、河流、气候、物产、都市。

3691 日本地理
　　（日）松林译　茅迺封校
　　蒙学书报局　1902（清光绪二十八）年　一册

3692 日本政治地理一卷
　　（日）矢津昌永著；陶镕译
　　上海　商务　1902（清光绪二十八）年　一册（地学丛书）
　　以政治为经，同时考查舆地，晓以治国道理。共为七编：一国土、二人民、三邦制、四经济、五交通、六生业及财产、七外交。书前载有译例。

3693 日本政治地理一卷
　　（日）矢津昌永著；上海广方言馆译
　　南洋七日报本　清光绪末　一册
　　此为前书另一译本。

3694 日本地理问答
　　日本富山房编；范迪吉等译
　　上海　会文学社　1903（清光绪二十九）年　一册（普通百科全书）

3695 日本名山图会一卷
　　（日）文晁绘
　　日本刻本　1804（日本文化元）年　一册

3696 日本旅行地理
　　（日）山上万次郎编；范迪吉等译
　　上海　会文学社　1903（清光绪二十九）年　一册（普通百科全书）

3697 汉译东京指南
　　（日）村田春江著
　　东京　篠崎纯吉　1906（日本明治三十九）年　一册

3698 日本新地图　附地理统计表及市街图
　　（日）近藤坚三编
　　日本刊本　1901（日本明治三十四）年　一册

日本游记

3699 最新日本全国漫游记
　　（日）坪谷善四郎著；范迪吉　金煦译
　　上海　时中书局　1906（清光绪三十二）年　二册

3700 日本载笔
　　（英）韦廉臣著
　　小方壶斋舆地丛钞第十帙

亚洲其它国家地理

3701 蒙古地志一卷
　　（日）下村修介　（日）关口长之编辑；王宗炎译
　　金陵　启新书局　1903（清光绪二十九）年　一册；日本　秀新书局本
　　此为日本参谋本部官书。详考蒙古部落古今沿革、疆域、险要地势、兵制、物产、道路、商业等。

3702 蒙古及蒙古人
　　（俄）婆兹德奈夜夫著；北洋法政学会编译
　　天津　北洋法政学会　1913年4月　一册（蒙古丛书）

3703 朝鲜志二卷
　　（朝）著者阙名；吴省兰辑
　　四库全书本；艺海珠尘本；丛书集成初编册3240
　　上卷记箕子受封，三韩瓜分始至康王时代（1392年）三国鼎峙，各国疆域沿革，京都城阙，各司署、政教、风俗。下卷记名山大川，著名馆台。

3704 朝鲜志一卷
（朝）著者阙名
舟车所至本

3705 安南论一卷
（英）李提摩太著
小方壶斋舆地丛钞再补编第十帙

3706 缅甸论一卷
（英）李提摩太著
小方壶斋舆地丛钞再补编第十帙

3707 咬留吧总论
（英）麦都思著
巴达维亚（？） 1824（清道光四）年 一册
详述爪哇岛之历史、风俗、民情，附地图。

3708 吕宋备考一卷
（西洋）著者阙名
小方壶斋舆地丛钞再补编第十帙

3709 印度志略一卷
（英）慕维廉著
小方壶斋舆地丛钞第十二帙

3710 印度国志
清学部编译图书局编
清学部编译图书局 1901（清光绪二十七）年 一册

3711 波斯国志
清学部编译图书局编
清学部编译图书局 1901（清光绪二十七）年 一册

3712 土耳其国志
薛福成鉴定 吴宗濂 郭家骥译 张美翊述
1902（清光绪二十八）年石印 一册，有图
同罗马尼亚国志、塞尔维亚国志、布加利亚国志、门得内各罗国志、希腊国志合印一册。

亚洲其它国家游记

3713 东国名胜记一卷
（朝）金敬渊著
小方壶斋舆地丛钞第十帙

3714 东篱耦谈四卷
（朝）金正善著；（朝）金敬渊记
仰视千七百二十九鹤斋丛书本

记朝鲜山川古迹。

3715 柬埔寨以北探路记十五卷
（法）晃西士加尼（Garnier, Francis）著；（译者不详）
同文馆刻本 1884（清光绪十）年 一册
作者为法国海军上尉，记其1866—1868年间探路之事。

3716 印度纪游一卷
（泰西）坚弥地著
小方壶斋舆地丛钞第十帙

非洲地理

3717 亚非利驾诸国记一卷
（日）冈本监辅著
小方壶斋舆地丛钞第十二帙

3718 阿利未加洲各国志
（泰西）著者阙名
小方壶斋舆地丛钞第十二帙

3719 阿非利加洲一卷　西阿非利加洲一卷
（英）某舆地学士著；瞿昂来　世增分译
经济书林　清光绪末　一册
原为薛福成出使英法意比时命瞿、世二人所译书，译稿曾有散失。阿非利加洲由瞿氏译自英文，西阿非利加洲由世氏译自法文。记非洲各国疆域、江河、矿产、户口、动植物、气候、历史等。

3720 新开地中河记一卷
（美）丁韪良著
小方壶斋舆地丛钞第十二帙
记埃及苏伊士运河。

3721 埃及国略一卷
（日）冈本监辅著
小方壶斋舆地丛钞第十二帙
记其地理位置、人口、民族、风俗、宗教等。

3722 埃及纪略一卷
（英）韦廉臣著
小方壶斋舆地丛钞第十二帙

3723 阿比西尼亚述略一卷
（美）林乐知著
小方壶斋舆地丛钞第十二帙
此即今埃塞俄比亚。述其地理位置、口岸、物产、风情等。

非洲游记

3724 公额小志
汇报馆译
上海　土山湾印书馆　年代阙　一册
述非洲刚果之风土民情。

3725 黑蛮风土记一卷（一名　泰西风土记）
（英）立温斯敦著　史锦镛译　沈定年述
1879（清光绪五）年排印本　一册；上海申报馆本；小方壶斋舆地丛钞第十二帙；上海　时务书局本　清末　一册
原名黑蛮风土记，时务书局重印本改名泰西风土记。记非洲土著民族较详。著者寓该地多年，此乃其日记所记。卷首附图11幅。

3726 斐洲游记四卷
（英）施登莱（Stanley）著；虚白斋主译
上海　中西书室　1900（清光绪二十六）年　二册

3727 李文司敦播道斐洲游记
（英）霍伟（Haweis, H. R.）著；任保罗译
上海　广学会本　1909（清宣统元）年　一册
原书：Travels of David Livingstone in Africa. 李文司敦（Livingstone, D. 1813—1873），伦敦传教士，出身望族。1840年至非洲传教，所行一万一千英里，实为探险家兼传教士，前后23年，凡行迹所至，均按经纬度记其山川形势、城村湖泽，皆为时人所不悉者，1873年病逝于非洲。1871年曾误传其死，美国纽约传信报新闻记者史丹理（Stanley）亲往寻访。本书凡九章，前六章述李文司敦三游非洲事，后三章述史丹理寻访和李在中非病故事。

欧洲地理

3728 地理读本甲编（欧罗巴洲）
（美）谦本图（Carpenter）著；孙毓修译
上海　商务　1903（清光绪二十九）年　一册；又有上海　商务　1908（清光绪三十四）年初版，1913年，1915年4版　二册，有图　著者题"卡奔德"
原书 Carpenter's New Geographical Readers；Europe
地理读物，介绍欧洲地理概况。

3729 欧罗巴各国总叙一卷
（葡）玛吉士著
小方壶斋舆地丛钞再补编第十一帙

3730 泰西城镇记一卷
（美）丁韪良著
原刻本（年代未详）；小方壶斋舆地丛钞第十一帙

3731 英法德俄四国志略四卷
　　　沈敦和辑译
　　　金陵刻本　1896（清光绪二十二）年　一册；上海　图书集成印书局石印　1896（清光绪二十二）年　一册；石印本
　　　记其历史沿革、疆域、政治、财赋、文学、武备、教育、风俗、物产等。

3732 英法意比国志译略
　　　英吉利志略卷一/吴宗濂译　赵元益述　薛福成鉴定
　　　佛朗西志译略卷二　意大里志译略卷三　比利时志译略卷四/世增译　顾锡爵述　薛福成鉴定
　　　无锡薛氏石印　1899（清光绪二十五）年　一册
　　　记其国土、人口、山川形势、物产、历史、宗教、经济、属地，英吉利志有英王年表，中西纪年对照，英文原称。法意比国志中重要人名、地名、事物名称，均有英文旁注。

3733 俄国志略一卷
　　　（原题）鹭江寄跡人译纂
　　　中华印务总局　1878（清光绪四）年　一册；格致汇编本　1878（清光绪四）年
　　　述俄罗斯唐咸通间（公元860前后）始立基业、原有民族、政权更迭、疆域变动、战事、武备、丁口、俄王历代纪等。

3734 俄国政俗通考三卷
　　　印度广学会辑；（美）林乐知译　任廷旭笔述
　　　上海　广学会　1900（清光绪二十六）年　一册
　　　记俄国历史沿革、山川地理、风俗礼仪、政治、法律、宗教、疆域、民族、城邑、文化教育、武备、交通、农业、工业、帝王为绩等。是研究近代中俄关系的较早译著。

3735 西伯利亚大地志四卷
　　　（日）下村修介　（日）加藤稚雄合著；王履康　辛汉　经家龄合译
　　　江宁　启新书局　1903（清光绪二十九）年　二册
　　　原书日本参谋本部辑。首总论，后分天然、国体、历史三大部，述该地历史沿革较详。译者补入当时新书——日本田边朔郎著《西北利亚铁道》中各线路。附中外货币、度量衡比较表、西伯利亚全图、西伯利亚航海及陆行线路图。

3736 近世露西亚一卷
　　　（日）占部百太郎著；廖寿慈译
　　　上海　通社　清光绪间　一册
　　　分十节，记俄国民族与人种，社会及经济产业状况，国民思想及政府对待之政策等。

3737 西伯利亚一卷
　　　（日）冈本监辅著
　　　小方壶斋舆地丛钞第三帙

3738 （重订）英吉利志八卷
　　　（英）慕维廉译
　　　明达学社刻本　1896（清光绪二十二）年　四册

3739 英吉利地图说
　　（英）慕维廉撰
　　上海　鸿文书局　1897（清光绪二十三）年　一册（中西新学大全）

3740 英国舆志
　　（英）慕维廉译　陈书绅笔述
　　上海　中国圣教书局　1904（清光绪三十）年　一册

3741 希腊国志一卷
　　世增译　顾锡爵述
　　石印本　一册与《土耳其国志》合印

3742 希腊志略七卷
　　（英）艾约瑟译
　　上海　著易堂　1896（清光绪二十二）年　一册；税务司本；西政丛书本；西学启蒙本
　　记事自希腊初始至希腊更为罗马国省止，记希腊种族、国体、法律、制度等。

3743 法国新志四卷
　　（英）陔勒低辑；（英）傅绍兰口译　潘松笔述　（英）秀耀春译　范熙庸笔述
　　上海　制造局　1898（清光绪二十四）年原刻　二册；上海书局　1901（清光绪二十七）年石印　四册；续富强斋丛书本；各国政治艺学分类全书本
　　第二卷以后（英）秀耀春译，范熙庸笔述。
　　卷一面积、人口、物产；卷二商务、交通、财政；卷三国政、宗教、学校；卷四属地。

3744 德国述要一卷
　　（德）来春石泰著；（德）锡乐巴译　沈敦和述
　　金陵刻本　1895（清光绪二十一）年　一册；西政丛书本

3745 意大里志译略一卷
　　世增译　顾锡爵笔述
　　云间丽泽学会石印　1902（清光绪二十八）年　一册，表（新校五洲列国志汇）

3746 罗马尼亚国志
　　薛福成鉴定　吴宗濂　郭家骥译　张美翊述
　　1902（清光绪二十八）年石印　一册与《土耳其国志》合印

3747 塞尔维亚国志
　　薛福成鉴定　吴宗濂　郭家骥译　张美翊述
　　1902（清光绪二十八）年石印　一册与《土耳其国志》合印

3748 布加利亚国志
　　薛福成鉴定　吴宗濂　郭家骥译　张美翊述
　　1902（清光绪二十八）年石印　一册与《土耳其国志》合印
　　此即保加利亚国志。

3749 门得内各罗国志
　　薛福成鉴定　吴宗濂　郭家骥译　张美翊述

1902（清光绪二十八）年石印　一册　与《土耳其国志》合印

今南斯拉夫西南部地区。

大洋洲地理

3750 澳大利亚新志一卷

吴宗濂　赵元益译

1897（清光绪二十三）年刊本　一册；清朱印改正本　一册；灵鹣阁丛书本；丛书集成初编册3280

介绍澳洲的地理位置、幅员、自然地理、水利、气候、草木鸟兽、民族、人口、宗教、学校、耕种、出产、畜牧、矿产、制造业、邮电、交通、商务、城市、欧洲人发现澳洲等掌故，最后简述澳大利亚、塔斯马尼亚、新西兰及斐济群岛、几内亚岛各部分。

3751 澳大利亚洲志译本一卷

沈恩孚辑

石印本　1897（清光绪二十三）年　一册；渐学庐丛书第一集

3752 东南洋岛纪略一卷

（美）林乐知著

小方壶斋舆地丛钞第十帙

记澳大利亚诸岛。

大洋洲游记

3753 澳洲风土记一卷

（美）白雷特著；作新社译

上海　作新社　清光绪间　一册

此为美国人游历澳大利亚所作，记其政俗、山川、矿产等。

美洲地理

3754 美理哥合省国志略

（美）裨治文著；梁廷枏译

新加坡　1838（清道光十八）年初版　一册；广州　1846（清道光二十六）年再版　名为《亚美理驾合众国志略》，附地图；上海　墨海书馆　1862（清同治元）年再修订本　名为《联邦志略》；小方壶斋舆地丛钞再补编第十二帙本　名为《美理哥国志略》

述美洲之发现，美国的地理位置、疆域、北美洲早期的殖民战争、美独立过程、十八州概况、土著居民、人口、自然风光、物产、农业、工业、商业、政府、法律、宗教、语言、文学、教育、风俗、国防等，共27节。此为较早对"独立宣言"介绍的汉译著作。

1846年再版本，记事迄于修订之时，著者署名高理文，小方壶斋本著者亦署高理文。高理文为裨治文早期在华曾用名。

3755 北美洲

(美) 卡奔德 (Karpenter) 著；孙毓修译述

上海 商务 1908 (清光绪三十四) 年初版, 1911 (清宣统三) 年再版, 1913 年 3 版 一册

原书：Carpenter's Geographical Reader of North America.

谦本图旅行记地理读本乙编。

3756 亚美理驾诸国记一卷

(日) 冈本监辅著

小方壶斋舆地丛钞第十二帙

3757 美国记一卷

(日) 冈本监辅著

小方壶斋舆地丛钞第十二帙

记其地理位置、1565 年西班牙人抵佛罗里达垦地以来之历史更迭、政治制度、教育、慈善事业、风俗民情等。

3758 美国纽约京城风土记一卷

(日) 大桥铁太郎译

日本 1898 (清光绪二十四) 年 一册

3759 旧金山记一卷

(美) 丁韪良著

小方壶斋舆地丛钞第十二帙

3760 三得惟枝岛纪略一卷

(美) 林乐知著

小方壶斋舆地丛钞第十帙

即今檀香山，当时是一自主小国。

3761 墨西哥记一卷

(日) 冈本监辅著

小方壶斋舆地丛钞第十二帙

3762 美国视察记

伍秩庸著；陈政译

上海 中华书局 1915 年 一册

3763 墨澳觅地记

汇报馆译

上海 土山湾印书馆 年代阙 一册

述麦哲伦寻觅新大陆事。

3764 古巴述略一卷

(日) 村田？著

小方壶斋舆地丛钞再补编第十二帙

因印本漫漶，著者名阙一字。

历史地图

3765 东洋历史地图
　　（日）小川银次郎编　张元济校订
　　上海　商务　1904（清光绪三十）年　一册

3766 东洋历史地图
　　（日）市村瓒次郎监修　（日）石泽发身编辑
　　日本　弘文馆　清末第5版，第6版改名"亚细亚历史地图"　一册
　　图20幅：亚细亚古代至近代诸国略图，卷末附参考图9幅。

3767 中等东洋历史地图
　　（日）桑原骘藏编；舆地学会译
　　武昌舆地学会　1899（清光绪二十五）年　一册，彩色
　　收亚洲历史地图28幅。

3768 支那疆域沿革图
　　（日）重野安绎　（日）河田熊合辑
　　东京　富山房　1902（日本明治三十五）年2版，1903（日本明治三十六）年4版，1905（日本明治三十八）年，1906（日本明治三十九）年7版　一册彩色；武昌　舆地学会　清光绪末　二册
　　收夏至清代图16幅，附图3幅。地名以清代为基础，历代地名以朱字相别。十六国时期另有三图附于晋后。元代地图据德国人所绘元代地图制成。

3769（校译）支那疆域沿革图
　　（日）重野安绎　（日）河田熊合辑；舆地学会校译
　　武昌舆地学会　1905（清光绪三十一）年，1908（清光绪三十四）年　一册，彩色

3770 支那疆域沿革图略说
　　（日）重野安绎　（日）河田熊合辑；舆地学会编
　　武昌舆地学会刻本　清光绪间　二册，图单色
　　节取正史中关于地理者，按重野安绎之沿革图编辑。

3771 支那古今沿革地图
　　（日）小岛彦七著
　　日本　三松堂钢版本　1905（日本明治三十八）年4版　一册，彩色
　　本书据日本重野安绎所著"支那疆域沿革图"稍变体例而成，图22幅。后附历代地志摘要一卷，始太古迄近代。

3772 西洋历史地图
　　（日）小川银次郎编　张元济校订
　　上海　商务铜版　1904（清光绪三十）年，1908（清光绪三十四）年　一册
　　凡二十幅，始古代迄近代，凡欧洲历史变迁沿革之大事，均以图说明。

自然科学总论

自然科学理论

3773 空际格致二卷

（意）高一志著 韩云订

1633（明崇祯六）年原刻本；四库全书本；钞本 二册；上海 聚珍仿宋印书局 印本一册 民国初

钞本及民国间排印本著录韩云订，它本则著韩霖订，此二人为兄弟。钞本有邵增同治四年批并跋。仿宋书局本附龙华民《地震解》。

该书以葡国高因盘利大学讲解亚里士多德论自然的拉丁文著作译编而成。上卷总论及分论火气水土四元，地论，地体大小，地圆，宁静不动居中，山岳，地体之水，气之厚、能动；下卷以火属、水属、土属为次第，分论天地间诸自然现象。火属主要有流星、陨星、彗星、雷电、天河、虹霓、月晕等等。水属有云、雨、雾、雪、冰霾、霜、露、海之源、海水之动、潮汐、江河、温泉等等。土属有地震、地内火等等。至同治间有来华西人指出其书可废也，以其知识陈旧，然其后仍有印本。

3774 斐录答汇二卷

（意）高一志译 毕拱辰删润

1636（明崇祯九）年刊本；抄本 1938年 二册线装

书前有毕氏崇祯乙亥（1635）年序："斐录者何，泰西方言所谓格物穷理是也，全语曰斐录所费亚省文。"此书为高一志答中土人士问难之语，共217条。卷上：天象类、风雨类、下火类、水行类、身体类。卷下：性情类、声音类、饮食类、疾病类、物理类、动物类、植物类。

此为西方科学百科知识最早之中译本。现国内所存为向达先生1938年赴法国巴黎国家图书馆研究明清之际天主教文献时所抄。

3775 开成纪要

西洋人译撰

明末 抄本 一册

记载各种奇器巧法。

3776 穷理学六十卷

（比）南怀仁集述

1683（清康熙二十二）年进呈本；残抄本十六册

原书是否有刻本不详。原燕京大学藏残抄本著录，原书六十卷，残抄本仅存十四卷十六册，且卷次不连。

残抄本卷一至五，理推之总论，介绍亚理士多德的逻辑命题和三段论等演绎推理。卷六至九，形性之理推。卷六讨论所谓"通合之几何"的问题（据《名理探》一书"十伦"部分——"论几何"，"通合几何"指线、面、体、时、所），介绍希腊早期的自然哲学内容：通合之几何是"由无可分之点而成"，"皆可析分至无穷"；论无穷，无穷有几类，论其义理及特性；论分数，无公约数；论空虚，论暂久；受造之物能永存否；时之论，动之论等。卷七轻重之理推，介绍各种形状物体的重径——穿过重心的垂线，物之比重，由浮力求物重，液体内部压力，本卷有例题若干。卷八至九为形性之理推，卷八为金银铜铁锡铅、水银、蜡、水、蜂蜜等物质的轻重比例表，天平、等子、杠杆、滑车、螺旋、炮弹之高度、远度比例表等。卷九气之冷热轻重燥湿、虹霓珥晕诸现象之解说，测水平、测山高，流体力学内容；坤舆之论，地球之度数，地球冷热及五带，五大洲，地球经纬度和自然地理的浅显知识。形性之理推有若干双行小注，注明原书附图第某某幅，四卷共注附图252幅，惜抄本有论无图。

抄本另有"理辩之五公称"五卷，与以上卷次不连，内容为逻辑学。

该书实乃集当时传入西方科学知识之大成者。

3777 格物穷理问答
（英）慕维廉译

上海刊本　1851（清咸丰元）年　一册

述自然科学知识共23个问题。

3778 格致理论
（英）慕维廉著

格致汇编本　1876－1877（清光绪二～三）年

介绍四时变化、地球公转、地球引力，以及此三者与地球表面万物生死荣枯之关系。

3779 格致新机七卷（亦名格致新法）
（英）慕维廉　沈寿康译

格致汇编本　1877（清光绪三）年　一册；上海　广学会　1888（清光绪十四）年初刻，1897（清光绪二十三）年重刻　一册

此即培根《新工具》之中译本。译者谓：培根始立新法以教人，指明其路，初求达直以至真。批判亚里斯多德的理论迷惑众人，无大用焉。

全书七卷，卷一弁言述日月星辰之运动，卷二心中意象，卷三伪学数等，卷四伪学形迹，卷五格致学差谬诸因，卷六格学振兴之基，卷七推论新法略言。

3780 肄业要览一卷
（英）史本守（Spencer, H. 1820－1903）著；颜永京译

上海排印本　一册；格致书室本　1895（清光绪二十一）年　一册；湘学报本，改名"史氏新学记"；西政丛书本；质学丛书本；格致汇编本

史本守，通译斯宾塞，英国哲学家，首倡进化哲学。本书所译斯宾塞之名著《教育学》的一部分。书前有光绪八年颜永京序，谓："法德意俄荷丹恒诸国深知其益而译以本国文"。原书著者论算学、力学、气质学、化学、天文学、地学、活物学各业不离格致学，指出格致学启迪人创造，琢磨心才，有利于社会进化。

3781 格致总学启蒙三卷
（英）艾约瑟译

上海　著易堂书局　1896（清光绪二十二）年　一册（西学启蒙十六种本）

旧译格致之学，广义指科学，称为格致总学，狭义指广义的物理学，亦称格致质学。该书乃科学概论。上卷总论万物，人有性灵，有知有觉；中卷论有体质，述火气水石等"死物质"及生长类之物；下卷论无形象之物，即人之心灵，七情六欲之学。全书分六十七节。

3782 观物博异八卷

（法）普谢（Pouchet, F.）著；（英）季理斐译　李鼎星述

上海　广学会　1904（清光绪三十）年　一册

原书名为宇宙，亦名无限大与无限小，共二十二卷。译本并为八卷：动物界四卷，植物界二卷，地质一卷，星宿一卷。

3783 格物论质一卷

（泰西）范约翰著；钟义山译

格致汇编本

3784 格物穷理论一卷

（英）韦廉臣著

格致汇编本

3785 格物杂说

（英）傅兰雅辑

格致汇编本

3786 混沌说

（英）傅兰雅著

格致汇编本

述地球之山川、陆地的形成、天空及七曜、地壳、生物进化之理。文中述及人猿同祖论。

3787 格致概论

（英）汤穆森（Thomson, J. Arthur）著；（英）莫安仁译意　许家惺笔述

上海　广学会　1913年　一册

书分八章，首概论，次述科学研究的目的在于观察现象、把握特点、明了相互关系、推求规律，即自然界的法则。科学研究的规则与方法。介绍培根、康德、斯宾塞、裴因（Bains）皮尔森（Pearson）等人对科学的分类。科学与哲学、科学与美术、科学与宗教等的关系。末章综论格致学与世俗学术的关系，与实业的关系，理论的科学效应，格致学与社会发展的关系。

自然科学教学与普及读物

3788 赫胥黎科学入门

（京师大学堂所藏译书）

3789 平安通书

（美）培瑞著

宁波　华花圣经书房　1850—1853（清道光三十～咸丰三）年

每年一册。作者谓，持此书者，不仅了解天文知识，又能认真悔过，若天下皆然，则所谓人间平安。首为西洋历法缘起，介绍从公元前763年罗马制历起至奥古斯都改历，其间的各种历法；次述行星、日晷图说、日月蚀图说、节气日离赤道表、节录十条诫、安息日期、时刻论、地球两半球图、亚欧北美图及图说、大清全舆图、地球推方图说（针对中国古书多言地方而静，述地圆而动之理）、耶稣传赞、救赎说、复活说、耶稣教要理问答、火轮舟及车图式及图说。附西洋各国数字于钟表时辰音译、简便药方。

3790 新编理化示教
（日）后藤牧泰　（日）根岸福弥合著；陈建生译　（日）安藤寅雄校　王延纶修

直隶学务处　1851（清咸丰元）年　一册

3791 博物新编三卷
（英）合信（Hobson，Benjamin）译

广州　1855（清咸丰五）年初版　一册；上海　墨海书馆　1855（清咸丰五）年重印　一册；制造局本、乐善堂刊本　三册；广州西医五种本　一册

该书为西方近代科学输入我国较早译本。每卷为一集，初集为地气论、热论、水质论、光论、电气论，介绍了物质不灭定律，万有引力和当时西方科学界已知化学元素有56种，养、轻、淡等化学元素译名为傅兰雅、徐寿所沿用。二集为天文地球昼夜行星等，有二十七个子目，系统介绍了西方近代天文学知识，天王星、海王星等最新发现，介绍了地球"自转成昼夜，圜日成四季"的伽利略天文学理论。三集为鸟兽论，子目十六个，介绍了西方已知各类动物有30万种，以及动物的分类方法。

3792 科学手册（Scientific Manual）
（美）高第丕著

上海　墨海书馆　1856（清咸丰六）年　一册

科普读物。高第丕以自己独创的注音字母，拼写上海方言而成。

3793 中外问答
（美）卢公明著

福州刊本　1856（清咸丰六）年　一册

科普知识。

3794 格物测算八卷
（美）丁韪良口授　席淦　贵荣译述

同文馆　1883（清光绪九）年　八册；上海　协和书局　1884（清光绪十）年　一套；制造局本

该书以《格物入门》中"格物测算"为基础，增补而成。共八卷，力学三卷、水学（静水、流水）、气学、火学（包括热学）、光学、电学各一卷。皆问答体，每章末有"演题"、"附题"及答案。有图。"气学测算"后附声学测算。

该书将自由落体及重心等牛顿力学问题的叙述，第一次准确使用"力学"这一概念。

3795 体性图说一卷（一名格物图说）

（英）傅兰雅著

上海　益智书会刻本　1885（清光绪十一）年初版　一册

该书大部分内容选自百科全书，图文并存。（见《John Fryer's Legacy of Chinese Writings》）

3796 格致小引一卷

（英）赫斯赍著；（英）罗亨利（Loch, H. B.）译　瞿昂来笔述

上海　制造局　1886（清光绪十二）年　一册；上海石印本

分四章六十七节。一章论物与格物，二章论有体质之物，三章论生物，四章无体质之物。其中化学水学气学重学略详，皆初学之书。

3797 物理推原

（法）罗爱第著；李杕译

上海　土山湾印书馆石印　1896（清光绪二十二）年　一册，1915年，1916年　一册

述西方自然科学知识，以宣传教义。

3798 格致精论图说

（英）傅兰雅编译

1897（清光绪二十三）年石印　二册

3799 格致源流说

（美）林乐知　任廷旭译

上海　广学会　1898（清光绪二十四）年　一册；新学汇编本

述天文学可观千古预知其时，化学可知物质之化合化分，此试验格致最好之学。余论火气水、氧气、燃烧、气压、汽机、土地之肥性、农作物之秉性。论格致学先察物，次试验，广求证据。格致学可增人寿、免人痛苦、除人疾病、肥人土地、助人航海、利人争战、济人转运，格致学实为实学之首。

3800 格致举隅一卷

（英）莫安仁译　魏彭寿笔述

上海　美华书馆　1898（清光绪二十四）年，1903（清光绪二十九）年　一册，附图；上海　广学会　1897（清光绪二十三）年初版，1915年3版　一册；福州　圣教书局　1897（清光绪二十三）年　一册；上海　益智书会　一册

书凡十章：浑举大意，论光线作用，论绕地之气，论水自源至委之流行，论沧桑递变之故，论声音之缘起，论煤之由来，论花木之资生，论蜜蜂之操作酝酿，论古今之殊观。属初学读物。

3801 近世博物教科书一卷　附录一卷

（日）藤井健次郎编纂　（日）松村任三校；樊炳清译

上海　教育世界出版社　1901（清光绪二十七）年　一册；（出版者不详）　1903（清光绪二十九）年　一册科学丛书本

分三篇论动物、植物、矿物。附实验及说明图44幅。

3802 格致读本二卷
　　（英）莫尔显著　李维格　伍光建订
　　南洋公学　1901（清光绪二十七）年　一册
　　儿童之动植物读本。

3803 天地奇异志一卷
　　（英）华立熙著；张文彬笔述
　　上海　商务　1901（清光绪二十七）年　一册；上海　广学会本　1901（清光绪二十七）年初版，1911年再版　一册
　　介绍各国著名火山、温泉、地震、冰川、海市蜃楼等奇异景观。

3804 千奇万妙
　　（比）赫尔瞻　朱飞合辑
　　上海　慈母堂印书馆　1903（清光绪二十九）年　二册线装
　　物性丛谈之属，举自然界129种事物以及人体、动植物、五大洲之奇异事260余种为例。

3805 博物学教科书一卷
　　（日）饭塚启编；益智学社译
　　上海　益智学社石印本　1902（清光绪二十八）年　一册
　　论动物、植物、矿物的循环孳乳之理。附博物统系表。

3806 近世理化示教二卷
　　（日）和田猪三郎编；樊炳清译
　　上海　科学仪器馆　1902（清光绪二十八）年　一册
　　分上下二篇，上篇物理学，下篇化学，插图60幅。

3807 中学校初年级理化教科书
　　（日）和田猪三郎著；虞辉祖译
　　上海　科学仪器馆　1903（清光绪二十九）年10月再版，1906年重印　一册

3808 中等格致课本四卷
　　（法）包尔培等著；徐兆熊等译
　　上海　南洋公学　1903（清光绪二十九）年第二次石印　八册
　　第二卷　（英）保罗伯德著；徐□□（文字漫漶而缺字）　陈昌绪合译
　　此本介绍动物学、植物学、矿物学、化学及生理学，有插图。

3809 格致问答提要
　　（英）季理斐著；陆震译
　　上海　美华书馆　1903（清光绪二十九）年　一册；上海　广学会　1903（清光绪二十九）年　一册

3810 理化学大意
　　（日）三根正亮编；杜就田译
　　上海　普通学书屋石印　1903（清光绪二十九）年　二册，有图
　　上册物理，下册化学，介绍日常现象中之理化知识。

3811 全球须知
　　（英）傅兰雅著
　　格致须知本　1903（清光绪二十九）年

3812 西学关键八卷
　　（英）勃利物撰；李秋译
　　上海　汇报馆石印　1903（清光绪二十九）年　四册线装；上海　鸿宝斋石印　1903（清光绪二十九）年　四册
　　以问答体讲解声光电化等学，有图。
　　书分八卷。卷一天文，论星、日、月、行星、彗星、陨石、述其外形、大小、质料组成、运动形式。卷二力学，论斤两（重力），物由元粒凑为一物，质量——"块积"，重量——"斤两"，牛顿引力说，伽利略斜塔坠物试验等，摆、机器（撬棍、太平、称、绞盘、吊车、马力、磨、帆）、汽机，述1690年贝本（今译帕潘）创汽力推闸即汽缸活塞，1769年瓦特创汽机，1807年纽约人富尔东作载人运货之汽力运舟，电气运机、水力（静水力学）。卷三声学，主波动说，声之传播、声速、留声器。卷四热学，热即物之元粒"以脱"（以太）之抖动，述火焰、煤汽、煤气灯、热气球、蒸汽、熔化、热胀冷缩、制冰法。卷五光学，何谓光物？既介绍了微粒说也介绍了波动说，"牛东（牛顿）曰明光体如星月之类，散其细粒传至人目，即谓之光"；"玛尔勃郎与俞根别创一说，谓空中精气充塞，名曰以脱，其气异常灵动，伸缩无常，明光体之元粒自抖动，其动传之精气，如鼓浪如水波然，及至人目即谓之光。"光源、光之传播、反射、折射、镜、人目结构、视物原理、牛顿之七色光、日月行星之光。卷六磁电二学，磁力何解？有古今二说，何谓电气、松香得电、储电器、电表、雷电、光电、避雷针、电灯。卷七气学，述气压、气压提水、寒暑表及其原理、风力及其测量、风与云雾冰霜雪等自然现象。卷八化学，述何谓纯体、杂体、化分、化合、金类、非金类，与生活日用有关的酵母、胶、糖、酒、油、香料的酿与制，与生物化学有关的人血的成分及循环、兽肉、人之呼吸、出汗、尿之成分、肌、骨齿、毛、皮、毒物等。附图270幅。

3813 初等理化教科书
　　侯鸿鉴编译
　　上海　文明书局　1904（清光绪三十）年　一册
　　共十五章82课，附图70、中日度量衡比较表4个。

3814 理化示教
　　杜亚泉编译
　　上海　商务　1904（清光绪三十）年，1906（清光绪三十二）年，1907（清光绪三十三）年3版　一册
　　此为中学及初等师范学校教材，共36课，包括物理、化学及普通博物学之基础内容。

3815 最新理化示教
　　（著者阙名）；王季烈译
　　上海　文明书局　1904（清光绪三十）年　一册

3816 理化学阶梯
（日）渥美锐太郎著；泰东同文局译
泰东同文局　1905（清光绪三十一）年　一册

3817 改正近世科学教科书
（日）大辛勇吉编；王季烈译
上海　商务　1908（清光绪三十四）年　一册

3818 理化学教程
（日）后藤牧泰编
东京　东亚公司　1908（清光绪三十四）年　一册

3819 自然学科余谈（又名　五十三日曜春夏部）
（日）水村小舟著；刘仁航译
南洋印刷官厂　1909（清宣统元）年　一册

3820 博物学教科书一卷
虞和寅编译
启文译社　清光绪间　一册
由日文各书中辑译，分述动物、植物、矿物诸科。

3821 博物学教授及研究之准备
（日）内山繁雄　（日）原野茂六撰
江南总农会石印　清光绪间　（农业丛书七集）

3822 格致地理教科书
（英）阿克报尔著；仇光裕　严保诚译
武昌翻译学塾　清光绪间　一册
分八章，以设问形式论地矿、格致、汽机等。附图21幅。

3823 训蒙穷理图解二卷
（日）福泽谕吉著；台湾督府民政部译
日本玫瑰轩　清光绪间　一册（日本丛书）
此为台湾民政部学务课本，分十章论格致学。

3824 初等理化教科书
（英）格雷戈里（Gregory, R. A.）（英）西蒙斯（Simmons, A. T.）合著；刘光照译
上海　协和书局　1911（清宣统三）年　一套
格雷戈里为英国天文学家，英皇家学会会员，著有多种物理学教科书。

3825 理化学提纲
（京师大学堂所藏译书）

3826 格物学一卷
（英）司都霍著；(美) 林乐知译　郑昌棪笔述
上海　制造局　格致启蒙四种合刻本

3827 格致读本卷三（一卷）
　　（英）莫尔显著；时中书局编译所译
　　上海　时中书局　清末　一册
　　共60课，1—22课论水、雪、空气、氮、炭、氧各气；23—47课论动物，48—60课论植物。图79幅。

3828 科学趣谈一卷
　　（英）瑞思义（Rees, Hopkyn）　许家惺同译
　　上海　广学会本　（年代不详）　一册
　　书前有英文序，称所辑不只一家之说，以英国吉毕森（Gibson, C.）之通俗著述为多。全书十七章：地球、古代生物、人之由来、生理学、微菌、医术、化学、电学、光学、天文。

3829 启悟要津一卷（一名　格致西学启蒙）
　　（美）卜舫济著
　　上海印本　清光绪间　一册

3830 青年科学
　　（日）糸左近著；丁惠康译
　　上海　医学书局　清光绪宣统间　一册

3831 天变地异一卷
　　（日）小幡笃次郎著；台湾督府民政部译
　　玫瑰轩本　清光绪宣统间　一册线装
　　日文原书成于1868（明治元）年。

3832 谈地
　　史礼绶编译
　　上海　中华书局　1919年9月3版　一册（学生丛书）

3833 宇宙趣谈一卷
　　（英）瑞思义（Rees, Hopkyn）　许家惺同译
　　上海　广学会本　（年代不详）　一册
　　此为节译本，粗述天文、地理、化学、物理。全书十八章，述太空世界、日月星辰、时间潮汐、地壳地面火山、诸物质、动力等。

自然科学丛书

3834 天学初函器编
　　徐光启等编
　　明崇祯间刻本；四库全书本
　　包括（意）熊三拔《泰西水法》、《表度说》、《简平仪器说》，（明）李之藻《浑盖通宪图说》、《圆容较义》及所译《同文算指前编》《同文算指通编》，（明）徐光启《测量法规义》、《勾股义》，及徐光启与（意）利玛窦合译《几何原本》，（葡）阳玛诺《天问略》。

3835 历学会通

薛凤祚编

1664（清康熙三）年刊　一册；清抄本　一册

波兰教士穆尼格传授，薛凤祚编著。书分正集、续集、外集三部分，介绍天文学、数学、物理学、医学、水利、火器等西方科学知识。

3836 格物入门七卷

（美）丁韪良著

京师同文馆　1868（清同治七）年初刻　七册大开本线装；日本　明亲馆翻刻　（日）　本山渐吉训点　1875（日本明治八）年　七册；京都官书局　1898（清光绪二十四）年　七册

丁韪良时任同文馆教习，其蒐罗泰西群书，采其易明而实用者编成七卷。同文馆生员李光祐、崔士元裹其润色。书前有董恂、徐继畲同治七年序。

第一卷水学：论静水、流水。第二卷气学：论天气、蒸气、音声。第三卷火学：论热气、论光。第四卷电学：干电、湿电、附论磁石、论电报。第五卷力学：论力推原，助力器具。第六卷化学：论物之原质、论气类、论金类、论生物之体质，附化学总论；有分子式、西文名及汉字注音。第七卷测算举隅：测算水学、气学、光学、力学。全书用问答体，前六卷附图249幅，卷七每面有图。

3837 增订格物入门七种七卷

（美）丁韪良著

同文馆集珍版　1889（清光绪十五）年　七册大开本线装

前有李鸿章、徐用仪、董恂、徐继畲、丁韪良序。此本距初版越十年余，西艺益新，遂增而辑之，次第亦略有变动。

卷一力学：论力推原，论器助力。卷二水学：静水学、论流水。卷三气学：论天气、论蒸汽、论音声。卷四火学：论热气、论光。卷五电学：论静电、论流电、论磁电。卷六化学：总论、论原质、论气类、论似气类、论金类、生物之质。卷七测算举隅：力学、水学、气学、光学、电学。

3838 重增格物入门七种七卷

（美）丁韪良著

上海　美华书馆　1899（清光绪二十五）年　七册线装；京师大学堂　1899（清光绪二十五）年　七册线装

前有许景澄、李鸿章、徐用仪、丁韪良序。此本距初印三十年，丁韪良时任京师大学堂西学总教习，"苦无善本，遂增修之"。京师大学堂副总教习策鳌襄助成书。书中对三十年间学术进步所作增补达数百条，如硫酸、硝酸分子式的修定，伦琴X光透视，马可尼的无线电报等，均予收入。

全书凡七卷，卷名、篇章名与同文馆1889年版相同，细目则有增有删，此不赘列。

3839 匠诲与规三卷（一名　西艺知新）

（英）诺格德著；（英）傅兰雅口译　徐寿笔述

上海　制造局　1877（清光绪三）年三卷本　一册；富强斋丛书本；丛书集成续编本

3840 格致释器

（英）傅兰雅辑译

格致汇编　1878－1882（清光绪四～八）年；清光绪间单行本　三册

所介绍为伦敦 Negrette 氏 Zambba 公司出售的器具，共分十部：

第一部测候器，附图74幅，共七类。测空气压力之器，测空气冷热之器，测地面受热之器，测雨大小及其时之器，测风向并速度之器、测空中电气与电臭（臭氧）之器。

第二部化学器，附图1000余幅。包括矿学家所用之锤、碪、夹、钵、勺、刀、杆、塞门、量器、温度计、抽气筒，从酒精灯至煤气炉的各种生热、熔热之器，熔化、过滤、取气、试纸、定量分析之器、化分求数之器等等。

第三部重学器，附图60幅，包括天平滑车、动滑轮、劈、轮轴、螺丝等。

第四部水学器，静水学，图37幅。

第五部水学器，动水学，图40幅。

第六部气学器，图56幅，包括试空气重量与阻力、涨力、压力、大气压力之器。

第七部照相器，图70幅，包括相机、干电、晒框、放大、镁灯等。

第八部显微镜说，附图8幅，包括功用、原理、构造、双眼显微镜、显微镜零件、显微镜要言、图说等。

第九部望远镜说，附图10幅。

第十部测绘器，附图40幅，包括经纬仪、子午仪、墙环仪、纪限仪、罗盘、平立测角、测平、象限仪、绘图器等。

3841 格致启蒙四卷（一名　格致启蒙四种）

（英）罗斯古等著；林乐知译　郑昌棪笔述

上海　制造局　1879（清光绪五）年　四册

化学启蒙　（英）罗斯古著　二十二则

格物启蒙　（英）司都霍著　九十则

天文启蒙　（英）骆克优著　七章

地理启蒙　（英）祁觐著　不分章节

合以上四编为一，总其名为格致启蒙。

3842 格致须知三集

（英）傅兰雅编译

格致书室　1882－1898（清光绪八～二十四）年间陆续印行

该丛书为自然科学普及读物，分二十册：地理须知　1882（清光绪八）年，地学须知1883年，地志须知　1883年，化学须知　1886年，气学须知　1886年，量法须知　1887年，天文须知　1887年，代数须知　1887年，算法须知　1887年，声学须知　1887年，画学须知　1888年，曲线须知　1888年，重学须知　1889年，力学须知　1889年，水学须知　1891年，矿学须知　1893年，全体须知　1894年，光学须知　1895年，植物须知　1898年，热学须知　1898年。傅兰雅据当时欧美原著辑译而成。

3843 格致图说（一名 格物图说）

（英）傅兰雅辑译

1885—1894（清光绪十一～二十）年间陆续印行

此为教学挂图，包括格物图说、重学图说、热学图说、光学图说、电学图说、矿石图说、植物图说、画形图说等。至1890年已出版29种。

前五种上海益智书会有单行本，重学图说有西学大成本。

3844 西学启蒙十六种

（英）艾约瑟译

上海 总税务司署 1886（清光绪十二）年 十六册；上海 著易堂刻本 1896（清光绪二十二）年 十四册；上海 图书集成印书局 1898（清光绪二十四）年 十六册

著易堂本前有光绪二十二年张元方序、李鸿章序、曾纪泽序，清光绪乙酉年（1884）艾约瑟序。艾约瑟序称，除"西学略述"为博考兼收者，余皆依原本译出，即英国麻密纶大书院原本，由总税司鹭宾赫从欧洲携来。

西学略述十卷　格致总学启蒙三卷
地志启蒙四卷　地理质学启蒙七卷
地学启蒙七卷　格致质学启蒙一卷
身理启蒙一卷　动物学启蒙八卷
化学启蒙一卷　植物学启蒙一卷
天文启蒙七卷　富国养民策一卷
辨学启蒙一卷　希腊志略七卷
罗马志略十三卷　欧洲史略十三卷

3845 西学格致大全二十一种

（英）傅兰雅辑译

香港书局石印 1897（清光绪二十三）年 十册

包括力学须知、水学须知、全体须知、矿学须知、光学须知、重学须知、曲线须知、微积须知、三角须知、代数须知、天文须知、画器须知、地理须知、地志须知、地学须知、气学须知、化学须知、声学须知、电学须知、量法须知，另有华蘅芳著演算法须知。

3846 格致丛书一百种附十种

徐建寅编　崇川求自强斋主人校　张之洞鉴定

译书公会石印 1899—1901（清光绪二十五～二十七）年 三十二册（四函），有图、表

收格致略说、格致新法、格致理三家论等格致理论，及算学、重学、电学、化学、声学、光学、汽学、天学、地学、全体学、植物学、动物学、微生物学、农学、矿学、艺学、兵学、船政十八类，附商学、会例、理学、游记。内有少数篇章属中国人自著，虽非译著，然均为格致西学。

3847 科学丛书八本

（京师大学堂所藏译书）

数理科学和化学

数学

3848 数理精蕴五十三卷

（法）张诚 （法）白晋等译 梅瑴成主编

内府刻本 1724（清雍正二）年 二十八册；武英殿铜字印本 1774（清乾隆三十九）年 四十册；1871（清同治十）年江南重印本 三十五册；广东藩司姚觐元刻本 1882（清光绪八）年 四十册；江宁藩署刻本 1882（清光绪八）年 四十册；上海 慎记书局石印 1888（清光绪十四）年 二十四册；上海 制造局 1893（清光绪十九）年 三册；上海 文瑞楼石印本 1911（清宣统三）年 十五册；台北 世界书局 1986年 三册；律历渊源本；四库全书本；四库全书荟要本；内府 1724（清雍正二）年刻数理精蕴表八卷 八册

梅瑴成，著名数学家梅文鼎之孙，《律历渊源》一书的编纂者之一。他在祖父的文集中附入《赤水遗珍》等自己的著作，法国耶稣会士杜德美带到中国九个数学公式，梅瑴成在《赤水遗珍》中转载了其中有关圆的三个公式。

本书1690至1721年编成，是《律历渊源》的第三部分，上编五卷，下编四十卷，表八卷。主要介绍1685年以后传入我国的西方数学。

上编卷一，数理本原、河图、洛书、周髀经解。卷二至卷四几何原本，是根据张诚所译法文本修订，共十二章，内容虽与欧几里得《几何原本》大致相同，但著述体例颇异。卷五算法原本，讨论自然数的相乘积、公约数、公倍数、比例、等差级数、等比级数等的性质。下编卷一至卷三十为实用算术，包括度量衡制度、记数法、整数四则运算、分数运算、比例及其应用、盈朒、借衰互征、迭借互征、方程、开方、勾股、割圆、圆内多边形、三角形边线角度相求、测量、圆、弓形、椭圆面积、柱形、棱锥体、棱台体面积、圆柱、圆锥、球、截球、椭圆体体积、等面体的体积、其边长与外接球径内切球径的关系、比重、重量及堆垛公式。卷三十一至卷三十六借根方比例，介绍十七世纪传入中国的欧洲代数学知识，包括多项式的表达式、多项式的加减乘除法、数字的开平方、开立方及其高次幂开方法、带纵平方法、带纵立方法、应用问题解法，借根方比例的应用问题解法。卷三十七、三十八对数比例，即对数求法与造表法。卷三十九、四十比例规解，基本采自《崇祯历书》中罗雅谷著《比例规解》一书。第四十卷中还收有"画日晷法"，和"假数尺"即西方计算尺，是我国有关计算尺的最早记录。附表包括素因数表、对数表（真数自1至10万，假数小数位到十位，精于清初穆尼格所译对数表）、三角函数表（由$0°$至$45°$，一度为六十分，一分为六十秒，每十秒有函数值，准确到小数七位）、三角函数对数表（对数值准确到小数十位）。

3849 算法全书

（英）蒙克利编

香港刊本 1852（清咸丰二）年 一册

该书为蒙克利任教香港保罗书院时编写的数学教科书，包括数的概念、加减乘除四则运算、分数、小数、比和比例，附习题答案。

3850 格致书院西学课　附数学课题
　　（英）傅兰雅译
　　上海排印本　1895（清光绪二十一）年　一册
　　附卷译自傅兰雅著"Mathematical problems text—book of the Chinese Polytechnic Institution"。

3851 心算教授法
　　（日）金泽长吉著；董瑞椿译　朱念椿述
　　上海　南洋公学　1900（清光绪二十六）年　一册

3852 数理问答
　　日本富山房编；范迪吉等译
　　上海　会文学社　1903（清光绪二十九）年　一册（普通百科全书）

3853 数理问答一卷
　　（西洋）佘宾王著
　　上海　土山湾印书馆　1903（清光绪二十九）年　一册
　　附数理习题一卷。

3854 四原原理
　　（美）哈岱（Hardy，A. S.）著；顾澄译
　　上海　学部图书局　1909（清宣统元）年4月　一册（无健斋数学丛书）
　　书分三篇。第一篇动量（向量）加减法几何加减法；第二篇动量（向量）乘除法；第三篇轨迹之应用。

3855 中学数学教科书（算术、代数、微积分等部分）
　　（著者阙名）；赵僚译
　　1909（清宣统元）年　一册

3856 量法须知一卷　代数须知一卷　微积须知一卷　三角须知一卷　曲线须知一卷
　　（英）傅兰雅译辑
　　格致须知二集本

3857 算学公式及原理一卷
　　（日）白井义督著
　　上海　文明书局　清光绪末　一册
　　公式共九类：算术、代数、平面几何、立体几何、平面三角、球面三角、解析几何、微分、积分、每公式下附原理图解。

3858 算学条目及教授法二卷
　　（日）藤泽利嘉太郎著；王国维译
　　1901（清光绪二十七）年　教育世界本；教育世界社　清光绪间　教育丛书本　一册；民国间刊本　一册；广州　广东教育出版社　2010年　王国维全集本
　　上编泛论，共十二节，一述普通教育之数学教育目的，二算术科之目的之特殊，三英法德算术之异，四以算术解释代数上事项之困难，五于算术中深入整数论之不可，六于英国算术与代数之远别，七于本邦算术之来历，八所谓理论流义算术于本

邦普通教育之不适当之事，九所谓理论流义算术于本邦普通教育之弊害，十竞争试验之材料中不可重置算术，十一算术即日本算术，十二注意；下编各论，共十四节，一算术条目，二数学之定义当自算术中除之，三定义，四数之呼法及数之写法，五四则，六诸等，七整数之性质，八分数暨循环小数，九比及比例，十步合算及利息算，十一开平方，开立方不尽根数，十二省略算，十三级数，十四求积对数。

3859 算学捷径

（　）赖英译　高美兰校

上海　美华书馆　1916年　一套（204页）

数学表

3860 比例对数表一卷

（波）穆尼阁译　薛凤祚述

1653（清顺治十）年

此为1—2万的常用对数表，对数有小数六位，全表四十二页，另有四页解法。

3861 八线表一卷

（意）罗雅各著

西洋新法历书清顺治间修补本　一册

"八线"指正弦、正切、余切、正割、余割、正矢、余矢等八种三角函数。

3862 比例四线新表一卷

（波）穆尼阁口授　薛凤祚编

《历学会通》本　1664（清康熙三）年

此为正弦、余弦、正切、余切四线对数表。度以下分为100分，每分均有对数，至小数六位。穆尼格所授对数表，是英格兰数学家纳白尔发明，伦敦大学教授巴理知斯增修。对数表传入我国后立即在历法计算上得到应用。

3863 策算

（德）戴进贤译

北京刻本　1722（清康熙六十一）年　一册；乾隆间戴氏遗书本；1744（清乾隆九）年刻"用法"

原书：Tables de logarithms et les Usages.

3864 对数表一卷

泰西人原著　贾步纬校述

清刻朱墨印本　三册；上海　制造局　1873（清同治十二）年　册数不详；中西算学大成本

译自《数理精蕴》。

3865（翻译）弦切对数表八卷　附说明及用法表

贾步纬译述　火荣业校对

上海　制造局　1873（清同治十二）年，1900（清光绪二十六）年　八册（算学十书）；古今算学丛书本原书由傅兰雅致函外国购得。书前有贾步纬"翻译弦切对数表说"，火荣业"翻译外洋弦切对数月表之法"。该表是三角函数四位对数表，真数1—10,000,000。

3866 八线对数简表一卷
泰西人原书；贾步纬校述
上海　制造局　1874（清同治十三）年初版，1902（清光绪二十八）年校刊本，1903（清光绪二十九）年　一册；中西算学大成本

3867 八线对数全表
贾步纬译
上海　制造局　1879（清光绪五）年　册数不详

3868 对数表四卷
贾步纬校
上海　制造局　1885（清光绪十一）年，1904（清光绪三十）年　四册，附八线简表

3869 合数术十一卷
（英）白尔尼著；（英）傅兰雅译　华蘅芳述
上海　制造局　1888（清光绪十四）年
述对数造表法。当年译而未印。

3870 对数表　附八线对数表　八线表
（美）路密司著；（美）赫士口译　朱葆琛笔述
上海　美华书馆　1893（清光绪十九）年初版，1903（清光绪二十九）年，1904（清光绪三十）年，1909（清宣统元）年重印　一册；上海　益智书会石印　1898（清光绪二十四）年　一册；1910（清宣统二）年影印　一册；上海　协和书局　1913年　一册

3871 新排对数表无卷数
（美）路密司著；（美）赫士译　朱葆琛述
上海　益智书会　1893（清光绪十九）年　一册

3872 对数表二卷
数理精蕴本

3873 对数表四卷　对数表说
贾步纬校述
上海　制造局　清末　四册

3874 盖氏对数表　附用法
（德）盖氏（F. G. gauss）著；（日）宫本藤吉译　杜亚泉　寿孝天重译
上海　商务　1909（清宣统元）年　二册

3875 对数表四卷　校算记一卷
上海制造局译编　贾步纬　火荣业校述
制造局　清末　四册

3876 对数表
   （英）若往讷白尔（Napier, John）著
   上海排印本 （年代不详）
   著者通译奈普尔。

3877 西国算学一卷
   （美）基顺著
   福州 美华书局 1873（清同治十二）年 一册

3878 开方表一卷
   贾步纬译
   上海 制造局 1874（清同治十三）年 一册

3879 算器图说一卷 附简算新法一卷
   （英）傅兰雅辑 附卷叶耀元著
   古今算学丛书本；格致汇编本
   介绍法国人多马所创各种算器之制度与用法。

算术

3880 同文算指前编二卷 通编八卷 附别编一卷
   （意）利玛窦口授 李之藻译述
   前编二卷北京刻本 1614（明万历四十二）年 一册，前有1613年李之藻序、1614年徐光启"刻同文算指序"；前编二卷通编八卷 1614（明万历四十二）年 六册；天学初函本；四库全书本；海山仙馆丛书本；中西算学丛书初编本；丛书集成初编册 1280—82
   该书译自1583年罗马出版的利玛窦之师丁先生著"Epitome Arithmeticae Practicae"（实用算术概论，1585）之大部分，并据程大位《算法统宗》(1592) 有增补。为西洋笔算书。
   前编二卷，介绍笔算和定位法，整数、分数的加减乘除四则运算、验算法、分数记法；通编八卷为比例、比例分配、盈不足问题、级数求和、多元一次方程组、二次方程组、开方等；别编一卷为截圆弦算，有习题。是西洋笔算最早的一部中译本，钱宝琮认为，该书收效在《几何原本》之上。

3881 筹算一卷
   （泰西）罗雅谷译
   1628（明崇祯元）年刊 一册；明崇祯间刻本 一册；崇祯历书本；西洋新法历书本 一册
   介绍奈普尔（John Napier 1550—1617）发明的筹算法。此法不是我国古代的竹棍儿筹算。此法根据的原理是15世纪以后流行于亚细亚及欧洲的"格子算法"，即将格子和数都刻在木片或竹片即"筹"上，按需要拼凑起来计算。奈普尔1617年发表文章阐述此法称之为"筹算集"。"筹"，故宫博物院有收藏。

3882 比例规解一卷
   （意）罗雅各译

北京　1630（明崇祯三）年　一册；清抄本　一册；崇祯历书本　一册；西洋新法历书本　一册

译自伽利略著"De Proportionum instrumento a Seinvento"。此书介绍伽利略发明的"比例规"。1597年伽利略发明比例规，外形像圆规，两臂有刻度，可任意张合。它利用相似形对应边成比例的关系进行乘、除、比例等运算，测高测远。此书收入《崇祯历书》。"比例规"故宫博物院有收藏。

3883 西洋算法大全四卷

程世禄辑

1739（清乾隆四）年刻本　四册

3884 欧罗巴西镜录

（著译者阙名）；梅文鼎手订

焦循手抄本　1800（清嘉庆五）年　一册

梅文鼎（1633—1721）天文学家，数学著述家，手批订正。本书与《同文算指》内容相仿，译文有异，专家疑为同源（见中国数学史/钱宝琮）。焦循认为是"中国人纂西人之法为此书也"，见该书记言。介绍西法笔算，首列加（名为"计"）、减（名为"除"）、乘、除（名为"分"），继列定位法、试法、平方、立方、三乘方法（至十乘方），末为金法，即"九章"之衰分（比例分配），双法，即"九章"之盈不足等。该书已用西算竖式。

3885 数学启蒙二卷附对数表

（英）伟烈亚力　李善兰译

上海　墨海书馆　1853（清咸丰三）年　一册；上海排印本　1886（清光绪十二）年　二册；善成堂仿刊本　1896（清光绪二十二）年；上海　六先书局　1898（清光绪二十四）年　二册；上海　博文书局石印　1898（清光绪二十四）年　二册；京都官书局石印　1899（清光绪二十五）年　二册；广雅书局刻本　1900（清光绪二十六）年　二册；湖南刻本；古今算法丛书本；续西学大成本

全书二卷，卷一：数目、加减乘除、通分、约分、小数加减乘除、循环小数；卷二比例尺、乘方、开平方、开立方、对数、对数表、解数字高次方程的霍纳法等。有自创之开方简捷算法。该书曾被用作西算教科书。

3886 笔算数学三卷

（美）狄考文（Mateer, Calvin W.）辑译　邹立文笔述

上海　制造局　1875（清光绪元）年　一册；上海　美华书馆石印　1892（清光绪十八）年，1898（清光绪二十四）年　二册，1906（清光绪三十二）年　三册；上海　益智书会　1903（清光绪二十九）年　三册；清末石印　六册；青岛　墨林书馆　1917年　二册

内容有加减乘除、小数、比例、百分数、开方、级数等运算。各类多附习题，涉及利息保险赔付等实用问题，初学者按题演算。最初仅有抄本。清光、宣时多以此为笔算数学启蒙课本，1892—1902年间印刷32次。

3887 数学理九卷　附一卷

（英）棣么甘（De Morgan, Augustus 1806—1871）著；（英）傅兰雅译　赵元益笔述

上海　制造局刻本　1879（清光绪五）年　四册；上海　玑衡堂石印　1896（清光绪二十二）年　一册（中西算学丛刻）；上海　积山书局石印　1897（清光绪二十三）年　四册；测海山房丛刻本

著者通译德摩根，英国数学家、逻辑学家，其传略见《简明不列颠百科全书》v.2。

原书：Elements of Arithmetic. (1869)

阐明记数、加减乘除、分数、开方、比例、排列等原理。附习题。

3888 心算启蒙一卷

（美）那夏礼著；（　）奴爱士译

上海　美华书馆　1886（清光绪十二）年初版，1897（清光绪二十三）年重印，1904（清光绪三十）年重印　一册；上海　制造局本；上海　益智书会本

3889 天算徵用

（原题）求在我者译　适可居士撰

上海　传墨斋　1891（清光绪十七）年　一册

3890 演算法天生法指南五卷　定则一卷

（日）会田安明著

日本　明石舍刻本（日本文化间 1804—1817）　二册；上海　算学书局　1898（清光绪二十四）年　二册；古今算学丛书第三本

3891 西算明镜录五卷

算学日新会　王韬等译述

西算经纶堂石印　1898（清光绪二十四）年　二册袖珍本

前有光绪二十四年王韬跋语，谓此书为（　）国格致书院原本（因印字漫漶，国别无法辨认）。

卷一数学诸法门，算术加减乘除、公约数、公倍数、约分、通分、分数加减乘除、小数加减乘除、乘方、开方、比例等。卷二代数，加减乘除、通分、约分。卷三一次方程，二元一次、三元一次方程，代数乘方、开方。卷四二次方程、二次方程组。卷五代数勾股，此卷为王韬所撰，以代数演成勾股算草。另有著录书名为：西法代数勾股明镜录五卷。

3892 数学问答一卷

（西洋）佘宾王著

徐汇印书馆　1901（清光绪二十七）年　一册

3893 数学习题一卷

（西洋）佘宾王编

徐汇印书馆　1901（清光绪二十七）年　一册

3894 土话算法一卷

（西洋）佘宾王著

上海　土山湾印书馆石印　1901（清光绪二十七）年　一册

3895 初等算术新书
　　日本富山房编；范迪吉等译
　　上海　会文学社　1903（清光绪二十九）年　一册（普通百科全书）

3896 算法
　　（　）罕木楞斯密著；大学堂译书局译
　　1903（清光绪二十九）年　一册

3897 算术教科书
　　（日）藤泽原著；（日）西师意译
　　上海　山西大学译书院　1904（清光绪三十）年　二册
　　中学教材。

3898 算术教科书
　　（日）田中矢德编
　　江南　高等学堂　1906（清光绪三十二）年　六册

3899 算术表解
　　上海科学书局编译所编译
　　上海　科学书局　1907（清光绪三十三）年5月　一册（表解丛书）

3900 最小二乘法
　　（美）M.摩立门著；顾澄译
　　上海　学部图书局　1910（清宣统二）年　一册（无健斋数学丛书）

3901 格物算学入门一卷
　　（美）丁韪良著
　　格物入门七种本；日本　明亲馆重刻格物入门七种本　1875（日本明治八）年

3902 数学佩觿二卷
　　徐虎臣编译
　　江宁　江楚书局刊本　清末　一册

3903 述算法图理一卷
　　（日）加悦传一郎俊兴著
　　白芙堂算法丛书本

3904 演算法圆理括囊一卷
　　（日）加悦传一郎俊兴著
　　白芙堂丛书本
　　书成于1852（清咸丰二）年以前。

3905 算学奇题算学奇论
　　（英）傅兰雅辑译
　　格致汇编本
　　格致汇编每年春夏秋冬各卷均有多少不等的算题及答案，其中大部分题译自西学。

3906 算学全书
（京师大学堂所藏译书）

3907 算学须知一卷
（英）傅兰雅著
格致须知初集本

3908 西算启蒙
（著者阙名）；蓝柏夫人（Mrs. Lambuth, James William）译
清光绪间　一册

3909 心算初学
（　）哈邦式（Mrs. Capp）译
出版者，出版年不详，约在清光绪间（1875—1908）

3910 中学算理教科书第一卷
（日）水岛久太郎著；陈樏译补
东京　教科书辑译社　清光绪间　一册

3911 周径密率一卷
（法）杜德美著
1720（清康熙五十九）年前成书
梅氏辑要本（在赤水遗珍内）。

3912 圆书
（希腊）亚奇默德（Archimedes）著；译者不详
（出版不详）
原书：The Measure of the Circle.
共三题，第二题定圆周率为 3.70（$\pi=22/7$）。

代数

3913 代数学十三卷　首一卷
（英）棣么甘（De Morgan, Augustus 1806—1871）著；（英）伟烈亚力口译　李善兰笔述
上海　墨海书馆　1859（清咸丰九）年　十四册；江夏程氏砵印本　1898（清光绪二十四）年　八册
原书：Elements of Algebra. (1835)
卷首绪论，十三卷内容包括一次方程、代数与数学记号、多元一次方程、指数及代数式渐变之理、二次方程解法、论函数法、论代数式之诸类并约法、对数函数、级数和对数及其应用。这是我国第一部以"代数学"命名的书，该名沿用至今。这是我国第一部使用西方数学通用符号的代数学书籍。

3914 代数学六卷

（英）傅兰雅编；徐寿　徐建寅译述

上海　制造局　1867（清同治六）年　六册

3915 代数术二十五卷　首一卷

（英）华里司（Wallace, Wm.）著；（英）傅兰雅译　华蘅芳述

上海　制造局刻本　1874（清同治十三）年　六册；上海书局石印　1896（清光绪二十二）年　四册；上海　玑衡堂石印　1896年　二册（测海山房中西算学丛刻）；上海　积山书局石印　1897（清光绪二十三）年　六册

原书"Algebra"，载于大英百科全书第8版。

卷1—4论整式、分式、根式的运算，卷5比例式，卷6—8述一次方程、方程组，卷9二次方程，论及"虚根"，卷10方程论，卷11—12三次、四次方程解法，卷13—16方程论大意，卷17无穷级数，卷18—19论对数与指数函数的幂级数展开式，卷20论连分数，卷21论不定方程，卷22论用代数解几何问题，卷23论二元函数的图象，卷24论三角函数关系式，卷25论棣美弗定理，$\sin a$、$\cos a$ 的幂级数展开式，$\arctan x$ 的幂级数展开式，载有高斯关于圆内接正17边形的作法。

3916 代数术补式二十六卷　首一卷

（英）华里司撰；（英）傅兰雅译　华蘅芳笔述　解崇辉补

上海　顺成书局石印　1900（清光绪二十六）年　八册

该书将傅兰雅译代数术一书，逐卷逐题补得若干式，间或加诠释，较原本易读。凡二十六卷。述代数各种记号；加减乘除；分数；乘方开方；指数、根号式；比例；多元一次方程；一次式；二次式；多次式；三次式、四次式解法；等职各次式解法、等根各次式解法；求各项式实根、近次根、无穷根数；对数；论生息计利；连分数；不定式；用代数解几何；论方程式之图象；论八线数理、八线演题。

3917 代数术二十卷图四十一幅

（英）华利司辑；（英）傅兰雅译　华蘅芳笔述

上海　制造局　1874（清同治十三）年　册数不详

3918 代数难题解法十六卷

（英）伦德（Lund, Thos）辑；（英）傅兰雅译　华蘅芳述

上海　制造局刻本　1879（清光绪五）年，1883（清光绪九）年　六册；测海山房丛刻本

所解之题大半从1879年伦敦出版的"A Companion to wood's Algebra"一书中辑出，增以剑桥大学的12次试题。内容包括分数、小数、公约数、公倍数、约分、乘方、开方、一元一次方程、多元一次方程、一元二次方程、二元二次方程、不等式、级数、对数、概率论等各种繁难问题。解题方法整齐简易，便于初学。

3919 代数须知

（英）傅兰雅著

香港书局　1897（清光绪二十三）年　一册（西学格致大全）；格致须知十六种本

3920 代数备旨　附总答

（美）狄考文译　邹立文　生福维笔述

上海　美华书馆　1890（清光绪十六）年，1891（清光绪十七）年，1897（清光绪二十三）年重校石印本，1898（清光绪二十四）年，1900（清光绪二十六）年，1902（清光绪二十八）年，1903（清光绪二十九）年，1905（清光绪三十一）年第7次印　一册；上海　益智书会　1891（清光绪十七）年，1898（清光绪二十四）年，1903（清光绪二十九）年　一册；（出版者不详）　1899（清光绪二十五）年　二册；清光绪间石印本　二册；清光绪间影印本　二册；古今算学丛书本

3921 代数学八卷

（美）罗密士著；（英）伟烈亚力译　李善兰笔述

上海　制造局　清光绪初译而未印；上海书局石印本　1897（清光绪二十三）年　四册

3922 算式解法十四卷图九幅（一名　算式别解）

（美）好斯敦（Houston, Edwin J.）　（美）开奈利（Kennelly, Arthur E.）合著；（英）傅兰雅译　华蘅芳笔述　周文甫补译

上海　制造局刻本　1899（清光绪二十五）年　二册；上海石印本　1901（清光绪二十七）年

译自1898年纽约出版的"Algebra Made Easy"。包括加减乘除、乘方、开方、对数、三角、微分、积分等类习题的简便算法，以及行列式（译本名"定准数"），末卷为各种代数符号的解释。

3923 代数备旨下卷一卷

（美）狄考文译　范震东校

上海　美华书馆　1902（清光绪二十八）年　一册；会文编译社本

3924 初等代数学新书

日本富山房编；范迪吉等译

上海　会文学社　1903（清光绪二十九）年　一册（普通百科全书）

3925 代数备旨全草十三章

（美）狄考文译　徐锡麟编

浙绍特别书局刻本　1903（清光绪二十九）年　八册；石印本　六册

3926 溥通新代数六卷

徐虎臣选译

江宁　江楚编译局　1903（清光绪二十九）年　三册；上海石印本

译者增损日本诸家所译英美"代数学"、"大代数"、"代数教科书"而成，包括加减乘除、解多项式等，附习题。

3927 查理斯密小代数学

（英）查理斯密（C. Smith）著；陈文译

上海科学会编译部　1904（清光绪三十）年初版　600页

据日本长泽龟之助英文增补本译出。

3928 代数问答一卷

（巴咪国）佘宾王著

上海　土山湾印书馆石印本　1904（清光绪三十）年　一册；土山湾铅印本　一册，附代数习题一卷

佘宾王适在徐家汇天主堂教书，先教数学后代数，遂印成书。书分十章，开端为释义，次介绍已知数、未知数、等式、大于、小于、乘方、括弧、根号，包括一元一次方程、开平方、不等式在内的初等代数、对数等。有代数名词汉语、拉丁、英、法文对照表。习题二十章。

3929 译学馆初等代数讲义

　　丁福保译

　　京师译学馆刻本　1904（清光绪三十）年　一册

3930 （初等）代数学解式

　　（英）查理斯密著；（日）宫崎繁太郎编　知白译

　　日本印本　1905（清光绪三十一）年　一册

3931 最新中学代数学教科书

　　（日）桦正董著；周藩编译　丁福保　唐宝锷校

　　上海　科学书局　1905（清光绪三十一）年，1907年3版　一册

　　京师大学堂译学馆算学教习用书。

3932 （司密司氏）大代数例题详解

　　（日）奥平撰

　　1906（清光绪三十二）年石印　一册

3933 查理斯密斯氏、霍尔式、乃托氏大代数难题详解

　　（日）上野清编辑；周藩译述　骆师曾校订

　　上海商务　1907（清光绪三十三）年初版，1908（清光绪三十四）年再版，1914年6版　一册

3934 新体中学代数教科书

　　周藩译

　　上海　科学书局　1906（清光绪三十二）年　一册

3935 最新代数教科书

　　（著者阙名）；权量译

　　中东书社　1906（清光绪三十二）年　一册

3936 代数学教科书

　　（日）渡边光次编；（日）西师意译

　　上海　山西大学译书院　1907（清光绪三十三）年　一册

　　中学教科书。

3937 代数学教科书

　　（英）窦乐安　（日）西师意著

　　上海　协和书局　1907（清光绪三十三）年　一套（1056页）

3938 查理斯密大代数学

　　陈文　何崇礼译

上海科学会编译部　1907（清光绪三十三）年　一册

3939　查理斯密初等代数学
（英）查理斯密（C. Smith）著；王家菼译述　寿孝天校订
上海商务　1908（清光绪三十四）年初版，1909（清宣统元）年2版　二册

3940　查理斯密小代数学解式
曾彦译
上海科学会　1909（清宣统元）年第4版　一册

3941　大代数学讲义
（日）上野清著；王家菼　张延华译述
上海　商务　1909（清宣统元）年初版，1915年6版　二册

3942　代数总法
（英）傅兰雅口译　华蘅芳笔述
上海　制造局　清光绪初　一册

3943　算术代数贰样之解法一卷
（日）白井义督著；听秋子译
东京　同文印刷舍　清末　一册
述同一问题的算术和代数解法。

几何

3944　测量法义一卷　测量异同一卷　勾股义一卷
（意）利玛窦口授　徐光启笔述
北京刊本　1607（明万历三十五）年册数不详；清钞本；天学初函本；四库全书本；指海本；海山仙馆丛书本；丛书集成初编册1301
首卷即讲解勾股测量之法，次卷为徐光启撰，取古法九章勾股实用测量数条与《测量法义》之新法比较，共六题；末卷徐光启撰，论勾股法。是将几何学用于实际测量的书。

3945　测量法义一卷
（意）利玛窦口授　徐光启笔述
明万历天启间刻本　一册；明刻本　一册；1847（清道光二十七）年刻本　一册；清刻本　一册；清抄本　一册；天学初函本；中西算学丛书本；海山仙馆丛书本；指海本；丛书集成初编册1301；上海　上海古籍出版社据明刻本影印　1983年　一册（徐光启著译集）；台北　商务景印文渊阁四库全书本　1983年　一册
首叙测量具"矩度"造法，次为论景，包括直、倒二影，末为"本题"，共十五道例题，运用勾股法，以物之影测物高、水平之远、井之深、水之阔。

3946　几何原本六卷
（希腊）欧几里德著；（意）利玛窦译　徐光启笔述
北京　1607（明万历三十五）年初刻　四册；1611（明万历三十九）年徐光启与（西班牙）庞迪我（意）熊三拔校定利玛窦口授译本，更臻完备，为再校本（册

数不详）；明万历天启间刻本　册数不详；1847（清道光二十七）年刻本　八册；上海　制造局　1893（清光绪十九）年据数理精蕴本排印　三册；汉口　基督教协和书局　1902（清光绪二十八）年　一册；清抄本　二册；天学初函本；数理精蕴本；四库全书本；海山仙馆丛书本；古今算学丛书本；丛书集成初编册1294－1297；北京　中华书局　1985　四册；上海　上海古籍出版社　1983年影印　三册；台北　商务　1983年影印　一册

欧几里得原书仅十三卷，手稿早已失传，现在人们看到的都是后人的修订本、注释本、翻译本的重新整理本，徐光启汉译本所据底本为利玛窦之师，德国数学家克拉维斯（Clavius,1537—1612）校订增补本，增二卷：《Euclidis Elementorum libri XV》，利玛窦、徐光启译其前六卷。

卷一述点、线、面、体等几何学基本概念、论三角形；卷二论线段；卷三论圆、弦、切线、圆周角、内接四边形及与圆有关的图形；卷四论与圆内接、外切的三角形、正方形；卷五论比例；卷六论线面之比例。每卷有界说（定义）、公论（定理）、设题（例题）。

该书开西方传教士来华翻译西方科学书籍之端，亦为明末西方数学译为中文之首。

在欧洲，《几何原本》的印刷本，最早为拉丁文译本，1482威尼斯出版。至19世纪末以各种文字出版的印刷本在一千版以上，它的流传及影响，仅次于基督教的《圣经》。

3947　几何原本存三卷　卷首一卷

　　崇祯间刊本

3948　几何论约七卷

　　杜知耕编著

　　1700（清康熙三十九）年刊本；台北　商务影印文渊阁四库全书本　1983年　一册；北京　商务影文渊阁四库全书本　2005　二册

　　删削徐光启译《几何原本》而成。

3949　几何约

　　方中通节选

　　1721（清康熙六十）年

　　该书为清方中通节利、徐所译六卷本几何原本而成，收入《数度衍》中。

3950　续几何原本九卷

　　（希腊）欧几里德著；（英）伟烈亚力译　李善兰笔述

　　上海　1857（清咸丰七）年初刻　（册数不详）；上海算学书局　1898（清光绪二十四）年　四册（古今算学丛书）

　　此书所据非利玛窦所携之拉丁文本，而是英译本，可能是牛顿的老师柏洛（Barrow, Issac, 1630—1677）的十五卷英译本（见钱宝琮《中国数学史》科学出版社，1964，p.324），伟烈亚力、李善兰译后九卷，淞江韩应陛出资木刻，401页，为初刻本。

　　卷七至九数论，卷十主要论无理量，卷十一论空间的直线与平面的关系，卷十二证圆面积之比与直径平方比的关系、球面的比与直径平方比的关系，锥体之体积等，卷十三讨论5种正多面体。

3951 几何原本十五卷

（希腊）欧几里德著；（意）利玛窦　徐光启同译前六卷　（英）伟烈亚力续译　李善兰续笔后九卷

金陵　湘乡曾国藩　1865（清同治四）年重刊　八册；江宁藩署刻本　1882（清光绪八）年；上海　积山书局石印本　1896（清光绪二十二）年　四册，有图

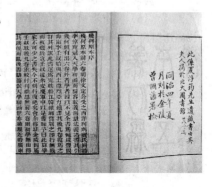

韩应陛出资木刻之书，印行不久，版毁于战乱，同治间曾国藩主持重刊，是为金陵书局本。

3952 圆容较义一卷

（意）利玛窦口授　李之藻演算

北京　1614（明万历四十二）年初刻本　六册（与同文算指前编合印）；崇祯间重刻本；天学初函本；四库全书本；守山阁丛书本；海山仙馆丛书本；扫叶山房刻本；中西算学丛书本；西学大成本；丛书集成初编册1298

书前有李之藻1614年序。本书为天体数学，论述比较图形关系的几何学。介绍多边形之间、多边形与圆之间、锥体与棱柱体之间、正多面体之间、浑圆与正多面体等表面及实体的比较关系。书中论述了天体形状、天体运行以及地圆说。

译自 Pappi Collections（见梅荣照《明清数学概论》）。

3953 测量异同

（意）利玛窦口译　徐光启笔述

明万历天启间刻本　一册；明刻本　一册；天学初函本；守山阁丛书本；指海本；海山仙馆丛书本

此书述比较中西测量方法。运用《几何原本》的定理，论我国古代的测量方法与欧洲的测量方法基本上一致。

3954 测量全义十卷　卷首一卷

（意）罗雅谷撰；（德）汤若望　徐光启译辑

崇祯历书本；西洋新法历书本　八册；1645（清顺治二）年刻本　十册

书成于1631（明崇祯四）年。

论平面三角与球面三角。其中部分摘译希腊数学家阿基米德著"Admiradi Archimedis Syracusani Monumenta Omnia Mathematica"，以及德阿多西阿（Theodosius）著"Sphaerica"一书。内容包括加减法、函数表、割圆术、圆周率、圆面积、计算三角形面积的海伦公式、椭圆面积、球面几何等；圆锥曲线、截圆锥的五种方法；《几何原本》中立体几何知识，如四面、六面、八面、十二面、二十面体等的计算公式；测量；测算工具，除有欧洲古典仪器外，在"新仪器解"中，介绍了第谷之后最新天文仪器，读数最精达三十秒；解题。

3955 几何要法四卷
（意）艾儒略译　瞿式谷笔述
1631（明崇祯四）年刊本　西洋新法历书本　二册

3956 几何原本一种
（法）张诚　（法）白晋译
1690（清康熙二十九）年初版
译自 Paredies 著"Géometrie Pratique et Théorique"此本与利玛窦、徐光启所译者不同。书分十二章，一至十章平面几何、立体几何、量的比例；十一、十二章几何图作法。

3957 几何原本七卷
（法）张诚译
旧钞本　三册；旧钞本　六册；精钞本附算法原本一卷
译自法国人巴蒂所撰几何学教科书，作为给康熙帝用的讲义。1690年译成。

3958 量法代算
（日）则梅山房著；贾步纬译
上海　制造局　1875（清光绪元）年　一册

3959 算式集要四卷
（英）哈司韦（Haswell, Chas. H.）辑；（英）傅兰雅译　江衡笔述　朱彝绘图　沈善蒸校算卷一、卷二　贾步纬校算卷三、卷四
上海　制造局刻本　1877（清光绪三）年　二册，有图；上海　日新社石印　1901（清光绪二十七）年　一册，图（西学富强丛书）；清光绪间刻本　二册，有图；中西算学丛刻初编本；古今算学丛书本；富强斋丛书本；台北新文丰出版公司丛书集成续编册76
原书：Mensuration and Practical Geometry. (1863)。卷一论各种线面之算式，包括三角形、正方形、斜方形、四不等边形、多不等边形、多面体等求面积，平圆、球体、椭圆体、圆锥体、多边形椎体求表面积、截面积、曲面，圆柱螺线求长度；卷二各种体积之算式；卷三圆锥曲线之算式；卷四论测地面诸法。各公式后有例证，卷首有表有图。

3960 形学备旨十卷　开端一卷
（美）鲁米斯著；（美）狄考文选译　邹立文笔述　刘永锡参阅
上海　美华书馆　1884（清光绪十）年，1885（清光绪十一）年，1895（清光绪二十一）年　三册，1898（清光绪二十四）年，1902（清光绪二十八）年5版,1903（清光绪二十九）年，1904（清光绪三十）年7版　二册；上海　美华书馆石印　1897（清光绪二十三）年，1899（清光绪二十五）年　一册；求贤书院重印　1897（清光绪二十三）年　三册线装；上海　益智书会石印　1898（清光绪二十四）年,1903（清光绪二十九）年　一册；上海　算学书局　1898（清光绪二十四）年　三册；清光绪间石印本　四册
内容与几何原本同，所增者不少，坊间改名"续几何"。

3961 形学备旨全草十卷　首一卷
　　（美）狄考文译　邹立文笔述　寿孝天衍补
　　上海　会文学社石印　1905（清光绪三十一）年　六册

3962 最新形学备旨全草
　　（美）狄考文选译　徐树勋辑
　　徐树勋石印　1902（清光绪二十八）年　八册
　　含形学十卷，形学习题解证十卷。

3963 量法须知一卷
　　（英）傅兰雅著
　　1887（清光绪十三）年　格致须知二集本
　　按图设题，释解线面体各种相求方法。

3964 几何举隅一二三四六卷　补译几何原本第六卷一卷
　　（英）讬咸都辑；郑毓英译述　汤金铸校绘
　　江夏董氏家塾重刊本　1898（清光绪二十四）年　三册；上海　扫叶山房石印本　三册
　　运用字母符号讲解几何原理及解题方法。

3965 量学问答一卷
　　（西洋）佘宾王著
　　徐汇印书馆　1902（清光绪二十八）年　一册，有图
　　附量学名目汉文、法文、英文、德文合表。

3966 测量速成法
　　（日）小船井里吉著；范迪吉等译
　　上海　会文学社　1903（清光绪二十九）年　一册（普通百科全书）

3967 初等几何新书
　　日本富山房编；范迪吉等译
　　上海　会文学社　1903（清光绪二十九）年　一册（普通百科全书）

3968 形学
　　（　）威理斯著；大学堂译书局译
　　1903（清光绪二十九）年版　一册

3969 几何学
　　谢洪赉译
　　上海　商务　1904（清光绪三十）年　一册

3970 初等平面几何学
　　（日）菊池大麓编；任允译
　　东京　教科书编译社　1906（清光绪三十二）年

3971 几何学教科书
　　曾钧译
　　上海　中国图书公司　1906（清光绪三十二）年　一册

3972 形学五书五卷（封面题形学课本）

（英）威里孙著；陈沚译

京师学部编译书局　1906（清光绪三十二）年　一册

首引论，论线面体的性质、作图法、常用公理。第一书直线、角、三角形、平行线及平行方形、轨。第二书相等面积；第三书圆；第四书比例本原；第五书比例。每部分有界说、定理、证明题、习题，附图颇丰。

3973 新几何学教科书（平面）

（日）长泽龟之助编；周达译

东京　东亚公司　1907（清光绪三十三）年　一册

3974 形学拾级九卷开端一卷

刘光照编译　刘玉峰校订

上海　美华书馆　1907（清光绪三十三）年　二册

3975 几何学

佘宾王译

（出版地、出版者均阙名）　19??年　一册

震旦学院课本。

3976 几何学难题详解（平面部）

（日）白井义督著；高慎儒译

东京　同文印刷社　1908（清光绪三十四）年　一册；上海商务　1911（清宣统三）年5版　228页

3977 平面几何学新教科书

（日）菊池大麓原著；黄光吉译述

上海　商务　1908（清光绪三十四）年2版　256页

中学教材。

3978 算法量地捷解前编三卷

（日）信义编

日本　明石舍刊本　清光绪间　一册

3979 几何学教科书

（日）林鹤一著；邬肇元译

宁波　新学会社　清末　一册

平面几何，附习题及难题题解。

3980 几何原本四卷

沈善蒸校

上海　制造局本　清光绪间　册数不详

3981 几何学　平面

（　）Bourlet, Carolus 著；戴连江译

上海　土山湾印书馆　1913年　一册

原书：Geometria Plana nova.

3982 几何学讲义（平面部）
（日）上野清著；张廷华译
上海　商务　1914年　一册
中等师范参考书。

3983 几何学教科书
（日）上野清编；仇毅译
上海　群益书局　1916年　一册

3984 几何探要九卷
（法）著者阙名；汇报馆译
上海　土山湾印书馆　（年代阙）
以欧几里得《几何原本》为底本编成。

3985 温特渥斯立体几何
（美）Wentworth, G. A. 著；马君武译
上海　科学会编译部　1901（清光绪二十七）年　278页
著者汉译名温特渥斯。中学教材。

3986 立体形学课本四篇
（英）威里孙撰；陈汜译
京师学部编译书局　1906（清光绪三十二）年　一册

3987 立体几何学讲义
（日）奥平浪太郎著；吴灼昭译
上海　广智书局　1907（清光绪三十三）年　一册（264页），图
有例题详解。

3988 立体几何教科书
（日）菊池大麓著；胡豫译　黄元吉校订
上海　商务　1908（清光绪三十四）年　一册
中学教科书之属。

3989 几何学难题详解（立体部）
（日）三木青二著；高藤儒译　骆师曾校
上海　商务　1909（清宣统元）年，1911（清宣统三）年3版　一册

3990 视学二卷
年希尧著
自刻本　清初　一册
介绍欧西画法几何最早之书，附图极精。

3991 周幂知裁一卷
（美）布伦著；(英）傅兰雅译　徐寿述
上海　制造局　1877（清光绪三）年　一册；西艺知新第九卷；富强斋丛书本　丛书集成初编册77
画法几何书，述及各种薄片工料的剪裁。

3992 几何画法
  樊炳清译
  江宁　江楚编译官书局　1903（清光绪二十九）年　一册

3993 几何画法
  （英）费士特编；黄桂芬译述
  浮欧馆本　1906（清光绪三十二）年　一册

3994 运规约指三卷
  （英）白起德（Burchett, Wm. 1855—？）辑；（英）傅兰雅译　徐建寅述
  上海　制造局刻本　1870（清同治九）年　一册；香港　文运书局石印　1900（清光绪二十六）年　一册
  原书"Practical Geometry"，属画法几何学。有划线、作角、作图、作各种几何图形、求面积公式等，另有136道习题。该书介绍了机械制图的基础知识，出版后售出千余册。

3995 里堂算学记七章
  焦循著
  江都焦氏刻本　清嘉庆道光间，1876（清光绪二）年增修
  焦循（1763—1820）字里堂，江苏甘泉（扬州）人。《里堂算学记》收焦循著数学传世之作五种：
  《释轮》二卷 1796年撰，论第谷学派之本轮、次轮的几何理论。一册有图
  《释椭》一卷，述噶西尼学派天文学之椭圆几何理论。一册
  《释弧》三卷 1798年撰，论三角八线的产生和球面三角解法。二册有图
  以上三种著作总结了当代天文学中的数学基础知识，皆为西学。
  《加减乘除释》八卷　五册
  《天元一释》二卷　二册有图

3996 数里格致（一名　奈端数理）
  （英）奈端（通译牛顿，Newton, Issac 1642—1727）著；（英）伟烈亚力　（英）傅兰雅口译　李善兰笔述
  1860（清咸丰十）年前后译成，未译全，书稿为大同书局借失，未印行
  此为牛顿名著"Newton's Priciple"（原理）之中译本，分平面、椭圆、抛物线、双曲线等类。

3997 最新中学教科几何学
  （京师大学堂所藏译书）

3998 圆锥曲线说三卷
  （英）艾约瑟译　李善兰述
  金陵刻本　1866（清同治五）年　一册；小仓山房石印本（富强斋丛书续集）；上海　制造局本；则古昔斋本；古今算学丛书本
  原著者胡威力（William Whewell, 1749—1866）论椭圆线、双曲线、抛物线。
  圆锥曲线理论于明末清初已输入我国，《恒星历指》、《交食历指》、《测天约说》、

《测量全义》、《数理精蕴》等书均有涉及。

3999 曲线须知一卷

（英）傅兰雅著

上海　益智书会　1888（清光绪十四）年　一册（格致须知二集）

论圆锥剖面。

4000 圆锥曲线一卷

（美）路密司著；（美）求德生选译　刘维师笔述

上海　美华书馆　1893（清光绪十九）年初版，1898（清光绪二十四）年，1901（清光绪二十七）年　一册；上海　益智书会石印　1898年　一册

论抛物线、椭圆线、双曲线。原刻本附于《形学备旨》后，单行本后出。

4001 温特渥斯解析几何学

郑家斌译

上海　商务　1908（清光绪三十四）年初版　一册；上海科学会编译部　1910（清宣统二）年4版　278页

温特渥斯原名 Wentworth, G. A. 美国人。

4002 代数几何

（美）华里司辑；（英）傅兰雅口译　华蘅芳述

上海　醉六堂石印　1895（清光绪二十一）年　一册（西学大成）

三角

4003 大测二卷

（瑞士）邓玉函　（德）汤若望　徐光启编译

北京　1631（明崇祯四）年初刻本　一册；西洋新法历书清康熙间修补曾刻本　一册；古今图书集成·历法典；日本抄本　1834（日本天宝五）年　崇祯历书五种

这是我国第一部三角学，作为历书的一部分献给朝廷。

一说该书多取材于托勒密（Ptolemaeus, Claudius）著数学大辑十三卷（Syntaxis Mathematica）（方豪《中西交通史》）；一说该书依德国毕笛斯克斯《三角法》和荷兰斯台汶《数学笔记》编译而成（吴枫《简明中国古籍辞典》）。白尚恕认为，很可能是以皮蒂楚斯的《三角学》为蓝本，参考其它书编译的。(见《介绍我国第一部三角学——大测》载《数学通报》1963年2月号)

序曰"大测者，测三角形法也，……测天者所必须，大于他测，故名大测"。

本书主要讲造表法、用表法和三角八线的性质及相关定理、直角三角形解法。

该书译八线为：正弦、余弦、切线、余切线、割线、余割线、矢（或倒矢）、余矢。

4004 割圆八线表六卷

（瑞士）邓玉函编译

1631（明崇祯四）年

徐光启进呈历局所译之书，此为有度有分的五位三角函数表，表中列出八线每隔1′的小数的函数表，秒以下则按比例计算。

4005 三角算法一卷
（波）穆尼阁口授　薛凤祚笔述
1653（清顺治十）年　一册

叙平面三角法、球面三角法，收正弦、余弦定理、正切定理、半角公式、半弧公式、德氏比例式（Delambrès analogies）、纳氏比例式。"三角"这一术语，自此书开始使用，直至今天。

4006 割圆勾股八线表一卷
（瑞士）邓玉函编　（意）罗雅谷　（德）汤若望订
明末刻本　一册（西洋新法历书）明崇祯清顺治间刻本

4007 求正弦正矢捷法一卷
（法）杜德美著
1720（清康熙五十九）年前

4008 三角数理十二卷
（英）海麻士（Hymers, John 1803—1877）辑；（英）傅兰雅口译　华蘅芳笔述　刘彝程校算　曹撷亭绘图
上海　制造局刻本　1877（清光绪三）年　六册；上海石印本；积山书局影印制造局本　六册；中西算学丛刻本
原书：A Treatise on Plane and Spherical Trigonometry.（1863），平面球面三角学。
卷一至三论三角函数关系式，卷四论平面三角解法，卷五论三角函数的幂级数展开式，卷六论对数，卷七卷八论三角函数恒等式及其应用，卷九至十二论球面三角形解法。当时登州文惠馆内一半学生以此书为教本。这是三角学第二次输入我国，当时"三角"、"八线"并称，1935年中国数学会名词审查委员会将Trigonometry定为三角学。

4009 三角须知一卷
（英）傅兰雅著
上海　益智书会　1888（清光绪十四）年　一册（格致须知二集）；上海　算学书局　1898（清光绪二十四）年　一册（古今算学丛书）

4010 八线备旨四卷
（美）罗密士（Loomis）著；（美）潘慎文口译　谢洪赉笔述
上海　美华书馆　1894（清光绪二十）年初版，1901（清光绪二十七）年，1902（清光绪二十八）年，1903（清光绪二十九）年再版　一册，1904（清光绪三十）年修订本；清末石印本　二册
论平弧三角形及测地量法，各卷附习题，末附中西名目表。罗密士为美耶鲁大学教授，所编十九种数学教科书，为美各大学普遍采用。

4011 弧三角阐微五卷
（爱尔兰）欧礼斐（Oliver, Charles Henry）著
同文馆聚珍版　1898（清光绪二十四）年　五册

4012 三角

（　）洛克平著；大学堂译书局译

1903（清光绪二十九）年　一册

4013 新撰三角法

（日）松村定次郎著；范迪吉等译

上海　会文学社　1903（清光绪二十九）年　一册（普通百科全书）

4014 八线拾级二卷　附答案一卷

（美）温德鄂（Wentworth）辑；刘光照译

上海　美华书馆　1904（清光绪三十）年　一册；上海　广学会　1904（清光绪三十）年　一册

附平弧三角形公式与总答案。

4015 弧角拾遗

贾步纬述

附勾股六术后。

4016 三角法难题详解

（日）白井义督原著；骆师曾译

上海商务　1910（清宣统二）年初版　200页

4017 平面三角法教科书

（日）桦正董编；仇毅编译

上海　群益书局　1916年　一册

4018 平面三角法讲义

（日）上野清著；匡文涛译

上海　商务　1919年　一册

微积分

4019 代微积拾级十八卷

（美）罗密士（Loomis, Elias 1811—1899）著；（英）伟烈亚力　李善兰译

上海　墨海书馆　1859（清咸丰九）年　三册；上海　制造局本；古今算学丛书本；算学大成本；另有十卷本　1907（清光绪三十三）年石印　四册

原书：Elements of Analytical Geometry and of Differential and Integral Calculus. (1850)

卷一卷二讨论用代数方法解几何问题，卷三至卷九平面解析几何学，卷十至卷十六论微分，卷十七、十八论积分。该书是解析几何、微积分传入我国的最早译本。译名"代"指"解析几何"，当时叫"代数几何"，"微"指微分，"积"指积分，"calculus"译作"微积"，是我国微积分一名的起源。

罗密士为美国耶鲁大学教授，曾编写数学教科书十余种。但本书之中译本"奥涩不可读"（数学家徐有壬 [1800—1860] 语），原因是原著对一些基本概念的讲述不甚完整、严密。该书介绍了西算乘、除、根号、大于、等于、开方等十多个符号。

4020 微积溯源八卷

（英）华里司（Wallace, Wm.）著；（英）傅兰雅译　华蘅芳笔述　刘彝程校算

上海　制造局刻本　1871（清同治十）年，1874（清同治十三）年　六册；上海石印本；中西算学大成本；测海山房丛刻本；富强斋丛书本

译自 Wallace 著"Fluxions"，载大英百科全书第 8 版。

卷一述变量、函数，并引入导数概念；卷二卷三述高阶导数，并讨论了微分在几何上的应用；卷五卷六为一元函数的积分；卷七求曲线面积，弧长计算公式，介绍了用级数展开法求椭圆积分及旋转体的表面积、体积等；卷八微分方程初步。

4021 代形合参三卷　附一卷

（美）罗密士著；（美）潘慎文译　谢洪赉述

上海　益智书会石印　1876（清光绪二）年，1898（清光绪二十四）年　一册；上海美华书馆　1893（清光绪十九）年，1902（清光绪二十八）年，1903（清光绪二十九）年　一册

卷一卷二即"代微积拾级"前九卷的内容，互有详略。卷三论空中之点与直线及平面曲面之变数二式公式。附卷论推算寒暑之变迁，江河之深浅等。

4022 微积须知一卷

（英）傅兰雅译　华蘅芳述

上海　益智书会　1888（清光绪十四）年　一册（格致须知二集）；西学格致大全本；行素轩算学丛书本

4023 元代合参三卷

胡豫　沈光烈译　张之梁校

绍兴墨润堂石印　1901（清光绪二十七）年　一册

4024 微积学二卷

（美）路密司著；刘光照译

上海　美华书馆　1905（清光绪三十一）年　一册线装

微分学八章，积分七章。

4025 微积学二卷

（美）罗密士著；（美）潘慎文译　谢洪赉笔述

上海　商务　1906（清光绪三十二）年3版　一册

据英文最新之增订本译出，便于初学。上卷微分八章，下卷积分七章。

4026 微分积分学纲要

（日）泽田吾一著；赵缭译

上海　群益书局　1907（清光绪三十三）年　一册

4027 微分积分学

（日）长泽龟之助著；马瀛译

上海　商务　1912年　一册

4028 微积分学讲义

（日）根津千治编著；匡文涛译

上海　商务　1919年　一册

概率论

4029 决疑数学十卷　绪论一卷

（英）伽罗威（Galloway, Thomas）著；（英）傅兰雅　华蘅芳译

上海　飞鸿阁石印　1897（清光绪二十三）年　一册；上海　格致书室石印　1897（清光绪二十三）年　四册；1907（清光绪三十三）年再版　四册；扬州校刻本　1909（清宣统元）年　安徽周氏刻本；行素轩算学丛书本

译自 Galloway 著"Probability"，载大英百科全书第 8 版，补以 Anderson（安德生）所写"Probability; Chances or the Theory of Averages"，载钱伯司百科全书。

卷首"总引"，述巴斯卡（Pascal, B.1632—1662）至拉普拉斯（Laplace, M.1749—1827）间概率论的发展历史及概率论知识的应用；卷一至五概率论的理论及计算方法；卷六人寿概率；卷七准确概率；卷八大数；卷九正态分布及正态曲线；卷十最小乘法及应用。

该书基本涵盖了西方十九世纪上半叶概率论的研究成果。制造局 1880 年译毕未印。

力学

4030 重学浅说一卷

（英）伟烈亚力译　王韬述

上海　墨海书馆　1858（清咸丰八）年初版　一册；上海排印本　1889（清光绪十五）年（西学辑存）；上海　制造局　1890（清光绪十六）年重印本　一册

首为重学原始，介绍力学的由来、力学的分类；动力学、静力学、流体力学、汽体力学。次重学总论，论力学、杠杆、曲杆、滑车、斜面、轮轴、劈、螺旋等原理；末总论重学之理，论重学与地球、重学与摄力（引力）的关系，学习重学原理的意义。

4031 重学十七卷　首一卷

（英）胡威立（Whewell, William 1774—1866）著；（英）艾约瑟口译　李善兰笔述

松江钱氏活字本　1859（清咸丰九）年　二册；美华书馆覆刻松江钱氏刻本　1867（清同治六）年　二册线装

原书：An Elementary Treatise on Mechanics.

首一卷，介绍杆、滑车、斜面、轮轴、劈、螺旋，从支点讲起述其省力之理。

正文分静重学、动重学两大部分，各卷有论、有公论（相当于定理），有例题及计算，多处有李善兰案语以助读。

静重学七卷。卷一论杆，卷二论并力分力，卷三论七器（杆、轮轴、齿轮、滑车、

斜面、劈、螺旋），卷四论诸器合力，卷五论重心，卷六论刚质相定之理，卷七论面阻力。

动重学十卷。卷八论质体动之理，卷九论平动相击，卷十论平加速及互相牵引之理，卷十一论抛物之理，卷十二论物行于曲线之理，卷十三论动体绕定轴之理，卷十四论器动（指连轴、弹道等），卷十五论动阻力，卷十六论诸器利用（如凸轮、风、水、火之力），卷十七论相击抵力之理。

该书是第一部汉译力学专著，首次介绍了牛顿运动定律。

1883年美国丁韪良将Mechanics译为"力学"，此前中译西书均为重学。

该书已使用横等式。

4032 重学二十卷　附圆锥曲线说三卷

（英）胡威立著；（英）艾约瑟译　李善兰笔述

1859（清咸丰九）年初刊（出版者不详）；金陵书局重刊本　1866（清同治五）年　六册，无卷首有附卷；江宁藩署刊本　1882（清光绪八）年；上海大同书局　1888（清光绪十四）年影印本；上海　积山书局石印本　1896（清光绪二十二）年　二册袖珍本；则古昔斋算学本；中西算学大成本；西学富强丛书本

胡氏原书仅十七卷，卷一至七静重力学，卷八至十七动重力学，1859年中译本初版。后译者增译流质力学三卷。该书比较系统地介绍了牛顿运动三大定律、阿基米德定律、波义耳定律和托里拆利定律等经典力学知识。圆锥曲线说，论椭圆、双曲线、抛物线的计算。

4033 力学入门一卷附图（一名重学入门）

（美）丁韪良著

同文馆刻本　1868（清同治七）年　一册（格物入门七种）；日本明亲馆重刊本　1875（日本明治八）年　一册；京都官书局　1898（清光绪二十四）年　一册；西学大成本、中西新学大成本，均名为"重学入门"

4034 水学入门一卷　测算水学一卷

（美）丁韪良著

格物入门七种本

4035 力学入门一卷　测算力学一卷

（美）丁韪良著

格物入门七种本

4036 力学测算三卷

（美）丁韪良编

1883（清光绪九）年印本　一册；格物测算七种本

以微积分叙述落体，求重心等各种力学问题。

4037 重学图说一卷

（英）傅兰雅译

上海　益智书会　1885（清光绪十一）年　一册；小仓山房影印本　1901（清光绪二十七）年；格致须知本；西学大成本；中西新学大全本

4038 重学图说　体性理图说
（英）傅兰雅著
1885（清光绪十一）年刻本　一册

重学图说。书前有省力之简单机械图47幅，首总论，次分述书前附图之六类重学器：杠杆、滑车、轮轴、斜面、螺旋、曲拐及其各种助力器具组合的构造、原理，生活中各种助力器具的材料、尺寸、工作原理等。

体性图说。所谓"体性"是指有长宽厚的质体，书前有平面及立体、规则及不规则物体图37幅。首总论，次述有长宽厚质体的性质：有体积、不并容、可剖分、含微隙、存重力、含吸力（互相吸引）、热胀冷缩、永静性、不泯灭、有凹凸力（弹性）；论重心，论动理，介绍牛顿运动三定律，机械运动中省力的基础知识。

4039 水学图说二卷
（英）傅兰雅著
上海　益智书会刻本　1887（清光绪十三）年，1890（清光绪十六）年　一册；格致须知初集本

介绍静水力学和动水力学。

4040 水学测算一卷
（美）丁韪良著
同文馆格物测算七种本

4041 力学须知一卷
（英）傅兰雅著
1889（清光绪十五）年初版　一册（格致须知三集）；香港书局　1897（清光绪二十三）年　一册（西学格致大全）

分六章，第一章总论体性，二章略论各力，三章略论重心，四章略论动理，五章论摆动，六章论圈动。

4042 重学须知一卷
（英）傅兰雅著
1889（清光绪十五）年初版　一册（格致须知二集）

4043 水学须知一卷
（英）傅兰雅辑译
1891（清光绪十七）年初版（格致须知三集）；香港书局　1897（清光绪二十三）年　一册（西学格致大全）

此为水力学。

4044 重学汇编一卷
（英）傅兰雅辑译
上海　鸿文书局石印　1897（清光绪二十三）年　一册（中西新学大全）；西学大成本重学编

4045 力学
（英）斐立马格纳著；京师大学堂官书局译

1903（清光绪二十九）年　一册

4046　力学课编八卷答数备质一卷
（英）马格纳菲立（Magnno, Philip）著；严文炳译　常福元重订
学部图书编译局　1906（清光绪三十二）年　四册，有图
马格纳著《力学》一书，1875年出版，原著曾印行十几次。严文炳据1891年第17版译为中文。1903年常福元又据马格纳1896年修订本增补重订，是较好的初等力学教科书。附问题、试题、答案等。

4047　压水柜一卷
（英）傅兰雅译
格致汇编本
述运用帕斯卡原理之液压机，构造、作用等。

4048　重学器一卷
（英）傅兰雅译
格致汇编本

4049　重学器图说一卷
（英）傅兰雅撰
译书公会石印　1898（清光绪二十四）年　一册，图

物理学

总论

4050　博物通书
（美）玛高温著
宁波　华花圣经书房　1851（清咸丰元）年　一册
介绍电报、磁电、化电等知识，附图表45幅，附日历。

4051　物理学提要
（英）合信著
1855（清咸丰五）年刊本　一册

4052　格致启蒙格物学
（英）司都薑（Stewart, balfour 1828－1887）著；（美）林乐知译　郑昌棪笔述
上海　制造局　1879（清光绪五）年；上海石印本（格致启蒙四种）
司都薑今译鲍易弗·斯图尔特，英国著名物理学、气象学家。本书译自司都薑著科学启蒙丛书·物理学，原书：Science Primer Series, Physics.

4053　格致质学启蒙一卷
（英）艾约瑟著
总税务司署本　1886（清光绪十二）年　一册；上海　著易堂　1896（清光绪二十二）年（西学启蒙十六种）；上海　图书集成印书局　1898（清光绪二十四）年　一册

凡十一章：首提絜义旨，何为格致质学；次何为动，何为力；再次物与物所有之三力，万物互相吸引之力功用如何；定、液、气为万物之三质，定质物各性质，液质物，气质物；物运动；颤动；热物；电气。

与制造局格致启蒙各有详略。

4054 形性学要十卷

（法）迦诺（Ganot, Adolphe）著；（比）赫师慎　李杕译

上海　徐家汇汇报馆　1899（清光绪二十五）年初版　四册，1906（清光绪三十二）年　第二次增订

译自法国阿道夫·迦诺著《初等物理学》。全书问答体，凡十卷，卷一形体公性及动力，述何谓形性学，重、水、气、声、热、光、磁、电八门总称形性学，何谓原质，形性学如何分类，天地间形性有固液气三类；卷二至卷十分论重学、水学、气学、声学、热学、光学、磁学、电学、气候学。所述颇详，附图近400余幅。

4055 物理学三编

（日）饭盛挺造编；（日）藤田丰八译　王季烈编

上海　制造局　1900（清光绪二十六）年　四册，1900（清光绪二十六）年刻本　八册

4056 物理学上编四卷

（日）饭盛挺造编纂　（日）丹波敬三　（日）柴田承桂校补；（日）藤田丰八译　王季烈润辞

上海　制造局刻本　1900（清光绪二十六）年　四册；上海　上海书局石印　1900（清光绪二十六）年　一册；(出版者不详) 石印本　六册；石印大字本　四册

卷一总论，卷二定质重学，卷三流质重学，卷四气质重学。

4057 物理学中编四卷

（日）饭盛挺造编纂　（日）丹波敬三　（日）柴田承桂校补；（日）藤田丰八译　王季烈重编

上海　制造局大字刻本　1902（清光绪二十八）年　四册

卷一浪动通论，卷二声学，卷三光学，卷四热学。插图259幅。

4058 物理学下编四卷

（日）饭盛挺造编纂　（日）丹波敬三　（日）柴田承桂校补；（日）藤田丰八译　王季烈笔述

上海　制造局刻本　1903（清光绪二十九）年　四册；江南群学社石印　1904（清光绪三十）年　四册；支那新书局石印本

卷一磁性学；卷二电学上，论静电气；卷三电学下，论动电气及电气磁性；卷四气候学，论大气空气温度、光学现象等。插图229幅。

4059 物理学问答

日本富山房编；范迪吉等译

上海　会文学社　1903（清光绪二十九）年　一册（普通百科全书）

4060 物理学算法
  （美）丁韪良著
  上海　美华书馆　1904（清光绪三十）年　一册

4061 物理学语汇
  学部审定科编译
  学部图书编译局　1908（清光绪三十四）年　一册

物理学教科书

4062 物理学初步二卷
  （日）后藤牧泰著；张云阁译　（日）山根虎之助修订　王振尧校
  直隶学务处　1851（清咸丰元）年　一册

4063 格致质学十卷　附一卷（一名　格物质学）
  （美）史砥尔（Steele）著；（美）潘慎文译　谢洪赉述
  上海　益智书会　1894（清光绪二十）年初版　一册；上海　美华书馆　1898（清光绪二十四）年，1899（清光绪二十五）年，1902（清光绪二十八）年，1907（清光绪三十三）年　一册
  潘慎文曾为苏州博习书院及上海中西书院教习。
  该书十一卷。卷首开端，名目总解，论物质之公性与独性；其余各卷为动与力；吸力；机器本原；流、气二质之压力，静水学、流水学，气学，声学，光学；热学，磁学；电学。末为附卷，收习题及东西名目对照表。每章末有参考书名。附图241幅。

4064 物算教科书
  董瑞椿译
  1897（清光绪二十三）年刊　一册

4065 物理易解
  陈榥译　朱宗莱等校
  东京　教科书译辑社　1902（清光绪二十八）年　一册

4066 最新简明中学用物理学
  （美）何德赉（Headland, Isaac Tayler 1859—1942）著；谢洪赉译
  1902（清光绪二十八）年　一册

4067 中学物理教科书
  （日）水岛久太郎编；陈榥乐译补
  东京　教科书译辑社　1902（清光绪二十八）年，1914年　一册，图

4068 额伏烈特物理学五卷
  京师大学堂译书局译
  京师大学堂译书局　1903（清光绪二十九）年　一册
  英国额伏烈特（Everett, Joseph David 1831—1904），今译为约瑟夫·戴维·埃弗雷特，英皇家学会会员、科学家。他1870年将法国普里瓦·德夏内尔著《初等物理学》译为英文。

该书为英译修订本的中译本。包括动静力学、气水学、热学、光学、电学各一卷，属初等物理教科书。

4069 物理学
（日）水岛久太郎著；陈榥译补
东京　教科书译辑室　1903（清光绪二十九）年　一册

4070 格致教科书一卷
商务印书馆编译
上海　商务　1904（清光绪三十）年　一册
共八章，一总论，二论三种物质，三热学，四光学，五声学，六电学，七磁学，八重率与密率。卷末附问题。

4071 普通应用物理教科书
陈文哲编译
上海　昌明公司　1904（清光绪三十）年，1906（清光绪三十二）年，1908（清光绪三十四）年，1910（清宣统二）年　一册

4072 新物理学一卷
马叙伦译
新世界学报本　1904（清光绪三十）年　一册
译自日本普通教科书，附图若干，阐述物理试验之功用。

4073 物理学
（日）赤沼满二郎讲授；金孝韩　路黎之译
湖北官书局　1905（清光绪三十一）年　一册（师范教科丛编）

4074 物理学教科书
（日）渡边光次编；（日）西师意译
上海　山西大学译书院　1905（清光绪三十一）年　一册

4075 江苏师范讲义·物理
日本教科书原本；江苏师范生编译
江苏学务处　1906（清光绪三十二）年　一册

4076 近世物理学教科书九卷　首一卷　表一卷
（日）中村清二著；学部图书局译
京师官书局　1906（清光绪三十二）年　三册

4077 近世物理学教科书
余岩译
上海　普及书局　1906（清光绪三十二）年　一册

4078 中等教育物理学
（日）中村清二著；林国光译
上海　广智书局　1906（清光绪三十二）年　一册

4079 物理学教科书二卷
伍光建编译

上海　商务　1907（清光绪三十三）年　一册

4080　物理学讲义三卷
　　陈学郢编译
　　上海　商务　1908（清光绪三十四）年　一册

4081　新式物理学教科书
　　（日）本多光太郎　（日）田中三四郎合著；王季点译述　陈学郢校订
　　上海商务　1910（清宣统二）年　一册，有照片

4082　物理学讲义
　　（日）田中三四郎著；史浩然译
　　上海　群益书局　1912年　一册

4083　新撰物理教科书
　　（日）田中三四郎　（日）本多光太郎合著；丛琯珠译
　　上海　群益书局　1917年　一册

声学

4084　声学八卷
　　（英）田大里（Tyndall, John 1820—1893）著；（英）傅兰雅译　徐建寅笔述
　　上海　制造局　1874（清同治十三）年初刻，清光绪间刻本　二册；西学大成本；富强斋丛书本
　　田大里，今译约翰·丁铎尔，英国物理学家，以精研热学著名于当时，英国皇家学会会员。原书：Sound 第2版（1869）。主要叙述声音发生之原理、传声发声、振动成声、钟磬之声、管弦之声，以及声波干扰原理等，每卷结尾归纳要点。插图169幅。该书是西方声学专论传入我国最早者，该书最早引进"以太"概念，谭嗣同著《仁学》直接使用此概念。

4085　声学揭要一卷
　　（美）赫士译　朱葆琛述
　　上海　协和书局　1883（清光绪九）年初版，1907（清光绪三十三）年再版　一册；（出版者不详）1893（清光绪十九）年初版　一册；上海　益智书会　1894（清光绪二十）年，1898（清光绪二十四）年　一册；上海　美华书馆　1898（清光绪二十四）年　一册，有图，有1897年英文自序；登州文会馆本
　　译自"Elementary Treatise on Physics"第14版，法国阿道夫·迦诺（Ganot, Adolphe 1804—1887）著。共六章七十一节，论声之由来、速度及被返被折，论诸声频率之测定，论乐音以及弦、琴、条片颤动之理，后附中西名词对照表。

4086　声学入门一卷
　　（美）丁韪良著
　　格物入门本

4087　声学须知一卷
　　（英）傅兰雅著

1887（清光绪十三）年初版 （格致须知初集）

4088 声音学测算一卷
（美）丁韪良著
附气学测算后

4089 传声器像声器一卷　程端甫述传声器
（英）傅兰雅译像声器
格致汇编本

4090 新创声器图说一卷　爱第森新创记声记形器说一卷
（英）傅兰雅译
格致汇编本

光学

4091 远镜说一卷
（德）汤若望译

1626（明天启六）年刊本　一册；西洋新法历书清顺治间修补明崇祯间刊本；清乾隆间刻本　一册；南汇吴省兰听彝堂　清嘉庆间　一册；艺海珠尘本；丛书集成初编册1308

汤若望1622年来华，携伽利略1610年改良之新式望远镜，1626年翻译此书。

该书蓝本为 Sirturi, Girolamo 著"Telescopio"(1616)，法兰克福出版。

该书可能是译本，也可能是译编。叙伽利略望远镜之功用、原理、制造，以及用于观测太阳、金星、木星等天文现象的最新成果，和室外望远情景，有大图多幅，是介绍西方光学知识的第一部汉译著作。

4092 光论一卷
（英）艾约瑟　张福僖译

上海　墨海书馆　1853（清道光三）年　一册；元和江氏清光绪中刊本（灵鹣阁丛书）；丛书集成初编册1341

据胡兆鸾辑《西学通考》卷七"光学"，本书著者为武腊斯顿。查"Who is Who"，Wollaston, William Hyde (1766—1828)，通译武拉斯顿，英国物理学家、化学家。

张福僖，归安（今吴兴）人，生平布衣，通天算之学，在上海时与西人翻译畴人著作，自著彗星考、日月交食考等。

该书配图详介几何光学，包括光的直线传播、反射、折射、海市蜃楼、光的照度、色散、虹、人的眼睛、色盘、光谱等等，是我国从西方翻译的最早一部系统的光学专著，似非原著全帙。

4093 光学入门一卷　测算光学一卷

（美）丁韪良著

格物入门七种本

4094 光学二卷　附视学诸器说一卷

（英）田大里（Tyndall）著；（布）金楷理（Kreyer, Carl T.）译　赵元益笔述　沈善蒸校

上海　制造局　1876（清光绪二）年，1879（清光绪五）年　二册；上海石印本改名"光学大成"；西学大成本；富强斋丛书本

原书：Light. (1870)

分几何光学和波动光学两部分，几何光学系统介绍了光顺直线而行，小孔成像、影、照度、光速、光行差、光的反射和各种镜面成像、眼睛和视觉的光学原理。波动光学为该书主要内容，包括光的本质——粒子与波动两种假说，

光传播的以太说，光与色，光谱及其应用，光的衍射、干涉、偏振等。书中将以太（Ether）译为"传光气"。《光学》一书是波动光学的第一部中译本，也是西方近代光学在19世纪的重要汉译著作。

4095 视学诸器图说一卷

（英）西里门辑；（布）金楷理口译　赵元益笔述

上海　制造局　1876（清光绪二）年初刊，附于《光学》之后，单印本1879（清光绪五）年　一册；小仓山房石印本　1899（清光绪二十五）年（富强斋丛书）

介绍多种光学器具。

4096 量光力器说一卷

（英）傅兰雅译　赵元益笔述

格致汇编本　1879（清光绪五）年；1884（清光绪十）年单刻本　一册；西学大成本；中西新学大全本

书分6章，介绍英国物理学家威廉·克鲁克斯（Grookes, Willam 1832—1919）进行真空实验时创设"量光力器"的经过、原理，光分七色，及各式量光力器和应用。

4097 光学测算一卷

（美）丁韪良著

格物测算七种本

4098 光学图说二卷

（英）傅兰雅辑译

上海　益智书会　1887（清光绪十三）年初刻，1890（清光绪十六）年　一册

书分二卷，每卷卷首各有二十幅光学现象图，以及对应各图的解说文字。卷一，述光的性质，主波动说。小孔成像，光速，反光，平面镜、双平面镜、多镜之反光，凹凸透镜，折光，空气中之幻影，各式组合透镜之成影，球镜光差。卷二，述暗箱，人眼睛，老花、近视镜，光谱知识以及分光求原的方法，显微镜，牛顿光圈以及牛顿

分光为七色的方法。书中将光的传播媒介解释为"以太"(ether)。

4099 光学须知　热学图说

（　）Lees, Wm. 著；（英）傅兰雅译

（出版者不详）1890（清光绪十六）年初版　一册

原书：Handbook to Diagrams in Light and Heat. (1881)，伦敦出版的手册丛书之一。

4100 光学揭要二卷

（美）赫士译　朱葆琛述

上海　益智书会　1894（清光绪二十）年　一册；上海　美华书馆　1898（清光绪二十四）年，1899（清光绪二十五）年　一册，图；上海鸿宝书局石印　1902（清光绪二十八）年　一册，有图；登州文会馆本

译自 Ganot, Adolphe 著"Elementary Treastise on Physics"第 14 版。

上卷四章，一论光之速率与光表，二论返光与返光镜，三论折光与透光镜，四论分光色及无色镜。下卷三章，五论光器，六论眼，七论光相碍。附中西名词对照表。

书中"然根光"介绍了德国伦琴 1895 年发现的 x 光及其用途。

4101 光学须知一卷

（英）傅兰雅著

1894（清光绪二十）年初版　一册；东亚图书馆本　1895（清光绪二十一）年　一册；香港书局石印　1897（清光绪二十三）年　一册（西学格致大全）；格致须知三集本

4102 通物电光四卷　图一卷

（美）莫耳登（Mortom, William James 1845-1920）著；（英）傅兰雅译　王季烈笔述

上海　制造局刻本　1899（清光绪二十五）年　一册

通物电光即 X 射线，1895 年由德国伦琴发现。

卷一介绍电学基本概念。卷二述发电机、感应圈、各种克鲁克斯管、显光器、照相器等实验装置。卷三述各部件的制作、装置，X 光的发现、特性及实验，X 光照相法等。卷四论 X 光在医学上的应用。有学者认为，该书译自莫耳登与汉莫尔(Hammer, Edw. W.) 合著的"X-ray, or Photography of the Invisible and Its Value in Surgery"(1896) 纽约第 5 版。（见《明清时期物理学译著书目考》/王冰撰文）

4103 分光求原

（英）伟烈亚力译

上海　制造局　清光绪初未译全未印

4104 视学提要十八章一卷

（日）吉村寅太郎纂译

教育世界社　清光绪间　一册

4105 透物电光机图说

汇报馆辑译

汇报本　清光绪间　一册
述 x 射线透光机的原理与应用,附图 7 幅。

4106　量光力器图说一卷　光理浅说一卷　显微镜说一卷　美国极大天文镜图说一卷
（英）傅兰雅译
格致汇编本

电学

4107　电学入门一卷附图
（美）丁韪良辑
格物入门七种本；西学大成本；上海鸿文书局石印　1897（清光绪二十三）年　一册（中西新学大全）

4108　电学纲目一卷
（英）田大里著；（英）傅兰雅　周郇译
上海　制造局刻本　1879（清光绪五）年　一册；富强斋丛书本；西学大成本；中西新学大全本；丛书集成续编本
原书：Notes of a Course of Seven Lectures in Electricity.
概述电流,电流的化学、磁热等效应,电阻,电磁感应,电极、稀薄气体放电等。

4109　电学十卷　首一卷（一名　电学大全）
（英）瑙挨德（Noad, Henry M.）著；（英）傅兰雅口译　徐建寅笔述
上海　制造局刻本　1880（清光绪六）年　六册；上海鸿文书局石印　1896（清光绪二十二）年　六册；富强斋丛书本；西学富强丛书本；西学大成本只印源流一卷
瑙挨德又译作奴搭,即亨利·诺德。
原著为 1867 年伦敦出版的教科书 The Student's Textbook of Electricity.
卷首总论源流,电的发现,富兰克林对电学的贡献；卷一论摩电气,卷二论吸铁气,卷三论生物电气,卷四论化电气,卷五论电气吸铁,卷六论吸铁电气杂理,卷七论吸铁电气,卷八论热电气,卷九论电气报,卷十论电气时辰钟及诸杂法。附 402 图。

4110　电学图说五卷
（英）傅兰雅著
上海　益智书会刻本　1887（清光绪十三）年　一册

4111　电学须知一卷
（英）傅兰雅著
1887（清光绪十三）年初刊　一册（格致须知二集）；新辑各国政治艺学全书本；西学格致大全本

4112　电学测算一卷
（美）丁韪良著
格物测算七种本

4113　电学源流一卷
（英）瑙挨德著；（英）傅兰雅口译　徐建寅笔述

上海　醉六堂石印　1895（清光绪二十一）年　一册（西学大成）；上海　鸿文书局石印　1896（清光绪二十二）年　一册（西学富强丛书）

4114 电学总览
（美）博恒理（Porter, Henry Dwight 1845—1916）译著
上海　广学会　1896（清光绪二十二）年　一册

凡七章。一章，论电之妙理与力，述电为万物中之一力耳，万物皆有电，电分吸铁气、摩电气、化电气，介绍吸铁石、指南针，及指南针校正。二章五金化电，介绍锌、铜与酸的氧化还原反应生成电，物体导电，近年发明的电筒等。三章论磨发电气，述玻璃瓶内置汞、锡、锌等生电的旧式电容器，莱顿瓶，磁与电，电之功能，磁电动力。四章论化电气之用，述化电可分解原质、镀金、制版印刷。五章论开闭电路，述电报发送、传递、接收，莫尔斯电码表，电话，海底电缆等。六章论电气燃灯，述1879年爱迪生发明电灯、1879年西门子设电气铁路，电机，水力发电等。七章论电气杂用，介绍电闹钟、时钟、电报失火、电气移物等。

4115 摩电气二卷
（英）瑙挨德著；傅兰雅译
上海　鸿文书局石印　1896（清光绪二十二）年　一册（富强斋丛书）

4116 论吸铁电气杂理
（英）瑙挨德著；（英）傅兰雅口译　徐建寅笔述
上海　鸿文书局　1896（清光绪二十二）年　一册（西学富强丛书）

4117 论电气报
（英）瑙挨德著；（英）傅兰雅译
上海　鸿文书局石印　1896（清光绪二十二）年　一册，图（西学富强丛书）

4118 论电气吸铁
（英）瑙挨德著；（英）傅兰雅译
上海　鸿文书局石印　1896（清光绪二十二）年　一册，图（西学富强丛书）

4119 论化电气一卷
（英）瑙挨德著；（英）傅兰雅译
上海　鸿文书局石印　1896（清光绪二十二）年　一册，图（西学富强丛书）

4120 论吸铁气
（英）瑙挨德著；（英）傅兰雅译
上海　鸿文书局石印　1896（清光绪二十二）年　一册，图（西学富强丛书）

4121 论电时辰钟及诸杂法
（英）瑙挨德著；傅兰雅口译　徐建寅笔述
上海　鸿文书局石印　1896（清光绪二十二）年　一册，图（西学富强丛书）

4122 电学纪要一卷
（英）吴师承著；（英）李提摩太译　葭深居士笔述
上海　广学会刻本　1899（清光绪二十五）年　一册

4123 电学问答一卷

  天津水雷局译

  天津刻本 清光绪间 一册；西学大成本；格致汇编本

  全书问答体，分为十类：吸铁、干湿电、电化、电瓶、电箱、阻行、电线、回电、引火、放电。

4124 电学测算一卷

  徐兆熊译述 王汝骍 陈炳华校

  上海 制造局 清光绪宣统间 一册

  共十一章，述定义，欧姆定律，电阻与电导，分电阻与总电阻，导线截面积，电路连接，功与功率，电池，发电机与电动机等。附十五个物理数据表及英汉术语对照表。

  论电学和磁学。

4125 论电一卷 论雷电一卷

  （爱尔兰）欧礼斐（Oliver, C.）著

  格致汇编本

热学

4126 火学入门一卷

  （美）丁韪良辑译

  北京 同文馆 1868（清同治七）年初刊 一册；格物入门七种本

  共二章，上章论热气，下章论光，附插图若干。

4127 热学入门一卷

  （美）丁韪良著

  格物入门七种本

4128 火学测算一卷

  （美）丁韪良著

  1883（清光绪九）年初刊 一册；格物测算七种本

4129 热学

  （美）金楷理译 江衡笔述

  上海 制造局 清光绪初译而待印

4130 热学图说二卷

  （英）傅兰雅辑译

  上海 益智书会刻本 1890（清光绪十六）年 一册，有图

4131 热学须知一卷

  （英）傅兰雅著

  1894（清光绪二十）年初版 一册；格致须知三集本

4132 热学揭要一卷

  （美）赫士译 刘永贵笔述

（出版者不详） 1897（清光绪二十三）年刊本；上海　美华印书馆石印　1899（清光绪二十五）年　一册，1902（清光绪二十八）年印本　一册；上海　益智书会　清光绪间；登州文会馆本

底本与《声学揭要》同，（法）阿道夫·迦诺著《初等物理学》。书凡六章，附习问。

4133　物体遇热改易说四卷　图六幅

（英）瓦特斯（Watters, Henry）著；（英）傅兰雅译　徐寿笔述　赵元益校

上海　制造局刻本　1899（清光绪二十五）年　二册，有图

译自1875年伦敦出版的"A Dictionary of Chemistry and the Allied Branches of Other Sciences"（由瓦特斯编）中的一个词条"Changes of Volume Produced by Heat"，词条著者George Foster. 主要介绍气、液、固体膨胀定律，它的应用及膨胀系数之测定方法。

4134　量大热度之表一卷　力储于煤说一卷

（英）傅兰雅辑译

格致汇编本

4135　论热电气

（英）瑙挨德著；（英）傅兰雅译　徐建寅笔述

上海　鸿文书局石印　1896（清光绪二十二）年　一册，图（西学富强丛书）

化学

总论

4136　化学入门

（美）丁韪良编译

北京　同文馆　1868（清同治七）年初刊　一册（格物入门七种本）

共五章：一总论，二论原质，三论气类，四论金类，五论生物之质。

4137　化学初阶四卷

（英）韦而司著；（美）嘉约翰　何瞭然同译

羊城　博济医局木刻　1870（清同治九）年初刊　四册，图；1873（清同治十二）年刻本　一册；上海　美华书馆　1871（清同治十）年　四册；上海　制造局本；西学大成本二卷

卷一论非金类，卷二论金类，卷三、四论化合之法。为西方化学之初译本。

1870年初刊本书首有嘉约翰英文序，谓该书译自韦而司《化学原理》之无机部分，还参考了英国化学家尼司所著《化学教程》第10版等书。傅兰雅对该书名词术语的翻译曾给予帮助。

4138　化学鉴原六卷　图一百四十九幅

（英）韦而司（Wells, David A. 1829—1898）著；（英）傅兰雅译　徐寿笔述　赵元益校

上海　制造局刻本　1872（清同治十一）年　四册，图；富强斋丛书本；丛书集成续编本

该书译自韦尔司著 Principles and Applications of Chemistry (1858)。

全书六卷四百一十节。首卷为万物分类、元素的定义、个数、分类、64种元素分为金类、非金类、气质、流质和定质，化合物形成之理——质点（atom）相吸，定比例、加比例、等比例，各元素间的化合当量，"质点之理"述道尔顿"原子说"。节末附64种元素译名表。

卷二、卷三论非金属类：养、轻气、淡气、绿气、碘、溴、弗、硒、啼、燐、矽、硼（硼）、炭等取法，化学性质、合化物及制取方法。

卷四至六论金属类。贵金九种：汞、银、金、铂、钯、铑（铑）、钌、銤（锇）、银、铱；贱金二十种：铁、锰、铬、钴、镍、铅、锡、铜、铋、铀等等。卷六专述其矿产、冶炼、性质、用途、合金及化合物。

本书第一次介绍了道尔顿原子论、物质不灭定律、定比定律和倍比定律。

韦尔斯原著1858年初版，曾再版十多次，为美国广泛使用的大学教材。中译本出版后，书院及学堂使用长达三、四十年。

该书创立化学元素汉译名称，一律用单字，古已有之者则沿用，新创字则以罗马读音的主要音节译一本音汉字并加表明类别的偏旁的造字原则。这种译名原则，是徐寿对中国翻译史、化学史作出的重大贡献。

4139 化学指南十卷

（法）毕利干撰；（美）丁韪良 联子振译

同文馆 1873（清同治十二）年初刻 十六册线装，图；清同治间印本 十册线装；上海石印本

此为普通化学兼应用化学，前六卷论金属、非金属，后四卷论化合之理，有表式。末附中西名目表。

4140 化学鉴原续编二十四卷

（英）蒲陆山（Bloxam, Chas L. 1831—1887）著；（英）傅兰雅译 徐寿笔述

上海 制造局 1875（清光绪元）年 六册；富强斋丛书本；西学大成本；中西新学大全本；丛书集成续编本

原书：Chemistry, Inorganic and Organic, with Experiments and a Comparison of Equivalent and Molecular Formulae. (1867)（无机、有机化学，附实验当量分子式的比较）

作者是伦敦皇家学院著名化学家霍夫曼（Hofmann, A.W. 1818—1892）的学生，英国伦敦皇家学院教授。主要介绍氰、苯胺、萘、醚、醛、丙铜等三十多种有机化合物的制备与性质，还论及酒、火药、皮革、烟草、鸦片等制作与加工，各种染料的使用，乳、血、蛋、肉、尿及植物动物的生长、死亡，腐烂与肥料等生物化学。是我国第一部有机化学教材，具有很强的实用性。

4141 化学鉴原补编六卷 附体积分剂一卷

（英）蒲陆山著；（英）傅兰雅译 徐寿笔述

上海 制造局 1879（清光绪五）年 六册，有图；清光绪间刻本 七册；富强斋丛书本；丛书集成续编本

与化学鉴原续编底本同为一书。是无机化学和化学实验教材。

卷一至四论非金属元素，卷五卷六论金属元素，全书介绍了64种元素及其化合物，包括1875年最新发现的镓及镓的合化物的性质。书中兼及与制造业有关的吹火筒、自来火、煤气、炼铁、制玻璃、陶器等等。末附"体积分剂（指当量或原子量之意）"一卷。附插图260幅。

4142 化学启蒙一卷

（英）罗斯古著；（美）林乐知译　郑昌棪笔述

上海　制造局　1879（清光绪五）年　一册（格致启蒙四种本）；上海　醉六堂石印　1895（清光绪二十一）年　一册（西学大成）；上海　鸿文书局石印　1897（清光绪二十三）年　一册（中西新学大全）；上海　鸿宝书局石印　1902（清光绪二十八）年　一册

原书：Science Primer Series-Chemistry. (1866) 罗斯古（Roscoe, Henry Enfield 1833—1915），今译作罗斯科，英国皇家学会会员，曼彻斯特欧文斯学院化学系主任、教授。

4143 化学入门

（美）厚美安著

广州刊本　清光绪间　一册；格致汇编　1880（清光绪六）年

以火气水土四行为天纲，与化学须知大同小异。

4144 化学启蒙一卷

（英）艾约瑟译

总税务司署　1886（清光绪十二）年　一册（格致启蒙十六种）；上海　著易堂　1896（清光绪二十二）年　一册；上海　图书集成印书局　1898（清光绪二十四）年　一册（西学启蒙十六种）

该书共二十二章：论火二章，论风气三章，论水六章，论地四章，论纯一原行物与异质合成物一章，论非金类物一章，论金类三章，追论通本测验所得知之诸理一章。

4145 化学须知一卷

（英）傅兰雅辑译

上海　制造局　1886（清光绪十二）年　一册（格致须知）；香港书局石印　1897（清光绪二十三）年　一册（西学格致大全）

4146 化学新编

（英）福开森（Ferguson, John Calvin）著；李天相译

金陵　汇文书院　1896（清光绪二十二）年　一册；上海　美华书馆石印　1899（清光绪二十五）年　一册，图及像

原书 Steele's Popular Chemistry. 书前有小引，收原质表、权度表（英制、法制、英法权制相较、英法中权制相较），宜用器料。

论死物质：一非金类，论氧、硝、氢、炭、火、空气、似盐质、硫、磷、砒、硼、硅；二金类：论硷质金类，钾、钠、锂、钌、钡、镁、铝、铁、锌、锡、铜、铅、金、银、铂、汞。述每种原质的形性、制取、化合物极其性状、功能。论生物质，述动植物类化合之法。如制酒、香料、硷、似蛋白质类等。考质：简介金类二十六种，酸质十二种，皆常见习用者之定性方法。

4147 化学辨质

（美）嘏会东（Jas. B. Neat, M. D.）口译　尚宝臣笔述

上海　美华书馆　1898（清光绪二十四）年　一册线装

著者博伊德（Boyd, Neal James），口译者是医士。此书之作，为指导学化学者按本书所叙，亲手做实验。

第一章论化学器具；第二章略论化学家常作各事；第三章论非金类原质：氧氢氯等气体及实验、制备，碘硫碳硅磷等；第四章论金原质，银汞铅，砒铵锡，铋铜镉，钍铁铬，锰锌钴镍钡钙锶镁钾钠等；第五章论配质之试法，分单质、氧化物、氢氧化物等八类；第六章论查核不知之物，如已化之料、未化之料等共十九类物质的检验法；第七章论化学家所用之药及器具。凡遇化学物质名词、每小节名称，均在页眉注英文名。书末附英汉索引，图16幅。

4148 化学原流论四卷

（英）方尼师（亦作方尼司）著；王汝骋译

上海　制造局　1900（清光绪二十六）年　二册；1901（清光绪二十七）年石印本

著者方尼司可能是 Fownes, George（见中国科技史料 V5：1，潘吉星：明清时期化学译著书目考）。

卷一论天地生化之理，非金属及金属类物质为天地生化的要素，论细胞及组织等生物化学；卷二述植物化学，植物中所含各物质的提取；卷三动物化学，动物体内蛋白质等三种要素的性质、功能和存在，动物的呼吸和血球、血中含铁的生理作用；卷四论动物与植物之相关。附录一篇。

4149 化学初桄三卷

（泰西）李姆孙著；杨学斌译述

1899—1900（清光绪二十五～二十六）年　一册（励学译编）

4150 化学问答

日本富山房编；范迪吉等译

上海　会文学社　1903（清光绪二十九）年　一册（普通百科全书）

4151 最新化学

虞和钦译

上海　文明书局　1904（清光绪三十）年

4152 化学理论解说

吴传绂译

上海　中国图书公司　1906（清光绪三十二）年　一册

此为中学教材。

4153 最新化学理论解说

（日）池田清著；吴传绂译

上海　中国图书公司　1907（清光绪三十三）年　一册

4154 化学表解（前后编）

上海科学书局编译所编译

上海　科学书局　1907（清光绪三十三）年5月　一册（表解丛书）

4155 近世化学

（日）池田菊苗编；虞和钦译

上海　科学仪器馆　1907（清光绪三十三）年　一册

4156 化学

（美）麦费孙（Mcpherson, W.）（美）罕迭生（Henderson, W. E.）合著；屠坤华等译

上海　商务　1910（清宣统二）年　一册

译自"An Elementary Study of Chemistry"。

4157 （重订）汉译麦费孙、罕迭生化学

许传音编译　（美）极白（Gregoe Gibb）重订

上海　商务　1911（清宣统三）年　一册

原名 An Elementary Study of Chemistry. 是美国 Ohio University 化学博士 Mcpherson and Henderson 之合作，其书风行全美。

书分三十二章：绪论，氧，氢，氢氧化合物，原子理论，化学方程式，化学算式，氮及稀少原质，溶液，酸，盐基，盐中和，原子价，可逆反应，化学平衡，硫及其化合物，周期率，氯族，碳及其化合物，分子量，原子量，磷族，矽，锑硼，金类，卤族之金类，镁铝铁铜汞银锡铅锰铬金铂，简单有机化合物等。附元素及其符号、原子量表等四种表，中西名词索引。有图 70 余幅，重点章节有"习问"。

4158 化学精义

（日）池田清化著；史浩然译

上海　群益书局　1911（清宣统三）年　一册

4159 化学方程式

（日）藤井乡三郎编；尤金镛译

上海　翰墨林书店　1908（清光绪三十四）年　一册

4160 化学计算法

（日）近藤清次郎编；尤金镛译

上海　翰墨林书店　1908（清光绪三十四）年

4161 化学材料中西名目表一卷

（英）傅兰雅编；徐寿笔述

上海　制造局　1885（清光绪十一）年　一册；富强斋丛书本；化学大成本；丛书集成续编本

傅兰雅著"袖珍翻译手册"一册，1880 年上海基督教长老会书局出版，其中包括此名目表，1885 年刊单行本。该表于同治九年（1870）傅兰雅、徐寿等在江南制造局翻译化学鉴原、续编、补编时作。全书 3600 多条中英对照的化学名词及有机、无机化合物类名及术语，与现今命名出入较大。书末附中西名目字汇表。徐寿创立的化学物质译名取英文名中最重要音节，以平常字加偏旁而立新名等原则，一直沿用至今。

4162 化学原质新表

杜亚泉译

上海　亚泉杂志本　1900—1901（清光绪二十六~二十七）年

译自日文，介绍76种元素原子量，其中13种为新元素。

4163 最新实验化学

（美）马福生著；史青译

上海科学社　1910（清宣统二）年　一册

4164 化学器二卷

（英）格里芬（Griffin, John J.）著；（英）傅兰雅译

格致汇编本，在"格致释器"中；上海　格致书室　1881（清光绪七）年　二册

原书：Chemical Handicraft.（1877）介绍各种化学实验仪器、器皿的性能、用法，附插图。

4165 化学器图说六卷

（英）傅兰雅撰；袁俊德校

1901（清光绪二十七）年　一册线装

卷一总引，介绍化学实验所用各种器皿；卷二水流质重率之器、抽气筒、生热容热之器；卷三消化各质之器、存各质之瓶、熬化流质之器、各种蒸汽；卷四取气试气之器、试验定质流质之器；卷五化分求数之器；卷六试验矿金与金类之器、化分动植物之器、地矿学所需矿石之样、化学所需各料。全书图792幅，每卷先图后说。

4166 简易炭酸定量器使用法一卷

（　）伦戯氏　（　）职肯德氏合著；普通学书室译

普通学报本（1901—1902年普通学书室发行）

4167 化学新书

徐有成译

上海　启文社　清末　一册

以介绍化学实验为主，附图68幅。

4168 化学体积分剂一卷

（英）傅兰雅口译　徐寿笔述

上海　日新社石印　1901（清光绪二十七）年　一册，图

化学教科书

4169 化学易知二卷

（英）傅兰雅著

上海　益智书会　1881（清光绪七）年初版　一册；1894（清光绪二十）年再版　一册

4170 改定近世化学教科书

（日）大幸勇吉著；王季烈译

上海　商务　1898（清光绪二十四）年　一册

中学教材。

4171 最新化学教科书
（日）大幸勇吉编；王季烈译
上海　文明书局　1906（清光绪三十二）年　二册

4172 近世化学教科书三卷
（日）大幸勇吉编；王季烈编译
上海　商务　1913年　一册

4173 近世化学教科书三卷
（日）大幸勇吉编；樊炳清译
上海　教育世界出版社　1903（清光绪二十九）年　二册；湖北农务学堂本

4174 化学一卷
（美）史砥尔著；中西译社译　谢鸿赉鉴定
上海　商务　1902（清光绪二十八）年　一册
中学化学教科书，共五章：一总论，二无机化学，三有机化学，四结论，五问题。另附教授要言、化学原质简要表。

4175 化学导源二卷
（英）罗式古（Roscoe, H. E.）著；孙筠信译
江宁　江楚书局刻本　1903（清光绪二十九）年　二册线装
译自《Science Primer Series-Chemistry》(1866)。
教科书之属，每课后附试验法，书末附考试问答并附图。

4176 最新化学问题例解
（日）三泽力太郎编；李家诠译
上海　昌明公司　1904（清光绪三十）年　一册

4177 化学
（日）三泽力太郎　（日）太岛英则讲授；简郁书等编译
湖北　湖北官书局　1905（清光绪三十一）年　一册（师范教科书丛编）

4178 （最新实验）化学教科书
（日）高松丰吉编；张修爵等译
上海　启新书局　1905（清光绪三十一）年　一册；上海　普及书局　1907（清光绪三十三）年　一册

4179 最新化学讲义
（日）池田清著；史浩然译
上海　文明书局　1905（清光绪三十一）年　三册

4180 最新化学教科书
杜亚泉译订
上海　商务　1905（清光绪三十一）年，1907（清光绪三十三）年6版　一册

4181 中等化学教科书
（日）小藤雄次郎编；余呈文译
长沙　湖南作民译社　1905（清光绪三十一）年　一册

4182 江苏师范编化学
 （日）中村为邦编；江苏师范生译
 江苏学务处 1906（清光绪三十二）年 一册

4183 最新化学教科书
 沈景贤译
 上海 点石斋 1906（清光绪三十二）年 二册

4184 质学课本
 （英）伊那楞木孙著；曾宗巩译
 学部图书局 1906（清光绪三十二）年 五册

4185 中等化学教科书
 （日）龟高德平编；虞和钦译
 上海 文明书局 1906（清光绪三十二）年 一册

4186 中等化学教育
 （日）大幸勇吉编；林国光译
 上海 广智书局 1906（清光绪三十二）年 一册

4187 化学 前编
 （日）加纳清三 （日）小林盈合著；胡朝阳译
 镜镜社 1907（清光绪三十三）年 一册（学生参考丛书）

4188 普通化学教科书（附矿物）
 （日）原田氏 （日）藤堂氏合编；钱承驹译
 上海 文明书局 1907（清光绪三十三）年 一册

4189 中等化学教科书
 （日）吉水曾贞编
 清国留学生会馆 1907（清光绪三十三）年 二册

4190 中等最新化学教科书二卷 表一卷
 （日）吉田彦六郎编；何爔时译
 东京 教科书辑译社 1907－1908（清光绪三十三～三十四）年 一册
 上卷无机化学，下卷有机化学，有插图36幅，附元素周期表、日法度量衡比较表、原质各异同表、化学器具及药品价目表。

4191 新撰化学教科书
 （日）吉田彦六郎编；钟衡藏译
 上海 商务 1908（清光绪三十四）年 一册

4192 理科教本化学·矿物编三卷 附化学原质异同表一卷
 （日）樱井寅之助编；杨国璋译 陈石麟编附表
 上海 进化译社 清光绪末 一册
 原书为日本弘文院理化专科讲义。共三编：上编化学原理，中编无机化学，下编有机化学。插图80余幅，附化学原质异同表。

4193 化学新教科书二卷　表一卷
　　（日）吉田彦六郎编；杜亚泉译
　　上海　商务　清光绪末　一册
4194 最新化学教科书
　　（日）龟高德平编；陈家瓒译
　　上海　群益书局　1911（清宣统三）年　一册
4195 最新无机化学
　　（瑞典）新常富（Nystrom）讲授；习观枢等译
　　山西大学堂　1905（清光绪三十一）年　二册
　　新常富原名埃里克·尼斯特朗（Nystrom, Erik T.），1902 年来华，取名新常富，任山西大学堂化学教习，1911 年著《晋矿》一书，1930 年赴京，在燕京大学地理系兼课，1957 年卒于北京。此为新常富在山西大学堂任教时的讲稿。
4196 无机化学讲义
　　（日）藤本理编；范迪吉　张观光译
　　上海　均益图书公司　1908（清光绪三十四）年　一册
4197 无机化学教科书三卷
　　（英）琼斯（Jones）著；徐兆熊译
　　上海　制造局　1908（清光绪三十四）年　一册
　　卷一述气体元素及各种化合物，卷二论定性分析，卷三定量分析。附图 20 幅。"分析"、"原子"等名称始见于此书。
4198 格物课程上卷一卷
　　（法）亨利华百尔所著；陈箓编译
　　湖北洋务译书局大字本　清光绪末　一册
　　译本仅译其上卷无机化学，下卷未译。
4199 有机化学讲义
　　（日）藤本清编；范迪吉　张观光译
　　上海　均益图书公司　1908（清光绪三十四）年　一册
4200 化学讲义实验书
　　（日）龟高德平撰；虞铭新　虞和钦译
　　上海　普及书局　1907（清光绪三十三）年　二册，图
4201 化学讲义实验书
　　（日）龟高德平编；黄邦柱译
　　上海　群益书局　1917 年　一册
4202 中等教育工业化学
　　（日）近藤会次郎编；敏智斋主人译
　　上海　广智书局　1906（清光绪三十二）年　一册

无机化学

4203 造硫强水法

(英)士密德著;(英)傅兰雅译 徐寿笔述

上海 制造局 1877(清光绪三)年 一册;上海 鸿文书局石印 1896(清光绪二十二)年 一册(西学富强丛书);西艺知新本

4204 无机化学

(日)真岛利行著;范迪吉等译

上海 会文学社 1903(清光绪二十九)年 一册(普通百科全书)

4205 无机化学粹

(日)山田董著;余贞敏译

宏文馆 1908(清光绪三十四)年 一册

有机化学

4206 有机化学

(日)龟高德平著;范迪吉等译

上海 会文学社 1903(清光绪二十九)年 一册(普通百科全书)

物理化学

4207 最新化学理论,伊洪说及平衡论

(日)中谷平三郎著;钟观光等译

上海 科学仪器馆 1903(清光绪二十九)年初版 一册(科学丛书本)

该书介绍瑞典化学家阿列纽斯(Arrhenius, Svante 1859—1927, 获1903年诺贝尔化学奖)1887年发表的电离学说,是当时物理化学的最新内容。

分析化学

4208 化学分原八卷

(英)蒲陆山著;(英)傅兰雅 徐建寅译

上海 制造局刻本 1872(清同治十一)年 二册,附图58幅;清末刻本 二册,图;西学大成本;中西新学大全本二卷

原书:An Introduction to Practical chemistry, Including Analysis. (1866, 第4版), 由英国化学家包曼(Bowman, J. E.)著, 蒲陆山增订。包曼是伦敦皇家学院第一位实验化学教授。该书属实验化学名著, 再版多次。

卷一至五:总论,述分析化学的要点,试验用仪器的使用方法;金属及非金属物质的定性分析实验的详细操作,简单化合物及复杂化合物的定性分析方法。卷六介绍重量定量分析法。卷七详列定性、定量分析中各种必备之试剂和配方及其制备方法。卷八为表,收有重要化合物的常用数据表,鉴定方法图表,预备物质细目表等。附图59幅,是我国第一部分析化学译著。

4209 化学实用分析术

(日)山下胁人编;虞和钦 虞和寅译

上海　科学仪器馆　1902（清光绪二十八）年　一册

虞和钦，清末化学家。原著者说明此书参考英国托马斯·索普（Thorpe, Thomas Edward 1845—1929）所著《定性分析》及《定量分析》。

书分三篇：上篇分析准备，中篇定性分析，下篇定量分析。

4210 分析化学

（日）内藤游　（日）藤井光藏合著；范迪吉等译

上海　会文学社　1903（清光绪二十九）年　一册（普通百科全书）

4211 分析化学原理

（德）亚斯特著；菜与仁译

上海　万有学报社　1908（清光绪三十四）年　一册

4212 分化津梁

（德）施德明　王钟祥合译

北京　同文馆活字本　1897（清光绪二十三）年　一册

论定性分析。

4213 化学阐原十五卷　首一卷　表一卷

（德）富里西尼乌司（Fresenius, Carl Remigius 1818—1897）著；（法）毕利干译　承霖　王钟祥笔述

同文馆　1882（清光绪八）年　十六册线装

富里西尼乌司生于德国法兰克福，早年是李比希助手，1848年在威斯巴登建立分析教学实验室，著有《定性分析导论》。

《化学阐原》底本为《定性分析导论》的法文本。全书十五卷六章，系高等分析化学。第一章论定性分析法，第二章述定性分析诸药剂，第三章论定量分析法，第四章论还原强酸，第五章强酸分析，第六章有机化学。

4214 化学考质

（德）富里西尼乌司（Fresenius, Carl Remigius 1818—1897）著；（英）傅兰雅　徐寿译

上海　制造局刻本　1883（清光绪九）年　六册

原著是德文。本书译自1876年英文版：Manual of Qualitative Chemical Analysis（定性分析化学入门）作者是德国著名分析化学专家，今译弗累森纽斯。该书重版数次，英、荷、法、意、西班牙、俄、匈、日等国均有译本。

全书分四部分，首为"理论法"，后分述定性分析之程序、熔样方法、实验器皿；试剂的配制及用法；金属氧化物、非金属氧化物及有机化合物的分析；分析用各种仪器。末有徐寿跋语。

4215 化学探原一卷

（美）那尔德著　范震亚译

上海　会文学社石印　1903（清光绪二十九）年　一册

该书以试验各类元质杂质为主，论定性分析，并详列各类试验。

4216 化学定性分析

（日）山下顺一郎校　（日）平野贯一　（日）河村汪编；亚泉学馆译

普通学书室本　清光绪末　一册；亚泉杂志社　1900—1901（清光绪二十六～二十七）年　一册，有图

以俄国某大学排伊鲁所著书为蓝本，参以诸家之书互相考订而成，共二章。

4217 新撰实验定性分析化学

（著者不详）；顾树森译

上海　商务　1910（清宣统二）年　一册

4218 定性分析化学

（日）山田董著；谢祐生译

上海　群益书局　1912年　一册

4219 化学求数十五卷　附求数便用表一卷

（德）富里西尼乌司著；（英）傅兰雅译　徐寿述

上海　制造局木刻　1883（清光绪九）年　十四册；化学大成本；富强斋丛书本

底本是 Fresenius 著《定量化学分析导论》，原书德文，英国化学家瓦切尔（Vacher, A.）将其译为英文。本书译自1876年英文第七版"Quantitative Chemical Analysis"。"求数"即定量。一至十三卷介绍定量分析的仪器、其原理及使用，详述怎样分析样品中的水含量、氧含量。介绍氧、氢、硫、硒、磷等13种非金属氧化物和钾、钠、锂、钡、锶、钙、镁、铅、铬、砷、钼等29种金属氧化物的定量分析方法，以及有机物定量分析方法，包含了阳离子分析、阴离子分析、气体分析、矿石、工业品、农产品分析等等；十四卷习练求数之工；十五卷为附卷，历验各事并附求数便用表六表。全书插图186幅，是当时最为详备的定量分析化学专著。

应用化学

4220 农产物分析表一卷

（日）恒藤规隆著；（日）藤田丰八译

农学丛书初集本

4221 食物标准及食物各货化分表

（日）近藤会次郎　（日）田中礼助合编；亚泉学馆译

上海　亚泉杂志社　1900—1901（清光绪二十六～二十七）年间　一册

节录近藤及田中著《有机化学》中有关部分成书，分析食物的化学成分。

天文历法

4222 乾坤体义三卷

（意）利玛窦辑译

北京　1605（明万历三十三）年初刻　一册，图、表；四库全书本；清抄本　三册；清抄本　四册，图；台北　商务印书馆影印文渊阁四库全书本　1983年　一册；上海　上海古籍出版社　1987年　一册

上卷论天象、五带及太阳、地球、月亮、七曜离地球距离的比例；中卷论日球大

于地球，论地球大于月球；下卷述以边、线、面积、平圆、椭圆，互相容较的有关计算问题。

4223 天问略一卷

（葡）阳玛诺著；吴省兰辑

北京　1615（明万历四十三）年初刻　一册；天学初函本；四库全书本；南汇吴省兰听彝堂　清嘉庆中刻本　一册（艺海珠尘）；丛书集成初编册1305；台湾　商务　1983年　一册；北京　商务　1985年　一册

以问答形式介绍托勒密体系的十二重天说，解说七政部位，太阳的黄道视运动及节气变化，昼夜长短在不同季节及地域的变更、月亮圆缺与交食深浅等天象原理。约略介绍了偏心圆、本论均轮的概念。特别是介绍了伽利略1610年前后用望远镜观测到的多个主要发现，包括木星的四个卫星，银河由众多恒星组成、金星有圆缺变化等。收有北京、南京、山东、山西、陕西、河南、浙江、江西、湖广、四川、福建、广东、广西、云南、贵州等地及邻近地区昼夜长短、日出日入朦胧影刻分表。附图23幅。

4224 崇祯历书一百零三卷（一名　西洋新法历书、西洋新法算书）

徐光启　李天经主编；（西洋）龙华民等翻译编订

主要有三种版本：

1. 明崇祯间原刻本九十七卷

明崇祯十四（1641）年刊本七十三卷明崇祯十六（1643）年刊本七十三卷

2. 清顺治二（1645）年修补本一百零三卷

清康熙八（1669）年刊本一百卷清康熙十三（1674）年刊本一百卷

3. 康熙十七（1678）年又补刊本九十七卷

四库全书本一百卷。

历时五年编纂成书之一百三十七卷本，前后分五次进呈，但并未完全付梓，原刻本仅刻九十七卷。顺治二年汤若望删并一百三十七卷为一百零三卷，修补进呈，改名《西洋新法历书》，后因避讳又改名《西洋新法算书》。

明代改革历法，由徐光启、李之藻领衔，徐光启去世后由李天经主持，西洋人庞迪我、熊三拔、龙华民、邓玉函、罗雅谷、汤若望等翻译、推算、编订。明崇祯二年至七年（1629—1634）历时五年完成，共四十六种一百三十七卷，是一部系统介绍欧洲天文学知识，卷帙浩繁的丛书。主要内容包括天文学基本理论，天文表，天文学计算所涉及的数学系知识，天文仪器知识，各种中西度量单位换算表等。

崇祯历书依据的天文学理论是第谷宇宙模型，它是介于托勒密体系与哥白尼体系之间的宇宙理论，崇祯历书否定了托勒密的模型，翻译了哥白尼《天体运行论》六卷的目录，采用了哥白尼的部分数据，并注明"此依哥白尼术"，对开普勒的天文学成就也有所采用。第谷的观测数据在当时欧洲天文学界属空前精确，崇祯历书主要采用的是第谷的观测数据以及徐光启等人最新的实测数据，该书采用了天球坐标系统，以几何学、三角学等计算方法取代了我国传统的代数方法，度数也为六十进制。崇祯历书的编纂，标志着我国天文学步入近代阶段。然而它没有采用更为先进的哥白尼理论体系，不能不说是一个很大遗憾，也为后来者所诟病。

4225 浑盖通宪图说二卷　卷首一卷
（意）利玛窦译　李之藻笔述
北京刊本　1607（明万历三十五）年　二册；天学初函本；四库全书本；守山阁丛书本；丛书集成初编本册1303；中西算学丛书初编本

该书是利玛窦的老师克拉维斯《星盘》(Astrolabivm)一书的节译本。

卷首介绍浑象，上卷述星盘面上各种坐标网绘制法，包括赤道坐标、黄道坐标和地平坐标三种系统在平面上的投影。下卷介绍星盘构造，在星盘上标画恒星的方法及星盘使用法。采用欧洲度量制度。首次介绍了黄道坐标系，介绍了晨昏朦影的严格定义、日月五星的大小远近等概念、利用月食定经度的原理等。

4226 历引一卷
（意）罗雅谷著
旧抄本　明末

4227 崇祯历书历引二卷
（意）罗雅谷撰
西洋新法历书一百卷　明崇祯清顺治间刻本；日本木活字本　1855（日本安政二）年　二册

4228 天文书二卷
（阿拉伯）阔识牙耳著；海达儿等口授　李翀　吴宗伯译
内府刻本　1383（明洪武十六）年　四册；明抄本　四册；上海　商务印书馆涵芬楼秘笈本（据明内府本影印，仅存第一类）　1917年　一册；北京　天华馆本　1935年　二册线装

书前有吴伯宗序，谓洪武初大将军平元都，收其图籍若干万卷，悉上进京师，其中西域书数百册。西域阴阳家推测天象，至为精密有验，其纬度法，又中国书之所未备，即汇译其书。洪武十五年秋，召钦天监台郎海达儿及西域人通华语者马哈麻等口授，译辑成文。

本书分四类：第一类凡二十三门总说题目；第二类凡十二门断说世事；第三类凡二十门说人命运；第四类三门说一切选择。

第一类为推测天象事，其余皆为谶纬内容。

4229 学历小辨一卷
（德）汤若望著
1631（明崇祯四）年刊本；西洋新法历书一百卷明崇祯清顺治间刻本

4230 五纬表十卷　首一卷
（意）罗雅谷著（德）汤若望订
1634（明崇祯七）年初刻　十二册；西洋新法历书本　十册

4231 五纬历指九卷
（意）罗雅谷著
1634（明崇祯七）年初刻；西洋新法历书本　八册

4232 新法表异二卷

（德）汤若望著

明崇祯间刻本　一册；西洋新法历书清顺治二年修订本　一册；吴江沈氏清道光中刻本（昭代丛书）；吴江沈氏世楷堂　清光绪间重印　一册

该书以天地经纬四十二事，表西洋历法之异，并证中法之疏。

4233 黄赤正求二卷

（意）罗雅谷著

1638（明崇祯十一）年前刊

4234 黄赤距度表一卷

（瑞士）邓玉函著

北京　1630（明崇祯三）年刊本；西洋新法历书本

4235 正求升度表一卷

（瑞士）邓玉函著

北京　1630（明崇祯三）年刊

4236 测天约说二卷

（瑞士）邓玉函译

北京　1630（明崇祯三）年初刊；西洋新法历书一百卷明崇祯清顺治间刻本；西洋新法历书清顺治间修补本　二册

4237 测天约同

（瑞士）邓玉函著

西洋新法历书本

4238 测验纪略二卷

（比）南怀仁著

北京　1668（清康熙七）年刊本

4239 预推纪验

（比）南怀仁著

（出版不详）

4240 月离历指四卷

（意）罗雅谷著　（意）龙华民　（德）汤若望同订

1632（明崇祯五）年刊本；明刊崇祯历书本；西洋新法历书一百卷明崇祯清顺治间刻本　二册

4241 月离表四卷

（意）罗雅谷著　（德）汤若望订

1632（明崇祯五）年刊本；西洋新法历书一百卷明崇祯清顺治间刻本

4242 日躔历指一卷

（意）罗雅谷著　（德）汤若望订

1631（明崇祯四）年刊本；西洋新法历书一百卷本明崇祯清顺治间　一册

4243 日躔表二卷
（意）罗雅谷著　（德）汤若望订
1631（明崇祯四）年刊本；西洋新法历书本　二册

4244 日躔考昼夜刻分
（意）罗雅谷著
明末

4245 西洋测日历
（德）汤若望著
1645（清顺治二）年初刊

4246 经天该一卷
（意）利玛窦口授　李之藻笔述
梅文鼎刊本　1694（清康熙三十三）年　一册；清乾隆间刻本　一册；志学斋校刊本　1800（清嘉庆五）年　一册，卷首有清嘉庆五年甘泉筱轩氏序；传经堂丛书本；南汇吴氏刻本　清嘉庆中（艺海珠尘）；花近楼丛书附存稿本；西学大成本；中西新学大成本；丛书集成初编册 1308

本书将西洋已测知的恒星及无名诸星，绘其情况，作成歌诀，以便记忆。

关于本书作者，另有以下几种说法：一四库简明目录标注著录薄珏撰；二梅文鼎序："今所传经天该之图与其歌，皆因西象所列，而变从中历之星座星名。要之皆徐李诸公译西名而酌为之，非西传之旧。"三惠泽霖（Hubert Verhaeren）教士认为，本书实为隋丹元所撰"步天歌"约於万历三十六年或三十七年（1609），由李之藻依据西洋天文学改编而成，易名"经天该"。

4247 新历晓惑一卷
（德）汤若望著
明崇祯间刊本　一册；西洋新法历书清顺治二年修补本　一册；吴江沈氏世楷堂　1833（清道光十三）年　一册；清光绪间重印　一册；吴江沈廷镛　1919 年重修　一册；昭代丛书本；青照堂丛书本

4248 历法西传
（德）汤若望著
西洋新法历书清顺治二年修补本　一册
详述西洋天文学之演进历史，介绍了伽利略和哥白尼的学说。

4249 新法历引一卷
（德）汤若望著
西洋新法历书清顺治二年修补本　一册；旧抄本　二册
此为崇祯历书之提要。

4250 天步真原三卷
（波）穆尼阁口授　薛凤祚笔述
南京刻本　清顺治间　一册；清乾隆内府抄本　一册；四库全书本；1839（清道光十九）年刻本　一册（指海）；守山阁丛书本；丛书集成初编册 0178；台北商务

影印四库全书本　1983年　一册；北京　中华书局　1985年　一册

以西汉哀帝庚申（公元前1年）为元，以三百六十五日二十三刻三分四十五秒为岁实，以两心差测春秋分、黄赤大度、太阴经度，论日食、月食等。该书所传比例数表（即对数表），比穆尼阁译本早。

4251 天步真原人命部三卷

（波）穆尼阁著；薛凤祚序

原刻本约在1652－1656（清顺治九～十三）年间；金山钱氏刻本　1844（清道光二十四）年　三册（守山阁丛书）守山阁丛书本《天步真原人命部三卷》钱熙祚校，前有薛凤祚识语

述日月五星等七曜之运动，且以人之相貌、性情、术业、官禄、生死、凶吉祸福等附丽于天体运动。据载，台湾历史语言研究所收有天步真原世界部、性情部、选择部写本。

4252 天学会通一卷

（波）穆尼阁口授　薛凤祚笔述

南京刊本　清初　一册；清抄本　一册；台北　商务影印文渊阁四库全书本　1983年　一册；海口　海南出版社影印故宫珍本丛刊本　2000年　二册；北京　商务影印文津阁四库全书本　2005年　一册

所述为推算交食时间、方位的方法。

4253 天学举要

（葡）阳玛诺著

清顺治间

4254 历法不得已辨

（比）南怀仁著

北京　1669（清康熙八）年　一册；合肥　黄山书社　2000年　一册，2005年影印旧刻本　一册（东传福音）

4255 妄推吉凶之辨

（比）南怀仁著

北京　1669（清康熙八）年　一册

4256 律历渊源

何国宗　梅瑴成　明安图汇编

武英殿本　1724（清雍正二）年　八十册

该书为历法、数学、音乐类图籍汇编，由三部分组成：一历法类之象考成上下后编共四十二卷，二音乐类之律吕正义五卷，三数学类之数理精蕴五十三卷，集有康熙朝西士有关历算著述，律吕正义之第五卷，全部采用的是传教士徐日昇、德理格两人所著西方乐书。

4257 历象考成四十二卷

（德）戴进贤　（葡）徐懋德合著

1723（清雍正元）年刊本　二十七册；内府刻本　1724（清雍正二）年　三十

册；湖北官书局 1895（清光绪二十一）年刻本 十五册，仅二编二十六卷，无附表；杭州德记书庄富强斋 1898（清光绪二十四）年石印 二十六册，有二编二十六卷，无附表；台北 世界书局 1986年 三册（影四库荟要本） 律历渊源三种本；四库荟要本；另有武英殿刻本 二编二十六卷后编十卷 表十六卷 清乾隆间 三十六册

本书是清初论历法推算的巨著，上编十六卷名《揆天察纪》，阐明理论；下编十卷名《明时正度》，讲计算方法，另附运算表十六卷。

《崇祯历书》入清后，经删订更名《西洋新法历书》，但仍有图与表不合，解说隐晦难晓等缺点。康熙五十三年重新修订，康熙六十一（1722）年完成《历象考成》上下编二十六卷（姑称其前编）。但该书仍有预测不验等缺陷，德国教士戴进贤，葡国徐懋德领衔再次修订，后有明安图、梅瑴成、何国宗等多人参加工作，根据欧洲最新天文学及在华实测成果，对康熙末雍正初编纂的《历象考成》进行修订，乾隆七（1742）年完成《历象考成后编》十卷，也分计算原理、计算方法和运算表三部分。所编制的历法，以雍正元年为历元（1723，癸卯年），1742年开始施行，即现在的"农历"，与辛亥革命后推行的公历并行至今。

该书所据为第谷体系，抛弃了小轮体系，改用开普勒的行星第一第二运动定律，即椭圆运动定律和面积定律，但书中把这些定律中太阳与地球的关系完全颠倒了。

4258 历象考成后编十卷

顾琮等编

1742（清乾隆七）年刻本 八册；台北 商务影印本 1983年 一册

4259 钦定仪象考成三十卷 首二卷

（德）戴进贤等著

武英殿刻本 1754（清乾隆十九）年 八册，同年 十册；（出版者不详） 1756（清乾隆二十一）年刊本 十二册；（出版者不详） 1756（清乾隆二十一）年 二十册；台北 商务影印文渊阁四库全书本 1983年 一册；海口 海南出版社影印本 2000年 一册429页（故宫珍本丛刊）

乾隆九年（1744），（德）戴进贤 Kögler, lgnace (1680—1746)、（南斯拉夫）刘松龄、（德）鲍友管等西方传教士奉敕修改南怀仁所编灵台仪象志，另编历书数种而成。编写者达二十多人。总记一卷，黄赤道度、经纬度表各十二卷，月五星相距、恒星经纬度表一卷，天汉黄赤经纬四卷。有专家考证，该书星表是以佛兰斯梯德（Flamsteed, J. 1646—1719，英国格林尼治天文台第一任台长）星表（1725）修订本为底本，加以实测编制的。（见《中国天文学史》中国天文学史整理研究小组著，科学出版社，1981, p.233）

后二年，戴氏又创制玑衡食仪，又著玑衡抚辰记二卷，冠於全书之首。

此书列入律历渊源第四部（一历象考成，二律吕正义，三数理精蕴）。成书时间，一说三十卷成于1752（清乾隆十七）年，后二卷成于1754（清乾隆十九）年；一说三十卷成于1750（清乾隆十五）年，后二卷成于1752（清乾隆十七）年。据费赖著戴进贤传，该书译自星象列度，可参看 Lettes'édifiantes, t.IV p.70

4260 天文问答

（美）哈巴安德著

宁波　华花圣经书房　1849（清道光二十九）年　一册

全书 22 回：1 论地形如何，2 论画分地球图，3 论地是圆的凭据及地是一行星，4 论天空所现的物，5 论月盈亏、发光及月蚀的缘故，6 论日蚀并昼夜缘故，7 论算年月，8 论日有益七色天虹现出的缘故，9 论日有益使雨落及河源的缘故，10 论云及露水何为有，11 论日能致风起的缘故，12 论风有大益于人，13 总论日之大益，14 论七行星，15 论月、彗星、恒星并天河，16 论日有吸引的力量，17 论地有吸引的力量，18 论物体有相引粘合的力量，19 论相引粘合的力量有大小，20 论物有六样本性，21 亦论物之本性，22 论博物有益于人。

4261 天文问答

（美）卢公明著

福州刊本　1854（清咸丰四）年　一册

介绍天文知识。

4262 谈天十八卷

（英）侯失勒（Herschel, J.）著；（英）伟烈亚力译　李善兰笔述

上海　墨海书馆　1859（清咸丰九）年　三册，照片及表格；徐建寅增译本上海　制造局刻本　1874（清同治十三）年　三册，有表格；（出版者不详）清同治间刻本　八册，表格；（出版者不详）清同治间刻本　四册，有图及表；上海　制造局重刻本　1881（清光绪七）年　四册；上海　鸿文书局石印　1896（清光绪二十二）年　二册（西学富强丛书）；日新社石印本　1901（清光绪二十七）年；测海山房中西算学丛刻本；天学大成本；万有文库本；续修四库全书本；丛书集成续编本

约翰·侯失勒即约翰·赫歇尔（1792—1871），英国著名天文学家。

原书："The Outlines of Astronomy"，约翰·赫歇尔 1830 年开始写这本书，至 1849 年逐步完善，不断补充新成果，共再版 12 次。《谈天》是原著 1851 年版的中译本，1859 年墨海书馆出版，1874 年徐建寅将 1871 年以前西方最新天文学成果补充增译，增订部分两万多字，由江南制造局出版。书前有伟烈亚力和李善兰序各一篇。全书十八卷，依次为：论地、命名、测量之理、地学、天图、日躔、月离、动理、诸行星、诸月、彗星、摄动、椭圆诸根之变、逐时经纬度之差、恒星、恒星新理、星林、历法，末附诸恒星常例等表。

这是一部近代意义上的天文学著作，它以全新的方式介绍了天体模型、各种天球坐标系、天文投影原理及球面三角形基础，从天体测量学角度总结了影响天体视位置的各种因素。该书以哥白尼日心地动说、开普勒三定律及牛顿万有引力定律为基础，重点介绍太阳系天文学，描述了太阳系的全貌，包括行星系统、卫星系统、小行星及彗星等，分析了天体运动的力学原理，介绍了太阳系各天体自身一些简单的物理性状，如太阳自转、太阳黑子、日饵、日冕、月球表面状况、火星极冠、土星光环、彗星的组成等。

本书还介绍了太阳系以外的天体层次，介绍了银河系恒星的分布状况，介绍了

变星、新星、双星、三合星、聚星、星团、星云等概念，星云的变化、多层次次星系等学说，展示了恒星天文学研究的主要成果。

《谈天》是在中国天文学界与西方天文学隔绝了一百年后再传入的西方近代天文学著作。早在十八世纪初，以哥白尼日心地动说为基础的开普勒行星运动三定律，已是欧洲天文学家公认的真理，牛顿提出的万有引力定律，从重力理论极美满地推出对世界体系的解释，理论天文学有了突飞猛进的发展。而同一时期的中国学者却认为，本论——均轮理论与椭圆轨道理论具有同等重要性，且大量投入在本论——均轮理论研究上。以阮元为代表的一大批学者对哥白尼日心地动说有着顽固的抵制和批判，对于开普勒定律，也只是从纯数学角度进行探讨，否定行星轨道运动的真实性，是一种与西方天文学方向完全相反的潮流，因此本书的翻译出版，在晚清有很大影响。

4263 天文启蒙一卷

（英）骆克优著；（美）林乐知译　郑昌棪笔述

上海　制造局　1880（清光绪六）年　一册；上海石印格致启蒙四种本；西学大成本名"天学启蒙"

4264 天文图说四卷

（美）柯雅各著；（美）摩嘉立（Baldwin, Caleb Cook）译　（美）薛承恩（Sites, N.）述

上海　基督教育会　1882（清光绪八）年　一册；上海　益智书会校刊本　1883（清光绪九）年　一册

卷一论日月并行星之次第，卷二论天文图撮要，卷三论天空异象，卷四论天空星宿。有大图4幅，细绘天文形势。

4265 天文启蒙七卷　首一卷

（英）赫德辑；（英）艾约瑟译

上海　总税务司署　1886（清光绪十二）年　一册；上海　著易堂　1896（清光绪二十二）年（西学启蒙十六种）

内容：一地球及运转；二月与月之运动；三绕日之诸星；四日为恒星，五恒星，六定日月方位之法，测知方位之诸用；七日月星依次运动可预推有准之故。

4266 天文须知一卷

（英）傅兰雅著

1887（清光绪十三）年初版　（格致须知初集）；西学格致大全本

论地球、太阳、太阴、行星、彗星、恒星及各种天文仪器。

4267 西国天学源流一卷

（英）伟烈亚力译　王韬笔录

上海刻本　1889（清光绪十五）年　一册，图；西学辑存本；富强斋丛书续集本

系统介绍古希腊以来，至十九世纪西方天文学，述古希腊、埃及、迦勒底、印度等国古代天文观测记录。涉及亚里士多德、柏拉图、托勒密、哥白尼、第谷、开普勒、伽利略、牛顿、拉普拉斯、侯失勒等二十余人的事迹及学说。

4268 天文揭要二卷

（美）赫士著；周文源述

1891（清光绪十七）年初刻　一册；上海　益智书会　1898（清光绪二十四）年第 5 次重刻　二册；上海　美华书馆　1891（清光绪十七）年，1897（清光绪二十三）年，1898（清光绪二十四）年，1899（清光绪二十五）年　二册；上海　美华书馆石印　1899（清光绪二十五）年　一册；登州文会馆本；上海　基督教教育会　1903（清光绪二十九）年　一册；续修四库全书本

4269 天文初阶一卷

（美）赫士口译　刘荣桂笔述

上海　美华书馆　1895（清光绪二十一）年，1899（清光绪二十五）年石印，1901（清光绪二十七）年　一册，图

4270 天文略解二卷

（美）李安德（Pilcher, Leander. W.）撰　（美）刘海澜订

北京　汇文书院　1896（清光绪二十二）年　一册；日本东京青山印刷所　1896（清光绪二十二）年　一册，附彩图 9 幅

4271 天文浅说

（美）薛承恩（Sites, Nathan）译

上海　制造局　清光绪初　一册

薛承恩（1830—1895）美国美以美会牧师，1861 年来华，传教福州。

原书：Elementary Principles of Astronomy.

4272 三光浅说三卷

（英）革苯（Giberne, A.）著；（英）华立熙（Walshe, G.）　孙治昌合译

上海　广学会本　1903（清光绪二十九）年　一册

卷一述太阳系；卷二论日月行星、彗星、陨石，卷三论诸恒星、星团、天河、运行、光色。

4273 天文问答一卷

（西洋）佘宾王著

上海　土山湾慈母堂　1903（清光绪二十九）年　一册

4274 天文新编

（美）赫士著

上海　协和书局　1910（清宣统二）年　一册

4275 谈天

丁锡华译述

上海　中华书局　1915 年 12 月初版，1918 年 11 月再版　一册，图（学生丛书）

天文普及读物。

4276 星学发轫十六卷

（美）罗密士著；（英）骆三畏口译　王镇贤　左庚笔述

北京　同文馆　1894（清光绪二十）年　十六册

前有清光绪十六年丁韪良序，清光绪二十年贵荣序。

卷一、二论天文仪器，卷三至八论测算诸星之步位经纬，卷九至十三论日月食及月掩诸星法，卷十四论偏度，卷十五、十六为天文表、恒星表。

原书：Elements of Astronomy。

4277 星学发轫引说二卷

（英）骆三畏（Russell, S.）撰

同文馆 1894（清光绪二十）年 二册

4278 星学

（日）须藤传治郎著；范迪吉等译

上海 会文学社 1903（清光绪二十九）年 一册（普通百科全书）

4279 地球与彗星之冲突

（日）横山又次郎著；广智书局译

上海 广智书局 1903（清光绪二十九）年 一册

4280 浑天仪说五卷

（德）汤若望著 （意）罗雅谷订

北京 明刻本；西洋新法历书清顺治间修补本 五册

4281 简平仪说一卷

（意）熊三拔译授 徐光启劄记

北京 1611（明万历三十九）年初刊 一册；古歙柯铭受石印 1898（清光绪二十四）年 一册；天学初函本；四库全书本；艺海珠尘本；守山阁丛书本；中西算学丛书本；丛书集成初编册 1303

本书介绍了一种简化星盘即简平仪的结构、功能和使用方法，详述使用简平仪测太阳赤经赤纬、节气、时刻、高度、偏度等天文历法数据。简论大地是一球体这个新概念。简平仪由熊三拔制作，置二圆盘，以轴相连，可旋转。

4282 天文仪器图

（比）南怀仁绘

李钟伦刻本 清代 二册，冠观象台图

4283 灵台仪象志图二卷

（比）南怀仁主编 刘蕴德等笔受

北京刻本 1673（清康熙十二）年 二册，图

4284 新制灵台仪象志十四卷 附灵台仪象图二卷

（比）南怀仁主编 刘蕴德等笔受

北京刻本 1674（清康熙十三）年 十五册；清刻本 十四册；仪象考成本；古今图书集成本，有图并说；续修四库全书本

康熙八至十二年，南怀仁奉命督造赤道经纬仪、黄道经纬仪、地平经仪、地平纬仪、纪限仪、天体仪，这些仪器由于使用对角线内插分刻法，及采用了欧洲1631年才问世的游标读数法，黄道、赤道经纬仪读数达十五秒，地平经仪和地平纬仪达六秒，不过并没有使用望远镜而是用肉眼瞄准。三十一人参加绘图造说，两卷为图，

余为记述以上仪器的设计、制造和使用，并收有这些仪器测验所得诸表。

4285 康熙永年历法三十三卷
（比）南怀仁　（意）利类思等著
北京内府刊本　1678（清康熙十七）年　册数不详
将汤若望所著诸历及二百年恒星表，推至数千年后，又名《御定四余七政万年书》。

4286 康熙永年历法六卷
（比）南怀仁等撰
清康熙间（1662—1722）刻本　六册

4287 康熙永年历法交食表四卷
（泰西宜嗒喇）南怀仁　闵明我撰
清康熙间刻本　四册
南怀仁，比利时人；闵明我，意大利人。

4288 民历铺注解惑一卷
（德）汤若望著　（比）南怀仁校订
1683（清康熙二十二）年　南怀仁印;(出版者不详)清康熙间刻本　二册;(出版者不详)清康熙间刻本　一册;续修四库全书本

4289 玑衡抚辰仪记
（德）戴进贤著
北京　1754（清乾隆十九）年
载于仪象考成卷首，此仪为精密赤道浑仪，曾用于在北京进行日食、月食、掩星、昴星团通过月亮、木星卫星、水星卫星及火星卫星等天文观测。

4290 太阳光圈图不分卷
高均译
1915年铅印本　一册
附黑子图。

4291 十八幅星图
（葡）卢安德著
明末

4292 日躔增五星图
（意）罗雅谷著
明末

4293 星图八幅
（德）汤若望著
出版不详

4294 简平规总星图
（比）南怀仁著
清康熙间

4295 赤道南北两总星图说
（比）南怀仁著
北京　1672（清康熙十一）年初刻；利白明刻本　1723（清雍正元）年　三幅

4296 方星图解一卷
（意）闵明我著
北京　1711（清康熙五十）年刊本　一册

4297 黄道总星图
（德）戴进贤
北京　1746（清乾隆十一）年刊本；1752（清乾隆十七）年刊本

4298 火木土二百恒星表
（意）罗雅谷著
（出版不详）

4299 恒星表二卷
（德）汤若望著
崇祯间刊本；西洋新法历书清顺治间修补本

4300 恒星表五卷
（德）汤若望著
北京　明崇祯间刊本；西洋新法历书本　二册

4301 恒星出没表二卷
（德）汤若望著
北京　1634（明崇祯七）年刊本；明崇祯清顺治间刻本　一册；西洋新法历书清顺治间修补本　二册

4302 恒星历指三卷
（德）汤若望著
崇祯刊本；西洋新法历书清顺治间修补本　三册

4303 恒星屏障
（德）汤若望著
（出版不详）

4304 恒星经纬一卷
（德）汤若望著
崇祯间刊本

4305 恒星表
贾步纬译
上海　制造局　1874（清同治十三）年　一册

4306 恒星图表一卷图二幅
贾步纬译　火荣业校
上海　制造局　清光绪间　一册

4307 恒星新表
　　叶及琴译
　　上海　时中书局　清光绪间　一册

4308 恒星赤道经纬表
　　（英）傅兰雅译　贾步纬笔述
　　上海　制造局　清光绪初译而待印

4309 测月新论一卷
　　（英）傅兰雅译
　　格致汇编本

4310 测食说二卷
　　（德）汤若望述　周子愚　卓尔康订
　　汪乔年刻本　1625（明天启五）年　一册；西洋新法历书清顺治间修补本　一册
　　论推算日食月食。

4311 交食历表二卷
　　（德）汤若望著
　　北京　1632（明崇祯五）年刊本

4312 交食历指七卷
　　（德）汤若望著
　　北京　1632（明崇祯五）年刊本；西洋新法历书清顺治间修补本　五册

4313 古今交食考一卷
　　（德）汤若望著　（意）罗雅谷订
　　北京　1633（明崇祯六）年刻本　一册；西洋新法历书清顺治间修补本　一册
　　引经史中之日食月食，用新法逐条推算其误，以证旧法之谬而新法之缜密。

4314 交食蒙求
　　（德）汤若望著
　　（出版不详）

4315 交食表九卷
　　（德）汤若望著　（意）罗雅谷订
　　西洋新法历书清顺治间修补本　七册

4316 交食历书一卷
　　（比）南怀仁著
　　清康熙间刻本　一册；续修四库全书本

4317 康熙八年日食图
　　（比）南怀仁著
　　北京　1669（清康熙八）年刊本
　　亦称康熙八年四月初一日癸亥朔日食图。

4318 日食图说
　　（美）玛高温著

宁波　华花圣经书房木刻　1852（清咸丰二）年　一册

此为西洋人夏德卫船长预测1852年12月11日，北京、上海、宁波、福州、广州、香港等地日食的不同形状。

4319 咸丰二年十一月初一日日蚀单
（英）艾约瑟著
上海刊本　1852（清咸丰二）年　一册

4320 康熙十年月食图
（比）南怀仁著
北京　1670（清康熙九）年刊

4321 日月食节要
（　）庆白士　（英）季理斐译
上海　广学会　1903（清光绪二十九）年　一册

4322 天文图志
（英）窦乐安著
上海　协和书局　1906（清光绪三十二）年　一册

4323（二十世纪最新）天文图志
（英）希特（Thomas Heath，B.A.）著；叶青译　朱葆琛述
上海　山西大学堂译书院　1906（清光绪三十二）年　一册；上海　美华印书局　1906（清光绪三十二）年　一册

原书：Popular Astronomy. 书前有（英）窦乐安1906年序，（英）希特1903年原序。

书凡十四章：地球形势及经纬度，天球形势及赤经度赤纬度；期候；天文测量正误、昼夜、气候、行星之视形与实行；地球与太阳之距、太阳、太阴、日月交食、行星之次、彗星流星、恒星。手绘图44幅，照片及彩色图23幅。

4324 表度说一卷
（意）熊三拔口授　周子愚　卓尔康笔记
北京　1614（明万历四十二）年刊本　一册；明万历天启间刊本　一册；明天启间（1573—1620）刊本　一册；天学初函本；四库全书本；台北　台湾商务影印文渊阁四库全书本　1983年　一册

述日晷的原理，几种日晷的结构、制造，以天文学原理叙述立表测日影以定时刻节气的简捷方法。还述及真太阳时的地区性以及地理经纬度的测量方法。该书继利玛窦之后，又论日圆之说，使其广为流传。

4325 时学及时刻学
（日）河村重固著；范迪吉等译
上海　会文学社　1903（清光绪二十九）年　一册（普通百科全书）

4326 长历补注解惑
（葡）孟三德著
（出版不详）

4327 西历年月
（意）利类思著

北京　1679（清康熙十八）年

4328 英华通书

（英）理雅各著

香港刊本　1851（清咸丰元）年　一册

此为年历。

4329 西洋中华通书

（美）卢公明著

福州刊本　1857（清咸丰七）年　一册

此为一本36页的中西合历。

4330 中西合历

（英）骆三畏（Russell, Samuel M.？－1917）著

1879（清光绪五）年刊

4331 中西合历

（美）海灵敦（Harrington, Mark W.）　熙章等编译

京师同文馆　清同治光绪间　一册

海灵敦为同文馆教习。

4332 中西历日合璧一卷

黄伯禄辑译

上海　徐汇书坊　1885（清光绪十一）年　一册

4333 中西合历

丁冠西编

同文馆　清光绪间　一册，1906（清光绪三十二）年　一册，1911（清宣统三）年　一册

编著者为美国来华传教士丁韪良，字冠西。

4334 上海徐家汇天文台记一卷

潘肇邦译

上海　土山湾印书馆　1918年　一册

测绘学

4335 绘地法原一卷　图三十九幅

英国人原著；（美）金楷理译　王德均笔述

上海　制造局　1875（清光绪元）年　一册；西学大成本

凡十二章：首论诸曜运行及地球形体，次论本轴旋转及经纬线，论地循黄道分四季五带，论月绕地球及朔望交食，测定本处经纬，考定地体扁圆，论制造地球法，论平面圆图式，论绘平面圆图法，论绘各洲各国分图法，论绘圆柱形全图法，画图余论。后附图表。

4336 测地绘图十一卷　附录一卷　图解一卷

（英）富路玛（Frome, Col Edward C.）著；（英）傅兰雅　徐寿译

上海　制造局刻本　1876（清光绪二）年　四册；上海　制造局刻本　清光绪间　四册，图及表；玑衡堂石本　1897（清光绪二十三）年　四册；富强斋丛书续集本

原书：Outline of the method of conducting a trigonometrical survey.

其中卷八的补编，由英国人 James 在江衡协助下译为中文。

卷一总论，述以三角法测算，以比例推算的测量方法；卷二测量底线，述底线选择的要求，所用工具，英法测量使用之算式等；卷三分地面为原三角形，测经纬度而定测量之数，每图有计算公式；卷四图内填补众物，述测量簿记内容；卷五行军揭要，述作武备图宜详考各事，测量工具、制图法；卷六准平线以定高低；卷七验证高低诸器，述水银风雨表定高数表、推算表等；卷八临摹镌刻诸法，述石板、铜板、锌板镌刻制图法，附"照印法"/（英）浙密斯著　（英）傅兰雅口译　江衡笔述，述锌板照相印图方法，包括器具、制图晒印步骤、药水配方等；卷九经画新疆属地，卷十球形相关事，用天文法测地，收英国人爱耶力1821年所测各地经纬线长度表；卷十一天文相关事，述测天常用仪器及相关计算。

附卷：天文解题，共六章，求恒星时变为平时又反求之，求诸曜高度之各差数，即气差、地心差、日月半径差、目高差并仪器指数差之各数；求经纬度；求时刻；求经度；定经线方向及指南针之偏差等。每章附习题若干。附英国车太末观星台用子午仪测得各天文学数据表格 21 个；附量面积仪器。

4337 测量摘要一卷

北洋武备学堂译

浙江书局　1897（清光绪二十三）年　一册

4338 简易测图法

（日）白幡郁之助著；范迪吉等译

上海　会文学社　1903（清光绪二十九）年　一册（普通百科全书）

4339 测量学摘要一卷

北洋武备学堂原译　浙江武备学堂重译

浙江武备新书本　清光绪末　一册

共十六章，述测量理法、器具、比例、仪器，利弊等。简明浅近，附图若干。

4340 测绘海图全法八卷　附一卷

（英）华尔敦（Wharton, Wm. J. L）著；（英）傅兰雅　赵元益译

上海制造局刻本　1899（清光绪二十五）年　六册

原书：Hydrographical Surveying

4341 海面测绘

（英）傅兰雅译　黄宗宪笔述

1880年前为江南制造局译而未印

4342 测量仪器说

（美）金楷理译　赵元益笔述

1880年前为江南制造局译而未印

4343 画形图说

（英）里察森（Richardson，F. Calmady）著；（英）傅兰雅译

上海　益智书会刻本　1885年（清光绪十一）年　一册，有图

原书：Aids to Model Drawing.

4344 画器须知一卷

（英）傅兰雅著

1888（清光绪十四）年初版（格致须知二集）

分六章述画图仪器，笔、规、尺、纸、板及要说。

4345 测绘器一卷　测量器具说一卷

（英）傅兰雅著

格致汇编本

地球物理

4346 地震解

（意）龙华民述

北京　1626（明天启六）年初刻，1679（清康熙十八）年重刻　一册；上海聚珍仿宋印书局本

本书附刻于《空际格致》之后。1624年北京发生六级地震，李崧毓访龙华民，问及地震事，遂以问答体著成书，子目九条：一震有何故，二震有几等，三震因何地，四震之声响，五震几许大，六震发有时，七震几许久，八震之预兆，九震之诸徵。

4347 中学地文教科书

（日）神谷市郎著

东京　教科书辑译社　清光绪末　一册

论地球构造。插图50余幅。

气象学

4348 测候丛谈四卷

（美）金楷理口译　华蘅芳笔述　赵宏绘图

上海　制造局刻本　1877（清光绪三）年初　二册，图；富强斋丛书本；西学富强丛书本；丛书集成续编本；天学大成本

译自《大不列颠百科全书》第8版"Meteorology"条。首卷总论，述地球自转公转而成昼夜四时寒暑燥湿等天气变化原理，日光为热之源，空气的成份、性质；卷二论风，述海风陆风、雨、霜、露、雪、雷电的形成；卷三论推算天气变化的各种原因；卷四论空气含水量，空气中水气压力与风向的关系，霓虹、光环、海市蜃楼等现象。有图表。

4349 气学丛谈二卷
(英)傅兰雅译　华蘅芳笔述
上海　时务报馆　清光绪中　一册,民国间石印　一册
述风雨表、寒暑表等气象仪器的结构、原理、制作及使用方法。附图多幅。

4350 气学测算一卷
(美)丁韪良著
同文馆格物测算七种本

4351 气学入门一卷附图
(美)丁韪良著
格物入门七种本;西学大成本

4352 气学须知
(英)傅兰雅辑译
1886(清光绪十二)年初版　一册(格致须知二集);清光绪间刻本　一册(格致须知十六种)

4353 气象学
(英)狄克逊(Dickson, H. N.)著
上海　广学会　1913年　一册,表

4354 气中现象学
(日)小林义直著;范迪吉等译
上海会文学社　1903(清光绪二十九)年　一册(普通百科全书)

4355 测候器说一卷
(　)Negretli, Enrico A. L.　(　)Zambra, Jos. W. 合著;(英)傅兰雅口译　江衡笔述
上海　制造局　1880(清光绪六)年　一册;格致汇编本
原书:A Treatise on Meteorological Instruments. (1864)
论述气象测量所用各种仪器及其原理、功用。

4356 风雨表说
(英)傅兰雅译　华蘅芳笔述
1880年为上海江南制造局译而未印

4357 验气说一卷
(比)南怀仁著
北京　1671(清康熙十)年刊本　一册
述空气温度计的制作及作用。

4358 气学器一卷
(英)傅兰雅著
格致汇编本,在"格致释器"中

地质学

4359 地学浅释三十八卷　图七百一十五幅
　　（英）雷侠儿（Lyell, Charles 1797—1875）著；（美）玛高温译　华蘅芳述
　　上海　制造局　1871（清同治十）年，1873（清同治十二）年　八册；（出版者不详）清同治间石印　四册；富强斋丛书本；西学富强丛书本
　　Lyell，今译作莱伊尔，英国地质学之父。玛高温（1814—1893）美国浸礼会传教医师，1843年来华，在宁波、上海、温州等地传教、行医，死于上海。
　　本书详述地质结构、地质成因、地质分期、人类的起源、地球人口分布、自然界与生物变化的一致性等生物衍化的西方近代地质学。论及勒马克、达尔文及生物进化理论，附图颇丰，是欧洲地质学最初之中译本。所据底本，中译本未注明，杜石然《中国科学技术史稿》考为"Principles of Geology"（1830）。

4360 地理启蒙一卷
　　（英）祁觐著；（美）林乐知　郑昌棪译
　　上海　制造局　1879（清光绪五）年　一册（格致启蒙四种）；上海石印本
　　论地形、论空气、论泉脉、论海，论地球内层。

4361 地学指略三卷
　　（英）文教治（Sydney, George）口译　李庆轩笔述
　　上海　益智书会　1881（清光绪七）年，1883（清光绪九）年，1903（清光绪二十九）年　一册；上海　华美书馆　1899（清光绪二十五）年　一册；富强斋丛书续集
　　内容包括：地学总论，地面改变形势之各种原因，地壳内各类岩石，火成岩，十二段层累石等。

4362 地学须知一卷
　　（英）傅兰雅著
　　上海　格致书室　1883（清光绪九）年　一册（格致须知初集）

4363 地理质学启蒙七卷
　　（英）赫德辑；（英）艾约瑟译
　　总税务司刻本　1886（清光绪十二）年　一册；上海　著易堂书局　1896（清光绪二十二）年　一册；上海　上海图书集成印书局　1898（清光绪二十四）年　一册，图（西学启蒙十六种）；（出版者不详）清光绪间石印　一册
　　卷一总论，卷二论地球表面，卷三论昼夜，卷四论风气，卷五水行于地之功用，卷六论海，卷七论地球体内。

4364 地学启蒙八卷
　　（英）艾约瑟译
　　1886（清光绪十二）年初版　一册；上海　著易堂　1896（清光绪二十二）年（西学启蒙十六种）
　　卷一略论地学义旨；卷二石分各类；卷三石中明告之诸理，述岩石表示的各种

变异；卷四水中淤积之层累石；卷五动植物所遗体壳质积成之层累石；卷六火成岩；卷七地壳；卷八统论。

4365 地理初桄一卷附图

（美）孟梯德著；（美）卜舫济译

1892（清光绪十八）年 一册；上海益智书会 1897（清光绪二十三）年再版 一册；1899（清光绪二十五）年3版；上海 美华书馆石印 1899（清光绪二十五）年 一册

本书共六章，译者参引林乐知"地理小引"，傅兰雅"地理须知"等，略有增益。介绍地球形成，地质构造，地形地貌，陆与海洋，论大洲，火山、地震等。

4366 地学稽古论一卷

（英）傅兰雅译

格致汇编本

介绍地质考古知识。详述地壳土石，地壳构造，观察其埋藏人兽鸟鱼虫各物之遗迹，定成石之先后。

4367 地说

（美）金楷理译 李凤苞笔述

上海 制造局 清光绪初译而未印

4368 地球奇妙论一卷

（英）慕维廉译

格致汇编本

4369 地球之过去未来

（日）横山又次郎著；冯霈译

上海 广智书局 1902（清光绪二十八）年 一册

述有关地球的科普知识。

4370 地球之过去及未来

（日）横山又次郎著；虞泰祺译

上海 上海开通译社 1902（清光绪二十八）年 一册，附图

4371 地球之过去未来

（日）横山又次郎著；秦毓鎏 杨我江译

上海 文明书局 1902（清光绪二十八）年，1914年 一册，图

述地球科普知识。

4372 地球之过去及未来

（日）加藤弘之著；虞和钦 虞和寅译

上海 广智书局 1902（清光绪二十八）年 一册（科学馆丛书）

4373 地球之过去未来

（日）加藤弘之著；文明书局译

上海 文明书局 清光绪间 一册

4374 地质学
（日）佐藤传藏著；范迪吉等译
上海　会文学社　1903（清光绪二十九）年　一册（普通百科全书）

4375 地质学
包光镛　张逢辰译
上海　商务　1904（清光绪三十）年　一册

4376 地质学
（　）麦美德著
上海　协和书局　1911（清宣统三）年　一册

4377 地质学简易教科书一卷
（日）横山又次郎编；虞和钦　虞和寅译述
上海　广智书局　1902（清光绪二十八）年　一册；上海科学仪器馆　清光绪末　一册
书分五编：一地相，二岩石，三动力，四构造，五历史。附图45幅。

4378 普通教育地质学问答
日本富山房编；陈宪成译述
上海　新民译印书局　1903（清光绪二十九）年　一册

4379 地质学教科书
陈文哲　陈荣镜编译
上海昌明公司　1906（清光绪三十二）年4月再版　一册（理科丛书）

矿物学

4380 金石识别十二卷　附英文表一卷　图二百九十八幅
（美）代那（Dana, James Dwight 1813—1895）著；（美）玛高温译　华蘅芳述
上海制造局　1872（清同治十一）年　六册；富强斋丛书；西学富强丛书本
代那，今译达纳，美国著名博物学家、地质学家，撰有地质学纲要、矿物学系统、矿物学手册等。该书为矿物学手册之中译本。玛高温以医为业，于金石之品知之最详。
卷一总论，卷二论金石形色性情，卷三论气类、水类、碳类、硫磺类，卷四论锈金类，卷五论土金类，卷六、七论矿金类，卷八贵金类，卷九论石类，卷十杂论，应用器具，各国权度考，分光化学，卷十一金石化学，论各物相合之法，卷十二分类识别法，金石识别表，结成分类识别表。此为西方矿物学之重要译著。
原书：Manual of Mineralogy. (1848)

4381 矿石辑要
（英）傅兰雅著
格致汇编　1882（清光绪八）年
首论辨别矿石三要素：一辨其质点排列法，二辨其颜色、软硬，三辨其遇热、遇酸变化之理；次详论金银铜铁矿之性状、产地、熔炼提取；末述石类：金刚石、晶石、

玛瑙等分类、性状、化学成分、剖分雕琢。附图35幅。

4382 金石识别中西名目表一卷
（英）傅兰雅编
（出版者不详） 1883（清光绪九）年初版 一册；上海 制造局本

4383 矿学名目
（美）玛高温译
1883（清光绪九）年 一册

4384 化分中国铁矿一卷
（法）毕利干著
格致汇编本

4385 金石略辨
（英）傅兰雅著
上海 益智书会 清光绪间 一册

4386 矿石图说一卷
（英）傅兰雅著
上海 益智书会刻本 1884（清光绪十）年 一册

本书是矿物学和古生物学的启蒙读物。包括总论、矿石形性及化学性、矿石分类等内容。矿石共分十二类：石英类、光石类、似盐石类、金盐类矿、似非勒司巴耳类石、花刚石形矿类、光色矿类、繁矿类、含氧金类矿、自然金类矿、含硫金类矿、烧料类矿，附论疆石。绘各种矿石形色，以图为主，列以说明。

4387 矿学须知一卷
（英）傅兰雅著
1893（清光绪十九）年初版（格致须知三集）

4388 矿物学一卷
（日）神保小富 （日）西师意合著；许家惺译
上海 山西大学堂译书院本 清光绪间 一册

4389 矿物学问答
日本富山房编；范迪吉等译
上海 会文学社 1903（清光绪二十九）年 一册（普通百科全书）

4390 矿物学新书
日本富山房编；范迪吉等译
上海 会文学社 1903（清光绪二十九）年 一册（普通百科全书）

4391 矿物学
杜亚泉译
上海 商务 1904（清光绪三十）年 一册

4392 矿物
（日）铃木龟寿讲授；江苏师范生编译
南京 江苏宁署学务处 一册；江苏师范 1906（清光绪三十二）年 一册（江

苏师范讲义第十四编）

4393 矿学考质上编五卷下编五卷
（美）奥斯彭著；舒高第口译　沈陶璋笔述　陈沬勘润
上海　制造局刻本　1907（清光绪三十三）年　四册

4394 新式矿物学五卷　附录三卷
（日）胁水铁五郎著；钟观诰译
启文译社　清光绪末　一册
凡五章，述地壳原料、岩石关系、构造沿革、识别各矿性质成分之原理，并以日本所产各矿为印证。附录矿质一览表，吹管分析法大意，日本矿物模范本，图一大幅。

4395 矿物学教科书
沈纮译
江宁　江楚编译官书局　1903（清光绪二十九）年　一册

4396 矿物学教科书
（日）神保小虎撰；（日）西师意译
上海　山西大学译书院　1905（清光绪三十一）年　一册

4397 矿物学教科书
（英）窦乐安译
上海　协和书局　1905（清光绪三十一）年　一册

4398 普通教育矿物学教科书
陈文哲编译
上海　昌明公司　1906（清光绪三十二）年　一册

4399 矿学简明初级教科书一卷
（日）江吉治平编著；梁复生译
导欧译社石印本　清光绪末　一册
介绍日本所产矿类三十余种，摘要叙述其它各种矿石的形式、取材、试验等。附标本图 4 幅。

4400 矿物学简易教科书二卷
（日）横山又次郎著；范延荣译
直隶学务处石印　清光绪间　二册

4401 中学矿物教科书
（日）山田邦彦　（日）石上孙三合著；陈钟年译
北洋官报局本　清光绪末　一册

自然地理学

4402 地理须知一卷
（英）傅兰雅辑译
1883（清光绪九）年刻本　二册（格致须知初集）

4403 地志启蒙四卷

（英）赫德著；（英）艾约瑟译

上海　总税务司署刻本　1886（清光绪十二）年　一册（格致启蒙十六种）；上海　著易堂　1896（清光绪二十二）年（西学启蒙十六种）；上海　图书集成印书局　1898（清光绪二十四）年　一册（西学启蒙十六种）

卷一述绘地图理法；卷二论地、论各大洲形势；卷三论海，包括海、洋、风、溜、潮汐；卷四论地球形状，分述陆、岛、山、谷、江、河、湖、沼、海滨、冰山等。

4404 地势略解

（美）李安德（Pilcher, Leander. W.）著

京都汇文书院　1893（清光绪十九）年　一册

共二十章：一论地球悬空，二论地壳，三论陆地，四论山与高平二原，五论海岛，六论磁气，七论火山，八论地震，九论水气涵空，十论泉源与湖，十一论江河，十二论冰川，十三论洋海，十四论海潮，十五论海溜，十六论空气，十七论飓旋等风，十八论天气，十九论生物分布，二十论金类分布。

4405 地学举要一卷

（英）慕维廉译

上海　醉六堂　1895（清光绪二十一）年　一册（西学大成本）

共十二章：一地球形势大率，二地质，三释名，四水陆分界，五洲岛，六山原，七地震火山，八平原，九海洋，十潮汐，十一湖河，十二地气。

4406 地文学问答

日本富山房编；范迪吉等译

上海会文学社　1903（清光绪二十九）年　一册（普通百科全书）

4407 地文学新书

日本富山房编；范迪吉等译

上海　会文学社　1903（清光绪二十九）年　一册（普通百科全书）

4408 地文学表解

上海科学书局编译所编译

上海　科学书局　1907（清光绪三十三）年5月　一册（表解丛书）

4409 地文学问答

邵义译

上海　商务　清光绪末　一册

4410 新式地文学

（日）岩崎重三著

东京　闽学会本　清光绪末　一册

4411 普通地理学一卷

（美）福来氏著；周先振译

励学译编本　清光绪间　一册

4412 地文学简易教科书
　　樊炳清译
　　江宁　江楚编译官书局　1903（清光绪二十九）年　一册

4413 地文学教科书
　　（英）窦乐安　（日）西师意译
　　上海　协和书局　1905（清光绪三十一）年　一册

4414 地文学教科书
　　（日）横山又次郎编；（日）西师意译
　　上海　山西大学译书院　1905（清光绪三十一）年　一册

4415 潮汐论一卷
　　美国格致新报原本；（英）傅兰雅译
　　格致汇编本

4416 潮汐致日渐长论一卷
　　（英）罗亨利著
　　格致汇编本

4417 （最新）地文图志
　　（英）崎冀（Darroch, John）著；叶青译
　　上海　山西大学堂译书院　1906（清光绪三十二）年　一册
　　16开彩色精装本。首为详说，中间24版双面彩色图，后56页为英汉、汉英地文图志中西名目对照表。所述地文图包括：地质图：绘图法，冰雪、海洋、火山等功用，火山、地震、地壳变动，大比炭地质图，欧洲美洲地质图；地文图：有欧亚非美等大洲地文图，大陆形式及海洋盘深浅；气候图：有腊月、正月地面天气压力重线及风向，地面同热线；水学图：有各地雨雪之量，大比炭河盘广狭及雨量，全球海流形式方向；博物图：有植物生理、动物生理、人族散处。

4418 最新地文图志
　　（英）窦乐安译
　　上海　协和书局　1906（清光绪三十二）年　一册

生物科学

普通生物学

4419 达尔文天择篇
　　（英）达尔文著；马君武译
　　少年新中国社石印本　1902（清光绪二十八）年　一册（少年中国丛书）；上海文明书局　1903（清光绪二十九）年再版　一册
　　书分十二章，列举动植物天择生新种灭旧种之情状、特性，证天择物竞的道理。附图多幅。

4420 物竞论一卷
   （英）达尔文著；马君武译
   少年中国学会　1902（清光绪二十八）年10月　一册（少年中国新丛书）
   封面题名：斯宾塞女权篇达尔文物竞篇合刻。
   此即"物种由来"一卷的三、四两章。

4421 物竞论一卷
   （日）加藤弘之著；杨荫杭译
   上海　作新译书局　1902（日本明治三十五）年　一册；译书汇编本

4422 活学
   綦心译
   东京　奎文馆　1907（清光绪三十三）年　一册
   原著由日本七位博士执笔。

4423 物种由来卷一
   （英）达尔文著；马君武译
   上海开明书店　清光绪末　一册
   译本是原著的第一卷，共五章，详考物种之生殖变异，阐明天择物竞，优胜劣败之理。卷首列新派生物学小史。

4424 天演学二卷
   （美）克洛特著；黄佐廷　范熙庸译
   上海　山西大学堂译书院　清光绪间　一册

4425 天演辨证二种
   子目：
   1. 哲学与天演学 =Evolution as related to philosophy
   （美）潘慎文译　曹迈豪述
   2. 天演学与创世纪 =The creation story in the book of genesis
   （英）伊尔文（Irwin, J. O'Malley）撰；陆泳笙译
   上海　商务　1913年印本　一册线装
   天演学即进化论。作者认为，先前进化理论足以与基督教之真理互为表里，然达尔文自然选择的进化理论一出，世人研究方法遂拘滞于现实物种的进化，而不能穷究太初创始的底蕴。反对基督教者竭力利用达尔文物由质赋、人由猴变等见解，攻击圣经关于上帝造物之说，基督教真理将晦而不彰。译刊此二章，意在使近世科学与宗教得以互勘，于科学有所透析，于宗教则益可阐发真理。书中虽引黑格尔、斯宾塞、李康丹（Le Conte 美地质学家）、赫胥黎、莱伊尔等人关于万物初始形成的认识，但最终以上帝造物为根本道理。

4426 动物进化论一卷
   （英）达尔文著；（美）摩尔斯口述　（日）石川千代松笔记　国民丛书社重译
   国民丛书社　清光绪末　一册（国民从书第一种）
   共九章：一至六章论动物变迁，七至九章论动物皆一始祖，进化是生存之本。

4427 地球养民关系
（英）李提摩太著
格致汇编本
介绍亚欧非美澳各大洲面积、山川形势、气候风雨、物产、宗教、农业、副业、交通、通讯、文教事业，末述大西洋之深阔冷暖，动植物分布、生长、习性，和人类的关系。

4428 活物学二卷
（美）厚美安著
时务极馆石印本　清光绪间　一册；上海　美华书馆本；广州刻本；格致汇编　1880（清光绪六）年
书分8章，为植物学、动物学之初学读物，有图。

4429 生物之过去未来一卷
（日）横山又次郎著；虞和钦　虞和寅译
启文译社　清光绪末　一册
论生物本源、发生及变迁进化的原因。

4430 生物过去未来一卷
（日）横山又次郎著；王建善译
上海　开明书店　清光绪末　一册
叙生物变迁原因，将现今人类与过去人类两相比较，根据动物头骨发育增进智力推论未来必有高等动物出，其智力优于今人。

4431 生物之过去未来
（日）横山又次郎著；秦毓鎏　胡克犹译
上海　文明书局　1914年　一册

4432 进化新论
（日）石川千代松著
东京　闽学会　清光绪末　一册

4433 天演学图解
（英）霍德著；吴敬恒译
上海　文明书局　1911（清宣统三）年初版　一册
上编五章，一导言，二天文学之理证，三地质学之理证，四动物学之理证，五结论。下编五章，一导意之杂论，二解剖学之理证，三胚胎学及赘形物之理证，四人类之祖系，五天演学发明小史。

4434 生命世界一卷
（英）华丽士（Wallace, A. R.）著；（英）莫安仁（Morgan, E.）口译　许家惺笔述
上海　广学会本　1913年　一册
华丽士（1822—1913），英国著名博物学家。该书分二十章，解释生命及其由来，论生物种类之繁杂及在世界上分布之现状，论遗传与变迁及其增长，论地石变迁为天演发达之原因，论人类与动植物调节之功用，论细胞原质及水对於生命之关系等。

生理学

4435 生理

（日）铃木龟寿讲授；江苏师范生编译

南京　江苏宁署学务处：江苏师范　1906（清光绪三十二）年　一册（江苏师范讲义第十一编）

4436 哲学提纲生理学

李杕编译

上海　土山湾印书馆　1908（清光绪三十四）年初版，1914年重印　一册

此为动植物生理学。共八章：总论生理；论植物生理；论生原——植物生命之源；论生原之由来；论动植物生理；论动物的本能；论物类原始，批判达尔文的变异说；论人类原始，认为人出于猿之说荒谬不经。

4437 生理学教科书

廖世襄译

上海　商务　清光绪末　一册

原著为法国儒包尔培著动植物生理学，译者略作增删而成。

本书共二编，第一编论动物行动、养生等，附图55幅；第二编论植物生理性质，附图10幅。每编后附问题、练习等。

生物物理、生物化学

4438 化学卫生论四卷（一名　日用化学）

（英）真司腾（Johnston, J. F. W. 今译作约翰斯顿 1798—1885）著　（英）罗以司（Lewes, George Henry 1817—1878）增订；（英）傅兰雅　栾学谦译

上海　格致书室重订本　1890（清光绪十六）年　四册，有图；上海广学会本；格致汇编本

原书：The Chemistry of Common Life.

原著者约翰斯顿，英国著名农业化学家和生理化学家，著有《农业化学及地质学原理》、《农业化学及地质学教本》。约翰斯顿原书1850年出版，译者所据为罗以司1859年修订本。

译本四卷，子目三十三个，包括呼吸之气，所饮之水，所种之土，植物、粮食、饮料、糖、烟、酒、醉性之质、毒性之质、香臭、呼吸、消化、循环等。从化学角度研究呼吸、饮食、吸烟与人体健康的关系。

译文曾刊于《格致汇编》第三卷（1880）、第四卷（1881）。

4439 论生物电气

（英）璐挨德著；（英）傅兰雅译

富强斋丛书本

微生物学

4440 霉菌学

（日）井上正贺著；范迪吉等译

上海　会文学社　1903（清光绪二十九）年　一册（普通百科全书）

4441 农业霉菌论二卷

（日）佐佐木祐太郎述　（日）米良文太郎译

江南总农会石印　1903（清光绪二十九）年　一册，图（农学丛书四集）

4442 人与微生物争战论

（英）礼敦根（Reid Duncan, J.）著；（英）傅兰雅译

格致汇编本

礼敦根，英国医生，在上海行医。清光绪十七年（1891）春，在上海文友辅仁会集欧西人士讲演微生物相争之事，此译其稿而成。

论微生物能自发生否，论发酵，人与动物各种病症，及利用微生物种苗防疫等。

4443 稚学

（泰西）莫家珍（Metcalf, Amy）著；杨崇瑞笔受　（泰西）苏文瑞（Sawer, Myra）有所附益

广学书局本（年代不详）　一册

该书前半部为译文，后半部为原文。

译文分十二章，论微生学。前有莫家珍自序，谓其书参考了 Mcfarland 著病理微生学。莫家珍国籍不详，女医生，在山东行医。

植物学

4444 植物学八卷

（英）韦廉臣　（英）艾约瑟辑译　李善兰笔述

（出版者不详）　1857（清咸丰七）年刻本　一册；上海　益智书会　1858（清咸丰八）年　一册；上海　墨海书馆　1859（清咸丰九）年　一册；上海　制造局本

原书为著名的英国植物学家林德利（Lindelly, John 1799—1865）著《植物学基础》（Elements of Botany），先后由韦廉臣、艾约瑟、李善兰合作译就。

凡八卷：卷一总论，述植物研究的意义，植物与动物的异同，植物的地理分布；分植物为内体、外体两部分，细胞为内体，内体有四类。卷二详介内体：聚胞体，略如动物之肉；木体，略如动物之骨；腺体，略如动物之筋；乳路体，略如动物之血管等植物的组织结构。卷三至六论外体，述植物根、茎、叶、花、果实等器官之组织构造、生理功能。卷七察理之法，详介在显微镜下观察植物各部分切片，分类、记录、收藏标本的方法，分述外长类、内长类、通长类、寄生类植物的形态特征。卷八述植物分 303 科，略述常见之若干科。

4445 植物须知一卷

（英）傅兰雅著

1894（清光绪二十）年原刊本　一册；1898（清光绪二十四）年刻本　一册（格致须知十六种）

4446 植物图说四卷

（　）Balfour John H. 著；（英）傅兰雅译

上海　益智书会刻本　1895（清光绪二十一）年　一册

根干腔管一卷，叶各变形一卷，开花结子一卷，花心子实一卷。附图153幅。

4447 植物学启蒙一卷
（英）赫德（Hart, S.）辑；（英）艾约瑟译
总税务司刻本　1886（清光绪十二）年　一册，图（格致启蒙十六种）；上海　著易堂　1896（清光绪二十二）年　一册（西学启蒙十六种本）；上海图书集成印书局　1898（清光绪二十四）年　一册，图（西学启蒙十六种）；1903（清光绪二十九）年单刻本　一册
凡三十章，概论八章，论根干枝叶四章，论花果子实十二章，余论六章。

4448 植物新论
（日）饭塚启著；范迪吉等译
上海　会文学社　1903（清光绪二十九）年　一册（普通百科全书）

4449 植物学问答
日本富山房编；范迪吉等译
上海　会文学社　1903（清光绪二十九）年　一册（普通百科全书）

4450 植物学新书
日本富山房编；范迪吉等译
上海　会文学社　1903（清光绪二十九）年　一册（普通百科全书）

4451 植物学
杜亚泉译
上海　商务　1904（清光绪三十）年　一册

4452 植物学
王季烈译
上海　文明书局　1904（清光绪三十）年　一册

4453 植物启原三卷
（日）榕庵宇田川榕著
江南总农会石印　清光绪间　一册，图（农学丛书初集）

4454 植物学
作新社译
上海　作新社　清光绪间　一册

4455 中国植物学文献评论
（俄）布勒慈奈岱（Bretschneider, E）著；石声汉译
国立编译馆　1870（清同治九）年　一册
原书共三编，第一编介绍中国植物典籍，第二编考证中国植物源流，第三编就中国植物举例说明之。中译本仅译一二两编。

4456 日本植物图说
（日）牧野富太郎撰
江南总农会石印　清光绪间　一册，图（农学丛书七集）

4457 植物学实验初步
樊炳清译

江宁　江楚编译官书局　1903（清光绪二十九）年　一册

4458　植物学
（日）铃木龟寿　（日）山内繁雄著；沈增祺　刘人杰等译
湖北官书局　1905（清光绪三十一）年　一册（师范教科丛编）

4459　植物营养论
（日）稻垣乙丙著；范迪吉等译
上海　会文学社　1903（清光绪二十九）年　一册（普通百科全书）

4460　植物生理学
（日）川上泷弥著；吴球译
湖南　新学书局　清光绪宣统间　一册

4461　植物生理中英名词对照表
叶可樑编
清学部编订名词馆　清光绪间　稿本一册

4462　植物教科书一卷
（日）松村任三　（日）斋田功太郎合著；樊炳清译
上海　教育世界社　1901（清光绪二十七）年　一册；湖北农务学堂本
凡六章，一普通植物，共54节述植物构成；二植物分类，分隐花显花两大部；三植物之形态；四植物之构造，五植物之生理；六植物之应用。附图66幅。

4463　植物教科书二卷
（日）松村任三　（日）斋田功太郎合著；北洋官报馆译
北洋官报局　清光绪末　二册
共六章：一普通植物，二植物分类，三植物形态，四植物构造，五植物生理，六植物的应用，附图若干。

4464　初等植物学教科书
（日）斋田功太郎　（日）染谷德五郎著；上海文明书局译
上海　文明书局　1902（清光绪二十八）年　一册

4465　植物学教科书
（日）大渡忠太郎著；（日）西师意译
上海　山西大学译书院　1905（清光绪三十一）年　一册

4466　最新植物学教科书
（日）藤进健次郎著；王季烈译
上海　文明书局　1906（清光绪三十二）年，1910年（清宣统二）年　一册

4467　植物学教科书
（英）窦乐安著
上海　协和书局　1907（清光绪三十三）年　一册

4468　胡尔德氏植物学教科书
（美）胡尔德（Coulter, J. H.）著；奚若　蒋维乔译
上海　商务　1911（清宣统三）年　一册

作者通译柯尔特。

4469 普通植物学教科书一卷
（日）好学原著；亚泉学馆译
上海　商务　清光绪末　一册
内容取自日本高桥、丹波、柴田合译之普通植物学及白井光太郎著中等植物学教科书等。书分四编：一植物形态学，二植物解剖学，三植物生理学，四植物种类学。卷首总论，卷末附录植物记载法，插图265幅。原作在日本重版二十六次。

4470 植物学教科书二卷
（日）松村任三著；刘大猷译
江南总农会石印　清光绪间　一册（农学丛书第六集）

4471 植物学教科书
（日）五岛清太郎编
上海　作新社　清光绪宣统间　一册

4472 中学植物教科书
（日）松村任三　（日）斋田功太郎著；杜亚泉　杜就田译
上海　商务　1912年6版　一册

4473 新撰植物学教科书
杜亚泉编译
上海　商务　1913年第17版　一册，图
凡四章：植物形态学、植物解剖学、植物生理学、植物分类学。

4474 实验植物学教科书
（日）三好学著；杜亚泉译
上海　商务　1911年（清宣统三）年　一册

4475 实验植物学教科书
杜亚泉编译
上海　商务　1913年再版　一册
中学教材。凡六章：植物体记载法，实验用具、药料及显微镜用材料调制法，植物解剖学及隐花植物实验，植物生理学实验，植物采集法、腊叶制法及保存法，构设植物园法。

4476 植物人工交种法一卷
（日）玉利喜造著；（日）吉田森太郎译
湖北农学本；农学报本

动物学

4477 动物类编
（　）韦明珠（Miss Williamson）译
1882（清光绪八）年刻本　一册

4478 动物学启蒙八卷
（英）赫德辑；（英）艾约瑟译

总税务司署刻本　1886（清光绪十二）年　一册，图表及插图（艾译西学十五种）；上海　图书集成局　1898（清光绪二十四）年　一册，图（西学启蒙十六种）

　　原书十卷，中译本仅译八卷，缺柔体、动植难分二卷。首述动物分类纲领，卷二至卷七脊椎动物，卷八环节动物。附图若干。

4479 动物须知一卷
　　（英）傅兰雅著

　　1894（清光绪二十）年刊本　一册；格致须知三集本

4480 动物学新编一卷
　　（美）潘雅丽编译

　　上海　协和书局　1894（清光绪二十）年　一册；上海　美华书馆　1899（清光绪二十五）年　一册，有图（格致指南八种）

4481 普通动物学
　　（日）五岛清太郎著；樊炳清译

　　上海　教育世界社　1901（清光绪二十七）年，1903年　一册（科学丛书）

　　共十五章，首章绪论，二至十三章论各类动物形体构造之同异，十四章叙动物各器官，十五章论动物分类。列图107幅，末附解剖器具、药品、实验等。

4482 动物通解
　　（日）岩川友太郎　（日）佐佐木忠次著；范迪吉等译

　　上海　会文学社　1903（清光绪二十九）年　一册（普通百科全书）

4483 动物学问答
　　日本富山房编；范迪吉等译

　　上海　会文学社　1903（清光绪二十九）年　一册（普通百科全书）

4484 动物学新书
　　（日）八田三郎著；范迪吉等译

　　上海　会文学社　1903（清光绪二十九）年　一册（普通百科全书）

4485 动物学
　　黄英译

　　上海　商务　1904（清光绪三十）年　一册

4486 动物学详考
　　宋传典译

　　上海　基督教育会　1907（清光绪三十三）年　一册

4487 动物新论
　　（日）箕作佳吉著；杜就田　许家庆译

　　上海　商务　1909（清宣统元）年，1910（清宣统二）年，1913年　一册

　　述动物的种类、解剖、生殖、分布等。

4488 普通动物学一卷
　　王建善译

　　上海　开明书店　清光绪末　一册

4489 动物学
  作新社译
  上海　作新社　清光绪间　一册

4490 动物学一卷
  （日）大渡忠太郎著；许家惺译
  山西大学译书院　清光绪间　一册

4491 动物采集保存法一卷
  （日）武田丑之助著　（日）宫岛干之助校阅
  江南总农会石印　清光绪间　一册，有图（农学丛书第七集）

4492 动物催眠术
  （日）竹内楠三著；汪惕予译
  上海　民国编译书局　1911（清宣统三）年　一册
  书分十五章，述动物催眠的各种现象及其神经的作用。

4493 动物学
  （日）山内繁雄（讲授）；陈炳炎　刘骞编译
  湖北官书局　1905（清光绪三十一）年　一册（师范教科丛编）

4494 新撰动物学教科书
  （日）五岛清太郎编；许家庆　凌昌焕译
  上海　商务　1908（清光绪三十四）年　一册

4495 动物学教科书一卷
  （日）五岛清太郎著；樊炳清译
  科学丛书本；湖北农学堂本

4496 动物学新教科书
  （日）箕作佳吉著；王季烈译　杜就田校订
  上海　商务　1908（清光绪三十四）年　一册

4497 中等动物学教科书二卷
  （日）饭岛魁编；王国维译
  江南总农会石印　清光绪间　二册，有图（农学丛书七集）

4498 中学动物学教科书
  （日）岩川友太郎著；钱承驹译
  上海　文明书局　1909（清宣统元）年初版，1914年4版　一册，图
  教育部审定之教科书。

4499 动物学教科书
  （日）丘浅次郎编；（日）西师意译
  上海　广学会　1911（清宣统三）年　一册

4500 最新动物学教科书
  （日）冈田要编；唐瑛译
  1914年　一册

4501　动物浅说二卷
　　（　）卫廉思（Williams, R. S.）译
　　上海　广学会本　（年代不详）　一册
　　卷一共四十一条，叙述蟹、蜂、蜘蛛、海螺诸物；卷二共五十条，叙述蚁、蚓、蝇、虫及海产等。

4502　海洋所见巨动物一卷
　　（英）傅兰雅译
　　格致汇编本

4503　百鱼图说
　　谢洪赉译
　　上海　基督教育会　1904（清光绪三十）年　一册

4504　虾蟹类
　　（美）邓肯著；（美）潘慎文　陆咏笙译
　　上海　牛津图书公司　1916年　一册
　　原书：The lobster and his relations.

4505　贝属
　　（美）潘慎文鉴定　陆咏笙译
　　上海　牛津图书公司　1916年　一册

4506　进呈鹰说
　　（意）利类思译
　　北京刊本　1679（清康熙十八）年　一册；旧抄本；清乾嘉间刊本，有图及自序；古今图书集成本改题"鹰论"
　　本书系亚特洛望地（Aldrovandi, Ulisse 1522—1607）所著"Historia Naturalis"之节译本。细目五十五个，详述鹰之形象、性情、喂养、教习、所患各病之治疗等。

4507　百鸟图说
　　（英）韦门道（Williamson, A.）译
　　上海　益智书会刻本　1882（清光绪八）年　一册
　　书前有彩色图二面，绘鸟145种。所记鸟分八类。一，食肉之鸟；二家鸟；三善爬之鸟；四鸽之类；五鸡类；六善跑之鸟；七水地行走之鸟；八有掌之鸟。记其外形特征，产地，习性。

4508　禽鸟简要编一卷
　　（英）傅兰雅译
　　格致汇编本

4509　保护鸟图谱
　　日本农务局辑
　　江南总农会石印　清光绪间　一册，有图（农学丛书七集）

4510　兽有百种论一卷
　　（英）傅兰雅著

格致汇编本　1882（清光绪八）年

首述兽有语言，有纲常，听人指教，有悟性。以下介绍猴类、蝠类、食虫类、食肉类、有袋类、齦物类、无齿类、厚皮、反刍、水居等类兽之体态、习性、产地、经济价值等。图65幅。

4511　百兽图说　附论一卷

（英）韦门道译

上海　益智书会刻本　1882（清光绪八）年　一册

首论人物之智能可以相衡而观，人之智能远胜乎物之智能。所述兽十一类：一猴类，二蝙蝠类，三食昆虫类，四食肉类，五有袋类，六齦齿类，七无齿类，八厚皮类，九返嚼类，十水陆同居类，十一永居水中类。记其品名、又名、产地、形体特征、习性、用途。共计135种。

彩图二面，收以上135种兽之图。

4512　狮子说一卷

（意）利类思著

北京　1668（清康熙七）年初刻，1678（清康熙十七）年重刻　一册

葡国公使进贡一狮，利类思作此文进呈康熙帝。系节译亚特洛望地著"Historia Naturalis"而成。目录：狮子形体，狮子性情，狮子忘恩，狮体治病，借狮箴儆、解惑。

巴黎国家图书馆藏刻本，徐汇书楼藏印片。

昆虫学

4513　虫学略论

（英）华约翰（Walley, J.）撰；（英）傅兰雅译

译书汇编　1880（清光绪六）年

华约翰时任芜湖驿矶山福音堂教师。

述各类昆虫的形体、构造、生长、习性、虫之卵；分剖虫之法，共八类：晶膜膀、鳞膀、蛉蝇、吸蚤、蚧膀、毛膀、蝎蝇、筋膀。皆有图。

4514　百虫图说

谢洪贲译

上海　基督教育会　1904（清光绪三十）年　一册

4515　论苍蝇一卷

（英）傅兰雅著

格致汇编本

4516　采虫指南一卷

（日）曲直漱爱著；沈纮译

江南总农会石印　1900（清光绪二十六）年　一册，图（农学丛书二集）

4517　昆虫标品制作法一卷

（日）鸟羽源藏著

江南总农会石印　1900（清光绪二十六）年　一册，有图（农学丛书二集）

4518 应用昆虫学教科书
（日）江间定次郎　（日）生间與一郎撰
江南总农会石印　清光绪间　二册，有图（农业丛书七集）

4519 名和昆虫研究所志略一卷
（日）名和清著；樊炳清译
农学丛书二集本

人类学

4520 人与猿
（日）寺田宽二著；东文译书社译
东文译书社　1907（清光绪三十三）年　一册

4521 人种改良学上下卷
陈寿凡编译
上海　商务　1919年初版　二册（新知识丛书）
第一章人种改良学之性质价值及目的，述何为人种改良学，人种改良之必要，一般方法；第二章人种改良学之研究方法，遗传及遗传法则之应用；第三章家族的特质之遗传；第四章遗传的素质之地理分布，主要以北美为对象述其地理分布，择偶的各种障碍；第五章移住之人种改良学的意义，述原始时代、美洲之移住，涉及爱尔兰、德、意、匈、奥、希伯来等八种移民；第六章人种所及各种影响；第七章美国人家系之研究；第八章人种改良学与生活状态改良论；第九章应用人种改良学会之组织，介绍人种改良学之祖，英人夫蓝西斯、哥尔顿以及英美德人种改良的国立调查会等组织。

4522 人种新说
（日）加藤弘之著；陈尚素译
东京　译书汇编　清光绪宣统间　一册

4523 日本毛人一卷
（英）傅兰雅译
格致汇编本

医药、卫生

总论

4524 西医略论三卷
（英）合信（Hobson, B.）著；管茂材润色
广州　惠爱医馆　1857（清咸丰七）年　一册，图；上海　仁济医馆刻本　1857（清咸丰七）年　一册，图；上海　制造局　1857年　一册；清末　一册，图（西医五种）

上卷总论医理，中卷分论各部位病症，下卷论方药治法。为初学之书，上卷有"中西医学论"篇，为西人比较中西医优劣的最早论述。

4525 儒门医学三卷 附一卷

（英）海得兰（Headland, Frederick W.）著；（英）傅兰雅译 赵元益笔述 徐华封等校

上海 制造局刻本 1876（清光绪二）年，1879（清光绪五）年 四册 上海 著易堂 清光绪中印本；上海 鸿宝书局石印 1902（清光绪二十八）年 二册

原书为英国医生海得兰1867年著The Medical Handbook（医学袖珍），为文人学士初涉医方之用书。

卷上论养身之理，述及光、热、水、饮食和运动与人的健康的关系，卷中论治病之法，述及中风、脑炎、脑伤风、羊头风、酒狂、肝炎等128种疾病；卷下论方药之理，包括醋酸、硝强水、碘、鱼肝油、巴豆油等139种。附卷包括"慎疾要言"、"病症大略"、"简易良方"三篇专论，以及"中西药物名目表"，列300多条药名称，中英文对照。

4526 疗学

（美）贺德著；（美）盈亨利译 管国全述 诸葛汝校

北通州协和书院印字馆 1907（清光绪三十三）年 二册，图、照片

4527 医学要领

（日）富永勇 （日）三轮德警著；丁福保译

上海 医学书局 清光绪宣统间 一册

4528 泰西奇效医术谭

（英）马克斐（Macfie, P. C.）著；（英）高葆真译 曹曾涵校

上海 广学会 1911（清宣统三）年 一册

4529 西洋医学史

丁福保译

上海 医学书局 1914年 一册

4530 中西病名表一卷

译者阙名

中英合璧排印本 清光绪间 一册

4531 惠爱医馆年纪

（英）合信著

广州刊本 1850（清道光三十）年 一册

此为惠爱医馆报告。

4532 医师开业术

（日）立神正夫著；万钧译

上海 医学书局 1915年10月 一册（丁氏医学丛书）

4533 南洋医科考试问题答案附一夕话

丁福保译

上海　文明书局　1909（清宣统元）年 8 月　一册（丁氏医学丛书）

4534　英国定准军药书四卷　附二卷
英国陆军水师部编纂；舒高第译　汪振声笔述
上海　制造局刻本　清同治至民国初　二册

预防医学、卫生学

4535　种痘奇方详悉
（英）皮尔逊（Pearson, Alexander）著；（译者阙名）
1805（清嘉庆十）年刊本　一册

4536　预防传染病之大研究
丁福保译
上海　文明书局　1911 年　一册
述传染病防治方法。

4537　传患病预防看护法
（日）菊池林作著；李犹龙译
上海　群益书局　1917 年　一册

4538　卫生要旨一卷
（美）嘉约翰口译　海琴氏笔述
广州　博济医局刻本　1882（清光绪八）年　一册；上海　基督教育会　1882 年初版，1917 年再版　一册；上海　1883 年石印　一册；上海益智书会本
首总论，次论寿考康宁，内外集益，各病之由，病赖良医，饮食养身之要等卫生诸说。

4539　初学卫生编一卷
（美）盖乐格著；（英）傅兰雅译
上海　益智书会　1896（清光绪二十二）年　一册
著者为美著名医学家。译著 26 章，述人体生理、饮食要道、免病良方、害人毒质等。

4540　通俗卫生法防疫法之部
（日）川田德次郎著
北京　顺天时报　1905（日本明治三十八）年　一册
原汉文。

4541　汉译卫生一夕谈
（日）桥本善次郎著；日本富山房编辑部译
东京　富山房　1906（日本明治三十九）年　一册

4542　最近卫生学一卷
（日）桥本善次郎著；海天独啸子译
上海　广智书局　清光绪末　一册
共二十节。首总论卫生之意义，余述体温、空气与呼吸、营养、饮食、食物卫生、

嗜烟酒、运动、睡眠、婚姻、衣被寝具之改良、居地庐宇等个人卫生及学校卫生。

4543 卫生浅说
柯志仁译　黄治基笔述
上海　华美书局　1912年　一册

4544 卫生学初编
（英）节丽春　潘志容译
上海　广学会　1913年　一册

4545 卫生行政法论
（日）山田准次郎著；高仲和译
北京　内务部编译处　1918年　一册

4546 人与万物争战益寿论
（英）傅兰雅辑译
1897（清光绪二十三）年石印　一册

4547 保全生命论一卷　附一卷
（英）古兰肥勒著；（英）秀耀春译　赵元益笔述
上海　制造局刻本　1901（清光绪二十七）年，1911（清宣统三）年　一册；制造局石印本　1901（清光绪二十七）年　一册

论人体如自行保护之机器，不思虑过度，依情理、尽心、守本分，则可得康宁。论心理卫生、饮食、呼吸、劳逸适度等与健康的关系。附卷论人之短处及人之性情。

4548 应用卫生学
裘德生　陈纯孝译
上海　基督教育会　1903（清光绪二十九）年　一册

4549 试验去病法
丁福保编译
上海　文明书局　1908（清光绪三十四）年，1915年4版　二册

介绍德国近世体育家山德所著《体力养成法》一书中所述哑铃练习法，收有山德小传。

4550 实用卫生学讲本
（日）山田良叔编；丁福保译
上海医学书局　光绪宣统间　一册

4551 完璞巵言
（美）吴尔著；谢洪赉译
上海　青年会出版发行所　1915年　一册

4552 延年益寿论一卷
（英）爱凡司（Evans, De lacy）著；（英）傅兰雅译
1892（清光绪十八）年印本　一册；格致汇编本
原书：How to Live Long.

论人老之故，介绍饮食与延年，人与动植物延年益寿之法，以及免病健身方法等。

4553 **实用卫生自强法**
　　（日）堀井宗一著；赵必振译
　　上海　广智书局　清光绪末　一册
　　全书六十章，详论饮食、身体、疾病、婚姻，论其致病原因，防病方法。

4554 **长寿哲学**
　　（日）铃木美山著；蒋维乔译
　　上海　商务　1918年　一册
　　原书：健全之原理。全书12章，述健全之原理，宇宙论，物质与精神，心灵界之自然法，宗教及道德，社会疾病，医药，应用长寿学，信仰疗法等。

4555 **齿牙养生法一卷**
　　（日）四方文吉著；虞泰祺译
　　启文译社　清光绪末　一册
　　论牙齿与养生的关系。

4556 **身之肥瘦法**
　　（日）田村化三郎著；丁福保　徐云译述
　　上海　医学书局　1910（清宣统二）年，1917年3版　一册（丁氏医学丛书）

4557 **军民宝书粗食猛健法**
　　（日）井上正贺著；刘仁航译述
　　上海　乐天修养馆　1917年　一册
　　上编述营养学知识；下编讲粗食有益健康。附美食销减人口论。

4558 **身心调和法**
　　（日）藤田灵斋著；灵华居士译　将维乔校订
　　上海　商务　1916年　一册
　　分六章讲解身心调和方法，气功之属。

4559 **静坐三年**
　　（日）岸本能武太著；华文祺译　蒋维乔校
　　上海　商务　1917年　一册

4560 **冈田式静坐法**
　　（日）冈田虎次郎著；蒋维乔译
　　上海　商务　1919年　一册

4561 **婚姻哲嗣学**
　　（　）Davenport, C. B.著；胡宣明　杭海译
　　上海　中华卫生教育会　1919年11月　一册（中华教育卫生联合会丛书）

4562 **饮食卫生学**
　　（美）爱母爱尔好而布尔苦著；（日）山田幸太郎译　罗振常重译
　　上海　教育世界出版所　1903（清光绪二十九）年　一册（科学丛书2集）

4563 **居宅卫生论一卷**
　　（英）傅兰雅译

格致汇编 1880（清光绪六）年；同年印本 一册，有图

本篇取材于柯陵（Collins）丛书，共六章，一城乡去病精神总论；二论造屋，位置、方向、免潮湿；三屋内通风与生热法；四论大城镇免煤瘴法；五论城内通水法；六论城镇通沟泄秽法。图65幅。

4564 学校卫生学

（日）三岛通良著；周起凤译

上海 广智书局 1903（清光绪二十九）年 一册；上海 教育世界社 清光绪间 一册（教育丛书）

4565 学校卫生

（日）三岛通良著；汪有龄译

教育世界社 1901（清光绪二十七）年 一册（教育丛书初集）

述校园、课桌椅、采光、取暖、通风、学生疾病、校医、体操、游戏、手工、罚则等。

4566 学校卫生书

（日）坪井次郎译

教育世界社 清光绪间 一册（教育丛书三集）

4567 学生卫生宝鉴

吴传绂译 欧阳瀚校存

上海 中华 1916年 一册

述青年个人卫生。

4568 男女婚姻卫生学（又名 少年男女须知）

（日）松平安子著；诱民子译

香港永利源 1901（清光绪二十七）年初版，1909（清宣统元）年8版 一册

4569 妇女卫生学白话

（日）山根正次著；吴启孙节译

（出版者不详） 清光绪宣统间 一册

4570 处女卫生一卷

（美）来曼彼斯撒利著；（日）北岛研三译 冯霈重译

上海 广智书局 清光绪末 一册

书分三十二章，详论处女卫生各节。

4571 孩童卫生论一卷

（ ）Hunt, Mary H. 著；（英）傅兰雅辑译

上海 益智书会 1890（清光绪十六）年 一册；上海 格致书室 1893（清光绪十九）年 一册，有图；上海 商务 1917年 一册，有图

原书：Health for Little Folks.

4572 幼童卫生编一卷

（ ）John not, James and Bouton, Eugene 合著；（英）傅兰雅译

上海 益智书会 1894（清光绪二十）年；上海 格致书室 1894（清光绪二十）年 一册，有图

原书：Lesson in Hygiene.

4573 男女育儿新法一卷
（日）中景龙之助著；诱民子译
香港　启智书会　清光绪末　一册
共四十九章，介绍育儿方法，论亲族结婚的害处。

4574 小儿养育法一卷
（日）渡边光次著；周家树译
无锡丁氏畴隐庐石印　清光绪间　一册

4575 育儿谈
（日）足立宽著；丁福保译
上海　医学书局　1909（清宣统元）年10月再版，1917年5月4版　一册（丁氏医学丛书）
述婴幼儿保健知识。

4576 女学校胎教新法
（日）盐路嘉一郎译
东亚书局　1898（清光绪二十四）年　一册

4577 胎内教育一卷
（日）伊东琴次郎著；陈毅译
上海　广智书局　1902（清光绪二十八）年　一册
共五章：一总论，二结婚前之注意，三结婚后之注意，四妊娠时之心得，五产后之心得。

4578 先天之教育
（日）富永岩太郎著；谢荫昌译
沈阳　奉天图书发行所　1908（清光绪三十四）年　一册

4579 胎教
宋铭之译
上海　中华书局　1914年11月初版，1917年7月7版　一册（女学丛书）

基础医学

4580 睡答　画答　（亦名睡画二答）
（意）毕方济著
1629（明崇祯二）年　一册
以问答体论生理卫生常识，并参以虚无主义说教，认为人生如一场梦，在别人看来如一幅画。

4581 泰西人身说概二卷
（瑞士）邓玉函译　毕拱辰润笔
杭州　1643（明崇祯十六）年；清抄本　一册；燕京大学藏抄本　二册线装与《人身图说》合装一函；清抄本　一册

卷首有毕拱辰序，谓甲戌（明崇祯七年，1634年）汤若望将亡友邓先生人身二卷示毕氏，毕氏为之润色而成。序中未见成书年代，方豪《中西交通史》下册P.806指出，书成于明崇祯十六年（1643）。

书分上下二卷。上卷：骨部、脆骨部、肯筋部、肉块筋部、皮部、亚特诺斯部（Arterioles，皮下小动脉）、膏油部、肉细筋部、络部、脉部、细筋（神经）部、血部；下卷：总觉司，附《利西泰记法五则》，目、耳、鼻、舌、四体等五司、行动、语言。所论即现代解剖学之运动系统、肌肉系统、循环系统、神经系统、感觉系统。此为最早传入我国的西洋解剖生理学。

4582 人身图说二卷

（意）罗雅谷译述　（意）龙华民　（德）邓玉函校订

清抄本　一册；钞本　二册线装，燕京大学藏本与《泰西人身说概》合装一函

上卷细目：论肺，论心包络二条，论心穴，论心上下之口及小鼓之用，论脉络及脉络何以分散，论周身大血络向上可分散之诸肢，论周身脉络上行分肢，论筋，论气喉，论食喉，论胃总二条，论大小肠，论肝及下腹大小肠，论胆包，论黄液，论脾，论脉络之源及分散之始下行分肢，论诸筋分散与由来之根下截，论周身大血络，论腰，论男女内外阴并血脉二络，论睾丸曲折之络与激发之络，论大小便、膀胱，论子子官、包衣、胚胎、脐络、脐带。

下卷为人身图五脏躯壳图形，内容有血络图，脉络图，筋络图，气喉图，周身骨正面图，周身骨背面图，正面全身图，下腹去外皮之正面、背面图，胃、大小肠、胆图，血脉图，大小便源委图，膀胱外阴图，子官图，男女分别肢分图。

本书右页为图，左页为解说，描述其部位形状，脉络走向等。皆采用中医学原有名称，并述穴位名称及病痛所用火罐、膏药或针灸宜用穴位。

4583 五脏躯壳图形一卷

（意）罗雅谷译述

清抄本　一册

4584 全体新论十卷

（英）合信口译　陈修堂笔述

广州　惠爱医馆初刻　1851（清咸丰元）年　一册；上海　墨海书馆重刻　1855（清咸丰五）年　一册；海山仙馆丛书本前有1851年作者自序；制造局本；香港印本　一册；丛书集成初编册1457

合信，传教士中著名医生，1839年来华，曾在广州、上海开设医院。

本书十卷39节。卷一身体略论，全身骨体、面骨论、脊骨肋骨论、手骨论；卷二，尻骨盘及足骨论、肌肉功用论；卷三脑为全体之主论；卷四眼官部位论，眼官妙用能；卷五耳官妙用论；卷六手鼻口官论；卷七脏腑功用论，胃经、小肠经、大肠经、肝经、胆论；卷八心经、血脉管回血管论、血脉运行论、血论、肺经、肺经呼吸论、人身真火论；卷九内肾经、膀胱论、溺论、全体脂液论；卷十外肾经、阳精论、阴经、胎论、胎盘论、乳论、月水论、造化论。附人体解剖图92幅。该书对我国医学界有较大影响。"远近翕然称之，购者不惮重价"（王韬《弢园老民自传》江苏人民出版社1999，P90），是我国公开出版的第一部介绍西方生理解剖学著作。

4585 全体阐微六卷附图

（美）柯为良（Osgood, D. W.）译

福州　圣教医馆　1881（清光绪七）年初版，1889（清光绪十五）年，1898（清光绪二十四）年　四册

4586 全体阐微三卷

（美）柯为良译　林鼎文笔受

惜荫书屋刻本　1905（清光绪三十一）年　一册

前有光绪六年（1880）林鼎文、柯为良二序。此本由六卷并为三卷，荟萃当时英美所出各书翻译而成，述解剖学，对大脑和神经系统有较详介绍。插图260幅

4587 全体图说二卷

（英）稻维德（Douthwaite, A. W.）译

上海　益智书会　1884（清光绪十）年　一册

图8幅：骨骼、骨节并筋部、全体诸肌、脉管、回管、养生路并吸管、全体脑筋、觉悟诸具。每图附以简要说明。

4588 体用十章四卷

（英）哈士烈著；（美）嘉约翰译　孔庆高述

广东　博济医局　1884（清光绪十）年　一册

首论全体功用，次论血脉运行，血液、呼吸、消化、运动、知觉、脑部等。

4589 全体通考十八卷　附图二卷

（英）德贞（Dudgeon, John）著

同文馆聚珍版　1886（清光绪十二）年　十六册；同文馆　1886年　十四册

著者为英国医生，伦敦会传教士，1860年来华，曾任驻华使馆医师、北京英国教会医院院长，在京创立"京都施医院"，任同文馆医学教习。

本书述生理解剖学。卷首人身全体解剖学志，述古希腊、罗马时代解剖学的分类、重要代表人物及其学说，中世纪学术衰落，欧洲与印度、回纥医学的交流，元代以降欧洲解剖学的复兴与新进展。卷一至三论骨及关节，卷四论肌及夹膜，卷五论脉管，卷六论回管，卷七论津液管，卷八论脑，卷九论脊髓脑筋，卷十论五官具，卷十一论消化具，卷十二论胸，卷十三论声音呼吸之具，卷十四论溺具，卷十五论阳生具，卷十六论女生子之具，卷十七论摺窝疝气外科之解剖，卷十八论会阴与坐直肠部外科之解剖。书末全体通考图二卷，收图356幅。

4590 身理启蒙一卷

（英）艾约瑟译

总税务司署刻本　1886（清光绪十二）年　一册，图（艾译西学）；上海　著易堂　1896（清光绪二十二）年　一册，图（西学启蒙十六种）；上海　图书集成局刻本　1898（清光绪二十四）年　一册，图（西学启蒙十六种）；清光绪间刻本　一册，图

凡十章：一创论身理，二论身内诸体、皮肉、脏腑，三论人身动时所有诸事，四论血，五论如何运动，六论血缘风气为何变更及呼吸之理，七论饮食如何变血并消化饮食之理，八论血可弃之诸质如何散发，九统述身理大略，十论人何以能知觉诸事，

何以能立志传意。

4591 全体须知一卷
（英）傅兰雅译
1894（清光绪二十）年初版　一册（格致须知三集）；香港书局　1897（清光绪二十三）年　一册（西学格致大全）；瑞思义（Rees, Hopkn）校印本
此为生理学和解剖学。论全身骨骼、肌肉、消化、血液循环、脑髓、感觉等。

4592 生理教科书
沈纮译
江宁　江楚编译官书局　1903（清光绪二十九）年　一册

4593 人体解剖学
陈滋纂译
上海　新学会社　1909（清宣统元）年　一册

4594 最新解剖生理卫生学
商务印书馆编译所译
上海　商务　1910（清宣统二）年　一册
以日本官岛满治郎《解剖生理及卫生》一书为主，参以它书译编而成。

4595 体学全旨
（　）施尔德译
上海　博医会　1910（清宣统二）年　一册

4596 简明生理学一卷
（日）岩崎铁次郎编；吴治恭译
上海商学会　清光绪末　一册
全书六章，以问答式阐明生理学。

4597 解剖学讲义
博医会译
上海　博医会　1911（清宣统三）年　一套（754页）

4598 全体解剖图二十幅
（日）塚本岩三郎绘
日本　东京造画馆　清光绪末　一册
包括皮肤、骨骼、筋肉、内脏位置、消化系统、呼吸系统、循环系统、排泄系统、神经系统。

4599 省身指掌九卷
（美）博恒理（Porter, Henry D.）著
上海　基督教育会　1885（清光绪十一）年初版，1915年再版　一册；上海　美华书馆　清末　一册
首论骨，次论节与机、消化养育、络部、呼吸与声、肾与皮、脑系部、五官知觉、脑与灵魂。末附中西名索引。
博恒理，传教士兼医师，清光绪八年（1882）曾在山东恩县开设医院。

4600 人体解剖实习法
　　　　（日）石川直喜著；孙祖烈译
　　　　上海　医学书局　清光绪宣统间　一册

4601 新撰解剖学讲义
　　　　（日）森田齐次郎著；丁福保译
　　　　上海　医学书局　清光绪宣统间　四册

4602 体学图谱
　　　　高士兰译
　　　　上海　博医会　1911（清宣统三）年　一册

4603 生理卫生学一卷
　　　　（日）斋田功太郎著；田吴炤译
　　　　北洋官报局　清光绪末　一册　汉阳刘氏六吉轩本
　　　　全书九章：骨、筋肉、皮肤、消化器、循环器、呼吸器、排泄器、神经系、五官系。附29图。

4604 省身浅说
　　　　（　）惠亨利著
　　　　福州　福州圣教书局　1890（清光绪十六）年初版，1905（清光绪三十一）年再版　一册

4605 解剖学讲义四卷
　　　　（日）森田齐次郎著；丁福保译
　　　　上海　医学书局　1912年6月　一册（丁氏医学丛书）

4606 胎生学
　　　　（日）大泽岳太郎著；丁福保译
　　　　上海　医学书局　1913年　一册
　　　　此即胚胎学，后附各月胎儿发育概略。

4607 体骨考略
　　　　（英）德贞著
　　　　上海　制造局本　清光绪初　一册；北京刻本　清光绪间　一册

4608 组织学总论
　　　　（日）二村领次郎著；丁福保译
　　　　上海　文明书局医学书局　1913年12月　一册（丁氏医学丛书）

4609 哈氏体功学
　　　　高士兰译
　　　　上海　博医会　1914年6版　一册（500页）

4610 生理卫生学二卷
　　　　（日）斋田功太郎著；直隶学校司编译处译
　　　　天津官报馆　清光绪间　一册

4611 生理卫生学

（英）李葸（Ritchie, J. W.）著；（英）节丽春（Joynt, D. C.）译 （英）莫安仁　王调生订正

上海　广学会　1913年，1917年　二册

4612 生理学问题

日本富山房编；范迪吉等译

上海　会文学社　1903（清光绪二十九）年　一册（普通百科全书）

4613 生理学讲义二卷

（日）宫入庆之助著；孙祖烈译

上海　医学书局　1916年7月　一册（丁氏医学丛书）

4614 人秉双性说一卷

（英）傅兰雅译

格致汇编　第六年夏

译自 Proclor's "Rough Ways made Smooth"，述人脑分二半，而成双性。左脑支配肢体右侧，右脑支配左侧；人脑又有常性与变性，如梦游或重病时之行为，醒时全然不知等等。

4615 传种改良问答一卷

（日）森田峻太郎著

上海　商务刻本　1901（清光绪二十七）年　一册；会文堂　1902（清光绪二十八）年　一册

第一章总论，第二章论男女生育期，第三章论婚姻，第四章论交媾，第五章论妊娠，第六章论产，第七章论小儿期。全书问答体。

4616 生殖器新书前后编（一名男女婚姻之领港）

（美）霍立克著；仇光裕译　王建善述

嘉定　日新书所　清光绪末　二册

论生殖生理之书。

4617 子之有无

（日）田村化三郎著；丁福保译

上海　医学书局　1906（清光绪三十二）年，1916年　一册；上海　文明书局　1909（清宣统元）年初版　一册（丁氏医学丛书）

述节制生育。

4618 中学生理教科书九卷　附录一卷

（美）斯起尔著；何燏时译述

教科书辑译社　1903（清光绪二十九）年初版，1906（清光绪三十二）年再版　一册

分九编，论骨骼、筋、皮肤、呼吸、声音、循环、消化及植物神经系统、五官各类。每编末摘记常见疾病疗法，书末附录看病消毒及急救法。插图64幅。

4619 生理学教科书
（美）琴西忒著；陆瑞清译
上海 文明书局 1904（清光绪三十）年 一册

4620 中学生理学教科书
（日）坪井次郎著；杜亚泉 杜就田译
上海 商务 1907（清光绪三十三）年，1913年11版 一册

4621 新编中学生理书一卷
（日）坪井次郎著；何琪译
绍兴 通艺学堂石印 清光绪末 一册
分十篇论骨、筋、皮肤、循环、呼吸。附图80幅。

4622 病理撮要二卷
（美）阿庶顿辑；尹端模译
广东 博济医局 1892（清光绪十八）年 二册
此为病理总论。论炎症较详，次为植物寄生瘤症、痨伤、血毒、积血、亏血、杨梅毒、溺病等类。

4623 （新撰）病理学讲义
丁福保译
上海 文明书局 1910（清宣统二）年第二、三册初版，1918年7月第一至三册再版

4624 临床病理学
（日）田中祐吉著；丁福保译
上海 医学书局 1912年5月初版 一册（丁氏医学丛书）

4625 顿死论（一名病理学材料实地练习法）
丁福保译
上海 医学书局 1917年12月 一册（丁氏医学丛书）
述有关瘁死的病理知识。

4626 病原细菌学（前后编）
（日）佐佐木秀一著；丁福保译
上海 医学书局 1914年 二册（丁氏医学丛书）
共四编，述细菌生物学，细菌检查法，病原菌各论，病原不明之传染病。

临床医学

4627 医方汇编四卷 首一卷
（英）伟伦忽塔著；（英）梅滕更（Main, Duncan） 刘廷桢译
杭州 广济医局刻本 1895（清光绪二十一）年 五册；广州 博济医局本 1895（清光绪二十一）年 五册；上海 广学会 1896（清光绪二十二）年 一套（598页）；上海 商务 1899（清光绪二十五）年
卷首为目录及中西权量表，其余四卷罗列诸症及治法。

4628 医学纲要

丁福保译

上海　医学书局　1908（清光绪三十四）年，1915年3版　一册

书分三编，一编6章：首为序录，收丁福保《历代医学书目》等著作之序言17篇，余为肺痨病新学说、胎生学大意、产科学大意、育儿法大意、产妇摄生法大意。二编5章：传染病学大意、微菌学大意、内科学大意、外科学大意、皮肤病学大意、妇人科学大意。三编6章：内科病之急救法、中毒之急救法、异物之取出法、火伤及冻伤、止血法、失气及假死、创伤。附图。

4629 普通医学新知识

丁福保译

上海　文明书局　1909（清宣统元）年，1913年　一册（丁氏医学丛书）

述传染病、呼吸器病、神经病、皮肤病、妇人病、花柳病等。

4630 论脉一卷　论呼吸一卷　论舌一卷

舒高第译

格致汇编本

4631 诊断学实地练习法

（日）系左近著；丁福保译

上海　文明书局　1909（清宣统元）年，1913年　二册（丁氏医学丛书）

共二编，分别为问与答。上编列143份临床典型病例摘要，下编逐一分析病例，诊断并给出治疗方案。

4632 诊断学大成

（日）平出谦吉著；丁福保译

上海　医学书局　清光绪宣统间　一册

4633 诊断学

（日）下平用彩著；汤尔和译

上海　商务　1919年　二册

4634 （汉译）临床医典

（日）简井八百珠著；丁福保译

上海　医学书局　1913年　一册（丁氏医学丛书）

分述33类病症，如传染病、血行器疾患、鼻腔疾患、喉头疾患、肺脏疾患、血液疾患、外科、妇科等，述各种疾病的成因、征候、诊断、预后、疗法及处方。

4635 实验却病法

丁福保译述

上海　文明书局　1909（清宣统元）年10月再版，1911（清宣统三）年11月3版　一册（丁氏医学丛书）

4636 经验奇症略述

（美）嘉约翰著

广州刊本　1860（清咸丰十）年　一册

4637 各种危险症救急疗法
　　日本诊断と医疗社编；姚伯麟译
　　清光绪宣统间出版

4638 救急处置一卷
　　（日）立宽讲述　王明怀译
　　启文译社　清光绪末　一册
　　分甲乙卷，甲卷论卫生大意，乙卷论防救危急诸法。

4639 普通卫生救急治疗法
　　（日）金泽岩著；卢予甫译
　　上海　医学书局　清光绪宣统间　一册

4640 俟医浅说一卷
　　（英）虎伯（Hope, G.）著；（英）石美玉（Stone, Mary）译
　　上海　广学会　清末　一册
　　论医生未至之前，病家所宜知之急救各事。末附中西病症译名。

4641 急救疗术
　　高士兰译
　　上海　博医会　1915年　一册

4642 救溺新法一卷
　　（美）玛高温著
　　格致汇编本

4643 英国救生局救溺法一卷
　　（英）傅兰雅译
　　格致汇编本

内科学

4644 内科新说二卷
　　（英）合信著；管茂材笔述
　　上海　仁济医馆刻本　1858（清咸丰八）年　一册；广州　惠爱医馆本　1858年　一册
　　上卷专论病症：总论，血、脏腑各症，如炎症、水症、热症、黄症、疟症等22类，分类述其病理及治法。下卷为东西本草录要，分药剂、药品两大类，述各药性质及制备方法。计量均换算成中国的两、钱、分、厘。

4645 内科阐微全书一卷（一名　内科阐微）
　　（美）嘉约翰译　林湘东述
　　广东　博济医局　1873（清同治十二）年初刻，1889（清光绪十五）年重刻　一册
　　阐明脏腑脉胳细微处发病缘故及其治疗方法。所论立足西医，同时参酌中医之理，在晚清医界颇有影响。书前有林序，批评了时人认为西医只精外科，不精内科

的偏见，解释西医精通内科的原因，是较早评论中西医得失的重要文献。

4646 西医内科全书十六卷
（美）嘉约翰译　孔庆高笔述
广州　博济医局　1882（清光绪八）年　六册；（出版者不详）　1883（清光绪九）年刻本　六册
肠胃三卷，肝胆三卷，肺部三卷，脑部三卷，热症总论二卷，杂症时疫二卷。所论皆为中国人之常见病，用药剂量均按中国习惯折合，是当时重要的西医内科著作。

4647 内科理法前编六卷　后编十六卷　附药品分类并药方一卷
（英）虎伯著　（英）茄合哈来参订；舒高第译　赵元益笔述
上海　制造局　1884（清光绪十）年　十二册
凡三编二十二卷，详述西医内科学，包括什么是病人和正常人、死亡根源、全体功用、身体保养、人体结构、脑筋、神经、呼吸、消化、排泄、生育等各系统器官的疾病与治疗。附图110幅，为19世纪我国译介西医内科学卷帙最大者。

4648 内科全书
（日）河内龙若著；丁福保译
上海　文明书局　1908（清光绪三十四）年7月　一册（丁氏医学丛书）

4649 内科学纲要
（日）安藤重次郎等著；丁福保译
上海　文明书局　1908（清光绪三十四）年6月　一册（丁氏医学丛书）

4650 嘉氏内科学
（美）赖马西译　潘剑生校
上海　博医会　1909（清宣统元）年　一套（634页）；上海　美华书馆　1917年3版　一册

4651 欧氏内科学
（英）欧司勒（Osler, W.）原著；（英）高似兰（Cousland, P. B.）译
上海　博医会　1910（清宣统二）年　一套（1079页）
原书：The principles and practice of medicine

4652 近世内科全书
（日）桥本节斋著；丁福保译
上海　医学书局　清光绪宣统间　二册

4653 医理略述二卷
（美）嘉约翰口述　尹端模笔译
广州　博济医局　1892（清光绪十八）年　一册；格致汇编本
首综论西医治病原理与治法，次论消化、吐剂与呕吐，小肠上回部消化。

4654 脉表诊病论一卷
（英）散特生（Sanderson, Burdon）著；（英）傅兰雅译
1890（清光绪十六）年刊本　一册；格致汇编本
介绍法国巴黎蒲来制造的诊病仪器，缚于前臂，画脉动于纸上，据此诊病。

第一章论脉表用处与造法,第二章论脉,第三章论心与血管数种病之根源。有医理,有病例,有脉动图及临床症状。

4655 临床内分泌病学
　　（日）横森贤治郎著;（日）晋陵下工译
　　上海　医学书局　清光绪宣统间　一册

4656 热症总论二卷
　　（美）嘉约翰译　孔庆高笔述
　　广州　博济医局　清末　一册

4657 免晕船呕吐说一卷　医肺痨等病新说一卷
　　（美）巴次著;（英）傅兰雅译
　　格致汇编　1880（清光绪六）年
　　述美国医生巴次在轮船行医期间,详考晕船呕吐根源及治法。共20款。

4658 （新撰）急性传染病讲义
　　丁福保译
　　上海　文明书局　1910（清宣统二）年12月　一册（丁氏医学丛书）

4659 赤痢实验谈　附病痢二周记
　　丁福保译
　　上海　医学书局　1917年12月　一册（丁氏医学丛书）
　　述细菌性痢疾。

4660 肺痨病预防法
　　（日）竹中成宪著;丁福保译
　　上海　医学书局　1908（清光绪三十四）年,1917年4版　一册（丁氏医学丛书）

4661 肺痨病救护法
　　丁福保译
　　上海　医学书局　1911（清宣统三）年　一册（丁氏医学丛书）
　　述肺结核病因、病理、症状、合并症、治疗、预防等。

4662 肺痨病一夕谈
　　丁福保译
　　上海　医学书局　1911年再版　一册（丁氏医学丛书）
　　分肺病摄生法、预防法二编,介绍肺病的治疗与养护。

4663 肺痨病学
　　（日）原荣著;沈乾一译
　　上海　医学书局　清光绪宣统间　一册

4664 肺结核之人工胸气疗法
　　（日）佐久间利之著;沈乾一译
　　上海　医学书局　清光绪宣统间　一册

4665 肺劳实验新疗法
　　（日）小田部庄三郎著;丁惠康译

上海　医学书局　清光绪宣统间　一册

4666 肺病疗养法
（日）北里柴三郎著；景得益译
上海　中华书局　1919年　一册（卫生丛书）

4667 致马六甲华人有关霍乱书
（英）理雅各著
马六甲刊本　1841（清道光二十一）年　一册

4668 霍乱新论　疟疾新论
丁福保译
上海　医学书局　1909（清宣统元）年　一册（丁氏医学丛书）

4669 人体寄生虫病编
（日）小西俊三著；丁福保译
上海　医学书局　清光绪宣统间　一册

外科学

4670 割症全书七卷
（美）嘉约翰译
广州　博济医局　1871（清同治十）年初刻，1890（清光绪十六）年重刻　七册，有图
首论炎症之理，余为开刀手术器具、药方等知识。西医外科以此本为最早译本。

4671 炎症论略一卷
（美）嘉约翰译
广州　博济医局　1884（清光绪十）年，1889（清光绪十五）年　一册线装
书前有译者自序。
全书26篇：论积血为炎症之根，述炎症各种症状，新旧炎症内治、外治的各种方法。书中所用之药多为常见易取之物，如麦糠、甘菊花、烂饭、酒糟、马齿苋、金银花等。

4672 外科学一夕谈
（日）桂秀马著；丁福保译
上海　丁氏医院　1910（清宣统二）年，1913年　一册（丁氏医学丛书）

4673 裹扎新法一卷
（美）嘉约翰译　林湘东述
广州　博济医局刻本　1875（清光绪元）年　一册；上海　制造局本　清光绪初年
专论外科手术裹扎法。

4674 济急法一卷
（英）舍白辣著；（英）秀耀春译　赵元益笔述
上海　制造局　1903（清光绪二十九）年　一册

介绍军营急救之法。首总论,次论治伤、止血、各种伤、瘀血伤、焚伤、汤伤、冻伤、骨伤,解救各物鲠喉之法等。

4675 临阵伤科捷要四卷附图
（英）怕脱编；舒高第　郑昌棪译
上海　制造局　清光绪间　四册
述战地各种伤病之治疗与护理。

4676 论发冷小肠疝两症
（美）嘉约翰著
广州刊本　1859（清咸丰九）年　一册

4677 剖腹理法一卷
（美）富马利选；庞文卿译
广州　博济医局　清光绪间　一册

4678 生殖器病学
（日）佐藤进著；李祥麟译
东京　作者经销　清光绪宣统间　一册

妇产科学

4679 妇婴新说一卷
（英）合信著；管茂材笔述
上海　仁济医馆　1858（清咸丰八）年　一册
述妇科及儿科病症。此为西医妇科、小儿科最早中译本。

4680 妇科精蕴图说五卷
（美）妥玛氏著；（美）嘉约翰　孔庆高译
广州　博济医局刻本　1889（清光绪十五）年　五册
书分46章,述西医妇科、产科甚为详密。

4681 妇科五十二章
（美）汤麦斯著；舒高第　郑昌棪译
上海　制造局　1900（清光绪二十六）年　六册,附图一册

4682 产科一卷图六十五幅
（英）密尔著；舒高第译　郑昌棪笔述
上海　制造局　1905（清光绪三十一）年　一册

4683 竹氏产婆学
（日）竹中成宪著；丁福保译
上海　医学书局　1908（清光绪三十四）年　一册（丁氏医学丛书）

4684 分娩生理篇　产褥生理篇
（日）今渊恒寿著；华文祺　丁福保译
上海　医学书局　1910（清宣统二）年　一册；上海　文明书局　1910（清宣

统二）年　一册（丁氏医学丛书）

4685 产科学初步
　　（日）伊庭秀荣著；丁福保译
　　上海　医学书局　清光绪宣统间　一册

4686 伊氏产科学
　　（　）赖马西译
　　上海　博医会　1913年2版　一册

4687 卞劳妇科学
　　（　）富马利译
　　上海　博医会　1914年2版　一册

4688 看护产科学
　　雷白菊译
　　上海　广学会　1916年　一册

4689 富氏产科及妇人科学
　　丁福保编译
　　上海　医学书局　1918年　一册

4690 胎产举要二卷
　　（美）阿庶顿著；尹端模译
　　广州　博济医局　1893（清光绪十九）年　一册

4691 西医产科心法二卷
　　（英）梅滕更（Main, Duncan）著；刘廷桢译
　　杭州　广济医局　1897（清光绪二十三）年　一册
　　卷一论受孕生产，卷二论难产及产后诸症。书前有刘廷桢光绪丁酉序。

4692 妊娠论一卷
　　出洋学生编译
　　1903（清光绪二十九）年5月再版　一册
　　共二十三章，插图39幅。详论生殖生理、性病及男女间疾病卫生。

4693 妊娠生理学
　　（日）今渊恒寿著；华文祺　丁福保译
　　上海　医学书局　1910（清宣统二）年　一册

4694 造化机新论一卷
　　（日）细野顺著；出洋学生译
　　上海　商务　清光绪末　一册
　　述生殖器构造、胎产、婚配、乳儿等。

4695 娠妇诊察法
　　（日）今渊恒寿著；丁福保译
　　上海　医学书局　清光绪宣统间　一册

儿科

4696 儿科撮要二卷
尹端模译
广州　博济医局　1892（清光绪十八）年　二册

4697 儿科论略一卷
（美）富医生选；庞文卿译
广州　博济医局　清光绪间　一册

4698 新纂儿科学
（日）伊藤龟治郎著；丁福保译
上海　医学书局　清光绪宣统间　一册

4699 豪慈儿科学
（　）富马利译
上海　博医会　1915年2版　一册

神经病学与精神病学

4700 治心免病法二卷
（美）乌特亨利（Wood, Henry）著；（英）傅兰雅译
上海　1896（清光绪二十二）年　一册；上海　益智书会　1897（清光绪二十三）年　一册

原书：Ideal Suggestion through Mental photography (1894).
乌特亨利（1834—1909）是波士顿著名精神治疗专家。
译本二卷七章，作者认为，人体生病，病在人心，人心思念既可令身体生病，又可令身治病，治病应以治心为本。书中列举治心免病27则要诀，每则要诀均有详细解说。

4701 自律神经系
（日）吴健著；萧百新译
清光绪宣统间　一册

4702 灵心病简述
高士兰　朱钊译
上海　博医会　1913年　一册

4703 神经衰弱之大研究
华文祺　丁福保译
上海　医学书局　1919年12月再版　一册（丁氏医学丛书）

4704 心理疗法
（日）井上圆了著；卢谦译
上海　医学书局　1917年　一册（丁氏医学丛书）

4705 冈田氏静坐心理
（日）桥本五作著；雷通群译

上海　商务　1907（清光绪三十三）年　一册

4706 近世催眠术

（日）熊代彦太郎著；丁福保　华文祺译

上海　医学书局　1914年　一册（丁氏医学丛书）

皮肤病学与性病学

4707 皮肤新编一卷

（美）嘉约翰译　林湘东笔述

广州　博济医局　1888（清光绪十四）年　一册；上海　制造局本；中外医书八种合刻本

首论皮肤诸症，次论皮肤干症、湿症、发脓症、浮肿、色变及大小杂症，附各种药方。此为西医皮肤科最早译本。

4708 皮肤证治一卷

（美）聂会东译　尚宝臣笔述

上海　美华书馆　1898（清光绪二十四）年　一册；上海　博医会　1917年5版　一册

4709 皮肤病学

（日）筒井八百珠著；丁福保译

上海　虹桥疗养院　1912年　一册（丁氏医学丛书）

4710 瘰疬之原因及治法

丁福保译

上海　医学书局　1917年4月再版　一册（丁氏医学丛书）

4711 花柳指迷

（美）嘉约翰译　林应祥述

羊城博济医局刻本　1872（清同治十一）年初版，1889（清光绪十五）年增订再版　一册，有图，书名"增订花柳指迷"；清光绪间石印　一册，有图

述欧美对花柳病的治疗方法，使用药物等。

4712 皮肤病学：美容法一卷

（日）山田弘伦著；丁福保译

上海　医学书局　1913年初版，1916年5月3版　一册

专述性病防治及其用药。

耳鼻咽喉科学

4713 喉痧新论不分卷

丁福保译

上海　医学书局　1909（清宣统元）年，1913年　一册（丁氏医学丛书）

书分喉痧浅说、喉痧言粹两部分，述白喉之病原、流行、诊治及预防。

眼科学

4714 西医眼科撮要一卷
（美）嘉约翰译
广州　博济医局　1871（清同治十）年初刻，1880（清光绪六）年重刻　一册
据多种西书编译而成，论眼科内外各症，是西医眼科学最早中译本。

4715 眼科书
舒高第译　赵元益笔述
上海　制造局　1880（清光绪六）年　一册

4716 眼科指蒙一卷　附图
（英）稻维德（Douthwaite, A. W.）译　刘星垣述
上海　益智书会　1887（清光绪十三）年　一册

4717 眼科证治一卷
（美）聂会东译　尚宝臣笔述
上海　美华书馆　1898（清光绪二十四）年，1906（清光绪三十二）年　一册；
上海　博医会　1910（清宣统二）年5版　一册

4718 眼科锦囊四卷　续二卷
（日）木庄士雅著
福瀛书局　清光绪间　一册

4719 傅氏眼科
（美）聂会东译
上海　博医会　1911（清宣统三）年

4720 眼科临床要领
（日）宫下左右踊著；沈毅译
上海　医学书局　清光绪宣统间　一册

4721 屈光学
（　）盈亨利译
上海　博医会　1914年　一册，有图
原书：Refraction.

药物学

4722 药露说一卷
（意）熊三拔著
旧抄本　一册
作于1618（明万历四十六）年。专论西药制法，介绍蒸溜法制药露以及如何筑灶造锅等，有图。此为西洋药剂学最早传入我国之著作。

4723 本草补一卷
（墨西哥）石铎禄（Pinuela, Petrus）著
清康熙间

石铎禄，墨西哥方济各会士，1676（清康熙十五）年来华，1704（清康熙四十三）年卒。

本书为西洋药物学较早传入我国之专书。

4724 西药略释四卷　总一卷

孔继良译　（美）嘉约翰校正

羊城博济医局木刻　1871（清同治十）年一卷本　一册，1875（清光绪元）年增修四卷本　二册；羊城博济医局刻本　1885（清光绪十一）年　二册，1886（清光绪十二）年第二次增修重刊四卷本　二册

原书：Material Medica and Chemistry. 著者阙名。

增修本前有林湘东光绪元年序。卷首总论，论药之源，药之功用，论品评药性，验药功用，内服外用药的理法，给药方法，论药方。卷一泻药：轻泻、水泻、大泻之药。卷二吐药、利尿、发表、化痰、敛濇、杀虫类药。卷三补药。卷四平脉、平脑之药，介绍其产地、制法、性状、功用。

末附四卷名词中西文对照表17面。

4725 西药略释节本一卷

孔继良译

钞本　一册

4726 西药大成十卷　首一卷

（英）来拉　（英）海得兰同撰；（英）傅兰雅译　赵元益笔述

上海　制造局　前三卷1879（清光绪五）年，后六卷1894年以后刻本　十四册、十六册两种，有图

原书：Material Medica and Therapeutics.

第一卷述药物制作，第二卷药品化学，其余各卷分述各种药品的性能及制法，包括金石药品、草木药品、动物药品等，以及毒药和解毒方法。末附不同年龄人配药比例表，药品中西名目表。插图269幅。

4727 泰西本草撮要一卷

（英）傅兰雅辑译

格致汇编　1880（清光绪六）年

首总论，次分两大类，一论植物类，即草木药品，二萼花植物类。图100幅。

4728 泰西本草名疏三卷

（日）伊藤清民著

日本刊本　清光绪间　一册

4729 医药略论一卷

（英）稻维德译　王德言笔述

格致汇编　1882（清光绪八）年

介绍多种草木金石制口服药及外用药，述其产地、品质、化学成分、分量、炮制方法、服法、解药法。

4730 药物学纲要

（日）铃木幸太郎著；丁福保译

上海 文明书局 1908（清光绪三十四）年,1912 年 3 版 一册（丁氏医学丛书）

4731 化学实验新本草
　　丁福保译
　　上海 医学书局 1909（清宣统元）年 一册（丁氏医学丛书）
　　书分 16 章，述麻醉剂、兴奋剂、解热清凉剂、驱虫剂、变质剂、强壮剂等类药品据化学分析所知含有成分，以中、日、英、美学说加以分析，并介绍发现的某些中药药性。

4732 药物学一夕谈 附良方偶存
　　丁福保译
　　上海 医学书局 1911（清宣统三）年 8 月 一册（丁福医学丛书）

4733 临床药物学
　　（日）长尾美和著；张克成译
　　东京 生活院经销 清光绪宣统间 一册

4734 西药大成补编十卷 首一卷
　　（英）哈来著；（英）傅兰雅口译 赵元益笔述
　　上海 制造局刻本 清末 五册

4735 西药五种五本
　　（京师大学堂所藏译书）

4736 新译西药新书八卷 附中西名表
　　著译者并阙名
　　上海 制造局本 清末 一册

4737 药物学大成
　　（日）系左近著；丁福保译
　　上海 医学书局 清光绪宣统间 一册

4738 中外药名对照表一卷
　　万钧编
　　上海 医学书局 1913 年 一册

4739 中西药名表
　　江南制造局翻译馆编译
　　上海 制造局 清光绪间 一册

4740 普通药物学教科书
　　（日）系左近编；丁福保译
　　上海 医学书局 清光绪宣统间 一册

4741 普通药物学教科书续编
　　丁福保译
　　上海 文明书局 1909（清宣统元）年 一册（丁氏医学丛书）

4742 家用良药
　　（ ）罗孝全著

广州刊本　1860（清咸丰十）年　一册

4743　万国药方八卷

　　（英）思快尔（Squire）著；（美）洪士提反（Hunter S. A.）译

　　上海　美华书馆　1890（清光绪十六）年第三次重镌　八册线装；上海　美华书馆石印　1904（清光绪三十）年　八册，有图；山东刻本

　　前有李鸿章光绪十六年序。

　　译自思快尔著《英国药物学指南》第14版，增以美国、印度、中国等有关材料。药名英汉并列。凡八卷。卷一药名总论，分草木、金石两大类；药剂分品，记麻醉、解酸、止吐等72类药品药名、功用；配药公法，述水、膏、油、散、丸等60种类型药剂所含成分、一般炮制方法及功用；药器画图，收制剂器具图150幅；药器图论，甑、锅、臼、碾等制药器具名称及功用；医学器论，刀、锯、钳、针、钩等医疗器具的品名、功用。卷二，病体目录，只标病名，不言病状，一些病名下标注简单的宜用何药。卷三至卷六，万国药方，以英文药名字头按26字母为序，介绍一千余种药：药名、产地、功用、主治及反药，分述英美德法等国同一种药的不同炼制及份量。卷七，药名目录，收西文药名目录索引，按26字母排列；中文药名目录，按首字部首排列，均注明在某卷、某页。卷八，药方目录，按西字顺序排列之索引，英汉对照。

　　美华书馆曾重印十余次，颇有增益。

4744　新万国药方

　　（日）田村化三郎著；丁福保译

　　上海　医学书局　清光绪宣统间　一册

4745　医科大学病院经验方不分卷

　　万钧译

　　上海　医学书局　1914年　一册

4746　新万国药方

　　（日）恩田重信著；丁福保译

　　上海　医学书局　1914年5月再版　一册（丁氏医学丛书）

　　收药方10714种。

4747　救人良方一卷

　　（英）秀耀春著

　　上海　美华书馆　清光绪间　一册

　　中草药。

4748　食物新本草

　　丁福保译

　　上海　医学书局　1913年再版，1917年3版　一册（丁氏医学丛书）

　　有图。

4749　吸毒石原由用法

　　（比）南怀仁著

　　出版不详

农业科学

总论

4750 农业本论二卷
（日）新渡户稻造著
江南总农会石印 清光绪间 二册，有图（农学丛书）

4751 农政学二卷
（德）洪迭廓资著；（日）高冈熊雄译 （日）田谷九桥重译
江南总农会石印 清光绪间 二册，有表格（农学丛书）

4752 农学初阶三卷
（英）黑球华来思著；吴治俭译
1895（清光绪二十一）年 一册；北洋官报局石印 1895（清光绪二十一）年 三册，有图；农学丛书初集本；富强斋丛书续集本

4753 农学初级一卷
（英）旦尔恒理著；（英）秀耀春译 范熙庸笔述
上海 制造局 1898（清光绪二十四）年 一册；江南总农会石印 清光绪间 一册；农学丛书初集本

制造局本有光绪二十四年范熙庸序。
书分十章，论土壤、植物、肥料、耕法、轮种、畜类等。

4754 农务全书三编十六卷
（美）施妥缕著；舒高第译 赵诒琛述
上海 制造局 1898（清光绪二十四）年 二十四册

施妥缕，美国哈万德大书院农务化学教习。此书以其1871—1897年间授课所编讲稿为主，间采各国农务化学新书，英国各农学汇编，美国农部试验厂报告及其博士论水土之书而成。上编十六章，论空气、水、土与植物之关系，耕作器具，耕作方法，土壤化学及各种肥料；中编十六章，续论各种有机肥；下编十六章，述肥料用法、耕种、灌溉、植物生长总论、饲料、牧场等。

4755 农学丛书二集二十卷
（日）津田仙等著；沈纮等译
上海 农学报社 1900（清光绪二十六）年 十四册

每册内容如下：
1. 农业三事一卷/（日）津田仙著 沈纮译
   农用种子学二卷/（日）横井时敬 （日）河獭仪太郎译
   植物选种新说一卷/（日）梅原宽重著
   农务化学问答二卷/（英）仲斯敦著
2. 接木法一卷/（日）竹泽章著 罗振常译
   草木干腊法一卷/（日）伊藤圭介著 林壬译
   农事会要一卷/（日）池田日升三著 王国维译

耕土试验成绩一卷 / 日本农事试验场编　沈纮译
3. 种木番薯法一卷 / 梁廷栋译
　　橘录一卷
　　牡丹八书一卷 / 薛凤翔译
　　缸荷谱一卷 / 杨钟宝译
　　水蜜桃谱一卷 / 褚华译
　　樗李谱一卷 / 王逢辰译
　　木棉谱一卷 / 褚华著
　　制糖器具说一卷 / （日）大鸟圭介著　樊炳清译
　　水机图说一卷
　　农产制造学一卷 / （日）楠岩编　沈纮译
4. 养鱼人工孵化术一卷 / （日）金田归逸著
　　记海错一卷 / 郝懿行著
　　闽中海错疏三卷 / 屠本畯著
　　採虫指南一卷 / （日）曲直濑爱编　沈纮译
　　名和昆虫研究所志略一卷 / 樊炳清译
　　昆虫标品制作法一卷 / （日）鸟羽源藏著
5. 田圃害虫新说一卷 / （日）服部彻编　（日）井原鹤太郎译
　　秋蚕秘书一卷 / （日）竹内茂著
6. 农具图说二卷 / （法）蓝涉尔亡著　吴尔昌译
7. 奇埃哀摩太风车图说一卷 / 美国风车公司编　浚康译
　　泰西农具及兽医治疗器械图说一卷 / 日本驹场农学校编　（日）藤田丰八译
　　代耕架图说一卷 / 王忠著　李树人校
　　福田自动织机图说一卷 / 日本大陇制造所编　（日）川濑仪太郎译
　　制纸略法一卷 / （日）今关常次郎著　（日）佐野谦之助译
　　实验罐藏制造法二卷 / （日）猪股德吉郎著
8. 畜疫治法一卷 / （日）宗我彦麿译
　　山羊全书一卷 / （日）内藤菊造著
　　牧羊指引一卷 / （日）后藤达三编
9. 人工孵卵法一卷 / 杨岫著　罗振玉附记
　　马粪孵卵法一卷 / （美）胡儿别土著　（日）大寄保之助等译
　　家禽饲养法一卷
　　家禽疾病篇一卷 / （　）屈克氏著　（日）赤松加一等译
　　水产学四卷 / （日）竹中邦香著　（日）山本正义译
　　金鱼饲育法一卷 / 奎五峰著　姚元之编
10. 奥国饲蚕法一卷 / （日）哈昂五著　（日）佐佐木忠二郎等译
　　蚕体解剖讲义一卷 / （日）佐佐木忠二郎著　（日）井原鹤太郎译
　　脓蚕一卷 / （日）佐佐木忠二郎著　（日）井原鹤太郎译
　　蚕桑实验记四卷 / （日）松永伍作著　（日）藤田丰八译

11. 饲育野蚕识略一卷/（法）魏雷书　陈贻范译
    蚕书一卷/少游著
    湖蚕述四卷/汪日积著
    养蚕成法一卷/韩理堂编
    粤东饲蚕法一卷
12. 害虫要说一卷/（日）小野孙三郎著　（日）鸟居赫雄译
    驱除害虫全书一卷/（日）松村松年著
13. 京师土产表略一卷
    江震物产表一卷/陈庆林编
    南通州物产表一卷/陈启谦编
    宁波物产表一卷/陈寿彭编
    武陵土产表一卷/李致桢编
    善化土产表一卷/龙宗遂编
    瑞安土产表一卷/洪炳文编
14. 札幌农学施设一斑一卷/日本札幌农学校学艺会著　沈纮译
    杭州蚕学馆章程一卷
    蚕业学校案指南一卷/（日）丸山舍编　（日）安藤虎雄译
    瑞安务农支会试弁章程一卷
    整饬皖茶文牍一卷/罗振玉编

4756 农学丛书七集
　　上海农学会编译
　　江南总农会石印　清光绪间　八十二册，有图及表

4757 农事会要一卷
　　（日）池田日升三著；王国维译
　　江南总农会石印　1900（清光绪二十六）年　一册（农学丛书二集）

4758 斐利迭礼玺大王农政要略
　　（德）师他代尔曼著；（日）和田熊四郎原译　樊炳清重译
　　江南总农会　1901（清光绪二十七）年　一册（农学丛书）

4759 日本农业书二卷
　　（日）森要太郎著；樊炳清译
　　江南总农会石印　1901（清光绪二十七）年　一册（农学丛书三集）

4760 农学精梁一卷（亦名农学津梁）
　　（英）恒理汤纳耳著；（美）卫理译　汪振声笔述
　　上海　制造局　1902（清光绪二十八）年　一册
　　恒理汤纳耳与"农学初级"著者旦尔恒理疑为一人。
　　凡六十章，论土壤、植物、肥料等。

4761 农业纲要
　　（日）横井时敬　（日）石坂橘树讲述　镰田衡译

江南总会石印　1902（清光绪二十八）年　一册

4762 农学汎论
（日）恩田铁弥著；范迪吉等译
上海　会文学社　1903（清光绪二十九）年　一册（普通百科全书）

4763 农学理说二卷 表一卷
（美）以德怀特福利斯著；王汝骐译　赵贻琛笔述
上海　制造局　1906（清光绪三十二）年　一册

4764 农学入门三卷
（日）稻垣乙丙著；（日）古城贞吉译
江南总农会石印　清光绪间　一册，有图及表

4765 农理学初步
（美）哀奴的伊辣剌统著；（日）久原躬弦译　王明怀重译
上海中西印刷局　清光绪末　一册
论土质、植物、空气、养料、肥料、植保、家畜等。

4766 农学大意
（日）稻垣乙丙著；胡朝阳编译　庄景仲校
上海　新民学会　1911（清宣统三）年　三册
稻垣乙丙，日本农学博士。上编通论农业：农民、农业、土地、作物、家畜、节气、水、肥、农具、种子、播种、栽培、收获、各种农作物之害、收支计算。中、下编述农作物及经济作物的栽培与除害，家畜饲养及蚕、蜂、鱼的分类及育养。

4767 农业泛论
（日）横井时敬著；（日）西师意译
东京　东亚公司　1907（清光绪三十三）年5月3版，1911（清宣统三）年6月第6次重印　一册（农学丛书）

4768 农业三事一卷
（日）津田仙著；沈纮译
江南总农会　1903（清光绪二十九）年　一册，图（农学丛书二集）

4769 农事论略一卷并图
（英）傅兰雅辑译
西政丛书本；格政汇编本
首述英国农政大兴的原因，植物可需之原素等农学之理，次述用于耕、种、收三事的手执之器、牲口运动之器、汽机之器。末述农政房屋。有图19幅。

4770 农家百事问答
范杨编译
上海　新学会社　1909（清宣统元）年初版，1915年4版　一册

4771 农业工学教科书
（日）上野英三郎撰
江南总农会石印　清光绪间　一册，有图（农学丛书六集）

4772 补习农业读本甲种二卷
　　（日）横井时敬校　日本补习教育研究会编
　　江南总农会石印　清光绪间　一册（农学丛书五集）

4773 实验农业全书
　　（美）施妥缕著；赵元益译
　　上海　上海农学实授所　1911（清宣统三）年　一册
　　论肥料。

4774 农学实验法
　　（日）大塚孙市著；怀献侯译
　　上海　商务　1917年　一册

4775 提要农林学
　　（日）本多静六著；范迪吉等译
　　上海　会文学社　1903（清光绪二十九）年　一册（普通百科全书）

4776 农务要书简明目录
　　（英）傅兰雅　王树善译
　　上海　制造局　1901（清光绪二十七）年　一册
　　译自农业参考书目，原书不可考。

4777 新加坡栽植会告诉中国作产之人
　　（美）崔理时著
　　新加坡刊本　1837（清道光十七）年　一册

4778 大日本农会章程
　　（日）贞吉学译
　　上海　农学会石印　1897（清光绪二十三）年　一册
　　附英伦奉旨设立务农会章程，吴治俭译。

农业经济

4779 戊戌年中国农产物资贸易表
　　陈寿彭辑译
　　江南总农会石印　1900（清光绪二十六）年　一册，表格（农学丛书二集）
　　辑自西文报纸。

农业基础科学

4780 农学新法一卷
　　（英）贝德礼著；（英）李提摩太口译　铸铁生笔述
　　上海　广学会　1894（清光绪二十）年　一册；上海　华英书馆　1897（清光绪二十三）年　一册；质学会　1897（清光绪二十三）年　一册（质学丛书初集）；南清河王氏木活字　清光绪间　一册；西政丛书本
　　卷首有李提摩太撰农学新法纲领一篇。该书论农业化学，子目有四：一察土性，二分原质，三浇壅之法，四权壅田相宜之物。详述氧、氢、氮、碳、矽、硫、氯气、钾、钠、钙、镁、铝、铁、锰、碘、氟之性质状态，与土壤及动植物的关系。

4781 农务化学问答二卷

（英）仲斯敦（Johnstone）著；（英）秀耀春口译　范熙庸笔述

上海　制造局刻本　1899（清光绪二十五）年　二册；江南总农会石印　1900（清光绪二十六）年　一册，有图表（农学丛书二集）

上卷十四章，论植物土壤肥料之性质，下卷九章，论各种植物所宜之肥料，各种肥料之制法，畜牧及其副业。全书问答体，共439条。

4782 农务化学简要法三卷

（美）古来拉（亦作固来纳）著；（英）傅兰雅译　王树善笔述

上海　制造局　1902（清光绪二十八）年　一册；北洋官报局石印　清末　三册

译自农业化学书，原书名不可考，著者英文名可能是Grenier。

4783 农艺化学

（日）井上正贺著；范迪吉等译

上海　会文学社　1903（清光绪二十九）年　一册（普通百科全书）

4784 农艺化学

（日）泽村真著；徐国桢译

镇江　启润书社　1913年　一册

4785 农艺化学实验法

（日）泽村真撰；（日）中岛端译

江南总农会石印　清光绪间　一册（农学丛书七集）

4786 啤噜国雀粪论一卷

香港译

香港印本　清光绪间　一册；江南总农会石印　1901（清光绪二十七）年　一册（农学丛书四集）；日本东京民部省钞本　一册

本卷1902年曾刊于农学报。秘鲁海岛南八山，每年约有三亿担雀粪，用于农家肥，效果极佳。该书叙用雀粪之益，检验伪制雀粪方法等。

4787 肥料学

（日）木下义道著；范迪吉等译

上海　会文学社　1903（清光绪二十九）年　一册（普通百科全书）

4788 肥料效用篇一卷

（日）梅原宽重著；（日）伊东贞元译

江南总农会　1903（清光绪二十九）年　一册（农学丛书四集）

4789 农艺化肥

（美）顾兰纳著；新学会社编译部编译

上海　新学会社　1908（清光绪三十四）年初版，1913年3版　一册

原著者疑即Grenier。

4790 肥料保护篇一卷
（美）和尔连著；（日）户井重平译　沈纮重译
农学丛书初集本

4791 肥料篇一卷
（日）原熙著
农学丛书初集本

4792 厩肥篇一卷
（美）啤耳（Beal, W. H.）著；胡浚康译
北洋官报局石印　清光绪间　一册，有图（农学丛书初集）

4793 农学肥料初编二卷　续编二卷
（法）德赫翰著；曾仰东译
江南总农会　清光绪间　一册（农学丛书初集）

4794 中等肥料教科书
（日）佐佐木祐太郎著；沈化夔译述
上海　新学会　1912年，1914年3版　一册

4795 人造肥料品目效用及用法一卷
日本大阪硫曹公司编；林壬译
江南总农会　1901（清光绪二十七）年　一册（农学丛书三集）

4796 土壤学一卷
（日）池田政吉著；（日）山本宪译
江南总农会　清光绪间　一册，有图、表（农学丛书初集）

4797 农务土质论三卷　附图说一卷
（美）金福兰格令希兰著；（美）卫理译　范熙庸笔述
上海　制造局刻本　1900（清光绪二十六）年　三册；江南总农会石印　1903（清光绪二十九）年　一册，有图（农业丛书四集）

4798 土地改良论
（日）上野英三郎　（日）有働良法夫合著；范迪吉等译
上海　会文学社　1903（清光绪二十九）年　一册（普通百科全书）

4799 耕土试验成绩一卷
日本农事试验场编；沈纮译
江南总农会　1900（清光绪二十六）年　一册，有表格（农学丛书二集）

4800 沙地种植一卷
（美）玛高温著
格致汇编本

4801 土性辨三卷
（日）佐藤信景著　（日）佐藤信渊增补；（日）伊东贞元译
湖北农学本　一册

4802 农业气象学一卷
  （日）中川源三郎著
  江南总农会　清光绪间　一册，有图（农学丛书五集）
4803 气候及土壤论
  （日）佐佐木祐太郎著；范迪吉等译
  上海　会文学社　1903（清光绪二十九）年　一册（普通百科全书）
4804 气候论一卷
  （日）井上甚太郎著
  江南总农会　清光绪间　一册（农学丛书初集）
4805 农学校用气候教科书
  （日）草野正行　（日）中村春生撰；（日）中岛端译
  江南总农会石印　清光绪间　一册（农学丛书七集）
4806 农业微菌论
  （日）佐佐木祐太郎述　（日）粮文太郎译
  江南总农会　1903（清光绪二十九）年　一册，有图（农业丛书四集）
4807 作物生理学
  吴球　胡朝阳编译
  上海　新学会社　1911（清宣统三）年初版，1913年再版　一册，有图
  分三十三章述叶、茎、根、种子的构造、生长发育，作物的生长、生殖、遗传，以及温度、气候、水分、光线等与作物生长的关系。附图31幅。
4808 农用动物学
  （日）石川千代松　（日）外山龟太郎讲述
  江南总农会石印　1903（清光绪二十九）年　一册，有图（农学丛书四集）

农业工程

4809 农具图说三卷
  （法）兰涉尔芒著；吴尔昌译
  江南总农会　1903（清光绪二十九）年　一册，有图（农学丛书初集）
4810 农用器具学
  （日）西村荣十郎著；范迪吉等译
  上海　会文学社　1903（清光绪二十九）年　一册（普通百科全书）；江南总农会　清光绪间　一册，有图（农学丛书六集）
4811 日本特许农具图说
  沈纮译
  江南总农会　1903（清光绪二十九）年　一册，有图
4812 泰西农具及兽医治疗器械图说一卷
  日本驹场农学校原本；（日）藤田丰八译
  江南总农会　清光绪间　一册，有图（农学丛书初集）

4813 风车说一卷　吹风器一卷
　　（英）傅兰雅译
　　格致汇编本

4814 海塘辑要十卷　附导言一卷备注一卷
　　（英）韦更斯（Wiggins John）著；（英）傅兰雅　赵元益译
　　上海　制造局　1873（清同治十二）年　一册；清刻本　二册；西学富强丛书本，有图；丛书集成初编本
　　译自"The Practise of Enbanking Lands from the sea... with examples and particulars of Actual Enbankments"。
　　英国数年内海滨造海塘多处，从各利弊中取其最佳方法集成此书。论围海造田工程。末附马立德撰解释。

4815 日本排水简法前编一卷　后编一卷
　　（日）中井太一郎著
　　江南总农会　清光绪间　一册，有图（农学丛书五集）

农学

4816 耕种原论
　　（日）译村真著；（日）西师意译
　　东京　东亚公司　1907（清光绪三十三）年5月3版，1911（清宣统三）年6月第6次重印（农学丛书）

4817 耕作篇一卷
　　（日）中村鼎著；（日）川濑仪太郎译
　　农学丛书初集本

4818 栽培汎论
　　（日）横井时敬著；范迪吉等译
　　上海　会文学社　1903（清光绪二十九）年　一册（普通百科全书）

4819 栽培各论
　　（日）田中节三郎著；范迪吉等译
　　上海　会文学社　1903（清光绪二十九）年　一册（普通百科全书）

4820 栽培各论
　　（日）佐佐木祐太郎著；（日）西师意译
　　东京　东亚公司　1907（清光绪三十三）年7月再版，1911（清宣统三）年6月第5次重印（农学丛书）

4821 栽培新编上卷
　　顾鸣盛编译
　　上海　科学书局　1912年9月　一册（农学丛书）

4822 濮尔班克新发明种植学
　　（英）莫安仁译　徐惟岱笔述

　　　　　上海　广学会　1908（清光绪三十四）年　一册

4823　种植学二卷
　　　　（法）巴勒退著；（英）傅兰雅译　徐华封述
　　　　江南总农会石印　清光绪间　一册（农学丛书初集）

4824　农学试种法一卷
　　　　（日）下山恪三著；（日）伊东贞元译
　　　　湖北农学本　一册

4825　农用种子学二卷
　　　　（日）横井时敬著；（日）河濑仪太郎译
　　　　江南总农会石印　1900（清光绪二十六）年　一册（农学丛书二集）

4826　植物选种新说一卷
　　　　（日）梅原宽重著
　　　　江南总农会石印　1900（清光绪二十六）年　一册（农学丛书二集）

4827　特用作物论四卷
　　　　（日）本田幸介述　罗振常译
　　　　江南总农会石印　1901（清光绪二十七）年　一册，有图及表（农学丛书三集）
　　　　述各种植物用于制纸、织物、绳索、染料、淀粉、饮料等用途。

植物保护

4828　作物病理学
　　　　（日）井上正贺著；胡朝阳译
　　　　湖南　新学书局　1903（清光绪二十九）年　一册

4829　日本昆虫学二卷
　　　　（日）松村松年著；罗振常译
　　　　江南总农会石印　1903（清光绪二十九）年　一册，有图（农学丛书四集）
　　　　述昆虫种类、习性及分类方法，驱除、防御弹尾、直翅、总翅、拟翅、脉翅、有吻、微翅、双翅、鳞翅、捻翅、膜翅等各类昆虫的方法。附图220幅。

4830　害虫驱除全书一卷
　　　　（日）松村松年著；胡朝阳纂译
　　　　上海　新学会社　1909（清宣统元）年　一册；农学丛书初集本
　　　　松村松年，理学博士，日本昆虫学家之巨擘，明治二十八年毕业于扎幌农学校，搜罗欧美新法及东亚要术，撰成此书。共五章，一农业驱除法，二人工驱除法，三药剂驱除法，四自然驱除法，五害虫一般驱除预防法。全书324页，重要名词均附西文，附图。

4831　农用昆虫学教科书（高级农学校用）
　　　　（日）小贯信太郎著；胡朝阳纂译　严楷书校订
　　　　上海　新学会社　1910（清宣统二）年初版　一册，有图

4832 微粒子病肉眼鉴定法一卷
　　（日）佐佐木忠二郎著
　　杭州蚕学馆本　一册（蚕学丛刻初集）

4833 害虫要说一卷
　　（日）小野孙三郎著；（日）鸟居赫雄译
　　江南总农会石印　清光绪间　一册，有图（农学丛书初集）；北洋官报局　清末　一册，图（农学丛书）

4834 螟虫驱除法一卷
　　（日）小林传四郎著；徐继祖译
　　江南总农会石印　1900（清光绪二十六）年　一册（农学丛书四集）

4835 田圃害虫新说一卷
　　（日）服部彻编；（日）井原鹤太郎译
　　江南总农会石印　1900（清光绪二十六）年　一册，图（农学丛书二集）

农作物

4836 作物篇一卷
　　（日）高田鑑三著
　　江南总农会石印　清光绪间　一册，图（农学丛书五集）

4837 陆稻栽培法一卷
　　（日）高桥久四郎著；沈纮译
　　江南总农会石印　清光绪间　一册，表格（农学丛书初集）

4838 植稻改良法一卷
　　（日）峰几太郎著；（日）川濑仪太郎译
　　江南总农会石印　清光绪间　一册，表格（农学丛书初集）

4839 水稻试验成绩一卷
　　日本农事试验场编；沈纮译
　　湖北农学本

4840 麦作全书一卷　附农事试验本场肥料配合表
　　（日）杉田文三著；罗振常译
　　江南总农会石印　1903（清光绪二十九）年　一册，表格（农学丛书四集）
　　述日本所种各类麦之性质、种类、土地、播种、肥料、收获、病害等。附：1. 农事试验本场肥料配合法；2. 除虫菊栽培制造法；3. 植物人工交种法。

4841 种印度粟法一卷
　　直隶臬署译　罗振玉润色及排类
　　上海　农学会　1897（清光绪二十三）年　一册；北洋官报局　清末　一册（农学丛书）；江南总农会石印　清光绪间　一册（农学丛书初集）

4842 美国种芦粟栽制试验表一卷
　　日本驹场农学校编；（日）藤田丰八译

江南总农会石印　清光绪间　一册，表格（农学丛书初集）

4843 甘薯试验成绩一卷
日本农事试验场编；沈纮译
江南总农会石印　清光绪间　一册，表格（农学丛书初集）

4844 牧草图说一卷
日本农务局编；周家树译
江南总农会石印　1900（清光绪二十六）年　一册（农学丛书二集）

4845 草木移植心得一卷
（日）吉田健作著；萨端译
北洋官书局石印　清末　一册；农学丛书初集本

4846 草木图说前篇二十册
（日）欲斋饭沼长顺著
日本刊本　清光绪间

4847 日本国新订草木图说序二篇
（日）欲斋饭沼　（日）伊藤清民著
格致汇编本

4848 种拉美草法一卷
（日）古城贞吉译
上海　农学会石印　1897（清光绪二十三）年　一册

4849 美国种棉述要一卷
直隶臬署（周玉山）译　罗振玉编
上海　农学会　1898（清光绪二十四）年　一册；农学丛书初集；农学报本
译者本名周馥，字玉山，建德（今安徽东至县）人，1888年任直隶按察使，曾任李鸿章天津衙署秘书，最先于天津引进电报、建山西铁路。此书是周玉山廉访官直隶时译。

4850 美国植棉书一卷
（美）徐瑟肯来曼著；（日）薰品枪太郎译　（日）川濑仪太郎重译
江南总农会石印　清光绪间　一册，有图（农学丛书初集）

4851 山东试验种洋棉简法一卷
（英）杜均安译　罗振玉重编
北洋官报局石印　清光绪间　一册

4852 棉树栽培新法
（美）德嘉著；刘靖夫　刘靖邦译
上海　商务　1914年　一册

4853 木棉考一卷
陈寿彭辑译
上海农学会　1901（清光绪二十七）年　一册线装（农学丛刻）

4854 麻栽制法一卷
　　（日）高桥重郎著；（日）藤田丰八译
　　北洋官报局石印　清光绪间　一册（农学丛书）；江南总农会　清光绪间　一册（农学丛书初集）

4855 甜菜培养法一卷
　　日本东文学社译　朱纬军重译
　　江南总农会　清光绪间　一册（农学丛书初集）

4856 种蔗制糖略论一卷
　　（英）梅威令（Wykeham, M.）著；（英）白莱喜（Brazier, James R.）　郑仁铨译
　　格致汇编　1880—1881（清光绪六~七）年；上海印本　清光绪中　一册
　　白莱喜当时供职于台湾关税务局。
　　原书：The Composition, Cultivation and Manufacture of Raw Sugar.
　　述种蔗、切割、榨汁、煮汁、除水结晶、酿酒。附亚欧美各大洲产蔗量。图40余幅。

4857 印度茶书一卷
　　（英）地域高劳著；容廉臣口译　陈士谦笔述
　　农学报本　1898（清光绪二十四）年

4858 种茶良法
　　（英）高葆真著
　　上海　广学会　1910（清宣统二）年　一册
　　述中国、印度、锡兰种茶良法。

4859 茶事试验报告第一册一卷
　　日本农商务省农务局本；樊炳清译
　　江南总农会石印　清光绪间　一册，有图及表（农学丛书初集）

4860 茶事试验报告第二册一卷
　　日本农商务省农务局本；（日）藤田丰八译
　　江南总农会　1900（清光绪二十六）年　一册，有表格（农学丛书二集）

4861 加非考
　　陈寿彭译辑
　　上海　农学会　1897（清光绪二十三）年　一册

4862 除虫菊栽培制造法一卷
　　（日）牧野万之照著；沈纮译
　　江南总农会石印　1903（清光绪二十九）年　一册（农学丛书四集）
　　介绍选种、播种、培苗、分苗、移苗、施肥、去草、除虫、采花、剩茎、合药。

4863 薄荷栽培制造法一卷
　　（日）山本鉤吉著；沈纮译
　　江南总农会石印　清光绪间　一册，有图（农学丛书初集）

4864 山蓝新说一卷
　　（日）崛内良平编；林壬译

北洋官报局石印　清光绪间　一册,图及表;江南总农会　1900(清光绪二十六)年　一册,有图(农学丛书二集)

介绍种蓝、提蓝靛及染色法。

4865 植漆法一卷

（日）初濑川健增著;日本朝日新闻报馆译　罗振玉编次

北洋官报局石印　清光绪间　一册;江南总农会　清光绪间　一册(农学丛书初集)

4866 植雁皮法一卷

（日）初濑川健增著

上海农学会石印　1897(清光绪二十三)年　一册;江南总农会石印　清光绪间　一册(农学丛书初集)

4867 植楮法一卷

（日）初濑川健增著

上海农学会石印　1897(清光绪二十三)年　一册;江南总农会　清光绪间　一册(农学丛书初集)

4868 淡巴菰栽制法一卷

（美）厄斯宅士藏著;陈寿彭译

北洋官报局　清末　一册(农学丛书二)

园艺

4869 园艺要论

（日）池田伴亲著;（日）西师意译

东京　东亚公司　1908(清光绪三十四)年5月再版　一册;农学丛书本

4870 圃鉴四卷

（日）山田幸太郎著

江南总农会石印　1903(清光绪二十九)年　一册,图(农学丛书四集)

4871 接木法一卷

（日）竹泽章著;罗振常译

江南总农会石印　1900(清光绪二十六)年　一册,图(农学丛书二集)

4872 西国名菜嘉花论二卷

（英）傅兰雅著

格致汇编本;1893(清光绪十九)年单行本　一册

傅兰雅取英国经营花卉蔬菜之巨头——塞敦(Sutton)公司之各种花、菜图样,各附说明,撰成此书。介绍菌类、豆类、薯类、生菜类、萝卜类、瓜类、芹类等五十余种菜蔬、花卉二十余类之习性及栽培方法等。

4873 蔬菜栽培法一卷

（日）福羽逸人著;林壬译

江南总农会石印　1901(清光绪二十七)年　二册,图及表(农学丛书三集)

4874 蔬菜栽培篇（农业教本）
　　（日）今村猛雄著；叶与仁译
　　上海　新学会社　1912年初版，1914年3版　一册

4875 家菌长养法一卷
　　（美）威廉母和尔康尼（William, Halcaner）著；陈寿彭译
　　美国农学会　1897（清光绪二十三）年　一册；北洋官报局石印　1898（清光绪二十四）年　一册；农学丛书初集本

4876 蕈种栽培法一卷
　　（日）本间小左工间著；林壬译
　　北洋官报局石印　1898（清光绪二十四）年　一册，有图，附"家菌长养法"后；农学丛书二集本

4877 果树栽培全书三卷
　　（日）福羽逸人著；沈纮译
　　江南总农会石印　1901（清光绪二十七）年　一册，有图及表（农学丛书三集）

4878 果树栽培总论一卷
　　（日）福羽逸人著；沈纮译
　　北洋官报局石印　清光绪间　一册，有图；江南总农会石印　清光绪间　一册，有图（农学丛书初集）

4879 果树
　　（日）高桥久四郎著
　　江南总农会石印　清光绪间　一册，图（农学丛书七集）

4880 果树教科书
　　（日）佐佐木祐太郎著；赖昌译述
　　上海　新学会　1913年初版，1917年3版　一册

4881 葡萄新书二卷
　　（日）中城恒三郎著；林壬译
　　北洋官报局石印　清光绪间　一册，有图；江南总农会石印　1900（清光绪二十六）年　一册，有图及表（农学丛书二集）

4882 种葡萄法十二卷
　　（美）赫思满著；（美）舒高第口译　陈洙笔述
　　上海　制造局刻本　1912年　二册，有图

4883 蔷薇栽培法二卷
　　（日）安井真八郎著；林壬译
　　江南总农会石印　1900（清光绪二十六）年　一册，有图（农学丛书二集）

4884 日本竹谱三卷　附图一卷
　　（日）片山道人著
　　江南总农会石印　清光绪间　一册，有图（农学丛书六集）

林业

4885 森林学一卷
（日）奥田贞卫著；樊炳清译
江南总农会石印 1900（清光绪二十六）年 一册，有图及表（农学丛书二集）

4886 森林学
（日）奥田贞卫著；范迪吉等译
上海 会文学社 1903（清光绪二十九）年 一册（普通百科全书）

4887 林业篇一卷
（日）铃木审三著；沈纮译
江南总农会石印 清光绪间 一册，有图及表（农学丛书初集）

4888 森林趣谈一卷
（英）瑞思义（Rees, Hopkyn） 许家惺译
上海 广学会 1919年 一册
凡十四章：论宇宙万物，森林之美感，森林之四时，森林与水源，森林中生物，火与斧斤，城市林业，森林与地球，森林与人类，森林之分界，森森与沙漠等。

4889 日本山林会章程摘要一卷
林壬译
江南总农会石印 1900（清光绪二十六）年 一册（农学丛书二集）

4890 造林学各论二卷
（日）本多静六著；林壬译
江南总农会石印 1901（清光绪二十七）年 一册，有图及表（农学丛书三集）

4891 学校造林法
（日）本多静六著；樊炳清译
江南总农会石印 1903（清光绪二十九）年 一册（农学丛书四集）

4892 前庭与后园二卷
（日）片山春耕撰；陶昌善译
江南总农会石印 清光绪间 一册，图（农学丛书六集）

4893 阿芙蓉考一卷
（英）夏特猛著；陈寿彭摘译
农学报本

4894 金松树栽培法一卷
（日）加贺美著；林壬译
江南总农会石印 1900（清光绪二十六）年 一册（农学丛书二集）

4895 落叶松栽培法一卷
（日）高见泽薰著；林壬译
江南总农会石印 1900（清光绪二十六）年 一册，有图（农学丛书二集）

4896 樟树论一卷
（日）白河太郎著；（日）藤田丰八译

江南总农会石印　清光绪间　一册,有图及表(农学丛书初集)

4897 植三桠树法一卷
(日)梅原宽重著
上海　农学会石印　1897(清光绪二十三)年　一册;江南总农会石印　清光绪间　一册(农学丛书初集)

4898 有益之树易地迁栽一卷
(美)玛高温译
格致汇编本

4899 森林保护学
(日)新岛善直著;范迪吉等译
上海　会文学社　1903(清光绪二十九)年　一册(普通百科全书)

4900 森林保护学一卷
(日)铃木审三著;沈纮译
江南总农会石印　清光绪间　一册(农学丛书初集)

畜牧、兽医、蚕蜂

4901 养畜篇三卷
(日)原熙著;(日)吉田森太郎译
江南总农会石印　1903(清光绪二十九)年　一册,图(农学丛书四集)

4902 家畜饲养汛论
(日)八锹仪七郎　(日)石崎芳吉合著;(日)西师意译
东京　东亚公司　1909(清宣统元)年7月　一册(农学丛书)

4903 家畜饲养各论
(日)石崎芳吉　(日)八锹仪七郎合著;(译者阙名)
东京　东亚公司　1909(清宣统元)年　一册(农学丛刊)

4904 牛乳新书二卷
(日)河相大三述　沈纮译
江南总农会石印　1900(清光绪二十六)年　一册,图(农学丛书二集)

4905 牧羊指引一卷
日本下总种畜场原书;(日)后藤达三编译　罗振玉润色
1875(清光绪元)年刊本　一册;江南总农会石印　清光绪间　一册(农学丛书初集)

4906 山羊全书八章
(日)内藤菊造著;罗振玉编润
北洋官书局石印　1892(清光绪十八)年　一册;江南总农会石印　清光绪间　一册(农学丛书初集)

4907 牧猪法一卷
陈梅坡辑译

北洋官报局石印　清末　一册；农学报本

4908 台湾人工孵化鸭卵法一卷
（日）木村利建著；萨端译
江南总农会石印　1900（清光绪二十六）年　一册（农学丛书二集）

4909 殖鸡秘法一卷
（日）中川一德著；（日）佐野谦之助译
江南总农会石印　1903（清光绪二十九）年　一册，有图（农学丛书四集）

4910 美国养鸡法
（日）横尾健太　（日）镝木由五郎撰；（日）藤香秀树译
江南总农会石印　清光绪间　一册，有图（农学丛书四集）

4911 马粪孵卵法一卷
（美）胡儿别士著；（日）大寄保之助译　（日）山本正义重译
北洋官书局石印　清末　一册；农学丛书初集本

4912 畜产各论
（日）田口晋吉著；范迪吉等译
上海　会文学社　1903（清光绪二十九）年　一册（普通百科全书）

4913 畜产汎论
（日）高见长恒著；范迪吉等译
上海　会文学社　1903（清光绪二十九）年　一册（普通百科全书）

4914 草木乾腊法一卷
（日）伊藤圭介著；林壬译
江南总农会石印　1900（清光绪二十六）年　一册（农学丛书二集）

4915 畜疫治法一卷
（美）夫敦著；（日）宗我彦麿译　萨端重译
江南总农会石印　清光绪间　一册（农学丛书初集）

4916 朝鲜牛医方一卷
（朝）赵浚等著
江南总农会石印　清光绪间　一册（农学丛书五集）

4917 家禽疾病篇一卷
（　）屈克氏著；（日）赤松如一译　（日）山本正义重译
江南总农会石印　清光绪间　一册（农学丛书初集）

4918 蚕业学校案指引一卷
日本东京丸山舍编辑；（日）安藤虎雄译
江南总农会石印　清光绪间　一册，表格（农学丛书初集）
此为明治二十年（1887）各蚕业学校章程汇刊。

4919 蚕务说略一卷
（英）康发达（Kleinwachter, F.）著
1889（清光绪十五）年刻本　二册；质学丛书本

康发达当时任职浙江海关税务司，书作于1889年。首为整顿中国蚕务说略，次为考察日本蚕务说略。

4920 蚕务图说一卷
　　（英）康发达著
　　慎记书庄　1897（清光绪二十三）年　一册，图（西政丛书）；上海　鸿宝书局　1902（清光绪二十八）年　一册，图及表（新辑各国政治艺学全书）；《格政汇编》本

4921 意大利蚕书一卷
　　（意）丹吐鲁（Dandolo, Count Vincenzo）著；（英）傅兰雅　傅绍兰（Fryer, John R.）译　汪振声笔述　赵元益校对
　　上海　制造局刻本　1898（清光绪二十四）年　一册；蚕学丛初集本
　　原书：The Art of Rearing Silk-Worms. 1825年伦敦出版。

4922 蚕外纪二卷　附引用书目表
　　陈寿彭辑译
　　杭州蚕学馆蚕学丛刻初集

4923 喝茫蚕书一卷
　　（法）喝茫勒窝滂著；郑守箴译
　　江南总农会石印　1900（清光绪二十六）年　一册，图（农学丛书二集）

4924 秋蚕秘书一卷
　　（日）竹内茂演著；（日）远藤虎雄笔记
　　江南总农会石印　1900（清光绪二十六）年　一册，有图（农学丛书二集）

4925 蚕桑实验说四篇
　　（日）松永伍作著；（日）藤田丰八译
　　江南总农会石印　清光绪间　一册，图（农学丛书初集）

4926 蚕体解剖讲义一卷
　　（日）佐佐木忠二郎口授　日本蚕事部传习生记；（日）山本正义译
　　江南总农会石印　清光绪间　一册，图（农学丛书初集）

4927 最新养蚕学
　　（日）针塚长太郎著；野浦斋译
　　浙江　浙江官书局　1904（清光绪三十）年　一册

4928 养蚕论上卷
　　（日）冈岛银次著；（日）西师意译
　　东京　东亚公司　1909（清宣统元）年3月　一册；农学丛书本

4929 饲蚕新法一卷
　　（美）玛高温著；（英）傅兰雅译
　　上海益智书会　清光绪间　一册

4930 饲育野蚕识略一卷
　　（法）魏雷著；陈贻范笔译

    江南总农会石印　　清光绪间　一册（农学丛书初集）

4931 奥国饲蚕法一卷
  （奥）保卜鲁入一育哈昂五著；（日）佐佐木忠二郎译　（日）井原鹤太郎重译
  江南总农会石印　　清光绪间　一册，有图及表（农学丛书初集）

4932 试验蚕病成绩报一卷
  日本农商务省编；（日）藤田丰八译
  江南总农会石印　　1900（清光绪二十六）年　一册；杭州　蚕学馆蚕学丛刊初集

4933 蚕体病理一卷
  （日）河原次郎著
  江南总农会石印　　1903（清光绪二十九）年　一册，图（农学丛书四集）

4934 脓蚕一卷
  （日）佐佐木忠二郎著；（日）井原鹤太郎译
  江南总农会石印　　清光绪间　一册，图及表（农学丛书初集）

4935 蚕病要论一卷
  （日）井上伍鹿著；（日）米良文太郎译
  清光绪间石印　一册；江南总农会石印　　清光绪间　一册（农学丛书五集）

4936 生丝茧种审定法
  （日）高桥信贞述　沈纮译
  江南总农会石印　　1900（清光绪二十六）年　一册，图及表（农学丛书二集）

4937 蜜蜂饲养法二卷
  （日）花房柳条著；（日）藤田丰八译
  北洋官书局　1893（清光绪十九）年　一册；农学丛书二集本

4938 西国养蜂法一卷　养蜂获利一卷
  （英）傅兰雅译
  格致汇编本；通学斋丛书册41
  分四章论述蜂分工、雄、王三体，春与秋窠内之功，养蜂法，取蜜，蜂之病以及野蜂养熟之法等。

水产

4939 水产学四卷
  （日）竹中邦香著；（日）山本正义译
  江南总农会石印　　清光绪间　一册（农学丛书初集）

4940 水产养殖法
  （日）日暮忠　（日）越田德次郎著；杨占春译
  上海　新学会社　1914年初版，1919年2版　一册

4941 养鱼人工孵化术一卷
  （日）金田归逸著；刘大猷译
  江南总农会石印　　1900（清光绪二十六）年　一册，有图（农学丛书二集）；北

洋官报局石印　清末　一册

4942 淡水养鱼法
　　（日）片野宇吉撰；（日）田谷九桥译
　　江南总农会石印　1903（清光绪二十九）年　一册，有图（农学丛书四集）

4943 设法采珠
　　（美）玛高温著
　　格致汇编本

4944 日本水产会章程一卷
　　沈纮译
　　江南总农会石印　1900（清光绪二十六）年　一册（农学丛书二集）

工业技术

总论

4945 奇器图说三卷　附新制诸器图说一卷
　　（瑞士）邓玉函口授　王征译绘

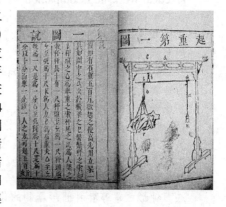

北京　1627（明天启七）年初刻　二册；金陵武位中刻本　1628（明崇祯元）年　六册；1630（明崇祯三）年刻本；汪应魁刻本　明代　二册；1830（清道光十）年刻本　四册；陕西王企刻本　1816（清嘉庆二十一）年　四册；金山钱氏刻本　1844（清道光二十四）年　二册；清道光间刻本　一册；安康张鹏翂刻本　1877（清光绪三）年　四册；同文馆刻本　1877（清光绪三）年　四册；清抄本　一册；清抄本　四册；古今图书集成本；四库全书本；丛书集成初编册1484－85；北京　中华书局影印　1985年　一册；河南教育出版社　1994年　一册

　　著者邓玉函，瑞士人，部分刻本著录为德国人，不确。
　　该书初名"奇器图说"，后改名《远西奇器图说录最》，亦名《远西奇器图说》，为西方力学首先传入中国的编译之作，也属第一部汉译机械工程学。前有天启七年王征序，守山阁丛书本、丛书集成初编本有钱熙祚跋。
　　原书四卷，译本仅译三卷。卷一重解，此为运重而设，述重心、比重、液体内压力等力学基本理论，共61款。卷二器解，求最巧之器，述天平、等子、杠杆、滑车、轮、螺旋、斜面、藤绳等器具的力学原理等，共92款。卷三力解，述借人力、风力、马力、水力以起重、引重（汲水灭火等类）、转重、代耕等实用机械图说。全书介绍了390

多种实用机械，图54幅，先绘机械构造图式，后解说。该书内容涉及荷兰数学家斯蒂文(Stevin, Simon, 1548—1620)的著作、德国阿格里科拉(Agricola, Georgius, 1490—1555)所著文艺复兴时期的矿业经典《矿冶全书》、纪元前罗马建筑师维特鲁威(Vitruvius)的名著"Architecture"(建筑十书)以及意大利工程师剌墨里(Ramelli, 1530—1590)著《各种巧妙机械》等书。近年亦有专家考证，该书部分内容取材于伽利略的《力学》(1600)及《论水中物体的性质》(1621)。

原版至清嘉庆二十一年(1819)犹存，清光绪三年(1877)同文馆刻本改为《机器图说》。附卷新制诸器图说为王征自著。

4946 远西奇器图说录最二卷

（瑞士）邓玉函口授　王征译绘

清抄本　一册；鄞县　周疏英　1891（清光绪十七）年　一册（中西算学集要）

4947 西艺知新十卷　图三百九十七幅（一名西艺须知）

（英）诺格德(Northcott, W. Henry)等著；（英）傅兰雅译　徐寿笔述　徐华封校

上海　制造局　1878（清光绪四）年　十四册；(出版者不详) 清光绪间刻本　六册；上海石印本

该书编辑了十五种新工艺译文而成。采自1876年伦敦出版的W.Henry Northcott: A Treatise on Lathes and Turning. 和1865年费城出版的 Leroy J.Blinn: A Practical Workshop Companion for Tin, Sheet Iron and Copper Plate Workers.

中译本1878年出版初集共十卷，卷一至三"匠海舆规"，叙车工操作方法和车床结构等。卷四"回特活德钢炮"，介绍英国回特活德(Whitworth, J.1803—1887)创制螺丝炮的过程及其优长之处，造此炮所用钢的冶炼法和钢的质量要求等。卷五"造管之法"，述制造钼、铁、铅、锡、铜等各种金属管的工艺，及不同用途之管的造管及抛光方法。卷六"回热炉"，介绍英人戈尔曼发明的回热炉，即先用煤燃烧生成一氧化碳，再利用一氧化碳燃烧炼钢。卷七"烧造强硫水法"，译述英人罗巴克(Roobuck, J. 1718—1794)所创铅室法制硫酸的原理及工艺流程。卷八"色相留真"又名"照相略法"，述制照相玻璃底片、洗片、印片、配制显影剂、定影液，回收银的工艺，以及山水景物的摄影技巧。卷九"周幂知裁"，（美）步伦辑，傅兰雅译，徐寿笔述，黄宗宪校，曹钟秀绘图。介绍园锥形之罩、椭园形之盘、蛋形之盘、瓜瓣形、八面钟形之罩等各种圆形器物的作图、剪裁法。卷十"却水衣全论"，朱彝绘图。述西国发明潜水水衣历史，水下作业发展史，潜水衣及潜水器具的制造原理及工艺。

4948 西艺知新续刻十三卷　图七百四十四幅（一名　西艺须知续刻）

（英）傅兰雅译　徐寿笔述　徐华封校

上海　制造局　1884（清光绪十）年　九册

续刻收卷十一至二十二。卷十一"烷髹致美"，介绍西方硬漆，俗名东洋漆的种类、配方及上漆工艺。卷十二、十三制肥皂法。卷十四制油烛法。卷十五至十八"镀金"，述电镀原理及详细工艺。卷十九、二十"制造玻璃"附上瓷油，述熔造玻璃发展史及其工艺，瓷器上釉工艺等。卷二十一"铁针指向"，述铁船用指南针的注意事项和制造方法。卷二十二"机动图说"，原著者为美国工艺新闻馆主人，他汇集了机器运动之法，分类排列，共507幅运动机器零件图，每图有功能、制法等说明。

卷十一、十九、二十、二十一、二十二为（英）傅兰雅译，徐寿笔述，卷十二至十四为（美）林乐知译，郑昌棪笔述，卷十五至十八为（美）金楷理译，徐华封笔述。

4949 西艺知新正续合编二十二卷

（著者阙如）

上海　玑衡堂石印本　1896（清光绪二十二）年　二册；制造局刻本清末　十四册

此为1878年出版的《西艺知新》正集与1884年出版的"续集"合刻，共二十二卷，其中十三卷收入西学富强丛书。

4950 工程致富论略十三卷图七十六幅

（英）玛体生（Matheson, Ewing）著；（英）傅兰雅译　钟天纬笔述

上海　制造局　1894（清光绪二十）年，1898（清光绪二十四）年　八册；西学富强丛书本；西政丛书本

原书：Aid Book to Engineering Enterpise abroad. Part1 (1878)

前三卷论英国及其它国举行工程之法定程序，卷四论铁路火车，卷五论电报电线，卷六论海口船坞，卷七论桥梁，卷八论灌溉筑圩方法，卷九论自来水，卷十论城镇开沟引粪法，卷十一论煤气灯局，卷十二论城镇乡村之街道、铁路；卷十三论开集市。

4951 考工记要十七卷　附图一卷

（英）玛体生（Matheson, Ewing）著；（英）傅兰雅　钟天纬译

上海　制造局　清光绪间　八册，有图；西政丛书本；新辑各国政治艺学全书本

本书即"工程致富论略"第二集，叙修房筑路建桥等大工程所需用之器具材料，如何订立合同，如何鉴定样式尺寸成色，如何估定价格等。

4952 工业常识

（日）中村康之助著；白鹏飞译

上海　商务　1913年　一册；上海　科学会编译部　1918年　一册，有图

4953 考试司机七卷　首一卷　附图一卷

（英）拖尔那（Thorn, W. H.）著；（英）傅兰雅译　徐华封笔述

上海　制造局　1894（清光绪二十）年　六册线装

该书译自英国海军部门考试用的 Reed's 司机手册。1862年英国贸易部规定，凡出海轮船或在本国海边搭客之船，未取得合法凭证者，不准出本国之口。本书介绍汽轮司机考试取得资格凭证的章程，考试规则，考试内容：算学基础知识、测量法、与汽机锅炉主要部件相关的计算（习题450余个）、汽机原理、结构、功能、驾船操作技术。附司机、船主、伙计考试的150道试题（有图）及答案。末附大图30余幅。

4954 东方各国仿效西国工艺总说一卷

（英）傅兰雅辑译

格致汇编本

4955 日本效学西国工艺一卷

（英）傅兰雅辑译

格致汇编本

4956 工程机器器具图说一卷　新式工程机器图说一卷
（英）傅兰雅辑译
格致汇编本
将当时各种新式机器器具择其要者译出，并加考究。

4957 作荷兰水器具一卷　论轻气球一卷　造自来火法一卷
（英）傅兰雅译
格致汇编本

4958 华英工学字汇
中华工程师会编
上海　中华工程师会　1915年　一册

一般工业技术

4959 造水器具一卷
（英）傅兰雅译
格致汇编本

4960 实业用器画
（日）大原钲一郎著
东京　东亚公司　1907（日本明治四十）年　一册

4961 脱影奇观三卷　续编一卷
（英）德贞著
正编三卷：京都施医院刻本　1871（清同治十）年　四册；1873（清同治十二）年刻本　四册；续编一卷：1888（清光绪十四）年刻本；北京医院合刻本　五册；制造局合刻本
卷首为"脱影原流史传"，以下分三部分：理学、艺术、法则，末附"镜影灯说"。续编述摄影技法。
此为西洋照相术输入中国之最初译本。

4962 锌板印图四卷
（英）浙密斯（James, Henry）著；（英）傅兰雅译　江衡笔述
上海　制造局　1876（清光绪二）年　四册，与《测地绘图》合印
原著者应为 Alexander de Curcy Scott，他是在 James 指导下完成原著的。
原书：On Photo-Zincography and Other Photographic Processes Employed at the Ordnance Survery Office, 1862 年伦敦出版。

4963 色相留真一卷（一名　照相略法）
（著者阙名）；（英）傅兰雅译　徐寿笔述
上海　制造局　1877（清光绪三）年　一册；西艺知新本；富强斋丛书本

4964 照相镂板印图法一卷
（美）贝列尼著；（美）卫理译　王汝骐述
上海　制造局　1900（清光绪二十六）年　一册，有图

4965 照像干片法
  （英）傅兰雅译
  上海 益智书会 清光绪间 一册，附照像略法后；格致汇编

4966 石板印图法
  （英）傅兰雅著
  格致汇编 1877（清光绪三）年
  述石板印图源流，油墨原料制法，辨别各种石板及解石板法，打磨法，石印用纸，脱墨纸过石板法，石面绘法，石面刻图法，印图法，铜板印图法等。

矿业工程

4967 坤舆格致四卷
  （泰西）耕田（Agricola, Georgius 1494—1555）著；（德）汤若望 李天经等译
  京师户部木刻 1643（明崇祯十六）年 四册
  著者今译作乔治·阿格里科拉，德国人，有冶金著作多种。他的代表作"De re Metallica, Libri XI1, Basêl"（1556），是欧洲文艺复兴时期的矿业经典，有拉丁、德、意大利等文本，中译本译自拉丁文本。该书论探矿采矿、冶炼、分离贵金属与非金属，各种镪水制造、采矿机械、矿冶管理。

4968 矿务丛钞十二卷
  （英）士密德辑；（英）傅兰雅口译 王德均笔述
  上海 六先书局 1897（清光绪二十三）年 十九册线装
  卷一开煤要法，卷二井矿工程，卷三冶金要法，卷四炼金要法，卷五银矿指南，卷六炼银要法，卷七炼锌要法，卷八炼锡要法，卷九炼铜要法，卷十炼钢铁要法，卷十一炼铅要法，卷十二炼镍、锑、铋、汞法。附图300余幅。

4969 求矿指南十卷 图五十二幅 附一卷
  （英）安德孙（Anderson, John W.）著；（英）傅兰雅译 潘松笔述
  上海 制造局刻本 1899（清光绪二十五）年 二册；富强斋丛书续集本
  原书：The Prospector's Hand Book (1897)
  卷一论查地面形势求矿，卷二论各种土石层，卷三论吹火筒分别矿之法，卷四论矿石性情，卷五论含金类之矿，卷六论别种有用之矿，卷七论各种土石之原质等，卷八论用湿法试验各种矿石，卷九论试验矿石含金类数目之法，卷十论测地求矿之法。附卷论矿中之杂务，列表说明。

4970 探矿取金六卷 续一卷附编一卷
  （英）密拉（Mile）著；舒高第译 汪振声笔述
  上海 制造局刻本 1904（清光绪三十）年 二册，有图

4971 井矿工程三卷
  （英）白尔捺（Byrne, Oliver）辑；（英）傅兰雅译 赵元益笔述 曹钟秀绘图
  上海 制造局 1870（清同治九）年初版，清光绪间再版 二册，有图；上海 鸿文书局石印 1896（清光绪二十二）年 一册；上海 六先书局 1897（清

光绪二十三）年　一册；矿务丛钞本；矿务五种本；富强斋丛书本；西学大成本；中西新学大成本

凡开矿必先凿井，此书述有关凿井各事。卷一造自涌井之法，奴而敦造自涌水井法。列英、法凿井实例若干。卷二开地取矿之法，述钻井开矿的工具与方式，常遇之难事。卷三轰药爆破等井矿工程，所用药料等。

4972 开煤要法十二卷附表

（英）士密德（Smyth, Warrington W.）著；（英）傅兰雅译　王德均笔述

上海　制造局刻本　1871（清同治十）年，清光绪间　二册，有图；矿务丛钞本；矿务五种本；富强斋丛书本；中西新学大全本；西学大成本二卷无附表

原书：Coal and Coal Mining. (1869)

详述辨别煤层、开采、起运、引水、采光及预防危险各法。

4973 开矿器法图说十卷　附图一卷

（美）俺特累（Andre, George G.）著；（英）傅兰雅译　王树善笔述

上海　制造局石印　1899（清光绪二十五）年　六册，有图

"是书由美国开矿工程家俺特累所著，乃汇萃西国各处求矿、开矿、运矿及矿井中起水、通风，一切应用器具、机器，与夫轧碎矿块、舂碾成粉、淘澄金类之质，所用各种之器、各家之造法、各处之用法，均能直抉其利弊之所在而反复言之，盖从阅历试验而得，非维托空言也"。（见《开矿器法图说》刘坤一序）

4974 西国开煤略法一卷　钻地觅煤法一卷

（英）傅兰雅译

格致汇编本

介绍直、平、斜三种开矿井法，如何起水、支撑、托衬、通风、开采、运输，以及瓦斯中毒、巷道塌险等井下事故。

4975 新译煤矿图说十二卷

（英）士密德辑；（英）傅兰雅译　王德均笔述

上海　鸿宝书局石印　1902（清光绪二十八）年　一册，有图

4976 银矿指南一卷　附图一卷

（美）亚伦（Aaron, Chas H.）著；（英）傅兰雅译　应祖锡笔述

上海　制造局刻本　1891（清光绪十七）年　一册；富强斋丛书本；矿务丛钞本；矿务五种本

原书：A Practical Treatise on Testing and Working silver Ores.

书分九章，叙采矿、锻矿、磨矿、分矿的方法、器具等。

4977 验矿砂要法

（德）施德明　文秀译

上海　广学会　1900（清光绪二十六）年　一册

4978 试验铁煤法一卷

（英）傅兰雅　徐寿译

上海　制造局　清光绪初　一册

4979 日本矿砂采取法一卷
  唐宝锷译
  译书汇编本
  是为日本明治三十六年颁布之金、锡、铁矿采矿法律规定,共二十五条,另有实施细则十四条。

4980 各国硫矿同异
  英国伦敦《矿务报》著;周灵生译
  知新报本　清末,附印度产金额数纪略一卷/湖北商报馆译;萍乡安源机矿图八幅/(德)赖纶测绘　舒秉仁译　此图绘该矿仿西法造厂房时之房屋机厂图

4981 取滤火油法一卷　图一卷
  (美)白得乌特著;(英)秀耀春　(美)卫理译　汪振声笔述
  上海　制造局　1900(清光绪二十六)年　一册
  介绍石油开采及加工。

4982 石油论
  (日)近藤会次郎编;筹办全国煤油事宜处译
  译著印行　1915年　一册
  前有熊希龄序。介绍石油历史,石油之性质、开采、制造,石油制品之用途等,有图。

冶金工业

4983 宝藏兴焉十二卷
  (英)费尔奔(Fairbank)著;(英)傅兰雅译　徐寿笔述
  上海　制造局刻本　清光绪间　十六册线装,图
  据 Adrain Arthur Benett:"傅兰雅译考略",该书原著者为 Sir Wm. Crookes (1832—1919),英国化学家、物理学家。书名为:A Practical Treatise on Metallurgy.
  译本述金、铂、银、铜、锡、铁(钢)、铅、锌、镍、锑、铋、汞等十二种金属元素的矿石形状、所含杂质、开采方法、冶炼、提纯方法以及这些金属有关的物理、化学性质和用途。附各种熔炉剖面图若干。

4984 合金录
  (日)桥本奇策著;沈纮译
  上海　1902—1903(清光绪二十八～二十九)年间印　四册(工艺丛书)
  述合金的物理化学性质,及制造方法。

4985 回热炉法一卷
  (英)傅兰雅译　徐寿述
  上海　鸿文书局石印　1896(清光绪二十二)年　一册(西学富强丛书);西艺知新本;富强斋丛书本;丛书集成续编本
  英国各尔曼发明此炉,先将煤在炉内烧成一氧化碳,再将一氧化碳燃烧炼铁,称为回热炉,使用燃料为普通炼铁炉的二十分之一。

4986 造铁全法四卷（一名造铁新法）
（英）非而奔（Fairbairn）著；（英）傅兰雅　徐建寅译
上海　制造局木刻　1880（清光绪六）年　四册
原书：Iron：Its History Properties，and Processes of Manufacture.（1869）

4987 西国炼钢说一卷
（英）傅兰雅译
格致汇编　1882（清光绪八）年
首列1722年以来西国九种炼钢法，次述炼钢各法，冶炉功用及其利弊：熔矿炉、炼铁矿、烧料、冲天炉、生铁器、成铁器、打铁器、别氏（英国人别色麻）法、泡面钢。余为别色麻炼钢法、西门子与马丁炼钢法、陪尔奴炼钢法、回特活德制钢法、炼钢零法、钢之用处，总论。

4988 西国炼钢法略论一卷　造马口铁法一卷
（英）傅兰雅译
格致汇编本
述生铁、钢、熟铁的冶炼炉及冶炼方法，有炉之剖面图5幅。

4989 炼金新语一卷　图八十三幅
（英）奥斯吞著；舒高第译　郑昌棪笔述
上海　制造局刻本　1891（清光绪十七）年　三册，有图及表

4990 炼钢要言一卷
徐家宝辑译
上海　制造局　1894（清光绪二十）年，1896（清光绪二十二）年　一册，有图；矿务五种本；富强斋丛书本；丛书集成续编本
述如何观察炼钢过程中火焰颜色之变化，知掺碳数量。介绍炼钢的新成就，如西门子马丁法炼钢炉等。

4991 炼钢书
舒高第　朱格仁辑译
1899（清光绪二十五）年前制造局译而未印

4992 熔金类罐一卷
（美）金楷理译　徐华封校
上海　宝善斋石印　1901（清光绪二十七）年　一册（富强斋丛书）

4993 制羼金法二卷
（日）桥本奇策著；王季点译
上海　制造局　1901（清光绪二十七）年　二册

4994 铸钱工艺三卷　总论一卷　图解一卷
（英）Freemantle，C. W. 等著；（英）傅兰雅　钟天纬译
上海　制造局　1890（清光绪十六）年　二册，有图；另有光绪间活字本　二册，有图；富强斋丛书续集本
该书来源于多种资料，包括大英百科全书第九版"Mint"条和Freemantle写的

"British Mint Annual Report"。

4995 美国铸钱说略一卷

（英）傅兰雅辑译

通学斋校印　清光绪末　一册；质学丛书本；格致汇编本

4996 英国铸钱说略

（英）傅兰雅著

格致汇编　1881（清光绪七）年；质学会刻本　1897（清光绪二十三）年　一册（质学丛书）

述收金料、熔金房、提金屑、轧轮房、抽床架、撞钱器、压凸边、退火炉、压花纹、刻钢模、拣出哑板、验收、造银钱、造铜钱、总计盈绌。

4997 铸铜书

舒高第译　朱格仁笔述

1880（清光绪六）年前为制造局译而未印

金属工艺

4998 冶金录三卷

（美）阿发满（Overman, Frederick）著；（英）傅兰雅　赵元益译

上海　制造局　1873（清同治十二）年　二册线装，有图及表；清光绪间刻本　二册，有图及表；矿务丛刻本；富强斋丛书本；矿务五种本；西学富强丛书本；续修四库全书本；丛书集成续编本

原书：The Moulder's and Founder's Pocket Guide. 1851 年费城出版。

上卷述砂子、生泥、熟泥、石膏、腊、黑料（木炭粉与胶水调和）、白矾等铸模法；中卷述熔铁的各种方法，铸件的修理，熔铸；下卷论各种金类之杂质，贵金属之杂质。

4999 铸金论略六卷　图一卷

（英）司布勒村（Spretson, N. E.）著；（英）傅兰雅译　汪振声笔述

上海　制造局刻本　1902（清光绪二十八）年　六册，有图；刻本　四册，有图；（出版者不详）清末刻本　三册，有图

原书：A Practical Treatise on Casting and Founding，1878 年伦敦出版。

5000 金工教范一卷

（美）康泼吞著；王汝驺　范熙庸译

上海　制造局刻本　1904（清光绪三十）年　一册

金工技术教科书。

5001 造管之法一卷

（英）由耳著；（英）傅兰雅译　徐寿笔述

上海　制造局　1877（清光绪三）年　一册；西学富强丛书本；富强斋丛书本；丛书集成续编本

5002 金类染色法一卷

（日）桥本奇策著；沈纮译

上海　1902—1903（清光绪二十八～二十九）年　一册（工艺丛书）

述使用化学药品使锌、铁、铜、锡诸金属染成各种颜色之法。

5003 历览英国铁厂记略

（英）傅兰雅著；（英）傅兰雅口译　徐寿述润

1874（清同治十三）年刊本　一册；1881（清光绪七）年　一册（格致汇编抽印本）；格致汇编本

译自傅兰雅1873年9月15日至10月21日的连续日记。在此期间，傅兰雅赴英国参观伦敦十多个炼铁厂、炼钢厂、兵工厂、汽车厂、汽机厂。日记详述这些厂的设备、规模、生产工艺、技术管理等情况。

机械、仪表工艺

5004 诸器图说一卷

（瑞士）邓玉函口授　王征译绘

武位中刻本　1628（明崇祯元）年《远西奇器图说三卷》本；汪应魁刻本明代　二册《远西奇器图说》本；1830（清道光十）年刻本《远西奇器图说录最》本；金山钱氏刻本　1844（清道光二十四）年　一册，有图（守山阁丛书，附刻于《奇器图说》后；安康张鹏翂刻本　1877（清光绪三）年《远西奇器图说录最三卷》本　四册，有图；上海　鸿文书局　1889（清光绪十五）年　一册（守山阁丛书）；清抄本《远西奇器图说》第四册

5005 器象显真四卷　附图一卷

（英）Lebland V. and Armengaud Jacques E. 合著；（英）白力盖辑　（英）傅兰雅译　徐建寅笔述

上海　制造局刻本　1871（清同治十）年　二册，有图；制造局　清光绪间刻本　三册，图；（出版者不详）石印小字本；西学富强丛书本；古今算学丛书本

原书：The Engineer and Machinist's Drawing book.

卷一论画图器具，卷二论用几何法作罩形，卷三以几何法画机器视图，述机械制图的基础知识，画平面图、剖视图、零件等，卷四机器视图汇要。附图一册收图362幅。

5006 机动图说一卷

（英）傅兰雅译　徐寿述

上海　制造局　1879（清光绪五）年　一册；西艺知新本；富强斋丛书本

5007 制机理法八卷　附表及图解

（英）觉显禄斯著；（英）傅兰雅译　华备钰笔述

上海　制造局刻本　1899（清光绪二十五）年　四册

原书：Mechanical Engeering-Workshop Companion.

述车床、刨床之装配及使用各事。附图242幅。

5008 应用机械学

（日）重见道之著；范迪吉等译

上海　会文学社　1900（清光绪二十六）年　一册（普通百科全书）

5009　重学水学气学器说一卷
（　）Griffin, John J. 著
单印本（出版者不详）　清光绪间　一册；另有格致汇编本
原书：Scientific Handicraft.
重学器述简单机械，重心及离心力。水学器述静水学、动水学及发水学（起水、引水理法）。气学器述抽气器具。有图。

5010　中西度量权衡表
佚名辑
李傅相天津初刊　清光绪中　一册；沈敦和江南重刊　一册；元和江氏刻本；湖南刻本；灵鹣阁丛书二集册11；丛书集成初编册1341
该书录自《西国师船表》卷十一，收有：中国工部营造尺与英制（迈当）对照，迈当即米达；英尺与中国海关尺对照；中国担数合英镑互为对照；中国担数合启罗格郎姆，启罗格郎姆即Kilogram，千克；德国吨合中国觔；中国量法合利脱耳嘎伦，利脱耳即Liter，升，嘎伦即加仑；中国银两合英镑；各国钱币合英镑。

5011　论电气时辰钟及诸杂法
（英）瑙挨德著；（英）傅兰雅译
上海　鸿文书局　1896（清光绪二十二）年　一册，图（西学富强丛书）

5012　燥湿表说
（英）傅兰雅译　徐寿笔述
上海　制造局　1880（清光绪六）年前已译未印

5013　自记风雨表图说一卷　自记测风器一卷
（英）傅兰雅译
格致汇编本

武器工业

5014　制火药法三卷　图五十八幅
（英）利稼孙（Richardson, Thos）（英）华得斯（Watters, Henry）合著；（英）傅兰雅　丁树棠译　张福谦绘图
上海　制造局刻本　1870（清同治九）年，1871（清同治十）年，1873（清同治十二）年，1902（清光绪二十八）年　一册；制造局　清光绪间刻本　一册，有图；西学富强丛书本；富强斋丛书本（附图七幅）；丛书集成续编本
本书译自伦敦1865年出版的"Chemical Technology"的第一卷"Gunpowder"。

5015　制火药法
（英）白而捺辑；（英）傅兰雅口译　徐建寅笔述
上海　制造局刻本　清末　一册，有图；（出版者不详）清末刻本　一册，有图

动力工程

5016 汽机发轫九卷 表一卷 附图

（英）美以纳 （英）白劳那合著；（英）伟烈亚力译 徐寿述

上海 制造局 1871（清同治十）年 四册；制造局 清光绪间 四册，图及表；（出版者不详）清光绪间刻本 四册，有图及表；西学大成本；中西新学大全本

述蒸汽机原理，锅炉的种类、结构、功能、用途等，开汽机船和停船的操作规程，计算汽机功率的各种数据，开兵舰的注意事项等。

5017 汽机必以十二卷 首一卷 图一卷

（英）蒲而捺（Bourne, John A.）著；（英）傅兰雅译 徐建寅笔述 赵元益校

上海 制造局刻本 1872（清同治十一）年 六册；（出版者不详）清光绪间刻本 六册，有图；西学富强丛书本；富强斋丛书本；丛书集成续编本

原书：A Catechism of the steam Engine, in Its Various Applications (1865).

主要介绍蒸汽机原理，锅炉功率、尺寸、构造，各种汽机船的航行情况，陆用汽机和水用汽机船的制造原理、结构以及开船的操作规程等。

5018 汽机新制八卷

（英）白尔格（Burgh, Nicholas P.）著；（英）傅兰雅译 徐建寅笔述

上海 制造局 1873（清同治十二）年 二册；制造局刻本 清光绪间 二册，有图；富强斋丛书本；西学大成本；中西新学大全本；丛书集成续编本

原书：Pocket-book of Practical Rules for the Proportions of Modern Engines and Boilers for Land and Marine purpose. (1864)

主要介绍各种新式蒸汽机的结构、性能、功率和用途，各种机件的尺寸等。

5019 汽机尺寸

（著者阙名）；（英）傅兰雅 徐建寅译

1880（清光绪六）年前上海制造局译而未印

5020 兵船汽机六卷 附录一卷

（英）息尼德（Sennett, Richard）著；（英）傅兰雅 华备钰译

上海 制造局刻本 1885（清光绪十一）年重印，1894（清光绪二十）年再版 八册；西学富强丛书本

原书：The Marine Steam Engine. 卷一论船汽机公法，卷二论锅炉，卷三论汽机，卷四论汽机各种部件，卷五论动船轮，卷六论船汽机杂事。

5021 汽机测验诸器一卷

（英）傅兰雅译

格致汇编本

5022 汽机入门 附图一卷

（美）丁韪良著

格物入门本；西学大成本；中西新学大全本

5023 汽机要说一卷 打桩汽机一卷 汽锤略论一卷

（英）傅兰雅译

格致汇编本

5024 新式陆地汽机锅炉图说一卷
（英）傅兰雅辑译
格致汇编本
述英国伯明翰退辣车仑公司所造新式汽机与锅炉等制式、图样、尺寸、价格。

5025 新式汽机图说一卷
（英）雷奴支著；（英）傅兰雅译
上海　益智书会　1890（清光绪十六）年　一册；上海　基督教育会刻本　1894（清光绪二十）年　一册，有图

5026 汽机中西名目表
（英）傅兰雅编
上海　制造局　1890（清光绪十六）年　一册；富强斋丛书续集本
收同治十年至光绪十五年间（1871—1889）所译汽机类书中已定汽机名目。

5027 汽机车烧烟煤
（英）蒲而捺著；（英）傅兰雅口译　徐建寅笔述
上海　制造局刻本　清光绪间　一册，有图

5028 汽机水龙
（英）蒲而捺著；（英）傅兰雅口译　徐建寅笔述
上海　制造局刻本　清光绪间　一册，有图

5029 船汽机新式
（英）蒲而捺著；（英）傅兰雅口译　徐建寅笔述
上海　制造局刻本　清光绪间　一册，有图

电工技术

5030 侯氏电机一卷
（美）狄考文译
格致汇编本

电讯技术

5031 无线电报一卷　补编一卷
（英）克尔著；（美）卫理（Williams, Edward Thomas）译　范熙庸笔述
上海　制造局　1898（清光绪二十四）年初刊，1900（清光绪二十六）年重印　一册，有图
述无线电报的实验与应用。

5032 无线电信
（英）薄登著；聂其杰译
清光绪间活印本　一册

化学工业

5033 电气镀金略法一卷
（英）华特（Watt, Alexander）著；（英）傅兰雅　周郇译

上海　制造局　1876（清光绪二）年　二册；(出版者不详)清光绪间刻本　一册，有图；富强斋丛书本；西学富强丛书本；丛书集成续编本；格致汇编本　此书系重印活页本的《中国科学工业杂志》V：129，1880（清光绪六）年再版，格致汇编　1878年

书分七篇：总论电器镀金，论镀铜、镀银、镀黄金、镀黄铜、镀铂铅镍锑铋、镀锌。

5034 镀金四卷　（一名电学镀金）
（著者阙名）；（美）金楷理译　徐华封述

1879（清光绪五）年初版　一册；上海　鸿文书局石印　1896（清光绪二十二）年　一册（西学富强丛书）；西艺知新本，富强斋丛书本，名为"电学镀金"

介绍电镀原理及详细工艺。用氰化法将锑、铋、锌、镉、锡、铅、钾、钠、黄铜、白铜、金、银、铂等金属镀于器物表面。

5035 电气镀金总法
（美）金楷理译　江衡笔述

1880（清光绪六）年前为上海制造局译而未印

5036 电气镀镍一卷
（英）华特（Watt, Alexander）著；（英）傅兰雅　徐华封译

上海　制造局　1886（清光绪十二）年　一册；富强斋丛书本

原书：Nickel-plating.

首次译文是作为"实用电冶"的补编发表于《杂志丛书》，主要介绍英国人恩文1877年设计的电镀镍的新工艺。

5037 化学工艺初集四卷　二集四卷　三集二卷
（英）能智（Lunge, George）著；（英）傅兰雅　汪振声译　徐华封校

上海　制造局木刻　1898（清光绪二十四）年　十三册，有图

著者今译作乔治·龙格（1839—1923），生于德国Breslau，1859年毕业于德堡大学，获博士学位，后在德英等国任碱厂厂长，1876年赴瑞士，任苏黎士工业大学工业化学教授，卒于该地。

原书：A Theoretical and Practical Treatise on the Manufacture of Sulphuric Acid and Alkali, With the Collateral Branches. (1880)

中译本十卷分为三集。初集四卷，图一卷，介绍造硫强水即硫酸；二集四卷图一卷，介绍造盐强水即盐酸；三集二卷，图一卷，介绍制碱（勒布兰法）制漂白粉等方法。作者曾游历英、德、法、意大利、比利时、瑞士等国各大厂，将所见所闻之相关类别的制造工艺及器具论列成书。所附709帧图，皆从大厂内择其精者摹印，厂家可依比例放大，依图而造。

5038 火药机器一卷
（英）傅兰雅　徐寿译

格致汇编本

介绍西方机器制火药，有插图。

5039 日用化学

（日）井上正贺著；范迪吉等译

上海　会文学社　1903（清光绪二十九）年　一册（普通百科全书）

5040 废物利用篇一卷

（日）高桥橘树著；陈超立译

正记书庄本　清光绪间　一册；泰东书局本

5041 西国造瓷机器一卷

（英）傅兰雅译

格致汇编本；单印本　清光绪末　一册

介绍机器制瓷法及原料。

5042 西国瓷器源流一卷

（英）傅兰雅译

格致汇编本

5043 制玻璃法二卷

（英）傅兰雅　徐寿译

上海制造局刻本　1879（清光绪五）年　一册；西艺知新本；富强斋丛书本；格致汇编本

介绍熔料、吹制、打磨、制明玻璃、有色玻璃及日用器皿。

5044 造橡皮法

（英）傅兰雅译　徐寿笔述

1880（清光绪六）年前为江南制造局译而未印

5045 染色法一卷

（日）伊达道太郎　（日）小泉荣次郎合编；沈纮译

上海　工艺丛书本　1902－1903（清光绪二十八～二十九）年　一册

5046 颜料篇

（日）江守襄吉郎著；（日）藤田丰八译

上海　制造局　清光绪宣统间　二册

5047 垸髹致美一卷

（英）傅兰雅译　徐寿述

上海　制造局　1879（清光绪五）年　一册；西艺知新本；富强斋丛书本

述制漆法。

5048 造洋漆法一卷　图八幅

（日）田原良纯著；（日）藤田丰八译　汪振声笔述

上海　制造局　1903（清光绪二十九）年　一册

介绍油漆、树脂油的加工工艺。

5049 远洋漆法
　　（日）田原良纯著；汪振声译
　　上海　制造局　1903（清光绪二十九）年　一册

5050 制肥皂法二卷
　　（美）林乐知译　郑昌棪述
　　上海　鸿文书局　1896（清光绪二十二）年　一册（西学富强丛书）；1897（清光绪二十三）年单行本；西艺知新本

5051 制油烛法一卷
　　（美）林乐知译　郑昌棪述
　　1897（清光绪二十三）年单行本　一册；西艺知新本；西学富强丛书本

5052 论造蜡烛之法并究其理一卷
　　（美）卜舫济译
　　格致汇编本

5053 妆品编二卷
　　（日）松永新之助著；沈纮译
　　工艺丛书本　清末　二册（原名化妆品制造法）

轻工业、手工业

5054 农产制造学二卷
　　（日）楠岩著；沈纮译
　　江南总农会　1900（清光绪二十六）年　一册（农学丛书二集）；北洋官报局　清末　二册（农学丛书）
　　介绍酿酒、制糖等多种农产品加工制造工艺。

5055 农产制造学
　　（日）楠岩著；范迪吉等译
　　上海　会文学社　1903（清光绪二十九）年　一册（普通百科全书）

5056 纺织机器图说一卷
　　（英）傅兰雅辑译
　　1892（清光绪十八）年单行本　一册；西政丛书本；新辑各国政治艺学全书本；格致汇编　1882（清光绪八）年
　　介绍轧花机：手动、汽机动力、人力、效率及工本。纺织机器：打花去土机、弹花成片机、梳棉成带机、引棉成条机、初成松纱机、中引长纱机、纺纱、制纬、络桄、提拣废棉等12种机器。织布机：络经、理经、浆缕、织缕等机器。附图。附译西字林报论上海纺织局大概情形，丹科先生讲纺织工艺。

5057 棉业论
　　（英）辟奇著；余群社译
　　上海　新学会社　1917年1月初版　一册（商业丛书）
　　述英国棉织业的原料、生产机械、工序，棉纺织品的贸易，劳资各方的组织等。

5058 棉布厂
  英国牛津图书公司编；(美)潘慎文　陆泳笙编译
  上海　牛津图书公司　1916年　一册(牛津大学实业丛书)

5059 呢布厂
  英国牛津图书公司编；(美)潘慎文　陆泳笙编译
  上海　牛津图书公司　1916年　一册(牛津大学实业丛书)
  原书：A Visit to a Woollen Mill.
  述织呢厂设备、操作规程、原料等。

5060 美国棉油厂说一卷
  (英)傅兰雅译
  格致汇编本

5061 福田自动织机图说一卷
  日本大陇制造所著；(日)川濑仪太郎译
  江南总农会　清光绪间　一册，有图(农学丛书初集)；北洋官报局　清光绪间　一册，有图(农学丛书)

5062 制絮说一卷
  (日)杉山原治郎著；(日)井原鹤太郎译
  江南总农会　清光绪间　一册(农学丛书初集)

5063 泰西治麻说略一卷
  (英)傅兰雅著
  格致汇编本

5064 简易缫丝法一卷
  日本岛根县农商课编；(日)井原鹤太郎译
  江南总农会　1900(清光绪二十六)年　一册，有图(农学丛书二集)

5065 屑茧制丝法
  (日)竹泽章辑；沈纮译
  江南总农会　清光绪间　一册(农学丛书六集)

5066 西国漂染棉布论一卷　印布机器一卷
  (英)傅兰雅译
  格致汇编　1881(清光绪七)年；铅印本　清光绪末　一册
  一漂白布，二染白布，三印花布，印花机，染料，工艺。

5067 西国发蓝法一卷
  (英)傅兰雅译
  格致汇编本

5068 西国磨面机器说一卷　打米机器图说一卷
  (英)傅兰雅译
  格致汇编本

5069 葡萄酒谱三卷
    曾仰东辑译
    江南总农会石印　清光绪间　一册，有图及表（农学丛书初集）

5070 西国造啤酒法一卷
    （英）傅兰雅译
    格致汇编本

5071 实验罐藏食物制造法
    （日）猪股德吉郎著；盛国城译
    上海　新学会社　1908（清光绪三十四）年初版，1912年再版　一册；湖南　新学书局　1909（清宣统元）年　一册

5072 装运鸡旦新法一卷
    （英）傅兰雅译
    格致汇编本

5073 新式焙茶机器图说一卷
    （英）爱尔兰台维生厂原本；陈佩尚译
    农学报本

5074 制茶篇前编一卷　后编一卷
    （日）高桥橘树著；（日）田谷九桥译
    江南总农会　1903（清光绪二十九）年　一册，有图及表（农学丛书四集）

5075 制糖器具说一卷
    （日）大鸟圭介著；樊炳清译
    江南总农会　1903（清光绪二十九）年　一册，有图及表（农学丛书四集）

5076 制芦粟糖法一卷　附图
    （日）稻垣重为著；（日）藤田丰八译
    江南总农会　清光绪间　一册，有图（农学丛书初集）

5077 验糖简易方一卷
    日本农务局原本；（日）藤田丰八译
    江南总农会　清光绪间　一册，有图及表（农学丛书初集）
    介绍糖份测定器。

5078 革履厂
    英国牛津图书公司编；（美）潘慎文　陆泳笙编译
    1916年出版（牛津大学实业丛书）

5079 西国制皮法一卷　电气熟皮法一卷
    （英）傅兰雅译
    格致汇编　1882（清光绪八）年
    介绍西国制兽皮之法：柔软、脱毛、除粪、去脂、挂干、压平、磨光、上色。

5080 日本制纸论一卷　附图
　　（日）吉井源太著；沈纮译
　　江南总农会　1903（清光绪二十九）年　一册，有图及表（农学丛书四集）

5081 西国造纸法一卷
　　（英）傅兰雅译
　　格致汇编　1882（清光绪八）年
　　共六篇：一略论造纸之料，二备料之法，三成浆之法，四机器造纸，五手工造纸，六造厚纸法。

5082 制纸略法一卷
　　（日）今关常次郎著；（日）佐野谦之助译
　　北洋官报局石印　清末　一册（农学丛书）；江南总农会　清光绪间　一册（农学丛书初集）

5083 西国写字机器图说一卷
　　（英）傅兰雅译
　　格致汇编本

5084 西灯略说一卷　论煤气灯一卷
　　（英）傅兰雅译
　　格致汇编本

5085 药水电灯图说一卷
　　（英）傅兰雅译
　　格致汇编本

5086 西国造针法说略一卷　西国造钮法一卷
　　（英）傅兰雅译
　　格致汇编本

5087 西法食谱
　　（译者阙名）
　　上海　美华书馆　1889（清光绪十五）年　一册；1900（清光绪二十六）年抄本　一册（据美华书馆本抄录）

5088 造洋饭书
　　（泰西）高第丕夫人著
　　上海　美华书馆　1866（清同治五）年初版，1909（清宣统元）年重印　一册；上海　美国基督教会出版社　1909（清宣统元）年　一册；北京　中国商业出版社　1986年　一册（中国烹饪古籍丛刊）
　　本书开篇为"厨房条例"，论饮食卫生之重要；次为西餐食谱，共267个品种或半成品，大部分列出用料及制法；另有四项洗涤之法。是系统介绍西方饮食烹饪的较早专著，现已列入《中国烹饪古籍丛刊》注释再版。

建筑科学

5089 艺器记珠一卷　图五十七幅
　　（英）慕司活德（Molesworth, Guildford L.）著；（英）傅兰雅　徐建寅译
　　上海　制造局　1884（清光绪十）年　一册，有表
　　原书：Pocket Book of Useful Formulae for Civil and Mechanical Enginees. 1871 年伦敦第 17 版。收建筑工程和机械制造之数据及公式 240 项。

5090 炼石编三卷　图一卷
　　（英）享利黎特著；舒高第译　郑昌棪笔述
　　上海　制造局　1877（清光绪三）年　二册；富强斋丛书本；西学富强丛书本；续西学大成本
　　述英国水泥工业。

5091 西国造砖法一卷　造砖厂轧泥机器一卷
　　（英）傅兰雅译
　　格致汇编本

5092 学校建筑模范图一幅
　　日本文部省秘本；（译者阙名）
　　东京　译书汇编社　清光绪末　一册
　　详列自师范至幼稚园各类学校房舍配置之法。

5093 使用水龙说一卷　西国救火梯一卷　灭火器说略一卷
　　（英）傅兰雅译
　　格致汇编本
　　介绍室内免火灾法，旁人救火法，农家免火灾要法，设立灭火工会，西国造人力水龙、汽机水、药水水龙。附图 17 幅。

水利工程

5094 泰西水法六卷
　　（意）熊三拔口译　徐光启笔述　李之藻订正
　　曹于汴　彭惟成等刊刻　1612（明万历四十）年　一册，图；(出版者不详) 明万历天启间刻本　一册；明崇祯间刊本　一册；1800（清嘉庆五）年刻本　二册；扫叶山房　清刻本　一册，图；清抄本　一册，有图；农政全书水利部；天学初函本；四库全书本；台湾　商务　1983 年　一册（影印文渊阁四库全书）；上海　古籍出版社影印本　1983 年　一册，有图
　　卷一述挈江河水之法；卷二述挈井泉水之器具；卷三水库、蓄雨雪之水；卷四水法，述寻泉打井之法，治病之水，瘠病之水，制法及其功能；卷五水法或问，述水性；卷

六为各类汲水机械之图解说明。

5095 泰西河防一卷　续一卷
　　（英）艾约瑟辑译
　　江西　通学斋校印本　1871（清同治十）年　一册；（出版者不详）清刻本　一册，有图
　　全书五章。针对中国大江大河主要水患，详述西国著名江河以机器治河的工程、疏浚河道海口的方法，对于防水患、提高水运能力的作用，治泽为陆的方法等。附各国江河表，收河名、长度、受水地面积、每分钟入海流量。续卷述河流中筑闸坝的工程，有说有图。

5096 续泰西河防
　　（英）爱约瑟撰
　　清刻本　一册，有图

5097 水学器一卷　深井起水筒一卷　起水机器一卷　起水轮说一卷
　　（英）傅兰雅译
　　格致汇编本

5098 河工记略一卷　新法开河机器一卷
　　（美）狄考文著；（英）傅兰雅译
　　格致汇编本

5099 中国治水刍议
　　（瑞士）基维慕（M. Guillarmod）著；李藩昌译
　　1918年　一册，有图
　　书分3篇述水灾原因、治水办法及经费等。

5100 水灾善后问题
　　（　）普意雅（C. Bouillard）拟
　　1918年　一册
　　凡八章，述中国北方河道、源流、预防水患法、人造大湖等。中英文本。

5101 督办广东治河等事宜处报告书
　　（瑞典）柯维廉（G. W. Olivecrona）等著
　　广州　督办广东治河事宜处出版
　　中华民国四年第一期　西江实测　1916年　一册有图
　　收西江测量工作报告书，共八章，述测量队组织、野外及水道测量、西江各支流水道形势等。附录西江防潦条陈、考察兴安运河报告书、梧州南宁间之西江情形报告书等七项。
　　中华民国七年　第二期　广州进水口水道改良计划　1918年　一册　有图
　　有珠江水道形势、珠江水道、河床现状、整饬珠江计划工程程序等。
　　中华民国八年　第三期　北江改良计划　1919年　一册　有图表
　　附三水站高低水度表等。

交通运输

综合运输

5102 火车与车路略论一卷　轻筒汽车与铁路说一卷　印度铁路一卷　电车铁路说一卷
　　（英）傅兰雅译
　　格致汇编本

铁路交通运输

5103 星轺考辙（一名　各国铁路图考）
　　刘启彤译述
　　同文书局石印　1889（清光绪十五）年　四册,图、表；仓山书局石印　1896（清光绪二十二）年　八册,插图及表；上海书局　1898（清光绪二十四）年　七册
　　刘启彤进士出身，五品兵部主事，曾游历英法等国。本书萃取十数种英文书，摘其大要汇为四卷。同文馆毕业生吴仰曾、上海候补知县张祖翼，襄其译事。
　　卷一考源，述英国、欧洲各国（德、法、奥、意、比、瑞典、荷兰、瑞士、丹麦、挪威）美国、印度、英国各属地火车道纪略，火车客货运考略。卷二考工，述测地、建轨、计费、用人，费用及人力均有附表。卷三考法，介绍英国铁路管理条例摘要、课佣之法、运货之法、载客之法、行车之法及其它杂项。卷四考器，收汽车源流图考，述蒸汽机车演进历史，附汽机剖面图58幅；汽车近世图考，主要介绍近年火车大锅炉重量、尺寸、压力等等，附图28幅。

5104 铁路纪要三卷
　　（美）柯理辑；潘松译　章寿彝校
　　上海　制造局　1894（清光绪二十）年　1897（清光绪二十三）年　一册；富强斋丛书本；各国政治艺学全书本

5105 铁路针向一卷
　　（英）傅兰雅译　徐寿述
　　1899（清光绪二十五）年前出版

5106 实践铁道通论
　　（日）茂木英雄著；周珍　李毓麟译
　　东京　湖北绎志学社　1906（清光绪三十二）年　一册
　　有表19张。

5107 铁道讲习要录
　　（日）关一著；周珍　李毓芳译
　　东京　湖北绎志学社　1906（清光绪三十二）年　一册

5108 铁路纪略一卷　附图　附中国创设铁路利弊论一卷
　　（英）傅兰雅译
　　上海　醉六堂　1895（清光绪二十一）年　一册（西学大成）

5109 造铁路书三卷

舒高第　郑昌棪辑译

上海　制造局　清光绪间　二册

5110 英国铁路工程纂要

（英）季理斐译　曹曾涵笔述

上海　广学会　1909（清宣统元）年　一册

5111 美国铁路汇考十三卷

（美）柯理（Clarke，T. C.）辑著；（英）傅兰雅口译　潘松笔述

上海　制造局刻本　1899（清光绪二十五）年　二册

柯理辑多家之说编成此书。当时（1898年）美国铁路总长25万余英里，分为公司数百家。

卷一柯拉格论制造铁路工程。卷二蒲扎德论铁路工程奇事，述在地势复杂处近铁路方位、架桥凿洞等工程的具体实例及做法。卷三福尔尼论美国铁路之"汽车"与客车货车。1829年美国在铁路上用锅炉蒸汽为动力的"汽车"与绳子牵引车辆，其第一部在英国造得，名为司拖而部立治之狮子，述动力车之进步，铁路所用各种车辆及其造法。卷四阿里山达论办理铁路之章程。卷五布老德论行铁路得稳当法，述为避免危险保证行车安全的各种设施，安全管理办法。卷六波尔达论铁路客车杂事，述客车之睡卧吃饭洗浴、电信联络、行李运送、行车时刻等。卷七傅尔希斯论货车。卷八诺尔敦论铁路日用之料，述铁路、机车、车厢、及其维持运转的辅助材料的计算与储备。卷九哲美士论铁路送信公务，述邮政及报纸的铁路发送业务。卷十哈特理论铁路当为贸易之法，述集股份筹办铁路公司以经营之办法，客货运之费用管理。卷十一阿但斯论铁路免用人挟制罢工，述铁路公司内部分工问题及职守。卷十二阿党司论铁路用人平日之事，述铁路公安管理、安全信号管理、客货车厢内的管理。卷十三铁路各事务之数目，述铁路公司的投资、开支与利润的各项管理。

5112 炉承新制一卷

（比）卑郎著；曾仰东译

求是报本　清末

述卑氏新创火车锅炉所用材料、分量及运用。

5113 铁路中英名词专书（附铁路信件）

杨廷燮编

江西　商务　1914年　一册

公路交通运输

5114 道路工程学

（日）君岛平八郎著；张丙昌译

陕西　陕西教育图书社　1918年　一册

5115 修路说略一卷

德国武备原本；（德）何福满　杨其昌译　周家禄校订

湖北官书处　1900（清光绪二十六）年　一册，插图及表（湖北武学）；上海扫叶山房石印本；宝善斋石印本

所论包括查验修路说，开筑马路说，石路说，管理说，低地修路说，平地修路说，山地修路说，修路面说，阻路毁路说等。

5116　西国造桥略论一卷

（英）傅兰雅译

格致汇编本

5117　拟造浦东铁桥图说一卷

（法）邵禄著；曾仰东译

求是报本　清末

述新式铁桥造法。

5118　马路汽车

（英）蒲而捺著；（英）傅兰雅译　徐建寅述

上海　制造局刻本　清光绪间　一册，有图

5119　英国汽车

（英）蒲而捺著；（英）傅兰雅译　徐建寅述

上海　制造局刻本　清光绪间　一册，有图

5120　英国汽车事件分说

（英）蒲而捺著；（英）傅兰雅译　徐建寅述

上海　制造局刻本　清光绪间　一册，有图

5121　法兰西等国汽车

（英）蒲而捺著；（英）傅兰雅译　徐建寅述

上海　制造局刻本　清光绪间　一册，有图及表

5122　美国汽车

（英）蒲而捺著；（英）傅兰雅译　徐建寅述

上海　制造局刻本　清光绪间　一册，有图

5123　小汽车

（英）蒲而捺著；（英）傅兰雅译　徐建寅述

上海　制造局刻本　清光绪间　一册，有图

5124　行冰汽车

（英）蒲而捺著；（英）傅兰雅译　徐建寅述

上海　制造局刻本　清光绪间　一册，有图

水路交通运输

5125　海道图说十五卷　附长江图说一卷

（英）金约翰（King, John W.）辑；（英）傅兰雅译卷一、二、五　（美）金楷理译卷三、四、六至十五及附卷　王德均笔述

上海　制造局刻本　1874（清同治十三）年　十五册；上海　制造局刻本　清

光绪间　十册；上海书局石印　1896（清光绪二十二）年　十册；格致汇编本

原本为英国兵船部编辑英军舰船游历中国海岸所测量之海道资料，中国海道图，尊京师观象台为中线偏东度分自左而右，西度分自右而左，朝鲜、日本海道仍依原图。全书十五卷：卷一论大风与东海、南海水流及行船要言；卷二海南琼州府至珠江香港；卷三香港至福建厦门；卷四厦门至白犬列岛，并澎湖各水道；卷五白犬列岛至浙江象山县泊船港；卷六象山港至扬子江口，附舟山列岛并上海各水道；卷七扬子江口至山东直隶水道；卷八直隶辽东二海；卷九扑勒特司岛并浅滩，与台湾水道；卷十朝鲜国西南与东南各海岸，附琉球；卷十一日本九修屿暨西各屿，南岸各岸，大日本屿东南岸与东岸，以及内海；卷十二日本屿东岸；卷十三论日本列岛暨日本与九修各屿西岸，又扬子江口至长崎；卷十四楚家尔水道与也苏岛南岸，并枯里尔列岛；卷十五日本海。凡山岛之形、沙礁之迹、风信之趋、行船之法程、滩洲之丈尺高下，均详记于图。附卷长江图说，记自崇实至岳州长江水道。

5126 新译海道图说十五卷　首一卷　附长江图说一卷

（英）金约翰辑；（英）傅兰雅口译　王德均笔述

上海　上海书局石印　1896（清光绪二十二）年　八册线装

制造局本《海道图说》所记，多为道光、咸丰间测量资料，最晚至同治四、五年，距新译本出版三十年，其间涨落汻淤多有变迁，英国已多次修订，故有新译。新译目录同原译。

5127 长江图说一卷

英国兵船部原书　（英）金约翰辑；（英）傅兰雅口译　王德均笔述

上海　制造局　清光绪间　附"海道图说"之后

所记水路，自宝山至岳州（治所在今岳阳）长江段，各处浅滩、洲石之位置、长阔，各段水道深浅窄阔，灯标、丛林及民宅等为驾船者可资利用的标识，行船方法等。沿江地名，除各州府县外，多系英国人任意命名，有以船名为名者，有以人名为名者，无义可译者，乃以谐音为名。

5128 最近扬子江之大势

（日）国府犀东著，赵必振译

上海　广智书局　1902（清光绪二十八）年　一册

原书扬子江航路记，记重庆至上海扬子江航路及其各商埠。

5129 长江驾驶便览

（泰西）共得利纂述

上海石印本　清末　一册

专述引港，附各码头旗帜图样、各公司商标、商务银洋兑钱总表、中国丈尺斤两表。

5130 上海行海通书

贾步纬译

上海　制造局　1871－1899（清同治十～光绪二十五）年　一册

自1871年起每年一编，供我南洋海军、北洋海军舰船测量之用。主要参考英格林威治天文台编《航海通书》辑要译出,并将本初子午线改为以顺天府(北京)经度为起点。

5131 大清光绪六年岁次庚辰航海通书(一名航海通书)
    大不列颠海军部原书;(英)傅兰雅　贾步纬译
    上海　制造局　1879(清光绪五)年　一册
    原书:The Nautical Almanac and Astronomical Ephemeris for 1880. (1879)
  此为英国海军部之航海年鉴及天文星象表。清光绪六年即1880年,中译书名为译者所订。西人航海实以此类书为向导,藉天度可认经纬,测日月可计算道里之距。

5132 大清光绪三十年岁次甲辰航海通书
    江南制造局翻译馆译　改贾步纬　火荣业校算
    1903(清光绪二十九)年刻本　一册,印本　一册
  从英国航海通书译出重编。

5133 行海通书解说
    (美)金楷理译
    上海　制造局　1871(清同治十)年　一册

5134 行海通书十七卷
    江南制造局翻译馆译
    上海　制造局　清同治至民国初
    包括:同治十、十一、十三年　三册
    光绪二十五至二十七年　三册
    光绪二十九至三十四年　六册
    宣统元年至三年　三册
    民国元年至二年　二册

5135 航海金针
    (美)来特非尔撰　(美)玛高温著
    宁波　华花圣经书房　1853(清咸丰三)年　一册
  前有著者序。介绍与航海有关之气象知识,有中国海上台风流向大幅插图。京师大学堂曾有收藏。

5136 航海简法三卷　表一卷
    (英)那丽著;(美)金楷理口译　王德均笔述
    上海　制造局　1871(清同治十)年初刻　清光绪中重刻　二册,重刻本　三册;西学大成本
  卷一、卷二叙经纬度,卷三述引船日记,卷四列十八表,以资勘验。

5137 行海要术四卷　图六十六幅
    (美)金楷理译　李凤苞笔述
    上海　制造局　1890(清光绪十六)年　三册,清末　三册

5138 航海章程一卷
    (美)弗兰克林著;凤仪译　徐家宝笔述

　　　　上海　制造局　1890（清光绪十六）年初版，1895（清光绪二十一）年再版　一册

　　1889年10月26日至12月31日，各国航海公会在华盛顿举行会议，由美国航海公会主办，沿海各国派官员参加，我国派出委员三人。《航海章程》即此次会议所共同商订，由美国弗兰克林编写。主要内容：海上船只航行时点灯规则，阴雨天气所用的灯色及信号规则，船遇险抢救规则，遇风暴预报规则，报险规则，浮塔及保险信号规则等。

5139 航海章程初议记录一卷
　　　　美国行海公会原本；凤仪口译　徐家宝笔述
　　　　上海　制造局刻本　清同治至民国间　一册

5140 行船免撞章程一卷　附录一卷
　　　　（英）傅兰雅　钟天纬辑译
　　　　上海　制造局　1894（清光绪二十）年　一册，有图；1895（清光绪二十一）年刻本　一册，有图
　　　　译自一本航海规则汇编，原书无从考证。

5141 御风要术三卷
　　　　（英）白尔特著；（美）金楷理译　华蘅芳述
　　　　上海　制造局　1871（清同治十）年初刊，1873（清同治十二）年重印　二册；清末石印　一册；西洋兵书五种本
　　　　述海上飓风之先兆、行进路线、航海避御飓风之方法。

5142 船舶论
　　　　（日）赤松梅吉著；范迪吉等译
　　　　上海　会文学社　1903（清光绪二十九）年　一册（普通百科全书）

5143 造船理法
　　　　（　）Russell, J. Scott 著；（英）傅兰雅　徐建寅译
　　　　该书1880（清光绪六）年为制造局译而未印
　　　　原书：The Modern System of Naval Architecture. 1865年伦敦出版。

5144 绘画船线
　　　　（英）傅兰雅译　徐建寅笔述
　　　　1880（清光绪六）年前为上海制造局译而未印

5145 船坞论略一卷　附图
　　　　（英）傅兰雅辑译　钟天纬述
　　　　上海　制造局　1894（清光绪二十）年　一册线装；富强斋丛书本
　　　　介绍干湿两类船坞的形状、尺寸、质料；详介纽约费时十年所建大船坞；使用船坞的方法，修船时泊定、链牵及上坡法，铁路船坞，1833年英国密切里从水内举起法，螺旋举船法，水压机起船法，浮船坞法，压水与浮船相结合法，各种方法的结构、材料、尺寸、要领，比较各法利弊。附图40幅。

5146 却水衣全论一卷
　　　　（英）大斐斯著；（英）傅兰雅译　徐寿述
　　　　西艺知新本；富强斋丛书本
　　　　述水下作业发展史，潜水衣、潜水器具的制造原理及工艺。

5147 入水衣略论一卷
　　　　（英）傅兰雅译
　　　　格致汇编本
　　　　介绍人乘坐密闭之金属制泳钟沉入水中，以及穿各种潜水服进行水下打捞作业。尤其详介恒格兑非斯入水衣之全套物件，各种配件，用其打捞沉船的方法等。

5148 指南针
　　　　（英）胡德迈著
　　　　宁波　华花圣经书房　1849（清道光二十九）年　一册
　　　　为海员航海而作。

5149 铁船针向一卷
　　　　（英）傅兰雅译　徐寿述
　　　　上海　制造局　1879（清光绪五）年　一册；西艺知新本；富强斋丛书本

5150 造船指南针法
　　　　（英）傅兰雅译　徐寿笔述
　　　　1880年前为制造局译而待印

5151 装船樯绳索书
　　　　舒高第译　郑昌棪笔述
　　　　1880年前为制造局译，未完，未出版

5152 万国通语旗号书十卷　首一卷
　　　　（泰西）何锡尔编
　　　　1896（清光绪二十二）年石印　二十一册线装

5153 通商各关海江警船示册（第32、33、35、41、43簿　民国二年、三年、五年、十一年十三年）
　　　　通商海关造册处译
　　　　上海　通商海关造册处　1914—1925年　五册，有图
　　　　收海关发出警船之布告，英汉对照。

5154 译一千九百十二年办理浚浦局暂行章程
　　　　上海洋商商务总会编
　　　　上海　上海洋商商务总会　1912年　一册
　　　　该章程分组织、权限、经费、税项、责任等十二条。附续条。
　　　　汉英文本。

综合性图书

丛书

5155 天学初函五十四卷

李之藻辑

明万历间刊本　1628（明崇祯元）年　五十二卷本　二册线装；明刻本五十六卷　十册

子目：西学凡　天主实义　辩学遗牍　唐景教碑书后　畸人十篇　交友论　二十五言　七克　灵言蠡勺　职方外纪　泰西水法　简平仪说　浑盖通宪图说　同文指算　几何原本　圆容较义　表度说　测量法义　天问略　勾股义

5156 知识五门一卷

（英）慕维廉著；颜永京译

上海　益智书会　1894（清光绪二十）年　一册

5157 广学类编十二卷

（英）唐兰孟编辑；任廷旭译　（英）李提摩太鉴定

上海　广学会石印　1901（清光绪二十七）年　六册线装

编辑者 Timothy Richard, D. D., 教士、文学博士。

该书分史事、地理、文学、格致、算学、商务、医药、权度、婚礼、家务、营造、游猎十二类。是介绍西方历史、地理、学术、语言文化、贸易经济及风俗的百科全书。

5158 各国政治艺学分类全书二十三种

（美）丁韪良著

鸿宝书局石印　1902（清光绪二十八）年　十四册线装

收 23 类 53 种译著。类别有：学校、政治、财赋、兵制、商务、公法、刑律、格致、算学、天文、地理、声光电化、制造矿务、电报、铁路、邮政、农学、医学、史学。

5159 格致须知十六种

（英）傅兰雅辑译

清光绪间刻本　十六册

包括以下十六种"须知"：天文、气学、富国、曲线、三角、微积、代数、量法、西礼、地理、矿学、理学、植物、画器，均有单行本。

类书、辞典、年鉴

5160 袖珍翻译手册

（英）傅兰雅著

上海基督教长老会书局　1880（清光绪六）年　一册

包括以下内容，前三者曾刊单行本。

1. 化学材料中西名目表（1885）；2. 西药大成药品中西名目表（1887.5）；3. 金石中西名目表（1883.4）；4. 医药名称中西对照表。（　）Royal and Headland 著：Material Medica and Therapeutics。

5161 外国地名人名辞典

（日）坂本健一编；新学会社编译

东京　新学会社　1904（清光绪三十）年　一册；北京　新学会社　1906（清光绪三十二）年订正3版，1914年　三册

5162 外国地名人名字典

（日）坂本健一编辑

觉民编译社　清光绪末　一册

本书以日本文部省原书为底本加以采摘，收地名、位置、历史、人物事迹等。

5163 中国通商物产志字典二卷

（日）上野专一编；钟观光　钟观诰译述

上海　科学仪器馆　清光绪末　一册（科学丛书）

著者据海关税目及本草纲目等书，考据我国出产的动物、植物、矿物制造品的种类、出处、价目等，共三百三十种。

5164 华番和合通书

（美）波乃耶　（美）花琏治　（美）富文编辑

香港刊本　1843－1853（清道光二十三～清咸丰三）年；广州刊本；澳门刊本　1854－1865（清咸丰四～同治四）年

此为年鉴，中西社会科学兼收，主要有中西历对照、中西政治、宗教、社会、经济等方面大事。收有我国与英、美、法等国所订条约。创刊名《华英和合通书》，于香港出版，1854年起改在广州、澳门出版，1865年停刊。

5165 中西通书

（英）艾约瑟　（英）伟烈亚力等编

上海　墨海书馆　1852－1862（清咸丰二～同治元）年

此为综合性年鉴，每年一册，内容包括宗教、中西历对照、世界要事、科学发明、天文知识等。1852－1862年在上海出版，1863移至天津、北京出版，停刊年代不详。1852年名为《华洋和合通书》，1856年名为《中外通书》，余皆为《中西通书》。

杂著

5166 庞子遗诠二卷

（西班牙）庞迪我著

北京　1617（明万历四十五）年刊本　一册

5167 具揭一卷

（西班牙）庞迪我　（意）熊三拔等著

澳门　1618（明万历四十六）年刊　一册

此为奏疏。

5168 毕方济奏摺

（意）毕方济著

1633（明崇祯六）年刊　一册

此为毕方济所上条陈：一开矿以裕军需，二通商以官海利，三购西铳以资战守，四明历以昭大统。

5169 熙朝定案三卷

（比）南怀仁辑

北京　清康熙间刊本　一册

收康熙七年至四十四年（1668—1705）间西方传教士关于历狱、历法、造砲等奏疏，以及康熙帝之谕旨。

5170 熙朝崇正集二卷

（意）艾儒略辑

福建旧刻本　明崇祯间　一册（法国国家图书馆藏本）；合肥　黄山书社　2005年　一册（《东传福音》第十一册）；北京　中华书局　2006年　一册（《中外交通史籍丛刊》）

收明万历至崇祯十一年间张赓、李之藻、徐光启、周子愚、李天经、利玛窦、庞迪我、熊三拔、陆若汉、毕拱辰等二十一人的奏疏，内容有关于景教碑文与记、序、利玛窦贡献方物，举荐与褒奖传教士修历，给西儒银米、田房、葬地，准译制造、度数等书之奏疏十六通。

5171 泰西事物通考新策大成

（日）森本藤吉译　王万怀编定

上海　点石斋　1901（清光绪二十七）年　十二册

5172 政艺新书

马建忠译述

教育世界社　1901（清光绪二十七）年　二册

考其译文，并无蓝本，属译编之作，共五种：一法律探原二卷，卷一论法，简述法学原理，西方国家制定法律的大体程序，国王、国会、上下议院在制定法律过程中各自的作用，司法解释，新旧律法之递变，国法与地方法等法律分类；卷二民律，述户口、婚姻、嗣续之嫡庶、收养等关系的财产继承。涉及法、英、比利时、荷兰、西班牙、葡萄牙、意大利等国某一方面法律规定之比较。二日本职官表，收中央之文官阶级（明治三十二年十二月三十一日）、陆海军武官、外交官、技术、税务、警察、非职及休职官吏、恩给及扶助费受领人员、官内省官吏、郡区、市町村吏在职及退隐人员表共十四大类。三西学提要，内容有炮台、炮船、炮附枪、水雷、轮船布阵、汽机、电学、热学，叙述简要。另有铸铜币答问、粤厂造银币记二种，为自著。

5173 史眼、实学指针、泰东之休戚

（日）西师意（金城）著

北京　河北译书局　1902（清光绪二十八）年　一册（金城丛书）

原书汉文。

5174 西事撮要

（美）金楷理译

上海　制造局　1879（清光绪五）年　一册

5175 闻见选录新编
　　（美）丁韪良辑译
　　上海　制造局　清光绪间　一册
5176 益闻录
　　徐家汇书院译
　　上海　制造局　清光绪间　一册

书目

5177 欧美书藏纪要一卷
　　（译者阙名）
　　教育世界本　一册
5178 通学汇编
　　述庐主人编
　　通学斋　1899（清光绪二十五）年　二册
　　收清末译书若干种，著录较简。
5179 科学书目提要初编
　　王景沂编
　　北洋官报局　1903（清光绪二十九）年　一册线装
　　前有王景沂光绪癸卯识语。收译著约三百种。

附录一　书名索引

A

阿比西尼亚述略一卷 3723
阿非利加洲一卷　西阿非利加洲一卷 3719
阿芙蓉考一卷 4893
阿里士庄子药图说 1637
阿利未加洲各国志 3718
阿罗小传 2532
阿塞亚尼亚群岛记一卷 3567
哀吹录（笔记小说）2715
哀矜行诠三卷 0318
哀希腊 2321
埃及变政记 3289
埃及妃 2343
埃及国略一卷 3721
埃及纪略一卷 3722
埃及金塔剖尸记（神怪小说）2356
埃及近世史 3285
埃及近世史 3286
埃及近世史一卷 3284
埃及近事考 3288
埃及史一卷 3287
埃司兰情侠传 2344
爱儿小传（艳情小说）2988
爱国二童子传（实业小说）二卷 2675
爱国杰女若安阿亚尔格传一卷 3487
爱国精神谈 0067
爱国精神谭一卷 0068
爱河潮（上、中、下册）2357
爱美耳钞五卷 2706
安公行述 0760
安乐家 2877
安南论一卷 3705
安南史四卷 3264
案中案 2345

奥国饲蚕法一卷 4931
澳大利亚新志一卷 3750
澳大利亚洲志译本一卷 3751
澳洲风土记一卷 3753
澳洲历险记（冒险小说）2261

B

八宝匣（虚无党小说）2953
八省沿海舆图七十九幅 3670
八十日环游记 2634
八十日（冒险小说）2713
八十万年后之世界（理想小说）2549
八线备旨四卷 4010
八线表一卷 3861
八线对数简表一卷 3866
八线对数全表 3867
八线拾级二卷　附答案一卷 4014
八星之一总论一卷 3533
八一三（上、下册）2989
巴黎茶花女遗事 2633
巴黎繁华记（社会小说）二卷 2894
巴黎和会实录 3162
巴黎秘密案 2662
巴黎之剧盗 3010
巴黎之剧盗（续编）3011
白巾人（侦探小说）二卷 2375
白山黑水录一卷 3645
白丝线记 2334
白头少年（社会小说）2461
白头鸳鸯 2938
白云塔（又名　新红楼）2257
百虫图说 4514
百愁门 2551
百年一觉 2794

百鸟图说 4507
百兽图说 附论一卷 4511
百问答（一名 天主圣教百问答）0357
百鱼图说 4503
拜伦诗选 2159
稗苑琳琅（社会小说）2861
般鸟纪略一卷 3623
版权考三卷 1843
邦国通法义 1405
邦交公法新论五卷 1394
邦交提要 1079
包探案 2325
新译包探案 2327
新译包探案 2328
薄荷栽培制造法一卷 4863
薄命花 2272
薄倖郎（上、下册）2858
宝藏兴焉十二卷 4983
宝琳娘 2707
宝石城 2414
保富述要二卷 1822
保护鸟图谱 4509
保华全书 0993
保罗布道遗规 0625
保罗垂训 0735
保罗言行录 0718
保罗与罗马人书 0248
保全生命论一卷 附一卷 4547
葆灵魂以升天国论 0559
报章源流一卷 1842
爆药纪要六卷 图四幅 （一名炮药记要）1638
杯中血 2462
卑斯麦 3451
北冰洋洲及阿拉斯加沿海闻见录一卷 3565
北海道拓殖概观 3251
北美瑜伽学说 0136
北美洲 3755
北洋事迹述略一卷 3563
北支那图一幅 3665
贝克侦探谈初编（侦探小说）2500
贝克侦探谈续编（侦探小说）2501
贝属 4205
倍根文集上下编 0018
蓓德小传 2990

本草补一卷 4723
比德临战笔记 2754
比国调查德军违犯万国法律及文明国交战规矩公会报告一卷 1442
比较财政学（上下卷）1779
比较归化法 1433
比较国法学 1179
比较国会论 0895
比较宪法 1182
比利时国法条论一卷 1368
比利时国考察犯会纪略 1380
比利时政治要览 1065
比例对数表一卷 3860
比例规解一卷 3882
比例四线新表一卷 3862
彼得大帝一卷 3449
彼得警长（上、中、下册）2376
笔算数学三卷 3886
俾斯麦传一卷 3450
毕查但传 3455
毕方济奏摺 5168
毕维廉传 3456
碧海情波记 2963
碧血巾 2698
避静默想功二卷 0594
砭傲金针一卷 0600
编译印花税章程 1819
卞劳妇科学 4687
辨鬼神论 0568
辨毁谤 0569
辨敬录 0630
辨孝 0570
辨学 0039
辨学启蒙 0029
辨学遗牍 0306
骠骑父子（义侠小说）2780
表度说一卷 4324
冰蘗余生记（上、下册）2724
冰天艳影（言情小说）3023
冰天渔乐记二卷 2463
冰雪因缘（社会小说）六卷 2502
兵船炮法六卷 1629
兵船汽机六卷 附录一卷 5020
兵式体操教科书十一编 1461

614

附录一　书名索引

饼药造法一卷　附图一卷　1639
并吞中国策　1119
病理撮要二卷　4622
（新撰）病理学讲义　4623
病原细菌学（前后编）　4626
波兰衰亡史　3334
波兰衰亡史　3335
波兰遗恨录　3001
波兰遗史　3336
波乃茵传（写情小说）　2377
波斯国志　3711
波斯史一卷　3277
博浪椎　2676
博徒别传（社会小说）二卷　2464
博物　2008
博物揭要一卷　2009
博物通书　4050
博物新编三卷　3791
博物学教科书一卷　3805
博物学教科书一卷　3820
博物学教授及研究之准备　3821
卜人子　3035
补习农业读本甲种二卷　4772
补译华生包探案一卷（一名　华生包探案）　2335
捕鬼奇案（侦探小说）　2980
不测之威（历史小说）二卷　2771
不得已辩　0673
不如归二卷　2281
布奥交战论　1131
布法交战论　1132
布国兵船操练　1488
布加利亚国志　3748
布匿第二次战纪　3141
步兵部队教练教科书　1460
步兵操典二卷　1459
步兵操法摘要一卷　1462
步兵斥候论　1472
步兵各个教练书一卷　1463
步兵工作教范四卷　附录一卷　1464
步兵工作教范摘要　1465
步兵连之战斗教练　1466
步兵射击教范四卷　附表一卷　图一卷　1467
步兵战斗射击教练书二篇一卷　1468
步队操法摘要一卷　1458

步队工程兵一卷　1654
步队战法二卷　1578

C

财色界之三蠹　2499
财政学　1776
财政学　1777
财政学　1783
财政学提要　1781
财政学要览　1782
裁判所构成法　1265
裁判所构成法附辩护士法等　1266
采虫指南一卷　4516
参考官厅簿记一卷　1715
残蝉曳声录（政治小说）　2539
蚕病要论一卷　4935
蚕桑实验说四篇　4925
蚕体病理一卷　4933
蚕体解剖讲义一卷　4926
蚕外纪二卷　附引用书目表　4922
蚕务说略一卷　4919
蚕务图说一卷　4920
蚕业学校衣指引一卷　4918
惨世界　2708
草木乾腊法一卷　4914
草木图说前篇二十册　4846
草木移植心得一卷　4845
测地绘图十一卷　附录一卷　图解一卷　4336
测候丛谈四卷　4348
测候器说一卷　4355
测绘海图全法八卷　附一卷　4340
测绘器一卷　测量器具说一卷　4345
测量法义一卷　3945
测量法义一卷　测量异同一卷　勾股义一卷　3944
测量全义十卷　卷首一卷　3954
测量速成法　3966
测量学摘要一卷　4339
测量仪器说　4342
测量异同　3953
测量摘要一卷　4337
测食说二卷　4310
测天约说二卷　4236
测天约同　4237
测验纪略二卷　4238

测月新论一卷 4309
策算 3863
茶事试验报告第二册一卷 4860
茶事试验报告第一册一卷 4859
查理斯密初等代数学 3939
查理斯密大代数学 3938
查理斯密斯氏、霍尔式、乃托氏大代数难题详
　　解 3933
查理斯密小代数学 3927
查理斯密小代数学解式 3940
产科学初步 4685
产科一卷图六十五幅 4682
忏情记二卷 2895
长城游记 3681
长江驾驶便览 5129
长江图说一卷 5127
长历补注解惑 4326
长生术一卷 2326
长寿哲学 4554
常话之道传 0409
常年早祷 0519
常识修养法 1893
钞业略论 1827
超性学要二十六卷 0161
朝鲜近世史 3232
朝鲜近世史二卷 3231
朝鲜牛医方一卷 4916
朝鲜史 3230
朝鲜政界活历史一卷 1005
朝鲜志二卷 3703
朝鲜志一卷 3704
潮汐论一卷 4415
潮汐致日渐长论一卷 4416
车中毒针（侦探小说）2359
车中美人（艳情小说）2896
车中死人 2663
车中语 2856
成城学校生徒心得一卷 1954
成功宝诀 1897
成吉思汗传一卷 3407
成吉思汗少年史一卷 3408
成修神务三卷 0631
诚崇拜类函 0410
城中鬼蜮记（社会小说）2862

痴汉骑马歌 2320
痴郎幻影三卷 2597
齿牙养生法一卷 4555
赤道南北两总星图说 4295
赤痢实验谈 附病痢二周记 4659
虫学略论 4513
崇修精蕴十卷 0373
崇一堂日记随笔 0324
崇真实弃假谎略说 0379
崇祯历书历引二卷 4227
崇祯历书一百零三卷（一名　西洋新法历书、西洋
　　新法算书）4224
筹华刍言 0996
筹算一卷 3881
出麦西传注释 0729
出象经解 0329
出洋通商举隅一卷 1772
初等博物教科书 2011
（初等）代数学解式 3930
初等代数学新书 3924
初等几何新书 3967
初等理化教科书 3813
初等理化教科书 3824
初等平面几何学 3970
初等算术新书 3895
初等心理学 0088
初等英文典 2148
初等植物学教科书 4464
初级干部指挥之研究 1533
初学编 0293
初学卫生编一卷 4539
初学粤音切要 2126
除虫菊栽培制造法一卷 4862
处女卫生一卷 4570
传患病预防看护法 4537
传教定例 0606
传声器像声器一卷　程端甫述传声器 4089
传种改良问答一卷 4615
船舶论 5142
船汽机新式 5029
船坞论略一卷　附图 5145
船阵图说（一名重译轮船布阵图说）1589
创化论 0017
创世传 0192

创世传注释 0190
春潮 2785
慈惠博爱 0426
慈禧外纪二卷 3410
慈禧写照记 3411
刺蔷薇（军事小说）2991
醋海波 2526
醋海波 2751
撮要支那史七卷 3187
错中错 2503

D

达尔文天择篇 4419
打鱼船 0669
大阪博览会便览 1849
大彼得遗嘱（一题　白藕节）2651
大测二卷 4003
大除夕 2748
（司密司氏）大代数例题详解 3932
大代数学讲义 3941
大东合邦新义 1010
大复仇 2346
大革命家孙逸仙 3416
大国次第考（一名　大国次第）3551
大洪水 3037
大荒归客记（上、下册）2725
大江图说五卷 3641
大美国史略八卷 3386
大魔窟（原名　塔中之怪）2262
大清帝国分省精图 3669
大清光绪六年岁次庚辰航海通书（一名航海通书）5131
大清光绪三十年岁次甲辰航海通书 5132
大清全图（汉译大清国舆地全图）3666
大日本创办海军史二十六卷 1535
（新译）大日本近世史 3258
大日本农会章程 4778
大日本史二百四十三卷 3237
大日本维新史二卷 3248
大日本中兴先觉志二卷 3421
大食故宫余载（历史小说）2812
大同学 0775
大西利先生行迹一卷 0698
大侠盗邶洛屏 2677
大侠红蘩露传（义侠小说）2465
大侠锦岐客传 2550
大亚细亚主义论 0949
大英国统志 3355
大英国志八卷 3356
大英国志三卷 3358
大英国志续刻 3357
大英十九周新史 3360
大越史记全书二十四卷 3263
代数备旨　附总答 3920
代数备旨全草十三章 3925
代数备旨下卷一卷 3923
代数几何 4002
代数难题解法十六卷 3918
代数术补式二十六卷　首一卷 3916
代数术二十卷图四十一幅 3917
代数术二十五卷　首一卷 3915
代数问答一卷 3928
代数须知 3919
代数学八卷 3921
代数学教科书 3936
代数学教科书 3937
代数学六卷 3914
代数学十三卷　首一卷 3913
代数总法 3942
代微积拾级十八卷 4019
代形合参三卷　附一卷 4021
代疑论 0308
代议政体原论一卷 0898
戴公行述 0762
但耶利言行全传 0717
但以理讲义（官话）0199
淡巴菰栽制法一卷 4868
淡水养鱼法 4942
岛夷图志 3571
盗盗（侦探小说）2716
盗花 2563
盗窟奇缘（言情小说）2415
盗面（奇情小说）2848
盗侦探（又题　金齿记）2964
道德法律进化之理二编 0012
道德兴发于心篇 0396
道德与宗教 0053
道德之研究 0054

道路工程学 5114
德国工商勃兴史 1709
德国合盟纪事本末一卷 3340
德国教育新调查 1975
德国军事侦探谈 2755
德国军制述要 1544
德国扩充海军条议 1546
德国六法 1376
德国陆军考四卷 1545
德国实业发达史 1710
德国史二卷 3337
德国述要一卷 3744
德国水师学堂事宜 1487
德国铁路律 1735
德国学校论略二卷　附录一卷（一名西国学校）1972
德国学校制度 1973
德国议院章程一卷 1047
德国最新进步史 3341
德华浅显小说（别体德文读本）2213
德诗汉译 2212
德行谱 0704
德意志出版条例（一八七四年五月初七日发）1845
德意志帝国新刑律草案总则一卷 1375
德意志法律书一卷 1377
德意志史三卷 3339
德意志史四卷（一名　德意志全史）3338
德意志刑法草案 1379
德意志刑法二编 1378
德意志战论 1050
德意志之战时经济 1711
德育及体育二卷 1894
灯台守 2761
地底旅行 2664
地方财政学 1802
地方行政要论 0903
地方行政制度 1025
地方自治财政论一卷 1799
地方自治讲义 0904
地方自治精义 0907
地方自治论 0906
地方自治实记 1023
地方自治一卷 0905
地方自治制度 0908

地理便童略传 3573
地理初桄一卷附图 4365
地理初阶一卷 3575
地理撮要四卷 3550
地理读本甲编（欧罗巴洲）3728
地理教授法 1991
地理略说附图（亦名"地理浅说"）3534
地理论略 3527
地理启蒙一卷 4360
地理浅说一卷 3557
地理全志二卷 3523
地理全志上编五卷下编十卷 3528
地理问答 3574
地理新志 3524
地理须知一卷 4402
地理学讲义一卷　附表 3577
地理学新书 3541
地理学一卷 3585
地理志略 3530
地理志略 3531
地理质学启蒙七卷 4363
地球寒热各带论一卷 3562
地球奇妙论一卷 4368
地球人数渐多应设法以添食粮一卷 1718
地球说略一卷 3525
地球图说略 3526
地球图说一卷　附补图一卷 3510
地球图说（一名地球说略）3521
地球推方图说一卷 3558
地球养民关系 4427
地球一百名人传三卷 3394
地球与彗星之冲突 4279
地球之过去及未来 4370
地球之过去及未来 4372
地球之过去未来 4369
地球之过去未来 4371
地球之过去未来 4373
地球总论一卷 3559
地势略解 4404
地势学五卷 1667
地说 4367
（最新）地文图志 4417
地文学表解 4408
地文学简易教科书 4412

地文学教科书 4413
地文学教科书 4414
地文学问答 4406
地文学问答 4409
地文学新书 4407
地心旅行（一题　地球隧）2378
地学稽古论一卷 4366
地学举要一卷 4405
地学启蒙八卷 4364
地学浅释三十八卷　图七百一十五幅 4359
地学须知一卷 4362
地学指略三卷 4361
地狱村 2939
地狱礁（上、下册）3012
地震解 4346
地志启蒙四卷 4403
地志须知一卷 3500
地质学 4374
地质学 4375
地质学 4376
地质学简易教科书一卷 4377
地质学教科书 4379
地中秘 2263
帝国会玉篇 2136
帝国历史 3255
帝国文明史 3191
帝国文学史 2232
帝国主义一卷 0953
第十九世纪欧洲政治史论一卷 0973
电感（侦探小说）2466
电幻奇误 2940
电气镀金略法一卷 5033
电气镀金总法 5035
电气镀镍一卷 5036
电术奇谈（亦名　催眠术）2258
电学测算一卷 4112
电学测算一卷 4124
电学纲目一卷 4108
电学纪要一卷 4122
电学入门一卷附图 4107
电学十卷　首一卷（一名　电学大全）4109
电学图说五卷 4110
电学问答一卷 4123
电学须知一卷 4111

电学源流一卷 4113
电学总览 4114
电影楼台（社会小说）2467
调查日本社会教育纪要 1968
垤氏实践教育学二卷 1855
定性分析化学 4218
东邦近世史二卷 3165
东方各国仿效西国工艺总说一卷 4954
东方时局论略一卷 0927
东国名胜记一卷 3713
东国通鉴五十六卷　外纪一卷 3228
汉译东京指南 3697
东来航海游记（亦作　渡海苦绩纪）3612
东篱耦谈四卷 3714
东南海岛图经十卷 3622
东南洋岛纪略一卷 3752
东三省丛话 3649
（汉文注释）东文读本 2190
（汉译）东文法汇编 2173
（文法应用）东文汉译轨范 2174
东文新法会通二册 2181
东西教化论衡二卷 0114
（新撰）东西年表一卷 3116
东西史记和合 3060
东西洋教育史二卷 1938
东西洋伦理学史 0056
东乡平八郎评传 3420
东亚各港口岸志一卷 3620
东亚将来大势论 0954
东亚普通读本 2198
东亚三国地图一幅 3631
东亚三国地志二卷 3617
东亚史课本 3166
东亚史要 3168
东亚同文会章程一卷 1029
东亚新史 3167
东洋历史 3180
东洋历史地图 3765
东洋历史地图 3766
东洋卢骚中江笃介传 3424
东洋女权萌芽小史一卷 0836
东洋史 3183
东洋史教科书一卷 3203
（增补）东洋史要 3176

东洋史要二卷 3175
东洋史要四卷 3178
东洋史要四卷 3201
(重译考订) 东洋史要四卷 3202
东洋文明史二卷 3170
东洋文明一卷 3171
东洋小史 附图 3177
重订东游丛录 1947
东游记略五卷 3615
东游自治译闻 0965
东语入门二卷 2166
冬青树(言情小说) 3013
动物采集保存法一卷 4491
动物催眠术 4492
动物进化论一卷 4426
动物类编 4477
动物浅说二卷 4501
动物通解 4482
动物新论 4487
动物须知一卷 4479
动物学 4485
动物学 4489
动物学 4493
新撰动物学教科书 4494
动物学教科书 4499
动物学教科书一卷 4495
动物学启蒙八卷 4478
动物学问答 4483
动物学详考 4486
动物学新编一卷 4480
动物学新教科书 4496
动物学新书 4484
动物学一卷 4490
洞中天 2829
督办广东治河等事宜处报告书 5101
毒菌学者(上、下册) 2579
毒蛇圈 2635
毒蛇牙 2905
毒药案(侦探小说) 2775
毒药罇(侦探小说) 2678
独耶稣救灵魂 0456
独逸监狱法 1271
读书法 1917
髑髅杯三卷 2379

赌博明论 0823
赌博明论略讲 0822
杜宾侦探案 2874
杜德蕾冒险记 2897
妒之花(艳情小说) 2360
镀金四卷 (一名电学镀金) 5034
蠹情记 2468
短篇小说合璧 2504
断肠记一卷 1035
对数表 3876
对数表二卷 3872
对数表 附八线对数表 八线表 3870
对数表四卷 3868
对数表四卷 对数表说 3873
对数表四卷 校算记一卷 3875
对数表一卷 3864
顿死论(一名病理学材料实地练习法) 4625
多明我沙维豪传 0759
多那我包探案(侦探小说) 2416
夺产案 2865
夺嫡奇冤 2242
堕溷花 2906
堕泪碑 2505

E

婀娜小史(初编—四编) 2786
俄大彼得帝传 3448
俄宫怨 2252
俄国暴状志 1043
俄国蚕食亚洲史二篇 3331
俄国近史 3333
俄国京城警兵章程要例一卷 1351
俄国历皇纪略二卷 附录一卷 3328
俄国侵略黑龙江地方史 1114
俄国情史 2766
俄国如是 3329
俄国史略 3319
俄国水师考一卷 1537
俄国新志八卷 3321
俄国政略二卷 附录年表一卷 1044
俄国政俗通考三卷 3734
俄国志略一卷 3733
俄皇独语 2802
俄皇宫中之人鬼 2361

俄罗斯大风潮 3327
俄罗斯对中国策一卷 1126
俄罗斯国史 3326
俄罗斯国志二卷 3330
俄罗斯经营东方策一卷 1128
俄罗斯民法四卷 1349
俄罗斯三卷 3325
俄罗斯史 3324
俄罗斯史二卷 3323
汉译俄罗斯文法教科书 2218
俄罗斯刑法十二卷 1350
俄史辑译四卷 3320
俄土战纪六卷 附录一卷 1130
俄王义文第四专政史；不测之威 2772
俄西亚尼嘎洲志略一卷 3568
俄租辽东暂行省治律一卷 1352
蛾眉之雄（一题 柔发野外传）2776
额伏烈特物理学五卷 4068
恶者不得入天国 0530
鄂省西北部农业视察记一卷 1719
恩仇血（福尔摩斯侦探小说）2347
儿科撮要二卷 4696
儿科论略一卷 4697
新纂儿科学 4698
儿童矫弊论 1983
儿童教育鉴 2750
儿童修身之感情 2898
二金台（一题 新包探案）2882
二十年来生计剧变论一卷 1708
二十世纪第二年之南北冰洋二卷 3564
二十世纪之怪物帝国主义一卷 0930
二十世纪之家庭一卷 0820
二十世纪之学生 2883
（二十世纪最新）天文图志 4323
二十五言 0076
二王子 3028
二义同因录——加黎波的将军二卷 2564
二俑案（侦探小说）2380
二勇少年（一名 青年镜）0665
二友相论 0480
二约释义丛书 0283

F

法宫秘史后编（历史小说）（上、下册）2687

法官秘史前编（历史小说）（上、下册）2686
法国地利花奇案 2336
法国第一次革命之风潮 1086
法国独立战史 3375
法国斐加洛报摘要一卷 1066
法国革命战史八编 发端一编 3380
法国公民教育 2073
法国黄皮书：滇省交涉公文 1138
法国六法 1372
法国律例四十四卷 1369
法国民法 1370
法国商务学校章程一卷 2061
法国水师考一卷 1543
法国外交报摘要一卷 1137
法国宪政通诠 1373
法国乡学章程一卷 1976
法国新志四卷 3743
法国学制 1977
法国印花税章程一卷 1821
法国政教考略 3374
法汉字汇 2210
法华新字典 2211
法将血战记 2607
法兰西等国汽车 5121
法兰西革命史 3378
法兰西今世史一卷（亦名 法兰西近世史）3377
法兰西史五卷 3371
法兰西宪法一卷 1374
校正法兰西刑法四编 1371
法兰西志六卷 3370
法螺君 3030
法律汛论一卷 1143
法律顾问 1170
法律教科书一卷 1163
法律经济辞典 1216
法律经济辞解 1217
法律释义 1142
法律探原二卷 1144
法律学纲领一卷 1145
法律学小史 1173
法律医学二十四卷 绪论一卷 附录一卷 1275
法美宪法正文 1360
法史揽要二卷 3372
汉译法文典 2209

法学丛书问题义解 1157
法学门径书一卷 1164
法学速成科讲义录 1165
法学通论 1149
法学通论 1151
法学通论 1152
法学通论 1156
法学通论 1161
法学通论 1169
法学通论二卷 1146
法学通论二卷 1150
法学通论二卷 1162
法学通论讲义二卷 1155
法学通论讲义二卷 1167
法学通论九卷 1154
法学通论上、下卷 1153
法意十九卷 1148
法政概一卷 3373
法政讲义 0865
法制经济通论 1160
法制新编一卷 1168
法字入门一卷 2208
袖珍翻译手册 5160
翻云覆雨录 3022
犯罪搜查法 1274
方德望神父小传一卷 0763
方星图解一卷 4296
方言备终录 0612
方言圣人行实摘录 0753
防海新论十八卷 图九十五幅 1563
纺织机器图说一卷 5056
飞将军（理想小说）（上、下册）2552
飞猎滨独立战史一卷 附录志士列传一卷 3266
飞行记 2417
菲律宾志士独立传 3437
肥料保护篇一卷 4790
肥料篇一卷 4791
肥料效用篇一卷 4788
肥料学 4787
腓尼西亚史一卷 3279
斐利达礼玺大王农政要略 4758
斐录答汇二卷 3774
斐洲烟水愁城录（冒险小说）二卷 2362
斐洲游记四卷 3726

肺病疗养法 4666
肺结核之人工胸气疗法 4664
肺劳实验新疗法 4665
肺痨病救护法 4661
肺痨病学 4663
肺痨病一夕谈 4662
肺痨病预防法 4660
废物利用篇一卷 5040
费尔巴尔图派之教育三卷 1854
分光求原 4103
分化津梁 4212
分级器械运动 2096
分类经济时务策论六卷 附国朝洋务新论二
　　卷 首一卷 0774
分娩生理篇 产褥生理篇 4684
分析化学 4210
分析化学原理 4211
粉阁奇谈 2907
风车说一卷 吹风器一卷 4813
风流镜 2846
风俗闲评（上、下册）2784
风雨表说 4356
封禁海口论一卷 0931
奉劝真假人物论 0441
佛国革命战史八编 3379
佛罗纱 2381
佛说造像量度经一卷（附续补一卷）0134
郛姊妹 2296
浮桥工程学五卷 附录一卷 1656
福尔摩斯别传（上、下册）2728
福尔摩斯再生案 2349
福尔摩斯再生案（一至十三册）2348
福尔摩斯侦探第一案 2382
福尔摩斯侦探全集（一至十二册）2565
福尔摩斯最后之奇案 2418
福女玛琍亚纳传 0737
福世津梁 0510
福田自动织机图说一卷 5061
福音撮要传 0229
福音调和 0203
福音概论 0206
福音广训 0211
福音广训 0225
福音小学 0226

福音要言 0208
福音真理问答 0227
福音之箴规 0204
福泽谕吉丛谈 0789
拊掌录（寓言小说）2813
妇科精蕴图说五卷 4680
妇科五十二章 4681
妇女卫生学白话 4569
妇婴新说一卷 4679
复国轶闻（航海小说）2419
复活论二卷 0156
复活要旨 0438
复朗克侦探案（侦探小说）2506
傅氏眼科 4719
（重译）富国策 1672
富国策三卷 1671
富国须知一卷 1675
富国养民策一卷 1674
富国真理二卷 1676
富民策二卷 1677
富氏产科及妇人科学 4689
富之满洲 3647

G

改悔信耶稣略说 0490
改邪归义之文 0825
盖氏对数表 附用法 3874
甘萨女郎 3002
甘薯试验成绩一卷 4843
橄榄仙（上、下卷）2863
冈田氏静坐心理 4705
冈田式静坐法 4560
高等催眠讲义 0110
高等女学校令施行规则一卷 2043
高等小学博物教科书三卷 2010
高等小学几何学 2026
高等小学生理卫生教科书 2012
高等小学生理卫生教科书一卷 2032
高等小学卫生教科书一卷 2033
高等小学游戏教科书一卷 2015
高丽史一百三十七卷　目录二卷 3234
高小商业教科书 2007
告少年 0937
戈登将军一卷 3461

哥萨克东方侵略史一卷 1127
割圆八线表六卷 4004
割圆勾股八线表一卷 4006
割症全书七卷 4670
革履厂 5078
革命前法朗西二世纪事二卷 3376
革命心理 0884
革心记 2580
格兰斯顿列传 3462
格列姆童话 2756
格林炮操法一卷 1616
格鲁森快放炮操法一卷 1618
格氏特殊教育学 1856
格物测算八卷 3794
格物课程上卷一卷 4198
格物论质一卷 3783
格物穷理论一卷 3784
格物穷理问答 3777
格物入门七卷 3836
增订格物入门七种七卷 3837
重增格物入门七种七卷 3838
格物算学入门一卷 3901
格物探原六卷 0162
（训点）格物探原五卷 0163
格物学一卷 3826
格物杂说 3785
格致丛书一百种附十种 3846
格致地理教科书 3822
格致读本二卷 3802
格致读本卷三（一卷）3827
格致概论 3787
格致教科书一卷 4070
格致进化 0801
格致精论图说 3798
格致举隅一卷 3800
格致理门 3778
格致启蒙格物学 4052
格致启蒙四卷（一名　格致启蒙四种）3841
格致释器 3840
格致书院西学课　附数学课题 3850
格致图说（一名　格物图说）3843
格致问答提要 3809
格致小引一卷 3796
格致新机七卷（亦名格致新法）3779

格致须知三集 3842
格致须知十六种 5159
格致源流说 3799
格致质学启蒙一卷 4053
格致质学十卷 附一卷（一名 格物质学）4063
格致总学启蒙三卷 3781
隔靴论一卷 0952
各国国民公私权考 1158
各国国民公私权考一卷 1159
各国交涉便法论六卷 1425
各国交涉公法十六卷 校勘记一卷 中西纪年一卷 1392
各国近时政况 0968
各国硫矿同异 4980
各国律例 1421
各国入籍法异同考 1432
各国史略 3093
各国宪法大纲四卷 1356
各国宪法论 1184
各国宪法一册 1355
各国宪法源泉三种合编 1183
各国学校制度三卷 1920
各国预算制度论 1792
各国政治艺学分类全书二十三种 5158
各国主权宪法对照一卷 1185
各科教授法精义 1915
各种危险症救急疗法 4637
庚子传信录 3219
庚子教会受难记二卷 0683
庚子使馆被围记三卷 3226
新译庚子中外战纪二卷 3220
耕土试验成绩一卷 4799
耕种原论 4816
耕作篇一卷 4817
工程机器具图说一卷 新式工程机器图说一卷 4956
工程致富论略十三卷图七十六幅 4950
工商理财要术 1788
工业常识 4952
工业与国政相关论二卷 1723
公额小志 3724
公法便览五卷 续一卷 1389
公法会通十卷 1390
公法讲义 1385

公法九章 1384
公法释疑 1383
公法条例 1406
公法新编四卷 1398
公法源流考 1386
公法源流考 1435
公法指南 1391
公法总论一卷 1393
公会政治 0586
公民鉴 1892
公债论 1796
公债论 1797
攻守炮法六卷 图五十四幅 1608
共产党宣言第一章 0860
共和宪法持久策 1303
共和真谛 0900
共和政体论 0899
沟垒图说四卷 1662
孤雏感遇记 2984
孤雏劫（奇情小说）2992
孤儿记 2665
孤露佳人（上、下册）2598
孤露佳人续编（上、下册）2599
孤士影（言情小说）（上、下册）2859
孤星泪（励志小说）（上、下册）2679
古巴述略一卷 3764
古法经世 1174
古荒原人史 3134
古教汇参三卷 0113
古今交食考一卷 4313
古今敬天鉴 0159
古今圣史记集 0674
古今授受大道 0497
古今万国纲鉴 3061
古今音乐篇 3046
古圣奉神天启示道家训四卷 0407
古时女氏亚国历代列传 0708
古史探源二卷 3129
古世文明三卷 3104
古新圣经 0166
谷间莺 2643
怪獒案 2899
怪手印（上、下册）3014
怪手（侦探小说）（上、下册）2866

附录一 书名索引

怪医案 2830
关系重天略论 0416
观光记游一卷 3679
观物博异八卷 3782
观奕闲评 1011
官话初阶 2132
官话萃珍 2131
管炮法程一卷 1619
光论一卷 4092
光绪帝 3412
光绪勘定西北边界俄文译汉图 3672
光学测算一卷 4097
光学二卷 附视学诸器说一卷 4094
光学揭要二卷 4100
光学入门一卷 测算光学一卷 4093
光学图说二卷 4098
光学须知 热学图说 4099
光学须知一卷 4101
广长舌 0853
广告须知 1752
广学类编十二卷 5157
广学兴国策 1852
闺娜传 2878
鬼窟藏娇二卷 2608
鬼山狼侠传（神怪小说）二卷 2363
鬼史 2609
鬼士官（写情小说）2273
鬼室余生录 2420
柜中尸 2469
国朝宝鉴八十二卷 3233
国法汎论一卷 1186
国法学 1189
国法学 1190
国法学 1191
国法学 1192
国法学四卷 1188
国际地理学一卷 1083
国际法要论（平时之部）1413
国际法要论（战时之部）1420
国际公法 1397
国际公法 1404
国际公法、国际私法问题义解 1434
国际公法精义一卷 1396
国际公法提纲 1402

国际公法要略 1401
国际公法之租借论 1407
国际公法志上卷 1395
国际立法条约集 1443
国际私法 1427
国际私法 1428
国际私法 1429
国际私法 1430
新译国际私法 1431
国际私法一卷 1426
国际同盟论 1081
国家学 0886
国家学 0889
国家学纲领一卷 0888
国家学原理一卷 0887
国家政府界说 0894
国家专设农部议 1003
国民道德谈 0074
国民教育爱国心 2069
国民教育资料二卷 1950
国民经济学原论 1692
国民体育学一卷 2086
国民同盟会始末一卷 1030
国民新体操一卷 2092
国史略七卷 3245
国手（世界秘史）2688
国文法 2172
国宪汎论二卷 1197
国宪要论 1200
国语指南 2133
国债论一卷 1798
国政贸易相关书二卷 1744
果树 4879
果树教科书 4880
果树栽培全书三卷 4877
果树栽培总论一卷 4878
裹扎新法一卷 4673
过蜀峡记一卷 3684

H

哈乞开司枪图说四卷 1600
哈氏体功学 4609
孩童卫生论一卷 4571
海参崴公董局城治章程一卷 1353

海道图说十五卷　附长江图说一卷 5125
新译海道图说十五卷　首一卷　附长江图说一卷 5126
海道总图 3640
海底旅行 2636
海底漫游记（一题　投梅记）2383
海防臆测二卷 1564
海国大政记十二卷　卷首一卷 3529
海国妙喻 2311
海国图志定本一百卷 3517
海国图志六十卷 3516
海国图志五十卷 3515
海国图志续集二十五卷　卷首一卷 3519
海国图志一百卷首一卷 3518
海军第一伟人 3488
海军调度要言三卷　图一卷 1585
海军机关学校规则 1485
海军指要一卷（一名海战指要）1586
海门奇案（侦探小说）2421
海面测绘 4341
海谟侦探案（译本短篇小说）2954
海棠魂 2470
海塘辑要十卷　附导言一卷备注一卷 4814
海天情孽 3003
海外纪事 0969
海外奇谈 2337
（海外奇谭）百合花 2358
海外拾遗 2471
海外天 2338
海外轩渠录二卷 2384
海外舆图全说 3593
海卫侦探案（侦探小说）2472
海屋筹（上、下册）2422
海洋所见巨动物一卷 4502
海用水雷法 1632
海战要诀 1587
海战用炮说 1590
骇杀奇谭 2680
害虫驱除全书一卷 4830
害虫要说一卷 4833
含冤花 2527
韩国沿革史二卷 3229
寒牡丹二卷（哀情小说）2264
寒食清明论 3493

寒桃记（侦探小说）二卷 2908
汉法医典 1277
汉和对照日语文法述要 2175
汉口 3657
汉满蒙藏法五国文字字汇 2205
汉文典 2137
汉文刑法总则讲义案 1249
（言文对照）汉译日本文典 2171
汉英辞典 2158
汉英韵府 2154
（最新）汉字传音速记法 2111
汗漫游 2339
航海复仇记四卷 2582
航海简法三卷　表一卷 5136
航海金针 5135
航海少年（冒险小说）3015
航海述奇一卷 2300
航海章程初议记录一卷 5139
航海章程一卷 5138
豪慈儿科学 4699
喝茫蚕书一卷 4923
合欢草（言情小说）二卷 2553
合金录 4984
合浦还珠记 2814
合数术十一卷 3869
和汉英对照文法 2180
和兰刑法三编 1367
（四版订正）和文汉译读本 2191
和文汉译读本八卷 2182
和文汉译读本（卷五，卷六）（一名日文读本）2183
河工记略一卷　新法开河机器一卷 5098
河流与文明之关系 0799
赫胥黎科学入门 3788
赫胥黎天演论二卷 0796
黑楼情孽（哀情小说）（上、下册）2540
黑蛮风土记一卷（一名　泰西风土记）3725
黑奴吁天录四卷 2795
黑蛇奇谈（侦探小说）2815
黑太子南征录（军事小说）（上、下册）2507
黑伟人（上、下卷）2875
黑行星（科学小说）2803
黑衣教士 2768
黑狱之光 2623

恨海春秋 2243
恨缕情丝二卷 2790
恨绮愁罗记（历史小说）二卷 2474
恨中恨（一题 双恨魂）2955
亨利第六遗事 2566
亨利实录 0531
恒星表 4305
恒星表二卷 4299
恒星表五卷 4300
恒星赤道经纬表 4308
恒星出没表二卷 4301
恒星经纬一卷 4304
恒星历指三卷 4302
恒星屏障 4303
恒星图表一卷图二幅 4306
恒星新表 4307
红宝石指环（家庭小说）（一题"八角室"）2528
红茶花 2652
红发案 2508
红粉劫 2541
红闺镜 2831
红礁画桨录（言情小说）二卷 2388
红泪影 2509
红柳娃（探险小说）2809
红泥记 2387
红星佚史（神怪小说）2423
洪罕女郎传（言情小说）二卷 2386
洪荒鸟兽记（科学小说）（上、下册）2554
鸿巢记 2909
侯氏电机一卷 5030
喉痧新论不分卷 4713
狐狸梦 2288
弧角拾遗 4015
弧三角阐微五卷 4011
胡尔德氏植物学教科书 4468
户籍法登记法问题义解 1318
护队辑要 1571
沪话开路 2135
花甲忆记 0765
花间莺 2244
花篮子 0667
花柳指迷 4711
花笑翁 2265
花因 2424

花月香城记 2425
花中贼 2941
华法满蒙文对照字典 2206
华番和合通书 5164
华拉文对照字典 2217
华人贫苦之故 0814
续译华生包探案 2329
华盛顿 3477
华盛顿 3478
华盛顿传不分卷 3479
华盛顿全传八卷 3476
华事夷言三卷 0997
华洋义赈会报告一卷 0816
华英尺牍 2138
华英工学字汇 4958
华英通商事略一卷 1766
华英谳案定章考一卷 1254
华英字典六卷 2150
华英字录 2141
华语考原一卷 2119
滑稽旅行 2972
滑稽外史（滑稽小说）六卷 2426
滑铁庐战血余腥记 2644
化分中国铁矿一卷 4384
化身奇谈（滑稽小说）2473
化学 4156
化学 4177
化学辨质 4147
化学表解（前后编）4154
化学材料中西名目表一卷 4161
化学阐原十五卷 首一卷 表一卷 4213
化学初桄三卷 4149
化学初阶四卷 4137
化学导源二卷 4175
化学定性分析 4216
化学方程式 4159
化学分原八卷 4208
化学工艺初集四卷 二集四卷 三集二卷 5037
化学计算法 4160
化学鉴原补编六卷 附体积分剂一卷 4141
化学鉴原六卷 图一百四十九幅 4138
化学鉴原续编二十四卷 4140
化学讲义实验书 4200
化学讲义实验书 4201

（最新实验）化学教科书 4178
新撰化学教科书 4191
化学精义 4158
化学考质 4214
化学理论解说 4152
化学启蒙一卷 4142
化学启蒙一卷 4144
化学器二卷 4164
化学器图说六卷 4165
化学　前编 4187
化学求数十五卷　附求数便用表一卷 4219
化学入门 4136
化学入门 4143
化学实验新本草 4731
化学实用分析术 4209
化学探原一卷 4215
化学体积分剂一卷 4168
化学卫生论四卷（一名　日用化学）4438
化学问答 4150
化学新编 4146
化学新教科书二卷　表一卷 4193
化学新书 4167
化学须知一卷 4145
化学一卷 4174
化学易知二卷 4169
化学原流论四卷 4148
化学原质新表 4162
化学指南十卷 4139
画经比喻讲 0210
画灵（言情小说）2427
画器须知一卷 4344
画说一卷 3039
画形图说 4343
环球旅行记 2666
环球旅行记 2667
环球旅行记（游记小说）2921
环球新史 3160
环瀛遇险 2903
环瀛遇险 2904
环游月球（科学小说）2645
环有诠六卷 0314
环宇始末二卷 0152
幻梦奇冤 2956
幻想翼 2832

荒村奇遇（上、下册）2876
荒岛孤童记 2510
荒唐言 2542
续编皇朝史略五卷 3244
皇朝史略正编十二卷　续编五卷 3243
皇朝政典絜要八卷（一名　皇朝政典举要）3216
皇舆全览图 3659
黄赤距度表一卷 4234
黄赤正求二卷 4233
黄道总星图 4297
黄金藏 2428
黄金（独幕剧）2630
黄金骨（福尔摩斯侦探案）2389
黄金血（侦探小说）2798
黄铅笔（上、下册）2429
黄衫赤血记 2689
回教考略 0141
回教杂记 0143
回銮大事记 3221
回热炉法一卷 4985
回特活德钢炮说一卷 1643
回天绮谈 2973
回头看（政治小说）2804
悔改说略 0451
悔改信耶稣说略 0587
悔罪大略 0433
悔罪信耶稣论 0511
会计学 1714
诲谟训道 0418
绘地法原一卷　图三十九幅 4335
绘画船线 5144
彗星奇婿录（社会小说）2511
惠爱医馆年纪 4531
慧劫（上、下册）2583
婚姻哲嗣学 4561
浑盖通宪图说二卷　卷首一卷 4225
浑天仪说五卷 4280
混沌说 3786
涠中花（讽世小说）(上、下册）2717
活青年一卷 1895
活世界 3154
活物学二卷 4428
活学 4422
火车与车路略论一卷　轻筒汽车与铁路说一

卷　印度铁路一卷　电车铁路说一卷 5102
火攻秘要一卷 1595
火攻挈要二卷 1594
火攻挈要三卷　图一卷 1593
火攻挈要三卷　（一题则克录）1592
火里罪人二卷 2910
火木土二百恒星表 4298
火器考一卷 1644
火器略说一卷 1597
火星与地球之战争（怪异小说）2555
火学测算一卷 4128
火学入门一卷 4126
火药机器一卷 5038
货币论 1823
货币论 1824
货币论 1830
霍乱新论　疟疾新论 4668

J

玑衡抚辰仪记 4289
玑司刺虎记（言情小说）二卷 2512
机动图说一卷 5006
机器妻 2274
机外剑客杂著六种 1012
积雪东征录（上、下册）3016
基督本纪 = The life of Christ 0745
基督传 0750
基督降世传 0733
基督教大旨 0618
基督教改造社会论 0627
基督教教会纲领 0619
基督诫命 0654
基督实录三卷 0740
基督事略 0752
基督之圣神 0610
基氏法医学 1278
畸人十篇二卷附西琴八曲一卷 0304
吉田松阴 3425
吉田松阴遗墨三卷 2297
极东地图一幅 3664
极东外交感慨史 1109
极乐世界 2245
急救疗术 4641
（新撰）急性传染病讲义 4658

几道山恩仇记 2668
几何画 2027
几何画法 3992
几何画法 3993
几何举隅一二三四六卷　补译几何原本第六卷一卷 3964
几何论约七卷 3948
几何探要九卷 3984
几何学 3969
几何学 3975
几何学讲义（平面部）3982
几何学教科书 3971
几何学教科书 3979
几何学教科书 3983
几何学难题详解（立体部）3989
几何学难题详解（平面部）3976
几何学　平面 3981
几何要法四卷 3955
几何原本存三卷　卷首一卷 3947
续几何原本九卷 3950
几何原本六卷 3946
几何原本七卷 3957
几何原本十五卷 3951
几何原本四卷 3980
几何原本一种 3956
几何约 3949
记忆力增进法（名家实验）0103
记忆术一卷 0102
纪克麦再生案 2993
济急法一卷 4674
济美篇 0705
寄罗马人书注释 0249
寂寞 2833
加非考 4861
加里波的传一卷 3454
加藤弘之讲演集第一册 0786
佳客问道 0571
佳人奇遇 2233
佳人奇遇经国美谈合刻 2289
佳人奇遇（政治小说）2234
迦茵小传（言情小说）二卷 2364
家范溯源 0078
家菌长养法一卷 4875
家禽疾病篇一卷 4917

家事教科书 2077
家庭教育法一卷 2084
家庭教育一卷 2083
家畜饲养汎论 4902
家畜饲养各论 4903
家用良药 4742
家政学 2079
家政学 2082
新撰家政学（第2种）2081
家政学五卷 2078
家政学五卷 2080
嘉氏内科学 4650
甲乙二友论述 0572
监狱访问录二编 1272
监狱学 1267
汉译监狱学 1268
监狱学 1269
监狱学 1270
监狱作业论 1273
柬埔寨以北探路记十五卷 3715
简便国民教育法一卷 2071
简明生理学一卷 4596
简平规总星图 4294
简平仪说一卷 4281
简易测图法 4338
简易缫丝法一卷 5064
简易炭酸定量器使用法一卷 4166
剑胆琴心录 2942
剑底鸳鸯（言情小说）二卷 2430
剑魄花魂 2922
江苏师范编化学 4182
江苏师范讲义·物理 4075
将家子 2943
讲上帝差儿子救世界上人 0452
讲头一个祖宗作恶 0453
讲学类钞 0788
讲自家个奴处辈弗着 0443
匠诲与规三卷（一名 西艺知新）3839
降妖记 2372
交涉要览类编初集四卷 1133
交食表九卷 4315
交食历表二卷 4311
交食历书一卷 4316
交食历指七卷 4312

交食蒙求 4314
交通学 1725
交友论一卷 0075
狡狯童子 2431
狡兔窟 2816
教化论五卷 2065
教会历史 0689
教会历史 0690
教会问答 0520
教理便蒙一卷 0601
教师论 1918
教士列传十卷 0747
教士遇难记 0685
教授法沿革史一卷 1909
教授学问答 1907
教授学一卷 1910
教要 0632
教要刍言一卷 0602
教要略解 0312
教要序论 0350
教育丛书初集 1889
教育丛书二集 1890
教育丛书三集二十七种 1891
教育瞽人理法论 2062
教育家言一卷 2072
教育史教科书一卷 1940
教育史一卷 1939
教育探源一卷 1853
教育心理学一卷 0104
教育新论一卷 教育新史一卷 1857
教育行政 1919
教育学 1858
教育学 1859
教育学 1860
教育学 1861
新编教育学讲义 1870
教育学教科书一卷 1862
教育学史 1885
教育学史 1886
教育学问答 1863
教育学问答 1864
教育学新书 1865
教育学原理一卷 1868
教育学原理一卷 1871

附录一 书名索引

教育应用儿童心理学 0108
教育应用心理学一卷 0107
教育与国家一卷 1882
教育准绳 2068
教子有方 0521
接木法一卷 4871
劫花小乘（哀情小说）2432
劫花小影（言情小说）二卷 2556
杰克航海记 2584
解剖学讲义 4597
新撰解剖学讲义 4601
解剖学讲义四卷 4605
戒礼须知 3496
借箸筹防论略一卷 附炮概浅说 1506
今世欧洲外交史一卷 1094
今世外交史 1090
金钵儿 2944
金风铁雨录三卷 2433
金工教范一卷 5000
金类染色法一卷 5002
金麒麟 2971
金石略辨 4385
金石识别十二卷 附英文表一卷 图二百九十八幅 4380
金石识别中西名目表一卷 4382
金丝发 2434
金松树栽培法一卷 4894
金台春梦录 2308
金屋型仪 0491
金行集二卷 3556
金银岛（冒险小说）2350
尽理正道传 0413
进呈鹰说 4506
进德篇 1896
进化新论 4432
进教要理问答 0444
进小门走窄路解论 0380
近代教士列传 0743
近代欧洲文艺思潮 2306
近时外交史一卷 1091
近时战船论一卷 1626
近世博物教科书一卷 附录一卷 3801
近世催眠术 4706
近世德意志政治史 1049

近世法医学 1276
近世海战史二卷 1549
近世化学 4155
改定近世化学教科书 4170
近世化学教科书三卷 4172
近世化学教科书三卷 4173
改正近世科学教科书 3817
近世科学与无政府主义 0950
近世理化示教二卷 3806
近世陆军二卷 1521
近世露西亚一卷 3736
近世内科全书 4652
近世欧洲大事记一卷 3307
近世欧洲四大家政治学说一卷 0862
近世社会主义 0857
近世史略 3153
近世史略一卷 附中西目录一卷 3155
近世泰西通鉴十八卷 3156
近世外交史 1092
近世万国新地图 3607
近世物理学教科书 4077
近世物理学教科书九卷 首一卷 表一卷 4076
近世英文选 2161
近世政治史一卷 0979
京师大学堂心理学讲义 0097
经国美谈 2236
经国美谈 2238
经国美谈前编一卷 后编一卷 2237
经济地理学大纲 1703
经济纲要一卷 1680
经济各论讲义二卷 1826
经济教科书 1696
经济教科书六卷 1695
经济通论五卷 1681
经济统计 0794
经济学 1683
经济学 1686
经济学 1689
经济学粹四卷 1685
经济学大意 1693
经济学大意 1790
经济学概论 1688
经济学各论 1829
经济学讲义 1697

经济学讲义 1699
经济学讲义一卷 1700
经济学教科书 1698
经济学史一卷 1701
经济学研究方法 1690
经济学要览 1691
经济学要义 1684
经济原论 1687
经天该一卷 4246
经验奇症略述 4636
惊婚记 2581
惊人谈 3036
精神之教育二卷 2066
井底埋香记（哀情小说）2981
井矿工程三卷 4971
阱中花（言情小说）二卷 2385
景教碑诠（一名 唐景教碑颂正诠）0671
景教碑颂注解 0672
警察法监狱学问题义解 1314
警察全书 0912
警察全书二卷 0910
警察犬之研究 0920
警察学大意 0914
警察学一卷 0909
警察学一卷 0911
警察学一卷 0913
警恶箴言 0512
警务要领 0919
静坐三年 4559
镜中人（一题 女侦探）2817
九九新论二卷 0929
九十三年（法国革命外史）（上、下册）2711
旧金山记一卷 3759
旧金山（冒险小说）2810
旧新约全书 0284
旧新约圣经（串珠官话）0286
旧遗诏圣书 0187
旧约节录启蒙 0177
旧约利未记注释二十七章 0193
旧约全书 0175
旧约全书 0176
旧约全书（官话）0178
旧约全书（官话本）0179

旧约诗篇 0197
旧约诗篇注释 ==The conference commentary on the psalms 0196
旧约史记课程 ==Studies in old testament history 0201
旧约史记条问 0174
旧约书创世纪 0191
旧约耶利米书注释 0198
救华厄言二卷 0992
救魂论 0465
救急处置一卷 4638
救灵魂说 0492
救灵先路 0532
救溺新法一卷 4642
救人良方一卷 4747
救世教益 0604
救世要论 0588
救世主言行全传 0711
救世主耶稣新遗诏书 0261
救世主耶稣之圣训 0712
救世主只耶稣一人 0533
厩肥篇一卷 4792
就是我（侦探小说）2729
居宅卫生论一卷 4563
局外中立法精义 1423
橘英男 2275
具揭一卷 5167
剧场大疑狱 2923
剧场奇案（侦探小说）2475
剧盗遗嘱 2681
决斗缘 2709
决疑数学十卷　绪论一卷 4029
绝岛飘流记 2333
绝岛飘流记一卷 2332
绝岛日记 2965
绝岛英雄 2390
军备与金融之关系 1447
军队内务书一卷 1489
军民宝书粗食猛健法 4557
军械图说二卷 1598
军役奇谈 2351
军制学暂行教程十一篇 1450
君子终日为善 0534

K

喀什噶尔略论一卷 3654
开办铁路工程说略一卷 附美国大火轮车图说 1727
开成纪要 3775
开地道轰药法三卷 图一卷 1664
开方表一卷 3878
开矿器法图说十卷 附图一卷 4973
开煤要法十二卷附表 4972
开辟美洲阁龙航海家独列几合传一卷 3446
开战时之德意志 1051
恺撒一卷 3447
坎那大中华移民律 1445
看护产科学 4688
康德人心能力论 0016
康熙八年日食图 4317
康熙十年月食图 4320
康熙永年历法交食表四卷 4287
康熙永年历法六卷 4286
康熙永年历法三十三卷 4285
考工记要十七卷 附图一卷 4951
考试司机七卷 首一卷 附图一卷 4953
科学丛书八本 3847
科学趣谈一卷 3828
科学手册（Scientific Manual）3792
科学书目提要初编 5179
科学罪人 2476
可敬贤女笃计真传 0755
克己论 0073
克莱武传一卷 3458
克雷洛夫寓言三篇 2791
克利米战血录（军事小说）2787
克虏伯船炮操法一卷 1628
克虏伯螺绳炮架说一卷 附图一卷 1614
克虏伯炮表八卷 1609
克虏伯炮操法四卷 附表八卷 1610
克虏伯炮弹造法二卷 附图一卷 饼药造法一卷 1640
克虏伯炮架说一卷 附图一卷 1645
克虏伯炮药弹造法四卷 图一百五十二幅 1641
克虏伯炮准心法一卷 图一卷 1621
克虏伯图说四卷 图三十五幅 1611
克虏伯腰箍炮说一卷 1648
克虏卜量药涨力器具图说（一名罗德满器具说略）1613
克虏卜新式陆路炮图说 附行炮表 1647
克鲁伯炮说四卷 炮表八卷 1615
克鲁伯炮造法二卷 1646
克鹿卜电光瞄准器具图说 1612
课幼百问 0473
空谷佳人（爱情小说）2435
空谷兰 2974
空际格致二卷 3773
空中飞艇二卷 2246
孔门之德育 1945
孔子传 3404
口铎日抄 0320
扣子记 2945
哭神诗 0661
苦儿流浪记（教育小说）三卷 2718
苦海余生录（警世小说）2436
苦难祷文 0321
苦学生 2247
块肉余生述前编二卷 2477
块肉余生述续编二卷 2478
快枪打靶通法二卷 1603
快枪图说一卷 附总件名目考一卷 1604
况义（一名 意拾喻言）2309
矿石辑要 4381
矿石图说一卷 4386
矿务丛钞十二卷 4968
矿物 4392
矿物学 4391
矿物学简易教科书二卷 4400
矿物学教科书 4395
矿物学教科书 4396
矿物学教科书 4397
矿物学问答 4389
矿物学新书 4390
矿物学一卷 4388
矿学简明初级教科书一卷 4399
矿学考质上编五卷下编五卷 4393
矿学名目 4383
矿学须知一卷 4387
傀儡家庭 2740
傀儡美人 2690
傀儡侦探 2957
坤舆撮要问答四卷 附编一卷 3576

坤舆方图一幅 3601
坤舆格致略说 3506
坤舆格致四卷 4967
坤舆全图 3596
坤舆全图 3597
坤舆全图 3598
坤舆全图绘意二卷 3507
坤舆图说二卷 3508
坤舆外纪一卷 3509
昆虫标品制作法一卷 4517
昆仑及南海古代航行考不分卷 3621

L

拉哥比在校记二卷 3024
喇叭吹法一卷　图三十一幅 1477
辣女儿（侦探小说）2543
来就耶稣 0535
乐书要录三卷 3051
雷火图说一卷 1599
累卵东洋 2235
狸奴角 2900
离恨天（哀情小说）2712
离魂病 2884
礼拜日要论 0454
李傅相历聘欧美记二卷 1104
李觉出身传 2710
李莲英一卷 3413
李文司敦播道斐洲游记 3727
李哲脑斯基氏之秘录一卷 3316
里城狱（一名　里城案）2924
里堂算学记七章 3995
理财新义 1778
理财学纲要 1785
理财学精义一卷 1786
理财学课本上编三篇 1787
理财学四卷 1679
理财学一卷 1789
新编理化示教 3790
理化示教 3814
理化学大意 3810
理化学教程 3818
理化学阶梯 3816
理化学提纲 3825
理科 2021

理科教本化学·矿物编三卷　附化学原质异同表一卷 4192
理科教授法 1916
理想社会主义与科学共产主义 0864
理学钩玄三卷（亦名　理学钩元）0031
理学须知一卷 0030
力学 4045
力学测算三卷 4036
力学课编八卷答数备质一卷 4046
力学入门一卷　测算力学一卷 4035
力学入门一卷附图（一名重学入门）4033
力学须知一卷 4041
历代史略 3186
历代中外史要二卷 3076
历法不得已辨 4254
历法西传 4248
历劫恩仇（上、下册）2585
历览英国铁厂记略 5003
历史哲学二卷 3114
历象考成后编十卷 4258
历象考成四十二卷 4257
历学会通 3835
历引一卷 4226
立体几何教科书 3988
立体几何学讲义 3987
立体形学课本四篇 3986
励学古言 2063
利俾瑟战血余腥记 2646
利玛窦题宝像图一卷　附赠程幼博文 0702
帘外人（侦探小说）2391
莲心藕缕缘二卷 2610
联邦志略二卷（一名　大美联邦志略）3384
炼才炉（政治小说）2392
炼钢书 4991
炼钢要言一卷 4990
炼金新语一卷　图八十三幅 4989
炼灵通功经 0366
炼石编三卷　图一卷 5090
恋海之恶波澜 2719
量大热度之表一卷　力储于煤说一卷 4134
量法代算 3958
量法须知一卷 3963
量法须知一卷　代数须知一卷　微积须知一卷　三角须知一卷　曲线须知一卷 3856

量光力器说一卷 4096
量光力器图说一卷　光理浅说一卷　显微镜说一卷　美国极大天文镜图说一卷 4106
量学问答一卷 3965
两次海牙国际和平会盟约全书 1084
辽西梦（欧战中之情史）2586
疗学 4526
列国变通兴盛记四卷 3067
列国海军及其国民 1517
列国海战记一卷 1550
列国陆军制三卷 1513
列国史 3127
（新译）列国岁计政要上中下三编（原名　万国统计要览）3146
列国岁计政要十二卷　首一卷 3143
列国战时财政状况 1800
列强在中国竞争 3188
邻交征书初篇二篇三篇 1028
林肯传 3481
林肯传 3482
林肯传一卷 3480
林业篇一卷 4887
临床病理学 4624
临床内分泌病学 4655
临床药物学 4733
（汉译）临床医典 4634
临阵管见九卷 1573
临阵伤科捷要四卷附图 4675
灵魂道体说 0160
灵魂贵于身体论 0560
灵魂理证二卷（亦名真主灵性理证）0164
灵魂六卷 0165
灵魂篇 0498
灵魂篇 0536
灵魂篇大全 0392
（新纂）灵魂篇大全 0474
灵魂总论 0457
灵台仪象志图二卷 4283
灵心病简述 4702
灵言蠡勺 0148
琉球地理小志（一名　琉球小志）3655
琉球形势略一卷 3656
柳暗花明录（写情小说）2557
六尺地 2778

六号室 2774
卢宫秘史（上、下册）2544
卢骚传一卷　爱美耳评论一卷 3464
卢斯福文集 1068
芦花余孽（社会小说）2513
庐山花二卷 2994
炉承新制一卷 5112
鲁滨孙飘流记（冒险小说）二卷 2365
陆操新义四卷　附录一卷（一名德国练兵书）1451
陆稻栽培法一卷 4837
陆地战例新选一卷 1574
路德改教纪略一卷 0682
路加福音传注释 0237
路加福音注释 0236
露德圣母纪略苏女精修 0738
露漱格兰小传 2879
露西亚通史 3322
露惜传二卷 2514
伦敦铁路公司章程一卷 1733
伦理教科范本一卷 0066
伦理教科书 0062
伦理教科书总说 0063
（中等教育）伦理学 0059
（中等教育）伦理学 0060
伦理学 0064
伦理学表解 0046
（中等教育）伦理学讲话 0061
伦理学教科书 0065
伦理学一卷 0049
伦理学原理 0048
伦理学之根本问题 0052
轮船布阵十二卷　首一卷　图解一卷 1588
论邦国及人民之自助一卷 0071
论苍蝇一卷 4515
论电气报 4117
论电气时辰钟及诸杂法 5011
论电气吸铁 4118
论电时辰钟及诸杂法 4121
论电一卷　论雷电一卷 4125
论发冷小肠疝两症 4676
论复新之理 0458
论化电气一卷 4119
论画浅说一卷 3038
论悔罪信耶稣 0445

635

论理学 0037
论理学 0038
论理学达恉一卷 0044
论理学纲要一卷 0042
论理学讲义 0035
论理学问答 0034
论理学一卷 0043
论脉一卷 论呼吸一卷 论舌一卷 4630
论热电气 4135
论善恶人死 0402
论上帝差子救世 0446
论神风感化新心 0406
论生物电气 4439
论武备书一卷 1448
论勿拜偶像 0447
论吸铁电气杂理 4116
论吸铁气 4120
论语新纂 0122
论造蜡烛之法并究其理一卷 5052
罗京春梦影 2611
罗马法 1176
罗马法一卷 1175
罗马尼亚国志 3746
罗马史二卷 3140
罗马文学史 2319
罗马志略十三卷 附年表 3139
罗刹雌风（侦探小说）2558
罗刹因果录（笔记小说）2781
罗仙小传 2437
瘰疬之原因及治法 4710
落叶松栽培法一卷 4895
驴公主 3031
吕宋备考一卷 3708
旅人入胜 3591
旅顺实战记 2284
旅顺双杰传 2285
旅行述异（滑稽小说）（上、下册）2818
旅行笑史 2600
律历渊源 4256
律吕正义二编四卷 续编一卷 3045
律吕纂要 3047
绿城奇客 2782
绿光（上、下册）2733
绿阴絮语 2479

M

妈祖婆论 0138
妈祖婆生日论 0137
麻栽制法一卷 4854
马丁休脱侦探案 2366
马队战法一卷 1579
马粪孵卵法一卷 4911
马哥皇后佚史 2653
马可传略解 0246
马可福音注释 0234
马可讲义五卷 0235
马路汽车 5118
马太福音传 0231
马太福音传 0233
马太福音传注释 0232
玛瑙印 2352
埋石弃石记 2982
埋香记 2911
迈尔通史 3086
（重订）汉译麦费孙、罕迭生化学 4157
麦荆来三卷（一名 米利坚近世史）3483
麦氏三字经 0562
麦作全书一卷 附农事试验本场肥料配合表 4840
卖国奴 2747
卖国奴（军事小说）2746
卖解妃（一名 狄克传）2925
脉表诊病论一卷 4654
蛮荒志异（神怪小说）二卷 2393
蛮陬奋迹记（冒险小说）2394
满清史略二卷 3210
满洲财力论（一名富之满洲）1706
满洲地志一卷 3648
满洲调查记 3646
满洲旅行记二卷 3644
漫郎摄实戈（言情小说）2682
猫探 2867
毛瑟枪学一卷 1602
贸易通志五卷 1742
贸易稳法一卷 1743
玫瑰花二卷 2601
玫瑰花下 2819
玫瑰花续编 2602
玫瑰经十五端图像 0633

附录一 书名索引

梅花落 2966
梅特涅 3472
媒孽奇谈（婚事小说）2438
新译煤矿图说十二卷 4975
霉菌学 4440
美、法、英、德四国宪法比较 1187
美风欧云录一卷 3613
美国百年大会记略一卷　1847
美国兵船枪法 1630
美国博物大会一卷 1848
美国垂涎中华近事 1140
美国第二总统亚但氏约翰传 3485
美国独立史 3387
美国独立史别裁 2912
美国独立战史 3389
美国独立战史二卷 3390
美国共和政鉴 1074
美国哈密登 3484
美国合盟本末一卷 3391
美国记一卷 3757
美国加邦大书院图说 2045
美国军事家李统帅传 3486
美国立国原理 3392
美国陆军制一卷 1547
美国棉油厂说一卷 5060
美国民政考二卷 1073
美国民主政治大纲 1067
美国纽约京城风土记一卷 3758
美国汽车 5122
美国萨维治新出灵巧六响来福枪利用功效图说一卷 1606
美国施脱兰欧教授法概要 1914
美国视察记 3762
美国水师考一卷 1548
美国铁路汇考十三卷 5111
美国宪法提要一卷 1382
美国宪法纂释二十一卷　宪法一卷　续增宪法一卷 1381
美国行军训戒一卷 1483
美国养鸡法 4910
美国依丁堡大学考要一卷 2046
美国植棉书一卷 4850
美国治法要略三卷 1072
美国种芦粟栽制试验表一卷 4842
美国种棉述要一卷 4849
美国铸钱说略一卷 4995
美国总统威尔逊参战演说 1069
美国总统威尔逊和议演说 1070
美理哥合省国志略 3754
美人兵 2967
美人唇 2834
美人磁 2691
美人岛 2276
美人手 2669
美人烟草 2293
美人妆 2888
美史纪事本末八卷卷首一卷　卷末一卷 3388
美术新书 3040
美以美教会礼书 0272
美中记事八卷　卷首一卷 1141
美洲童子万里寻亲记 2799
门得内各罗国志 3749
蒙古地志一卷 3701
蒙古及蒙古人 3702
蒙古史 3278
蒙台梭利教育法 1981
蒙铁梭利教育之儿童 1982
蒙童训 2001
蒙学地理纪要 2017
蒙学理科教科书四卷 2020
蒙学体操教科书一卷 2014
蒙学图说二卷 2004
蒙养镜（一名教育诡言）1876
蒙养启明 2003
孟恪孙奇遇记 2889
梦三郎 3033
梦游廿一世纪（科学小说）2743
梦游天 2926
弥勒约翰自由原理一卷 0932
弥撒祭义 0317
弥撒经典五卷 0351
米利坚志四卷 3385
秘密党（侦探小说）2395
秘密地窟（义侠小说）2439
秘密电光艇（科学小说）2266
秘密怪洞（社会小说）2294
秘密海岛二卷 2654
秘密会 2927

秘密结婚案 2928
秘密军港 3017
秘密女子（奇情侦探小说）2559
秘密社会（新译侦探小说）2515
秘密使者（地理小说）二卷 2647
秘密隧道（上、下卷）2396
秘中秘 2267
密誓缘 2843
蜜蜂饲养法二卷 4937
棉布厂 5058
棉树栽培新法 4852
棉业论 5057
免晕船呕吐说一卷　医肺痨等病新说一卷 4657
缅甸论一卷 3706
瞄准要法二卷 1469
妙龄双美 0538
妙喻精选 2228
庙祝问答 0537
民德论 2074
民法财产（绪论、物权）1225
民法亲族篇、相续篇释义 1232
民法问题义解（上下卷）1224
民法要览第二卷物权编 1227
民法要览第三卷债权编 1229
民法要览第四卷亲属编继承编 1233
民法要览第一卷总则编 1226
民法原论 1218
民法原论 1219
民法债权担保 1230
民法债权　附担保 1231
民法债权篇释义 1228
民法总则 1221
民法总则 1222
民法总则篇、物权篇释义 1320
民法总则（上、下）1223
民历铺注解惑一卷 4288
民事诉讼法 1256
民事诉讼法 1257
民事诉讼法 1258
民事诉讼法释义 1255
民事诉讼法问题义解 1259
民约论四卷 0858
民约通义一卷 0851
民政发展精义 0901

民治西学 0926
民种学 0843
名和昆虫研究所志略一卷 4519
名理探 0027
名学类通 0028
名学浅说 0040
名学一卷 0032
名优遇盗记 3004
明眼人 2612
明治维新四十年政党史 1034
明治政党小史 1033
明治政党小史三卷 1031
明治政党小史一卷 1032
明治政史 1036
明珠血 2853
鸣不平 2628
螟虫驱除法一卷 4834
模范町村 2282
模范家庭 2613
模范家庭续编二卷 2614
摩电气二卷 4115
摩尼教流行中国考 0772
摩西言行传 0713
魔博士 3029
魔冠浪影 2868
莫爱双丽传 2913
墨澳觅地记 3763
墨西哥记一卷 3761
墨沼疑云录（上、下册）2587
默想大全 0363
谋色图财记 2277
谋杀寡妇案 2975
母道 0079
母夜叉（侦探小说）2655
木棉考一卷 4853
木乃伊（上、下册）3005
木偶侦探 2976
牧草图说一卷 4844
牧场秘史 2165
牧羊少年三卷 2560
牧羊指引一卷 4905
牧猪法一卷 4907
穆勒名学八卷（亦名　名学）0033

N

拿破仑 3470
拿破仑本纪 3466
拿破仑传 3465
拿破仑外纪 3471
拿破仑一卷 3468
拿破一卷 3469
拿破仑忠臣传（侦探小说）二卷 2699
拿破伦传一卷 3467
纳尔逊传一卷 3460
纳耳逊传一卷 3459
纳里雅侦探谈 2692
（纳氏第二）英文法讲义 2144
（纳氏第三）英文法讲义二卷 2145
娜兰小传（言情小说）二卷 2545
奈何天 2773
奈何天（一题　身外身）2835
男女婚姻卫生学（又名　少年男女须知）4568
男女交际论一卷 0819
男女育儿新法一卷 4573
男装侦探 2929
南阿新建国史 3290
南阿新建国史四卷 3291
南怀仁行略（一名　南先生行略）0764
南美共和政治之评论 1071
南清贸易 1773
南洋水师学堂考试纪略一卷 1508
南洋医科考试问题答案附一夕话 4533
南洋与日本 3624
呢布厂 5059
内地杂居续论一卷　附录二卷 0845
内科阐微全书一卷（一名　内科阐微）4645
内科理法前编六卷　后编十六卷　附药品分类并药方一卷 4647
内科全书 4648
内科新说二卷 4644
内科学纲要 4649
内外教育小史 1932
尼罗海战史 1551
拟请中国严整武备说一卷 1504
拟造浦东铁桥图说一卷 5117
逆耳忠言四卷 0369
（增订新撰）年表一卷 3117
年中每日早晚祈祷叙式 0385

廿世纪国际公法 1408
聂格卡脱侦探案 2820
聂克卡脱侦探案 2821
孽海疑云（奇情小说）2567
宁波土话初学 2129
牛乳新书二卷 4904
农产物分析表一卷 4220
农产制造学 5055
农产制造学二卷 5054
农家百事问答 4770
农具图说三卷 4809
农理学初步 4765
农事会要一卷 4757
农事论略一卷并图 4769
农务化学简要法三卷 4782
农务化学问答二卷 4781
农务全书三编十六卷 4754
农务土质论三卷　附图说一卷 4797
农务要书简明目录 4776
农学初级一卷 4753
农学初阶三卷 4752
农学丛书二集二十卷 4755
农学丛书七集 4756
农学大意 4766
农学汎论 4762
农学肥料初编二卷　续编二卷 4793
农学精梁一卷（亦名农学津梁）4760
农学理说二卷　表一卷 4763
农学入门三卷 4764
农学实验法 4774
农学试种法一卷 4824
农学校用气候教科书 4805
农学新法一卷 4780
农业保险论一卷 1838
农业本论二卷 4750
农业泛论 4767
农业纲要 4761
农业工学教科书 4771
农业经济教科书（农学校用）1722
农业经济论 1717
农业经济篇二卷 1716
农业霉菌论二卷 4441
农业气象学一卷 4802
农业三事一卷 4768

农业微菌论 4806
农艺化肥 4789
农艺化学 4783
农艺化学 4784
农艺化学实验法 4785
农用动物学 4808
农用昆虫学教科书（高级农学校用）4831
农用器具学 4810
农用种子学二卷 4825
农政学二卷 4751
脓蚕一卷 4934
女博士 2763
女海贼 2283
女律师 2322
女魔力（艳情小说）（上、中、下册）2397
女魔王（聂格卡脱探案之一）2844
女强盗（福尔摩斯新侦探案）2615
女权篇一卷 0835
女人岛 2670
女师饮剑记 2588
女首领 2398
（绘图）女侠传（侠情小说）2958
女虚无党 2764
女学生旅行记 2286
女学体操 2097
女学校胎教新法 4576
女中丈夫 2977
女子教育论 0839
女子教育论一卷 0840
女子救国美谈 2880
女子师范教育学 2052
女子侦探薛蕙霞 2700

O

欧化篇 3112
欧陆纵横秘史（外交小说）2995
欧罗巴各国总叙一卷 3729
欧罗巴近代国际法 1436
欧罗巴通史四卷 3295
欧罗巴西镜录 3884
欧罗巴政治史四卷 0975
欧美电信电话事业 1739
欧美各国宪法 1357
欧美各国宪法 1358

欧美各国政教日记 3311
欧美教育观一卷 1877
欧美教育实际 1933
欧美列强国民性之训练 1934
欧美名家短篇小说丛刻 2226
欧美强国宪法汇编二卷 1354
欧美日本政体通览 0955
欧美日本政体通览一卷 0957
欧美书藏纪要一卷 5177
欧美政党论 0922
欧美政党政治 0925
欧美政教纪原二卷 3312
欧美政体通览一卷 0956
欧美著书版权限制一卷 1844
欧氏内科学 4651
欧西自治大观 0960
欧战善后策（一名 理想中之联邦保和会）1080
欧战实验国家总动员 1502
欧洲八大帝王传（一名 欧洲八帝纪）3439
欧洲财政史 1805
欧洲财政史一卷 1803
欧洲财政史一卷 1804
欧洲大陆市政论 0961
欧洲当今公法 1440
欧洲东方交涉记十二卷 1082
欧洲各国比较财政及组织一卷 1801
欧洲各国开辟非洲考一卷 3293
欧洲公法 1437
欧洲和约辑要四卷 1139
欧洲货币史二卷 1831
欧洲近世史一卷 3310
欧洲近世外交秘史 1093
欧洲近世智力进步录 3113
欧洲警察制度 0985
欧洲历史揽要四卷 3303
欧洲列国变法史二十一卷 0976
欧洲列国十九周政治史三卷 1058
欧洲十九世纪史 3308
欧洲十九世纪史一卷 3309
欧洲史略十三卷 3294
欧洲文明进化论 3317
欧洲文明史 3318
欧洲新政史 3299
欧洲血战史 3163

欧洲战史二卷 1552
欧洲最近政治史 0980
偶像奇闻 2517
偶像书编 0427
藕孔避兵录（侦探小说）2516

P

帕勒斯听历史地理学 3627
怕死否 0459
庞子遗诠二卷 5166
旁观论 0999
炮乘新法三卷　图一百四十一幅 1649
炮队战法一卷 1577
炮法求新六卷　附编及补编 1617
炮概浅说一卷 1624
炮甲合论 1631
炮台说略二卷 1665
炮准心法二卷　图一卷 1620
裴西杰奇案 2531
朋来集说一卷 0367
蓬门画眉录 2589
皮肤病学 4709
皮肤病学：美容法一卷 4712
皮肤新编一卷 4707
皮肤证治一卷 4708
啤噜国雀粪论一卷 4786
辟地名人传 3398
譬学警语 0081
（绘图）骗术翻新（醒世小说）2518
贫者约瑟明道论 0499
贫子成名鉴 3402
品性论 1898
牝贼情丝记二卷 2590
聘盟日记一卷 3683
平安通书 3789
平常问答词意 2214
平面几何学新教科书 3977
平面三角法讲义 4018
平面三角法教科书 4017
平民政治 1075
平时国际公法 1409
平时国际公法 1410
平时国际公法 1411
平时国际公法 1412

平圆地球图一幅 3600
平战例法 1414
破天荒（军事小说）2752
剖腹理法一卷 4677
剖脑记（新译侦探小说）2836
葡萄劫（上、下册）2996
葡萄酒谱三卷 5069
葡萄新书二卷 4881
濮尔班克新发明种植学 4822
圃鉴四卷 4870
普奥战史 3345
普渡施食之论 0397
普法战纪二十卷 3343
普法战纪辑要四卷 3344
普法战纪十四卷 3342
普鲁士地方自治行政说一卷 1048
普鲁士行政法典 1361
普通地理学一卷 4411
普通动物学 4481
普通动物学一卷 4488
普通儿童心理学 0106
普通化学教科书（附矿物）4188
普通教育地质学问答 4378
普通教育矿物学教科书 4398
普通教育学要义 1866
普通体操摘要一卷 2093
普通卫生救急治疗法 4639
普通选举法一卷 1208
普通药物学教科书 4740
普通药物学教科书续编 4741
普通医学新知识 4629
普通应用物理教科书 4071
普通植物学教科书一卷 4469
溥通新代数六卷 3926

Q

七国新学备要一卷 1839
七克七卷 0302
七秘密 2978
七圣事礼典 0643
七星宝石（探险小说）2399
齐家西学五卷 0077
奇女格露枝小传 2568
奇瓶案 2946

奇器图说三卷　附新制诸器图说一卷 4945
奇想 2979
奇狱 2800
祈祷合宜有效说 0626
祈祷入门要诀 0466
祈祷入门要诀 0467
祈祷上帝之理 0539
祈祷神诗 0299
祈祷式文 0645
祈祷式文 0653
祈祷式文（方言版）0646
祈祷式文释句 0647
祈祷文全书 0650
祈祷文赞神诗 0655
祈祷学 0628
祈祷真法注解 0383
祈祷之理 0384
骑兵斥候答问一卷 1473
启蒙读本三卷 2134
启悟要津一卷（一名　格致西学启蒙）3829
气候及土壤论 4803
气候论一卷 4804
气象学 4353
气学测算一卷 4350
气学丛谈二卷 4349
气学器一卷 4358
气学入门一卷附图 4351
气学须知 4352
气中现象学 4354
弃儿奇冤 2822
弃儿续编 2569
弃假归真 0468
弃主临死畏刑 0573
汽机必以十二卷　首一卷　图一卷 5017
汽机测验诸器一卷 5021
汽机车烧烟煤 5027
汽机尺寸 5019
汽机发轫九卷　表一卷　附图 5016
汽机入门　附图一卷 5022
汽机水龙 5028
汽机新制八卷 5018
汽机要说一卷　打桩汽机一卷　汽锤略论一卷 5023
汽机中西名目表 5026

器象显真四卷　附图一卷 5005
千年后之世界 2253
千奇万妙 3804
千药准则七册 1653
千字文 2002
铅笔画范本 3041
铅笔习画帖 2016
前敌须知四卷图十九幅 1566
前庭与后园二卷 4892
乾坤体义三卷 4222
乾隆内府地图（又名　十三排皇舆全图）3628
乾隆英使觐见记三卷 1110
潜德谱一卷 0611
潜艇魔影 2330
枪法图解一卷 1605
强盗洞 2837
蔷薇栽培法二卷 4883
窃电案（一名　英日同盟电被盗案）2930
窃皇案 2367
窃图案 2440
钦定仪象考成三十卷　首二卷 4259
钦主孝亲礼义二卷 0522
禽鸟简要编一卷 4508
勤俭论 1899
青藜影（言情小说）2480
青年镜 0664
青年科学 3830
青酸毒 2481
青衣记 2482
轻世金书四卷 0325
轻世金书直解 0326
清朝全史 3224
清俄关系 1105
清俄之将来 1106
清二京十八省疆域全图 3663
清宫二年记（历史小说）2229
清宫二年记一卷 2230
清国北东地图 3674
清国地志三卷 3632
清国分割新图 3667
清国海军近况一斑 1505
清国十朝史略二卷 3212
清国行政法 1282
清季宫闱秘史 2231

清明祭扫坟墓论 3492
清明扫墓之论 3491
清全地图一大幅 3668
清日战争实记十五卷 1510
清室外纪 3225
情仇 3018
情仇（一名恋爱之敌）2714
情海波澜记 2483
情海劫（上、下册）2915
情海魔 2823
情竟（言情小说）（上、下册）2986
情魔 2849
情祟（言情小说）3019
情天磨蝎录 2533
情天异彩 2739
情铁 2987
情网（言情小说）（上、下册）2985
情窝 2570
情侠（义侠小说）2441
情狱 2703
庆应义塾规则 1961
穷兵大幻辨 1095
穷理学六十卷 3776
秋蚕秘书一卷 4924
秋灯谈屑 2571
求矿指南十卷 图五十二幅 附一卷 4969
求世者言行真史记 0707
求说一卷 0360
求正弦正矢捷法一卷 4007
述友篇二卷 0082
球队规则 2102
球术 2100
曲线须知一卷 3999
屈光学 4721
胠箧术 2400
胠箧之王（侦探小说）2730
取滤火油法一卷 图一卷 4981
取悉毕尔始末记一卷 3382
取中亚西亚始末记 3332
权利竞争论一卷 0941
权利竞争篇 0942
全地万国记略 3512
全地五大洲女俗通考二十一卷 0838
全球须知 3811

全人矩薤 0414
全体阐微六卷附图 4585
全体阐微三卷 4586
全体解剖图二十幅 4598
全体通考十八卷 附图二卷 4589
全体图说二卷 4587
全体新论十卷 4584
全体须知一卷 4591
泉币通论 1828
拳匪纪事六卷 3213
劝戒鸦片论 0829
劝戒鸦片论 0830
劝世文 0540
缺一不可 =Essentionls of a national religion 0621
却水衣全论一卷 5146
群己权界论 0933
群学肄言十六卷 0797
群众心里 0105

R

髯刺客传（历史小说）2484
染色法一卷 5045
热泪 2631
热学 4129
热学揭要一卷 4132
热学入门一卷 4127
热学图说二卷 4130
热学须知一卷 4131
热症总论二卷 4656
人秉双性说一卷 4614
人不信耶稣之故 0541
人当自省以食晚餐论 0561
人道主义 1900
人类地理学 3502
人权新说 0808
人群进化论 0846
人身图说二卷 4582
人生胜利术汇编 1901
人所当求之福 0542
人体寄生虫病编 4669
人体解剖实习法 4600
人体解剖学 4593
人心本恶总论 0399
人学一卷 0842

人与万物争战益寿论 4546
人与微生物争战论 4442
人与猿 4520
人造肥料品目效用及用法一卷 4795
人种改良学上下卷 4521
人种交涉论衡 0848
人种新说 4522
人种志 0844
人罪至重 0158
妊娠论一卷 4692
妊娠生理学 4693
日本变法次第类考初二三集 1289
日本兵站弹药纵列勤务令 1492
日本兵站粮秣纵列勤务书 1494
日本兵站勤务令 1495
日本丙午议会四卷 1016
日本步兵机关枪操典草案 1470
日本财政及现在一卷 1812
日本船舶输送勤务令 1501
日本大阪府立农学校章程一卷 2059
日本大塚氏学校管理法 1951
日本地理 3691
日本地理问答 3694
日本地理志一卷 3690
日本地志提要八卷 3689
日本地租论 1720
新译日本帝国海军之危机 1534
日本帝国宪法论 1293
日本帝国宪法论 1294
日本帝国宪法义解 1298
日本帝国宪法义解 附皇室典范义解 1296
日本东京大学规则一卷 2041
日本东京大学规制考略 2040
日本东京师范学校章程 附预备科 2048
（新译）日本法规大全 1288
日本法规大全样本 1290
日本法律参考书概评一卷 1285
汉译日本法律经济辞典 1286
日本法政大要 1283
日本法制大意 1284
日本法制史 1345
日本风俗谈 3494
日本府县制郡制要义 1026
日本改正刑法草案 1337

日本改正刑法草案 1338
日本高等师范学校章程一卷 2049
日本高等学校规则要览一卷 2042
日本各省官制规则二十八条 1024
日本公用征收法释义 1332
日本关小学校教员检定等规则三十三条 1993
日本国会纪原一卷 附录一卷 1014
日本国库事务纲要 1813
日本国新订草木图说序二篇 4847
日本黑龙会对华之秘谋一卷 1120
日本皇室典范义解一卷 1287
日本货币史一卷 1835
日本监狱法 1316
日本监狱法 1317
日本剑（侦探小说）（上、下册）2368
日本教科书一卷 2006
新译日本教育法规 1967
新译日本教育法规二十七编 附勘误表 1966
日本教育家福泽谕吉传一卷 3422
日本教育论 1879
日本教育行政法 1965
日本教育制度一卷 1957
日本金石年表一卷 3490
日本近世豪杰小史四卷 3426
日本近世教育概览 1949
汉译日本警察法类纂 1311
日本警察法令提要一卷 1312
日本警察法释义 1313
汉译日本警察法述义 1310
日本警察新法 1309
日本军队给与法一卷 1490
日本军法大全 1530
日本军事教育编 1453
日本军政要略三卷 1519
（汉译）日本口语文典 2201
（汉译）日本口语文法教科书 2204
日本矿律一卷 1724
日本矿砂采取法一卷 4979
日本昆虫学二卷 4829
日本历史 3254
日本历史 3256
（中等教育）日本历史二卷 3250
日本历史略四卷 3238
新撰日本历史问答 3261

日本历史问答 3262
日本历史五卷 3249
日本六法全书 1291
日本龙马侠士传二卷 3419
日本陆海军刑法 1531
日本陆军大学校论略一卷 1452
日本陆军动员计划令 1525
日本陆军教育摘要一卷 1455
日本陆军军制提要 1522
日本陆军刑法 日本海军刑法 1520
日本陆军学校章程汇编 1456
日本旅行地理 3696
日本毛人一卷 4523
日本民法财产物权 1321
日本民法要义亲族篇 1325
日本民法要义物权篇 1323
日本民法要义相续篇 1326
日本民法要义债权篇 1324
日本民法要义总则篇 1322
日本民事诉讼法论纲 1342
日本名山图会一卷 3695
日本明治法制史 1346
新译日本明治教育史 1970
日本明治学制沿革史 1956
日本农学家伊达邦成传一卷 3434
日本农业书二卷 4759
(增订)日本欧美教育制度及方法全书 1888
日本排水简法前编一卷 后编一卷 4815
日本普通学科教授细目三卷 中学校令施行规则一卷 2037
日本骑兵操典 1474
日本骑兵机关枪操典草案 1475
日本骑兵射击教范 1476
日本全史 3252
日本全史二十二卷 3242
日本柔术 2106
日本山林会章程摘要一卷 4889
日本商法论(商行为编) 1328
日本商法论(手形编、海商编) 1329
日本商法论(总则编、会社编) 1327
日本史略一卷 附日本师船考一卷 3246
日本水产会章程一卷 4944
日本速成师范讲义丛录 2055
日本特许农具图说 4811

日本统计释例六卷 0793
日本土地收用法释义 1721
日本外史二十二卷 3239
增补日本外史二十二卷 3240
增补日本外史二十二卷 3241
日本违警治罪法 1315
日本维新百杰传一卷 3427
日本维新活历史一卷 3253
日本维新慷慨史二卷 3423
日本维新人物志四卷 3428
日本维新三杰传 3436
日本维新三十年大事记一卷 3259
日本维新三十年史十二编 附录一卷 3247
日本维新英雄儿女奇遇记(一名 维新豪杰情事) 2239
日本维新英雄儿女奇遇记(一名 维新豪杰情事) 2240
日本维新政治汇编十二卷 1037
日本文部省沿革及官制一卷 1964
日本文典 2178
日本文典课本 2186
(汉译高等)日本文典课本 2193
(新撰)日本文法教科书 2187
日本武备教育一卷 1454
日本西学传略一卷 3435
日本现实教育 1955
日本现势论 1007
日本宪兵制一卷 1532
日本宪法全书 1295
日本宪法疏证四卷附一卷 1301
日本宪法说明书 1300
日本宪法详解 1302
日本宪法义解 1297
日本宪法义解 1299
日本宪政略论 1013
日本效学西国工艺一卷 4955
日本新地图 附地理统计表及市街图 3698
日本新学制 1959
日本刑法 1334
汉译日本刑法 1335
日本刑法大全 1340
日本刑法附则 1339
日本刑法通义 1333
日本刑法义解 1336

日本刑事诉讼法论 1343
日本行政法纲领一卷 1307
日本行政法三卷 1308
日本学校源流 1948
日本学校章程三种 1958
日本学政纂要 1969
日本学制大纲四卷 1960
日本盐专卖法规 1331
日本要塞防御教科书 1457
日本野战兵器厂勤务令 1526
日本野战金柜处勤务书 1527
日本野战炮兵射击教范 1625
汉译日本议会法规 1306
日本议会诂法 1015
日本议会纪事全编 1017
日本议会史 1019
日本议会史 1020
日本议会史 12 期 1018
新译日本议员必携 1021
日本议院法 1305
(汉译) 日本语会话教科书 2203
(汉译) 日本语文对照读本 2192
新编日本语言集全汉译日本新辞典合璧二种 附三种 2184
日本预备马厂勤务令 1499
日本载笔 3700
日本战时补充令 1523
日本战时步兵短期教育 1471
日本战时弹药补给令 1491
日本战时高等司令部勤务令 1524
日本战时卫生勤务令 1496
日本战时辎重兵营勤务令 1498
日本征兵规则大全 1529
日本政体史一卷 1038
日本政治地理一卷 3692
日本政治地理一卷 3693
日本政治沿革史八卷 1040
日本政治沿革史一卷 1039
日本政治要览二册 1008
日本之友支那问题 1122
日本职官表一卷 1027
日本植物图说 4456
日本制度提要一卷 1022
日本制纸论一卷 附图 5080

日本中学校令施行规则一卷 教授要目一卷 2039
日本诸国封建沿略一卷 3257
日本竹谱三卷 附图一卷 4884
日本筑营教范 1663
日本辎重兵操典 1480
日本辎重兵驭法 1497
日本最近在满会议之秘密 1009
日躔表二卷 4243
日躔考昼夜刻分 4244
日躔历指一卷 4242
日躔增五星图 4292
日俄大战史 1553
日俄战后满洲处分案 3218
日俄战记 1555
日俄战记全书 1556
日俄战时纪要 1554
日俄战役实验谈 1559
日俄战役外交史 1123
日俄战争写真帖四集 1557
日俄战争写真帐 1558
日耳曼史一卷 3313
日耳曼史一卷 3314
日华共存论 1121
日秘史二卷 3260
日清对译编 2194
日清战史六卷 1511
日食图说 4318
汉译日文法令类纂 1292
日用化学 5039
日语读本 (一至四册) 2196
日语合璧 2177
日语教程三卷 2185
日语入门 2179
(汉译) 日语文法精义 2176
日月食节要 4321
熔金类罐一卷 4992
儒门医学三卷 附一卷 4525
入水衣略论一卷 5147
入耶稣教小引 0514
瑞典式体操初步 2089
瑞典王沙尔第十二传 3474
瑞西独立警史 2885
睿鉴录 0370
若瑟言行全传 0726

S

撒克逊劫后英雄略二卷 2369
塞尔维亚国志 3747
三宝仁会论 0390
三捕爱姆生 2485
三得惟枝岛纪略一卷 3760
三德论 0543
三队合战法一卷 1580
三藩市记 3658
三个小姐 0544
三光浅说三卷 4272
三国佛教略史 0135
三角 4012
新撰三角法 4013
三角法难题详解 4016
三角数理十二卷 4008
三角算法一卷 4005
三角须知一卷 4009
三教问答 0115
三美姬 2160
三名刺 2442
三千年艳尸记（神怪小说）二卷 2529
三人影（侦探小说）2838
三山论学记 0149
三十三年落花梦 3429
三十三年落花梦 3430
三要录 0574
三疑案 2443
三疑狱 2931
三姊妹 2932
三字经 0460
三字经 0523
三字经新增注释 0448
三字狱（言情小说）2401
桑伯勒包探案（侦探小说）2916
桑狄克侦探案 2603
色界之恶魔 2947
色媒图财记 2278
色相留真一卷（一名 照相略法）4963
稿者传十卷 3463
森林保护学 4899
森林保护学一卷 4900
森林趣谈一卷 4888
森林学 4886
森林学一卷 4885
沙地种植一卷 4800
山东贫窭考一卷 0815
山东试验种洋棉简法一卷 4851
山蓝新说一卷 4864
山羊全书八章 4906
珊瑚美人 2902
埏纮外乘二十五卷 附续编二卷 补遗一卷 3071
善恶报略说 0352
善生福终正路二卷 0337
善者考终命 0545
善者受难获益 0546
善终瘗茔礼典 0307
善终志传 0449
商店组织管理法 1755
商法 1235
商法汜论 1234
商法海商 1237
商法会社 1239
商法商行为 1240
商法手形 1241
商法问题义解（上下卷）1330
商法要览第二卷公司编 1242
商法要览第三卷票据篇海商篇 1243
商法原论 1238
商法总则 1236
商工地理学 1704
商学四卷 1746
（最新）商业簿记 1753
商业簿记教科书（实业学堂用）1754
商业参考书 1747
商业经济学 1745
商业通论 1748
商业政策（上下册）1771
上帝辨证 0493
上帝生日之论 0428
上帝圣教公会门 0393
上帝十诫注释 0186
上帝万物之大主 0419
上帝真教传 0675
上帝总论 0547
上海土白入门 2124
上海土音字写法 2125

上海行海通书 5130
上海徐家汇天文台记一卷 4334
少年鞭一卷 1902
少年侦探 2304
少年侦探 2968
舌切雀 2268
蛇环记 2845
蛇女士传（社会小说）2486
蛇首 2869
蛇首党 2871
设法采珠 4943
设数求真 0548
社会党二卷 0923
社会的国民教育 2076
社会改良论一卷 2067
社会教育法 1884
社会进化论 0810
社会经济学 1682
社会声影录 2788
社会通诠 0800
社会问题 0817
社会学二卷 0798
社会学三卷 0802
社会学提纲（原名社会进化论）0813
社会学一卷 0812
社会主义概评 0854
社会主义广长舌 0852
社会主义一卷 0855
社会主义一卷 0856
社约论 0859
射击球 2101
申尔福解 0614
申尔福疏解 0622
申尔福义 0615
身毒叛乱记 2403
身理启蒙一卷 4590
身外身 2793
身心调和法 4558
身之肥瘦法 4556
娠妇诊察法 4695
深谷美人 2546
深浅印 2402
神道论赎世总说真本 0376
神道篇三字经 0434

神道总论 0408
神鬼正纪 0319
神经衰弱之大研究 4703
神论 0500
神女缘（游记小说）2744
神炮手 2777
神诗合选 0657
神十诫注释 0184
神枢鬼藏录（侦探小说）2444
神天道碎集传 0386
神天圣书 0282
神武图说 1596
神武正规 1650
慎思指南六卷 0435
慎思指南六卷 0436
生理 4435
生理教科书 4592
生理卫生学 4611
生理卫生学二卷 4610
生理卫生学一卷 4603
生理学讲义二卷 4613
生理学教科书 4437
生理学教科书 4619
生理学问题 4612
生利分利之别论 1673
生命世界一卷 4434
生命无限无疆 0420
生尸 2765
生丝茧种审定法 4936
生死自由（一题毒杀案）2886
生徒心得一卷 1484
生物过去未来一卷 4430
生物之过去未来 4431
生物之过去未来一卷 4429
生意公平聚益法 1749
生意人事广益法 1750
生殖器病学 4678
生殖器新书前后编（一名男女婚姻之领港）4616
声学八卷 4084
声学揭要一卷 4085
声学入门一卷 4086
声学须知一卷 4087
声音学测算一卷 4088
省身浅说 4604

附录一　书名索引

省身指掌九卷 4599
圣差言行传注释 0725
圣地不收贪骨论 0549
圣多玛斯小传 0754
圣方济各沙勿略传六卷 0746
圣会大学 0481
圣会史记二卷 0680
圣会要理问答 0475
圣会准绳 0589
圣记百言 0595
圣教布道近史 0688
圣教鉴略 0273
圣教略说一卷 0355
圣教明证 0634
圣教切要 0375
圣教日课三卷 0301
圣教史记三卷 0681
圣教通考 0679
圣教问答 0575
圣教要理 0439
圣教要旨 0346
圣教幼学 0524
圣教源流四卷 0670
圣教约徵 0347
圣经辞典 =Dictionary of the Bible 0296
圣经故事 0270
圣经广益二卷 0202
圣经教授法 0298
圣经旧遗诏创世传 0188
圣经类书二卷 0267
圣经释义 0168
新纂圣经释义 0170
圣经释义 0281
圣经溯源 0295
圣经所载诸国见于汉书考 3561
圣经图记 0291
圣经图志 0290
圣经新遗诏福音诸传 0262
圣经新遗诏全书 0263
圣经新遗诏约翰福音传 0277
圣经新约福音平话 0228
圣经之史 0292
圣经直解十四卷 0222
圣梦歌（一名性灵篇）0157

圣母经解 0315
圣母净配圣若瑟传 0703
圣母日课 0361
圣母行实三卷 0701
圣年广益二十四卷 0371
圣配规案 0592
圣人行实七卷 0699
圣日辣尔传 0748
圣若瑟会直指 0686
圣若瑟行实一卷 0697
圣若望臬玻穆传 0706
圣山赞歌 0659
圣事礼典 0358
圣书节解 0169
圣书节注十二训 0167
圣书列祖全书 0721
圣书凭据总论 0171
圣书问答 0221
圣书袖珍 0172
圣书衍义 0276
圣书要说新义 0268
圣书摘锦 0269
圣书注疏 0207
圣体规仪一卷 0340
圣体纪 0607
圣体仁爱经规条一卷 0364
圣体四字经文一卷 0330
圣体要理一卷 0334
圣味增爵德行圣训 0751
圣洗规仪二卷 0644
圣学问答 0501
圣依纳爵传 0739
圣约辞典 0297
圣约旧遗诏创世传 0189
圣约图记 0266
尸棱记 2404
尸光记 2850
失羊归牧 0550
失珠案 2839
师范学校简易科规则一卷 2047
师范学校学科及程度一卷 2050
师范学校卒业生服务规则一卷 2053
诗篇 0194
诗人解颐语二卷 2624

649

狮子说一卷 4512
施放炮书一卷 1623
施放炮书一卷　施放行营炮章程一卷　瞄准要法一卷　格鲁森快炮操法一卷 1622
十八幅星图 4291
十戒论圣迹 0336
十诫真诠二卷 0180
十九世纪 3147
十九世纪大势变迁通论 3148
十九世纪大势略论 3149
十九世纪大事记略一卷 3118
十九世纪教育史一卷 1887
十九世纪末世界之政治一卷 0966
十九世纪欧洲教育之大势 1936
十九世纪欧洲政治史论一卷 0974
十九世纪世界大势论 1041
十九世纪外交史 1096
十九世纪以来之战争及和约 3161
十九周新学史 3111
十六国议院典例 1042
十条诫论 0461
十条诫著明 0442
十万元 3025
十慰 0327
十五小豪杰 2637
十之九 2741
十字军英雄记（军事小说）上、下册 2445
石板印图法 4966
石麟移月记 2997
石油论 4982
时事新论十二卷　附图说一卷 0783
时事新论图说一卷 0782
时务新论六卷 0784
时学及时刻学 4325
时钟匠言行异端 0405
实际教育学 1873
实践铁道通论 5106
实务才干养成法 2075
实学指针——文华之光 0776
新撰实验定性分析化学 4217
实验罐藏食物制造法 5071
实验矫癖法 0109
实验农业全书 4773
实验却病法 4635

实验小学管理术 1996
实验植物学教科书 4474
实验植物学教科书 4475
实业教育一卷 2056
实业用器画 4960
实用东语完璧 2170
实用法医学大全 1279
（中日对照）实用会话篇 2199
实用教育学一卷 1874
实用卫生学讲本 4550
实用卫生自强法 4553
实用新教育学一卷 1875
实用学校园 1921
食物标准及食物各货化分表 4221
食物新本草 4748
史学概论一卷 3057
史学通论一卷 3058
史学原论 3056
史学原论一卷 3055
史眼古意新情 3059
史眼十章 3054
史眼、实学指针、泰东之休戚 5173
史源 3135
使法事略一卷 0692
使徒保罗达帖撒罗尼迦前后书 0257
使徒保罗寄加拉太圣会注 0251
使徒保罗寄罗马圣会书注 0260
使徒保罗寄希伯来人书注 0259
使徒保罗寄以弗所圣会书注 0253
使徒保罗与腓力比人书 0255
使徒保罗与哥罗西人书 0256
使徒保罗与加拉太人书 0250
使徒保罗与罗马人书 0247
使徒保罗与希伯来人书 0258
使徒保罗与以弗所人书 0252
使徒历史 0691
使徒行传 0243
使徒行传注释 0244
使徒行传注释 0245
使徒言行录 0727
使用水龙说一卷　西国救火梯一卷　灭火器说略一卷 5093
世界大地图 3608
世界大同议 0946

世界地理二卷 3579
世界地理问答 3580
改正世界地理学六卷 3542
世界地理志六卷 首一卷 3537
汉译世界读史地图 3610
世界共和国政要 0967
世界海军力二卷 1515
世界豪杰美谈记 2917
世界和平 0983
世界教化进行论一卷 0118
世界教育谭 1881
世界教育统计年鉴 1935
世界进步之大势 3105
世界近代史 3157
世界近世史二卷 3152
世界近世史前后编二卷 3150
世界近世史一卷 3151
世界历史・今世史 3098
世界历史・上古史 3096
世界历史问答 3121
世界历史・中古史 3097
世界名人传略 3397
世界名著之大骗子 2572
世界末日记一卷（原名 地球末日记）2656
世界女权发达史二卷 0837
世界七个无政府主义家 3399
世界全图 3599
世界商业史 1762
世界商业史三卷 1761
世界十二女杰一卷 3443
世界十女杰一卷 3444
世界史要 3077
世界探险一卷 3614
世界通史三卷 3078
世界通史三卷 3094
世界通史三十卷 3072
世界文明史一卷 3106
世界一周 2279
世界英雄传略 3401
世界语 2222
世界语教科书（附详解）2220
（袖珍）世界语字典 2221
世界政策二卷 0963
世界之大问题 0964

世界之十大家 0120
世界之政治 0970
世界殖民史 0982
世界诸国名义考五卷 3555
世界宗教史 0130
世界宗教史 0131
世界宗教一斑二卷 0121
世人救主 0421
试验蚕病成绩报一卷 4932
试验去病法 4549
试验铁煤法一卷 4978
视学二卷 3990
视学提要十八章一卷 4104
视学诸器图说一卷 4095
是非导论 0412
是非学体要三卷 0603
是非要义 0616
释迦牟尼传一卷 0139
释教正谬 0125
续释正谬 0126
手足仇 2657
守祷日论 0649
守钱奴 2629
受洗礼之约 0652
受灾学义论说 0388
兽有百种论一卷 4510
蔬菜栽培法一卷 4873
蔬菜栽培篇（农业教本）4874
赎罪之传道 0411
述古导今录 =Ancient principles for modernguidance 0117
述算法图理一卷 3903
树穴金 3006
数里格致（一名 奈端数理）3996
数理精蕴五十三卷 3848
数理问答 3852
数理问答一卷 3853
数圣芳标 0757
数学教科书 2028
数学理九卷 附一卷 3887
数学佩觿二卷 3902
数学启蒙二卷附对数表 3885
数学问答一卷 3892
数学习题一卷 3893

双碑记（一题　媚兰色斯克事）2648
双凤奇妻录（一名　珠联璧合）(言情小说) 2573
双冠玺（历史小说）2446
双环案 2840
双金球 2658
双胃丝 2487
双鸽记 2825
双美人 2290
双美脱险记 2701
双乔记（言情小说）2841
双线记六卷 2340
双孝子喋血酬恩记（伦理小说）二卷 2447
双雄较剑录（言情小说）二卷 2547
双婿案（妒情小说）2753
双艳记（艳情小说）2353
双义传 2918
双鸳侣（义侠小说）2488
双侦探 2948
双指印（侦探小说）2370
霜锋斗 2824
水产学四卷 4939
水产养殖法 4940
水稻试验成绩一卷 4839
水晶瓶塞 2734
水雷秘要五卷　图二百二十四幅 1633
水雷说一卷 1634
水雷图说十一卷 1635
水面赛船 2105
水师保身法一卷 1591
水师操练十八卷　首一卷　附录一卷 1486
水师岁纪 1516
水师章程八卷续编六卷 1538
水师章程续编六卷 1539
水学测算一卷 4040
水学器一卷　深井起水筒一卷　起水机器一卷　起水轮说一卷 5097
水学入门一卷　测算水学一卷 4034
水学图说二卷 4039
水学须知一卷 4043
水灾善后问题 5100
税关及仓库论 1794
税敛要例一卷 1793
睡庵清秘录 3042
睡答　画答　（亦名睡画二答）4580

说部腋 2224
司底芬侦探案 2933
司铎典要二卷 0362
司铎日课 0356
司法警察 0915
思维术 0045
思想学揭要一卷 0041
斯宾塞尔劝学篇一卷 1883
斯宾塞尔文集 0811
斯宾塞干涉论 0806
斯宾塞社会学原理 0807
斯芬克斯之美人 2489
斯迈尔斯自助论 0072
死复仇 2919
死说 0635
死刑宜止一种论 1341
死椅 2534
死至猝不及备 0551
四教考略 0116
四末 0328
四末真论一卷 0359
四史圣经 0224
四史圣经注释 0223
四书俚语启蒙 2117
四裔编年表四卷 3063
四原原理 3854
四终略意四卷 0462
四洲志 3514
四字经一卷 0331
四字狱 3026
饲蚕新法一卷 4929
饲育野蚕识略一卷 4930
俟医浅说一卷 4640
颂言赞歌 0422
苏格拉底一卷 3473
苏格兰独立记 2405
苏格兰独立史一卷 3367
苏格兰独立志一卷 3368
苏州致命纪略一卷 0693
速成师范讲义丛书 2054
速兴新学条例一卷 1943
算法 3896
算法量地捷解前编三卷 3978
算法全书 3849

算器图说一卷　附简算新法一卷 3879
算式集要四卷 3959
算式解法十四卷图九幅（一名　算式别解）3922
算术表解 3899
算术代数贰样之解法一卷 3943
新译算术教科书 2029
算术教科书 3897
算术教科书 3898
算学公式及原理一卷 3857
算学捷径 3859
算学奇题算学奇论 3905
算学全书 3906
算学条目及教授法二卷 3858
算学须知一卷 3907
岁终自察行为 0593
隧中灯 2448
孙吴司马穰苴兵法 1503

T

踏火之事论 0400
胎产举要二卷 4690
胎教 4579
胎内教育一卷 4577
胎生学 4606
台灯卒 2762
台湾开创郑成功 3405
台湾人工孵化鸭卵法一卷 4908
台湾详密地图 3676
太平洋商战史 1770
太阳光圈图不分卷 4290
泰东之休戚：日英同盟解 1089
泰西本草撮要一卷 4727
泰西本草名疏三卷 4728
泰西城镇记一卷 3730
泰西改良社会策六章 0778
泰西格言集 2113
续泰西河防 5096
泰西河防一卷　续一卷 5095
泰西教育史二卷 1931
泰西进步概论 3115
泰西近代历战图论兵略类编 1575
泰西礼俗新编 3498
泰西礼仪指南 3499
泰西历代名人传六卷 3395

泰西民法志 1220
泰西民族文明史一卷 3110
泰西名人事略 3396
泰西名人证道谭 0624
泰西名小说家略传 3445
泰西农具及兽医治疗器械图说一卷 4812
泰西奇效医术谭 4528
泰西人身说概二卷 4581
泰西十八周史揽要十八卷　附一卷 3302
泰西十大家 3440
泰西史教科书 3298
泰西事物丛考八卷 3108
泰西事物起源四卷 3102
泰西事物起源四卷 3103
泰西事物通考新策大成 5171
泰西是非学拾级 1906
泰西水法六卷 5094
泰西说部丛书之一 2331
泰西说苑（一题　五十名史）2801
泰西思及先生语录 0761
泰西通史上编一卷 3297
泰西新史揽要二十四卷（原名　泰西近百年来大事记）3144
泰西轩渠录（又名　西洋笑林广记）2307
泰西政治学者列传一卷 3400
泰西治麻说略一卷 5063
昙花梦 2767
谈地 3832
谈天 4275
谈天十八卷 4262
探矿取金六卷　续一卷附编一卷 4970
探路日记一卷 3685
唐土历代州郡沿革地图 3662
唐土名胜图会六卷 3677
棠花怨 2693
逃缘 2854
桃大王因果录二卷 2604
桃太郎 2202
特兰斯法尔一卷 3292
特用作物论四卷 4827
提要农林学 4775
提正篇六卷 0341
体操步法撮要 2094
体操法五卷 1478

体操释名 2091
体骨考略 4607
体性图说一卷（一名格物图说）3795
体学全旨 4595
体学图谱 4602
体用十章四卷 4588
体育图说二卷 2085
天变地异一卷 3831
天步真原人命部三卷 4251
天步真原三卷 4250
天道核较直解 0119
天道镜要 0576
天道入门 0583
天道溯源三卷 0515
天道溯源直解 0516
天地奇异志一卷 3803
天地人论 0476
天方大化历史 0142
天方谈判 0623
天方夜谈 2302
天方夜谭 2301
天佛论衡 0123
天国振兴记 0620
天际落花 2694
天教超儒论 0124
天教正略 0552
天阶 0338
天镜明鉴 0398
天理十三条 0553
天理要论 0440
天路历程 0502
天路历程 0503
天路指南 0563
天律明说 0525
天女离魂记三卷 2591
天囚忏悔录（社会小说）2490
天人异同　0554
天神会课一卷 0343
天神魔鬼说 0147
天胜娘魔术讲义初集不分卷 3053
天算微用 3889
天文初阶一卷 4269
天文揭要二卷 4268
天文略解二卷 4270

天文启蒙七卷　首一卷 4265
天文启蒙一卷 4263
天文浅说 4271
天文书二卷 4228
天文图说四卷 4264
天文图志 4322
天文问答 4260
天文问答 4261
天文问答一卷 4273
天文新编 4274
天文须知一卷 4266
天文仪器图 4282
天问略一卷 4223
天下五大湖各国志要 3569
天下五洲各大国志要一卷（一名　五洲各国志要）3532
天学初函器编 3834
天学初函五十四卷 5155
天学会通一卷 4252
天学举要 4253
天学略义 0153
天学实录 0300
天学真诠 0155
天眼通 2934
天演辨证二种 4425
天演学二卷 4424
天演学图解 4433
天则百话一卷 0803
天主降生引义上下卷 0609
天主教丧礼问答 0636
天主教要 0637
天主经解八卷 0316
天主理论 0342
天主圣教蒙引要览 0339
天主圣教启蒙一卷 0310
天主圣教实录 0677
天主圣教约言 0303
天主圣母暨天神人瞻礼解说 0305
天主圣像略说一卷 0309
天主实义二卷（亦名天学实义）0145
天主实义续编 0146
田川大吉郎之学说一卷 2298
田径赛运动 2088
田圃害虫新说一卷 4835

甜菜培养法一卷 4855
铁鞭 3197
铁船针向一卷 5149
铁窗红泪记 2704
铁道讲习要录 5107
铁道新论 1729
铁甲丛谈五卷 图一卷 1627
铁假面 2671
铁路纪略一卷 附图 附中国创设铁路利弊论一卷 5108
铁路纪要三卷 5104
铁路行政泛论 1730
铁路运送论 1728
铁路针向一卷 5105
铁路中英名词专书（附铁路信件）5113
铁锚手 2406
铁世界 2638
铁手（侦探小说）2872
铁王子 3032
铁匣头颅二卷 2616
铁匣头颅续编二卷 2617
铁血痕（军事小说）二卷 2491
铁血宰相十八章 3452
铁血主义 0944
铁血主义一卷 0945
艇雷纪要一卷 附图 1636
通融公法 1438
通融公法 1439
通商各关海江警船示册（第32、33、35、41、43 簿 民国二年、三年、五年、十一年十三年）5123
通商各关华洋贸易论略 1768
通商海关华洋贸易总册 1764
通商进口税则 1809
通史辑览一卷 3095
通使条例 1076
通俗卫生法防疫法之部 4540
通文馆志十一卷 3236
通物电光四卷 图一卷 4102
通信行政概要 1738
通信要录 1737
通学汇编 5178
通用汉言之法 =A Grammar of the Chinese Language 2116

同盟总罢工 0951
同文算指前编二卷 通编八卷 附别编一卷 3880
铜圆雪恨录（上、下册）2726
新编童蒙养正教育学 1980
童幼教育二卷 1979
童子警探 2099
统合新教授法二卷 1912
统计通论 0792
统一学 0002
透物电光机图说 4105
图书馆教育 1850
图书馆小识 1851
土地改良论 4798
土耳机史一卷 3280
土耳其国志 3712
土国战事述略一卷 3281
土话算法一卷 3894
土里罪人 2695
土壤学一卷 4796
土性辨三卷 4801
推历年占礼法 0311
吞玉奴 2407
脱影奇观三卷 续编一卷 4961

W

外国地理 3578
外国地理备考十卷（一题 新释地理备考全书）3520
外国地理讲义三卷 3584
外国地理问答一卷 3588
外国地理学教科书三卷 3586
外国地名人名辞典 5161
外国地名人名字典 5162
外国史略不分卷 3587
外国水师船图表四册 1518
外患史一卷 1111
外交秘事 2983
外交通义 1078
外交余势一卷 1117
外交政策 1116
外科学一夕谈 4672
外事警察 0916
完璞巵言 4551
万法精理二卷 1147

新译万国垂涎中华近事 1099
万国春秋二卷 3159
万国地理课本 3582
万国地理全集 3513
万国地理统纪 3589
新撰万国地理五卷 3548
万国地理新编二卷 3552
万国地理学新书 3544
万国地理志 3538
万国地志三卷 3539
万国电报通例 1741
万国电报通例一卷 1740
万国纲鉴 3062
万国公法蠡管七卷 1388
万国公法四卷 1387
万国公法提要 1403
万国公法要领二卷 1399
万国公法要略四卷 1400
万国国力比较二十三卷　表一卷　附录一卷 1702
万国教育志三卷 1937
新译万国近世大事表 3119
万国历史 3079
新编万国历史 3092
万国历史三卷 3089
万国联合论 0947
万国旅行地理 3545
万国青楼沿革史 0834
万国全地图 3605
万国全图 3594
万国商业地理志一卷 1758
万国商业历史 1760
万国商业志二卷 1759
万国史纲 3084
万国史纲 3085
万国史纲目八卷（一名　万国史纲目前后编）3073
万国史记二十卷 3064
万国史记十四卷 3065
万国史讲义一卷 3128
万国史略备览六卷 3145
万国史略六卷 3088
万国史略四卷 3074
万国史要 3090
万国史要 3091
万国通典辑要四卷 0972

万国通典十二卷 0971
万国通鉴五卷　首一卷（亦名　历代万国史论）3066
万国通商史 1763
万国通史教科书 3120
万国通史前编十卷 3068
万国通史前编十卷　续编十卷　三编十卷　校勘记三卷 3070
万国通史三编 3087
万国通史三卷 3080
万国通史续编十卷 3069
万国通语旗号书十卷　首一卷 5152
万国宪法比较一卷 1207
万国宪法志三卷 1359
万国新地理 3546
万国新地图　附统计表一卷 3606
万国新地志 3547
万国兴亡史 3131
万国兴亡史 3132
万国兴亡史二卷 3133
万国演义 2887
万国药方八卷 4743
万国舆图 3592
万国舆图一册　3602
万国宗教志九卷 0127
万国总说一卷　续二卷 3560
万里鸳 2371
万物真原 0150
王安石新法论 0998
网球规则 2104
网中鱼（一题　巴黎之奴隶）2672
往金山要诀 1444
妄推吉凶之辨 4255
威廉退尔 2745
威廉振兴荷兰纪略四卷 3381
微分积分学 4027
微分积分学纲要 4026
微积分学讲义 4028
微积溯源八卷 4020
微积须知一卷 4022
微积学二卷 4024
微积学二卷 4025
微粒子病肉眼鉴定法一卷 4832
围炉琐谈 2592

附录一　书名索引

唯一侦探谭四名案　2341
伪票案　2842
卫生浅说　4543
卫生行政法论　4545
卫生学初编　4544
卫生要旨一卷　4538
汉译卫生一夕谈　4541
卫士林支那货币论　1834
未来世界论一卷　0777
未来战国记　2241
温特渥斯解析几何学　4001
温特渥斯立体几何　3985
文部省官制十二条　1963
文部省外国留学生规程一卷　2044
文部文课规程八条　文部大臣官房图书课事务分掌课程六条　1962
新译文明结婚　2959
文学书官话二十一卷　2128
文学兴国策二卷　1930
文字考　2120
闻见选录新编　5175
问答良言　0526
问答浅注耶稣教法　0377
问答浅注耶稣教法　0378
问答俗话　0429
倭刀恨　2949
无机化学　4204
无机化学粹　4205
无机化学讲义　4196
无机化学教科书三卷　4197
无极天主正教真传录　0144
无名之英雄（上、中、下册）　2649
无人岛　2920
无线电报一卷　补编一卷　5031
无线电信　5032
无政府主义　0934
无政府主义　共产主义　0939
吾主耶稣基督新遗诏书　0264
五车韵府二卷　2157
五大洲图说　3553
五大洲志三卷　3540
五祭揭要　0617
五里雾　2683
五色石　2291

五伤经礼规　0322
五十余言　2112
五纬表十卷　首一卷　4230
五纬历指九卷　4231
五脏躯壳图形一卷　4583
五洲各国统属图一幅　3603
五洲教案纪略五卷　0684
五洲三十年战史二册　3164
五洲史略　3081
重订五洲史略　3082
五洲图考四卷　3536
武备火攻要略图编四卷　1565
武备新书　1446
武弁职司一卷　1482
勿雷岛居小传　2162
戊戌年中国农产物资贸易表　4779
物竞论一卷　4420
物竞论一卷　4421
新撰物理教科书　4083
物理推原　3797
物理学　4069
物理学　4073
物理学初步二卷　4062
物理学讲义　4082
物理学讲义三卷　4080
物理学教科书　4074
物理学教科书二卷　4079
物理学三编　4055
物理学上编四卷　4056
物理学算法　4060
物理学提要　4051
物理学问答　4059
物理学下编四卷　4058
物理学语汇　4061
物理学中编四卷　4057
物理易解　4065
物算教科书　4064
物体遇热改易说四卷　图六幅　4133
物元实证　0335
物种由来卷一　4423
雾中案　2449
雾中人（冒险小说）三卷　2408

657

X

西班牙宫闱琐语（历史小说）2998
西北边荒布道记　0694
西北边界图地名译汉考证二卷　3673
西比利亚铁路考　1732
西伯利亚大地志四卷　3735
西伯利亚一卷　3737
西藏　3651
西藏通览　3652
西藏通览　3653
西灯略说一卷　论煤气灯一卷　5084
西铎九卷　0988
西法食谱　5087
西方答问二卷　3504
西方搜神记　2318
西方要纪一卷　3505
西方战史　1129
西国瓷器源流一卷　5042
西国发蓝法一卷　5067
西国记法　0101
西国近事汇编　0785
西国开煤略法一卷　钻地觅煤法一卷　4974
西国乐法启蒙二卷　3050
西国炼钢法略论一卷　造马口铁法一卷　4988
西国炼钢说一卷　4987
西国陆军制考略八卷　1514
西国名菜嘉花论二卷　4872
西国磨面机器说一卷　打米机器图说一卷　5068
西国漂染棉布论一卷　印布机器一卷　5066
西国算学一卷　3877
西国天学源流一卷　4267
西国嬉戏格致器说一卷　2108
西国象牙贸易一卷　1775
西国写字机器图说一卷　5083
西国新史　3158
西国养蜂法一卷　养蜂获利一卷　4938
西国造瓷机器一卷　5041
西国造啤酒法一卷　5070
西国造桥略论一卷　5116
西国造针法说略一卷　西国造钮法一卷　5086
西国造纸法一卷　5081
西国造砖法一卷　造砖厂轧泥机器一卷　5091
西国制皮法一卷　电气熟皮法一卷　5079

西礼须知　3497
西力东侵史　3172
西力东侵史　3173
西历年月　4327
西利亚郡主别传（言情小说）（上、下册）2492
西楼鬼语二卷　2618
西美战史二卷（一名　一八九八年之西美战史）1560
西奴林娜小传（言情小说）2519
西炮说略　附炮纪略　1642
西琴曲意一卷（亦名　西琴八曲）3044
西儒耳目资　2115
西史通释　3300
西士酬中国人书　0597
西事撮要　5174
西算明镜录五卷　3891
西算启蒙　3908
西太后一卷　3409
西突厥史料　3206
西乡隆盛　3431
西乡南洲先生遗训　3432
西行琐录一卷　3650
西学东渐记　3417
西学凡　1927
西学格致大全二十一种　3845
西学关键八卷　3812
西学考略二卷　1928
西学列表二卷　0787
西学略述十卷　3099
西学启蒙十六种　3844
西学探源　3101
西学章程汇编　1929
西学治平四卷　0890
西巡大事本末记六卷　3214
西亚谈奇　2890
西洋测日历　4245
西洋古格言一卷　2114
西洋历史　3075
西洋历史　3083
西洋历史地图　3772
西洋历史教科书　3124
西洋历史教科书二卷　3123
西洋历史问答一卷　3122
西洋伦理学史　0058

西洋伦理学史要二卷 0057
西洋神机二卷 1607
西洋史 3126
西洋史 3301
西洋史钩元一卷 3304
西洋史要四卷 图一卷 3296
西洋算法大全四卷 3883
汉译西洋通史 3305
西洋通史 3306
西洋通史前编十一卷 3130
西洋文明史 3107
西洋文明史之沿革一卷 3109
西洋医学史 4529
西洋哲学史 0026
西洋中华通书 4329
西洋自来火铳制法一卷 1651
西药大成补编十卷 首一卷 4734
西药大成十卷 首一卷 4726
西药略释节本一卷 4725
西药略释四卷 总一卷 4724
西药五种五本 4735
新译西药新书八卷 附中西名表 4736
西医产科心法二卷 4691
西医略论三卷 4524
西医内科全书十六卷 4646
西医眼科撮要一卷 4714
西艺知新十卷 图三百九十七幅（一名西艺须知）4947
西艺知新续刻十三卷 图七百四十四幅（一名 西艺须知续刻）4948
西艺知新正续合编二十二卷 4949
西游地球闻见略传 3511
西语译汉入门 = Dictionaire Francais-Latin-Chinois De La Perny 2207
西字奇迹 2216
吸毒石原由用法 4749
希腊春秋八卷 3346
希腊独立史一卷 3347
希腊国志一卷 3741
希腊三大哲学家说 0001
希腊神话 2317
希腊史二卷 3348
希腊史一卷 3137
希腊兴亡记 2847
希腊兴亡史 3138
希腊志略七卷 3742
牺牲 2626
熙朝崇正集二卷 5170
熙朝定案三卷 5169
虾蟹类 4504
侠黑奴 2269
侠客谈 2969
侠恋记 2891
侠男儿 2342
侠奴血 2659
侠女郎 2295
侠女奴 2303
侠女破奸记（社会小说）2548
侠女碎琴缘（一题 西伯利亚流窜记）2826
侠隐记（义侠小说）（第一至四册）2684
续侠隐记（义侠小说）（第一至四册）2685
侠英童 2450
侠贼小史（侠情小说）2574
厦门话拼写书 2122
先天之教育 4578
纤手秘密 2914
暹逻志一卷 3267
贤妮小传二卷 2593
续贤妮小传二卷 2594
（翻译）弦切对数表八卷 附说明及用法表 3865
咸丰二年十一月初一日日蚀单 4319
咸丰戊午通商税则 1810
显相十五端玫瑰经 0374
险中险 2673
现代各国警察制度 0984
现代思想与伦理问题 0051
现代意大利 3354
现代之女子 0841
现今世界大势论一卷 0962
现今中俄大势论 1108
现身说法（上、中、下卷）2789
现行法制大全一卷 1177
现行法制大意一卷 1178
宪法 1198
宪法 1199
宪法草案之误总汇志 1304
宪法讲义 1203
宪法精理 1193

宪法论 1206
宪法论纲 1205
宪法论一卷 1196
宪法研究书 1204
宪法要义 1194
宪法要义 1202
宪法要义一卷 1195
宪政论 0863
乡里善人（上、下册）2873
乡训 0403
乡训 0504
乡训十三则 0395
乡训五十二则 0394
香粉狱 2299
香钩情眼（上、下册）2727
香囊记（侦探小说）2409
向隅仙 2950
橡湖仙影（社会小说）三卷 2410
枭欤（三折十九幕）2632
消防警察 0917
销金窟 2951
销售法五百种 1751
小儿养育法一卷 4574
小公主（学堂小说）2860
小公子 2805
小华外史八卷　附别编二卷　续编二卷 3235
小拿破仑别记 2575
小汽车 5123
小仙源 2757
小仙源 2758
小先知书注释 0200
小信小福 0430
小学地理 2018
小学地理教授法一卷 1992
小学各科教授法 1986
小学各科教授法九卷　附论一卷　附表一卷 1987
小学教授法要义 1988
小学教授法一卷 1989
小学教授学及管理法纲目 1990
小学理科 2022
小学理科教科书 2025
小学理科新书一卷 2023
小学农业教科书 2034
小学农业教科书四卷 2035

新编小学物理学一卷 2030
小学校令 1994
新撰小学校体操法 2013
小学校要则二卷 1995
小学新理科书 2024
小学正宗 0556
小英雄 2796
小英雄 2797
小子初读易识之书课 1997
孝女教父 0666
孝女耐儿传（伦理小说）三卷 2451
孝女有福 0668
孝事天父论 0517
孝友镜（上、下册）2742
笑里刀（社会小说）2619
续笑里刀（社会小说）二卷 2561
笑之人 2935
歇洛克奇案开场（侦探小说）2605
邪性记 0470
屑茧制丝法 5065
蟹莲郡主传（政治小说）（上、下册）2720
蟹之仇讨 2292
心理 0094
心理的教授原则三卷 0098
心理教育学一卷 0099
心理疗法 4704
心理学 0095
心理学概论 0089
心理学讲义 0096
心理学讲义 0100
心理学教科书二卷 0093
心理易解 0092
心灵学 0086
心灵学 0091
心算初学 3909
心算教授法 3851
心算启蒙一卷 3888
心狱（社会小说）2779
昕夕闲谈 2323
昕夕闲谈 2324
锌板印图四卷 4962
新庵九种 2305
新庵丛谈（劄记小说）2705
新案万国地图　附教科摘要一卷 3604

新厂谐译二卷 2227
新创声器图说一卷　爱第森新创记声记形器说一卷 4090
新道德论 0055
新蝶梦（写情小说）2792
新法表异二卷 4232
新法历引一卷 4249
新法螺先生谭（科学小说）2259
汉译新法律词典 1171
新法律字典一卷 1172
新飞艇（科学小说）2936
新几何学教科书（平面）3973
新加坡律例 1347
新加坡栽植会告诉中国作产之人 4777
新剑侠传 2855
新教圣经 0279
新教授学一卷 1911
新教育学 1869
新旧约接续史 0294
新旧约全书节录（南京官话）0271
新旧约全书七卷 0287
新旧约圣经：官话 0285
新旧约圣经（官话）0288
新旧约圣经：官话 0289
新开地中河记一卷 3720
新历晓惑一卷 4247
新恋情 2576
新令学校管理法一卷 1953
新魔术 2280
新排对数表无卷数 3871
新世界伦理学 0050
新世界之旧梦谈 2851
新式焙茶机器图说一卷 5073
新式地文学 4410
新式东语课本二卷 2188
新式矿物学五卷　附录三卷 4394
新式陆地汽机锅炉图说一卷 5024
新式汽机图说一卷 5025
新式物理学教科书 4081
新体欧洲教育史要 1942
新体中学代数教科书 3934
新天方夜谭（社会小说）二卷 2493
新万国药方 4744
新万国药方 4746

新闻学一卷 1840
新舞台（军事小说）（一至二编）2254
新物理学一卷 4072
新小儿语 2625
新刑法问题义解 1252
新学汇编四卷 0991
新学教授学一卷 1913
新遗诏书 0205
新约全书 0212
新约全书 0213
新约全书 0215
新约全书 0275
新约全书注释 0214
新约全书注释 0217
新约全书注释（南京官话）0216
新约圣经 0218
新约圣经 0278
新约圣经便览一卷 0280
新约史记问答 0220
新约注释 0219
新增圣书节解 0209
新政策一卷 0928
新制灵台仪象志十四卷　附灵台仪象图二卷 4284
馨儿就学记 2970
信德之解 0527
信经注解 0463
信徒快乐秘诀 0605
兴国史谈 3169
兴华新议一卷 0990
星球游行记 2248
星图八幅 4293
星学 4278
星学发轫十六卷 4276
星学发轫引说二卷 4277
星轺指掌三卷　续一卷 1077
星轺考辙（一名　各国铁路图考）5103
刑法 1247
刑法各论 1250
刑法各论 1251
刑法过失论 1253
刑法通义 1246
刑法学说汇纂 1248
刑法总论 1244
刑法总论 1245

刑事诉讼法 1260
刑事诉讼法 1261
刑事诉讼法 1263
刑事诉讼法论 1262
（改正）刑事诉讼法问题义解 1344
刑事诉讼法要览 1264
行冰汽车 5124
行船免撞章程一卷 附录一卷 5140
行道信主以免后日之刑论 0564
行海通书解说 5133
行海通书十七卷 5134
行海要术四卷 图六十六幅 5137
行进游技法 2095
行军测绘十卷 首一卷 附图一卷 1668
行军测绘学三卷 量地表一卷 1669
行军电报要略二卷 1666
行军铁路工程二卷 附图一卷 1657
行军造桥图说一卷 1655
行军帐棚说一卷 1500
行军侦探要略 1582
行军指要六卷图四十九幅 1581
行客经历传 0482
行路难 2494
行营防守学一卷 1584
行营防守学一卷步队工程学一卷 1583
行政裁判法论 1215
行政法 1211
行政法泛论 1210
行政法各论 1213
行政法各论 1214
行政法总论 1212
行政警察 0918
形性学要十卷 4054
形学 3968
形学备旨全草十卷 首一卷 3961
形学备旨十卷 开端一卷 3960
形学拾级九卷开端一卷 3974
形学五书五卷（封面题形学课本）3972
醒华博义一卷 0994
醒华小说集 2535
醒世要言 0584
性法学要二卷 0809
性海渊源一卷 0608
性理真诠四卷 0154

性学觕述八卷 0085
性学举隅二卷 0087
兄弟叙读 0401
匈奴奇士录（言情小说）2759
雄风孤岛 2731
休氏教育学 1867
修辞学 2169
修路说略一卷 5115
修身西学 0080
修水口以利通商 1769
修学篇一卷 1878
朽木舟 2937
虚无党 2255
虚无党真相 2749
徐光启行略 0768
许甘第大传略 0769
许母徐太夫人传略 0770
畜产汎论 4913
畜产各论 4912
畜疫治法一卷 4915
宣道指归七章 0598
悬崖马 2452
选举法纲要 1209
薛蕙霞 2852
学部辑解 2121
学历小辨一卷 4229
学生立志论一卷 1903
学生卫生宝鉴 4567
学校管理法 1923
学校管理法问答 1922
学校管理法一卷 1924
（汉译）学校会话篇 2200
学校建筑模范图一幅 5092
学校卫生 4565
学校卫生书 4566
学校卫生学 4564
学校造林法 4891
学校制度 1925
学校制度 1926
雪花围（醒世小说）2783
雪市孤踪（言情小说）2999
雪中梅一卷 2249
血泊鸳鸯 2520
血痕 3007

血史 2806
血手印 2892
血蓑衣（义侠小说）2270
血衣冤（一题 红泪痕）2960
血之花 2411
血指印 2962
血渍痕 2961
薰莸录 3020
训蒙穷理图解二卷 3823
训蒙日课 1998
训慰神编二卷 0368
蕈种栽培法一卷 4876

Y

压水柜一卷 4047
鸦片毒害宜设院戒除一卷 0833
鸦片六戒 0826
鸦片六戒一卷 0828
鸦片速改七戒文 0827
鸦片速改文 0824
哑旅行（上、下册）2256
亚大门临死畏刑论 0505
亚东各国约章一卷 1085
亚东论略一卷 3638
亚东贸易地理四卷 1756
亚非利驾诸国记一卷 3717
亚拉伯罕纪略 0678
亚剌伯史一卷 3142
亚历山大一卷 3475
亚美理驾诸国记一卷 3756
亚美利加洲通史十编 3383
亚媚女士别传（言情小说）二卷 2530
亚欧两洲热度论一卷 3566
亚森罗蘋奇案 2735
亚西里亚巴比伦史一卷 3136
亚细亚东部图一幅 附朝鲜图一幅 3629
亚细亚东部之霸权（亦名并吞中国策）0943
亚细亚西部衰亡史卷 3276
新撰亚细亚洲大地志 3616
亚洲三杰 帖木儿 成吉思汗 丰臣秀吉传 3503
亚洲商业地理志二卷 1757
烟火马三卷 2596
延年益寿论一卷 4552
言志后录 2064

炎症论略一卷 4671
颜料篇 5046
眼科锦囊四卷 续二卷 4718
眼科临床要领 4720
眼科书 4715
眼科证治一卷 4717
眼科指蒙一卷 附图 4716
演说学 2110
演说与辩论 2109
演算法天生法指南五卷 定则一卷 3890
演算法圆理括囊一卷 3904
验矿砂要法 4977
验气说一卷 4357
验糖简易方一卷 5077
燕京开教略 0687
燕山楚水纪游二卷 3680
赝爵案二卷 2620
扬子江 3643
扬子江筹防刍议一卷 1507
扬子江流域现势论八卷 3642
扬子江图 3678
杨淇园行略 0767
洋枪浅言一卷 图十五幅 1601
洋务新论六卷 0986
养兵秘诀二卷 1481
养蚕论上卷 4928
养蒙正轨一卷 2005
养民有法 0795
养心神诗 0387
养心神诗 0431
养心神诗 0483
养心神诗 0494
养心神诗新 0495
养心神诗新编 0565
养畜篇三卷 4901
养鱼人工孵化术一卷 4941
妖怪百谭一卷 0008
妖怪学讲义录总论 0010
妖塔奇谈 2811
咬留吧总论 3707
药露说一卷 4722
药水电灯图说一卷 5085
药物学大成 4737
药物学纲要 4730

药物学一夕谈 附良方偶存 4732
要礼推原 0506
要理必读 0477
要理问答 0478
耶稣比喻注说 0722
耶稣传之研究 0756
耶稣登山教众语录注释 0730
耶稣订十字架论 0437
耶稣会例 0348
耶稣降生言行韵文 0734
耶稣降世传 0724
耶稣降世之传 0715
耶稣教或问 0528
耶稣教例言 0651
耶稣教略 0676
耶稣教略论 0464
耶稣教消罪集福真言 0577
耶稣教小引 0557
耶稣教要诀 0469
耶稣教要理问答 0484
耶稣教要略 0485
耶稣教要旨 0590
耶稣来历传 0732
耶稣门徒金针 0558
耶稣门徒信经 0265
耶稣山上重训 0723
耶稣神迹之传 0716
耶稣圣教祷告文 0513
耶稣圣教洗礼规式 0648
耶稣圣经 0274
耶稣事迹考九卷 0742
耶稣赎罪之论 0404
耶稣行实 0758
耶稣序录 0709
耶稣言行传 0749
耶稣言行述训 0741
耶稣言行总论 0710
耶稣要志 0591
耶稣赞歌 0578
耶稣正教问答 0496
耶稣之宝训 0714
冶工轶事 2639
冶金录三卷 4998
野操规则 1479

野草花（艳情小说）2721
野客问难记 0518
野蛮之欧洲 0958
野蛮之欧洲二卷 0959
野外要务令二卷 1528
夜未央 2760
一百十三案 2702
一仇三怨（婚事小说）2827
一封信（侦探小说）（上、下册）2354
一束缘（道德小说）2373
一粒钻（侦探小说）3021
一捻红 2674
一声猿 2952
一万九千磅 2453
一指指纹法 0921
伊氏产科学 4686
伊氏寓言选译 2315
伊娑菩喻言 2313
伊娑菩喻言一卷 2314
伊索寓言演义 2316
伊索寓言一卷 2312
伊太利亚史 3353
伊藤博文 3433
新译伊藤总监治韩政略 1124
衣服论 1880
衣食住 0818
医方汇编四卷 首一卷 4627
医科大学病院经验方不分卷 4745
医理略述二卷 4653
医师开业术 4532
医学纲要 4628
医学要领 4527
医药略论一卷 4729
遗嘱 2495
已亡日课经 0353
以弗所讲义 0254
以来者言行纪略 0728
义大利独立史六编一卷 3352
义大利独立战史六卷 附录一卷 3349
义黑（义侠小说）2722
义务论 0084
义勇军 2650
艺器记珠一卷 图五十七幅 5089
议会及政党论 0896

议会政党论三卷 0897
议探案 2881
异端辨论 0579
译书事略一卷 1846
译文四种 0935
译学馆初等代数讲义 3929
译一千九百十二年办理浚浦局暂行章程 5154
易形奇术 2496
益闻录 5176
肄业要览一卷 3780
意大里志译略一卷 3745
意大利蚕书一卷 4921
意大利独立战史 3350
意大利建国史 3351
意大利兴国侠士传 3453
意拾喻言 2310
音乐学 3048
吟边燕语（神怪小说）一卷 2355
银矿指南一卷 附图一卷 4976
银钮碑 2769
银山女王 2260
银行及外国为替 1836
银行学原理 1837
银行之贼 2807
饮食卫生学 4562
印度蚕食战史三卷 3274
印度茶书一卷 4857
印度筹税纲要 1814
印度风俗记一卷 3495
印度古今事迹考略 3275
印度国史 3272
印度国志 3710
印度纪游一卷 3716
印度教徒以利通道自历明证 0773
印度灭亡战史 3273
印度名人信道记 0771
印度史 3270
印度史揽要三卷 3268
印度史（一名 印度蚕食战史）3269
印度刑律二卷 1348
印度杂事 3271
印度哲学纲要 0024
印度政治家事略 3438
印度志略一卷 3709

印雪簃译丛（探案录之一）2412
应用东文教科书 2189
应用机械学 5008
应用教授学 1908
应用昆虫学教科书 4518
应用卫生学 4548
应用新闻学 1841
英德学制比较一卷 1974
英德战争未来记（军事小说）（上、下卷）2521
英丁前后海战记 1561
英俄印度交涉十六卷 1087
英俄印度交涉书一卷 附续编 1088
英法德俄四国志略四卷 3731
英法意比国志译略 3732
英法政概六卷 3315
英藩政概四卷 3369
英国颁行公司定例 1713
英国财政史 1815
英国财政志七卷 1816
英国舰国记一卷 （一名英兰舰国记）1052
英国地方政治一卷 1063
英国第七册蓝皮书二卷 1062
英国定准军药书四卷 附二卷 4534
英国度支考一卷 1817
英国革命战史 3362
英国救生局救溺法一卷 4643
英国蓝皮书一卷 1061
英国立宪鉴 1053
英国立宪沿革纪略 1054
英国汽车 5119
英国汽车事件分说 5120
英国十大学校说一卷 1971
英国实业史 1712
英国枢政志十四卷 1055
英国水师考一卷 1542
英国水师律例三卷 附一卷 1541
英国铁路工程纂要 5110
英国铁路章程二卷 1734
英国通典二十卷 1064
英国外交政略史一卷 1136
英国维新史四卷 3361
英国文明史 3363
英国宪法辑要 1364
英国宪法论二卷 1363

英国宪法史 1365
英国议事章程二册 1060
英国印花税章程 1820
英国印花税章程一卷 1818
英国舆志 3740
(译述) 英国制度沿革史三卷 1056
英国铸钱说略 4996
英国最近五命离奇案 2454
英汉成语辞林 2146
英华通书 4328
翻译英华厦腔语汇八卷 2123
英华新字典 2155
英华字典 =An English and chinese pocket dictionary in the Mandarin dialect 2156
英华字典 = English and chinese dictionary with the punti and Mandarin pronunciation. 2152
英华字典（增订）2153
英皇肥挓利阿圣德记一卷 3457
英吉利地图说 3739
英吉利史 3365
英吉利史 3366
英吉利文话之凡例 =A Grammar of English Language. 2151
英吉利宪法史一卷 1366
(重订) 英吉利志八卷 3738
英伦之女贼 2522
英律全书五卷 1362
英美海战史三卷 1562
英民史记三卷 3364
英人经略非洲记一卷 1134
英人强卖鸦片记八卷 0831
英属地志一卷 3619
英特战记 1135
英文典 2149
英文法教科书 2143
英文举隅一卷 2139
英孝子火山报仇录（伦理小说）二卷 2374
英兴二卷　附广学会记一卷 3359
英雄之肝胆 2287
英雄主义 0083
英议院权力发达史 1059
英语入门 2142
英粤字典 2127
英政概一卷 1057

英字指南六卷 2140
鹦鹉缘三编（上下册）2738
鹦鹉缘（上、下册）2736
鹦鹉缘续编（上下册）2737
鹰梯小豪杰 2577
营城揭要二卷　附图一卷 1659
营工要览四卷　附图 1660
营垒从新一卷 1661
营垒图说一卷　附图 1658
瀛环志略十卷 3522
瀛环志略续集二卷补遗一卷 3543
瀛环志略续集四卷卷末一卷补遗一卷 3535
瀛寰译音异名记十二卷 3590
影之花（艳情小说）（上中册）2660
永年瞻礼单三卷 0638
忧患余生 2770
邮传部译书十七种 1736
犹太灯 2732
犹太地理择要 3626
犹太国史 3282
犹太人之公书 0486
犹太史一卷 3283
游历西藏记一卷 3686
游戏法 2107
游侠风云录 2250
有机化学 4206
有机化学讲义 4199
有益之树易地迁栽一卷 4898
有志竟成 2163
幼儿诗释句 2000
幼童初阶 1985
幼童卫生编一卷 4572
幼学操身图说一卷 2098
幼学浅解问答 0381
幼学四字经 0507
幼稚教育恩物图说一卷 1984
予拟将来陆战议一卷 1576
鱼海泪波（哀情小说）2723
鱼雷（"蛇首"续编）2870
虞美人 2271
舆地启蒙　附地图 2019
舆图汇集 3595
宇内高山大河考一卷 3570
宇宙进化论 0015

宇宙趣谈一卷 3833
玉虫缘 2808
玉楼惨语（哀情小说）2562
玉楼花劫后编（历史小说）（上、下卷）2697
玉楼花劫前编（历史小说）（上、下册）2696
玉屑喷 2455
育儿谈 4575
狱中花二卷 2640
预防传染病之大研究 4536
预推纪验 4239
域外小说集（二集）2225
喻道传 0580
喻道新编：官话 0581
御风要术三卷 5141
鸳盟离合记二卷 2456
鸳鸯血（侦探小说）2538
元代合参三卷 4023
元代客卿马哥博罗游记三卷 3682
元明清史略五卷 3209
园艺要论 4869
袁批理财节略一卷 1807
袁世凯正传一卷 3414
原富八卷 1678
原染亏益二卷 0345
原师一卷 1872
原政二卷 0804
原政上编四卷 0805
圆容较义一卷 3952
圆室案（侦探小说）2457
圆书 3912
圆锥曲线说三卷 3998
圆锥曲线一卷 4000
远镜说一卷 4091
远西奇器图说录最二卷 4946
远洋漆法 5049
垸髹致美一卷 5047
约翰传播福音书 0239
约翰传福音书 0238
约翰传福音书 0241
约翰福音 0230
约翰福音书：官话 0242
约翰言行录 0719
约翰真经解释 0240
约色弗言行录 0720

约瑟纪略 0731
月界旅行 2641
月离表四卷 4241
月离历指四卷 4240
越南志一卷 3265
云破月来缘 2578
云想花因记二卷 3000
云中燕 2661
运动规则 2087
运规约指三卷 3994
运送法 1726

Z

杂篇 0173
栽培汎论 4818
栽培各论 4819
栽培各论 4820
栽培新编上卷 4821
再世为人二卷 2621
再续贤妮小传二卷 2595
赞美诗 0656
赞神乐章 0658
赞主诗歌 0660
早稻田大学政治理财科讲义 0885
造船理法 5143
造船指南针法 5150
造管之法一卷 5001
造化机新论一卷 4694
造林学各论二卷 4890
造硫强水法 4203
造水器具一卷 4959
造铁路书三卷 5109
造铁全法四卷（一名造铁新法）4986
造橡皮法 5044
造洋饭书 5088
造洋漆法一卷 图八幅 5048
造子药铜壳机器图说一卷 1652
燥湿表说 5012
则圣十篇 0313
贼史（社会小说）（上、下册）2497
曾国藩一卷 3415
札幌农学校施设一斑一卷 2060
炸药千磅 2164
斋旨（附司铎化人九要）0639

占礼口铎 0344
栈云峡两日记二卷 3687
战场情话（上、下册）3008
战法辑要六卷 1572
战法学二卷 1567
战时国际法 1415
战时国际公法 1416
战时国际公法 1417
战时国际公法 1418
战时国际条规辑览 1441
战术学 1568
战术学讲话 1569
战余录一卷 3222
战争 1449
战争非道论 0940
战争与进化 0948
张远两友相论 0389
张远两友相论 0471
张远两友相论 0487
樟树论一卷 4896
掌中珠 2536
帐中说法 2606
昭事经典三卷 0349
炤迷四镜 0332
照相镂板印图法一卷 4964
照像干片法 4965
遮那德自伐八事（义侠小说）（上、下册）2523
遮那德自伐后八事（义侠小说）（上、下册）2524
哲学大观—佛教篇 0133
哲学汎论 0007
哲学汎论 0020
哲学概论七章 0023
哲学十大家 3441
哲学提纲（灵性学）0090
哲学提纲（伦理学）0047
哲学提纲（名理学）0013
哲学提纲生理学 4436
哲学提纲（天宇学）0014
哲学微言 0004
哲学新诠一卷 0019
哲学妖怪百谈一卷 续编一卷 0009
哲学要领二卷 0003
哲学要领一卷 0006
哲学要略 0021

哲学原理一卷 0005
侦探谭 2223
侦探新语 2893
真爱情（言情小说）3009
真道入门 0382
真道入门 0488
真道自证 0423
真道自证四卷 0365
真福禄多尔弗传 0744
真福亚尔方骚芳特里垓传 0736
真福直指二卷 0354
真假两歧论 0417
真教问答 0585
真教宗旨一卷 0140
真理三字经 0391
真理三字经注释 0455
真理通道 0450
真理易知 0508
真理摘要 0509
真理之教 0432
真偶然（言情小说）2458
真神十诫 0181
真神十诫 0183
真神十诫 0185
真神十诫注释 0182
真神总论 0479
真神总论 0555
真主灵性理证二卷 0629
诊断学 4633
诊断学大成 4632
诊断学实地练习法 4631
振心总牍 0640
振新金鉴（坎拿大史要）3393
镇南浦开埠记一卷 1774
征韩论实相 1125
拯世略说 0599
整顿水师说 1540
整顿中国条议一卷 1000
正教安慰 0415
正求升度表一卷 4235
正邪比较 0424
政党及议院政治之弊四卷 0924
政府论（政治学 第二篇）0902
政海波澜四卷 2251

政教进化论一卷 0011
政群源流考二卷 0881
政体论 0893
政学原论一卷 0866
政艺新书 5172
政治辨感论 0882
政治地理 3501
政治汎论 0867
政治汎论 0868
政治史 0977
政治史 0978
政治思想之源 0869
政治学 0870
政治学 0875
政治学 0876
政治学 0877
政治学及比较宪法论 1180
政治学及比较宪法论 1181
(新编)政治学三卷 0874
政治学上编二卷 0871
政治学史一卷 0878
政治学提纲一卷 0880
政治学下编 0873
政治学中编二卷 0872
政治一斑 1006
政治原理 0879
(汉译)政治原论 0861
政治原论三卷 0892
政治源流 0981
政治哲学一卷 0022
支那成化论一卷 0790
支那成化论一卷 0791
支那分割之运命驳议 1102
支那古今沿革地图 3771
支那瓜分之命运 附驳论 1103
支那国际论 1100
支那疆域沿革略说一卷 3633
支那疆域沿革图 3768
(校译)支那疆域沿革图 3769
支那疆域沿革图略说 3770
支那教案论一卷 0695
支那教学史略 1944
支那近三百年史四卷(一名 清国史)3223
支那全书七卷 3184

支那人之气质 0849
支那史 3174
支那史要六卷 3179
支那四千年开化史 3192
续支那通史二卷 3207
续支那通史二卷 3208
(增补)支那通史十卷 3205
支那通史四卷 附地球沿革图 3204
支那通史四卷 续支那通史二卷 增补支那通史十卷 3185
续支那通志二卷 3227
支那外交表一卷 1113
支那文明史论 3189
支那文明史一卷 3193
支那文明小史(亦名中国文明小史)3190
支那问题一卷 1001
支那问题一卷 1002
支那鸦片病国史论一卷 0832
支那一卷 3636
支那游记 3688
支那哲学史四卷 0025
支那最近史六卷(一名 清史揽要)3215
知识五门一卷 5156
脂粉议员(社会小说)2525
蜘蛛毒 3027
职方外纪五卷 卷首一卷(一名 五大洲图说)3503
职分论 1904
职分论 1905
职业技师养成法 2058
职业教育论 2057
植楮法一卷 4867
植稻改良法一卷 4838
植漆法一卷 4865
植三桠树法一卷 4897
植物教科书二卷 4463
植物教科书一卷 4462
植物启原三卷 4453
植物人工交种法一卷 4476
植物生理学 4460
植物生理中英名词对照表 4461
植物图说四卷 4446
植物新论 4448
植物须知一卷 4445

植物选种新说一卷 4826
植物学 4451
植物学 4452
植物学 4454
植物学 4458
植物学八卷 4444
植物学教科书 2031
植物学教科书 4465
植物学教科书 4467
植物学教科书 4471
新撰植物学教科书 4473
植物学教科书二卷 4470
植物学启蒙一卷 4447
植物学实验初步 4457
植物学问答 4449
植物学新书 4450
植物营养论 4459
植雁皮法一卷 4866
殖鸡秘法一卷 4909
殖民政策 0936
纸币论 1825
指弓沙 2537
指环党（侦探小说）2901
指环窟 3034
指迷编 0566
指南针 5148
指中秘录（侦探小说）二卷 2459
至圣指南 0582
制玻璃法二卷 5043
制茶篇前编一卷　后编一卷 5074
制羼金法二卷 4993
制肥皂法二卷 5050
制国之用大略 1670
制火药法 5015
制火药法三卷　图五十八幅 5014
制机理法八卷　附表及图解 5007
制芦粟糖法一卷　附图 5076
制糖器具说一卷 5075
制絮说一卷 5062
制油烛法一卷 5051
制纸略法一卷 5082
质学课本 4184
治国要务 0891
治旅述闻三卷 1570

治心免病法二卷 4700
致富锦囊一卷（原名成功锦囊）2070
致马六甲华人有关霍乱书 4667
秩序 0938
智环启蒙塾课初步 1999
稚学 4443
中等东洋历史地图 3767
中等动物学教科书二卷 4497
中等肥料教科书 4794
中等格致课本四卷 3808
中等化学教科书 4181
中等化学教科书 4185
中等化学教科书 4189
中等化学教育 4186
中等教育工业化学 4202
中等教育辑制新地图　附地志一斑一卷 3611
中等教育物理学 4078
中等日本文典译释 2168
中等日本文典译释（初篇）2167
中等西洋历史课本 3125
中等最新化学教科书二卷　表一卷 4190
中东战纪本末八卷　卷首一卷　卷末一卷　续编
　　四卷　三编四卷 1509
中东战史二卷 1512
中俄关系 1107
中俄话本 2219
中俄交界图三十五幅 3671
中国币制改革初议 1833
中国财政纪略一卷 1806
中国地舆志略 3635
中国第一伟人岳飞一卷 3406
中国度支考一卷 1808
中国法典编纂沿革史（上下编）1281
中国纲鉴撮要三卷 3182
中国工商业考 1765
中国古代宗教舞蹈 3052
中国古世公法论略一卷 1280
中国关税制度论 1811
中国货币论 1832
中国江海险要图志二十二卷　首一卷　补编五
　　卷　附图五卷 3639
中国教育议 1946
中国经济全书 1705
中国历代帝王纪年表 3198

中国历代帝王年表一卷（一名　历代帝王年契）3199
中国历代疆域沿革考一卷 3634
中国历史教科书 3200
中国六十年战史十三卷 1112
中国路矿航运危亡史 1731
中国美术二卷 3043
中国秘密结社史（一名中国秘密社会史）1004
中国全国舆图 3661
中国商务志一卷 1767
中国史要 3181
中国四千年开化史 3195
中国天主教传教史 0696
中国通商物产志字典二卷 5163
中国文明发达史 3194
中国西部考古记 3489
中国现势论一卷 1707
中国新图 3660
中国学术史纲一卷 3196
中国政俗考略 0995
中国之旅行家 3418
中国植物学文献评论 4455
中国治水刍议 5099
中华地理全志五卷 3637
中立法规 1424
中立之国际法论 1422
中日韩三国大地图一幅 3630
中山狼 2828
中外交涉表二册 1115
中外教育史 1941
中外问答 3793
中外药名对照表一卷 4738
中西病名表一卷 4530
中西地名合璧表一卷（中英对照）3572
中西度量权衡表 5010
中西关系略论三卷 0779
中西关系略论四卷　续编一卷 0780
中西合历 4330
中西合历 4331
中西合历 4333
中西互论一卷（一名　书通商总论后）0987
中西教化论衡 3100
中西历日合璧一卷 4332
中西四大政一卷 0989

中西通书 5165
中西药名表 4739
中学地理外国志二卷 3581
中学地文教科书 4347
中学动物学教科书 4498
中学各科教授细目十八卷　附表 2038
中学矿物教科书 4401
中学乐典教科书 3049
中学日本文典 2197
中学日本文法教科书 2195
中学生理教科书九卷　附录一卷 4618
新编中学生理书一卷 4621
中学生理学教科书 4620
中学数学教科书（算术、代数、微积分等部分）3855
中学算理教科书第一卷 3910
中学万国地志 3583
中学物理教科书 4067
中学校初年级理化教科书 3807
中学校学科及程度一卷 2036
中学校要则一卷 2051
中学英语教科书 2147
中学植物教科书 4472
中亚细亚论略二篇 3618
中亚洲俄属游记二卷 3625
钟表匠论 0529
钟乳髑髅（冒险小说）2498
种茶良法 4858
种痘奇方详悉 4535
种拉美草法一卷 4848
种葡萄法十二卷 4882
种印度粟法一卷 4841
种蔗制糖略论一卷 4856
种植学二卷 4823
冢中人 2460
重臣倾国记（上、中、下册）2622
重学二十卷　附圆锥曲线说三卷 4032
重学汇编一卷 4044
重学器图说一卷 4049
重学器一卷 4048
重学浅说一卷 4030
重学十七卷　首一卷 4031
重学水学气学器说一卷 5009
重学图说　体性理图说 4038
重学图说一卷 4037

重学须知一卷 4042
周径密率一卷 3911
周幂知裁一卷 3991
诸国异神论 0128
诸教参考 0129
诸器图说一卷 5004
竹氏产婆学 4683
主教缘起四卷 0333
主经体味八卷 0372
主日论 0489
主日学课 0613
主神论 0472
主制群征二卷 0151
助善终经 0323
助终功用二卷 0641
铸金论略六卷 图一卷 4999
铸钱工艺三卷 总论一卷 图解一卷 4994
铸铜书 4997
转祸为福法 0425
妆品编二卷 5053
装船樯绳索书 5151
装运鸡旦新法一卷 5072
子之有无 4617
自记风雨表图说一卷 自记测风器一卷 5013
自律神经系 4701
自然学科余谈（又名 五十三日曜春夏部）3819
自西徂东五卷 0781
自由界一卷 2857
自由三杰一卷 3442
自治问题义解 1319
自助论十三编（一名 西国立志编）0069
自助论十三编（一名 西国立志编）0070
字考——汉葡及葡汉字汇 =Tse k'ao, 2 vocabulaires；chinois-portugais, et portugais-chinois 2215
字语汇解：罗马字系宁波土话 2118
宗教进化论一卷 0112
宗教史一卷 0132
宗教哲学 0111
宗徒列传 0700
宗徒行实 0766
宗主诗篇 0195
宗主诗章 0662
宗主新歌 0663

总牍汇要二卷 0642
总论耶稣之道 0567
总译亚细亚言语集：[支那官话部] 2130
租税论 1795
足球规则 2103
族制进化论 0847
组织学总论 4608
祖国（世界三大悲剧之一）2627
最后一课 2642
最近财政学 1780
最近东亚外交史 1101
最近俄罗斯海军考 1536
最近俄罗斯情势论一卷 1045
最近俄罗斯政治史一卷 1046
最近法制讲义 1166
最近美国学务大全 1978
最近时政治史 0883
最近统合外国地理二卷 3549
最近外交史 1098
最近外交史 1118
最近外交史二卷 1097
最近卫生学一卷 4542
最近扬子江之大势 5128
最近预算决算论 1791
最近战时国际公法论 1419
最近之满洲 3217
最近支那史四卷 3211
最小二乘法 3900
最新财政学 1784
最新代数教科书 3935
最新地文图志 4418
最新动物学教科书 4500
最新发明二分间体操 2090
最新化学 4151
最新化学讲义 4179
最新化学教科书 4171
最新化学教科书 4180
最新化学教科书 4183
最新化学教科书 4194
最新化学理论解说 4153
最新化学理论，伊洪说及平衡论 4207
最新化学问题例解 4176
最新简明中学用物理学 4066
最新结婚学 0821

最新解剖生理卫生学 4594
最新经济学一卷 1694
最新理化示教 3815
最新论理学教科书 0036
最新满洲图一幅 附交通解说 3675
最新日本全国漫游记 3699
最新日本学校管理法关键 1952
最新实验化学 4163
最新万国形势指掌全图 3609
最新万国政鉴五十一卷 3554
最新无机化学 4195
最新宪法要论 1201
最新形学备旨全草 3962
最新养蚕学 4927

最新侦探案汇刊 2413
最新植物学教科书 4466
最新中学代数学教科书 3931
最新中学教科几何学 3997
罪影（哀情小说）（上、下册） 2864
遵主圣范四卷 0596
佐治刍言三卷 0850
作荷兰水器具一卷　论轻气球一卷　造自来火法
　　一卷 4957
作物病理学 4828
作物篇一卷 4836
作物生理学 4807
作战粮食给养法一卷 1493

附录二　著译者索引

Balfour John H.〔　〕4446
Baunard, D.〔　〕0755
Bosco, S. Giovanni (1815—1888)〔意〕0759
Bourlet, Carolus〔　〕3981
Burnett, France Hodgson〔美〕2805
Chambers, Wm. And Robert〔英〕0850
Cholmondeley, Mary〔　〕3021
Combe, William〔　〕2972
Cottrell, Pastor R. F.〔　〕0199
Couling, M. A.〔　〕0294
C. Kingsley〔英〕2318
Davenport, C. B.〔　〕4561
Dorcas C. Joynt〔　〕3401
Dove, Patrick Edward〔英〕0801
Downing, C. T.〔英〕0997
Du Boisgobey, Fortuné〔法〕2694
Du Boisgobey, Furtuné〔法〕2655
Du Boisgobey Fortuné〔法〕2669
Dwyer, J. F.〔　〕2162
E. F. Edgett〔日〕2281
E. J. Stuckey〔英〕1278
Ferguson, Jan Helenus〔　〕1394
Foullée Alfred 夫人〔法〕
　沛那 (Bruno, G. 1833—1923) 2675
Freemantle, C. W.〔英〕4994
Frémeaux, P.〔法〕2731
Gagnol〔　〕3096, 3097, 3098
Garvice, C.〔英〕2573
Griffin, John J.〔　〕5009
G. D. Wilder〔美〕3627
G. H. Giffen〔英〕1278
Holly, Alexander L.〔　〕1631

Hunt, Mary H.〔　〕4571
John not, James and Bouton, Eugene〔　〕4572
J. Mon. S. J 0615
Kohlrush〔　〕3337
Lebland V. and Armengaud Jacques E.〔英〕5005
Lees, Wm.〔　〕4099
Le Queux, W.〔英〕2567
Llewellyn J. Davies〔　〕0201
Lou, C. M. G.〔　〕0751
Maupassant, Henri René Albert Guy〔法〕2683
Maynard〔　〕0751
Ma Shao-Liang 2318
Ming, Ch.〔　〕0668
Morrison, Robert〔英〕2157
Mrs. Foster, Arnold〔美〕2156
Mrs. Jewell〔　〕2134
Mrs. Timothy Richard〔英〕0747
Negretli, Enrico A. L.〔　〕4355
Peterman, A. L.〔美〕1072
Pipps, Theodor (1851—1914)〔德〕0052
Richardson, P.〔　〕3002
Russell, J. Scott〔　〕5143
Stringer, A.〔美〕2872
Swayne, M.〔　〕2164
S. P. C. 1253
Thomas Carlyle〔　〕3401
Téramond, G.〔法〕2721
Upward, Allen〔英〕2334, 2343, 2352, 2358, 2361, 2367
Warren, Eliza〔美〕2805
Wentworth, G. A.〔美〕3985
　温德鄂 4014
Zambra, Jos. W.〔　〕4355

A

阿部敬介〔日〕3565
阿发满（Overman, Frederick）〔美〕4998
阿格里科拉, 乔治（Agricola, Georgius 1494—1555）〔德〕
 耕田 4967
阿克报尔〔英〕3822
阿立希摩〔俄〕1349
阿猛查登（Erckmann-Chatrian）〔法〕2644, 2646
阿纳乐德（Arnold, Thomas 1795—1842）〔英〕3141
阿瑟毛利森（Morrison, Arthur 1863—1945）〔英〕2444
阿庶顿〔美〕4622, 4690
阿屋土记〔德〕1460
哀奴的伊辣剌统〔美〕4765
挨里捏克（Ailinieke）〔德〕1183
埃弗雷特, 约瑟夫·戴维（Everett, Joseph David 1831—1904）〔英〕
 额伏烈特 4068
艾葆德（Gain, L.）〔法〕0763
艾迪（Eddy, G. S.）〔美〕0054
艾儒略（Aleni, J.）〔意〕0085, 0149, 0150, 0157, 0317, 0320, 0329, 0330, 0331, 0334, 0609, 0633, 0672, 0698, 0761, 0767, 1927, 2112, 3503, 3504, 3594, 3955, 5170
 艾如略 0758
艾约瑟（Edkins, 约瑟）〔英〕0029, 0125, 0126, 0517, 0543, 1674, 2119, 3099, 3139, 3281, 3294, 3561, 3615, 3684, 3688, 3742, 3781, 3844, 3998, 4031, 4032, 4053, 4092, 4144, 4265, 4319, 4363, 4364, 4403, 4444, 4447, 4478, 4590, 5095, 5165
 爱约瑟 5096
艾约瑟〔美〕3563
爱卑斯麦者 3451
爱得娜温飞尔〔美〕2862
爱德华〔 〕3398
爱德华·斯宾〔美〕1562
爱迭斯〔英〕2487
爱尔兰台维生厂〔英〕5073
爱凡司（Evans, De lacy）〔英〕4552
爱国逸人 0067
爱克乃斯格平〔美〕2832

爱理德（Eliot, W.）〔美〕0983
爱露斯〔 〕3399
爱伦·坡〔美〕
 爱伦浦 2874
 安介·爱梭·坡 2833
 安介坡（Poe, E. Allan）2808
爱米而〔法〕0068
 爱米尔拉 0067
爱米加濮鲁〔法〕2304
爱母爱尔好而布尔苦〔美〕4562
爱特华斯〔英〕1112
C. C. 安德卢斯（Andrews）〔美〕2868
安德孙（Anderson, John W.）〔英〕4969
安登哈特勒〔美〕1728
安东辰次郎〔日〕1874
安东尼贺迫（Hope, Authony）〔英〕2519
安度阑俱（Lang, A. 1844—1912）〔英〕2423
安顿〔英〕2473
安多（Thomas, A.）〔比〕0764
安井真八郎〔日〕4883
安藤虎雄〔日〕4918
安藤寅雄〔日〕3790
安藤重次郎〔日〕4649
安徒生〔丹麦〕
 安德森 2741
安文思（Magalhăens, Gabriel de 1609—1677）〔葡〕0156, 0673
安治尔（Angell, Norman）〔英〕1095
安住宗俊〔日〕1561
俺特累（Andre, George G.）〔美〕4973
岸本能武太〔日〕0798, 4559
岸木辰雄〔日〕1217
岸崎昌〔日〕1188, 1189
岸田吟香〔日〕3632
傲骨 2793
奥爱孙孟〔泰西〕2903, 2904
奥村信太郎〔日〕3422
奥尔嫩〔英〕2574
奥姐〔英〕2443
奥平〔日〕3932
奥平浪太郎〔日〕3987
奥切（Orczy, Baroness Emmuska 1865—1947）〔英〕
 阿克西夫人 2465
奥瑟黎敷〔美〕2871

亚塞李夫 2870
亚塞李芙 2866，2869
奥斯登（Austen, Jane）〔英〕2603
奥斯彭〔美〕4393
奥斯吞〔英〕4989
奥斯威尔（Oswell, G. D.）〔英〕3438
奥田义人〔日〕1149，1150
奥田贞卫〔日〕4885，4886
奥野昌纲〔日〕0163
奥伊肯（Eucken, R.）〔德〕
 倭铿 0051

B

八代六郎〔日〕3324
八锹仪七郎〔日〕4902，4903
八田三郎〔日〕4484
八詠楼主人 3214
巴次〔美〕4657
巴达克礼〔英〕2509
巴多明（克安）〔西洋〕0704，0705
巴尔勒斯〔英〕2385
巴尔吞雅各〔美〕0627
巴尔扎克〔法〕
 巴鲁萨 2715
巴科〔英〕2575
F. L. 巴克雷（Barclay, F. L.）〔英〕2601，2602
巴勒退〔法〕4823
巴理〔美〕1348
巴路捷斯（Burgess, J. W.）〔美〕1180，1181
巴那比〔英〕1542，1548
巴苏谨〔美〕2863
白得乌特〔美〕4981
白多玛（Hortis, Ortiz）〔西班牙〕0375，0462
白尔格（Burgh, Nicholas P.）〔英〕5018
白尔捺（Byrne, Oliver）〔英〕4971
 白而捺〔英〕5015
白尔尼〔英〕3869
白尔特〔英〕5141
白幡郁之助〔日〕4338
白福兰〔英〕2440
白海渔长〔日〕1036
白汉理（Blodget, Henry）〔美〕0248
白河次郎〔日〕3191，3193，3194，3196
白河太郎〔日〕4896

白晋（Bouvet, Joachim）〔法〕0159，3659，3848，3956
 明远 0369
白井义督〔日〕3857，3943，3976，4016
白克好司（Backhouse, Sir Edmund）〔英〕3225，3410
白来登（亦译勃内登）〔英〕2436
白来思〔英〕0848
 白来斯〔英〕2074
白莱喜（Brazier, James R.）〔英〕4856
白朗脱〔英〕2438
白浪庵滔天〔日〕3416
白劳那〔英〕5016
白雷特〔美〕3753
白力盖〔英〕5005
白侣鸿 2418
白乃杰〔美〕2848
白鹏飞 4952
白起德（Burchett, Wm. 1855—?）〔英〕3994
白石真〔日〕3339
白秀生 3392
白洋一夫〔日〕3586
白振民 3092
白作霖 1920，1987，3146
百城书舍 3126
百城书社 0949
百拉西〔英〕1537
 勃来西 1516
柏尔根（Bergen, P. D.）〔英〕3556
柏格森（Bergson, Henri）〔法〕
 H. 柏格森 0017
柏拉蒙〔美〕2809
柏龄 3683
柏年 1265，1266，3301
柏应理（Couplet, P.）〔比〕0357，0359，0638，0768，0769，0770
摆韬劳（Butler, N. M.）〔美〕0900
拜伦〔英〕2159，2321
拜窝成〔英〕1517
坂本健一〔日〕3353，3494，5161，5162
坂东宣雄〔日〕3253
坂口瑛次郎〔日〕3408
坂口直马〔日〕1829
坂田厚允〔日〕3077

坂野铁次郎〔日〕1737
板仓松太郎〔日〕1256, 1260, 1261
包尔培〔法〕3808
包尔腾〔英〕0218, 0516
包福〔英〕2387
包公毅 2718
    包天笑 2778, 2951, 2972, 2989, 3000
      天笑 2322, 2521, 2626, 2659, 2898, 2963,
        2966, 2970, 2974, 2982, 2984, 2993
      天笑生 2259, 2403, 2550, 2638, 2647, 2649,
        2674, 2704, 2774, 2985, 2990
      笑（包公毅）2253, 2905
包光镛 4375
包鲁乌因（Baldwin, James）〔英〕2571
    巴德文 2317
宝田通经〔日〕0917
保卜鲁入一育哈昂五〔奥〕4931
保罗伯德〔英〕3808
抱器室主人 2668
鲍福〔法〕2635
鲍康宁（Baller, F. W. 1853—1922）〔英〕0617,
    0762
鲍雷而〔德〕2220
鲍姆拔黑〔德〕2753
卑郎〔比〕5112
北村三郎〔日〕3136, 3142, 3270, 3277, 3279,
    3280, 3283, 3287
北村紫山〔日〕3436
北岛研三〔日〕4570
北京第一书局 2663, 2919
北里柴三郎〔日〕4666
北条元笃〔日〕1397
北洋法政学会 1102, 3702
北洋官报馆 4463
北洋武备学堂 1446, 1458, 1462, 1469, 1583,
    1584, 1602, 1618, 1622, 1623, 1654, 4337,
    4339
北总林泰辅〔日〕3231
贝德礼〔英〕1003, 4780
贝拉米（Edward Bellamy 1850—1898）〔美〕
    毕拉宓 2794
贝列尼〔美〕4964
贝思福（Beresford, Lord Charles）〔英〕0993
倍根（Bacon, F.）〔英〕0018, 2483

倍耒〔英〕2491
本多光太郎〔日〕4081, 4083
本多静六〔日〕4775, 4890, 4891
本多浅治郎〔日〕3124, 3126, 3298
本间小左工间〔日〕4876
本田幸介〔日〕4827
彼德巴利（Peter Parley）〔美〕3088
笔登〔英〕2479
俾士〔英〕0650, 3527
毕方济（Sambiasi, Fran—1649）〔意〕0148, 3039,
    3596, 4580, 5168
毕腓力〔美〕3182
毕拱辰 3774, 4581
毕厚 0925
毕利干〔法〕1369, 2210, 4139, 4213, 4384
毕龙〔法〕1099, 1140
毕原 1209
毕祖成 3420
弼利民〔美〕0186, 0192, 0213, 0498
裨治文（又名高理文）〔美〕0176, 0215, 0275,
    0417, 3754
卞长胜 1487
宾克耳〔荷〕1383
宾威廉〔美〕0503, 0657
滨田健二郎〔日〕1701
滨田俊三郎〔日〕3548
病狂 2299
波多野贞之助〔日〕1860, 1868
波列地（Polette, P.）〔 〕2141
波留〔法〕3325
波仑〔意〕2792
波罗弥宁〔法〕2657
波乃耶〔美〕0437, 5164
波士俾〔英〕2419
波殊古碧〔法〕2671
波斯倍（Boothby, Guy 1867—1905）〔英〕
    白髭拜 2400, 2414
    布司白 2588
    布斯俾 2470, 2480, 2505
伯尔纳〔 〕0157
伯尔〔英〕2458
伯吉斯（Burgess, J. W.）〔美〕
    伯盖司 0874
伯驾〔美〕1421

伯克雷〔英〕1591
伯勒马〔 〕2971
伯雷华斯德〔法〕2682
伯里牙芒〔比〕1658
伯利特〔英〕3639
伯伦知理（Bluntschli, J. C.1808—1881）〔德〕0886，
　　0888，1186
　　步伦 1390
伯罗德尔〔法〕1709，1760
伯内特（Burnett, Frances H. 1849—1924）〔美〕
　　步奈特 2796，2797，2860
伯希和（Pelliot）〔法〕0772
勃克鲁〔英〕3363
勃拉斯〔美〕1073
勃拉斯〔英〕1071
勃拉锡克〔英〕2359
勃兰姆斯道格〔英〕2399
勃雷登〔英〕2556
勃利德〔法〕1560
勃利物〔英〕3812
勃烈特〔英〕2586
博恒理（Porter, Henry Dwight 1845—1916）
　　〔美〕4114，4599
　　柏亨理 0218
博兰克巴勒〔英〕2435
博那〔英〕3063
博医会 4597
薄登〔英〕5032
薄田斩云〔日〕2768
跛少年 2332
卜道成（Bruce, J. P. 1861—1934）〔英〕0041
卜舫济〔美〕0620，0745，1793，2068，3484，
　　3829，4365，5052
不才 2823，2834
不因人 2402，2673
布国军政局 1608，1609，1610，1611，1614，1615，
　　1620，1621，1628，1639，1640，1641，1645，
　　1648
布来德（Pratt, J. T.）〔英〕1822
布赖斯（Bryce, J.）〔英〕1075
布勒慈奈岱（Bretschneider, E）〔俄〕4455
布理登〔美〕3402
布丽耳〔英〕3043
布列〔德〕3094

布林顿（E. F. Purinton）〔美〕
　　波临登 1901
布伦〔美〕3991
步其诰 1966
步青 2824
步以韶 1161

C

蔡博敏（Chapman, T. W.）〔英〕2161
蔡锷 1395
蔡尔康 0618，0775，0848，0990，0991，0993，
　　1104，1254，1400，1509，1673，1676，1943，
　　3068，3070，3144，3359，3394，3533
　　铸铁生 3532，3569，4780
蔡尔司拿维斯〔英〕2545
蔡艮寅 1938
蔡国昭 3476
蔡俊镛 1856
蔡雷〔法〕2628
蔡文森 1017，1042，1751
蔡锡龄 1391，1477
蔡元培 0006，0010，0048
　　蔡振 0053
蔡兆熊 1098
蔡子荓 1713
参恩女士〔英〕2604
仓辻明俊〔日〕1481
仓石忠二郎〔日〕1533
沧海渔郎 2822
曹棣 1921
曹曾涵 3069，3087，4528，5110
曹典球 3584
曹迈豪 4425
曹骧 0931
曹撷亭 4008
曹一敏 1730
曹钟秀 4971
曹卓人 3485
草野正行〔日〕4805
测次希洛〔英〕2539
岑钟朴 3613
查尔斯·德·加谟（Garmo, Charles De）〔美〕
　　查勒士德葛尔毛 1854
查尔斯·金斯利（Kinsley, Charles 1819—1875）〔英〕

铿斯莱 2582
查克〔英〕2531
查理士高法司〔英〕2503
查理斯伯德〔英〕1974
查理斯密（C. Smith）〔英〕3927, 3930, 3939
查普霖〔美〕2836
柴尔时〔法〕2627
柴尔紫芒〔普鲁士〕2750
柴门霍甫〔波兰〕
　　柴门合 2222
　　柴孟何 2221
柴四郎〔日〕2234, 2242, 3284, 3285, 3286
　　东海散士 2233
柴索维〔俄〕1770
柴田承桂〔日〕4056, 4057, 4058
柴舟桑原〔日〕3137
长冈春一〔日〕1078
长谷川诚也〔日〕3122, 3303
长谷川雄太郎〔日〕2179, 3221
长谷川乙彦〔日〕1980, 2052
长谷〔日〕0841
长久保赤水〔日〕3662
长田偶得〔日〕2239, 2240
长尾槙太郎〔日〕0100
长尾美和〔日〕4733
长尾慎太郎〔日〕2183
长秀 3093
长泽龟之助〔日〕3973, 4027
长泽市藏〔日〕3092
常福元 4046
晁德莅（Zottoli, Angelo 1826—1902）〔泰西〕0601
巢幹卿 2592
辰巳小次郎〔日〕3090, 3608
辰巳小二郎〔日〕1207
陈邦镇 3048
陈宝琪 3484
陈炳华 4124
陈炳炎 4493
陈伯熙 2911
陈灿 1711
陈昌绪 3808
陈超 0998, 1031
陈超立 5040
陈承泽 1183, 1246, 1323, 1333

陈崇基 1213
陈春生 2640, 2796, 2837
陈纯孝 4548
陈大镫 2514, 2784, 2786
　　陈大灯 2464, 2524
陈大棱 0978
陈澹然 3336
陈登山 0904, 1199
陈独秀
　　陈由己 1991, 2708
陈匪石 2642
陈黻宸 1855
陈叚 2740, 2785
陈观奕 2613, 2614
陈桄〔日〕0092
陈国祥 1222
陈国镛 1708, 3317
陈海超 1219
陈海瀛 1219
陈汉第 1236
陈鸿璧 2405, 2412, 2531, 2700, 2702, 2848, 2852, 2980
陈榥 3910, 4065, 4069
陈榥乐 4067
陈家麟 2330, 2461, 2464, 2470, 2480, 2500, 2501, 2512, 2514, 2520, 2523, 2524, 2530, 2539, 2540, 2547, 2566, 2568, 2571, 2577, 2580, 2581, 2588, 2590, 2591, 2596, 2601, 2602, 2604, 2608, 2610, 2616, 2617, 2618, 2619, 2624, 2715, 2739, 2741, 2781, 2784, 2786, 2788, 2789, 2790, 2858, 2863
陈家瓒 1682, 1824, 4194
陈坚 2593, 2594, 2595, 2868, 2869, 2870, 3014
陈建生 3790
陈金镛 0688
陈景韩
　　陈泠 2695
　　冷血 2223, 2255, 2257, 2627, 2650, 2969
　　冷 2721, 2777, 2792
　　上海时报馆记者 2910
陈敬第 0876, 1152
陈觉民 3626
陈泠太 3410
　　陈冷汰 3225, 3226

陈亮 3122
陈箓 1432,4198
陈伦炯 3571
陈履洁 1411
陈梅坡 4907
陈牧民 2753
陈佩尚 5073
陈鹏 0001,0031,1197
陈其鹿 1067
陈崎 1111,3222
陈启 1781
陈器 2546,2597
陈乾生 3552
陈荣镜 4379
陈尚素 0808,4522
陈绍枚 2652
陈施利〔英〕2590
陈石麟 4192
陈时夏 1107,1191,1239,1262,1323,1343,
　　1410,1417,3140,3472
陈士谦 4857
陈适吾 0109,0821
陈寿凡 1238,1934,4521
陈寿彭 1644,1971,2381,3088,3639,4779,
　　4853,4861,4868,4875,4893,4922
　　陈绎如 2634
　　逸儒 2340
陈书绅 3740
陈天麟 2166
陈听彝 2504
陈霆锐 3411
　　陈政 1535,3499,3762
陈文译 0059,3174,3927,3938
陈文哲 4071,4379,4398
陈文中 1205
陈无我 2407,2534,2537,2707
陈武 1190
陈锡畴 1413,1420
陈霞骞（高第）1010
陈宪成 4378
陈湘俊 1925
陈小蝶
　　小蝶 2557,2569,2600
陈信芳 2939

陈修堂 4584
陈栩
　　天虚我生 2476,2557,2567,2569,2603,
　　　　2874,3020
陈学郢 4080,4081
陈雅各 0754
陈彦 2347
陈贻范 4930
陈贻先 2230,3410
　　陈诒先 3225,3226
陈毅 1886,1919,2036,2047,2050,2053,3179,
　　4577
陈荫明 2146
陈英 1416
陈舆荣 1325
陈与年 1342,1797
陈钰 1133
陈豫善 1420
陈云五 0742
陈泽如 2666
陈兆桐 3602
陈肇章 1085,2046
陈震泽 3162
陈沚 3972,3986
陈志祥 3290
陈钟年 4401
陈重民 1281
陈洙 1381,4393,4882
陈滋 4593
陈子祥 1759
陈宗蕃 1728
陈宗孟 1885
陈祖兆 0982
成和德 0614
成濑仁藏〔日〕0839
成田安辉〔日〕3432
成怡 0972
承霖 4213
城数马述〔日〕1302
程斗 2806
程恩培 1289
程家柽 1926
程銮 1591
程履祥 1112

程鹏年 1952
程生 2765
程世禄 3883
程树德 3270
程小青 3013
程尧章 1289
程瞻洛 1099,1394,3220
池本吉治〔日〕1006
池菊金正〔日〕2200
池田伴亲〔日〕4869
池田菊苗〔日〕4155
池田清〔日〕4153,4158,4179
池田日升三〔日〕4757
池田政吉〔日〕4796
持地六三郎〔日〕0954,1002,1681
尺秀三郎〔日〕1871
赤坂龟次郎〔日〕0866
赤门生 1001
赤门外史 0955
赤松范静〔日〕3631
赤松梅吉〔日〕5142
赤松如一〔日〕4917
赤松紫川〔日〕3461
赤沼满二郎〔日〕4073
冲祯介〔日〕1969
虫 2411
崇一子 0373
崇昭本西〔日〕3437
筹办全国煤油事宜处 4982
筹甫 2993
出洋学生 3376,4692,4694
出洋学生编辑所 0953,0956,1006,1032,1033,1159,1702,1707,1964,3123,3285,3583
出洋肄业局 1929
初濑川健增〔日〕4865,4866,4867
雏燕 3009
储意比（Portlock, Jos. E.）〔英〕1659
褚嘉猷 2261,2266,2810,3338
川岛浪速〔日〕1452
川尻宝岑〔日〕0004
川濑仪太郎〔日〕4817,4838,4850,5061
川崎三郎〔日〕3415
川上泷弥〔日〕4460
川田德次郎〔日〕4540

川泽清太郎〔日〕1185
从凫 2390
丛瑢珠 4083
崔理时（Ira Tyacy）〔美〕0824,0826,0827,4777
翠娜女史 3020
村井巳弦斋〔日〕2270
村井知至〔日〕0855,0856
村上义茂〔日〕3130
村田春江〔日〕3697
村田？〔日〕3764
嵯峨の家主人〔日〕2769

D

达爱斯克洛提斯（Dioscorides, Pseud）〔荷〕2743
达布留耶西容〔英〕1831
达尔康（Dulcken, H. W.）〔英〕2644,2646
达尔文〔英〕4419,4420,4423,4426
达尔〔英〕2327
达拉斯〔美〕2865
达溟〔英〕2494
达文社 0018,2337
打马字（Talmage, J. V. N. 1819—1892）〔美〕0502,2122
大不列颠海军部 5131
大村仁太郎〔日〕1876
大渡忠太郎〔日〕4465,4490
大房元太郎〔日〕2235
大斐斯〔英〕5146
大槻如电〔日〕3116
大寄保之助〔日〕4911
大江小波〔日〕2291
大久保介寿〔日〕1923
大久平治郎〔日〕3412
大濑甚太郎〔日〕0093,1867,1909
大陆少年 2661
大妙 2440
大内畅三〔日〕3308
大鸟圭介〔日〕3681,5075
大平三次〔日〕2636
大桥铁太郎〔日〕3758
大桥又太郎（乙羽）〔日〕2235
大森干藏〔日〕2011
大矢透〔日〕2186
大隈克力司蒂穆雷（Murray, David Christie 1847—

1907)〔英〕2447
大西祝〔日〕0037
大幸勇吉〔日〕3817, 4170, 4171, 4172, 4173, 4186
大原祥一〔日〕0817
大原钲一郎〔日〕4960
大泽天仙〔日〕2280
大泽岳太郎〔日〕4606
大塚孙市〔日〕4774
大塚薰〔日〕1951
大仲马〔法〕2653, 2668, 2677, 2684, 2685, 2686, 2687, 2688, 2689, 2696, 2697, 2707, 2716, 2720
戴查士〔 〕0183, 0477, 0478, 0732
戴德生〔英〕0762
戴尔〔英〕0206
戴鸿藁 2508
戴集〔美〕3534
戴进贤〔德〕0370, 3863, 4257, 4259, 4289, 4297
戴乐尔 (Taylor, Francis Edward)〔英〕1807
戴乐尔〔美〕3638
戴连江 3981
戴任彬 3383
戴师铎 0118, 0618
戴雪 (Dicey, A. V.)〔英〕1206
戴岳 3043
戴赞 2248
丹波敬三〔日〕4056, 4057, 4058
丹米安〔法〕2308
丹纳 (Dana, James Dwight 1813—1895)〔美〕
　　代那 4380
丹吐鲁 (Dandolo, Count Vincenzo)〔意〕4921
旦尔恒理〔英〕4753
但季白 (Dhan Jibhai Nauroji)〔印度〕0771
但焘 1402, 1981, 3224
党民子 3442
忉梅司铎 0748
岛村他三郎〔日〕0903
岛地默雷〔日〕0135
岛崎恒五郎〔日〕2706, 3464
岛田丰〔日〕3606
岛田三郎〔日〕0854, 0964, 3156
岛田文之助〔日〕0915, 0919, 3488
祷苗代〔日〕1965

稻村新六〔日〕1455, 1456, 1460, 1463, 1472, 1490, 1519, 1532
稻田孝吉〔日〕3299
稻田周之助〔日〕1116
稻维德 (Douthwaite, A. W.)〔英〕4587, 4716, 4729
稻叶岩吉〔日〕3224
稻垣乙丙〔日〕4459, 4764, 4766
稻垣重为〔日〕5076
德比缁儿〔法〕1094
德浮斐尔〔法〕1828
德富健次郎〔日〕0944, 0945, 2281
德富芦花〔日〕2343, 2352, 2358, 2361, 2367
德富苏峰〔日〕2072
德富猪一郎〔日〕3425
德国司法院 1375
德赫翰〔法〕4793
德嘉〔美〕4852
德礼贤 (Delia, P.)〔西洋〕0696
德理格〔意〕3045, 3047
德麟〔英〕1541
德菱 2229
德仑纳 (Delannoy, H. Burford)〔英〕
　　般福德伦纳 2406, 2453
　　培福台兰拿 2370
德罗尼〔法〕2722
德玛诺〔法〕0369, 0374
德明氏〔美〕0291
德摩根 (De Morgan, Augustus 1806—1871)〔英〕
　　棣么甘 3887, 3913
德如瑟〔西洋〕0223
德贞 (Dudgeon, John)〔英〕4589, 4607, 4961
登张竹风 (信一郎)〔日〕2746
邓肯〔美〕4504
邓铿〔英〕0927
邓理槎〔英〕3359
邓廷铿 1733, 1734, 1818
邓玉函〔德〕4003, 4004, 4006, 4234, 4235, 4236, 4237, 4582, 4945, 4946, 5004
镝木由五郎〔日〕4910
狄丁 2945
狄福〔英〕2332, 2333
狄更斯〔英〕
　　C.迭更司 2426, 2451, 2477

却而司·迭更司 2478, 2502, 2530, 2609
狄骥 (Duguit, L'eon 1859—?)〔法〕1373
狄就烈〔英〕3050
狄考文 (Mateer, Calvin W.)〔美〕0603, 3886, 3920, 3923, 3925, 3960, 3961, 3962, 5030, 5098
狄克多那文 (Donovan, Dick)〔英〕2416
狄克逊 (Dickson, H. N.)〔英〕4353
狄文氏〔美〕2228
荻野由之〔日〕3249, 3250, 3257
笛福〔英〕
　达孚 2365
涤盦居士 3634
地域高劳〔英〕4857
棣亚〔美〕3156
槙山荣次〔日〕1913, 1952
巅涯生 0957, 1145
垤斯弗勒特力〔奥〕1855
丁宝书 2016
丁畴隐 3452
丁初我
　初我 2303, 2808
丁德威 1299
丁铎尔, 约翰 (Tyndall, John 1820—1893)〔英〕
　田大里 4084, 4094, 4108
丁福保 1276, 1277, 2012, 2032, 3929, 3931, 4527, 4529, 4533, 4536, 4549, 4550, 4556, 4575, 4601, 4605, 4606, 4608, 4617, 4623, 4624, 4625, 4626, 4628, 4629, 4631, 4632, 4634, 4635, 4648, 4649, 4652, 4658, 4659, 4660, 4661, 4662, 4668, 4669, 4672, 4683, 4684, 4685, 4689, 4693, 4695, 4698, 4703, 4706, 4709, 4710, 4712, 4713, 4730, 4731, 4732, 4737, 4740, 4741, 4744, 4746, 4748
丁福同 2168
丁惠康 3830, 4665
丁辑五 3531
丁锦 2014, 2015, 3477
丁尼 (Tenney, E. D.)〔美〕0118
丁汝成 0763
丁守存 1651
丁树荣 3556
丁树棠 5014
丁韪良 (Matin, W. M.)〔美〕0087, 0119, 0230,
0515, 0516, 0574, 0580, 0581, 0586, 0588, 0735, 0765, 1077, 1079, 1098, 1280, 1347, 1387, 1389, 1390, 1398, 1574, 1671, 1928, 3658, 3720, 3730, 3759, 3794, 3836, 3837, 3838, 3901, 4033, 4034, 4035, 4036, 4040, 4060, 4086, 4088, 4093, 4097, 4107, 4112, 4126, 4127, 4128, 4136, 4139, 4350, 4351, 5022, 5158, 5175
丁冠西 4333
丁文江 3276
丁锡华 4275
丁雄 0848, 1712, 3081, 3082
丁杨杜 2328
丁永铸 2172
丁宗一 2593, 2594, 2595, 2868, 2869, 2870, 3014
东方法学会 1226, 1227, 1229, 1233, 1242, 1243, 1264, 1691, 1782
东方杂志社 2229
东海钓客 2469
东华社编译所 0909, 0910
东华译书局 3085
东基吉〔日〕1989
东京大学 2040
东京高等师范学校 2037, 2048
东京留学生 3349, 3390
东京民友社 3105
东京日日新报 1032
东京日日新闻社 1031
东条耕〔日〕3663
东条英教〔日〕1452
东文译书社 4520
东西各国电线局总办 1740
东新译社 3194
东亚公司编纂处 1918
东亚善邻学会 1135
东洋奇人〔日〕2241
董鸿祎 1307
董康 1336, 1520, 1531
董瑞春 2107
董瑞椿 0066, 1912, 2076, 3118, 3119, 3851, 4064
董树堂 0713
董树棠 0740

董漱珠 2933
侗庵贺古〔日〕1564
窦乐安（Darroch, John Litt）〔英〕0816, 3333, 3397, 3937, 4322, 4397, 4413, 4418, 4467
都伯德〔美〕2846
都德〔法〕2642
都率棱（Turselin）〔法〕0746
独立苍茫子 2250
独头山熊 3230
独 2630
杜奥定〔意〕3612
杜伯〔美〕2841
杜步西（Du bose, H. C. 1845—1910）〔美〕0115, 0219
　　杜布西 0196
杜德美〔法〕3911, 4007
杜光佑 1952
杜光祐 0875
杜鸿宝 0917
杜就田 3810, 4472, 4487, 4496, 4620
杜均安〔英〕4851
杜默能〔美〕1543
杜师业 0105, 0884
杜士珍 2298
杜威（Dewey, J.）〔美〕0045
杜席珍 0757
杜亚泉 3814, 3874, 4162, 4180, 4193, 4391, 4451, 4472, 4473, 4474, 4475, 4620
杜芝庭 0908
杜知耕 3948
杜宗预 3590
渡边光次〔日〕3586, 3936, 4074, 4574
渡边千春〔日〕1108, 1126
渡边清太郎〔日〕1310
渡边〔日〕2279
渡边忠久〔日〕3605
渡部万藏〔日〕0777
渡部信〔日〕1738
敦巴（Dunbai, C. F.）〔美〕1837
顿野广太郎〔日〕3537, 3538, 3690
多贺宗之〔日〕1479
多马〔英〕0742

E

俄文馆学生 3319
厄冷〔英〕2340
厄斯宅士藏〔美〕4868
谔谔 2889
恩格斯〔德〕0860, 0864
恩海贡斯翁士（Conscience, Hendrick 1812—1883）〔比〕2742
恩理格（Herdtricht）〔奥地利〕2120
恩苏霍伯〔英〕2544
恩田铁弥〔日〕4762
恩田重信〔日〕4746
儿岛献吉郎〔日〕2172
儿崎为槌〔日〕1987, 2193
耳汾华盛顿（Irving, W.）〔美〕2160, 2851, 3476
二村领次郎〔日〕4608

F

法曹阁〔日〕1205
法贵庆次郎〔日〕0064
法国印花局 1821
法拉（Farrer, Thomas H.）〔英〕1744
法政研究社 1311
凡尔纳〔法〕
　　房朱力士 2634, 2666, 2667
　　迦尔威尼（Verne, Jules）2638
　　焦奴士威尔士 2645
　　焦士威尔奴 2637
　　焦士威奴 2654
　　裴尔俸奴 2713
樊炳清 0049, 0062, 0063, 0107, 1024, 1377, 1464, 1962, 1963, 1994, 2030, 3076, 3175, 3176, 3201, 3296, 3539, 3801, 3806, 3992, 4173, 4412, 4457, 4462, 4481, 4495, 4519, 4758, 4759, 4859, 4885, 4891, 5075
樊国梁〔法〕0687
樊树勋 1176, 1321, 1965
饭岛魁〔日〕4497
饭囊 2900, 2909
饭盛挺造〔日〕4055, 4056, 4057, 4058
饭田规矩三〔日〕1878
饭塚启〔日〕3805, 4448
范本礼 1514

范迪吉 0007，0026，0034，0056，0111，0131，
　　0868，0896，0977，1143，1189，1215，1228，
　　1232，1234，1255，1293，1295，1320，1397，
　　1427，1461，1704，1717，1726，1745，1794，
　　1858，1863，1865，1895，1907，1922，2100，
　　2101，2105，2232，3040，3079，3083，3121，
　　3180，3191，3254，3255，3262，3494，3541，
　　3544，3545，3546，3580，3694，3696，3699，
　　3852，3895，3924，3966，3967，4013，4059，
　　4150，4196，4199，4204，4206，4210，4278，
　　4325，4338，4354，4374，4389，4390，4406，
　　4407，4440，4448，4449，4450，4459，4482，
　　4483，4484，4612，4762，4775，4783，4787，
　　4798，4803，4810，4818，4819，4886，4899，
　　4912，4913，5008，5039，5055，5142
范况 2599，2871，3017
范尚之 1552
范熙庸 1948，3743，4424，4753，4781，4797，
　　5000，5031
范延荣 4400
范彦矧 2598
范杨 4770
范祎 0842，1072，3328，3636
范约翰(Farnham, J. M. W. 1830—1917)〔美〕0290，
　　3783
　　山英居士 3038
范枕石 3258
范震东 3923
范震亚 4215
范子美 3341
方德望(Faber, Stepharus)〔　〕3612
方笛江 2420
方庚源 1416
方济谷(Frandisco, Varo)〔　〕0634
方尼师(亦作方尼司)〔英〕4148
方庆周 2258
方兆鳌 1737，1739
方中通 3949
芳草馆主人 2749
芳贺矢一〔日〕2178
非而奔(Fairbairn)〔英〕4986
非立啡斯弥士〔英〕1056
莪立伯倭翰(Oppenheim, E. P. 1866—1946)
　　〔英〕2516

斐里斯〔法〕1439
斐理普麦古那〔英〕2056
斐立马格纳〔英〕4045
斐立泼斯〔英〕2429
斐熙林 1712
费尔奔(Fairbank)〔英〕4983
费克度〔法〕3372
费珨(Ferrand)〔法〕3621
费乐德〔葡〕0670
费利摩·罗巴德(Phillimore, Robert J.)〔英〕1087，
　　1392，1425
费奇观〔葡〕0640
费士特〔英〕3993
芬福根〔德〕1047
风林 2950
枫村居士〔日〕2275
峰岸米造〔日〕3295，3297
峰几太郎〔日〕4838
峰是三郎〔日〕1950
冯秉正〔法〕0202，0364，0367，0369，0371
冯飞 3161
冯汉 2572
冯沛 0789
冯霈 1864，4369，4570
冯锡庚 1571
冯自由 0871，0872，0873
凤仙 2267
　　凤仙女史 2263
　　香叶阁凤仙女史 2669
凤仪 5138，5139
　　汪凤仪 1389
佛蔡斯〔法〕2699
佛甫爱加来·施米侬〔法〕3220
佛兰克林(Franklin)〔美〕1616
　　弗兰克林 5138
佛兰斯士专逊〔美〕2806
佛林玛利安(Flammarion, Camille)〔法〕2656
佛露次斯〔英〕2353
佛尼司地文(Stevenson, Fanny Van de Graft 1840—
　　1914)〔英〕2493
夫敦〔美〕4915
夫概 2893
弗兰齐(French, T.)〔英〕0694
弗老尉佗〔美〕2876

附录二　著译者索引

弗累森纽斯（Fresenius, Carl Remigius 1818—1897）〔德〕
　　富里西尼乌司　4213, 4214, 4219
弗里爱（Ferrier, David）〔英〕1275
伏若望（Froez, Joannes）〔葡〕0321, 0322, 0323
服部操〔日〕1121
服部彻〔日〕4835
服部繁子〔日〕2082
服部〔日〕0038
服部宇之吉〔日〕0035, 0036, 0065, 0096, 0097, 3128
服部悦次郎〔日〕3607
浮田和民〔日〕0055, 0861, 0878, 0953, 3055, 3056, 3058, 3300
福本诚〔日〕3290, 3291, 3292, 3377
福尔奇斯休姆〔英〕2475
　　歇复克　2375
　　许复克　2380
福尔泰〔法〕3474
福格斯兴〔英〕2421
福井准造〔日〕0857
福开森（Ferguson, John Calvin）〔英〕4146
福克〔　〕2907
福克〔德〕3650
福克斯〔德〕1662, 1667
福来氏〔美〕4411
福利德里希·方·巴伦哈德〔德〕1050
福偶〔法〕1408
福山义春〔日〕3477, 3478
福士达〔美〕1000
福斯狄克（R. B. Fosdick）〔美〕0985
福羽逸人〔日〕4873, 4877, 4878
福泽广太郎〔日〕1121
福泽谕吉〔日〕0074, 0789, 0819, 3823
黼臣　2479
阜丰商业学社　1746
副岛义一〔日〕1294
傅汎际（Furtado, François）〔葡〕0027, 0314, 0637
傅疆　1429
傅阔甫　2252
傅兰饧〔英〕2482
傅兰雅（Fryes, J.）〔英〕0030, 0850, 1087, 1275, 1380, 1392, 1393, 1394, 1425, 1448, 1486, 1508, 1514, 1537, 1542, 1548, 1563, 1576, 1587, 1588, 1616, 1626, 1631, 1632, 1642, 1643, 1652, 1657, 1659, 1660, 1664, 1668, 1675, 1718, 1727, 1743, 1744, 1775, 1822, 1846, 1847, 1848, 2045, 2062, 2108, 3321, 3496, 3497, 3500, 3530, 3785, 3786, 3795, 3798, 3811, 3839, 3840, 3842, 3843, 3845, 3850, 3856, 3869, 3879, 3887, 3905, 3907, 3914, 3915, 3916, 3917, 3918, 3919, 3922, 3942, 3959, 3963, 3991, 3994, 3996, 3999, 4002, 4008, 4009, 4020, 4022, 4029, 4037, 4038, 4039, 4041, 4042, 4043, 4044, 4047, 4048, 4049, 4084, 4087, 4089, 4090, 4096, 4098, 4099, 4101, 4102, 4106, 4108, 4109, 4110, 4111, 4113, 4116, 4117, 4118, 4119, 4120, 4130, 4131, 4133, 4134, 4135, 4138, 4140, 4141, 4145, 4161, 4164, 4165, 4168, 4169, 4203, 4208, 4214, 4219, 4266, 4308, 4309, 4336, 4340, 4341, 4343, 4344, 4345, 4349, 4352, 4355, 4356, 4358, 4362, 4366, 4381, 4382, 4385, 4386, 4387, 4402, 4415, 4438, 4439, 4442, 4445, 4446, 4479, 4502, 4508, 4510, 4513, 4515, 4523, 4525, 4539, 4546, 4552, 4563, 4571, 4572, 4591, 4614, 4643, 4654, 4657, 4700, 4726, 4727, 4734, 4769, 4776, 4782, 4813, 4814, 4823, 4872, 4921, 4929, 4938, 4947, 4948, 4950, 4951, 4953, 4954, 4955, 4956, 4957, 4959, 4962, 4963, 4965, 4966, 4968, 4969, 4971, 4972, 4973, 4974, 4975, 4976, 4978, 4983, 4985, 4986, 4987, 4988, 4994, 4995, 4996, 4998, 4999, 5001, 5003, 5005, 5006, 5007, 5011, 5012, 5013, 5014, 5015, 5017, 5018, 5019, 5020, 5021, 5023, 5024, 5025, 5026, 5027, 5028, 5029, 5033, 5036, 5037, 5038, 5041, 5042, 5043, 5044, 5047, 5056, 5060, 5063, 5066, 5067, 5068, 5070, 5072, 5079, 5081, 5083, 5084, 5085, 5086, 5089, 5091, 5093, 5097, 5098, 5102, 5105, 5108, 5111, 5116, 5118, 5119, 5120, 5121, 5122, 5123, 5124, 5125, 5126, 5127, 5131, 5140, 5143, 5144, 5145, 5146, 5147, 5149, 5150, 5159, 5160
傅绍兰（Fryer, John R.）〔英〕3743
傅廷春　3048
傅仰贤　1351

傅运森 3102, 3146, 3306
傅作林 (Rocha, Felix da)〔 〕3628
富翟氏〔 〕0281
富冈康郎〔日〕1204
富井政章〔日〕1218, 1219
富路玛 (Frome, Col Edward C.)〔英〕4336
富马利〔美〕4677, 4687, 4699
富善 (Goodrich, Chauncey 1836—1925)〔美〕2131
富士英 1046, 1049, 3646
富文〔美〕5164
富医生〔美〕4697
富永岩太郎〔日〕4578
富永勇〔日〕4527
富直礼〔日〕1992

G

该惠连 (Guy, Wm. A)〔英〕1275
陔勒低 (Keltie, J. Scott)〔英〕3321, 3743
改良小说社 2839, 2842
盖尔德纳 (Galrdoer, Rw. W. H. T.)〔埃及〕0623
盖乐格〔美〕4539
盖婆赛〔英〕2461
C. 盖维斯〔 〕2733
干德〔美〕1384
干河岸贯一〔日〕3427
甘第德 (Condit, I. M.)〔 〕3574
甘格士〔英〕1220
甘縻伦夫人〔英〕2489
甘霜〔英〕2476
甘永龙 1752, 2392, 2544, 2564, 2582, 2856
冈本芳次郎〔日〕1176
冈本监辅〔日〕0971, 0972, 1853, 3064, 3065, 3101, 3197, 3246, 3346, 3421, 3428, 3495, 3560, 3567, 3717, 3721, 3737, 3756, 3757, 3761
冈岛银次〔日〕4928
冈千仞〔日〕3370, 3385, 3679
冈实〔日〕1776
冈田朝太郎〔日〕1154, 1169, 1244, 1245, 1247, 1249, 1250, 1251, 1263, 1341
冈田虎次郎〔日〕4560
冈田雄一郎〔日〕3646
冈田要〔日〕4500
冈野敬次郎〔日〕1241

冈野英太郎〔日〕2110, 3261
刚奈隆〔法〕2639
岗田喜宪〔日〕0110
高宝寿 2103, 2104
高葆真〔英〕0117, 0621, 0626, 2109, 3112, 3113, 4528, 4858
高岛米峰〔日〕3183
高岛平三郎〔日〕0094, 0104
高德 (Goddard, Josiah 1813—1854)〔美〕0188, 0189, 0262, 0263, 0277, 0473
高第丕 (Grawford, Tarlton Perry)〔美〕0270, 0571, 2125, 2128, 3792
高第丕夫人〔美〕0544, 5088
高尔敦〔英〕1064
高尔基〔俄〕
    戈厉机 2770
高凤谦 1954, 1993, 2113
高冈熊雄〔日〕4751
高谷赖夫〔日〕3242
高谷龙洲〔日〕1388
高见长恒〔日〕4913
高见泽薰〔日〕4895
高均 4290
高柳松一郎〔日〕1811
高美兰 3859
高木丰三〔日〕1336, 1342
高桥二郎〔日〕3370
高桥久四郎〔日〕4837, 4879
高桥橘树〔日〕5040, 5074
高桥龙雄〔日〕2176
高桥信贞〔日〕4936
高桥重郎〔日〕4854
高桥作卫〔日〕0998, 1403, 1412, 1419
高山林次郎〔日〕0043, 0139, 1041, 3106, 3107
高慎儒 3976
高慎思〔法〕3628
高士兰 4602, 4609, 4641, 4702
高似兰 (Cousland, P. B.)〔英〕4651
高松丰吉〔日〕4178
高藤儒 3989
高田鑑三〔日〕4836
高田早苗〔日〕0867, 0887, 0893, 1136, 1180, 1181, 1194, 1195, 1288, 1823
高献箴 1900

高须墨浦〔日〕2664
高须治助〔日〕2766
高一志（Vagnoni, A. 1566—1640）〔意〕0077,
    0080, 0081, 0152, 0312, 0313, 0319, 0327,
    0328, 0699, 0700, 0701, 0890, 0926, 1979,
    2063, 3773, 3774
高种 0817
高仲和 0882, 4545
高卓 2583
藁品枪太郎〔日〕4850
戈登〔英〕1448
戈尔腾（Gordon, S. D.）〔美〕0078
戈利〔法〕1778
戈特尔芬美兰女史〔泰西〕2758
哥伯播义（Cobbold, R. H.）〔英〕0497, 0506,
    0509, 0540, 0556, 0566, 3591
哥林斯〔英〕2526
革笨（Giberne, A.）〔英〕4272
格得史密斯（Oliver Goldsmith 1730—1774）
    〔英〕2488
格多士〔英〕2543
格恩梅〔意〕2793
格坚勃斯（Quackenbos, G. P.）〔美〕3385
格雷戈里（Gregory, R. A.）〔英〕3824
格离痕〔英〕2434
格里芬（Griffin, John J.）〔英〕4164
格理民〔英〕2481
格利吾〔英〕2391
格林兄弟〔德〕
    格列姆 2756
格露孟开伦〔德〕1856
格洛麦〔英〕2432
格吕伯〔德〕1437
格然特（Grant, G. N.）〔加拿大〕0141
格斯达夫〔法〕2690
葛德耳〔美〕2852
葛耳云（Green, J. R. 1837—1883）〔英〕3364
葛福根〔西洋〕1077
葛冈信虎〔日〕1168, 1697
葛雷（Grey, V.）〔英〕1080, 2457
葛丽裴史〔英〕2552
葛罗丢〔荷〕1414
葛生修亮〔日〕3675
葛胜芬 1547

葛威廉〔英〕2442
葛增庠 2928
盖氏（F. G. gauss）〔德〕3874
根岸福弥〔日〕3790
根岸磐井〔日〕3483
根津千治〔日〕4028
亘理章三郎〔日〕1945
耕者 2545
耿惠廉夫人〔 〕2003
耿惠廉〔美〕0227
工藤豪吉〔日〕1466
工藤精一〔日〕1056
工藤武重〔日〕1018, 1019, 1020
工藤重义〔日〕1305, 1791, 1792
公短 2677, 2907
公法 2889
公利活版所 3440
宫本藤吉〔日〕3874
宫岛干之助〔日〕4491
宫国忠吉〔日〕0909, 0910, 0911, 0912
宫井铁次郎〔日〕3138
宫崎繁太郎〔日〕3930
宫崎来城〔日〕2271
宫崎新太郎〔日〕2170
宫崎寅藏（白浪滔天）〔日〕3429
    宫崎滔天 3430
宫入庆之助〔日〕4613
宫下左右踊〔日〕4720
宫忠龟一〔日〕3668
龚宾 0366
龚若愚
    龚柴 0736, 3536
龚渭琳 2208
共得利〔泰西〕5129
共和法政学会编译部 1157, 1224, 1252, 1259,
    1314, 1318, 1319, 1330, 1344, 1434
贡少芹 2559, 2563, 2716, 3021
姑连〔英〕1842
辜鸿铭 2320
古畑种基〔日〕0921
古城贞吉〔日〕1763, 1765, 1774, 1957, 1958,
    2049, 4764, 4848
古川花子〔日〕0820
古来拉（亦作固来纳）〔美〕4782

顾兰纳 4789
古兰肥勒〔英〕4547
古田太郎〔日〕2929
古彦培在〔日〕3413
谷本富〔日〕1942
谷川高次〔日〕1153
谷德〔英〕2300
谷云阶 0694
谷钟秀 3549
顾昌世 1308
顾澄 3854, 3900
顾琮 4258
顾克 (Gooch, G. P.)〔英〕3160
顾明卿 2821
顾鸣盛 4821
顾乃珍 3480
顾能〔英〕2395
顾培基 3310, 3589
顾鹏举 2821
顾树森 1975, 1982, 4217
顾锡爵 3732, 3741, 3745
顾学成 3415
顾臧 1570
顾祖荣 1590
卦德明〔美〕0221, 0266
关葆麟 2890
关口长之〔日〕3701
关信三〔日〕1984
关一〔日〕5107
观澜社 2175
馆田规矩三〔日〕2169
管国全 0091, 0627, 4526
管鹤 1978
管茂材 4524, 4644, 4679
管学大臣 1855
广部精〔日〕2130
广岛秀太郎〔日〕0088
广东同文馆 2179
广陵佐佐木龙〔日〕2251
广田藤治〔日〕2016
广学会 0296
广智书局 0084, 0847, 1056, 1758, 1894, 2927, 3103, 3365, 3450, 3454, 3620, 4279
龟高德平〔日〕4185, 4194, 4200, 4201, 4206

贵荣 1389, 1390, 3794
桂秀马〔日〕4672
衮父 3057
郭恩泽 1419
郭公演 3004
郭家骥 3712, 3746, 3747, 3748, 3749
郭家声 2294
郭开文 1216
郭纳爵〔葡〕0345, 0632
郭奇远 3171
郭实腊〔德〕0187, 0204, 0207, 0409, 0410, 0411, 0412, 0413, 0414, 0415, 0416, 0418, 0419, 0420, 0421, 0422, 0423, 0424, 0425, 0426, 0430, 0433, 0675, 0711, 0712, 0713, 0714, 0715, 0716, 0718, 0719, 0721, 0722, 0825, 1670, 1742, 3061, 3282, 3513
　爱汉者 3355
　郭文武 1428
　善德 0717, 0720
郭显德〔美〕0680
郭毓彬 2103, 2104
国府犀东〔日〕5128
国府种德〔日〕3191, 3193, 3194, 3196
国际问题研究会 1009
国民丛书社 1316, 1973, 2297, 3151, 3348, 3380, 3441, 4426
果盘 2900
过耀根 0948

H

哈巴安德〔美〕0174, 0220, 0276, 0434, 0484, 0496, 0507, 4260
哈巴尔德 (Shaw, Albert)〔美〕0961
哈邦式 (Mrs. Capp)〔　〕3909
哈本〔英〕2466
哈伯兰 (Habelandt, Michael 1860—1940)〔德〕0843
哈岱 (Hardy, A. S.)〔美〕3854
哈定达维〔英〕2449
哈尔克以纳〔英〕2611
哈葛德〔英〕2344, 2356, 2357, 2362, 2363, 2364, 2374, 2386, 2388, 2393, 2408, 2410, 2422, 2425, 2428, 2498, 2512, 2520, 2529, 2538, 2547, 2550, 2559, 2591, 2596, 2616, 2617

罗达哈葛得 2423
哈华德〔 〕2954
哈来〔英〕4734
哈利逊（Dr. Timothy, Richard）〔英〕3455
哈伦斯〔法〕2692
哈密〔英〕1581
哈士烈〔英〕4588
哈司韦（Haswell, Chas. H.）〔英〕3959
哈渥〔美〕1710
海达儿 4228
海得兰（Headland, Frederick W.）〔英〕4525, 4726
海德〔法〕2663
海丁氏（Hastings, James）〔英〕0296
海甫定（Höffding, Harald）〔丹麦〕0089
海开路〔德〕1801
海里〔英〕2522
海丽生（Harrison, B.）〔美〕1381
海灵敦（Harrington, Mark W.）〔美〕4331
海麻士（Hymers, John 1803—1877）〔英〕4008
海琴氏 4538
海书得〔德〕1440
海天独啸子 2246, 4542
海外山人 2383
海文（Haven, Joseph 1816—1874）〔美〕0084, 0086
海隅少年 2931
韩定生 1870, 1941
韩洪 2077
韩述祖 0038
韩文举
　　扣虱谈虎客 2238
韩云 3773
罕迭生（Henderson, W. E.）〔美〕4156
罕木楞斯密〔 〕3896
汉口日报馆 3165
汉阳青年 3207
杭海 1080, 4561
好本智〔日〕1052
好斯敦（Houston, Edwin J.）〔美〕3922
好学〔日〕4469
昊尔〔美〕4551
喝茫勒窝滂〔法〕4923
合信（Hobson, Benjamin）〔英〕0194, 0240, 0269, 0493, 0526, 0527, 0549, 0733, 3791, 4051, 4524, 4531, 4584, 4644, 4679

合众译书局 3292
何伯森（Herbertson, A. J.）〔英〕3502
何灿 2138
何崇礼 3938
何大化〔葡〕0339
何德赉（Headland, Isaac Tayler 1859—1942）〔美〕4066
何德荣 2688
何福麟 1776
何福满〔德〕1482, 1500, 1572, 1580, 1582, 1598, 1599, 1605, 1655, 1656, 1661, 1665, 1666, 1669, 5115
何国宗 3045, 3510, 4256
何礼之〔日〕1147
何瞭然 4137
何琪 0008, 4621
何启 1362
何世枚 2621
何寿明 1554
何颂岩 2729
何锡尔〔泰西〕5152
何心川 2446
何颖泉 2454
何育杰 3547
何燏时 1160, 4190, 4618
何震彝 2319, 3460
和尔连〔美〕4790
和米〔英〕2396
和田万吉〔日〕2195, 2307, 3094
和田熊四郎〔日〕4758
和田垣谦三〔日〕1166, 1284, 1695, 1762, 1780
和田猪三郎〔日〕3806, 3807
河村汪〔日〕4216
河村重固〔日〕4325
河津暹〔日〕1824
河濑仪太郎〔日〕4825
河内龙若〔日〕4648
河上清〔日〕3338
河田羆〔日〕1555, 3634, 3768, 3769, 3770
河相大三〔日〕4904
河野通之〔日〕3211, 3385
河野元三〔日〕3278
河原次郎〔日〕4933
荷利阿克（Cornaby, W. A.）〔英〕2109

贺德〔美〕4526
贺齐之 0121
贺清泰 (De Poirt, Louis)〔法〕0166
贺廷谟 1938, 3291
赫谙理〔英〕1575
赫德 (Hart, S.)〔英〕0999, 2576, 3294, 4265,
　　4363, 4403, 4447, 4478
赫尔维〔德〕0108
赫尔瞻〔比〕3804
赫拉〔英〕2377
赫穆〔英〕2401
赫师慎〔比〕0787, 4054
赫士 (Hayes, W. M.)〔美〕0129, 0690, 0691,
　　3870, 3871, 4085, 4100, 4132, 4268, 4269,
　　4274
　　赫先志 0603
赫思满〔美〕4882
赫斯赟〔英〕3796
赫歇尔，约翰 (Herschel, J. 1792—1871)〔英〕
　　侯失勒 4262
赫胥黎 (Huxley, Thomas Henry 1825—1895)
　　〔英〕0796
鹤笙 2576
黑球华来思〔英〕4752
黑田茂次郎〔日〕1956
黑岩泪香〔日〕2456, 2655, 2658, 2669, 2807,
　　2884, 2895, 2908, 2913
黑岩周六〔日〕2694
恨逸 2986
亨旦〔英〕2564
亨德伟良 (Hunter, William)〔英〕3268
亨利·福西特 (Fawcett, H.)〔英〕
　　法思德 1671
亨利华百所〔法〕4198
亨利美士〔法〕2673
亨利瓦特 (Mrs. Wood, Henry)〔英〕2589, 2593,
　　2594, 2598, 2599, 2613, 2614
亨忒哈乃〔英〕2381
恒理汤纳耳〔英〕4760
恒三郎〔日〕3630
恒藤规隆〔日〕4220
横井时敬〔日〕1717, 2282, 4761, 4767, 4772,
　　4818, 4825
横森贤治郎〔日〕4655

横山雅南〔日〕0792
横山又次郎〔日〕4279, 4369, 4370, 4371, 4377,
　　4400, 4414, 4429, 4430, 4431
横竖无尽室主人 2274
横尾健太〔日〕4910
衡德森 (Henderson, C. R.)〔美〕0778
红勺园主人〔日〕2638
红溪生 2636
宏文馆总编辑所 3183
洪迭廊资〔德〕4751
洪钧 3671
洪如松 2455, 2825, 2940
洪士提反 (Hunter S. A.)〔美〕4743
侯鸿鉴 3813
侯士绾 0856, 3488
后藤常太郎〔日〕3674, 3676
后藤达三〔日〕4905
后藤狂夫〔日〕0984
后藤牧泰〔日〕3790, 3818, 4062
厚美安〔美〕4143, 4428
忽滑谷快天〔日〕0136
胡朝梁 2578
胡朝阳 4187, 4766, 4807, 4828, 4830, 4831
胡诚临 3097, 3098
胡德迈〔英〕0233, 0255, 0258, 0465, 0470,
　　0472, 3492, 5148
胡儿别士〔美〕4911
胡尔霖 0961
胡奋〔英〕0790, 0791
胡寄尘 2992
胡家熙 1996
胡捷 0984
胡景伊 3295
胡君复 2585, 2873
胡钧 1994
胡浚康 4792
胡克 2562
胡克犹 4431
胡克猷 1136
胡礼垣 1362, 1740
胡利 2764
胡茂如 0037
胡瑞麟 1641
胡适 2551

胡树荣 1611
胡威立 (Whewell, William 1774—1866)〔英〕4031,
    4032
胡宪生 2162, 2163, 2164, 2165
胡宪业 2607
胡祥鎏 1035, 1117
胡翔云 1720
胡宣明 4561
胡贻谷 0298, 0624, 1220, 2857
胡颐谷 3455
胡庸诰 0064
胡豫 3988, 4023
胡元倓 2037
胡源汇 1034
胡宗瀛 1803
湖北兴文社 3124
湖北学报馆 1114, 1118
鹕刚伟〔英〕2578
虎伯 (Hope, G.)〔英〕4640, 4647
户井重平〔日〕4790
户水宽人〔日〕0943, 1119, 1134, 1145, 1160,
    1173, 1176, 3218, 3649
户野周二郎〔日〕1850
护花使者 0834
花房柳条〔日〕4937
花琏治〔美〕5164
花之安 (Faber, Ehrst)〔德〕0235, 0608, 0781,
    1972, 2065
华北公理会 2154
华备钰 5007, 5020
华纯甫 3297
华德苏格〔英〕3368
华登〔英〕2495
E. 华尔登〔英〕2404
华尔敦 (Wharton, Wm. J. L)〔英〕4340
华蘅芳 1563, 1632, 3869, 3915, 3916, 3917,
    3918, 3922, 3942, 4002, 4008, 4020, 4022,
    4029, 4348, 4349, 4356, 4359, 4380, 5141
华开琼 1409
华克〔美〕1787
华里司 (Wallace, Wm.)〔英〕3915, 3916, 4020
    华利司 3917
华里司〔美〕4002
华立熙 (Walshe, W. Gilbert)〔英〕0295, 3104,

3153, 3360, 3457, 3803, 4272
华丽士 (Alfred Russel Wallace)〔英〕3111, 4434
华林泰〔英〕1896
华龙 1817
华洛伯〔英〕1435
华南圭 2073
华盛顿 (Washington, B. T. 1856—1915)〔美〕2875
华盛顿·欧文〔美〕2812, 2813, 2818
华司〔英〕2439
华特 (Watt, Alexander)〔英〕5033, 5036
华特生〔英〕2585
华通斋 2763
华文祺 0973, 4559, 4684, 4693, 4703, 4706
华兮 2831
华伊尔〔俄〕2308
华约翰 (Walley, J.)〔英〕3199, 4513
华子才 2800
滑达尔 (Vattel, Emeric De 1714—1767)〔瑞士〕1421
桦正董〔日〕3931, 4017
怀恩光 (Whitewright, J. S. 1858—1926)〔英〕2132
怀尔曼〔英〕1406
怀尔森 (Wilson, A. J.)〔英〕1816
怀献侯 4774
黄邦柱 4201
黄斌 3636
黄炳言 1150, 1198, 1404
黄伯禄 4332
黄翠凝 2560, 2939
黄达权 1597
黄大钧 2372
黄大暹 0120
黄稻孙 2091
黄鼎 2331, 2881
黄郛 2284
黄光吉 3977
黄桂芬 3993
黄可权 1777
黄理中 1051
黄履贞 1211
黄率真 3624
黄梦庵
    黄摩西 2368
黄人 2256, 2346
    摩西 2260

黄佩孟 0693
黄汝鉴 1166
黄山子 2278
黄士淇 3003
黄守恒 3681
黄维基 1737
黄文浩 1061
黄序 2460
黄以仁 3424
黄英 4485
黄元吉 3988
黄展云 0079
黄芝瑞 0861
黄治基 4543
黄致尧 1139, 1821
黄宗宪 4341
黄佐廷 3086, 4424
晃西士加尼（Garnier, Francis）〔法〕3715
祎理哲（Way, R. Q.）〔美〕3521
回特活德〔英〕1643
汇报馆 3395, 3724, 3763, 3984, 4105
会田安明〔日〕3890
桧前保人〔日〕1006
惠顿（Wheaton）〔美〕1386, 1387, 1388
惠亨利〔 〕4604
惠霖劳克〔英〕2579
惠医生〔泰西〕0833
火荣业 3865, 3875, 4306, 5132
货尔兑奈司（Holderness, T. W.）〔英〕3275
霍德〔英〕4433
霍尔登〔英〕0654
霍珥（Hall, W. E. 1836—1894）〔美〕1398
霍立克〔美〕4616
霍蓉生 3522
霍士爹核士〔英〕2454
霍伟（Haweis, H. R.）〔英〕3727
霍约瑟（Hoare, Joseph Charies 1851—1906）
　　〔英〕0178, 0200, 0254, 0257
霍旨因〔英〕2437

J

机外剑客〔日〕1012
矶谷幸次郎〔日〕1146
基策鉴 1398

基德，本杰明〔英〕
　　器德 0775
基顺〔美〕3877
基梭（Guizot 1787—1874）〔法〕3112
基维慕（M. Guillarmod）〔瑞士〕5099
箕作佳吉〔日〕4487, 4496
箕作元八〔日〕3295, 3297
吉百龄（Rudyard Kipling）〔英〕2551
吉备西村〔日〕3229, 3230
吉备真备〔日〕3051
吉布林（Kipling, Joseph R.）〔英〕2625
吉仓次郎〔日〕3604
吉仓丸农〔日〕1045
吉川润二郎〔日〕3452
吉村寅太郎〔日〕1879, 1955, 4104
吉村源太郎〔日〕1025
吉德〔英〕0171, 0399, 0405, 0406
吉登葛斯〔美〕0813
吉国藤吉〔日〕3083
吉井东一〔日〕1838
吉井源太〔日〕5080
吉士（Keith, Cleveland）〔美〕0243, 0531, 2001,
　　2124
吉水曾贞〔日〕4189
吉田健作〔日〕4845
吉田谨三郎〔日〕1790
吉田良三〔日〕1714, 1753
吉田良太郎〔日〕3214
吉田森太郎〔日〕1716, 2059, 4476, 4901
吉田松阴〔日〕2297
吉田熊次〔日〕1869
吉田彦六郎〔日〕4190, 4191, 4193
吉田源五郎〔日〕0963
极白（Gregoe Gibb）〔美〕4157
极福德〔英〕1541
戢翼翚 0870, 1207, 2766, 3133
嵇长康 2341, 2817
嵇镜 0887, 1785
稽镜 1194, 1202
集成图书公司 2835
集画堂〔日〕3666
几拉德〔英〕2424
纪好弼〔美〕0249, 0584, 0585, 0741, 3626
季理斐（MacGillivray, Donald 1862—1931）

〔英〕0116, 0141, 0283, 0297, 0610, 0619, 0683, 0694, 0750, 0940, 3302, 3360, 3393, 3396, 3782, 3809, 4321, 5110
季铭又 1208
季培尔〔西洋〕3155
季新益 1871
寄生虫 2304
加贺美〔日〕4894
加兰了伦〔英〕2572
加仑汤姆〔英〕2548
加纳清三〔日〕4187
加纳友市〔日〕1875
加撒林克罗〔美〕2856
加藤房造〔日〕1044
加藤弘之〔日〕0011, 0012, 0786, 0803, 0808, 0942, 3149, 4372, 4373, 4421, 4522
加藤驹二〔日〕1973
加藤玄智〔日〕0130, 0131, 0132
加藤政雄〔日〕1426
加藤政之助〔日〕2973
加藤稚雄〔日〕3735
加悦传一郎俊兴〔日〕3903, 3904
迦诺 (Ganot, Adolphe)〔法〕4054
家永丰吉〔美〕3084, 3085, 3109, 3170
葭深居士 4122
嘉宝尔〔法〕2700
　　嘉宝耳 2702
嘉波留 (Gaboriau, Emile 1832—1873)〔法〕2678
嘉路尔士〔美〕2825
嘉纳治五郎〔日〕2092
嘉破房〔法〕2710
嘉托玛〔英〕1676
嘉禄傅兰仪〔法〕2660
嘉约翰〔美〕4137, 4538, 4588, 4636, 4645, 4646, 4653, 4656, 4670, 4671, 4673, 4676, 4680, 4707, 4711, 4714, 4724
嘉楂德〔英〕1758
郏爱比 (Cabaniss, A. B.)〔 〕0661
贾爱密〔法〕2672
贾本德 (Caepenter, Solomon)〔美〕0475
贾步纬 3864, 3865, 3866, 3867, 3868, 3873, 3875, 3878, 3958, 3959, 4015, 4305, 4306, 4308, 5130, 5131, 5132
贾达纳奥〔 〕0373

贾密伦 (Cameron)〔英〕1588
贾树模 2110
贾宜睦〔意〕0341
驾尔市勒志〔德〕3078
坚弥地〔泰西〕3716
菅学应〔日〕1902
菅原大太郎〔日〕1726
笺骚主人 2920
笕克彦〔日〕1190, 1191, 1192
简井八百珠〔日〕4634
简明〔 〕0555
简郁书 4177
建部遯吾〔日〕0133
箭内亘〔日〕3304
江戴德 (Chapin, Lyman Dwight)〔美〕3530, 3531, 3568
江衡 3959, 4129, 4355, 4962, 5035
江吉治平〔日〕4399
江间定次郎〔日〕4518
江见水荫〔日〕2283
江见忠功〔日〕2263, 2267
江南机器制造局 3875, 4739, 5132, 5134
江仁纶 0106
江山渊 2543
江守襄吉郎〔日〕5046
江苏师范讲习会 2038
江苏师范生 0094, 4075, 4182, 4392, 4435
江庸 1441
江余园 2703
江之屏 2657
将维乔 4558
姜汉声 2731
姜宁〔美〕1141, 3387, 3388
蒋百里 2072
蒋敦复 3356
蒋方震 1878, 1905, 2169
蒋篦方 1113, 1767
蒋景缄 2698, 2991
蒋梦麟 1069
蒋升 0736
蒋维乔 0095, 0100, 1869, 1988, 4468, 4554, 4559, 4560
蒋羲明 1093
蒋煦 1482, 1572, 1577, 1578, 1579, 1580, 1605,

1656，1666，1667
蒋友仁（Benoist, Michel 1715—1774）〔法〕3507，
　　3510，3598，3599，3628，3661
蒋蛰龙　3334
蒋正陆　1880，1893，2075
焦勖　1565，1592，1593，1594，1595
焦循　3995
鲛岛东四郎〔日〕1310
角田政治〔日〕3581
教育世界社　0098，1891，1916，1949
节丽春（Joynt, D. C.）〔英〕1900，4544，4611
杰而克〔英〕2407，2462，2536
杰文斯（Jevons, W. Stanley, 1835—1882）〔英〕
　　司旦离遮风司　1723
　　耶芳斯　0040
　　哲分司　1674
　　哲分斯　0029
今村猛雄〔日〕4874
今关常次郎〔日〕1716，5082
今井嘉幸〔日〕3188
今泉秀太郎〔日〕3664
今西嘉藏〔日〕1981
今渊恒寿〔日〕4684，4693，4695
金邦平　1805
金宝康　1237
金福兰格令希兰〔美〕4797
金桂　1738
金焕东　2029
金井延〔日〕1682，1690
金敬渊〔朝〕3713，3714
金楷理（Kreyer, Carl T.）〔美〕1131，1132，1391，
　　1477，1488，1573，1581，1586，1590，1608，
　　1609，1610，1611，1614，1615，1620，1621，
　　1628，1629，1630，1639，1640，1641，1645，
　　1646，1648，1658，3640，3641，4094，4095，
　　4129，4335，4342，4348，4367，4992，5034，
　　5035，5125，5133，5136，5137，5141，5174
金柯　0832
金泯澜　1210，1326
金鸣鸾　0802
　　金鸣銮　3406
金尼阁（Trigault, Nicolas）〔法〕0311，2115，2309
金庆门〔朝〕3236
金尚喆〔朝〕3233

金石　2261，2266，2810
金寿康　0012
金天翮
　　金一（松岑）3429
金田归逸〔日〕4941
金威登〔法〕2648
金为　2280，3202
金孝韩　4073
金煦　3699
金约翰（King, John William）〔英〕5125，5126，
　　5127
金泽长吉〔日〕3851
金泽厚　0745
金泽岩〔日〕4639
金正善〔朝〕3714
金子坚太郎〔日〕1013
金子马治〔日〕1885，1886
津村秀松〔日〕1692，1693，1771
津田仙〔日〕4755，4768
进步书局　0841
近藤会次郎〔日〕4202，4221，4982
近藤坚三〔日〕3698
近藤清次郎〔日〕4160
晋陵下工〔日〕4655
京师大学堂官书局　4045
京师大学堂译书局　1827，1855，3896，3968，
　　4012，4068
京师译学馆　2209
经济学会　1705
经家龄　3735
井关十二郎〔日〕1751
井上赖囶〔日〕3116
井上璞〔日〕1450
井上勤〔日〕2641，2645，2972
井上清〔日〕3624
井上甚太郎〔日〕4804
井上伍鹿〔日〕4935
井上毅〔日〕1033，1158，1159
井上友一〔日〕0960
井上圆了〔日〕0003，0004，0005，0008，0009，
　　0010，0024，0102，2248，3311，3312，4704
井上哲次郎〔日〕0062，0845，2153，3420
井上正贺〔日〕4440，4557，4783，4828，5039
井蛙　2398

附录二 著译者索引

井原鹤太郎〔日〕4835, 4931, 4934, 5062, 5064
景得益 4666
警僧 2536
警钟报社 2623
径司顿〔英〕2463
竞化书局 3193
竞强庵主人 0958
竞雄 2660
敬业学社 3303
镜乙 2801
久保天随〔日〕3473
久保田贞则〔日〕0099, 1894
久津见息忠〔日〕0120
久米金弥〔日〕1063
久原躬弦〔日〕4765
酒井雄三郎〔日〕0973, 0974, 1090
酒瓶 2909
菊池大麓〔日〕3970, 3977, 3988
菊池林作〔日〕4537
菊池学而〔日〕0863, 0896, 0897
菊池幽芳〔日〕2258, 2296
巨势彦山〔日〕3238
觉海浮沤 1109
觉迷 2603, 2734, 2735, 2874
觉民编辑所 3132
觉显禄斯〔英〕5007
觉一 2506
崛内良平〔日〕4864
崛内政固〔日〕3665
蕨山生〔日〕1128
军官学校 1533
军学编辑局 1457, 1470, 1471, 1474, 1475, 1476, 1480, 1491, 1492, 1494, 1495, 1496, 1498, 1499, 1501, 1523, 1524, 1526, 1527, 1625, 1663
军学编译处 1517
君岛平八郎〔日〕5114
君牧 2714
君毅 2662

K

卡奔德(Karpenter)〔美〕3755
卡叩登(Caskoden, Edwin 1856－1913)〔英〕2610
卡罗·卡费罗(Carfiero, Carlo 1846－1883)〔意〕

克非业 0939
卡塞尔〔瑞典〕
　嘉塞尔 1711
开导社 3421
开奈利(Kennelly, Arthur E.)〔美〕3922
凯瑟琳·卡尔〔美〕3411
楷尔里猛〔德〕0020
楷陵〔英〕2379
阚磻师〔英〕3310
阚斐迪〔英〕3320
康宝忠 1690
康贝〔德〕1451
康德(Kant, Immanuel 1724－1804)〔德〕0016
康发达(Kleinwachter, F.)〔英〕4919, 4920
康泼吞〔美〕5000
康心铭 0921
考察政治大臣 0793, 1008, 1015, 1016, 1300, 1301
柯伯, 威廉(Cwper W.)〔英〕2320
柯布〔美〕2823
柯尔特(Coulter, J. H.)〔美〕
　胡尔德 4468
柯理(Clarke, T. C.)〔美〕5104, 5111
柯理〔英〕1514
柯利(Collie, David)〔英〕0709
　柯大卫 0168, 0172, 0398, 0710
　种德 0170, 3191, 3193, 3194, 3196
柯南道尔〔英〕2329, 2331, 2335, 2341, 2346, 2347, 2349, 2372, 2382, 2418, 2485, 2508, 2565, 2615
　华生 2325, 2348, 2389, 2402
柯南达尔 2471
柯南达里 2592
柯南达利 2433, 2464, 2467, 2474, 2484, 2486, 2507, 2523, 2524, 2554
　屠哀尔士 2345
柯南李登(Leighton, M. C.)〔英〕2620
柯为廉〔英〕2533
柯为良(Osgood, D. W.)〔美〕4585, 4586
柯维廉(G. W. Olivecrona)〔瑞典〕5101
柯雅各〔美〕4264
柯真达利〔英〕2605
柯志仁 4543
科雷〔法〕2676

科培尔（Kobell）〔德〕0006
科学仪器馆 2926
可林克洛悌〔英〕2583
可宁屠儿〔英〕2504
克保斯培〔英〕2469
克陛存〔美〕0176,0182,0247,0250,0252,
　　0256,0486,0489,0726
克布勒（Cable, M.）〔英〕0694
克尔〔英〕5031
克喀伯（Kirkup, Thomas）〔英〕3327
克拉哥〔美〕3447
克拉格（Kellogg, S. H.）〔美〕0129
克拉克（Clarke, M. C. 1809－1898）〔英〕2568
克乐诗〔英〕3331
克雷洛夫〔俄〕2791
克礼孟（Macgillivray, D.）〔加拿大〕3393
克理〔美〕1542,1548
克利赖〔英〕1566
克林各尔〔法〕2714
克罗德〔英〕3129
克罗福特（Grofoot, J. W.）〔　〕2135
克罗泡特金（1842－1921）〔俄〕0937
克洛特〔美〕4424
克斋 3644
硁端〔　〕2942
孔庆高 4588,4646,4656,4680
　　孔继良 4724,4725
孔廷璋 3637
堀江归一〔日〕1830
堀井宗一〔日〕4553
堀田璋〔日〕3584
库全英 1906
库司孟〔德〕1667
蒯寿枢 1788
匡文涛 4018,4028
匡熙民 1068
匡一 1221
阔识牙耳〔阿拉伯〕4228

L

拉伍林桑（Rawlinson, F.）〔　〕2135
来春石泰〔德〕1506,1544,1624,3744
来拉〔英〕4726
来曼彼斯撒利〔美〕4570

来特非尔〔美〕5135
莱蒙托夫〔俄〕
　　莱门忒甫 2769
莱翁·格尼爱尔（Léon Meyniel）〔法〕3471
莱伊尔（Lyell, Charles 1797－1875）〔英〕
　　雷侠儿 4359
莱与仁 4211
赖白奇（Lethbridge）〔英〕3081
赖昌 4880
赖甫吞〔英〕1585
赖烈〔英〕0866
赖马西〔美〕4650,4686
赖其锉女士〔英〕2597
赖襄〔日〕3239,3240,3241
赖英〔　〕3859
赖又二郎〔日〕3240,3241
赖子 2251
濑川秀雄〔日〕3305
兰伯特·瑞斯（Rees, J. Lambert）〔英〕
　　李思伦白 3068,3069,3070,3087
兰涉尔芒〔法〕4809
兰士德（Lansdell, H.）〔英〕3625
兰希罗〔美〕0963
兰溪闲人 2584
蓝柏夫人（Mrs. Lambuth, James William）3908
蓝亨利〔美〕2129
蓝寅 2017
朗霁罗旎阁〔　〕0435
牢愁子 2689
老斯格斯〔美〕2839
老斯路斯（一著老斯罗）〔美〕2822
乐林司郎治〔美〕2798,2838
乐天生 2721
勒底,古斯塔夫〔法〕
　　黎明（Le Bon, G.）0884
　　黎朋 0105
勒东路易〔法〕2724
勒芬迩〔美〕1732
勒格克司,威连〔英〕2562,2622
勒罗阿〔法〕1591
勒舍尔〔英〕3462
雷白菊 4688
雷光宇 1240
雷瑰特〔德〕2754

雷科〔法〕2693
雷奴支〔英〕5025
雷诺〔德〕1507
雷通群 4705
雷文斯顿〔英〕3547
雷翁何珊〔法〕1772
泪香小史〔日〕2277, 2278
类斯罗〔 〕0436
黎道援 2111
黎卡克〔美〕0902
黎力基（Lechler, Rudolf 1824—1908）〔德〕0483
黎汝谦 3476
黎特〔英〕1627
礼敦根（Reid Duncan, J.）〔英〕4442
李安德（Pilcher, Leander. W.）〔美〕3575, 4270, 4404
李碧 1251
李伯尔〔德〕1483
李常觉
　常觉 2557, 2569, 2600, 2603, 2734, 2735, 2874
李承恩〔美〕0280
李澄宇 2876
李翀 4228
李崇夏 1125
李春醲 2013, 2089
李达 1811
李德晋 2088
李鼎星 3302, 3782
李定夷 2541, 2543, 2586
李杕 0013, 0014, 0047, 0090, 0607, 0611, 0748, 0771, 0809, 3095, 3797, 3812, 4054, 4436
　李问渔 0600
李藩昌 5099
李斐绮〔美〕3486
李凤苞 1451, 1488, 1540, 1550, 1608, 1609, 1610, 1611, 1614, 1615, 1620, 1621, 1628, 1629, 1630, 1636, 1639, 1640, 1641, 1645, 1648, 1658, 3063, 3600, 4367, 5137
李光廷 3344
李国盘 3075
李国英 2829, 2949
李翰章 1830
李浩生 3058

李佳白（Reid, Gilbert）〔美〕0991, 0996, 1354, 3366, 3572
李家鏊 1352, 1353
李家诠 4176
李诘元 1896
李锦沅 0916
李景镐 1560
李景铭 1739
李静涵 3297
李九标 0320
李克谦 1830
李凌云 0919
李梅龄 2213
李铭文 1345
李姆孙〔泰西〕4149
李穆 1257
李企晟 1818
李庆轩 4361
李惹（Ritchie, J. W.）〔英〕4611
李善兰 3885, 3913, 3921, 3950, 3951, 3996, 3998, 4019, 4031, 4032, 4262, 4444
李升培 0985
李盛铎 1065
李石曾 2628, 2760
　真民 0937, 0938, 0939, 3399
李士德〔德〕1789
李世中 2675, 2696, 2697
李叔成 2915
李叔同 1426
　李广平 1164
李述膺 1424
李思慎 1295
李倪 0903
李提摩太〔英〕0604, 0606, 0618, 0684, 0743, 0774, 0775, 0782, 0783, 0784, 0795, 0928, 0986, 0988, 0989, 0991, 0992, 0994, 1060, 1254, 1673, 1713, 1769, 1839, 1943, 2794, 3067, 3081, 3082, 3129, 3144, 3293, 3394, 3439, 3532, 3533, 3551, 3569, 3603, 3686, 3705, 3706, 4122, 4427, 4780, 5157
李天经 4224, 4967
李天相 4146
李廷相 0142
李薇香 2554

李维格 0881，3802
李维翰 1200
李维鈺 1244
李祥麟 4678
李心灵 2681
李新甫 2476
李新民 0690
李信臣 1313，1332
李应雄 2948
李永庆 0294，1906
李犹龙 1792，2160，4537
李玉书 0801，1054，1677，3364
李毓芳 5107
李毓麟 5106
李垣 1770
李约各（Lee, James W.）〔美〕0842
李约瑟〔英〕2324
李岳蘅 1537
李湛 3236
李湛田 1737
李哲脑斯基〔德〕3316
李征 2195
李之藻 0027，0314，3880，3952，4225，4246，
　　5094，5155
李志仁 1038
李骞仪 3301
李倬 1430
李佐廷 1689
里察森（Richardson, F. Calmady）〔英〕4343
理雅各（Legge, James 1814—1897）〔英〕0214，
　　0265，0268，0494，0589，0678，0723，0731，
　　1444，1999，4328，4667
蠡勺居士 2323
力树湙 2558，2570
立法学士 0791
立花铣三郎〔日〕1861
立宽〔日〕4638
立神正夫〔日〕4532
立温斯敦〔英〕3725
立作太郎〔日〕1424，1433
励德厚（Wright, H. K.）〔美〕3479，3481
利高烈（De Liguori, A.）〔意〕0611，0612，0522
　　亚尔方骚·利高烈 0614，0615
利根川与作〔日〕2084

利国安（Laureati, Joannes）〔意〕0366
利稼孙（Richardson, Thos）〔英〕5014
利类思〔意〕0161，0165，0307，0335，0346，
　　0347，0349，0351，0353，0356，0358，0361，
　　0362，0642，0643，0673，0760，3505，4285，
　　4327，4506，4512
　　利类斯 0155
利玛窦（Ricci, Matthieu, 1552—1610）〔意〕0075，
　　0076，0101，0145，0304，0306，0639，0702，
　　2214，2216，3044，3592，3880，3944，3945，
　　3946，3951，3952，3953，4222，4225，4246
笠顿〔英〕2532
连若兰（Roland Allen）〔英〕0625
连提（Lendy, Auguste F.）〔英〕1668
莲心 3009
联芳 1077，1390
联子振 4139
镰田衡 4761
梁复生 4399
梁禾青 2725
梁澜勋
　　梁慎始 3111
梁启超 2233，2361，2656，2806，3195
　　饮冰室主人 0862，0888，0962
　　饮冰子 2224，2637
梁启勋 3152
梁廷柟 3754
梁同 0902
梁武公 1108
梁有庚 0102
梁振岷 1836
粮文太郎〔日〕4806
亮乐月〔美〕2640，2797，2860
廖抗夫（Kampf, Leopold）〔波兰〕2760
廖世襄 4437
廖寿慈 3322，3736
廖寿丰 1446
廖琇昆 2722
林安多〔西洋〕0373
林安繁〔日〕3643
　　林繁 3642
林长民 3172
林朝圻 0684
林鼎文 4586

林黻桢 2446
林盖天 2800
林国光 4078，4186
林鹤一〔日〕 3979
林觉民 0968
林楷青 0844
林拉伦〔美〕 2824
林乐知（Allen, Y. J.）〔美〕 0114，0682，0692，0773，0779，0780，0785，0838，0842，0929，0987，0990，0991，0993，0995，1072，1082，1104，1400，1509，1513，1538，1539，1808，1852，1930，3063，3071，3100，3143，3272，3326，3328，3337，3341，3359，3519，3529，3557，3654，3723，3734，3752，3760，3799，3826，3841，4052，4142，4263，4360，5050，5051
林榮 0863，1396
林壬 4795，4864，4873，4876，4881，4883，4889，4890，4894，4895，4914
林汝魁 1534
林少琴 2968
林纾 0843，2281，2308，2312，2330，2344，2355，2356，2362，2363，2364，2365，2369，2374，2384，2386，2388，2393，2408，2410，2424，2426，2430，2433，2444，2445，2447，2451，2465，2467，2474，2477，2478，2484，2486，2490，2492，2493，2497，2498，2500，2501，2502，2507，2511，2512，2513，2516，2519，2525，2529，2539，2540，2542，2546，2547，2558，2566，2568，2570，2571，2577，2578，2588，2590，2591，2596，2597，2601，2602，2604，2605，2608，2610，2616，2617，2618，2624，2644，2646，2675，2696，2697，2712，2715，2717，2720，2722，2723，2727，2736，2737，2738，2739，2742，2781，2788，2789，2790，2795，2799，2812，2813，2818，2858，2863，2879，2987，3025，3141，3466
　　冷红生 2633
林泰辅〔日〕 3232
林廷玉 3311，3312
林万里 1183，1970
林文德〔美〕 1735
林文潜 0071
林吾一〔日〕 0107

林下老人 2967
林湘东 4645，4673，4707
林行规 1044，1977
林学英 1066，1137
林毅陆〔日〕 3325
林翼清 2455
林应祥 4711
林则徐 3330，3514
林振翰 2222
林志钧 3431
林子芹 3548
林子恕 3548
林紫虬 2681
林祖同 0044
临桂木子 2466
粦为仁〔美〕 0190，0232，0299，0441，0468，0727，0728，0729
灵华居士 4558
灵绶（Reinsch, P. S.）〔美〕 0966
铃木光次郎〔日〕 0836
铃木龟寿〔日〕 4392，4435，4458
铃木虎雄〔日〕 1684
铃木力造〔日〕 1895
铃木美山〔日〕 4554
铃木米次郎〔日〕 3048
铃木审三〔日〕 4887，4900
铃木喜三郎〔日〕 1162
铃木幸太郎〔日〕 4730
凌昌焕 4494
凌景伊 2462
凌启鸣 0985
凌霜 0950
绫部竹之助〔日〕 3299
刘半农 2606，2867，2995
　　刘复 1110
刘邦骥 1951，3581
刘斌 0755
刘崇杰 1288，3055
刘崇祐 1151
刘大猷 3249，3250，3257，4470，4941
刘德熏 1181
刘蕃 1203
刘光谦 1407
刘光照 3824，3974，4014，4024

刘海澜〔美〕4270
刘鹤年 1836
刘鸿钧 3501
刘鸿枢 3657
刘积学 1170
刘鉴 3288
刘经庶 0045
刘景韩 2069
刘靖邦 4852
刘靖夫 4852
刘铭 1267
刘念祖 1283
刘启彤 1057，3315，3369，3373，5103
刘骞 4493
刘翘翰 1099，1140，3220，3372
刘庆汾 1037
刘人杰 4458
刘仁航 0103，0136，3819，4557
刘荣桂 4269
刘世珩 1757，3231
刘式训 3374，3498
刘陶 3190
刘廷桢 4627，4691
刘维师 4000
刘星垣 4716
刘延陵 2592
刘彝程 4008，4020
刘永贵 4132
刘永锡 3960
刘幼新 2548
刘玉峰 3974
刘蕴德 4283，4284
刘泽沛 2583
刘作柱 2851
留日学生 1403
留学生 3304
榴芳女学生 3159
柳川春叶〔日〕2272
柳大谧 1271
柳井絅斋〔日〕3347
柳井錄太郎〔日〕3434
柳内蝦〔日〕1903
龙华民〔意〕0160，0301，0635，0697，4224，
　　4240，4346，4582

龙纪官 1995
龙特氏（Lowndes, Mary E.）〔英〕0089
泷本美夫〔日〕1783
娄理华〔美〕0236，0454，0464，0725
娄如本〔　〕0226，0523
楼英 1248
卢安德（Rudomina, A.）〔葡〕0320，4291
卢弼 1150，1198
卢达 2452
卢公明（Doolittle, Justus 1824—1880）〔美〕0138，
　　0184，0504，0511，0525，0529，0557，0568，
　　0569，0570，0573，0579，0649，0653，0814，
　　0823，0829，1750，3493，3793，4261，4329
卢藉东 2636
卢籍刚 3588
卢谦 4704
卢寿篯 1802
卢斯福〔美〕1068
卢梭（Rousseau, Jean Jacques）〔法〕
　　卢骚 2706
　　路索 0858
　　戎雅屈娄骚 0851
卢永铭 1455，1465，1528
卢予甫 4639
卢祖华 1575
庐弼 1404
庐峰三 3082
庐靖 1966，1967
鲁德（Semedo, Alvare de）〔葡〕2215
鲁喀（Loukas）〔　〕0766
鲁脱能阙麦尔〔英〕1585
鲁威（Loewe, J. H.）〔英〕0843
鲁迅 2641
　　之江索 2664
　　周树人 2225
陆安德（Lobelli, A.）〔意〕0337，0354，0355，0363
陆伯鸿 2211
陆德 1833
陆辅 1026
陆规亮 3253
陆基 2750
陆军部 1559，3653
陆军训练总监编辑局 1525
陆康华 2372

陆龙朔 2885
陆秋心 2587, 2996
　　南梦 2487
陆瑞清 4619
陆善祥 2652, 2710
陆绍治 2082
陆士谔 2287
陆树藩 1819
陆翔 3471
陆咏笙 4504, 4505
　　陆泳笙 0947, 4425, 5058, 5059, 5078
陆鋆 3168
陆震 3809
陆钟灵 2775
陆宗舆 1337
鹿岛樱巷〔日〕2276
路钓 2764
路黎之 4073
路义思〔美〕1948
路易·普罗尔〔法〕0882
路易司地文 (Stevenson, Robert Louis 1850-1894)
　　〔英〕2493
鹭江寄迹人 3733
露亚尼〔英〕2383
栾学谦 4438
伦德 (Lund, Thos)〔英〕3918
伦戭氏〔 〕4166
罗爱第〔法〕3797
罗白孙〔美〕1843
罗伯村 (Robertson, Edmund)〔英〕1393
罗伯雅 0003, 0899, 3114
罗布存德〔英〕2153
罗琛〔波兰〕2763
罗啻 (Doty, Elihu 1809-1864)〔美〕0241, 0395, 2123
罗存德〔英〕0510, 0538, 0562, 2000, 2002, 2117, 3524
　　W. Lobscheid 2152
罗大维 0083, 0127, 0855
罗尔梯〔美〕0251, 0253, 0259, 0260, 0485, 0577, 0658, 0730
罗福成 3181
罗亨利 (Loch, H. B.)〔英〕1088, 3796, 4416
罗亨利〔美〕1543

罗恒开 3160
罗恒升 0879, 3486
罗衡升 1129
罗开 3474
罗克斯〔美〕2085
罗列〔 〕0951
罗麟斯 (Lawrence, Thomas Joseph)〔英〕1402
　　劳麟赐 1400
　　卢麟斯 1401
　　罗伦 1423
罗懋勋 2061
罗密士 (Loomis, Elias 1811-1899)〔美〕0624, 3921, 4010, 4019, 4021, 4025, 4276
　　鲁米斯 3960
　　路密司 3870, 3871, 4000, 4024
罗明坚〔意〕0300, 0677, 2214
罗培索叟 (Shouthey, R.)〔英〕3459
罗普 0055, 0966, 1804
　　罗孝高 2637, 3247
　　披发生 2367, 2636, 2884
罗仁斯〔英〕1081
罗如坚〔葡〕0310
罗如望〔葡〕0309
罗蕊〔 〕2924
罗斯伯利〔英〕3456
罗斯科 (Roscoe, Henry Enfield 1833-1915)〔英〕
　　罗式古 4175
　　罗斯古 3841, 4142
罗孝全 (Roberts, lssachar Jacob 1802-1871)
　　〔美〕0229, 0237, 0261, 0274, 0429, 0432, 2121, 4742
罗雅谷〔意〕0315, 0316, 0318, 0360, 0595, 3881, 3954, 4006, 4226, 4227, 4230, 4231, 4233, 4240, 4241, 4242, 4243, 4244, 4280, 4292, 4298, 4313, 4315, 4582, 4583
　　罗雅各 3861, 3882
罗饴 1574
罗以礼 (Rossi, G.)〔意〕0693
罗以司 (Lewes, George Henry 1817-1878)
　　〔英〕4438
罗张氏〔日〕2274
罗振常 1955, 4562, 4827, 4829, 4840, 4871
罗振玉 1027, 4841, 4849, 4851, 4865, 4905, 4906

洛蒂（Loti, Pierre）〔法〕
　　辟厄略坻 2723
洛加德（Lockhart, John Gibson 1794—1854）
　　〔英〕3466
洛克平〔 〕4012
洛克司克礼佛〔英〕2360
洛平革拉〔英〕2587
骆克优〔英〕4263
骆三畏（Russell, Samuel M. ? —1917）〔英〕4276,
　　4277, 4330
骆师曾 3933, 3989, 4016
吕嘉荣 1331
吕延年 1284
履瀛社 1173
绿冈隐士〔日〕1105, 1107

M

马尔顿（Martens, F. de）〔布〕1077, 1436
马尔腾（O. S. Marden）〔美〕1897
马尔文（Marvin, F. S.）〔 〕3115
马逢伯 2775
马福生〔美〕4163
马哥博罗〔意〕3682
马格纳菲立（Magnno, Philip）〔英〕4046
马嘉缔〔 〕0574
马戛尔尼（Macartney）〔英〕1110
马建忠 1144, 5172
马君武 0807, 0835, 0932, 2321, 2745, 2779,
　　2782, 3171, 3377, 3985, 4419, 4420, 4423
马克丹诺保德庆（Bodkin, M. Mcdonnel 1850—
　　1933）〔英〕2500, 2501
马克斐（Macfie, P. C.）〔英〕4528
马克思〔德〕0860
马克·吐温〔美〕
　　马可曲恒 2802
马礼逊（Morrison, R. 1782—1834）〔英〕0278,
　　0282, 0376, 0377, 0385, 0386, 0387, 0407,
　　0655, 0708, 2116, 2150, 2151, 3511, 3587
马理溢德〔英〕2510
马利泰 2961
马良 0204
　　求在我者 3889
马林（Macklin, W. E.）〔英〕0801, 1054, 1677,
　　3364, 3381

马凌甫 1692
马洛〔法〕
　　爱克脱麦罗 2718
马鸣鸾 3188
马汝贤 2389, 3436, 3589
马若瑟〔法〕0703
马赛〔 〕0906
马士克〔法〕1099
马士曼〔英〕0279
马斯他孟立特〔英〕2338
马斯特曼（J. H. B. Masterman）〔英〕0901
马为龙 3647
马维克（W. Marivick）〔美〕1892
马文〔英〕1088
马叙伦 4072
马瀛 4027
马支孟德（Marchmont, Arthur W. 1852—1923）
　　〔英〕2492
　　马尺芒忒 2540
玛高温〔美〕4050, 4318, 4359, 4380, 4383,
　　4642, 4800, 4898, 4929, 4943, 5135
玛吉士（Martins-Morquez, Jose）〔葡〕3559, 3729
　　玛姬士 3520
玛利瑟·勒勃朗（Leblanc, Maurice 1864—1941）
　　〔法〕2728
　　玛黎瑟·勒勃朗 2730
　　玛丽瑟·勒勃朗 2732, 2734, 2735
玛利孙〔英〕2366
玛林克罗福〔美〕2859
玛体生（Matheson, Ewing）〔英〕4950, 4951
迈尔（Myers, P. V. N.）〔美〕3086
迈尔斯（Myres, J. L.）〔英〕3135
麦巴士〔荷〕2744
麦登斯曾〔俄〕3618
麦丁富得力〔英〕3143, 3529
麦鼎华 0060, 0061, 1094, 1365, 3284, 3309,
　　3323
麦东意 2096
麦都思（Medhurst, Walter Henry 1796—1857）
　　〔英〕0122, 0137, 0173, 0175, 0195, 0203,
　　0205, 0212, 0216, 0225, 0231, 0239, 0378,
　　0391, 0396, 0397, 0400, 0401, 0402, 0403,
　　0404, 0408, 0427, 0428, 0431, 0439, 0440,
　　0442, 0443, 0445, 0446, 0447, 0450, 0452,

0453,0458,0461,0467,0476,0499,0505,
0518,0530,0533,0534,0539,0541,0542,
0545,0546,0550,0551,0559,0561,0562,
0564,0593,0645,0646,0647,0676,0724,
1997,3060,3491,3573,3707
麦度克〔英〕2403
麦尔香〔法〕3463
麦费孙(Mcpherson, W.)〔美〕4156
麦高尔〔英〕1082,3519
麦嘉缔(McCartee, D. B.)〔美〕0209,0267,0293,
0448,0451,0455,0457,0463,0466,0469,
0474,0490,0492,0508,0536,0560,0587,
0590,0651,0656,0734,3062
 培瑞 0828,3558,3789
麦开柏〔英〕3134
麦可利〔英〕3458
麦克范〔美〕0976,1058
麦克乐〔美〕2088,2091,2094
麦克塞挪斗(Msxnovdau)〔德〕0958,0959
麦克文(Macvane, S. M.)〔美〕
 麦喀梵 1687
麦肯奇(Mackhenzie, R.)〔英〕
 马恩西 3144
麦枯尔特(亦著麦枯滑特尔)〔美〕2800
麦拉特〔英〕2569
麦莱〔美〕1067
麦里郝斯〔 〕2542
麦利和〔美〕0272,0652
麦伦〔英〕2506
麦曼荪 0892
麦美德〔 〕4376
麦孟德〔英〕2354
麦耐〔美〕0177
麦区兰〔英〕2459
麦去麦脱〔英〕2452
麦中华 3308
麦仲华 0846
曼宁〔英〕1385
曼陀 2286,2930
毛淦 3216
毛茂笛克〔英〕2518
毛乃庸 3232,3264,3271
茅本荃 0622
茅洒封 2018,3578,3691

茂木英雄〔日〕5106
茂原周辅〔日〕2892
冒京〔德〕2752
梅达克〔英〕2623
梅毅成 3045,3848,4256
梅开尔〔德〕1572,1577,1578,1579,1580
梅丽维勤〔美〕2867
梅谦次郎〔日〕1155,1167,1221,1222,1225,
1230,1231,1321,1322,1323,1324,1325,
1326
梅滕更(Main, Duncan)〔英〕4627,4691
梅威令(Wykeham, M.)〔英〕4856
梅文鼎 3884
梅秀峰 2265
梅益盛(Mason, Isaac)〔英〕0143,0749,0901,
0947,1447
梅原宽重〔日〕4788,4826,4897
梅祖培 0918,1310
美代清彦〔日〕1719
美国格致新报 4415
美国水雷局 1638
美国水师书院 1629
美国行海公会 5139
美林孟〔美〕2861
美浓部达吉〔日〕0961,0965,1182,1203,1209,
1212,1213
美浓〔日〕1183
美魏茶(Charles Milne, William 1815—1863)
 〔英〕0211,0487,0488,0512
美以纳〔英〕5016
媚姿〔英〕2398
门马常次〔日〕2174
门人懒惰生 2310
蒙克利〔英〕3849
蒙昧先生 2310
孟德斯鸠(Montesquieu, C. L. S.)〔法〕1147,1148
孟丁元〔 〕0576
孟奇〔英〕2397
孟儒望(Monteiro, João)〔葡〕0332,0630
 孟如望 0153
孟三德〔葡〕4326
孟森 0792,1204,1322,1324,1456,1459,1460,
1463,1490,1532,1763,1783
孟梯德〔美〕4365

孟文翰 2294
孟宪承 2612, 2875
孟昭常 1075
梦痴 2545
米爱德〔英〕2534, 2537
米勒尔〔德〕3299
米怜 (Milne, William 1785—1822)〔英〕0128,
　　0167, 0169, 0282, 0379, 0380, 0381, 0382,
　　0383, 0384, 0388, 0389, 0390, 0392, 0393,
　　0394, 0480, 0674, 0822, 1749, 3512
　　博爱者 0707
米良文太郎〔日〕4441, 4935
糸左近〔日〕3830
宓克 (Michie, A.)〔英〕0695
密德〔英〕2528
密尔〔英〕4682
密拉 (Mile)〔英〕4970
密理纳 (Milner, Lord)〔英〕3289
密罗〔美〕2460
密斯耨〔英〕3685
苗仰山 (Bortolazzi, C.)〔 〕0612, 0753, 0757
缪祐孙 3332, 3382
民鸣 0860
闵广勋 1500, 1582, 1599, 1669
闵明我〔意〕4287, 4296
闵彖 1860, 1923
敏智斋主人 4202
名和清〔日〕4519
明安图 4256
明嘉禄 0667
明守璞 0758
明志学社 1268
模利孙〔英〕2472
摩尔斯〔美〕4426
摩哈孙〔德〕2749
摩嘉立 (Baldwin, Caleb Cook)〔美〕4264
M. 摩立门〔美〕3900
摩利斯〔法〕2701
摩怜〔美〕0500, 0501, 0514
摩洛女士〔法〕2703
末广重恭〔日〕2244
　　末广铁肠 2249, 2256
末冈精一〔日〕1179
莫安仁 (Morgan, Evan)〔英〕0015, 0118, 0654,

　　0778, 1053, 1059, 1081, 1124, 1364, 1814,
　　1978, 3787, 3800, 4434, 4611, 4822
莫泊桑〔法〕
　　毛白石 2650
莫等闲斋主人 2773
莫尔显〔英〕3802, 3827
莫耳登 (Mortom, William James 1845—1920)
　　〔美〕4102
莫家珍 (Metcalf, Amy)〔泰西〕4443
莫里埃〔法〕
　　摩里埃尔 2629
莫覃瀛 1925
莫塞〔德〕1048
莫镇藩 3625
漠堂居士〔日〕1036
墨独克 (Murdoch, J.)〔美〕0624
默尔化 (Mulhall, M. G.)〔英〕1702, 3123
谋康斯〔俄〕2775
木场贞长〔日〕1919
木村骏吉〔日〕2030
木村利建〔日〕4908
木村信卿〔日〕3601
木村杏卿〔日〕3570
木村一步〔日〕3435
木村鹰太郎〔日〕0056
木村忠治郎〔日〕1988
木海默第〔阿拉伯〕0142
木寺柳次郎〔日〕3075, 3125, 3254
木尾虎之助〔日〕0918
木下义道〔日〕4787
木野村政德〔日〕2048
木野崎吉辰〔日〕2187
木庄士雅〔日〕4718
木子 2823
沐尔赐〔美〕3485
牧濑五一郎〔日〕1862, 1890
牧山耕平〔日〕1685
牧野富太郎〔日〕4456
牧野万之照〔日〕4862
牧野英一〔日〕1246, 1333
睦礼逊惠理 (Morrison, W.)〔美〕2118
慕安德烈 (Macgillivray, Donald)〔英〕0610, 0628
慕瑞〔英〕3514
慕维廉 (Muirhead, William)〔英〕0123, 0124,

0482, 0520, 0532, 0535, 0552, 0553, 0554,
0567, 0578, 0582, 0583, 0591, 0660, 3356,
3357, 3358, 3523, 3528, 3535, 3543, 3619,
3709, 3738, 3739, 3740, 3777, 3778, 3779,
4368, 4405, 5156
暮司活德（Molesworth, Guildford L.）〔英〕5089
穆迪我（Motel, Jacobus）〔法〕0631, 0644
穆勒，约翰（Mill, John Stuart）〔英〕0033, 0933
  弥勒约翰 0932
穆尼阁〔波〕3860, 3862, 4005, 4250, 4251, 4252
穆尼耶〔瑞士〕1574
穆湘瑶 3368

N

挐核甫〔英〕1585
那顿〔美〕3367
那尔德〔美〕4215
那尔敦〔 〕0185
那珂通世〔日〕3185, 3186, 3204, 3205
那丽〔英〕5136
那特砬〔德〕0870, 0871, 0872, 0873, 1788
那夏礼（Noyes, H. V.）〔美〕0198, 0219, 3888
那永福〔泰西〕0641
纳岌尔布礼〔法〕0899
奈普尔（Napier, John）〔英〕
  若往讷白尔 3876
耐轩 1012
男显相〔朝〕3235
南波本三郎〔日〕1274
南怀仁（Verbiest, Ferdinand 1623—1688）〔比〕0350,
0352, 0602, 0636, 0642, 0673, 1596, 3505,
3506, 3508, 3509, 3571, 3597, 3776, 4238,
4239, 4254, 4255, 4282, 4283, 4284, 4285,
4286, 4287, 4288, 4294, 4295, 4316, 4317,
4320, 4357, 4749, 5169
南溟 1071
南洋公学 1756, 3127
南洋公学师范院 1055, 1816
南洋公学译书院 3363
南洋官报馆 1842
南野浣白子 0665
  王宪白 0664
南支那老骥氏马仰禹 2241
难波常雄〔日〕2175

楠岩〔日〕5054, 5055
瑙挨德（Noad, Henry M. 又译作奴搭，即亨利·
  诺德）〔英〕4109, 4113, 4115, 4116, 4117,
  4118, 4119, 4120, 4121, 4135, 4439, 5011
内堀维文〔日〕2196
内山繁雄〔日〕3821
内山正如〔日〕0121, 0127
内藤菊造〔日〕4906
内藤顺太郎〔日〕3414
内藤游〔日〕4210
内田良平〔日〕1120
内田硬石〔日〕1045
能势荣〔日〕1931
能智（Lunge, George）〔英〕5037
尼古剌〔英〕2515
尼果拉〔美〕2845
  尼哥拉 2840
尼骚〔法〕3318
倪灏森 2573, 3002
倪维思（Nevius, J. L.）〔美〕0234, 0244, 0246,
  0563, 0598
年希尧 3990
鸟谷部铫郎〔日〕0880
鸟居赫雄〔日〕4833
鸟居龙藏〔日〕0844
鸟尾小弥太〔日〕0002
鸟羽源藏〔日〕4517
聂格里（Mac Gillivray）〔英〕0750
聂会东（Jas. B. Neat, M. D.）〔美〕4147, 4708,
  4717, 4719
聂卡脱报社〔美〕2819
聂其杰 5032
牛顿（Newton, Issac 1642—1727）〔英〕
  奈端 3996
钮缓 1105
奴爱士〔 〕3888
奴里司〔英〕1576
诺阿布罗克士〔美〕2810
诺埃克尔司〔英〕2511
诺格德（Northcott, W. Henry）〔英〕3839, 4947

O

区逢时 0623
欧白苓〔泰西〕3566

欧几里德〔希腊〕3946, 3950, 3951
欧礼斐（Oliver, Charles Henry）〔爱尔兰〕4011, 4125
欧盟〔法〕1545
欧泼登〔美〕1513
欧司勒（Osler, W.）〔英〕4651
欧阳葆贞 1256
欧阳瀚 4567
欧阳溥存 0079
欧阳瑞骅 3278
欧阳沂 2719
鸥梦生 2843
沤隐 3213

P

怕脱〔英〕4675
潘承锷 1183
潘国光〔意〕0336, 0338, 0340, 0343, 0344
潘剑生 4650
潘慎文〔美〕3485, 3486, 4010, 4021, 4025, 4063, 4425, 4504, 4505, 5058, 5059, 5078
潘松 3321, 3743, 4969, 5104, 5111
潘学海 1294
潘雅丽〔美〕3553, 4480
潘元善 1545
潘肇邦 4334
潘志容 4544
盘山克莱女士〔美〕2843
庞迪我（Pantoja, Jacques de [Didace de] 1571—1618）〔西班牙〕0146, 0147, 0302, 3593, 5166, 5167
庞文卿 4677, 4697
泡尔生（Paulsen, F.）〔德〕0048, 0053
培德〔美〕3162
培尔（Bert, Paul 1833—1886）〔法〕2073
培台尔〔英〕2527
裴路（Pellew, Pownoll）〔英〕1588
裴楠 1269
裴熙琳 3081
佩克伦司〔德〕2751
彭耕 1693
彭钧 1020
彭清鹏 0106, 1873
彭树棠 1230

彭孙比〔英〕3161
彭毅 2149
棚桥源太郎〔日〕2021, 2025
丕理师〔英〕1129
披雪洞主 2245
皮尔逊（Pearson, Alexander）〔英〕4535
毗陵逸者 2960
啤耳（Beal, W. H.）〔美〕4792
辟奇〔英〕5057
片山春耕〔日〕4892
片山道人〔日〕4884
片山潜〔日〕1729
片山子〔日〕3138
片野宇吉〔日〕4942
平出谦吉〔日〕4632
平村贞一〔日〕3209
平公 2532
平江浩然 2960
平山周〔日〕1004
平田芳太郎〔日〕2051
平田久〔日〕1096
平野贯一〔日〕4216
坪谷善四郎〔日〕3699
坪井次郎〔日〕4566, 4620, 4621
坪井玄道〔日〕2014
坪内雄藏〔日〕2182, 2183, 2191
萍雪 2303
坡鳖那士德夫〔俄〕0924
婆斯勃〔英〕2371
婆兹德奈夜夫〔俄〕3702
仆本恨人 2243
蒲而捺（Bourne, John A.）〔英〕5017, 5027, 5028, 5029, 5118, 5119, 5120, 5121, 5122, 5123, 5124
蒲拉斯顿〔英〕1142
蒲陆山（Bloxam, Chas L. 1831—1887）〔英〕4140, 4141, 4208
蒲斯培 2415
濮兰德（Bland, J. O. P.）〔英〕3225
  勃兰 3410
朴笛南姆威尔（Putman Weale, B. L.）〔英〕3226
浦上春琴〔日〕3042
普鲁杰士〔英〕2455
普南〔英〕1843

普通学书室 3189,4166
普希金〔俄〕
　蒲轩根 2777
　普希磬 2766
普谢（Pouchet, F.）〔法〕3782
普意雅（C. Bouillard）〔　〕5100

Q

戚运机 1795,1796
祁覩〔英〕4360
奇司克〔英〕2499
崎冀（Darroch, John）〔英〕4417
碁心 4422
綦策鳌 1079,1098
企格林〔美〕2830
启新书局 1045,1175
讫克〔美〕2820,2821,2834,2844
契诃夫〔俄〕2784
　奇霍夫 2774
　溪崖霍夫 2768
器宾（Gibbins, Henry Beltgens 1865—1907）
　〔英〕1761
千贺鹤太郎〔日〕1404
千叶紫草〔日〕2983
谦本图（Carpenter）〔美〕0818,3728
钱宝源 1084
钱承驹 4188,4498
钱承鋕 1078
钱大昕 3510
钱单 0840,2078
钱德明〔法〕1503,2205,3046,3052,3198,3404
钱国祥 1392,1425
钱锴 2300
钱无畏 1515
钱恂 1453,2039
钱怿 3241
钱应清 3452
钱增 3480
钱智修 1070,1074,3470
乾姆斯〔美〕2801
潜夫 2574
浅井虎夫〔日〕1281
浅野正恭〔日〕1515,1549
倩伯司（Robert Chambers 1802—1871）〔英〕2624

桥本海关〔日〕1510,1696,2035,3446
桥本节斋〔日〕4652
桥本奇策〔日〕4984,4993,5002
桥本善次郎〔日〕4541,4542
桥本太郎〔日〕3453
桥本五作〔日〕4705
桥本武〔日〕1960
伽罗威（Galloway, Thomas）〔英〕4029
茄合哈来〔英〕4647
秦存仁 0893
秦国璋 3468
秦瑞玠 1327,1328
秦嗣宗 3347
秦同培 1898
秦毓鎏 0777,1903,3173,4371,4431
秦元弼 3173
秦政治郎〔日〕1038,1039,1040
琴西忒〔美〕4619
覃寿公 1771,2052
青柳有美〔日〕0821
青木武助〔日〕3256
青年会译 2087,2094,3378
青年协会书报部 1901
青山延于〔日〕3243
清河 2912
清洁理（Green, Katharine R.）〔美〕3482
清木泰吉〔日〕1745
清浦奎吾〔日〕1346
清水澄〔日〕0904,1198,1199,1210,1211,1214,
　1216
清水孙秉〔日〕1832
清水铁太郎〔日〕1170
清水直义〔日〕2071
清学部编译图书局 3710,3711
清野勉〔日〕0044
清邮传部图书通译局 1736
庆白士〔　〕4321
庆常 1077,1390
庆丕〔英〕2098
穷汉 2421
琼斯（Jones）〔英〕4197
丘浅次郎〔日〕4499
邱起霖 1348
邱菽园 2710

秋安治安〔日〕 2058
秋鹿见二〔日〕 3555
秋山四郎〔日〕 0066
仇光裕 2826, 3564, 3822, 4616
仇宣 3354
仇毅 2037, 3983, 4017
求德生〔美〕 4000
求是书院 3090
求自强斋主人 3846
裘德生 4548
裘错 2897
曲特拉痕脱〔法〕 2725
曲直漱爱〔日〕 4516
屈克氏〔 〕 4917
屈来珊鲁意〔英〕 2368
瞿昂来 1082, 1088, 1513, 1543, 3519, 3719, 3796
瞿汝舟 2098
瞿式谷 3955
瞿钺 1715
瞿宗铎 1245
权量 2189, 3935
却而斯佳维〔英〕 2557
却而斯士〔英〕 2560
却洛得矮康〔英〕 2511
群学社 1374, 2526

R

冉泾童子 2931
染谷德五郎〔日〕 4464
饶孟焘 0915
热诚爱国人 2880
热质 2776
人境学社 2899
人演社 2883, 3339, 3379, 3614
人演译社 2083
仁井田益太郎〔日〕 1283
任墨缘 2915
任廷旭 0683, 0940, 0993, 1808, 1930, 2791, 3129, 3268, 3359, 3393, 3734, 3799, 5157
　　任保罗 0078, 0838, 0995, 1095, 3135, 3289, 3402, 3455, 3456, 3727
任允 3970
任志奋 2099

日本北海道厅 3251
日本博文馆 1123, 3147
日本博物学研究会 1921
日本补习教育研究会 4772
日本参谋本部 3648
日本蚕事部传习生 4926
日本朝日新闻报馆 4865
日本成城学校 2185, 3200
日本大阪硫曹公司 4795
日本大陇制造所 5061
日本岛根县农商课 5064
日本东邦协会 1007, 1806
日本东京博文馆 3247
日本东京丸山舍 4918
日本东京文学士 3441
日本东文学社 4855
日本东亚同文会 1029, 1705
日本独一译社 2173
日本法政大学 0865, 1165
日本富山房 0034, 1863, 1865, 1907, 1922, 3040, 3079, 3121, 3255, 3262, 3541, 3580, 3694, 3852, 3895, 3924, 3967, 4059, 4150, 4378, 4389, 4390, 4406, 4407, 4449, 4450, 4483, 4541, 4612
日本官书 1027
日本广友社 0894
日本国民同盟会 1030
日本海军参谋部 1505
日本海军机关学校 1485
日本户山学校 1460
日本金港堂 1558
日本经济杂志社 1763
日本驹场农学校 4812, 4842
日本军事教育会 1463
日本开成馆 3168, 3203
日本陆军参谋本部 3620
日本陆军测量部 3670
日本陆军户山学校 1468
日本陆军教导团 1473
日本陆军经理学校 1493, 1519
日本陆军省 1456, 1459, 1464, 1465, 1467, 1489, 1528
日本陆军士官学校 1484, 1568
日本民友社 3317, 3433

日本农商务省 4859, 4860, 4932
日本农事试验场 4799, 4839, 4843
日本农务局 4509, 4844, 5077
日本普通教育研究会 1680, 3181
日本普文学会 1157, 1224, 1252, 1314, 1319, 1330, 1344, 1434
日本普文学社 1259, 1318
日本庆应义塾 1961
日本水路部 3678
日本太阳报 3554
日本太阳杂志社 1034
日本泰东同文局 1479, 1960, 3158, 3166, 3167, 3816
日本图书馆协会 1851
日本外务省 1554
日本文部省 0049, 1709, 1958, 1959, 1964, 1967, 2036, 2043, 2044, 2047, 2050, 2053, 5092
日本西藏研究会 3651
日本下总种畜场 4905
日本译书社 3318
日本育成会 1877
日本札幌农学校 2060
日本诊断と医疗社 4637
日本正则英语学校 2147
日本政府 1017, 1291, 1292, 1306, 1309, 1334, 1338, 1339, 1531, 1813
日本支那调查会 1707
日本众议院 1357, 1358
日本作新社 3157
日参谋本部 1511
日暮忠〔日〕4940
日下部三之介〔日〕1864
荣永清 1741
容闳 3417
容廉臣 4857
榕庵宇田川榕〔日〕4453
茹欲 1050
阮焦斗 1552
阮元 3510
瑞乃尔（Schnell, Theodor H.）〔德〕1478, 1504, 1604, 1613, 1619, 1647
瑞思义（Rees, Hopkyn）〔英〕0625, 0628, 0689, 2074, 3502, 3828, 3833, 4888
瑞义思〔英〕0297

润璋 1738
若松贱子〔日〕2805
若原〔日〕3589

S

撒耳士曼〔德〕1876
萨端 0810, 3296, 3577, 4845, 4908, 4915
萨君陆 0894
萨拉斯苟夫〔俄〕2767
萨特〔法〕2631
  萨忧敌 3362
萨阴图 1350
萨幼实 3171
塞万提斯〔西班牙〕
  Cervantes Saavedra, Miguel 2643
赛非尼〔布〕1174
赛那布〔法〕0976
赛纽槩〔法〕1058
赛奴巴〔法〕3110
鳃克瑞〔英〕2468
三措朗女士 2959
三岛通良〔日〕4564, 4565
三岛雄太郎〔日〕3223
三根正亮〔日〕3810
三好纪德〔日〕3689
三好学〔日〕4474
三户遗民 1106
三轮德警〔日〕4527
三木爱华〔日〕2664
三木青二〔日〕3989
三浦菊太郎〔日〕1345
三浦熙〔日〕1171
三上寄凤〔日〕3443
三田博士〔日〕1428
三土忠造〔日〕2167, 2168
三屋大四郎〔日〕1859
三原辰次〔日〕3652
三泽力太郎〔日〕4176, 4177
三宅宪章〔日〕0971
三宅彦弥〔日〕2902
散颠〔法〕2640
散特生（Sanderson, Burdon）〔英〕4654
桑木严翼〔日〕0023, 0103
桑田熊三〔日〕0905

桑野礼治〔日〕0108
桑原启一〔日〕3348
桑原骘藏〔日〕3076, 3166, 3167, 3175, 3176,
　　3201, 3202, 3767
色东麦里曼（Merriman, Henry Seton）〔英〕2513
色伽兰（Segalen, V.）〔法〕3489
涩江保〔日〕0802, 2319, 3102, 3103, 3274,
　　3334, 3335, 3336, 3362, 3375, 3379, 3380,
　　3390
森本藤吉〔日〕1010, 5171
森彼得（Saint-Pierre, J. H. B. 1737—1814）〔法〕2712
森昌作〔日〕2136
森冈常藏〔日〕1915
森林黑猿〔日〕2252
森山守次郎〔日〕0977, 0978, 0980, 3307
森山守治〔日〕3472
森田峻太郎〔日〕4615
森田齐次郎〔日〕4601, 4605
森田思轩〔日〕2638
　　思轩居士 2637
森要太郎〔日〕4759
森有礼〔日〕1930
沙安〔英〕3314
沙尔孟（W. H. Sallmon）〔美〕0756
沙路顿〔美〕2864
沙穆〔德〕0689
沙守信（Chavagnac, E. L. de）〔法〕0365
沙斯惠夫人〔美〕2827
沙颂虞 2182
沙畹（Chavaunes, E.）〔法〕0772, 3206, 3418
莎士比亚〔英〕2322, 2337, 2563, 2566
山本鉤吉〔日〕4863
山本宽〔日〕3680
山本利喜雄〔日〕3322, 3323
山本武〔日〕2015
山本宪〔日〕1838, 4796
山本正一〔日〕0920
山本正义〔日〕4911, 4917, 4926, 4939
山成哲造〔日〕1056
山峰畯藏〔日〕3185, 3207, 3227
山冈光洋〔日〕3053
山高几之丞〔日〕1996
山根虎之助〔日〕1467, 1468, 4062
山根正次〔日〕4569

山浑俊夫〔日〕3170
山口松五郎〔日〕0898
山口小太郎〔日〕2706, 3464
山路一游〔日〕1882, 1995, 2055
山内繁雄〔日〕4458, 4493
山内正瞭〔日〕0936, 0982
山崎敬一郎〔日〕3448
山崎觉次郎〔日〕1683
山上上泉〔日〕2247
山上万次郎〔日〕3545, 3548, 3549, 3616, 3696
山田邦彦〔日〕4401
山田董〔日〕4205, 4218
山田弘伦〔日〕4712
山田花袋〔日〕2762
山田良叔〔日〕4550
山田三良〔日〕1429, 1430
山田幸太郎〔日〕4562, 4870
山田准次郎〔日〕4545
山下顺一郎〔日〕4216
山下胁人〔日〕4209
山县初男〔日〕3652, 3653
山胁贞夫〔日〕1411
山雅各〔英〕1348
山雅谷〔英〕1676
山泽俊夫〔日〕3109
杉房之助〔日〕2202, 2268, 2292
杉荣三郎〔日〕1337, 1700, 1825, 1826
杉山富槌〔日〕0098
杉山藤次郎〔日〕3400
杉山原治郎〔日〕5062
杉田百助〔日〕1730
杉田文三〔日〕4840
珊芽〔美〕0834
善哉 0110
商务印书馆 0065, 0070, 0095, 0853, 0897, 0907,
　　0967, 0980, 1003, 1004, 1048, 1179, 1214,
　　1291, 1306, 1346, 1360, 1372, 1376, 1454,
　　1556, 1681, 1709, 1760, 1840, 1933, 1956,
　　2155, 2178, 2234, 2236, 2242, 2270, 2273,
　　2275, 2277, 2279, 2283, 2317, 2325, 2335,
　　2345, 2350, 2370, 2373, 2375, 2377, 2380,
　　2385, 2391, 2394, 2399, 2401, 2404, 2406,
　　2409, 2414, 2415, 2416, 2419, 2427, 2431,
　　2434, 2435, 2436, 2437, 2438, 2439, 2441,

2442, 2443, 2453, 2457, 2458, 2459, 2463,
2468, 2471, 2472, 2473, 2475, 2481, 2482,
2488, 2491, 2494, 2503, 2505, 2515, 2645,
2678, 2679, 2682, 2690, 2691, 2692, 2747,
2757, 2767, 2771, 2798, 2804, 2809, 2816,
2819, 2827, 2828, 2830, 2832, 2836, 2838,
2840, 2841, 2845, 2894, 2895, 2901, 2902,
2903, 2916, 2936, 2937, 2952, 2983, 2998,
3015, 3024, 3041, 3106, 3107, 3137, 3314,
3367, 3371, 3398, 3417, 3426, 3458, 3648,
4070, 4594
上村左川〔日〕 2683
上冈市太郎〔日〕 2056
上海独社 0959
上海广方言馆 3693
上海科学书局编译所 0046, 3899, 4154, 4408
上海农学会 4756
上海圣约翰大学堂 0620
上海徐家汇报馆教士 3108
上海洋商商务总会 5154
上田仲之助〔日〕 1875
上条信次〔日〕 2743
上野清〔日〕 3933, 3941, 3982, 3983, 4018
上野岩太郎〔日〕 1006
上野英三郎〔日〕 4771, 4798
上野贞吉〔日〕 0956, 0957
上野专一〔日〕 5163
尚宝臣 4147, 4708, 4717
尚贤堂 0983
韶波 0382
少刚 2672
邵长光 1833
邵禄〔法〕 5117
邵挺 1445
邵希雍 3084
邵羲 4409
邵义 1302
佘宾王〔巴咮国〕 3853, 3892, 3893, 3894, 3928, 3965, 3975, 4273
舍白辣〔英〕 4674
神保小富〔日〕 4388
神保小虎〔日〕 1908, 4396
神谷市郎〔日〕 4347
神户正雄〔日〕 1777

神藤才一〔日〕 1093
神田乃武〔日〕 2148
沈伯甫 2368
沈德鸿 0818
沈定年 3725
沈敦和 1506, 1544, 1619, 1624, 1929, 3246, 3731, 3744
沈恩孚 3751
沈尔昌 1729
沈光烈 4023
沈海若 2450
沈纮 1287, 1296, 1297, 1877, 1884, 1889, 1932, 1950, 1989, 2026, 2043, 2044, 2060, 2071, 2084, 3434, 4395, 4516, 4592, 4755, 4768, 4790, 4799, 4811, 4837, 4839, 4843, 4862, 4863, 4877, 4878, 4887, 4900, 4904, 4936, 4944, 4984, 5002, 5045, 5053, 5054, 5065, 5080
沈化夔 1722, 4794
沈鉴 1819, 1820
沈景贤 4183
沈礼门 0737
沈联 3154, 3447
沈乾一 4663, 4664
沈善蒸 3959, 3980, 4094
沈是中 3110
沈寿康 3779
沈诵清 3555
沈陶璋 4393
沈威廉〔美〕 2850
沈惟贤 2887
沈毅 4720
沈羽 2220, 2221
沈豫善 1413
沈宰熙 0744
沈则恭 0739
沈增祺 4458
沈祖芬 2333
生福维 3920
生间與一郎〔日〕 4518
生可 3007
生田得能〔日〕 0135
省三〔日〕 3629
圣多玛斯〔西洋〕 0161

圣思理〔美〕0273
胜安芳〔日〕1035, 1117, 1535
胜水淳行〔日〕1686
盛国城 5071
盛恺 3096
盛田晓〔日〕1534
师他代尔曼〔德〕4758
诗庐 2859, 2861
施德明〔德〕4212, 4977
施登莱(Stanley)〔英〕3726
施敦力亚力山大〔英〕0565
施敦力约翰(Stronach, John 1810—1888)〔英〕0208,
　　0271, 0449, 0528
施尔常 1305, 1706
施尔德〔 〕4595
施立盟〔英〕1635
　　史理孟 1633
施列民(Selmon, A.C.)〔 〕2133
施美夫〔英〕
　　四美(Smith, George 1815—1871) 0513
施米德(Schmid, Chanoine)〔德〕0667, 0668
施仁荣 0864
施塔福〔美〕3163
施妥缕〔美〕4754, 4773
施约翰〔美〕0288
施约瑟〔美〕0286, 0289
十时弥〔日〕0042
辻武雄〔日〕3540, 3582, 3617
石坂橘树〔日〕1722, 4761
石川利之〔日〕3072
石川女吾〔日〕1748
石川千代松〔日〕4426, 4432, 4808
石川清忠〔日〕1279
石川条〔日〕0922
石川直喜〔日〕4600
石村贞一〔日〕3244, 3245
石村贞之〔日〕3211
石铎禄(Pinuela, Petrus)〔墨西哥〕4723
石井谨吾〔日〕1426
石井忠利〔日〕1567
石美玉(Stone, Mary)〔英〕4640
石其荣 1656, 1669
石崎芳吉〔日〕4902, 4903
石上孙三〔日〕4401

石声汉 4455
石丸藤太〔日〕1517
石原昌雄〔日〕1849
石原健三〔日〕1363
石泽发身〔日〕3766
石知耻 3021
石塚刚毅〔日〕1799
时报馆 2891, 2910, 2921
时事报馆 2517
时务报馆 2328
时雨化 1369
时中书局 1680, 2979, 3403, 3827
实业之日本社 1122
史宝安 1747
史比尔〔美〕2857
史德兰〔美〕2831
史砥尔(Steele)〔美〕4063, 4174
史蒂文森〔英〕
　　司的反生 2350
　　司提文森 2619
　　斯底芬孙 2496
史浩然 4082, 4158, 4179
史锦镛 3725
史久成 3008
史礼绶 3832
史密夫(Smith, Arthur H.)〔美〕0849
史青 4163
　　史清 1841
史寿白 3313
史悠明 1112
矢板宽〔日〕1161
矢岛元四郎〔日〕3465
矢津昌永〔日〕3539, 3542, 3581, 3583, 3585,
　　3692, 3693
矢野文雄〔日〕2236, 2237, 2238, 2245
矢泽米三郎〔日〕1916
士密德(Smyth, Warrington W.)〔英〕4203, 4968,
　　4972, 4975
世界译书局 1562
世增 3622, 3719, 3732, 3741, 3745
市川源三〔日〕0813
市村光惠〔日〕1200, 1201
市村瓒次郎〔日〕3179, 3766
市岛谦吉〔日〕0892

式勤德〔英〕2431
适可居士 3889
室伏高信〔日〕0913
释海秋 0135
释听云 0135
守屋荒美雄〔日〕1083
寿孝天 3874, 3939, 3961
狩野良知〔日〕1944, 3185, 3205
瘦腰郎 2992
叔未士〔美〕0181, 0210, 0456, 0459, 0460,
　　0471, 0479
叔子 2713
舒高第 1381, 1541, 1566, 1585, 1617, 1627,
　　1633, 1638, 1649, 2142, 4393, 4534, 4630,
　　4647, 4675, 4681, 4682, 4715, 4754, 4882,
　　4970, 4989, 4991, 4997, 5090, 5109, 5151
曙海后人 1052
束凤鸣 3006
述庐主人 5178
双石轩 2726
爽梭阿过伯（Coppée, Francois 1842—1908)
　　〔法〕2717
水村小舟〔日〕3819
水岛久太郎〔日〕3910, 4067, 4069
水岛铁也〔日〕1836
水野鍊太郎〔日〕0907
水野幸口〔日〕3657
司布勒村（Spretson, N. E.）〔英〕4999
司达福〔日〕3498
司达渥（Startward, Don）〔英〕2541
司丢阿忒〔英〕2525
司各德〔英〕2369, 2430, 2445, 2514, 2581
司各特（Scott, Walter）〔英〕
　　施高脱 2411
司可得开勒〔英〕1817
司克脱〔美〕1084
司米德（Smith, S. P.）〔英〕0685
司徒雷登〔美〕0688
思纯斋 2432
思多利〔美〕1438
思快尔（Squire）〔英〕4743
斯宾塞（Spencer, H. 1820—1903）〔英〕0022,
　　0112, 0806, 0835, 1883
　　史本守 3780

斯宾塞尔 0797
斯旦来威门〔英〕2409
斯蒂温森（Stevenson, R. L.）〔英〕2580
斯克罗敦〔英〕1843
斯拉弗司〔布〕1573
斯路史翁〔美〕2854
　　斯露士翁 2855
斯迈尔斯（Smiles, Samuel 1812—1904）〔英〕0069,
　　0070, 0071, 0072, 0073, 1899, 1904, 1905
　　苏曼雅士 1898
斯曼〔法〕2680
斯米德〔泰西〕1634
斯密甫（G. Adam Smith）〔英〕3627
斯密史〔美〕0794
斯密司（W. Smith）〔美〕1892
斯起尔〔美〕4618
斯人 2942
斯泰老（Strauch, Ernst Von）〔德〕1571, 1577,
　　1578, 1579, 1603, 1667
斯图尔特，鲍易弗（Stewart, Balfour 1828—1887)
　　〔英〕
　　司都薝 4052
斯土活（Stowe, H. B. 1811—1896）〔美〕2795
斯威夫特（Swift, Jonathan 1667—1745）〔英〕
　　狂生斯威佛特 2384
　　司忒夫脱 2339
四川西藏研究会 3652
四方文吉〔日〕4555
寺内颖〔日〕1953, 1987
寺田宽二〔日〕4520
寺田勇吉〔日〕1920, 1937
松本龟次郎〔日〕2171, 2203, 2204
松本敬之〔日〕1706, 3647
松本君平〔日〕1840, 3613
松本文三郎〔日〕3271
松本孝外次郎〔日〕0106
松本烝治〔日〕1238
松波仁一郎〔日〕1239, 1327, 1328, 1329
松村定次郎〔日〕4013
松村介石〔日〕3131, 3132, 3133, 3480
松村任三〔日〕2031, 3801, 4462, 4463, 4470,
　　4472
松村松年〔日〕4829, 4830
松冈义正〔日〕1223, 1258

松井广吉〔日〕3258,3352,3453
松井知时〔日〕2209
松林〔日〕2018,3578,3691
松平安子〔日〕4568
松平康国〔日〕1365,2194,3150,3151,3152
松崎藏之助〔日〕1684,1777,1784
松室致〔日〕1262,1343
松下大三郎〔日〕2201
松永伍作〔日〕4925
松永新之助〔日〕5053
宋传典 4486
宋君荣〔法〕3628
宋铭之 4579
宋育仁 0788
苏本銚 3333
苏德尔曼 (Sudermann, Hermann 1857—1928)〔德〕
　　苏德蒙 2746,2747
苏虎克 (Zschokke, heinpich 1771—1848)〔德〕2748
苏里和 0754
苏曼殊 2159
　　苏子谷 2708
苏慕德 2097
苏如望 (Soeiro, Jean)〔葡〕0303
苏文瑞 (Sawer, Myra)〔泰西〕4443
苏锡元 1892
苏志〔英〕1405
算学日新会 3891
随文〔英〕0039
穗积八束〔日〕2069
孙超 0969
孙桂馨 1529
孙罗伯〔美〕0191,0200
孙文桢 3550,3576,3635
孙捻 3049
孙毓修 0818,2316,3728,3755
孙元化 1607
孙云奎 1823
孙筠信 4175
孙璋 (Charme, A. de la)〔法〕0154
　　孙章 2206,2217
孙治昌 4272
孙祖烈 4600,4613
索恩沃斯 (Southworth, E. D. E. N. 1819—1899)〔美〕
　　销司倭司 2858

索公 2893
琐米尔士 (Somers, R.)〔英〕1763

T

他士坦登〔美〕0837
台湾督府民政部 3823,3831
太岛英则〔日〕4177
太田三郎〔日〕3407
太田原一定〔日〕1747
太田政弘〔日〕1426
泰东时务局 1971
谭发勒〔德〕1571
谭伟〔英〕2441
谭新 2971
汤本武比古〔日〕1910
汤尔和 2456,4633
汤红绂 2285
汤济沧 3478
汤金铸 3964
汤麦斯〔美〕4681
汤姆格伦 (Gallon, Tom)〔英〕2621
汤穆森 (Thomson, J. Arthur)〔英〕3787
　　汤姆生 0015
汤叡 0831,1130
汤若望〔德〕0151,0324,0333,1565,1592,
　　1593,1594,1595,1650,3954,4003,4006,
　　4091,4229,4230,4232,4240,4241,4242,
　　4243,4245,4247,4248,4249,4280,4288,
　　4293,4299,4300,4301,4302,4303,4304,
　　4310,4311,4312,4313,4314,4315,4967
汤淑成 2291
汤锡祉 3131
汤心存 2508
汤颐琐 2582
汤钊 2079,2081
唐宝锷 1312,1340,1530,1724,4979
唐宝镐 3931
唐碧 1968
唐格腊司 (Donglas, Jerrold)〔英〕2606
唐兰孟〔英〕5157
唐木歌吉〔日〕2199
唐人杰 2282,2752,3295,3565
唐如真 2307
唐树森 1373

唐天闲 1569
唐维尔（Anville, J. B. Bouguignon de）〔法〕3660
唐演 0036
唐瑛 4500
唐重威 3415
唐宗愈 1825
陶安〔英〕1051
陶昌善 4892
陶洪德（Todhunter, W.）〔英〕3474
陶骃旦 2351
陶懋立 0905, 2892
陶懋颐 2202
陶珉 1022
陶镕 3692
陶森甲 1521
陶锡祈〔美〕0217, 0245
陶朱 2955
陶祝年 2988
特渴不厄拔伫〔英〕2446
特来生〔英〕2394
特社 3094
特韦斯〔美〕1074
特维生〔英〕2448
藤本理〔日〕4196
藤本清〔日〕4199
藤代祯辅〔日〕1855
藤冈作次郎〔日〕3304
藤进健次郎〔日〕4466
藤井光藏〔日〕4210
藤井健次郎〔日〕3801
藤井健治郎〔日〕0007
藤井乡三郎〔日〕4159
藤堂氏〔日〕4188
藤田丰八〔日〕4055, 4056, 4057, 4058, 4220,
　　4812, 4842, 4854, 4860, 4896, 4925, 4932,
　　4937, 5046, 5048, 5076, 5077
藤田丰山〔日〕2288
藤田久道〔日〕3184, 3208
藤田灵斋〔日〕4558
藤香秀树〔日〕4910
藤泽利嘉太郎〔日〕3858
藤泽利喜太郎〔日〕2028
藤泽南岳〔日〕0946
藤泽原〔日〕3897

提克松（Dixon, M. J.）〔英〕2146
屈川种郎〔日〕2232, 3406
屈原贯轩〔日〕0845
天津北洋水师学堂 1589
天津东寄学社 1959
天津水雷局 4123
天籁生 2958
天行 2999
天涯芳草 2676
天眼铃木力〔日〕1857
天野为之〔日〕1363, 1785, 3080
天游 2552
天醉 2957, 2976
添田敬一郎〔日〕1234
田边庆弥〔日〕1286
田边新之助〔日〕3544
田川大吉郎〔日〕2298
田村虎藏〔日〕3049
田村化三郎〔日〕4556, 4617, 4744
田村维则〔日〕1512
田岛锦治〔日〕1694
田丰〔日〕1232
田谷九桥〔日〕0820, 4751, 4942, 5074
田尻稻次郎〔日〕1708, 1786, 1790
田口晋吉〔日〕4912
田口卯吉〔日〕3190
田口义治〔日〕1990
田类思（Delapace, L.）〔法〕0596
　　田类斯 0594, 0679, 0686
田森长次郎〔日〕2180
田温斯〔印度〕2299
田吴炤 0019, 0042, 0088, 0104, 1866, 4603
田雄飞 1103
田原良纯〔日〕5048, 5049
田真 1911
田中次郎〔日〕1293, 1295
田中萃一郎〔日〕0925, 3165
田中建三郎〔日〕3351
田中节三郎〔日〕4819
田中敬一〔日〕1924
田中礼助〔日〕4221
田中三四郎〔日〕4081, 4082, 4083
田中盛业〔日〕2014
田中矢德〔日〕3898

田中穗积〔日〕1795，1796，1797
田中逊〔日〕1176
田中义一〔日〕2076
田中祐吉〔日〕1276，4624
田铸 2956，2962
铁冰 2914
铁汉 2479
铁佳敦〔法〕1100
铁泪 2751
铁冷 2721
铁樵 2522，2589，2873
铁英生 2648
铁铮 0130
听荷女士 2671
听秋子 3943
铤夸 2925
通商海关造册处 1764，1768，1809，1810，5153
通社 0964，1128，3156，3353
通俗教育研究会 1851
通雅书局 0944
通正斋生 1672
樋口勘次郎〔日〕1912，2025
樋口祐造〔日〕1721
樋山广业〔日〕1178
同文沪报 2709，2975
同志学社 3487
童保禄（Paul Hubert 1818—?）〔法〕2207
桶田保熙〔日〕3537
筒井八百珠〔日〕4709
图画新报馆 2877
图雷尔〔英〕1055
屠长春 3176，3178
屠格涅夫〔俄〕
　　屠尔格涅甫 2785
屠坤华 4156
屠力赖〔美〕2826
土馆长言〔日〕1956
土井晚翠〔日〕3469
土子金四郎〔日〕1798
讬咸都〔英〕3964
A. K. 托尔斯泰〔俄〕2772
L. 托尔斯泰〔俄〕2765，2771，2772，2776，2778，2779，2780，2781，2782，2783，2786，2787，2788，2790

讬尔司泰 2789
托马斯·米尔纳〔英〕3356
托玛〔英〕1348
拖尔那（Thorn, W. H.）〔英〕4953
脱马斯加泰〔英〕2351
陀留布勒（Trueblood, B. F.）〔美〕0947
驼㦆屡〔法〕3130
妥玛氏〔美〕4680

W

哇而司脱〔美〕2829
窪田重戈〔日〕1536
瓦尔斯〔法〕2729
瓦特斯（Watters, Henry）〔英〕4133
　　华得斯 5014
外山龟太郎〔日〕4808
丸井圭次郎〔日〕3183
丸山虎之助〔日〕1208
丸山正彦〔日〕3405
丸尾昌雄〔日〕1228，1320
顽石 2978
万钧 4532，4738，4745
万为〔 〕3526
汪德祎 2862
汪凤藻 1280，1347，1389，1671
　　汪芝房 2139
汪贡夫 0906
汪国屏 3642，3643
汪彭年 0900
汪嵚 0024
汪庆琪 0946
汪荣宝 0043，0946
汪汝淳 0076，3044
汪惕予 4492
汪廷襄 1754
汪筱谢 1755
汪应钩 2095
汪有龄 1018，1019，1358，1367，3422，4565
汪郁年 3274
汪兆铭 1160
汪振生 1392
汪振声 1393，1657，1660，1664，2005，3071，4534，4760，4921，4970，4981，4999，5037，5048，5049

附录二 著译者索引

汪治 3275
王本祥 3269
王曾颐 1881
王纯甫 2814
王槌 1770
王德均 3640, 3641, 4335, 4968, 4972, 4975,
　　5125, 5126, 5127, 5136
王德言 4729
王调生 4611
王钝 0898, 0922, 0945, 1036, 3425
王蕃青 2110
王黻炜 1832
王官鼎 1081
王广圻 1422
王国维 0023, 0039, 0057, 0089, 1146, 1861,
　　1862, 1890, 3690, 3858, 4497, 4757
王鸿年 1472, 1473, 1522
王鸿猷 1828
王季点 1786, 1798, 2023, 3203, 4081, 4993
王季烈 2021, 3815, 3817, 4055, 4056, 4057,
　　4058, 4102, 4170, 4171, 4172, 4452, 4466,
　　4496
王家荚 3939, 3941
王建善 2070, 4430, 4488, 4616
王建祖 1837
王杰 2184
王景沂 5179
王憬芳 1683
王静庵 2906
王侃 1721
王克昌 2137
王履康 3229, 3735
王明怀 4638, 4765
王慕陶 0870, 3345, 3554
王培基 2097
王平陵
　　西冷 2485, 2843
王庆翰 2009
王庆骥 2712
王庆通 2308, 2717, 2720, 2723, 2727, 2736,
　　2737, 2738, 2742
王仁夔 1975
王汝荃 2585
王汝骓 1723, 4124, 4148, 4763, 4964, 5000

王汝宇 3398
王慎贤 1739
王盛春 2199
王师尘 3109, 3170
王树枏 3346
王树善 4776, 4782, 4973
王双歧 1101, 1218
王泰钟 1961
王泰 1155, 1167
王韬 1597, 1766, 3342, 3343, 3344, 3891, 4030,
　　4267
王万怀 5171
王维祺 0837
王维尹 1982
王文耿 3372
王我臧 1017, 1021, 1286, 1829
王锡祺 3587
王学来 0005
王延干 1918
王延纶 3790
王荫藩 1731
王用舟 1986
王佑 1279
王元德 2228
王运嘉 1203
王蕴章 2556
王宰善 0068, 1698, 1812
王肇鋐 1484, 1603, 2093
王肇焜 1423
王臻善 3396
王振民 1354, 3366
王振垚 4062
王镇贤 4276
王征 0324, 2115, 3612, 4945, 4946, 5004
王治本 1567
王钟祥 4212, 4213
王宗炎 3701
王作新 1502
冈田玉山〔日〕3677
威登〔美〕2815
威尔通 2877
威尔逊〔美〕0867, 3114
H. G. 威勒斯〔英〕2612
威礼士（Wells, Rey. H. R.）〔英〕0623

威里孙〔英〕3972，3986
威理斯〔　〕3968
威利孙〔英〕2570
威廉规克斯〔法〕2691
威廉母和尔康尼（William, Halcaner）〔美〕4875
威士〔美〕2804
威斯〔瑞士〕
　　威司 2757，2758
隈本繁吉〔日〕1926
韦而司（Wells, David A. 1829－1898）〔英〕4137，4138
韦尔生〔美〕0881
韦更斯（Wiggins John）〔英〕4814
韦廉臣（Williamson, Alexander 1829－1890）〔英〕0113，0162，0163，0242，0283，0597，0740，0891，3700，3722，3784，4444
韦烈〔英〕2553
韦门道（Williamson, A.）〔英〕4507，4511
韦明珠（Miss Williamson）〔　〕4477
唯一 2629
惟几 0746
维多夫人〔英〕2412
维廉斯困顿〔美〕3091
伟烈亚力〔英〕0264，0572，0575，1766，3885，3913，3921，3950，3951，3996，4019，4030，4103，4262，4267，5016，5165
伟伦忽塔〔英〕4627
尾川半三郎〔日〕1731
尾楷忒星期报社 2936
尾崎德太郎〔日〕2269，2293
　　尾崎红叶 2264
梶原仲治〔日〕1255
卫方济（Noel, François 1651－1729）〔比〕0158
卫匡国（Martini, Martin, 1614－1661）〔意〕0082，0164，0342，0629
卫梨雅〔英〕2521
卫理（Williams, Edward Thomas）〔美〕1723，1948，3071，4760，4797，4964，4981，5031
卫廉思（Williams, R. S.）〔　〕4501
卫斯林（Vissering, G.）〔荷兰〕1833
　　卫士林 1834
卫听涛 2553，2950
卫西琴（Westharp, S. Alford）〔　〕1946
畏廉士甫（Williams, S. W.）〔美〕2154

尉礼贤〔德〕0016
蔚利高（Wilcox, Myron C.）〔美〕3386
蔚青氏 3381
魏继晋〔德〕0706
魏雷〔法〕4930
魏礼森〔美〕3636
魏彭寿 3800
魏廷弼 3481
魏易 0843，2281，2344，2355，2364，2369，2374，2384，2386，2388，2410，2424，2426，2430，2433，2444，2445，2447，2451，2465，2467，2474，2477，2478，2484，2486，2490，2492，2497，2502，2507，2511，2513，2516，2519，2525，2605，2724，2795，2812，2813，2818，3141，3445，3466，3682
魏源 3330，3515，3516，3517，3518
魏总慈 1375
温敦〔英〕0228，0830
文部所〔日〕1947
文晁〔日〕3695
文惠廉〔美〕0444，0519，0521，0524
文教治（Sydney, George）〔英〕4361
文龙女史〔美〕2828
文明书局 4373，4464
文溥 1411
文求堂编辑局 2177
文秀 4977
闻野鹤 2609
翁昆焘 2048
倭尔吞〔英〕2546
卧龙仲子 2958
握兴〔法〕2651
渥美锐太郎〔日〕3816
乌村满都夫〔日〕2067
乌尔司路斯〔美〕2817
乌克那〔英〕2222
乌里治官炮局〔英〕1617
乌特亨利（Wood, Henry）〔美〕4700
乌伊苟脱由刚〔日〕2287
乌衣 2400
邬肇元 3979
屋士史缶局辣拨〔挪威〕3564
屋土诺得肯司乔〔瑞典〕3564
无肠子 2304

无闷居士 2489, 2510
无我 2536
无锡三等学堂 2020
无歆羡斋 2811, 2849, 2923
吾妻兵治〔日〕0886
吴柏年 1265, 1266
吴炳南 3188
吴步云 2354, 2371, 2376, 2397
吴超 3437
吴传绂 3077, 4152, 4153, 4567
吴尔昌 4809
吴尔玺（Woolsey）〔美〕1389
吴贯因 1281
吴鸿 1248
吴家煦 3077
吴建常 0803, 0813
吴健〔日〕4701
吴竞 2744
吴敬恒 3134, 4433
吴匡予 2476
吴梦卣 2341
吴铭 1806, 3148
吴启孙 1100, 3080, 3300, 3542, 4569
吴启祥 3120
吴清志 3366
吴庆元〔朝〕3235
吴球 4460, 4807
吴人达 2271
吴汝纶 1947
吴弱男 2262
吴省兰 3703, 4223
吴师承〔英〕4122
吴士连〔安南〕3263
吴士毅 2651
吴梼 2264, 2269, 2272, 2280, 2293, 2295, 2359,
　　2683, 2693, 2746, 2761, 2762, 2768, 2769,
　　2770, 2908, 3408
吴献书 2499
吴兴让 1204
吴雄昌 3018
吴旭初 0105
吴研人
　　我佛山人 2258
　　毋我 2777

吴燕来 1876
吴元 3468
吴源瀚 1433
吴蛰盦 3053
吴振麟 1947
吴之椿 1710
吴治恭 4596
吴治俭 4752
吴灼昭 3987
吴紫崖 2946
吴宗伯 4228
吴宗濂 1545, 1772, 3712, 3732, 3746, 3747,
　　3748, 3749, 3750
五柄教俊〔日〕0093
五岛清太郎〔日〕4471, 4481, 4494, 4495
五峰仙史〔日〕2286
伍光建 0752, 0881, 3115, 3802, 4079
　　君朔 2684, 2685, 2686, 2687
伍罗束甫〔俄〕1139
伍秩庸 3762
武昌翻译学塾 1872
武田丑之助〔日〕4491
武田源次郎〔日〕1109
武英尼〔英〕2608
悟痴生 2485, 2615

X

西藏调查会 3651
西川光次郎〔日〕0923
西川政宪〔日〕2086
西村荣十郎〔日〕4810
西村三郎〔日〕3423
西多哥夫〔德〕3329
西额惟克〔英〕0057
西湖子 2846
西里门〔英〕4095
西蒙纽加武〔美〕2803
西蒙斯（Simmons, A. T.）〔英〕3824
西师意〔日〕0776, 1089, 1888, 1908, 3054,
　　3059, 3897, 3936, 3937, 4074, 4388, 4396,
　　4413, 4414, 4465, 4499, 4767, 4816, 4820,
　　4869, 4902, 4928, 5173
西田龙太〔日〕1338
西田直养〔日〕3490

西乡隆盛〔日〕3432
西洋人 3775
希理哈（Von Schliha, Viktor E. K. R.）〔布〕1563
希洛〔英〕2558
希特（Thomas Heath, B. A.）〔英〕4323
希西利洛度利科〔英〕1063
息尼德（Sennett, Richard）〔英〕5020
息影庐主 2509
奚若 1897, 2302, 2346, 2349, 2357, 2366, 2379, 2396, 2654, 4468
淅密斯（James, Henry）〔英〕4962
惜花主人 2425
锡乐巴〔德〕1544, 3744
熙章 4331
习观枢 4195
席浍 3794
席勒（Schiller）〔德〕
　许雷 2745
系左近〔日〕4631, 4737, 4740
细川广世〔日〕1014
细田谦藏〔日〕1519, 1568
细野顺〔日〕4694
下村三四吉〔日〕3177
下村修介〔日〕3701, 3735
下平用彩〔日〕4633
下山恪三〔日〕4824
下田次郎〔日〕0006
下田歌子〔日〕2078, 2079, 2080, 2081
下位春吉〔日〕3354
夏雷 2765
夏清馥 3273
夏清贻 1041, 1134, 1135
夏绍璞 1925
夏特猛〔英〕4893
夏元鼎 2381
夏之时〔法〕3635
贤独滑独希兹配痕〔美〕1561
弦斋居士〔日〕2290
显克微支〔波兰〕
　星科伊梯 2761, 2762
相马御风〔日〕2306
相泽富藏〔日〕1022
香港 4786
享利黎特〔英〕5090

项尔构〔美〕2033
项骧 1974
项泽潘 1310
逍遥生 2422
萧百新 4701
萧尔斯勃内〔英〕2417
萧诵芬 1478, 1571, 1603, 1604, 1647, 1655, 1661, 1665, 1666
小出未三〔日〕2090
小川银次郎〔日〕3090, 3178, 3296, 3304, 3765, 3772
小船井里吉〔日〕3966
小翠女士 0869, 0935
小岛彦七〔日〕3771
小幡笃次郎〔日〕3831
小幡严太郎〔日〕1309
小贯信太郎〔日〕4831
小合伸〔日〕1026
小河滋次郎〔日〕1267, 1268, 1269, 1270, 1271, 1272, 1273
小栗风叶〔日〕2273
小栗宪一〔日〕0140
小林丑三郎〔日〕1689, 1779, 1781, 1802, 1803, 1804, 1805, 1812
小林传四郎〔日〕4834
小林魁郎〔日〕1215
小林义直〔日〕4354
小林盈〔日〕4187
小青 2565, 3013
小泉荣次郎〔日〕5045
小泉又一〔日〕1888, 1925, 1933
小山秉信〔日〕3219
小山松寿〔日〕1773
小山忠雄〔日〕1911, 1952
小山左文二〔日〕2190
小说进步社 2844
小说林编辑员 2353
小说林社 2360, 2655, 2805, 2943
小说林总编译所 2495, 2662, 2896, 2915
小寺谦吉〔日〕0949
小松谦次郎〔日〕1728
小藤文次郎〔日〕3217
小藤雄次郎〔日〕4181
小田部庄三郎〔日〕4665

小西俊三〔日〕 4669
小溪七郎〔日〕 3187
小野矶次郎〔日〕 2042
小野孙三郎〔日〕 4833
小野塚喜平次〔日〕 0875, 0876, 0877, 0968
小野梓〔日〕 1197
小俣规义〔日〕 1984
小原新三〔日〕 1021
小越平六〔日〕 3675
小越平隆〔日〕 3644
小仲马〔法〕 2633, 2727, 2736, 2737, 2738
晓风山人〔日〕 2294
晓公伟〔英〕 2427
晓斋主人（王寿昌） 2633
笑我生 2449
笑笑生 2288
胁水铁五郎〔日〕 4394
谢国藻 2851
谢洪赉 0054, 0756, 3969, 4010, 4021, 4025, 4063, 4066, 4503, 4514, 4551
　　谢鸿赉 4174
谢慕连 2729
谢慎冰 2807
谢卫楼（Sheffield, Devello Zelotos）〔美〕 0091, 0616, 0681, 0981, 1679, 3066
谢无量 1206
谢炘 2417
谢荫昌 1850, 1935, 3251, 4578
谢祐生 4218
谢欲理（Mrs Sheffield, E. W.）〔美〕 0627
谢正权 0960
谢直君 3010, 3011
谢子荣 3531
解崇辉 3916
解佳〔英〕 2326
解朋 2964
蟹江义丸〔日〕 0026
辛汉 3735
新庵 2227
新常富（Nystrom, Erik T., 原名埃里克·尼斯特朗）〔瑞典〕 4195
新岛善直〔日〕 4899
新渡户稻造〔日〕 4750
新法典讲习会 1171

新井君美〔日〕 3260
新民丛报社社员 3218
新民译印书局 1831, 1835
新世界小说社 2922, 2932, 2934, 2935
新是谋者 0975
新吾郎 2504
新学会社 4789, 5161
新智书局编辑局 2170
信夫淳平〔日〕 1831, 1835
信陵骑客 2879
信义〔日〕 3978
兴田竹松〔日〕 3378
醒华报社 2535
醒已 2680
幸德传次郎〔日〕 3424
幸德秋水〔日〕 0852, 0853, 0930
幸田成友〔日〕 0975, 3180, 3475
雄飞太郎 0139
雄今 2504
熊崇煦 1688, 2058
熊代彦太郎〔日〕 4706
熊范舆 1192, 1212
熊垓 2249
熊谷五郎〔日〕 1858, 1887
熊谷直太〔日〕 1143, 1397
熊三拔〔意〕 4281, 4324, 4722, 5094, 5167
熊野舆〔日〕 0163
熊元翰 1169, 1223, 1247, 1263, 1270
熊元襄 1258
休曼（Shumon, E. L.）〔美〕 1841
修订法律馆 1349, 1378
秀耀春（James, F. Huberty）〔英〕 0605, 2005, 3743, 4547, 4674, 4747, 4753, 4781, 4981
绣像小说报 2301, 2339, 2758, 2904
须藤传治郎〔日〕 4278
须永金三郎〔日〕 3365
胥温德〔美〕 0298
虚白斋主 3726
徐百齐 0859
徐传霖 2750
徐德懋（卓贤）〔 〕 0369
徐锷 1419
徐尔康 2599
徐凤书 2282, 2752

徐傅霖 3028, 3029, 3030, 3031, 3032, 3033,
　　　3034, 3035, 3036, 3037, 3049
徐傅森 2090
徐光启 0148, 3834, 3944, 3945, 3946, 3951,
　　　3953, 3954, 4003, 4224, 4281, 5094
徐国桢 4784
徐翰臣 3479
徐虎臣 3902, 3926
徐华封 4525, 4823, 4947, 4948, 4953, 4992,
　　　5034, 5036, 5037
徐慧公 3026, 3027
徐继高 3119
徐继畲 3522
徐继祖 4834
徐家宝 1744, 1822, 4990, 5138, 5139
徐家汇书院 5176
徐建寅 1047, 1486, 1546, 1588, 1616, 1631,
　　　3340, 3391, 3846, 3914, 3994, 4084, 4109,
　　　4113, 4116, 4121, 4135, 4208, 4986, 5005,
　　　5015, 5017, 5018, 5019, 5027, 5028, 5029,
　　　5089, 5118, 5119, 5120, 5121, 5122, 5123,
　　　5124, 5143, 5144
徐金熊 1273
徐景罗 3320
徐居正〔高丽〕3228
徐励 0738
徐迈 3536
徐懋德〔葡〕4257
徐念慈 2254, 2803
　　东海觉我 2521, 2888
　　觉我 2338
徐日昇〔葡〕0764, 3045
徐瑟甫来曼〔美〕4850
徐省三 3351
徐寿 1275, 1643, 1659, 3839, 3914, 3991, 4133,
　　　4138, 4140, 4141, 4161, 4168, 4203, 4214,
　　　4219, 4336, 4947, 4948, 4963, 4978, 4983,
　　　4985, 5001, 5003, 5006, 5012, 5016, 5038,
　　　5043, 5044, 5047, 5105, 5146, 5149, 5150
徐树勋 3962
徐惟岱 1364, 4822
徐渭臣 0009
徐锡麟 3925
徐心镜 3395

徐雅用 2068
徐亚星 2731
徐用锡 1171
徐有成 0108, 3295, 4167
徐有几 2022
徐云 2114, 4556
徐允希 0770
徐蕴宣 1276
徐兆熊 1732, 3808, 4124, 4197
徐志绎 1235, 1965
徐筑岩
　　徐卓呆 2989, 3005
　　卓呆 2626, 2631, 2748, 3012
徐卓果 2106
徐宗稚 1762
徐祖中 1274
许彬 3536
许乘白 0769
许传音 4157
许国瑛
　　不才子 2533
许家庆 1761, 4487, 4494
许家惺 0015, 0625, 0628, 0689, 0912, 1053,
　　　1059, 3111, 3397, 3502, 3787, 3828, 3833,
　　　4388, 4434, 4490, 4888
许金源 2754, 2865
许景澄 3673
许慕羲 2729
许壬 1231
许士熊 0976, 1058, 1064
许桢祥 2814
许直 0889
绪方南溟〔日〕1765
绪方唯一郎〔日〕0914
绪方直清〔日〕1006
轩利普格质顿〔美〕3309
轩裔 2701
薛承恩（Sites, Nathan）〔美〕4264, 4271
薛凤祚 3835, 3860, 3862, 4005, 4250, 4251,
　　　4252
薛福成 3622, 3712, 3732, 3746, 3747, 3748,
　　　3749
薛公侠 3335
薛绍徽 2634

秀玉 2340
薛一谔 2470, 2480, 2520, 2530, 2619
薛莹中 1357
学部审定科 4061
学部图书局 4076
雪生 2783
训练总监部 0776, 1089, 1449, 1466, 3059

Y

押川春浪〔日〕2246, 2253, 2254, 2257, 2260, 2262, 2266, 2285, 2295
鸭砰〔泰西〕3623
鸭田游水〔日〕0109
雅各伟德（White, James）〔英〕3302
亚波倭得（Allen Upward 1863—1926）〔英〕2330
亚丹斯密（Smith, Adam）〔英〕1678
亚弟盎卽〔 〕0592
亚丁（Alden, W. L. 1837—1908）〔美〕2799
亚弗勒孛烈儿〔英〕1685
亚力杜梅〔英〕2392
亚历山大杜庐〔俄〕2773
亚伦（Aaron, Chas H.）〔美〕4976
亚奇默德（Archimedes）〔希腊〕3912
亚泉学馆 4216, 4221, 4469
亚斯特〔德〕4211
亚义 2504
烟山专太郎〔日〕1114, 1125
燕蓟少年 2342
延陵伯子 2822
严保诚 3822
严复 0033, 0040, 0695, 0796, 0797, 0800, 0933, 1148, 1678, 1883, 1946, 2344
严琚 2312
严良勋 3063, 3071, 3326, 3337
严培南 2312
严通 2802
严文炳 4046
严献章 1221, 1418, 1980
严新辙 3564
严楷书 4831
岩川友太郎〔日〕4482, 4498
岩谷孙藏〔日〕1334
岩谷小波〔日〕2259, 2265
岩崎昌〔日〕1794
岩崎徂堂〔日〕3443
岩崎铁次郎〔日〕4596
岩崎重三〔日〕4410
岩田一郎〔日〕1257, 1265
岩永义晴〔日〕3606
岩原次郎〔日〕3159
盐谷廉及〔日〕1829
盐谷荣（Sakae Shioya）〔日〕2281
盐谷世宏〔日〕0952
盐路嘉一郎〔日〕4576
颜邦固 1601
颜惠庆 1787, 2146
颜可铸 1868, 1882, 2055
颜茗琴 2933
颜永京 0086, 3780, 5156
扬其昌 1669
羊杰 0069
阳玛诺（Diaz, Emmanuel）〔葡〕0180, 0222, 0305, 0308, 0325, 0326, 0522, 0671, 3595, 4223, 4253
杨宝书 0914, 1310
杨葆寅 1733, 1734
杨豹灵 0900
杨昌济 0052, 0058
杨成能 3251
杨崇瑞 4443
杨道霖 0097
杨德森 2743
杨殿玉 0012
杨度 1684
杨格非〔英〕0197
杨国璋 4192
杨鸿奎 2007
杨鸿通 1279
杨姬（Yonge, Charlotte M.）〔英〕3556
杨坚芳 3627
杨钧 3162
杨冕 1834
杨铭源 1050
杨其昌 1482, 1500, 1572, 1580, 1582, 1598, 1599, 1605, 1655, 1656, 1661, 1665, 1666, 5115
杨启瑞 2147, 2306
杨铈森 1187

杨寿桐 2086
杨枢 3093,3625
杨廷栋 0011,0804,0805,0839,0858,0874,
　　　1219
杨廷燮 5113
杨廷筠 3503
杨威廉〔英〕0238,0495,1998
杨我江 4371
杨希曾 2947
杨心一 2395,2954
　　心一 2549,2555
杨熊祥 2074
杨学斌 4149
杨勋 2140
杨荫杭 0032,4421
杨永秦 1116
杨友（Yonge, C. M. 1823—1901)〔英〕2577
杨毓麟 3056
杨允昌 1083
杨蕴三 1753
杨占春 4940
杨政 2187
杨志洵 1489,1490,1493,3196
杨紫麟 2550
　　幡溪子 2403
养浩斋主人 1007,3149,3331
姚鳌 1023
姚伯麟 4637
姚大中 0895,1802
姚汉章 3224
姚华 1225,1231
姚焕 0965
姚受庠 2085
姚文栋 3655
姚永概 0965
耀华 2864
耶陵〔德〕0941
耶密迩·罗貌礼〔比〕1685
耶特瓦德斯边〔美〕1551
冶孙 2834
野村浩一郎〔日〕1101,3301,3501
野村靖〔日〕1048
野津猛男〔日〕1277
野口保兴〔日〕3611

野口保一郎〔日〕1703
野口竹次郎〔日〕3276
野浦斋 4927
野田文之助〔日〕3117
野田义夫〔日〕1970
野泽武之助〔日〕3110
叶春墀 1813
叶达前 0900
叶瀚 1931,3616
叶及琴 4307
叶开穹 1776
叶可樑 4461
叶纳青〔德〕0292
　　叶纳清 0481,0491,0537
叶农生 0073,1904,1983,2755
叶启标 2882
叶青 4323,4417
叶人恭 1549
叶耀元 3879
叶与仁 4874
一户清方〔日〕2056
一斋居士〔日〕
　　佐藤坦 2064
伊达道太郎〔日〕5045
伊东琴次郎〔日〕4577
伊东佑谷〔日〕1935
伊东贞元〔日〕4788,4801,4824
伊东正基〔日〕3675
伊尔文（Irwin, J. O'Malley）〔英〕4425
伊凡羌宁〔美〕2873
伊利（Ely, R. T. 1862—1943)〔美〕1688
伊门斯宾塞尔（Spenser, Edmund）〔英〕2542
伊那楞木孙〔英〕4184
伊势本一郎〔日〕1701
伊索〔希腊〕
　　伊所布 2311
伊藤博文〔日〕1287,1296,1297,1298,1299
伊藤圭介〔日〕4914
伊藤龟治郎〔日〕4698
伊藤清民〔日〕4728,4847
伊藤松贞一〔日〕1028
伊藤贤道〔日〕2006
伊庭秀荣〔日〕4685
伊泽修二〔日〕1859

衣斐针吉〔日〕1121
依田雄甫〔日〕1555, 3609, 3610, 3669
祎理哲 (Way, R. Q.)〔美〕0558, 3525
乙竹岩造〔日〕0050
以德怀特福利斯〔美〕4763
义兹柏阿朗特义迭思 (Ides, Ysbrants)〔俄〕3683
义佐〔法〕0898
译村真〔日〕4816
译书汇编社 0911, 0913, 1014, 1177, 1801, 3459
Ibsen (易卜生)〔挪威〕2740
易次乾 2454
易泰乾 1686
易应缃 1791
轶群 2518
益智学社 3805
逸见晋〔日〕1196
逸民 2643
逸人后裔 2239, 3261
因凡痕斯〔英〕2342
殷铎泽〔意〕0348
殷弘绪 (Entrecolles, de 1662—1741)〔法〕0368, 0369, 0372
尹端模 4622, 4653, 4690, 4696
引田利章〔日〕3264
印度广学会 3734
印南於菟吉〔日〕1269, 1271
应时 2212
应思理〔英〕0659
应祖锡 0850, 4976
英国兵船部 3640, 3641, 5127
英国船厂 1626
英国亨勒孟书局 0959
英国陆军水师部 4534
英国伦敦《矿务报》4980
英国牛津图书公司 5058, 5059, 5078
英国水师部 1538, 1539
英国铁路公司 1733
英国武备工程课则 1657, 1660
英国武备工程学堂 1664
英国战船部 1486
英国制造局 1649
樱井彦一郎〔日〕0665, 2261, 2937, 3015
樱井寅之助〔日〕4192
樱井忠温〔日〕2284

盈亨利〔美〕4526, 4721
永江正直〔日〕0840
永井惟直〔日〕0868, 1704
永田健助〔日〕1761
永野耕造〔日〕1756, 1757
永野吉祐〔日〕0832
尤金镛 4159, 4160
由耳〔英〕5001
由宗龙 2024
游瀛主人 3245
楢原陈政〔日〕1535
猷里〔法〕3370
友古斋主 1799
有働良法夫〔日〕4798
有贺长雄〔日〕0810, 0846, 0847, 0883, 0889, 0916, 0979, 1011, 1091, 1303, 1304, 1418
佑尼干 (Jernigan, T. R.)〔美〕0995
诱民子 4568, 4573
于汉清 0129
于沈 1988
余呈文 4181
余大鹏 2218
余明铨 1725
余群社 5057
余岩 4077
余增史〔法〕2726
余贞敏 4205
俞世爵 1087, 1392
俞篯堭 2817
俞子夷 1914
俞子彝 3110
隅谷己三郎〔日〕2066
虞和钦 4151, 4155, 4185, 4200, 4209, 4372, 4377, 4429
虞和寅 3217, 3820, 4209, 4372, 4377, 4429
虞辉祖 3807
虞铭新 4200
虞泰祺 4370, 4555
愚公 2235
愚山真轶郎〔日〕3419
舆地学会 3767, 3769, 3770
羽化生〔日〕3345, 3361
羽仙 2872
雨尘子 2237

雨谷羔太郎〔日〕3077
雨果（Hugo, Victor）〔法〕
　　嚣俄 2626，2632，2659，2665，2679，2704，
　　　2708，2711
雨迺舍主人〔日〕2939
雨 2667
语文练习社 2192
玉川次發〔日〕1164
玉利喜造〔日〕4476
玉瑟斋主人 2973
驭狂 2670
欲斋饭沼〔日〕4846，4847
愈愚斋主 3449
鸳水不因人 2673
元丰顺洋行 1606
元良勇次郎〔日〕0061，3084，3085
员警学生 2329
袁昶 1807
袁承斌 0763
袁德辉 1421
袁飞 1399
袁俊德 4165
袁希濂 1431
袁永廉 1250
袁毓麟 1030
袁灼 1125
原口增一〔日〕2240
原亮三郎〔日〕1889，1932
原荣〔日〕4663
原田丰次郎〔日〕1118
原田潜〔日〕0858
原田氏〔日〕4188
原田藤一郎〔日〕3630
原熙〔日〕4791，4901
原野茂六〔日〕3821
猿 2411
源光圀〔日〕3237
远藤虎雄〔日〕4924
远藤隆吉〔日〕0025，0812
远藤源六〔日〕1413，1420，1422
约翰·温泽尔〔美〕1187
约翰沃克森罕〔英〕2490
约卡伊（Mór, Jókai 1825—1904）〔匈〕
　　育珂摩耳 2759

约克魁迭斯〔英〕2618
约纳约翰〔英〕2324
越克弗〔荷〕1076
越山平三郎〔日〕1551，1562，2149
越社 2917
越田德次郎〔日〕4940
越智直〔日〕1874
恽铁樵 2873
韵琴 2296

Z

暂生生 2886
早大毕业及在学中国人 0885
早稻田大学汉文讲义录编辑部 0885
则梅山房〔日〕3958
则民 2231
泽村真〔日〕1717，4784，4785
泽定教〔日〕0845
泽柳政太郎〔日〕1121，1872，1873，1881，1917，
　　1918
泽田吾一〔日〕4026
曾根俊虎〔日〕1043，1106
曾广铨 0811，2019，2326，2327
曾纪泽 3145
曾剑夫 3105
曾钧 3971
曾鲲化 0794
曾朴 2660
　　曾孟朴 2653
　　东亚病夫 2632，2711
曾彦 3940
曾仰东 1138，1368，4793，5069，5112，5117
曾有澜 1294
曾泽霖 2025
曾宗巩 2356，2362，2363，2365，2393，2408，
　　2493，2498，2529，2542，2644，2646，2699，
　　2799，2847，4184
增田贡〔日〕3184，3210，3212，3215，3216
查布 0134
札逊〔美〕3308
斋藤奥具〔日〕3172，3173
斋藤良恭〔日〕2643
斋藤隆夫〔日〕0895
斋藤鹿三郎〔日〕1991

斋藤善三郎〔日〕1715
斋藤秀三郎〔日〕2143
斋田功太郎〔日〕2012,2031,2032,4462,4463,
　　4464,4472,4603,4610
翟彬甫 (P. Candido Vanara)〔德〕3095
翟雅各 (Jackson, J.)〔美〕0193,0613
占部百太郎〔日〕3140,3736
詹贵珊 1662,1667
詹克斯,爱德华 (Jenks, E.)〔英〕
　　甄克思 0800
湛约翰 (Chalmers, John 1825—1899)〔英〕0547,
　　0548,0662,0663,2126,2127
张柏森 2448
张丙昌 5114
张伯尔〔英〕3397
张步先 1209
张嘈 2143
张诚 (Gerbillon, Jean François)〔法〕0021,3848,
　　3956,3957
张赤山 2311
张春帆(漱六山房) 2483
张春涛 1216
张莘农 1187
张大椿 3447
张东荪 0017
张东新 2881
张恩绶 1034
张逢辰 2871,3017,4375
张福谦 5014
张福僖 4092
张福先 1415
张赓 2309
张观光 4196,4199
张冠瀛 3483
张翰 3104
　　张瀚 0295
张继 0934,0951
张稷光 3448
张家骥 1784
张家镇 1025
张嘉森 1443
　　张家森 1800
张景良 2027
张克成 4733

张浍查 1452
张奎 1947
张伦 2276
张美翊 3712,3746,3747,3748,3749
　　张让三 3622
张默君 2531,2850
　　默君 2848
张柟 3256
张品全 1039
张起谓 0867,1346,2069,3286,3306
张仁普 3352
张儒珍 2128
张舍我 2620
张思枢 1217
张斯栒 3145
张铁民 3438
张廷华 3982
张味久 3462
张文彬 3457,3803
张锡之 1779
张相 1096,3091,3125,3224,3473
张相文 0819,1147,1746,1992,2077
张孝慈 1182
张孝移 1154
张修爵 4178
张延华 3941
张一鹏 1261
张毅汉 2733
张瑛 2528,2815
张永鑑 1507
张永宣 1714
张元济 3765,3772
张云阁 0093,4062
张在新 2158,2331,3086
张召棠 0815
张肇桐 0777,0941,1195,1874
张肇熊 1857,1879,2008,2010,2011,2182
张振秋 3414
张振镛 1125
张之洞 3846
张之梁 4023
张知本 1149
张仲和 1336
张仲秋 2004

张祝龄 2688
　　祝龄 2864
张铸六 3405
张宗弼 1048, 3371
张宗良 3342, 3343, 3344
章炳麟 0798, 0811
章季伟 2429
章乃炜 2033
章勤士 1688
章梫 1990
章士钊 3430
　　黄中黄 3416
章寿彝 5104
章遹骏 1520, 1531
章仲谧 2429
章宗弼 1317
章宗祥 1158, 1188, 1947
章宗元 1073, 1141, 1382, 3387, 3388
樟时〔菲律宾〕3266
沼崎甚三〔日〕1399
赵必振 0050, 0836, 0845, 0852, 0857, 0930, 0954, 1063, 1536, 1937, 2066, 2067, 3136, 3142, 3277, 3279, 3280, 3283, 3287, 3423, 3443, 3461, 3469, 3475, 4553, 5128
赵澄宇 1153
赵宏 4348
赵浚〔朝〕4916
赵兰生 0806, 0924
赵僚 3855
赵缭 2029, 4026
赵如光 3066
赵受恒 0119, 0581, 0765
赵天骥 3345
赵天择 3554
赵诒琛 4754
　　赵贻琛 4763
赵元益 1131, 1132, 1275, 1573, 1581, 1586, 1591, 1638, 1668, 3732, 3750, 3887, 4094, 4095, 4096, 4133, 4138, 4340, 4342, 4525, 4547, 4647, 4674, 4715, 4726, 4734, 4773, 4814, 4921, 4971, 4998, 5017
赵仲 1565
赵灼 2144, 2145
赵宗正 3467

赵尊岳 2562, 2611, 2622, 2725
哲美森（Jamieson, sir G. 1843—1920）〔英〕1254, 1713, 1808
褚灵辰 2694
浙江武备学堂 1462, 1469, 1584, 1602, 1618, 1622, 1623, 1654, 4339
贞吉学〔日〕4778
针塚长太郎〔日〕4927
真岛利行〔日〕4204
真司腾（Johnston, J. F. W. 今译作约翰斯顿 1798—1885）〔英〕4438
枕流 2561
枕亚 2629
震生 1162
正冈艺阳〔日〕0083
郑昌棪 0779, 0780, 1381, 1538, 1539, 1541, 1566, 1585, 1617, 1627, 1633, 1649, 3143, 3529, 3826, 3841, 4052, 4142, 4263, 4360, 4675, 4681, 4682, 4989, 5050, 5051, 5090, 5109, 5151
郑诚元 1902, 3435
郑次川 0051
郑篪 0877
郑家斌 4001
郑剑 1329
郑麟趾〔朝〕3234
郑仁铨 4856
郑守箴 1976, 4923
郑宇中 1253
郑毓英 3964
郑贞来 1062, 1133
政法学报社员 3649
政治学报社 1366
支那军国民 1086
支那少年 3192
知白 3930
织田万〔日〕1151, 1282
织田一〔日〕1113, 1767
直隶编译处 2031
直隶速成师范 1697, 1699
直隶学校司编译处 4610
职肯德氏〔　〕4166
志贺重昂〔日〕0799, 3577
志田钾太郎〔日〕1235, 1236, 1240

附录二 著译者索引

智尔博甘培〔英〕2304
穉桂 2527
中城恒三郎〔日〕4881
中川延治〔日〕1909
中川一德〔日〕4909
中川源三郎〔日〕4802
中村春生〔日〕4805
中村大来〔日〕0072
中村鼎〔日〕4817
中村定吉〔日〕1569
中村进午〔日〕1409, 1410, 1415, 1416, 1417, 1431
中村康之助〔日〕4952
中村清二〔日〕4076, 4078
中村太郎〔日〕1427
中村为邦〔日〕4182
中村五六〔日〕3537, 3538, 3690
中村孝〔日〕1188, 1189
中村正直〔日〕0069, 0071, 0072, 3065, 3252
中村佐美〔日〕3460
中岛半次郎〔日〕1866, 1870, 1871, 1941
中岛端〔日〕1102, 1103, 1553, 1854, 1855, 2706, 3325, 3464, 4785, 4805
中岛加造〔日〕0060
中岛力〔日〕0019
中岛六郎〔日〕3048
中岛生〔日〕1005
中岛雄〔日〕1535
中根淑〔日〕3655, 3656
中谷平三郎〔日〕4207
中国独立之个人 3327
中国广东青年 3400
中国警察犬学术研究所 0920
中国日报 2428, 2854, 2855
中国同是伤心人 3266
中国祥文社 2658
中国益闻子 1005
中国愈思斋主人 1002
中国之苦学生 2247
中华工程师会 4958
中华基督教青年会 2094
中华书局 1899, 2994
中江笃介〔日〕0031, 0851, 3376
中井太一郎〔日〕4815
中景龙之助〔日〕4573
中久喜信周〔日〕3409
中山成太郎〔日〕0936
中山龙次〔日〕1739
中堂谦吉〔日〕2188
中外法制调查局 1334
中西牛郎〔日〕3189, 3329
中西译社 4174
中西译书会 1040
中央军校 1497
中野礼四郎〔日〕1857, 1936, 1938, 1939
中泽三夫〔日〕1449
钟赓言 2186
钟观诰 4394, 5163
钟观光 0108, 2092, 4207, 5163
钟衡藏 4191
钟建闳 1401
钟濂 2699
钟麟祥 1023
钟匏尘 0963
钟天纬 1542, 1548, 4950, 4951, 4994, 5140, 5145
钟义山 3783
钟约翰(Jones, D. D.)〔美〕2111
塚本岩三郎〔日〕4598
仲均安〔英〕0815
仲斯敦(Johnstone)〔英〕4781
仲英 0774, 0784, 0986
重见道之〔日〕5008
重野安绎〔日〕3073, 3248, 3633, 3634, 3768, 3769, 3770
周保銮 1762
周澂朗 2860
周达 1788, 3973
周大烈 1222
周砥 2965
周藩 3931, 3933, 3934
周桂笙 2305, 2348, 2378, 2705, 2953
　知新室主人 2635
　知新主人 2258
周宏生 0055
周焕之 1941
周家禄 1500, 1571, 1577, 1580, 1662, 1667, 5115

周家树 1924, 4574, 4844
周建成〔远西〕0522
周逵 1193, 1359, 1363, 2238
周灵生 4980
周鲁倭〔法〕2739
周起凤 2051, 3538, 4564
周瘦鹃 2226, 2728, 2730, 2732, 2866, 2981,
　　　 3019, 3022, 3023
周颂彝 2268, 2292
周维新 2042
周文甫 3922
周文源 4268
周先振 4411
周逞 0016
周郇 4108, 5033
周仪君 1843
周游生〔日〕2334
周玉山 4849
　 直隶臬署 4841
周云路 0041, 0690
周珍 5106, 5107
周仲曾 0936
周子高 0923
周子愚 4310, 4324
周祖培 0839
周作人 2225, 2833
　 碧罗 2808
　 平云 2665
　 周逴 2423, 2759
朱宝绶 1687
朱保高比〔法〕2652, 2681
朱葆琛 3870, 3871, 4085, 4100, 4323
朱炳勋 2544, 2553, 2564
朱承庆 1719
朱德权 0904, 1199
朱东润 2780, 3001
　 朱世溱 2575, 2787, 3016
朱恩锡 1629
朱飞合 3804
朱格仁 2142, 4991, 4997
朱景宽 2057
朱克敬 3560
朱孔文 1168
朱念椿 3851

朱杞 1995, 3585
朱乔岳 1335
朱泉璧 1256
朱树人 2639, 3463
朱陶 2707
朱纬军 4855
朱文黼 1408
朱希圣 0759
朱学曾 1180
朱彝 3959
朱引年 2538
朱有昀 2579
朱钊 4702
朱宗莱 0074, 4065
朱宗泰 1837
朱宗元 0325, 0599
诸葛汝 0627, 4526
猪股德吉郎〔日〕5071
猪狩幸之助〔日〕2137
竹内茂演〔日〕4924
竹内楠三〔日〕4492
竹书 2387
竹添光鸿〔日〕3687
竹泽章〔日〕4871, 5065
竹中邦香〔日〕4939
竹中成宪〔日〕4660, 4683
煮梦 2938
庄景仲 4766
庄孟英 2988
庄太郎斋藤〔日〕1725
卓尔康 4310, 4324
姊崎正治〔日〕0111
莘来姆〔英〕2373
宗我彦麿〔日〕4915
邹德谨 1880, 1893, 2075
邹立文 3886, 3920, 3960, 3961
邹麟书 1260
足立宽〔日〕4575
尊业辑业书馆 2336
左庚 4276
E. 左拉〔法〕2705
左燮 0861
佐久间利之〔日〕4664
佐藤藏太郎〔日〕2243

佐藤传藏〔日〕3546,4374
佐藤纲次郎〔日〕1502
佐藤弘〔日〕3331
佐藤进〔日〕4678
佐藤善治郎〔日〕1884
佐藤捨藏〔日〕2064
佐藤信安〔日〕1316,1317,3449
佐藤信景〔日〕4801
佐藤信渊〔日〕4801
佐野谦之助〔日〕4909,5082
佐野善作〔日〕1754
佐原笃介〔日〕3213
佐佐木秀一〔日〕4626
佐佐木祐太郎〔日〕2035,4441,4794,4803,4806,4820,4880
佐佐木忠次〔日〕4482
佐佐木忠二郎〔日〕4832,4926,4931,4934
作新社编译 0790,0849,0974,1092,1097,1127,1156,1163,1356,1780,1940,2080,3074,3089,3157,3169,3259,3350,3407,3579,3645,3753,4454,4489
作新社图书局 3389
作新书局 3150
作新译书局 0786

附录三　主要征引书目

译书经眼录，顾燮光辑，杭州金佳石好楼石印，民国二十三年
增版东西学书录，徐维则编，顾燮光补辑，会稽徐氏石印，清光绪二十八年
江南制造总局翻译西书目录，见《格致汇编》，(英)傅兰雅编，上海格致书室发售，1876—1892年季刊第三年秋"译书事略"
江南制造总局翻译西书已译成未刻各书目录，出处同上
江南制造总局翻译西书尚未译全书目，出处同上
江南制造局西人自译各书目录，出处同上
明清间耶稣会士译著提要，徐宗泽编，上海：中华书局，民国三十八年
江南制造局记十卷，魏允恭辑，上海：文宝书局石印，清光绪三十一年；卷二附"图书"
古越藏书楼书目，徐树蘭辑，崇实书局石印，清光绪三十年
续修四库全书总目提要，王云五主编，台湾：商务印书馆，1972
丛书集成初编，商务印书馆编，上海：商务印书馆，民国二十四年
第一次中国教育年鉴，教育部教育年鉴编纂委员会编，上海：开明书店，1934
方豪文录，方豪著，上智编译馆，民国三十七年
中西交通史，方豪著，台北：中国文化大学出版部，1983
中国近代出版史料，张静庐编，中华书局，1957
泰西著述考，(英)伟烈亚力口译，王韬笔述，见《西学辑存》王韬辑淞隐庐，清光绪十六年
上海格致书院志略，王尔敏著，香港：香港中文大学出版社，1980
中国科学史原始资料目录索引，郭正昭编著，台北：环宇出版社，1974
John Frter: the introduction of Westen science and Technology into nineteenth century China，＝傅兰雅译著考略，by Bennett, Adrian Arthur, Cambridge, Mass：East Asina Research Center, Harvard university; distributed by Harvard University Press 1967
徐寿祖孙译著，徐振亚等编，《中国科技史料》《中国科技史料》编辑委员会编，第7卷（1986）第1期
晚清戏曲小说目，阿英著，上海：中华书局，1959
湘学报汇编，编者阙名，长沙：翠文堂刻刷局，出版年阙，3册线装
上海格致书院藏书楼藏书目六卷补遗一卷，陈楚亭编，上海：商务印书馆，清光绪三十三年
徐家汇藏书楼所藏古籍目录稿初编，上海图书馆编，编者油印，1957
中国科学技术史稿，杜石然著，北京：科学出版社，1982

刊译科学书籍考略，周昌寿著，见《张菊生先生七十生日纪念论文集》，胡适、蔡元培、王云五编辑，上海：商务印书馆，民国二十六年
明清之际耶稣会教士在中国者及其著述，梁启超见《中国近三百年学术史》附表，梁启超著，重庆：中华书局，民国三十二年
大学堂图书馆图书草目·汉文草目——译书之部，京师大学堂辑、印，清宣统二年
新学书目提要四卷，通雅斋编纂，上海：通雅斋，清光绪三十年
通学书籍考，见《通学斋丛书》，清·邹凌沅辑，通学斋，民国初年
近百年来中译西书目录，国立中央图书馆编，台北：中华文化初版事业委员会，1958
近代文学史料，中国社会科学院文学研究所编，北京：中国社会科学出版社，1985
中国科技史料，《中国科技史料》编辑委员会编，北京：中国科学技术出版社，1980—2004
北平各图书馆所藏中国算学书联合目录，邓衍林编、李俨校，北京：北平中华图书馆协会北平图书馆协会，民国二十五年
中国近代文学大系·翻译文学集，施蛰存主编，上海：上海书店，1990—1992
中国译日本书综合目录，谭汝谦、（日）小川博辑，香港：香港中文大学出版社，1980
林纾的翻译，钱钟书著，北京：商务印书馆，1981
中国近代现代丛书目录，上海图书馆编，上海：编者印行，1974
西学东渐与晚清社会，熊月之著，上海：上海人民出版社，1994
民国时期总书目，北京图书馆编，北京：书目文献出版社，1993
明清数学史论文集，梅容照主编，南京：江苏教育出版社，1990
数学历史典故，梁宗巨著，沈阳：辽宁教育出版社，1992
中国天文学史，薄树人主编，台北：文津出版社，1996
中国科学百年风云，郭金彬著，福州：福建教育出版社，1991

后 记

这部资料性质的工具书的编写动议于上世纪八十年代"文化热"当中的1984年。1949年新中国成立以来,中国社会主义建设取得巨大成就,但意识形态上一直沿着"阶级斗争为纲"这个指导思想前行,直到经历了空前浩劫的文化大革命以后,终于有了两个"凡是"的大讨论,几十年来的思想桎梏才开始被打破,中国人对真理的理解,开始用自己的头脑来思考,这便是改革开放初期的思想解放运动。知识界热切盼望"现代化",积极引进国外多个学科的新理论新思想,同时,对传统文化也在进行梳理和反思,思想界、文化界、学术界空前活跃,二十世纪八十年代的"文化热"就发生于这个大背景之中。

那时我在北京大学图书馆参考咨询部,负责社会科学咨询工作。不少校外读者的咨询问题涉及到我国早期译著,这引起我的注意。印象较深的是,中科院一位读者来咨询张福僖译的《光论》一书,原著者是谁?山西的三位读者来查阅"五公称"一书。他们用《五公称》做书名当然检索不到,我告诉他们"五公称"不是书名,它是《穷理学》中的一部分,使他们顺利地解决了问题,还寄来感谢信。我开始思考,中国文化从古代向现代演进,西学东渐是其源头,傅斯年先生说"史学就是史料学",我感到编纂一部近代译书目录之类的工具书,对于中国文化史的建设是十分重要的,各个学科均可在其中找到自身的近代源头。于是开始阅读有关翻译西学书籍的文章,收集译书目录。当我阅读了明清间翻译的一些科学著作后,发现传教士带给中国人的科学知识,并不像正统观点所说的那样,带来的是古学、旧学,对中国人隐瞒了哥白尼学说等等。用两年多时间,我做了有关中西科学史、哲学史、思想史、基督教历史等大量的背景知识的准备。1992年德国举行纪念汤若望诞辰400周年纪念会,我递交了"评明清间传教士与输入之近代科学文化"的论文,指出:宗教与科学并不总是对立的,在承认信仰的前提下,宗教容忍科学的存在;早期来华传教士并没有隐瞒哥白尼理论,作为西方近代科学文化的第一批使者,他们对我国明清之际科学技术的进步是有积极贡献的。(Western Learning and China The

Contribution and Impact of Johann Adam Schall von Bell, S. J. (1592—1666) *Edited by Roman Malek.-Netteal: Steyer Verl. 1998 pp.763—787*) 有了《近代汉译西学书目提要》这部资料,我们得以凭借材料评说历史,而不是靠政治观念。

编纂这部书的另一个收获是,我发现了《李鸿章全集》佚文——即李鸿章为《格物入门七种》等四部汉译西学书籍所作的序言,这些序言是解读洋务运动的重要资料,亦是中国近代思想史的重要文献。它揭示了在东西方两大文化圈相互碰撞时,李鸿章等洋务知识分子对于世界各国必将从相互分隔走向融合这个大趋势的认识。他们努力了解西方学术,肯定西方科学文化的优长之处,他们对中西文化异同的理解,以及努力寻找中西文化交汇融合的支点追求,推动了晚清文化向近代迈进。这些序言让我们了解了李鸿章决心采取一条完全不同于前人"求诸己"的习惯思路,而是选择"舍己从人"振兴中国国策的思想根据。正是那一代洋务知识分子学习先进真知的努力,使科学和技术第一次成为中国社会发展的重要生产力,促成了中国从封建向近代的转捩。

洋务运动的反对派大理寺少卿王家璧曾在一份奏折中说李鸿章"并未读洋书、习洋技",李鸿章到底是不是真的读过洋书?在目前已出版的各种版本的李鸿章传记中,都没有回答这个问题。李鸿章为翻译西书所作序言的发现,以及近年来出版的当时来华传教士的回忆录,不止一个人提到李鸿章反复阅读《泰西新史揽要》这一类书,还要求他的部下阅读,李鸿章喜欢给那些翻译过来的系列科学初级读本写序言,丁韪良在《花甲记忆》中说"我的一本书也有他亲笔作序"。至此李鸿章是否读过西书这一历史悬案,有了肯定答案,他不仅读且善于思。

这本资料最初只是简单著录,在长时间找不到出版者的情况下,我决定补入"内容提要"。这是一项艰苦的工作。在没有一分钱科研经费的情况下,我利用寒暑假等机会,在北京、上海、广州等地阅读、整理资料。大量阅读古籍,撰写提要,则是2002年退休以后才做的。

为了解决《光论》一书原著者是谁,我查到《通学斋丛书》里有子目"通学书籍考",可惜原燕京大学藏《通学斋丛书》这个子目的两册书,已被人窃为己有。不得已跑到柏林寺当时北京图书馆的线装书库,在"通学书籍考"里,看到了"光学"一栏只收有《光论》一种,另起一行有"武腊斯顿"几个字,令我十分兴奋。回北大图书馆在"Who is Who"里,按照音读找到 Wollaston, William Hyde (1766—1828),通译武拉斯顿,英国物理学家、化学家。他的在世时间也跟张福僖译书的时代有了关联。后来我在北大图书馆存于俄文楼顶楼未正式编目的线装书堆里发现了《西学通考》一书，卷七有"光学考"，引用了《光论》的内容，在"光学数家"里有"武腊斯顿，英人，以上光论"等字样。《西学通考》比《通学斋丛书》早刊印15年，这条材料可作为原著者考证的佐证。我又请北大物理系光学教研室的陈天杰老师，帮助看了《丛书集成》本的《光论》，他认为张福僖译本并非全帙，应为节译。至此，那位读者的问题算是圆满解决了。

早期译著最麻烦的是语词翻译因人而异、译名不统一的问题，包括人名、地名、化学元素等等专有名词，常常需要辗转考订。例如"布国"是哪个国家，起初找不到答案，请教了北大历史系世界史、西语系、东语系的好几位教授，都无功而返。后来读了王韬的《瓮牖余谈》，才知道"布国"是普鲁士，再后来读到清同治朝总理衙门的奏折，其中布国下有括弧注明"普鲁士"。清政府公文使答案最后确凿了。再如，《职方外纪》记载"墨瓦蜡泥加，为天下之第五大洲也。"所谓"墨瓦蜡泥加"是什么地方？天下第五大洲究竟指哪里？我查找的结果大致分为四种说法：1. 它最早出现于中文著作是明天启三年（1623）艾儒略著《职方外纪》，卷四亚墨利加总说，墨瓦蜡尼加总说："先是阁龙诸人（指哥伦布等人）即已觅得西亚墨利加（即亚美利加）矣，西土以西把尼亚（指西班牙）之君复念地为圆体，徂西可迈东，……墨瓦兰（指麦哲伦）既承国命，沿亚墨利加之东偏纡回数万里，转展经年岁，亦茫然未识津涯。……已尽亚墨利加之界，忽得海峡，亘千余里海南大地，又复恍一乾坤。墨瓦兰率众巡行，间关前进，只见平原漭荡，杳无涯际，入夜则火星流，弥漫山谷而已，因命为火地，而他方或以鹦鹉名州，亦此大地一隅，其后追厥所自，谓墨瓦兰实开此地区，因以其名命之曰墨瓦蜡尼加，为天下之第五大洲也。"《职方外纪》所述第五大洲，在南太平洋。2. 道光二十七年（1847）葡国玛吉士著《新释地理备考全书》，卷四"地球总论"谓："凡新著地理志之人，皆以一切归为一洲，名之曰啊噻哑呢哑，是以近者地球分为五大洲也，一欧啰吧，二哑细哑，三哑啡哩咖，四哑美哩咖，五啊噻哑呢哑。"卷十啊噻哑呢哑洲全志，谓"啊噻哑呢哑，五州之一地也，重洋叠岛，地狭，国鲜土，膏腴土产丰饶，黎庶不一，政治各殊。"大致指今之澳大利亚，显然与《职方外纪》的第五大洲，不是一个地方。3. 魏源著《海国图志》分世界为五大洲，指亚、欧、非、南美洲、北美洲。卷七十"外大西洋"，有"南极未开新地附录"一节，引述了《职方外纪》关于"墨瓦腊尼加，为天下第五大洲"的说法。卷七十四"国地总论上"，有"得南极下墨瓦蜡之地，……以新得地为第五大洲"，然而魏源认为《外纪》所谓"第五大洲"在南极附近，见卷三"地球正背面全图"，南极北边有一片陆地，上注"此墨瓦兰所寻得，南极下地，荒杳无人物，与南默利加洲之火地等，为天下第五大洲。"4. 徐继畬《瀛寰志略》清道光二十八年（1848）刻本，介绍地球分四大洲：亚细亚、欧罗巴、阿非利加、南北美利加。在卷二"亚细亚东南洋各岛"一节里谓："澳大利亚一名新荷兰，在亚细亚东南洋巴布亚岛之南，周迴约万余里。由此岛泛大海东行，即抵南北亚墨利加之西界。其地亘古穷荒，未通别土。前明时西班牙王遣使臣墨瓦兰，由亚墨利加之南西驶，再寻新地。舟行数月，忽见大地，以为别一乾坤。地荒秽无人迹，入夜燐火乱飞，命名曰火地，又以使臣名名之，曰墨瓦蜡尼加。……按，澳大利亚即泰西人《职方外纪》所云天下第五大洲。"其实"墨瓦蜡尼加"既不在澳大利亚，也不在南极，清人金维贤著"南极新地辨"指出"墨瓦蜡非南极也，亦非澳大利亚也，何以知之？以其不合《职方外纪》也。"（见《小方壶斋舆地丛钞》第十帙，上海著易堂，光绪十七年，第 54 册，第 516 页）这个说法是对的。岳麓书社出版的《海国图志》校释本"卷七十外大西洋"，有"南墨利加诸岛"一节，其中说到墨瓦蜡尼，注释为："墨瓦蜡尼，意为'麦哲伦之地'，指今火地岛及南太平洋的一些岛屿。"（见《海国图志》，岳麓书社，1998 年，下册，第 1812 页注 [10]）最终帮我解决了这个难题。澳大利亚洲是 1770 年才被发现的（《房龙地理》，[美]亨德里克·房龙著，黄一少译，陕西师范大学出版社，2007 年，第 77 页）。

  编纂本书的另一个难度是，这部资料涉及的学科几乎涵盖了现在已有的各个门类。笔者是文科出身，对于自然科学和社会科学的大部分学科来说，不属于江晓原先生在《科学史十五讲》一书中强调的经过"专业训练"的人，要把明清两代的汉译西书说清楚，其困难是不言而喻的。清康熙间出版的六十卷本《穷理学》一书，是比利时来华传教士南怀仁用汉语写的书，第六卷讨论"通合之几何"的问题，"通合之几何是由无可分之点而成"，这句话按照初等几何知识，应为："直线是由不可再分之点组成的"，但是没有根据。在现有工具书都不能解决问题的情况下，我曾经唐突地打电话请教中国科学院自然科学史研究所的老专家席泽宗先生，但是这个问题过于冷僻，没有现成答案。我读了徐光启译的六卷本《几何原本》以后，问题解决了，线段甲、线段乙，在这本书里叫"几何甲"、"几何乙"，"几何"一词除了通行的 geometry 意义以外，在这里用于指线段，"通合之几何"就应该指"直线"。李之藻译的《名理探》，在"十伦"部分有"论几何"，内中"通合几何"指线、面、体、时、所。这样《穷理学》里的问题就顺利解决了。类似这样的例子还有很多。

  在我长于斯的环境中，"等级"极其分明，申请科研经费对于无名之辈一直是绝对困难的事。上个世纪八、九十年代，我家经济条件还很差，买不起电脑。因为始终未能申请到"立项"，没有科研经费，卡片大多是利用图书馆作废的"印刷卡片"

后 记

的背面,有的是期刊封底的背面裁成的卡片,有的是片页纸索书单,并且只能手工抄写卡片,再抄成稿纸,内容稍有改动就只好剪刀加浆糊了。八十年代末,北大出版社有意向出版这本目录(初稿),时任编辑的胡双宝老师说:最好抄成繁体字。我请阎玉明同志帮我全部抄了一遍繁体字文本,最终北大社并没能列入出版计划。编制各种"索引"时,一张张卡片像打扑克牌一样甩来甩去,摆了满桌满床。2001年春,在刘敬华同志帮助下,这些手稿才录入成为电子文本。而后我自己买了第一台硬盘10G的台式电脑,就相当解决问题了。

在这本资料的编纂过程中,我得到许多师友的支持和帮助,严家炎老师、汤一介老师、乐黛云老师,都给予过热诚关怀和鼓励,多次帮忙联系出版。原北大图书馆副馆长、自然辩证法教研室的潘永祥先生,不厌其详地给我讲解中西科学史上我不懂的专业知识,具体指导我阅读和写作。陈平原同志帮我审过书稿的外国文学部分,还帮助联系出版事宜;夏晓虹同志对书稿提出了宝贵的修改意见,并在百忙中抽出时间为本书作序,她做学问的严谨和细致,给我很大启示。收集材料初期,朱殿青、师晓峰等同志帮助抄写大量的卡片。当初有意向出版的大象出版社的崔琰同志也为本书稿的加工付出过不少的心血。最后北大出版社的高秀芹编审为本书的问世,给予了特别的支持,李东同志作为社领导在繁忙的事务中担任责任编辑,利用大量业余时间审阅稿件,付出了很多辛劳。在此我谨向关心、支持和帮助我的各位师友三致意了!

由于个人精力和财力所限,材料的蒐集一定会有遗漏;也由于学科面广,肯定有我弄不懂和来不及弄懂的东西,错舛之处一定不少。这些只能就教于方家,他日若有机会,再作修订。

张 晓
2011年12月17日